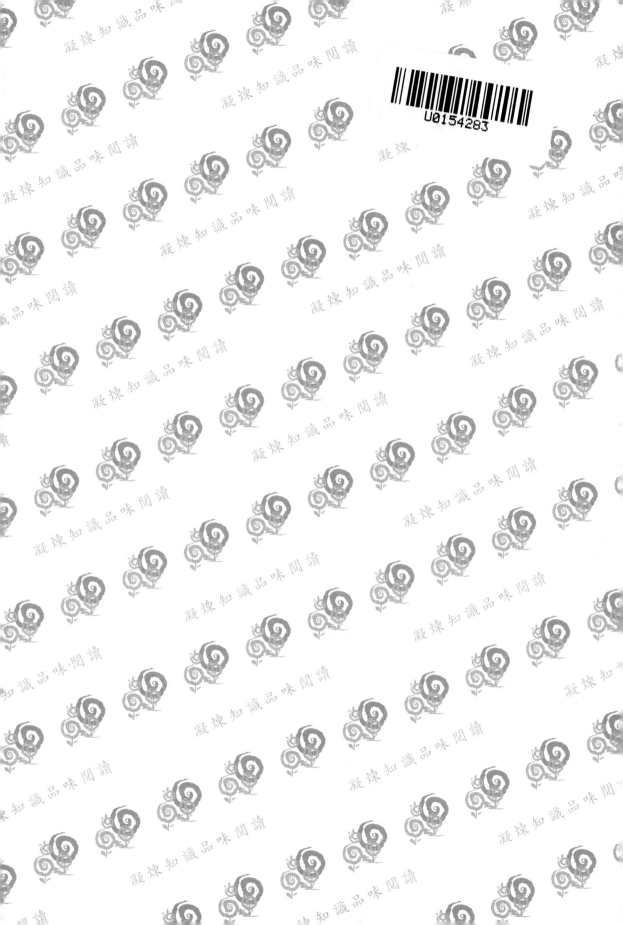

經濟數學 靜態分析

蔡攀龍、陳彧夏　合著

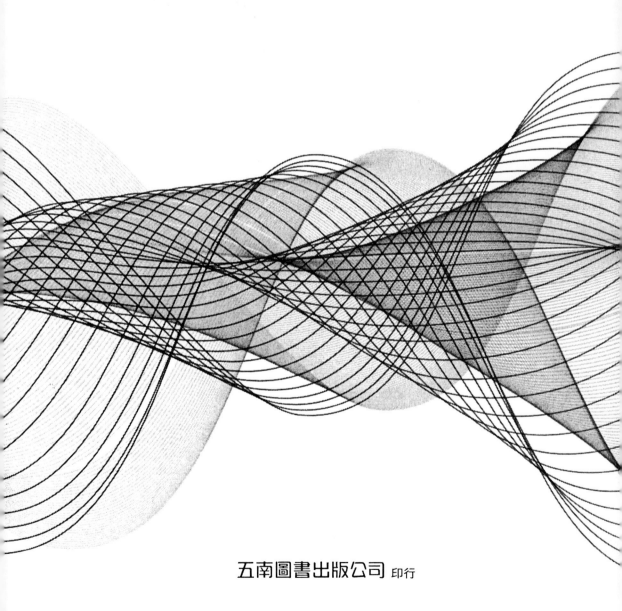

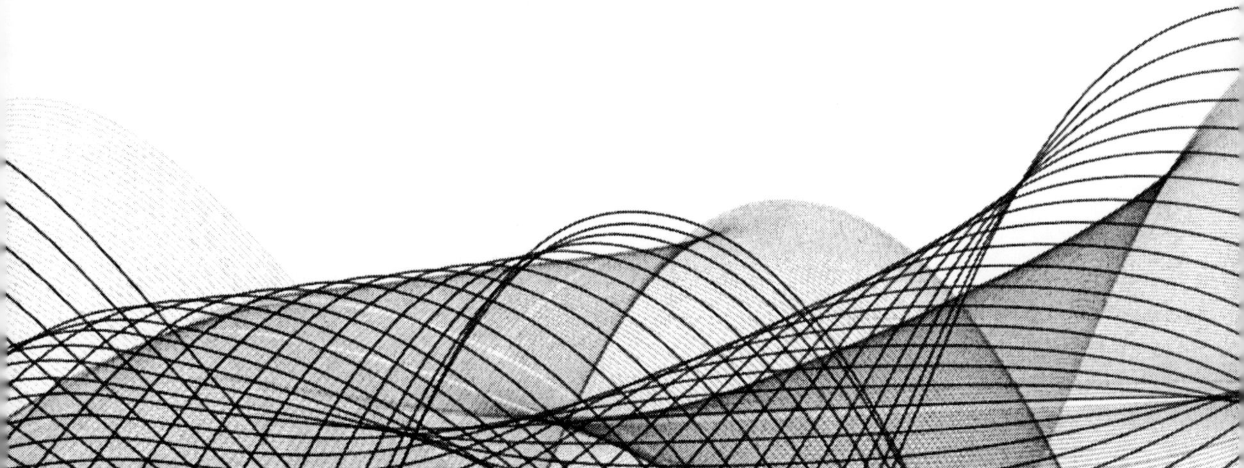

五南圖書出版公司 印行

再版序

本書原由茂昌圖書公司印行——「經濟學數學方法導論（靜態分析）」，於幾年前已停止出版。過去這幾年間，有不少學生，甚至老師，一再詢問是否有再印行的計畫，我們一直無法給予肯定的回應。非常高興，也非常感激，在五南圖書出版股份有限公司張毓芬與侯家嵐兩位主編的鼎力協助下，終於可由五南重印出版，使我們撰寫這本書以服務、幫助讀者的心願不至中斷。在此，再度感謝五南圖書出版股份有限公司給予本書重新面世的機會，更希望本書的再版，使有興趣的讀者奠定更紮實的數學基礎，以銜接研究所個體經濟理論及計量經濟學的需要。

蔡攀龍、陳彧夏

2016年5月

序言

過去十幾年來, 經濟理論中所採用的數學方法發生了很大的變化, 不少進入研究所的學生發現, 他們在大學部所接受的經濟學數學方法訓練, 往往和研究所中要求具備的數學知識相去甚遠, 以致一進入研究所, 就爲工具不足而感到氣餒。另一方面, 許多擔任研究所課程 (尤其是個體經濟理論) 的老師, 則常因學生相關數學訓練不足而倍感困擾; 有不少老師, 甚至得花費十幾堂課「速食式」的彌補這些差距。雖然, 大部分教科書, 均備有數學附錄, 但這些附錄, 一般而言, 都很簡略, 大抵是提供一些數學結果, 而未説明其來龍去脈。因此, 實在無法期望學生深入了解, 並有效運用。最近幾年, 國外相繼出版了幾本介紹較現代化的經濟學數學方法的書籍, 不過, 這些書籍各有他們特定的討論範疇, 未必能有效滿足一般學生的需要, 再加上語文的限制, 國內學生即使要自行研讀, 也將事倍功半。

在這個背景下, 過去六、七年中, 我們在清華大學和東吳大學教授數理經濟學課程時, 就特別收集、整理、講授這一套較現代化、較常用的經濟學數學方法, 以期對有志進研究所和出國繼續深造的學生有所幫助。這本書所討論的靜態分析問題, 就是將這些年授課教材的前半部, 加以補充、編撰而成。雖然, 這本書所介紹的只是一些研究所課程中必備的數學知識, 但它和前面所提到的數學附錄的最大不同處, 在於這本書中, 我們特別著重於相關數學結果間的邏輯關係, 並且在可能的範圍内, 對這些結果加以證明。我們希望, 讀者所學到的, 不只是一件件散亂的工具, 而是一套理解工具性能, 且可以靈活運用這些工具的方法。在上述這些動機下, 我們將這本書的讀者, 定位在大三、大四到研究所碩士班的學生。至於課程方面, 我們認爲, 除可作爲研究所經濟理論補充資料外, 不管是經濟數學或數理經濟學, 只要學生程度適合, 均可作爲教材。教學時, 如果對象爲大學部學生, 則可將書中有※記號各節及定理證明略過, 若能將此書和 Alpha Chiang (1984) 一書配合講授效果會更好; 如果對象爲研究所學生, 則可與 Takayama (1993) 一書互爲補充。

如前所提, 這本書是過去幾年教材補充、編撰而成。因此, 我們在此首先要感謝這些年來作爲我們實驗教學對象的清華和東吳學生; 我們雖然無法確定曾給他們多少助益, 但他們在上課及演練作業過程中, 所曾質疑、所曾提出的無數問題, 對於本書則有不容置疑的貢獻。在個人方面, 我們特別感激清華大學范光中先生, 他不但詳讀全部初稿, 並獨立完成打字、編輯工作, 沒有他專致、無怨的幫忙, 這本書的出版, 不知還要再等多少時日。清華同仁潘萬祥教授, 於百忙中詳細審閱各章, 指出原稿中一些重要的缺失; 另外, 中華經濟研究院陳一萍小姐, 清華大學王家騏同學, 也校讀了所有資料, 並提供甚多寶貴意見, 在此一併致謝。

這本書是前年我們兩人, 分別在行政院國科會和傅爾布萊特基金會 (Fulbright Program), 以及東吳大學胡筆江基金會獎助下, 前往美國耶魯大學訪問研究時開始動筆。我們願意在此, 對三個獎助機構所給予的機會, 以及耶魯大學所提供的優良環境, 表示最誠摯的謝意。當然, 學海無涯, 書中疏誤, 在所難免; 惟任何錯誤, 都是我們兩人的責任, 與前面所提諸人和機構沒有任何關係。

最後, 我們深切地期盼, 大學部的同學, 讀了這本書後, 能免於進研究所後對於數理方法的恐懼, 而研究所的同學, 能因這本書而較深入地了解、較踏實地運用這套數學工具。我們也期望, 有機會參閱此書的同道、同學, 能隨時和我們聯繫, 給我們指正, 以使此書未來有改進的機會。

蔡攀龍、陳彧夏

民國八十三年春于外雙溪

目次

第一章
集合、函數與基礎線性代數

由於數理經濟學的討論大多以集合的觀念爲出發點，而事實上，許多經濟學上的概念，如偏好 (preference)、生產技術 (technology) 等，從集合的觀點來解釋也很容易、很清楚，故今天即使是中級的經濟理論書籍，也都會採用一些基本的集合概念，作爲討論的工具。因此，在本章前半部，我們首先介紹有關集合論的一些基本性質，並利用集合的概念來定義函數。此外，由於在本書的討論中，大部份是以 n 度歐幾里德空間爲對象，因而矩陣、向量等線性代數上的觀念，扮演極重要的〝工具〞角色。爲了使讀者在閱讀其他章節時不致發生困擾，在本章第二部份，我們陳述了一些在本書中時常引用的基礎線性代數的結果。

1.1 集合的概念

粗略而言，一個集合可以是任何事物的聚集。然而，這種毫無限制的集合概念卻可能帶來矛盾的結果。因此，在往後的討論中，我們將集合定義爲某些具有共同特質的事物的聚集。

定義 **1.1.1**：一個集合是所有具有某種共同特性的事物的聚集。一個集合中的任一件事物稱爲該集合的一個元素 (an element)。若 x 爲集合 A 的一個元素，則記爲 $x \in A$（讀成 x 屬於 A）；反之，若 x 不是集合 A 的元素，則記爲 $x \notin A$（讀成 x 不屬於 A）。

首先，我們指出，在本書中，原則上集合以大寫英文字母表示，而集合中的元素則以小寫英文字母表示。若以 A 代表一個集合，x 爲集合中的一個元素，P 代表此集合中各元素之共同特性，則此集合可寫成：

$$A = \{x \mid x\text{具有特性 } P\}$$

或更簡化點可寫成：

$$A = \{x \mid P(x)\}。$$

【例 1.1.1】 $A=\{x|\ x$為在 1990 年有貿易順差的國家 $\}$，則 A 為在 1990 年，所有有貿易順差的國家所成的集合；反之，任何在 1990 年貿易有順差的國家必為 A 的一個元素。因此，我們可以說〝台灣 $\in$ A〞，而〝美國 $\notin$ A〞。

【例 1.1.2】 $T=\{y|\ y$為民國 79 年收入少於 40 萬台幣的台灣家庭 $\}$

依上述集合的定義觀察，有幾點值得注意：首先，一個集合中各元素的排列次序 (order) 並不重要，如例 1.1.1 中，台灣、韓國、新加坡均為 A 之元素，但那個國家排在前，那個國家排在後，並不改變集合 A。其次，集合中任一元素重複出現並無意義。假定例 1.1.2 中 T 只包括張三、李四和王五三個家庭，則我們可明確地將 T 這個集合表示為 T = {張三, 李四, 王五}, 或 T' = {張三, 張三, 李四, 李四, 王五}，但因兩者所包含的元素完全相同，所以集合 T 和 T' 事實上是相同的。最後，集合本身可以是其他集合的元素。例如集合 $Z=\{A,B,\{\{A,B\},\{A,B,C\}\}\}$，共有三個元素，A，B，和 $\{\{A,B\},\{A,B,C\}\}$，其中第三個元素本身就是一個集合，且此集合以其他兩個集合為元素。

定義 1.1.2：一個沒有任何元素的集合稱為空集合，記為 $\varnothing$。

【例 1.1.3】 $C=\{x|\ x$為過去 10 年中平均失業率超過 80% 的國家 $\}$，
$D=\{y|\ y$為每天工作超過 24 小時的工人 $\}$，
則 C 和 D 兩集合均為空集合 $\varnothing$。

定義 1.1.3：若集合 A 中每一個元素都在集合 B 中，則稱 A 為 B 的一個部分集合，記為 $A\subset B$（或 $B\supset A$）（讀成 A 包含於 B 或 B 包含 A）。

【例 1.1.4】 $A_1=\{x \mid px\le 10, x\ge 0, p>0, x\in \boldsymbol{R}, p\in \boldsymbol{R}\}$，
$A_2=\{x \mid px\le 10, p>0, x\in \boldsymbol{R}, p\in \boldsymbol{R}\}$，
上面兩集合中，$\boldsymbol{R}$ 代表所有實數所成的集合，則 $A_1\subset A_2$。

定義 1.1.4：若集合 A 與集合 B 有完全相同的元素，則 A 和 B 相等 (equal)，記爲 $A = B$。

【例 1.1.5】 $A = \{3\}$,
$B = \{x \mid x + 2 = 5, x \in \boldsymbol{R}\}$,
$C = \{\sqrt{9}\}$,
則 $A = B = C$。

定理 1.1.1：若且唯若 (if and only if) $A \subset B$ 且 $B \subset A$，則 $A = B$。

證明: (i) 由定義 1.1.3，$A \subset B$ 表示 A 中任何一個元素 x 都在 B 中。但因 $B \subset A$，故 B 中不可能存在任何一元素 y 使得 $y \notin A$。因此，A 和 B 的所有元素必然完全相同，故 $A = B$。

(ii) 若 $A = B$，則由定義 1.1.4 知 A 之元素和 B 之元素完全相同，故 $x \in A$ 必然也是 $x \in B$，因此，$A \subset B$。同理，若 $y \in B$，則必然也是 $y \in A$，故 $B \subset A$。

習題 1.1

1. 試圖示下列各集合(各題中, x , $y \in \boldsymbol{R}$):
   (a) $A = \{x \mid x < 7\}$,
   (b) $B = \{x \mid |x| = 1\}$,
   (c) $C = \{(x, y) \mid x \le y\}$,
   (d) $D = \{(x, y) \mid x^2 + y^2 \ge 2, x \ge 0, y \ge 0\}$。

2. 是非題: 請說明理由
   (a) $A = \{1, \{2\}, \{3,4\}, 5\}$，則，$1 \in A$，$2 \in A$，$\{3,4\} \in A$。
   以下 (b)-(e) 中，假定 A，B，C 爲任意三個集合
   (b) 若 $A \in B$ 且 $B \in C$，則 $A \in C$。
   (c) 若 $A \neq B$ 且 $B \neq C$，則 $A \neq C$。

(d) 若 $A \subset B$ 且 $B \subset C$，則 $C \not\subset A$（$\not\subset$ 代表不包含於）。

(e) 若 $A \subset B$ 且 $B \in C$，則 $A \notin C$。

(f) $\varnothing \neq \{\varnothing\}$，$\varnothing \in \{\varnothing\}$，$\varnothing \subset \{\varnothing\}$。

3.證明題：

(a) $A = A$。

(b) 若 $A = B$，$B = C$，則 $A = C$。

(c) $\{x \mid x \neq x\} = \varnothing$。

(d) $\varnothing \subset A$，A 爲任意集合。

(e)任一集合 A，若且唯若 $x \in A$ 則 $\{x\} \subset A$。

1.2 集合的運算

定義 1.2.1：若A和B爲兩集合, 則

(1) A和B的聯集 (union) 爲所有A和B中之元素所成的集合, 記作
$A \cup B = \{ x \mid x \in A$ 或 $x \in B \}$,

(2) A和B的交集 (intersection) 爲同時出現於A和B兩集合中之元素所成的集合, 記作
$A \cap B = \{ x \mid x \in A$ 且 $x \in B \}$,

(3) B減A之差集 (difference) 爲所有在B集合中而不在A集合中之元素所成的集合, 即
$B - A = \{ x \mid x \in B$ 且 $x \notin A \}$。

【例 1.2.1】$A = \{1,2,3\}$, $B = \{3,4,5\}$,
則 $A \cup B = \{1,2,3,4,5\}$,
$A \cap B = \{3\}$,
$A - B = \{1,2\}$,
$B - A = \{4,5\}$,
$(A - B) \cup (B - A) = \{1,2,4,5\}$,
$(A - B) \cap (B - A) = \varnothing$。

【例1.2.2 】$A = \{ x \mid x \leq 2 , x \in R\}$, $B = \{ x \mid x \geq 2 , x \in R\}$, 則
$A \cup B = \{ x \mid x \in R \}$,
$A \cap B = \{ 2 \}$,
$A - B = \{ x \mid x < 2 , x \in R \}$,
$B - A = \{ x \mid x > 2 , x \in R \}$,
$(A - B) \cup (B - A) = \{ x \mid x \in R , x \neq 2 \}$,
$(A - B) \cap (B - A) = \varnothing$。

在很多場合中, 我們將所有與討論的問題相關的集合A, B, C, …, 視爲某一大集合 S 的部分集合, 此集合稱之爲論域或宇集合 (universe of discourse)。現在, 我們可定義集合 A 相對於此論域的補集合 A' (complement of A)。

定義 1.2.2：集合 A 相對於論域 S 的補集合爲

$$A' = S - A = \{ x \mid x \in S , x \notin A \}。$$

【例 1.2.3】設 A 爲例 1.1.1 中之集合, 則 A' 爲所有 1990 年貿易平衡, 或有逆差之國家所成之集合。在此, 很自然地, 我們將論域 S 視爲 1990 年全世界所有國家所成之集合。

【例 1.2.4】$A \subset S$, $B \subset S$, 試證明

(i) $A \subset B$ 若且唯若 $A' \supset B'$,

(ii) $A'' = A$。

證明: (i) (1) 若 $A \subset B$, 則 $x \notin B$ 必然代表 $x \notin A$, 換句話說, 任何 $x \in B'$ 必然也代表 $x \in A'$, 故 $B' \subset A'$。

(2) 若 $A' \supset B'$, 則任何 $x \notin A'$ 必然也是 $x \notin B'$, 亦即任何 $x \in A$ 必然也是 $x \in B$, 故 $A \subset B$。

(ii) 若 $x \in A$, 則 $x \notin A'$, 但 $x \notin A'$ 表示 $x \in (A')'$, 亦即 $x \in A''$, 故 $A \subset A''$。反之, 若 $x \in A''$, 則 $x \notin A'$, 但 $x \notin A'$ 表示 $x \in A$, 故 $A'' \subset A$。由定理 1.1.1, $A \subset A''$ 且 $A'' \subset A$ 隱含 $A'' = A$。

定理 1.2.1：$A \subset S$, $B \subset S$, 則

(i) $(A \cup B)' = A' \cap B'$,

(ii) $(A \cap B)' = A' \cup B'$。

證明: (i) 若 $x \in (A \cup B)'$, 則 $x \notin A \cup B$, 即 $x \notin A$ 而且 $x \notin B$, 那麼必然是 $x \in A'$ 而且 $x \in B'$, 因此 $x \in A' \cap B'$, 故 $(A \cup B)' \subset A' \cap B'$。反之, 若 $x \in A' \cap B'$, 則 $x \in A'$ 而且 $x \in B'$, 此代表 $x \notin A$ 而且

$x \notin B$，即 $x \notin A \cup B$，故 $x \in (A \cup B)'$，因此 $A' \cap B' \subset (A \cup B)'$。由$(A \cup B)' \subset A' \cap B'$與$A' \cap B' \subset (A \cup B)'$得知$(A \cup B)' = A' \cap B'$。

(ii)可依 (i) 之方法證明, 但亦可利用上面 (i) 之結果與例 1.2.4 來證明。將定理 1.2.1 (i) 中之 A, B 兩集合分別以 A', B' 取代, 則由 (i) 可得

$$(A' \cup B')' = (A')' \cap (B')' = A'' \cap B'' = A \cap B。$$

上式兩邊再取補集合可得

$$(A' \cup B')'' = (A \cap B)',$$

或 $A' \cup B' = (A \cap B)'$，此即爲 (ii)。

此定理中的兩個等式, 一般稱作 De Morgan's 定律。事實上, 此定理在不管有多少個(包括無窮多個)集合時仍然成立。亦即, 若 $A_i \subset S$，$i = 1,2,3,\cdots$，則 $(A_1 \cup A_2 \cup \cdots)' = A_1' \cap A_2' \cap \cdots$；$(A_1 \cap A_2 \cap \cdots)' = A_1' \cup A_2' \cup \cdots$。

習題1.2

1. 是非題: 請說明理由
   (a) $(A \cup B) - A = B$。
   (b) $(A \cup B) \cap C = A \cup (B \cap C)$。
   (c) 若 $A \subset B$ 且 $B \subset C$, 則 $A \subset C$。
   (d) 若 $A \subset C$ 且 $B \subset C$, 則 $(A \cup B) \subset C$。
   (e) 若 $A \cup B = S$ 且 $A \cap B = \varnothing$, 則 $A = B'$。

2.證明題:

(a) $A \cap (B \cup C) = (A \cap B) \cup (A \cap C)$。

(b) $(A \cup B) - (A \cap B) = (A - B) \cup (B - A)$。

(c) $B - A = B \cap A'$。

(d) $A \cap (A \cup B) = A \cup (A \cap B) = A$。

(e) $S' = \varnothing$。

(f) 定義 A 和 B 兩集合之對稱差(symmetric difference)爲

$A \Delta B = (A - B) \cup (B - A)$,則

(i) $A \Delta B = \varnothing$ 若且唯若 $A = B$。

(ii) $(A \Delta B) \cap E = (A \cap E) \Delta (B \cap E)$。

(iii) $A \Delta \varnothing = A$。

(iv) $A \Delta S = A'$。

1.3 函數

定義 1.3.1：一個序偶 (ordered pair) (x,y) 是一個具有兩元素的集合，且這兩個元素的次序有絕對的重要性而不可任意改變。

由上述定義可知，一般而言 $(x, y) \neq (y, x)$，而 $(x, y) = (x', y')$ 必然隱含 $x = x'$，$y = y'$；反之 $x = x'$，$y = y'$，亦隱含 $(x, y) = (x', y')$。從幾何的觀點來說，我們可將 (x, y) 視爲平面上的一點，其中 x 代表此點的第一座標，y 代表此點的第二座標。如圖 1.3.1 所示，我們就很容易了解何以 $(1, 3) \neq (3, 1)$ 了，因爲它們代表了平面上兩個不同的點，A 和 B。上述序偶的觀念，可直接推廣到三偶 (triple)，(x, y, z)，和 n 偶 (n-tuple)，$(x_1, x_2, \cdots, x_n)$。

定義 1.3.2：若 A, B 爲兩個集合，則 A 和 B 的直接乘積 (direct product) $A \times B$ 定義爲

$$A \times B = \{ (a, b) \mid a \in A, b \in B \}。$$

因此，A 和 B 的直接乘積（或稱笛卡兒乘積，Cartesian product），即是所有以集合 A 中之元素爲第一座標，而 B 中之元素爲第二座標的序偶所構成的集合。

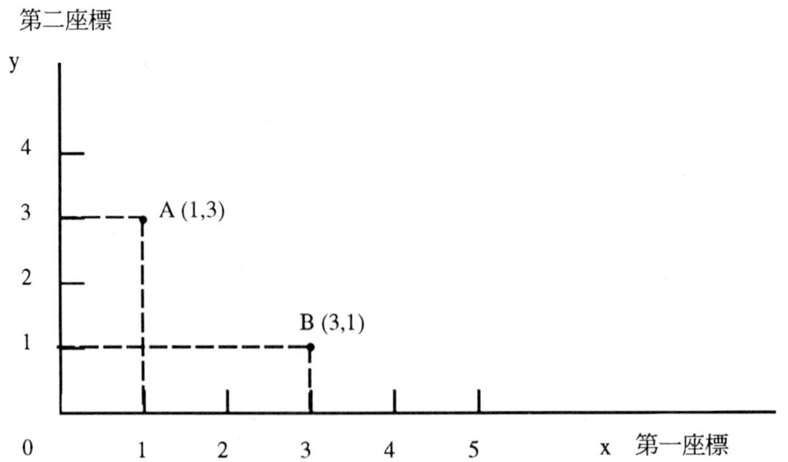

圖 1.3.1

【例1.3.1】 A ={ 1 , 3 , 5 } , B = { a , b , c }, 則

$$A \times B = \{(1,a),(1,b),(1,c),(3,a),(3,b),(3,c),(5,a),(5,b),(5,c)\},$$
$$B \times A = \{(a,1),(b,1),(c,1),(a,3),(b,3),(c,3),(a,5),(b,5),(c,5)\},$$

由此可見, 一般而言$A \times B \neq B \times A$。

【例1.3.2】 $A = \{ x \mid 1 \le x \le 3 , x \in \boldsymbol{R} \}$, $B = \{ y \mid 3 \le y \le 5 , y \in \boldsymbol{R} \}$, 則
$A \times B = \{ (x , y) \mid 1 \le x \le 3 , 3 \le y \le 5 , x , y \in \boldsymbol{R} \}$。
此爲圖 1.3.2 中之斜線部分, 故兩線段的直接乘積爲一方形平面。

上述直接乘積的定義, 可以擴充到n個集合 $A_1, A_2, \cdots, A_n$ 的直接乘積, 即

$$A_1 \times A_2 \times \cdots \times A_n = \left\{(a_1, a_2, \cdots, a_n) \mid a_i \in A_i, i = 1, 2, \cdots, n\right\}。$$

當 $A_1 = A_2 = \cdots = A_n = A$ 時, 我們也常將直接乘積寫成

$$A_1 \times A_2 \times \cdots \times A_n = \underbrace{A \times A \times \cdots \times A}_{n\text{ 個}} = A^n 。$$

最常見的例子爲 $A_1, A_2, \cdots, A_n$爲實數集合$\boldsymbol{R}$, 則 $A_1 \times A_2 = \boldsymbol{R} \times \boldsymbol{R} = \boldsymbol{R}^2$爲一平面, 而$A_1 \times A_2 \times \cdots \times A_n = \boldsymbol{R}^n$則代表 n 度歐幾里德空間 (Euclidean n-space)。

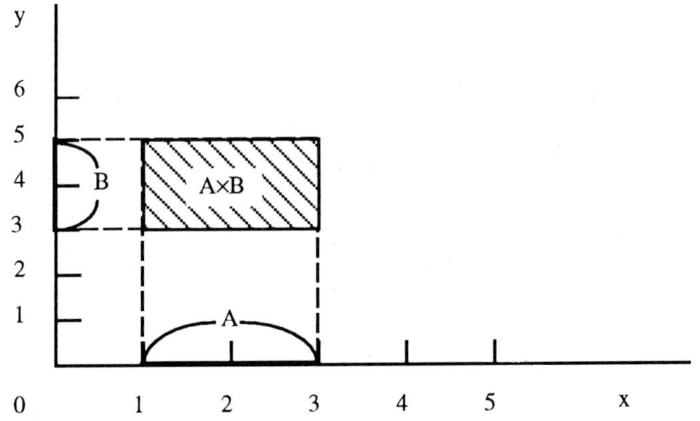

圖 1.3.2

定義 1.3.3：設有 X，Y 兩集合，則從 X 映入 (map into) 到 Y 的一個函數 f，爲 $X \times Y$ 的部分集合（因此，f 爲一序偶 (x，y) 所成之集合），且每一個 $x \in X$ 在 f 的元素 (x，y) 中只出現一次。

根據上述定義，函數 f 爲一個集合，因此對其元素 (x，y)，應可寫成 $(x, y) \in f$。但我們通常不這樣寫，而寫成 $y = f(x)$，x 稱爲自變數 (argument)，而 y 則稱爲 x 之函數值或映像 (value of f at x or image of x under f)。我們稱集合 X 爲函數 f 的定義域 (domain)，而稱集合 Y 爲 f 的對應域 (target)。集合 $f(X) = \{y \in Y \mid y = f(x), x \in X\}$ 則爲函數 f 的值域 (range)；換句話說，函數 f 的值域，爲定義域 X 中所有元 素的映像所成的集合與對映域的交集。因此，值域必然是對應域的部分集合，即 $f(X) \subset Y$。當 f 是從 X 映入 (map into) 到 Y 的函數時，習慣上，我們將其表示爲 $f = \{(x, f(x)) \mid x \in X\}$ 或 $f: X \to Y$。

在經濟學中，討論了很多函數的概念，如需求函數，成本函數和消費函數等，我們也時常將這些函數以圖形表示。根據上述定義，我們可很清楚地看到，函數和圖形 (graph) 基本上是同義的，因爲函數 f 的圖形實際上就是集合 $\{(x, f(x)) \mid x \in X\}$。

【例1.3.3】設某產品的需求函數爲

$$x = 10 - 2P_X, \qquad 0 \le P_X \le 5。$$

其中 x 爲對該產品之需求量，P_x 爲該產品之價格，我們可將此需求函數表示如圖 1.3.3。

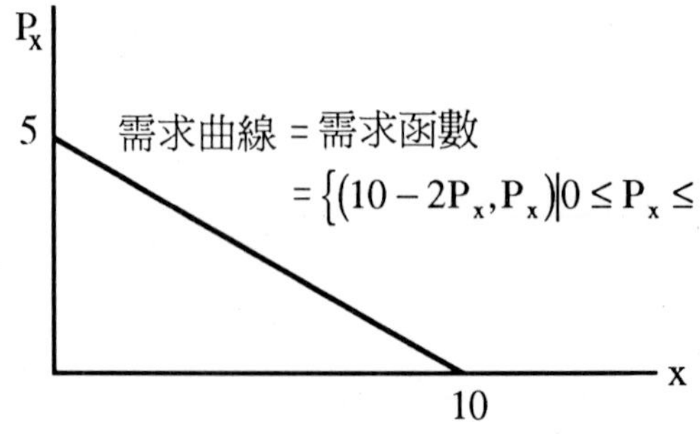

圖 1.3.3

定義 1.3.4：若 $f: X \to Y$ 且 $f(X) = Y$, 則稱 f 爲 X 到 Y 的映成 (map onto) 函數, 寫成

$$f: X \Rightarrow Y。$$

【例 1.3.4】$f: X \to Y$,

$X = \{1, 2, 3\}$,

$Y = \{a, b\}$,

$f(1)=f(2)=a$,

$f(3)=b$,

則自變數 1 和 2 之值（映像）均是 a, 3 之值爲 b。f 之定義域是 X, 值域 $f(X)=\{y \in Y \mid y=f(x), x \in X\}=\{a,b\}=Y$, 故 f 爲一映成函數。若上述函數的對應規則改爲 $f(1)=f(2)=f(3)=a$, 可得 $f(X)=\{a\} \subset Y$, 故此函數爲映入函數, 但非映成函數。

定義 1.3.5：$f: X \to Y$, 若 $C \subset Y$, 定義集合 $f^{-1}(C)$ 爲

$$f^{-1}(C)=\{x \in X \mid f(x) \in C\},$$

此集合稱爲集合 C 在函數 f 下之逆映像 (inverse image of C)。同樣地, 若 $D \subset X$, 則 $f(D)=\{f(x) \in Y \mid x \in D\}$, 稱爲集合 D 在函數 f 下之映像 (image of D)。

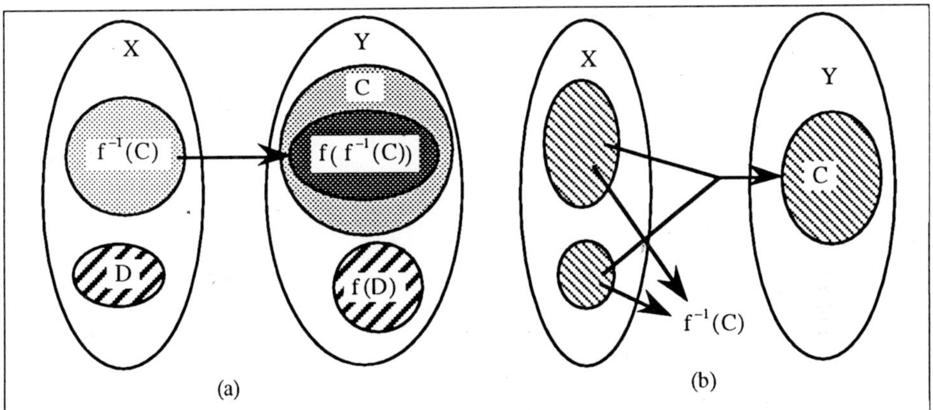

圖 1.3.4

若集合C只有一個元素 y，即 $C=\{y\}$，我們習慣上將 $f^{-1}(C)$ 寫成 $f^{-1}(y)$，而非 $f^{-1}(\{y\})$。同樣地，如果D僅有一個元素 x，即 $D=\{x\}$，則 f (D) 常寫成 f (x)，而非 f ({x})。有關映像和逆映像的觀念，可以圖 1.3.4 來說明。值得注意的是，一般而言，$f(f^{-1}(C))\subset C$（如圖 1.3.4 (a)）。只有當 f 爲映成函數時，才有 $f(f^{-1}(C))=C$（習題 1.3 的 4(b) 和 4(c)）。

【例 1.3.5】 $f=\left\{(x,x^2)\;\middle|\;-\infty<x<\infty\right\}$，此函數習慣上寫成

$f(x)=x^2,\quad -\infty<x<\infty,$

定義域爲 $(-\infty,\infty)$，

值域 $[0,\infty)$，

$f(2)=4,$

$f^{-1}(4)=\{2,-2\},$

$f(-7)=49,$

$f^{-1}(-7)=\varnothing,$

$f\left(\left\{x \mid x^2=9\right\}\right)=9,$

$f([0,3))=[0,9)$。

由於習慣上將此函數的對映域看成 $[0,\infty)$，故 f 爲一映成函數。如果我們明確將其對映域定義爲 $(-\infty,\infty)$，則因 $f(X)=[0,\infty)\subset(-\infty,\infty)$，那麼 f 就成爲一映入函數了。另外，在此例子中，我們將函數寫成

$$f(x)=x^2,\quad -\infty<x<\infty,$$

如果我們只寫了

$$f(x)=x^2,$$

則此式子並不是一個完整的函數，因爲它可能是

$$f(x)=x^2,\ 0<x<10,$$

或

$$f(x)=x^2,\ 0\le x\le 3,$$

根據我們的定義，這是兩個不同的函數。因此，嚴格地說，在定義域和對應域未確定前，仍沒有函數的存在。

定理1.3.1：若 $f:X\rightarrow Y$ 且 $A\subset Y$，$B\subset Y$，則

(i) $f^{-1}(A\cup B)=f^{-1}(A)\cup f^{-1}(B)$,

(ii) $f^{-1}(A\cap B)=f^{-1}(A)\cap f^{-1}(B)$。

證明: (i) (1) 假定 $x\in f^{-1}(A\cup B)$，則根據逆映像定義，$f(x)\in A\cup B$，即 $f(x)\in A$ 或 $f(x)\in B$，若 $f(x)\in A$ 則 $x\in f^{-1}(A)$，若 $f(x)\in B$ 則 $x\in f^{-1}(B)$，故 $x\in f^{-1}(A)$ 或 $x\in f^{-1}(B)$，所以 $x\in f^{-1}(A)\cup f^{-1}(B)$。由此可知 $f^{-1}(A\cup B)\subset f^{-1}(A)\cup f^{-1}(B)$。

(2) 假定 $x\in f^{-1}(A)\cup f^{-1}(B)$，則 $x\in f^{-1}(A)$ 或 $x\in f^{-1}(B)$。若 $x\in f^{-1}(A)$ 則 $f(x)\in A$。若 $x\in f^{-1}(B)$，則 $f(x)\in B$。所以 $f(x)\in A$ 或 $f(x)\in B$，即 $f(x)\in A\cup B$。根據逆映像定義，我們得知 $x\in f^{-1}(A\cup B)$，所以 $f^{-1}(A)\cup f^{-1}(B)\subset f^{-1}(A\cup B)$。

由 (1) 和 (2) 可得 $f^{-1}(A\cup B)=f^{-1}(A)\cup f^{-1}(B)$。

(ii) 之證明和 (i) 完全相類似，留作練習。

定理1.3.2：若 $f:X\rightarrow Y$ 且 $A\subset X$，$B\subset X$，則

$f(A\cup B)=f(A)\cup f(B)$。

證明: (1) 因 $f(A\cup B)$ 爲 $(A\cup B)$ 的所有元素的映像所成的集合，所以 $f(A\cup B)$ 的任何一元素均爲 $(A\cup B)$ 中某元素的映像。假定 $f(x)\in f(A\cup B)$，則根據定義 1.3.5，$x\in A\cup B$，即 $x\in A$ 或 $x\in B$。這表示 $f(x)\in f(A)$ 或 $f(x)\in f(B)$，即 $f(x)\in f(A)\cup f(B)$。由此可知 $f(A\cup B)\subset f(A)\cup f(B)$。

(2) 假定 $f(x)\in f(A)\cup f(B)$, 則 $f(x)\in f(A)$ 或 $f(x)\in f(B)$。根據定義 1.3.5, 我們知道 $x\in A$ 或 $x\in B$, 即 $x\in A\cup B$。故 $f(x)\in f(A\cup B)$, 因此 $f(A)\cup f(B)\subset f(A\cup B)$。

由 (1) 和 (2) 得 $f(A\cup B)=f(A)\cup f(B)$。

但值得特別小心的是，若將此定理中之聯集改爲交集，則等式就未必成立, 例 1.3.6 即在說明此點。

【例1.3.6】設函數 $f:X\to Y$ 爲 $f(x)=x^2,(-\infty<x<\infty)$。

(i) 假定 $A=\{1,2\},\quad B=\{-1,-2\}$,

則 $A\cap B=\varnothing$,

$\therefore f(A\cap B)=\varnothing$。

但 $f(A)=\{1,4\},\quad f(B)=\{1,4\}$,

$\therefore f(A)\cap f(B)=\{1,4\}$,

$\therefore f(A\cap B)=\varnothing\neq\{1,4\}=f(A)\cap f(B)$。

(ii) 假定 $A=\{1,2\},\quad B=\{2,3\}$,

則 $A\cap B=\{2\}$,

$\therefore f(A\cap B)=\{4\}$。

$f(A)=\{1,4\},\quad f(B)=\{4,9\}$,

$\therefore f(A)\cap f(B)=\{4\}$,

$\therefore f(A\cap B)=\{4\}=f(A)\cap f(B)$。

定義 **1.3.6**：函數 $f:X\to Y$ 具有下列性質，

若 $f(x_1)=f(x_2)$，則 $x_1=x_2\ (x_1,x_2\in X)$，

則稱 f 爲一對一函數 (1 - 1 function)。

【例1.3.7】 (i) $f(x)=x,\ (-\infty<x<\infty)$。

(ii) $f(x)=x^2,\ (-\infty<x<\infty)$。

(iii) $f(x)=x^2,\ (0<x<\infty)$。

(i) 和 (iii) 均為 1 - 1 函數，但 (ii) 非 1 - 1 函數（為什麼？）。

我們可以從另一角度來看 1 - 1 函數；即對每一 $y\in f(X)$，如果 $f^{-1}(y)$ 均只包含一個元素，那麼 f 就是 1 - 1 函數。事實上，在這種情況下 f^{-1} 本身即為一個函數。

定義 1.3.7：$f:X\to Y$ 為一對一函數，則可定義函數 f^{-1} 如下：若 $f(x)=y$，則 $f^{-1}(y)=x,\ y\in f(X)$。f^{-1} 稱為函數 f 的反函數 (inverse function)，換句話說函數 f 及其反函數 f^{-1} 間有如下的關係：若 $f(x)=y$，則 $f\left(f^{-1}(y)\right)=f(x)=y$ 且 $f^{-1}\left(f(x)\right)=f^{-1}(y)$ $=x$。

因此，函數 f^{-1} 的定義域即是函數 f 之值域，而 f^{-1} 之值域則是 f 的定義域。另外，上述反函數的定義和定義 1.3.5 中逆映像的觀念也是一致的。如果 f 是 1 - 1 函數，且 $f(x)=y$，則 $\{y\}$ 的逆映像為 $\{x\}$，或寫成 $f^{-1}(\{y\})=\{x\}$；但因 $\{y\}$ 僅有一個元素，故將 $f^{-1}(\{y\})$ 寫成 $f^{-1}(y)$，若再將 $\{x\}$ 中表示集合的符號{ } 省略，即可得定義1.3.7 中的式子。

【例1.3.8】 若 $f(x)=e^x,\ (-\infty<x<\infty)$，

則其反函數為 $f^{-1}(y)=ln\,y,\ (0<y<\infty)$，

$f^{-1}\left(f(x)\right)=f^{-1}\left(e^x\right)=ln\,e^x=x,\quad -\infty<x<\infty$，

$f\left(f^{-1}(x)\right)=f(ln\,y)=e^{ln\,y}=y,\quad 0<y<\infty$。

定義 1.3.8：[illegible] 夬成函數 $f:X\Rightarrow Y$ 為 1-1，則 f 稱為由 X 到 Y 的一對一對應 (1-1 correspondence)。如果兩集合 X 和 Y 之間存在一個 1-1 對應，則稱集合 X 和集合 Y 等價 (equivalent)。

根據等價的觀念，下列幾個有關等價的性質應該很容易了解的。

(1) 任何兩個含有相等數量的元素的集合必爲等價。

(2) 任何集合與其本身必爲等價。

(3) 如果集合 X 和 Y 是等價, 則 Y 和 X 必然等價。

(4) 若集合 X 和 Y 等價, 集合 Y 和 Z 等價, 則 X 和 Z 必然等價。

定義 1.3.9：設函數 $f: X \to Y$ 而 $g: Y \to Z$，則 g 和 f 的合成函數 (the composition of f with g) $g \circ f$ 爲 $g \circ f: X \to Z$,

$$g \circ f(x) = g[f(x)],\ x \in X。$$

【例 1.3.9】 $f(x) = x + 5,\ -\infty < x < \infty$,

$g(x) = x^2,\ -\infty < x < \infty$,

則合成函數 $g \circ f$ 爲

$g \circ f(x) = (x+5)^2,\ -\infty < x < \infty$。

【例 1.3.10】假定一完全競爭廠商的生產函數爲

$q = f(K,L),\ K > 0, L > 0$,

其利潤函數 $\pi(q)$ 可表示成

$\pi(q) = \bar{p}q - C(q),\ q \geq 0$,

其中 $\bar{p}$ 爲產品價格, $C(q)$ 爲成本函數。

但我們也可將利潤函數寫成 K 和 L 的函數, 即

$\pi(K,L) = \bar{p}f(K,L) - C(f(K,L)),\ K > 0, L > 0$,

則 $\pi(K,L)$ 實即爲上述利潤函數 $\pi(q)$ 與生產函數 $f(K,L)$ 之合成函數。

習題 1.3

1. 是非題: 請說明理由(各題中X , Y , Z , A , B , C 均代表集合)

 (a) $A \times B \times C = (A \times B) \times C = A \times (B \times C)$。

 (b) $(A \times B) \cup (A' \times B) = (A \cup A') \times B$。

 (c) 若 $f : X \rightarrow Y$ 定義成

  $f(x) = c$, 其中c 爲Y 中某一固定元素 ,

  則 f 既非 1-1 也非映成函數〔 f 稱爲常數函數 (constant function) 〕。

 (d) 若 $f : X \rightarrow X$ 定義成

  $f(x) = x$,

  則 f 必然是1-1 也是映成函數〔 f 稱爲相等函數 (identity function) , 通常記成 I_x 〕。

 (e) 若 $g \circ f$ 爲1-1 函數, 則g 必爲 1-1 函數; 若 $g \circ f$ 爲映成函數, 則g 必爲映成函數。

2. 下列各函數均爲 $f : X \rightarrow Y$, 試求 $f(A)$, $f^{-1}(B)$。

 (a) $f(x) = \boldsymbol{ln}x$, $X = \{x|x > 0\}$, $Y = \{y|-\infty < y < \infty\}$, $A = \{x|0 < x \le 1\}$,

  $B = \{y|1 \le y \le 2\}$

 (b) $f(x) = \begin{cases} x^2 & 當 x \ge 0 \\ -x^2 & 當 x < 0 \end{cases}$

  $X = Y = \{y| -\infty < y < \infty \}$,

  $A = \{x| x > 0\}$, $B = \{0\}$ 。

 (c) $f(x) = \begin{cases} 1 & 當 x > 0 \\ 0 & 當 x = 0 \\ -1 & 當 x < 0, \end{cases}$

  $X = Y = \{y| -\infty < y < \infty \}$,

  $A = \{x| -3 < x < 1\}$, $B = \{y| -1 < y < 2\}$。

3 . 假定 $X = \{1, 2, 3, \cdots, n\}$, $Y = \{a, b\}$, 則可定義多少個由X 映入到Y的函數? 又可定義多少個由X 映成到Y的函數?

4.證明下列各題

(a) 若$f: X \to Y$且$A \subset X$, $B \subset X$,則 $f(A) - f(B) \subset f(A-B)$。

(b) 若$f: X \to Y$且$A \subset X$, $B \subset Y$,則 $f(f^{-1}(B)) \subset B$, 且$f^{-1}(f(A)) \supset A$。

(c) 若$f: X \Rightarrow Y$, $B \subset Y$, 則 $f[f^{-1}(B)] = B$。

(d) $f: X \to Y$, $g: Y \to Z$, $h: Z \to W$, 則$h \circ (g \circ f) = (h \circ g) \circ f$。

(e) 證明: 若且唯若 $f: X \to Y$ 為 1-1 對應,則存在另一函數$g: Y \to X$ 使得

$g \circ f = I_x$, $f \circ g = I_y$ [I_x, I_y 的意義見1.(d)]。

1.4 實函數

在經濟學中，最常使用的函數爲對應域是實數集合的函數，即 $f: X \to \boldsymbol{R}$。這種以實數集合爲對應域的函數稱爲實函數(real-valued function)，而對 $x \in X$，我們稱 x 的映像 f(x) 爲函數 f 在 x 的函數值。例 1.4.1 列出經濟學上幾個實函數的例子。

【例 1.4.1】(i) 總成本函數

$TC = 100 + 3q - 0.5q^2 + 0.3q^3, q \geq 0$，其中 q 代表生產量。

(ii) 效用函數

$U(x_1, x_2, \cdots, x_n) = x_1^{\alpha_1} x_2^{\alpha_2} \cdots, x_n^{\alpha_n}$, $x_1, x_2, \cdots, x_n \geq 0, x_i = 1, 2, \cdots, n$, 爲第 i 種產品之消費量，$\alpha_1, \alpha_2, \cdots, \alpha_n$ 爲常數。

(iii) 需求函數

$$x_1(p_1, p_2, I) = \frac{p_1^{r-1} I}{(p_1^r + p_2^r)}, p_1, p_2, I > 0,$$

x_1 爲對第一種產品的需求量，p_1，p_2 和 I 分別爲第一種、第二種產品之價格和消費者的貨幣所得，r 爲常數。

(iv) 消費函數

$c = a + b y,\ y \geq 0$，

式中 c 爲消費，y 爲國民所得（或國民生產毛額，或可支配所得），a, b 爲常數。

對於實函數，過去我們已經一再地應用，故我們不再深入探討，在此僅將相關的性質作簡要定義。

定義 1.4.1：若 $f: X \to \boldsymbol{R}$, $g: X \to \boldsymbol{R}$，則 f 和 g 兩函數之和定義成

$(f+g)(x) = f(x) + g(x), x \in X$。以集合的符號表示則爲

$f+g: X \to R, f+g = \{(x, f(x) + g(x)) \mid x \in X\}$。

換句話說, 兩實函數如果有相同的定義域, 則此兩函數的和也同樣是實函數。值得注意的是, 我們之所以可以定義兩函數之和, 是因為我們知道兩實數的和是有意義的。一般而言, $f: X \to Y$與 $g: X \to Y$並不代表 f+g 是有意義的, 因為 "+" 的運算在 Y 中未必有適當的定義。根據相同的原理, 我們有如下的定義:

定義 1.4.2 : 若 $f: X \to \boldsymbol{R}$, $g: X \to \boldsymbol{R}$, 則對 $x \in X$

(i) $(f-g)(x) = f(x) - g(x)$,

(ii) $(fg)(x) = f(x)\, g(x)$,

(iii) 若 $g(x) \neq 0$, 則 $(f/g)(x) = f(x)/g(x)$,

(iv) $(cf)(x) = c[f(x)]$, $c \in \boldsymbol{R}$,

(v) $\max(f,g)(x) = \max(f(x), g(x))$,

(vi) $\min(f,g)(x) = \min(f(x), g(x))$,

(vii) $|f|(x) = |f(x)|$。

上述定義中 max (a , b) 與 min(a , b), 分別代表 a,b 兩實數中較大者和較小者。若 a=b , 則 $\max(a,b) = \min(a,b) = a = b$。又, (vii) 中 $|f(x)|$ 符號代表實函數之絕對值。

習題 1.4

1. 若 $f: X \to \boldsymbol{R}$, $g: X \to \boldsymbol{R}$, 試證明:

   (a) $\max(f,g) = \dfrac{|f-g| + f + g}{2}$,

   (b) $\min(f,g) = \dfrac{-|f-g| + f + g}{2}$。

2. 畫出任意兩個具有相同定義域的實函數, f 和 g , 然後再畫出下列各函數

   (a) f + g。

   (b) f - g。

   (c) | f |。

(d) $2f + 3g$。

(e) $\max(f, g)$。

3. 假定 $f(x) = ax+b$, $g(x)=cx+d$, $x \in R$。

(a) 常數a,b,c,d 之間必須滿足什麼條件方能使$f(g(x))=g(f(x))$ 成立？

(b) 若 $h(x) = f(x)/g(x)$ ，$g(x) \neq 0$，則常數a與d之間必須滿足什麼條件方可得到$h(h(x))=x$？

4. 假定某一產品的生產函數爲

$$q = f(K,L) = \min\left[\frac{K}{a_k}, \frac{L}{a_L}\right],$$

其中K, L 分別爲資本和勞動數量, a_k, a_L 爲生產一單位產品所需的資本和勞動量(稱爲資本投入係數和勞動投入係數)。試分別假定 $a_K = a_L$，$a_K > a_L$，$a_K < a_L$ 畫出 $q = 1$, $q = 2$ 之等產量圖〔註: 此種生產函數稱爲Leontief 生產函數, Leontief production function 〕。

1.5　向量

上一節中，我們提到經濟學上最常用的函數為實函數 $f: X \to \boldsymbol{R}$。事實上，不僅如此，經濟學上通常將此實函數的定義域限制於 $X \subset \boldsymbol{R}^n$，也就是說定義域 X 為 n 度歐幾里德空間的部份集合。根據我們有關集合之直接乘積的討論，我們知道定義域中任何一點 $\mathbf{x}$ 均可表示成 $(x_1,\cdots,x_n)$ 的 n 偶。但這個 n 偶，除了表示 n 度歐幾里德空間的一點外，它還可用來表示由原點 $(0,\cdots,0)$ 到點 $(x_1,\cdots,x_n)$ 的有向線段 (directed line segment)，因此我們可將 $(x_1,\cdots,x_n)$ 視為 n 度歐幾里德空間中的一個向量 (vector)。圖 1.5.1 中，$\mathbf{x}=(3,2,1)$ 代表三度空間的一點 $\mathbf{x}$，也是代表由原點 $(0,\cdots,0)$ 到點 $\mathbf{x}$ 的有向線段 $\mathbf{x}$。由於 n 度空間中任何一點與由原點到該點的有向線段為 1-1 對應，故以 $\mathbf{x}$ 代表點 (3,2,1)，及與其對應之向量並不會引起混淆。為了與一般符號有所區別，本書將以小寫粗體字代表向量，如 $\mathbf{x}$, $\mathbf{y}$, $\mathbf{z}$ 等，將其分量或坐標 (components 或 coordinates) 以一般小寫英文字加下標表式，如 $x_1,x_2,\cdots,x_n$。另外，從現在起，我們將向量 $\mathbf{x}$ 寫成行向量 (column vector) 的型式，即

$$\mathbf{x}=\begin{pmatrix} x_1 \\ \vdots \\ x_n \end{pmatrix},$$

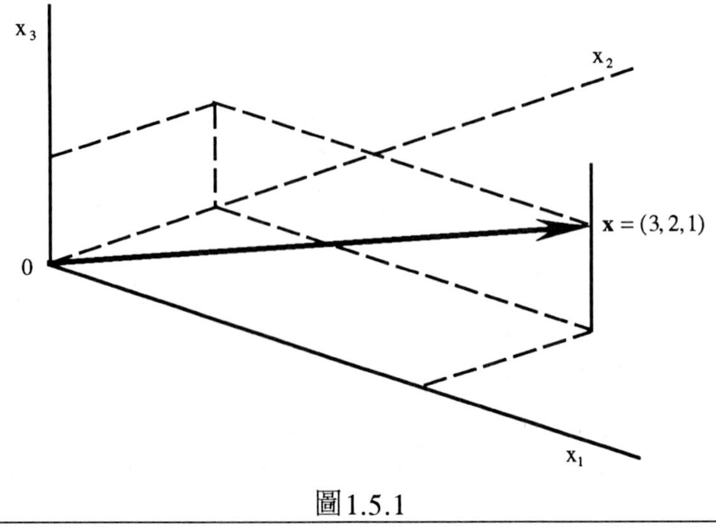

圖1.5.1

將向量寫成行向量或列向量 (row vector) $(x_1, \cdots, x_n)$ 只是習慣問題, 並沒有特別的意義。如果我們希望將行向量改成列向量, 只要利用轉置 (transpose) 的運算就可以, 即

$$\mathbf{x}^T = \begin{pmatrix} x_1 \\ \vdots \\ x_n \end{pmatrix}^T = (x_1, \cdots, x_n),$$

上式中 T 代表轉置的意思。同樣, 將列向量經過轉置即得行向量,

$$(\mathbf{x}^T)^T = (x_1, \cdots, x_n)^T = \begin{pmatrix} x_1 \\ \vdots \\ x_n \end{pmatrix} = \mathbf{x}\text{。}$$

當一向量所有分量 $x_i = 0,\ i = 1, \cdots, n$ 時, 記爲 $\mathbf{0}_n = (0, \cdots, 0)^T$, 稱爲 n 維零向量; 當一向量 $\mathbf{x}$ 的所有分量 x_i 均爲正值時 (即 $x_i > 0,\ i = 1, \cdots, n$), 我們以 $\mathbf{x} > \mathbf{0}_n$ 表示; 當 $\mathbf{x}$ 的所有分量均爲非負值時 (即 $x_i \geq 0,\ i = 1, \cdots, .n$), 我們以 $\mathbf{x} \geq \mathbf{0}_n$ 表示; $\mathbf{x} \neq \mathbf{0}_n$ 則表示 $\mathbf{x}$ 的分量中至少有一 $x_i \neq 0$。據此, 我們可定義

$$\boldsymbol{R}^n_+ = \left\{\mathbf{x} \in \boldsymbol{R}^n \;\middle|\; \mathbf{x} \geq \mathbf{0}_n\right\},$$
$$\boldsymbol{R}^n_{++} = \left\{\mathbf{x} \in \boldsymbol{R}^n \;\middle|\; \mathbf{x} > \mathbf{0}_n\right\}\text{。}$$

此外, 由直接乘積和 n 偶的定義我們知道, 若且唯若 $x_i = y_i,\ i = 1, \cdots, n$, 則 $\mathbf{x} = \mathbf{y}$。接著我們來定義兩個向量的一些簡單運算。

定義 1.5.1: 設 $\mathbf{x}^1, \mathbf{x}^2 \in \boldsymbol{R}^n,\ \alpha \in \boldsymbol{R}$ 則

(i) $\mathbf{x}^1$ 和 $\mathbf{x}^2$ 的和爲

$$\mathbf{x}^1 + \mathbf{x}^2 = (x_{11}, x_{21}, \cdots, x_{n1})^T + (x_{12}, x_{22}, \cdots, x_{n2})^T$$
$$= (x_{11} + x_{12}, x_{21} + x_{22}, \cdots, x_{n1} + x_{n2})^T\text{。}$$

(ii) 純量 (scalar) α 和 $\mathbf{x}$ 的乘積爲

$$\alpha\mathbf{x} = \alpha(x_1, x_2, \cdots, x_n)^T = (\alpha x_1, \alpha x_2, \cdots, \alpha x_n)^T\text{。}$$

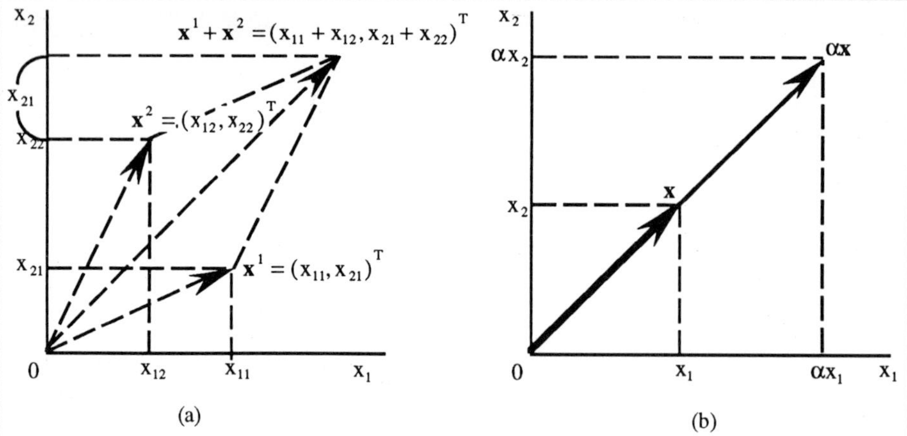

圖 1.5.2

要了解這兩個運算的意義, 最簡單的方法就是以幾何圖形來解釋。假定 $n = 2$, 則我們知道, $\mathbf{x}^1$ 和 $\mathbf{x}^2$ 分別爲二度空間中的兩點, 如圖 1.5.2(a) 所示, $\mathbf{x}^1+\mathbf{x}^2$ 在 x_1 軸的分量乃 $\mathbf{x}^1$ 和 $\mathbf{x}^2$ 的 x_1 軸的分量之和 $x_{11}+x_{12}$, 而 $\mathbf{x}^1+\mathbf{x}^2$ 的 x_2 軸的分量則爲 $\mathbf{x}^1$ 和 $\mathbf{x}^2$ 的 x_2 軸的分量之和 $x_{21}+x_{22}$。從幾何的觀點來說, 這只不過是利用 $\mathbf{x}^1$ 和 $\mathbf{x}^2$ 兩有向線段與原點共同來構成一平行四邊形, 而 $\mathbf{x}^1+\mathbf{x}^2$ 正好是與原點相對的頂點的坐標, 這就是所謂的平行四邊形法則。至於 $\alpha\mathbf{x}$ 的幾何意義, 由 1.5.2(b) 可很清楚的看到, 只不過將有向線段向外延長（或向內縮短）α 倍而已。

雖然, 我們只定義了向量的加法及其與純量的乘積, 但事實上, 這已包括了向量的差在內, 因 $\mathbf{x}^1-\mathbf{x}^2=\mathbf{x}^1+(-1)\mathbf{x}^2$, 也就是說, $\mathbf{x}^1$ 減去 $\mathbf{x}^2$ 的結果, 只不過是將向量 $\mathbf{x}^2$ 先乘 -1 再與 $\mathbf{x}^1$ 相加而已。圖 1.5.3 爲 $\mathbf{x}^1-\mathbf{x}^2$ 的幾何說明。$-\mathbf{x}^2$ 乃是將 $\mathbf{x}^2$ 的方向倒轉 180^0。然後, 利用平行四邊形法則將 $\mathbf{x}^1$ 與 $\mathbf{x}^2$ 相加即得 $\mathbf{x}^1-\mathbf{x}^2$。由於向量乃由其長度 (length 或 norm) 和方向決定, 只要其長度和方向確定, 可以置於坐標上任何地方, 而不一定要由原點出發, 因此習慣上, 我們也常將 $\mathbf{x}^1-\mathbf{x}^2$ 表示爲如圖上方由點 $\mathbf{x}^2$ 出發到點 $\mathbf{x}^1$ 的向量。

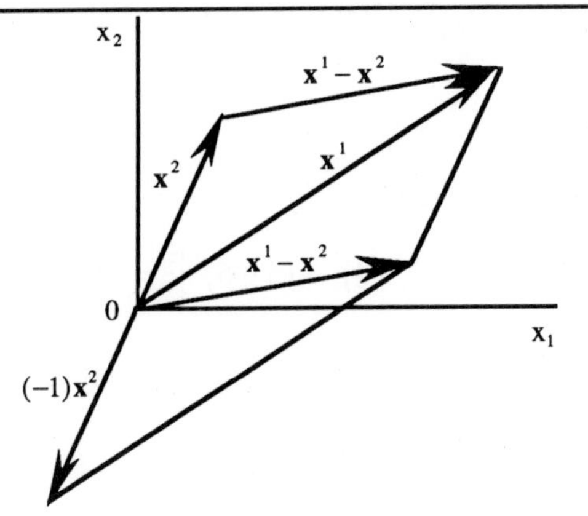

圖 1.5.3

【例 1.5.1】 $\mathbf{x}^1=(3,-7,5)^T$, $\mathbf{x}^2=(1,4,-6)^T$, 求 $3\mathbf{x}^1-2\mathbf{x}^2$。

解:

$$3\mathbf{x}^1-2\mathbf{x}^2=3\begin{pmatrix}3\\-7\\5\end{pmatrix}-2\begin{pmatrix}1\\4\\-6\end{pmatrix}=\begin{pmatrix}9\\-21\\15\end{pmatrix}+\begin{pmatrix}-2\\-8\\12\end{pmatrix}=\begin{pmatrix}7\\-29\\27\end{pmatrix}。$$

上面我們提到向量主要是決定於其長度和方向, 現在我們就來看看向量的長度。

定義 1.5.2：設 $\mathbf{x}^1,\mathbf{x}^2\in \boldsymbol{R}^n$ ，則點（向量） $\mathbf{x}^1$ 到點（向量） $\mathbf{x}^2$ 的距離爲

$$\left\|\mathbf{x}^1-\mathbf{x}^2\right\|=\left[\left(x_{11}-x_{12}\right)^2+\cdots+\left(x_{n1}-x_{n2}\right)^2\right]^{\frac{1}{2}}=\left[\sum_{i=1}^{n}\left(x_{i1}-x_{i2}\right)^2\right]^{\frac{1}{2}}。\qquad(1.5.1)$$

讀者可以利用 $n=2$ 的情形自行查證, 這個距離的定義, 就是由我們所熟知的畢氏定理推廣而來。又, 當 $\mathbf{x}^2=\mathbf{0}_n$ 時, (1.5.1)表示由點 $\mathbf{x}^1$ 到原點的距離, 也就是一般所謂的向量的長度, 故向量的長度爲

$$\left\|\mathbf{x}^1\right\|=\left\|\mathbf{x}^1-\mathbf{0}_n\right\|=\left[\sum_{i=1}^{n}x_{i1}^2\right]^{\frac{1}{2}}。\qquad(1.5.2)$$

【例 1.5.2】求例 1.5.1 中兩向量之長度及其彼此間的距離。

解: $\|\mathbf{x}^1\| = (9+49+25)^{\frac{1}{2}} = \sqrt{83}$,

$\|\mathbf{x}^2\| = (1+16+36)^{\frac{1}{2}} = \sqrt{53}$,

$\|\mathbf{x}^1 - \mathbf{x}^2\| = \left[(3-1)^2 + (-7-4)^2 + (5+6)^2\right]^{\frac{1}{2}} = \sqrt{4+121+121} = \sqrt{246}$。

接著我們來定義內積或點積 (inner product 或dot product) 的觀念, 並利用向量的距離來解釋其意義。

定義 **1.5.3**: $\mathbf{x}^1, \mathbf{x}^2 \in \boldsymbol{R}^n$, 則 $\mathbf{x}^1$ 和 $\mathbf{x}^2$ 的內積為

$$\mathbf{x}^1 \cdot \mathbf{x}^2 = (\mathbf{x}^1)^T \mathbf{x}^2 = (x_{11}, \cdots, x_{n1}) \begin{pmatrix} x_{12} \\ \vdots \\ x_{n2} \end{pmatrix}$$

$$= x_{11}x_{12} + x_{21}x_{22} + \cdots + x_{n1}x_{n2} = \sum_{i=1}^{n} x_{i1}x_{i2} \text{。} \tag{1.5.3}$$

上式表示, 兩向量的內積乃是將其相同方向的分量相乘再加總起來的一個純量, 因此我們也常將內積叫純量積(scalar product)。利用幾何上的餘弦定律 (cosine law), 我們知道向量 $\mathbf{x}^1$, $\mathbf{x}^2$ 與 $\mathbf{x}^1 - \mathbf{x}^2$ 間有如下的關係(見圖 1.5.4)

$$\|\mathbf{x}^1 - \mathbf{x}^2\|^2 = \|\mathbf{x}^1\|^2 + \|\mathbf{x}^2\|^2 - 2\|\mathbf{x}^1\|\,\|\mathbf{x}^2\|\cos\theta \text{,} \tag{1.5.4}$$

式中 θ 代表向量 $\mathbf{x}^1$ 和 $\mathbf{x}^2$ 的夾角。

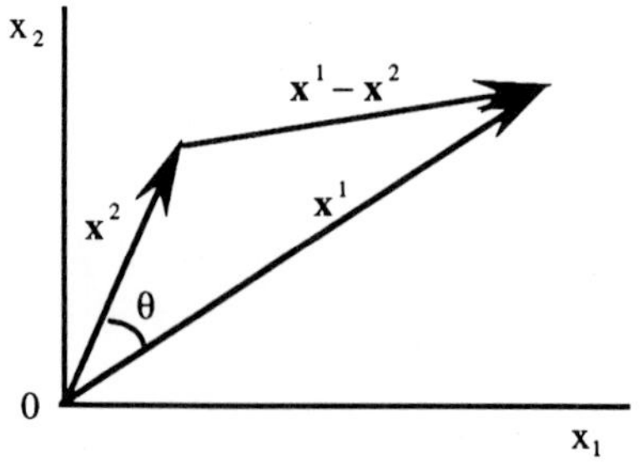

圖 1.5.4

由 (1.5.1)，(1.5.2) 和 (1.5.3) 知

$$\left\|\mathbf{x}^1-\mathbf{x}^2\right\|^2=\sum_{i=1}^{n}(x_{i1}-x_{i2})^2=\sum_{i=1}^{n}(x_{i1})^2+\sum_{i=1}^{n}(x_{i2})^2-2\sum_{i=1}^{n}x_{i1}x_{i2}$$
$$=\left\|\mathbf{x}^1\right\|^2+\left\|\mathbf{x}^2\right\|^2-2\mathbf{x}^1\cdot\mathbf{x}^2, \tag{1.5.5}$$

結合 (1.5.4) 和 (1.5.5) 可得

$$\mathbf{x}^1\cdot\mathbf{x}^2=\left(\mathbf{x}^1\right)^T\mathbf{x}^2=\left\|\mathbf{x}^1\right\|\left\|\mathbf{x}^2\right\|\cos\theta, \tag{1.5.6}$$

或 $$\cos\theta=\frac{\mathbf{x}^1\cdot\mathbf{x}^2}{\left\|\mathbf{x}^1\right\|\left\|\mathbf{x}^2\right\|}。 \tag{1.5.6'}$$

因 $-1\le\cos\theta\le1$ 故 $|\cos\theta|\le1$，代入 (1.5.6) 可得

$$\left|\mathbf{x}^1\cdot\mathbf{x}^2\right|\le\left|\,\left\|\mathbf{x}^1\right\|\left\|\mathbf{x}^2\right\|\,\right|=\left\|\mathbf{x}^1\right\|\left\|\mathbf{x}^2\right\|, \tag{1.5.7}$$

(1.5.7) 即是 Chauchy-Schwarz 不等式 (Chauchy-Schwarz inequality)。

在二度空間中，當兩個非零向量的夾角爲 90^0 時，我們稱他們彼此互相垂直或正交 (orthogonal)。但我們知道 $\cos 90^0=0$，故當 $\mathbf{x}^1\neq\mathbf{0}_2$、$\mathbf{x}^2\neq\mathbf{0}_2$，且 $\mathbf{x}^1$ 和 $\mathbf{x}^2$ 彼此正交，則由 (1.5.6) 知 $\mathbf{x}^1$ 和 $\mathbf{x}^2$ 的內積爲 0。現在我們可據此將正交的觀念推廣到 n 度空間中。

定義 1.5.4：$\mathbf{x}^1,\mathbf{x}^2\in R^n,\mathbf{x}^1\neq\mathbf{0}_n,\mathbf{x}^2\neq\mathbf{0}_n$，若 $\left(\mathbf{x}^1\right)^T\mathbf{x}^2=0$，則稱向量 $\mathbf{x}^1$ 和 $\mathbf{x}^2$ 正交。

【例 1.5.3】下列三向量中有那一對呈正交。

(i) $\mathbf{x}^1=\left(\frac{1}{6},\frac{1}{3},\frac{1}{2}\right)^T$ (ii) $\mathbf{x}^2=\left(\frac{1}{3},\frac{1}{3},-\frac{1}{3}\right)^T$ (iii) $\mathbf{x}^3=\left(\frac{1}{3},\frac{2}{3},-\frac{2}{3}\right)^T$

解：因 $\mathbf{x}^2$ 和 $\mathbf{x}^3$ 每一分量的符號均相同，故其內積不可能爲 0，因此不可能正交。

$$\left(\mathbf{x}^1\right)^T \mathbf{x}^2 = \left(\frac{1}{6},\frac{1}{3},\frac{1}{2}\right)\begin{pmatrix} \frac{1}{3} \\ \frac{1}{3} \\ -\frac{1}{3} \end{pmatrix} = \frac{1}{18}+\frac{1}{9}-\frac{1}{6} = 0 \ ,$$

$$\left(\mathbf{x}^1\right)^T \mathbf{x}^3 = \left(\frac{1}{6},\frac{1}{3},\frac{1}{2}\right)\begin{pmatrix} \frac{1}{3} \\ \frac{2}{3} \\ -\frac{2}{3} \end{pmatrix} = \frac{1}{18}+\frac{2}{9}-\frac{1}{3} = -\frac{1}{18} \ ,$$

故由定義知 $\mathbf{x}^1$ 和 $\mathbf{x}^2$ 彼此正交。

有關向量的性質, 最後我們來探討所謂向量間的線性相依 (linearly dependent) 和線性獨立 (linearly independent) 的觀念。在正式定義之前, 我們先提醒讀者, 線性相依或線性獨立是指一組向量間的性質, 而非其中任何一單一向量的性質。

定義 1.5.5：對一組非零向量 $\mathbf{x}^i \in \boldsymbol{R}^n$, $i = 1,\cdots,m$，若存在一組 λ_i, $i = 1,\cdots,m$，且至少有一 $\lambda_i \neq 0$ 使得下式成立

$$\lambda_1\mathbf{x}^1 + \lambda_2\mathbf{x}^2 + \cdots + \lambda_m\mathbf{x}^m = \mathbf{0}_n \ , \tag{1.5.8}$$

則稱這一組向量爲線性相依。若 (1.5.8) 僅在所有 λ_i, $i = 1,\cdots,m$, 均等於 0 時方成立, 則稱這一組向量爲線性獨立。又, 式中 $\lambda_1\mathbf{x}^1 + \lambda_2\mathbf{x}^2 + \cdots + \lambda_m\mathbf{x}^m$ 稱爲向量 $\mathbf{x}^1,\cdots,\mathbf{x}^m$ 的線性組合 (linear combination)。

較直覺點來說, 所謂向量 $\mathbf{x}^1,\cdots,\mathbf{x}^m$ 爲線性相依, 乃表示其中至少有一向量可以表示爲其他向量的線性組合。爲什麼呢? 假定 $\mathbf{x}^m$ 可以表示爲其他向量的線性組合, 則

$$\mathbf{x}^m = \lambda_1\mathbf{x}^1 + \cdots + \lambda_{m-1}\mathbf{x}^{m-1}$$

或　$\lambda_1\mathbf{x}^1+\cdots+\lambda_{m-1}\mathbf{x}^{m-1}+(-1)\mathbf{x}^m=\mathbf{0}_n$,　(1.5.9)

因 (1.5.9) 中至少有一係數 $\lambda_m=-1$ 不爲 0，根據定義可知這組向量爲線性相依。反過來說，若 $\mathbf{x}^1,\cdots,\mathbf{x}^m$ 爲線性相依，則至少有一向量可表示爲其他向量的線性組合。因爲根據定義，我們知道有一 $\lambda_i\neq 0$，假定其爲 λ_m，則由 (1.5.8) 可得

$$\mathbf{x}^m=-\frac{\lambda_1}{\lambda_m}\mathbf{x}^1-\cdots-\frac{\lambda_{m-1}}{\lambda_m}\mathbf{x}^{m-1}$$

$$=\alpha_1\mathbf{x}^1+\cdots+\alpha_{m-1}\mathbf{x}^{m-1}\ , \tag{1.5.10}$$

式中 $\alpha_i=-\dfrac{\lambda_i}{\lambda_m}$，故 $\mathbf{x}^m$ 可表爲 $\mathbf{x}^1,\cdots,\mathbf{x}^{m-1}$ 的一線性組合。當一向量可表示爲另一組向量的線性組合時，我們稱該向量爲線性相依於該組向量。反之，若一向量無法表示爲另一組向量的線性組合時，則稱此一向量線性獨立於該組向量。(1.5.10) 表示 $\mathbf{x}^m$ 乃線性相依於 $\mathbf{x}^1,\cdots,\mathbf{x}^{m-1}$。

現在，我們敘述有關線性相依和線性獨立的兩個基本定理，其證明則留於習題中。

定理1.5.1：若 $\mathbf{x}^i\in R^n, i=1,\cdots,m$，爲線性獨立，則集合 $\{\mathbf{x}^1,\cdots,\mathbf{x}^m\}$ 的任何部分集合中的元素必爲線性獨立。若 $\mathbf{x}^i\in R^n, i=1,\cdots,m$，爲線性相依，且 $X\subset R^n$，$\{\mathbf{x}^1,\cdots,\mathbf{x}^m\}\subset X$，則 X 的元素必爲線性相依。

對任何一組 $\mathbf{x}^i\in R^n, i=1,\cdots,m$，而言，如果存在任何 k 個線性獨立的向量，而任何 k+1 個向量均爲線性相依，則我們稱 k 爲該組向量的最大線性獨立數。當然，若k的最大數值爲 m，就代表 $\mathbf{x}^1,\cdots,\mathbf{x}^m$ 爲線性獨立的情形。

定理1.5.2：若 $\mathbf{x}^i\in R^n, i=1,\cdots,m$，爲一組向量，若該組向量的最大線性獨立數爲 $k<m$，則給定其中任何 k 個線性獨立的向量後，此組向量的任何其他向量均可表示成此 k 個向量的線性組合。

【例 1.5.4】設 $\mathbf{x}^1, \mathbf{x}^2 \in R^2$，且 $\mathbf{x}^1 \neq \mathbf{0}_2$, $\mathbf{x}^2 \neq \mathbf{0}_2$。說明若 $\mathbf{x}^1$ 和 $\mathbf{x}^2$ 線性相依, 則 $\mathbf{x}^1$ 和 $\mathbf{x}^2$ 必在同一條經過原點的射線上。

解: 因 $\mathbf{x}^1$ 和 $\mathbf{x}^2$ 為線性相依, 故存在 λ_1，λ_2 不同時為零使得

$$\lambda_1 \mathbf{x}^1 + \lambda_2 \mathbf{x}^2 = \mathbf{0}_2 \text{ ,}$$

因 $\mathbf{x}^1 \neq \mathbf{0}_2$, $\mathbf{x}^2 \neq \mathbf{0}_2$，故上式事實上隱含 $\lambda_1 \neq 0$, $\lambda_2 \neq 0$（為什麼？），故可將其寫成

$$\mathbf{x}^1 = -\frac{\lambda_2}{\lambda_1}\mathbf{x}^2 = \alpha \mathbf{x}^2 \text{ ,}$$

可見 $\mathbf{x}^1$ 只不過是 $\mathbf{x}^2$ 乘以一純量而已, 由定義 1.5.1 的討論得知, $\mathbf{x}^1$ 和 $\mathbf{x}^2$ 乃在通過原點的同一條射線上。

習題1.5

1. $\mathbf{x}, \mathbf{y}, \mathbf{z} \in R^n$, $\lambda_1, \lambda_2 \in R$，試證:
   (a) $\mathbf{x} + \mathbf{y} = \mathbf{y} + \mathbf{x}$。
   (b) $\mathbf{x} + \mathbf{0}_n = \mathbf{0}_n + \mathbf{x} = \mathbf{x}$。
   (c) $\mathbf{x} + \mathbf{x} = 2\mathbf{x}$。
   (d) $\mathbf{x} + \mathbf{y} + \mathbf{z} = \mathbf{x} + (\mathbf{y} + \mathbf{z}) = (\mathbf{x} + \mathbf{y}) + \mathbf{z}$。
   (e) 若 $\mathbf{x} + \mathbf{y} = \mathbf{0}_n$，則 $\mathbf{x} = -\mathbf{y}$。
   (f) $(\lambda_1 + \lambda_2)(\mathbf{x} + \mathbf{y}) = \lambda_1 \mathbf{x} + \lambda_1 \mathbf{y} + \lambda_2 \mathbf{x} + \lambda_2 \mathbf{y}$。

2. $\mathbf{x}, \mathbf{y}, \mathbf{z} \in R^n$, $\alpha \in R$，試證:
   (a) 若 $\mathbf{x} \neq \mathbf{y}$，則 $\| \mathbf{x} - \mathbf{y} \| > 0$; 若且唯若 $\mathbf{x} = \mathbf{y}$，則 $\| \mathbf{x} - \mathbf{y} \| = 0$。
   (b) $\| \mathbf{x} - \mathbf{y} \| = \| \mathbf{y} - \mathbf{x} \|$。
   (c) $\| \mathbf{x} - \mathbf{y} \| \leq \| \mathbf{x} - \mathbf{z} \| + \| \mathbf{z} - \mathbf{y} \|$（此稱為三角不等式, triangle inequality）。
   (d) $\| \alpha \mathbf{x} \| = | \alpha | \, \| \mathbf{x} \|$。

3. $\mathbf{x},\mathbf{y},\mathbf{z}\in \boldsymbol{R}^n$, $\alpha,\beta\in \boldsymbol{R}$，則

(a) $\mathbf{x}^T\mathbf{y}=\mathbf{y}^T\mathbf{x}$。

(b) $\mathbf{x}^T\mathbf{0}_n=\mathbf{0}_n^T\mathbf{x}=0$。

(c) $(\alpha\mathbf{x}+\beta\mathbf{y})^T\mathbf{z}=\alpha\mathbf{x}^T\mathbf{z}+\beta\mathbf{y}^T\mathbf{z}$。

(d) $\mathbf{x}^T(\mathbf{y}+\mathbf{z})=\mathbf{x}^T\mathbf{y}+\mathbf{x}^T\mathbf{z}$。

4. 若兩向量$(x,\ x-1,\ x,\ -1)$和$(2x,\ x,\ 3,\ 1)$彼此正交，則x之值爲何？

5. 試說明零向量 $\mathbf{0}_n$ 線性相依於任何一組其他向量，且任何一組線性獨立的向量 $\{\mathbf{x}^1,\mathbf{x}^2,\cdots,\mathbf{x}^m\}$ 不可能包括零向量在內。

6. 證明定理1.5.1 和定理1.5.2。

7. $\mathbf{x},\mathbf{y},\mathbf{z}\in \boldsymbol{R}^n$, 證明：若$\mathbf{x}$, $\mathbf{y}$ 和 $\mathbf{z}$ 爲線性獨立，則$\mathbf{x}+\mathbf{y}$, $\mathbf{y}+\mathbf{z}$ 和$\mathbf{x}+\mathbf{z}$ 爲線性獨立。

8. $\mathbf{x}^i\in \boldsymbol{R}^n$, $\mathbf{x}^i\neq\mathbf{0}_n$, $i=1,\cdots,m$, 試證：若對任何 $i\neq j$ 均有 $(\mathbf{x}^i)^T\mathbf{x}^j=0$，則 $\mathbf{x}^1,\cdots,\mathbf{x}^m$ 爲線性獨立。

1.6 矩陣與行列式

上一節最後我們討論了線性獨立與線性相依的意義，但是，我們卻一直沒有詳細探討，如何確定一組向量 $\mathbf{x}^1, \cdots, \mathbf{x}^m$ 爲線性獨立或線性相依的問題。換句話說，我們並沒有談到是否存在一組 $\lambda_1, \lambda_2, \cdots, \lambda_m$，且至少有一 $\lambda_i \neq 0$ 使得

$$\lambda_1\mathbf{x}^1+\cdots+\lambda_m\mathbf{x}^m = \mathbf{0}_n \tag{1.6.1}$$

成立。假定我們將向量 $\mathbf{x}^i (i = 1,\cdots,m)$表示成 $\mathbf{x}^i = (x_{1i}, x_{2i}, \cdots, x_{ni})^T$，則 (1.6.1) 式可改寫成

$$\lambda_1\begin{pmatrix} x_{11} \\ x_{21} \\ \vdots \\ x_{n1} \end{pmatrix} + \lambda_2\begin{pmatrix} x_{12} \\ x_{22} \\ \vdots \\ x_{n2} \end{pmatrix} + \cdots + \lambda_m\begin{pmatrix} x_{1m} \\ x_{2m} \\ \vdots \\ x_{nm} \end{pmatrix} = \mathbf{0}_n \ ,$$

或

$$\begin{pmatrix} x_{11}\lambda_1 + x_{12}\lambda_2 + \cdots + x_{1m}\lambda_m \\ x_{21}\lambda_1 + x_{22}\lambda_2 + \cdots + x_{2m}\lambda_m \\ \vdots \\ x_{n1}\lambda_1 + x_{n2}\lambda_2 + \cdots + x_{nm}\lambda_m \end{pmatrix} = \mathbf{0}_n \ ,$$

或

$$\begin{aligned} x_{11}\lambda_1 + x_{12}\lambda_2 + \cdots + x_{1m}\lambda_m &= 0 \\ x_{21}\lambda_1 + x_{22}\lambda_2 + \cdots + x_{2m}\lambda_m &= 0 \\ &\vdots \\ x_{n1}\lambda_1 + x_{n2}\lambda_2 + \cdots + x_{nm}\lambda_m &= 0 \ 。\end{aligned} \tag{1.6.2}$$

現在，(1.6.2) 就是我們所熟知的一組n 條線性聯立方程式，或齊次型線性聯立方程式(homogeneous simultaneous linear equations)，因爲等式右側均等於 0。欲判別 $\mathbf{x}^1, \cdots, \mathbf{x}^m$ 是否爲線性獨立，我們就得解此聯立方程式，以確定其解 $(\lambda_1^*, \lambda_2^*, \cdots, \lambda_m^*)$ 是否爲一m 維零向量。但是，要解此聯立方程式則牽涉到矩陣及行列式(matrix and determinant)的概念，這就是本節所要討論的對象。

定義 1.6.1：一 n×m 階矩陣為一包括 n 列和 m 行的數字的方形排列，若以 **A** 代表此矩陣，則

$$\mathbf{A}=\begin{pmatrix} a_{11} & a_{12} & \cdots & a_{1m} \\ a_{21} & a_{22} & \cdots & a_{2m} \\ \vdots & \vdots & \ddots & \vdots \\ a_{n1} & a_{n2} & \cdots & a_{nm} \end{pmatrix}=\left(a_{ij}\right)_{n\times m}。 \qquad (1.6.3)$$

上式中 a_{ij} 代表矩陣中第 i 列第 j 行的元素。當一矩陣的行數和列數很清楚時，我們也常將 $\left(a_{ij}\right)_{n\times m}$ 簡寫成 $\left(a_{ij}\right)$。一般而言，一矩陣的元素並不限定為實數，但在本書討論中以 $a_{ij}\in \boldsymbol{R}\ (i=1,\cdots,n;\ j=1,\cdots,m)$ 為限。又，在本書中，所有矩陣將以大寫粗體英文字來表示，如

$$\mathbf{A}=\begin{pmatrix} 2 & 0 & 1 \\ 3 & 1 & 2 \\ -1 & -\mathbf{2} & -3 \\ 1 & 3 & 5 \end{pmatrix},\quad \mathbf{B}=\begin{pmatrix} -1 & 1 & 1 & \mathbf{3} \\ -3 & 1 & 1 & 1 \end{pmatrix}$$

分別為 4×3 和 2×4 矩陣，$a_{32}=-2$, $b_{14}=3$。當 $n=m$ 時，矩陣有相同的列數與行數，在此情況下，我們稱此矩陣為一 n 階方陣 (n × n squared matrix)。幾個較特殊的方陣為

$$\text{(i) } \mathbf{A}=\begin{pmatrix} a_{11} & 0 & \cdots & 0 \\ 0 & a_{22} & & \vdots \\ \vdots & & \ddots & 0 \\ 0 & \cdots & 0 & a_{nn} \end{pmatrix}=\begin{pmatrix} a_{11} & & 0 \\ & \ddots & \\ 0 & & a_{nn} \end{pmatrix}$$

稱為對角矩陣 (diagonal matrix)，即除了對角線上的元素 a_{ii} (i = 1, ... , n) 外，其餘元素均為 0 的矩陣。

$$\text{(ii) } \mathbf{I}_n=\begin{pmatrix} 1 & & 0 \\ & \ddots & \\ 0 & & 1 \end{pmatrix}$$

稱為單位矩陣 (unit matrix 或 identity matrix)，係當 $a_{ii}=1$, i = 1, ... ,n 時之對角矩陣。

$$\text{(iii)}\ \mathbf{O}_n = \begin{pmatrix} 0 & 0 & \cdots & 0 \\ 0 & 0 & \cdots & 0 \\ \vdots & \vdots & \ddots & \vdots \\ 0 & 0 & \cdots & 0 \end{pmatrix}$$

稱為$n \times n$ 零矩陣(zero matrix 或 null matrix)。

有時, 為了方便運算, 我們也可將矩陣以上一節所談的向量來表示。如果我們定義

$$\mathbf{a}_j = \left(a_{1j}, a_{2j}, \cdots, a_{nj}\right)^T, \quad j = 1, 2, \cdots, m,$$

$$\mathbf{b}_i^T = \left(a_{i1}, a_{i2}, \cdots, a_{im}\right), \quad i = 1, 2, \cdots, n,$$

則可將(1.6.3) 寫成

$$\mathbf{A} = \left(\mathbf{a}_1, \mathbf{a}_2, \cdots, \mathbf{a}_m\right) = \begin{pmatrix} \mathbf{b}_1^T \\ \mathbf{b}_2^T \\ \vdots \\ \mathbf{b}_n^T \end{pmatrix}, \tag{1.6.3'}$$

故我們可將矩陣看成一元素為向量所形成的向量。現在, 若將$\mathbf{C} = (c_{ij})_{n \times m}$ 寫成

$$\mathbf{C} = \left(\mathbf{c}_1, \mathbf{c}_2, \cdots, \mathbf{c}_m\right), \tag{1.6.4}$$

則由上一節向量的討論知, $\mathbf{A} = \mathbf{C}$ 的條件為

$$\mathbf{a}_j = \mathbf{c}_j,\ j = 1, \cdots, m,$$

$$\text{但}\ \mathbf{a}_j = \left(\mathbf{a}_{1j}, \mathbf{a}_{2j}, \cdots, \mathbf{a}_{nj}\right)^T,\ j = 1, \cdots, m,$$

$$\mathbf{c}_j = \left(\mathbf{c}_{1j}, \mathbf{c}_{2j}, \cdots, \mathbf{c}_{nj}\right)^T,\ j = 1, \cdots, m,$$

因此 $\mathbf{a}_j = \mathbf{c}_j$ 的條件為 $a_{ij} = c_{ij}, \ i = 1, \cdots, n;\ j = 1, \cdots, m,$

故我們可得, 若且唯若$\mathbf{A} = \mathbf{C}$, 則 $a_{ij} = c_{ij}, \ i = 1, \cdots, n;\ j = 1, \cdots, m$。

我們也可利用類似的概念定義矩陣的和與矩陣跟純量的乘積。

定義 1.6.2：若 $\mathbf{A}=\left(a_{ij}\right)_{n\times m}$, $\mathbf{B}=\left(b_{ij}\right)_{n\times m}$, $\alpha\in\boldsymbol{R}$, 則

$$\mathbf{A}+\mathbf{B}=\left(a_{ij}+b_{ij}\right)_{n\times m}=\left(c_{ij}\right)_{n\times m}=\mathbf{C},$$

$$\alpha\mathbf{A}=\left(\alpha a_{ij}\right)_{n\times m}\text{。}$$

很顯然地, 兩矩陣只能在有同樣的行數與列數時方能進行相加。

【例1.6.1】 $\mathbf{A}=\begin{pmatrix}2&1\\3&2\\1&1\end{pmatrix}$, $\mathbf{B}=\begin{pmatrix}-2&1\\2&5\\1&-3\end{pmatrix}$,

$$\text{則 }\mathbf{A}+\mathbf{B}=\begin{pmatrix}2-2&1+1\\3+2&2+5\\1+1&1-3\end{pmatrix}=\begin{pmatrix}0&2\\5&7\\2&-2\end{pmatrix},$$

$$5\mathbf{A}-\mathbf{B}=5\mathbf{A}+(-1)\mathbf{B}=\begin{pmatrix}10&5\\15&10\\5&5\end{pmatrix}+\begin{pmatrix}2&-1\\-2&-5\\-1&3\end{pmatrix}=\begin{pmatrix}12&4\\13&5\\4&8\end{pmatrix},$$

$$\mathbf{A}+\mathbf{A}=\begin{pmatrix}2&1\\3&2\\1&1\end{pmatrix}+\begin{pmatrix}2&1\\3&2\\1&1\end{pmatrix}=\begin{pmatrix}4&2\\6&4\\2&2\end{pmatrix}=2\begin{pmatrix}2&1\\3&2\\1&1\end{pmatrix}=2\mathbf{A}\text{。}$$

定義 1.6.3：若 $\mathbf{A}=\left(a_{ij}\right)$ 爲 $n\times m$ 矩陣, $\mathbf{B}=\left(b_{ij}\right)$ 爲 $m\times k$ 矩陣, 則 $\mathbf{A}$ 和 $\mathbf{B}$ 的乘積 $\mathbf{AB}$ 爲一 $n\times k$ 矩陣 $\mathbf{C}$, 且

$$\mathbf{C}=\left(c_{ij}\right)=\mathbf{AB}=\left(\sum_{j=1}^{m}a_{ij}b_{jk}\right)\text{。}\tag{1.6.5}$$

定義 1.6.3 中最重要的一點是前乘矩陣 **A** 的行數與後乘矩陣 **B** 的列數必須相同, 否則即無法進行相乘的運算, 這也是在矩陣中即使 **AB** 有意義, 但 **BA** 並不一定有意義的原因。其次, 由 (1.6.5) 我們很清楚看

到, **AB** 的第 i 列第 k 行的元素 $\sum_{j=1}^{m} a_{ij}b_{jk}$ 正好是矩陣**A** 之第i 列的列向量 $(a_{i1},a_{i2},\cdots,a_{im})$ 與矩陣 **B** 之 第k 行 的 行 向 量 $(b_{1k},b_{2k},\cdots,b_{mk})^T$ 的 內 積, 故兩矩陣相乘的運算, 事實上就是求前乘矩陣每一列向量與後乘矩陣的每一行向量的內積, 然後將此內積排列在適當的位置上。例如, 前乘矩陣**A** 的第3 列（i 列）向量與後乘矩陣**B** 的第5 行（k 行）向量的內積即爲新矩陣**C** 的元素 c_{35} （ c_{ik} ）。

【例1.6.2 】 $\mathbf{A}=\begin{pmatrix}0&1&2\\2&0&1\end{pmatrix}$, $\mathbf{B}=\begin{pmatrix}1&0&0\\2&1&-1\\0&3&1\end{pmatrix}$, 求**AB** 及**BA** 。

解: **A** 爲 2×3 矩陣, **B** 爲 3×3 方陣, 故無法進行 **BA**的運算。

$$\mathbf{AB}=\begin{pmatrix}0&1&2\\2&0&1\end{pmatrix}\begin{pmatrix}1&0&0\\2&1&-1\\0&3&1\end{pmatrix}$$

$$=\begin{pmatrix}0\cdot1+1\cdot2+2\cdot0 & 0\cdot0+1\cdot1+2\cdot3 & 0\cdot0+1\cdot(-1)+2\cdot1\\2\cdot1+0\cdot2+1\cdot0 & 2\cdot0+0\cdot1+1\cdot3 & 2\cdot0+0\cdot(-1)+1\cdot1\end{pmatrix}$$

$$=\begin{pmatrix}2&7&1\\2&3&1\end{pmatrix}$$

【例1.6.3 】 $\mathbf{A}=\begin{pmatrix}1&1&3\\2&3&1\\1&3&2\end{pmatrix}$, $\mathbf{I}_3=\begin{pmatrix}1&0&0\\0&1&0\\0&0&1\end{pmatrix}$, 求 $\mathbf{A}\mathbf{I}_3$ 與 $\mathbf{I}_3\mathbf{A}$ 。

解: $\mathbf{AI}_3=\begin{pmatrix}1&1&3\\2&3&1\\1&3&2\end{pmatrix}\begin{pmatrix}1&0&0\\0&1&0\\0&0&1\end{pmatrix}=\begin{pmatrix}1&1&3\\2&3&1\\1&3&2\end{pmatrix}$,

$$\mathbf{I}_3\mathbf{A}=\begin{pmatrix}1&0&0\\0&1&0\\0&0&1\end{pmatrix}\begin{pmatrix}1&1&3\\2&3&1\\1&3&2\end{pmatrix}=\begin{pmatrix}1&1&3\\2&3&1\\1&3&2\end{pmatrix}。$$

例 1.6.3 告訴我們, $\mathbf{A}\mathbf{I}_3 = \mathbf{I}_3\mathbf{A} = \mathbf{A}$。事實上, 任何$n \times n$方陣不管前乘或後乘$n \times n$單位矩陣, 結果均等於原來之方陣。在定義了矩陣相乘後, 我們就可將(1.6.2) 改寫成很簡單的形態, 令

$$\mathbf{X} = \begin{pmatrix} x_{11} & x_{12} & \cdots & x_{1m} \\ x_{21} & x_{22} & \cdots & x_{2m} \\ \vdots & \vdots & \ddots & \vdots \\ x_{n1} & x_{n2} & \cdots & x_{nm} \end{pmatrix},\ \lambda = \begin{pmatrix} \lambda_1 \\ \vdots \\ \lambda_m \end{pmatrix},$$

則$\mathbf{X}$爲$n \times m$矩陣, 而λ向量則可視爲一$m \times 1$矩陣, 故(1.6.2) 可寫成

$$\mathbf{X}\lambda = \mathbf{0}_n。 \qquad (1.6.2')$$

但要解λ, 我們需要逆矩陣(inverse matrix) 的觀念, 這就是接下來所要討論的問題。

定義 1.6.4：若 $\mathbf{A} = (a_{ij})$ 爲 $n \times m$ 矩陣, 則其轉置矩陣 (transpose matrix) 爲 $m \times n$ 矩陣 $\mathbf{A}^T = (a_{ji})$。

因此, $\mathbf{A}$ 的轉置矩陣 $\mathbf{A}^T$, 只不過是將矩陣 $\mathbf{A}$ 的第 i 列第 j 行的元素, 變成第 j 列第 i 行的元素罷了。換句話說, 如果我們將矩陣 $\mathbf{A}$ 的第一列寫成第一行, 第二列寫成第二行, 如此直到第 n 列寫成第 n 行, 則其所形成的新矩陣即 $\mathbf{A}^T$。

【例1.6.4】 $\mathbf{A} = \begin{pmatrix} 2 & -3 & 1 & 2 \\ -1 & -1 & 3 & 5 \end{pmatrix}$, $\mathbf{B} = \begin{pmatrix} 1 & 5 \\ 5 & 2 \end{pmatrix}$, 求 $\mathbf{A}^T$及 $\mathbf{B}^T$。

解: $\mathbf{A}^T = \begin{pmatrix} 2 & -1 \\ -3 & -1 \\ 1 & 3 \\ 2 & 5 \end{pmatrix}$, $\mathbf{B}^T = \begin{pmatrix} 1 & 5 \\ 5 & 2 \end{pmatrix} = \mathbf{B}$

此例中, 我們看到了矩陣$\mathbf{B}$與其轉置矩陣相同的情形（ $\mathbf{B} = \mathbf{B}^T$ ）, 這種矩陣（事實上只能是方陣, 爲什麼？）稱之爲對稱矩陣

(symmetric matrix)。有關轉置矩陣的一些運算法則, 我們將之歸納於下列定理中, 而由讀者自行驗證。

定理 1.6.1：若 $\mathbf{A}$ 和 $\mathbf{B}$ 均爲 $n \times m$ 矩陣, $\alpha \in \boldsymbol{R}$，則

(i) $\left(\mathbf{A}^{T}\right)^{T} = \mathbf{A}^{TT} = \mathbf{A}$

(ii) $(\mathbf{A}+\mathbf{B})^{T} = \mathbf{A}^{T} + \mathbf{B}^{T}$

(iii) $(\alpha\mathbf{A})^{T} = \alpha\mathbf{A}^{T}$

(iv) $(\mathbf{AB})^{T} = \mathbf{B}^{T}\mathbf{A}^{T}$

(v) 若 $\mathbf{A} = \begin{pmatrix} \mathbf{a}_1^T \\ \mathbf{a}_2^T \\ \vdots \\ \mathbf{a}_n^T \end{pmatrix}$，則 $\mathbf{A}^{T} = \left(\mathbf{a}_1^{TT}, \mathbf{a}_2^{TT}, \cdots, \mathbf{a}_n^{TT}\right) = \left(\mathbf{a}_1, \mathbf{a}_2, \cdots, \mathbf{a}_n\right)$，其中 $\mathbf{a}_i^T$ 爲 $1 \times m$ 矩陣或列向量。

在定義1.6.1 中, 我們將矩陣定義爲一方形的數字排列, 因此, 矩陣本身並沒有任何數值(numerical value) 意義。然而, 任何一n 階方陣 $\mathbf{A}$ 則有一純量與之相對應, 此純量稱爲該矩陣之行列式, 記作

$$|\mathbf{A}| = \begin{vmatrix} a_{11} & a_{12} & \cdots & a_{1n} \\ \vdots & \vdots & \ddots & \vdots \\ a_{n1} & a_{n2} & \cdots & a_{nn} \end{vmatrix}。$$

嚴謹的行列式定義相當複雜, 我們不打算花時間在這上面, 因此, 我們採用較間接的歸納性定義。

定義 1.6.5：(i) 若 $\mathbf{A} = (a_{11})$ 爲一 1×1 方陣, 則 $|\mathbf{A}| = |a_{11}| = a_{11}$。

(ii) 若 $\mathbf{A} = (a_{ij})$ 爲一 n 階方陣, $n > 1$，則

$$|\mathbf{A}| = \begin{vmatrix} a_{11} & a_{12} & \cdots & a_{1n} \\ \vdots & \vdots & \ddots & \vdots \\ a_{n1} & a_{n2} & \cdots & a_{nn} \end{vmatrix} = a_{i1}\mathbf{A}_{i1} + a_{i2}\mathbf{A}_{i2} + \cdots + a_{in}\mathbf{A}_{in},$$

$$(i = 1, \cdots, n)$$

其中， $A_{ij}=(-1)^{i+j}\begin{vmatrix} a_{11} & \cdots & a_{1j} & \cdots & a_{1n} \\ \vdots & & \vdots & & \vdots \\ a_{i1} & \cdots & a_{ij} & \cdots & a_{in} \\ \vdots & & \vdots & & \vdots \\ a_{n1} & \cdots & a_{nj} & \cdots & a_{nn} \end{vmatrix}$ (1.6.6)

稱爲元素 a_{ij} 之餘因子(cofactor of the element a_{ij})。

根據這個定義，要求任何一矩陣**A**之行列式，我們只要選定任何一列，然後將此列之各元素乘以其餘因子，再加總起來即可，此稱爲餘因子展開法(expansion by cofactors)。

【例1.6.5】求下列矩陣之行列式

$$\mathbf{A}_1=\begin{pmatrix} 1 & 2 \\ -3 & 4 \end{pmatrix},\ \mathbf{A}_2=\begin{pmatrix} 1 & 2 & -3 \\ 1 & 0 & 2 \\ 1 & 4 & 2 \end{pmatrix},\ \mathbf{A}_3=\begin{pmatrix} 1 & 2 & 3 & 4 \\ 4 & 3 & 2 & 1 \\ 1 & 1 & 1 & 2 \\ 2 & 1 & 2 & 1 \end{pmatrix}。$$

解:（爲了解說，我們全部由第一列展開，讀者可試由其他列展開以比較其結果）

$$|\mathbf{A}_1|=1\cdot(-1)^{1+1}\cdot 4+2\cdot(-1)^{1+2}(-3)=1\cdot 4+2\cdot 3=10,$$

（由此例子，我們可推得任何一2階方陣 $\mathbf{A}=\begin{pmatrix} a & b \\ c & d \end{pmatrix}$ 之行列式 $|\mathbf{A}|$ 爲 $\begin{vmatrix} a & b \\ c & d \end{vmatrix}=ad-cb$）。

$$\begin{aligned}|\mathbf{A}_2|&=1\cdot(-1)^{1+1}\begin{vmatrix} 0 & 2 \\ 4 & 2 \end{vmatrix}+2\cdot(-1)^{1+2}\begin{vmatrix} 1 & 2 \\ 1 & 2 \end{vmatrix}+(-3)\cdot(-1)^{1+3}\begin{vmatrix} 1 & 0 \\ 1 & 4 \end{vmatrix}\\ &=1\cdot 1\cdot(-8)+2\cdot(-1)\cdot 0+(-3)\cdot 1\cdot 4\\ &=-8+0-12=-20。\end{aligned}$$

$$|\mathbf{A}_3| = 1\cdot(-1)^{1+1}\begin{vmatrix}3 & 2 & 1\\ 1 & 1 & 2\\ 1 & 2 & 1\end{vmatrix} + 2\cdot(-1)^{1+2}\begin{vmatrix}4 & 2 & 1\\ 1 & 1 & 2\\ 2 & 2 & 1\end{vmatrix} + 3\cdot(-1)^{1+3}\begin{vmatrix}4 & 3 & 1\\ 1 & 1 & 2\\ 2 & 1 & 1\end{vmatrix}$$
$$+ 4\cdot(-1)^{1+4}\begin{vmatrix}4 & 3 & 2\\ 1 & 1 & 1\\ 2 & 1 & 2\end{vmatrix}$$

$$= \left(3\cdot(-1)^{1+1}\begin{vmatrix}1 & 2\\ 2 & 1\end{vmatrix} + 2\cdot(-1)^{1+2}\begin{vmatrix}1 & 2\\ 1 & 1\end{vmatrix} + 1\cdot(-1)^{1+3}\begin{vmatrix}1 & 1\\ 1 & 2\end{vmatrix}\right)$$
$$-2\left(4\cdot(-1)^{1+1}\begin{vmatrix}1 & 2\\ 2 & 1\end{vmatrix} + 2\cdot(-1)^{1+2}\begin{vmatrix}1 & 2\\ 2 & 1\end{vmatrix} + 1\cdot(-1)^{1+3}\begin{vmatrix}1 & 1\\ 2 & 2\end{vmatrix}\right)$$
$$+3\left(4\cdot(-1)^{1+1}\begin{vmatrix}1 & 2\\ 1 & 1\end{vmatrix} + 3\cdot(-1)^{1+2}\begin{vmatrix}1 & 2\\ 2 & 1\end{vmatrix} + 1\cdot(-1)^{1+3}\begin{vmatrix}1 & 1\\ 2 & 1\end{vmatrix}\right)$$
$$-4\left(4\cdot(-1)^{1+1}\begin{vmatrix}1 & 1\\ 1 & 2\end{vmatrix} + 3\cdot(-1)^{1+2}\begin{vmatrix}1 & 1\\ 2 & 2\end{vmatrix} + 2\cdot(-1)^{1+3}\begin{vmatrix}1 & 1\\ 2 & 1\end{vmatrix}\right)$$

$$= (3\cdot(-3) + (-2)(-1) + 1\cdot 1) - 2(4\cdot(-3) + (-2)(-3) + 1\cdot 0)$$
$$+ 3(4\cdot(-1) + (-3)(-3) + 1\cdot(-1)) - 4(4\cdot(1) + (-3)\cdot 0 + 2\cdot(-1))$$
$$= -6 + 12 + 12 - 8 = 10 \text{。}$$

在(1.6.6) 中, 我們利用方陣的第 i 列來展開以求得其行列式。事實上, 我們也可對任何一行展開而得到完全相同的結果, 即

$$|\mathbf{A}| = \sum_{j=1}^{n} a_{ij}\mathbf{A}_{ij} = \sum_{i=1}^{n} a_{ij}\mathbf{A}_{ij} \text{。} \tag{1.6.7}$$

【例1.6.6】將例1.6.5 中之 $\mathbf{A}_1$ 對第一行展開, $\mathbf{A}_2$ 對第二行展開以求其行列式。

解: $|\mathbf{A}_1| = 1\cdot(-1)^{1+1}\cdot 4 + (-3)(-1)^{2+1}\cdot 2 = 4 + 6 = 10$

$$|\mathbf{A}_2| = 2\cdot(-1)^{1+2}\cdot\begin{vmatrix}1 & 2\\1 & 2\end{vmatrix} + 0\cdot(-1)^{2+2}\cdot\begin{vmatrix}1 & -3\\1 & 2\end{vmatrix} + 4\cdot(-1)^{3+2}\cdot\begin{vmatrix}1 & -3\\1 & 2\end{vmatrix}$$
$$= 2\cdot(-1)\cdot 0 + 0 + (-4)(5) = -20\ ,$$

其結果與例1.6.5 完全相同。

由於行列式可由任意一行或任意一列展開而得, 因此在實際運算時, 我們通常找最容易展開的列或行(如最多0的列或行)展開, 以減少計算的麻煩。

現在, 我們將行列式的一些基本性質列於定理1.6.2 中, 請讀者自行舉例加以驗證。

定理 1.6.2：設 **A** 和 **B** 均爲 n 階方陣

(i) 若 **A** 之任何一列或任何一行全爲 0, 則 $|\mathbf{A}| = 0$

(ii) $|\mathbf{A}^{\mathrm{T}}| = |\mathbf{A}|$

(iii) $|\mathbf{AB}| = |\mathbf{A}||\mathbf{B}|$

(iv) 將矩陣 **A** 之任何隔壁兩行（列）位置對調, 若此新矩陣爲 $\mathbf{A}^*$, 則 $|\mathbf{A}| = -|\mathbf{A}^*|$。

(v) 將一行列式之任何一列（行）乘以 $k(k \in \boldsymbol{R})$, 則新行列式爲原行列式之 k 倍。

(vi) 若 **A** 之任何一列（行）爲另一列(行)之倍數, 則 $|\mathbf{A}| = 0$。

(vii) 將矩陣 **A** 之某一列（行）乘一定數, 再將其加到另外一列（行）, 若此新矩陣爲 $\mathbf{A}^*$, 則 $|\mathbf{A}| = |\mathbf{A}^*|$。

由上述定理 (vi), 我們知道, 任何矩陣若有兩列或兩行完全相同, 則其行列式爲 0, 這個性質的一個重要結果就是所謂的疏離餘因子展開定理 (alien cofactor expansion theorem), 這是我們導出逆矩陣的重要依據。

定理 1.6.3：**A** 爲一 n 階方陣，則

$$\sum_{j=1}^{n} a_{ij}\mathbf{A}_{kj} = 0,\ \ i \neq k, \tag{1.6.8}$$

$$\sum_{i=1}^{n} a_{ij}\mathbf{A}_{ik} = 0,\ \ j \neq k。 \tag{1.6.8'}$$

證明: 我們只討論 (1.6.8)。此式告訴我們是以第 i 列的元素展開，但卻以第 k 列的餘因子與之相乘。但我們知道 (1.6.8) 左邊相當於把 **A** 之第 k 列的元素改成第 i 列元素時的行列式值。但這表示，矩陣 **A** 之第 k 列的元素和第 i 列完全相同。由定理 1.6.2 性質 (vi)，我們知道此時 $|\mathbf{A}| = 0$。同理可證(1.6.8')。

【例 1.6.6】將矩陣 $A = \begin{pmatrix} 2 & 2 & 1 \\ -1 & -1 & 2 \\ 2 & 1 & 3 \end{pmatrix}$ 以第一列元素和第二列餘因子展開。

解: $\mathbf{A}_{21} = (-1)^{2+1}\begin{vmatrix} 2 & 1 \\ 1 & 3 \end{vmatrix} = -5$,

$\mathbf{A}_{22} = (-1)^{2+2}\begin{vmatrix} 2 & 1 \\ 2 & 3 \end{vmatrix} = 4$,

$\mathbf{A}_{23} = (-1)^{2+3}\begin{vmatrix} 2 & 2 \\ 2 & 1 \end{vmatrix} = 2$,

故 $2 \times (-5) + 2 \times 4 + 1 \times 2 = 0$。

定義 1.6.6：**A** 爲一 n 階方陣，**A** 的伴隨矩陣 (adjoint matrix) 爲

$$\text{adj}\mathbf{A} = \left(\mathbf{A}_{ji}\right) = \begin{pmatrix} \mathbf{A}_{11} & \mathbf{A}_{21} & \cdots & \mathbf{A}_{n1} \\ \mathbf{A}_{12} & \mathbf{A}_{22} & \cdots & \mathbf{A}_{n2} \\ \vdots & \vdots & \ddots & \vdots \\ \mathbf{A}_{1n} & \mathbf{A}_{2n} & \cdots & \mathbf{A}_{nn} \end{pmatrix}$$

其中，$\mathbf{A}_{ij}$ 爲 **A** 之元素 a_{ij} 的餘因子。

簡單的說，**A** 的伴隨矩陣就是將 **A** 的每一個元素以其餘因子取代，然後再作轉置而成。現在，利用 (1.6.7) 和(1.6.8)，(1.6.8')，我們可得到

$$(\mathrm{adj}\mathbf{A})\mathbf{A} = \mathbf{A}(\mathrm{adj}\mathbf{A}) = \begin{pmatrix} |\mathbf{A}| & & 0 \\ & \ddots & \\ 0 & & |\mathbf{A}| \end{pmatrix} = |\mathbf{A}|\mathbf{I}_n。 \tag{1.6.9}$$

定義 1.6.7： **A** 爲一 n 階方陣。若存在一 n 階方陣 $\mathbf{A}^{-1}$ 滿足

$$\mathbf{A}^{-1}\mathbf{A} = \mathbf{A}\mathbf{A}^{-1} = \mathbf{I}_n, \tag{1.6.10}$$

則稱 $\mathbf{A}^{-1}$ 爲 **A** 之逆矩陣 (inverse matrix)。

比較 (1.6.9) 和 (1.6.10)，我們馬上可以看到，當 $|\mathbf{A}| \neq 0$ 時〔此時 **A** 稱爲非奇性矩陣 (nonsingular matrix)；反之，若 $|\mathbf{A}| = 0$ 則稱 **A** 爲奇性矩陣 (singular matrix)〕我們可得下述定理。

定理 1.6.4： **A** 爲一 n 階方陣，

(i) 若且唯若 $|\mathbf{A}| \neq 0$，則 **A** 有逆矩陣。

(ii) 此逆矩陣爲唯一。

(iii) 此逆矩陣爲 $\mathrm{adj}\,\mathbf{A}/|\mathbf{A}|$。

證明：(i) (a) 若 $|\mathbf{A}| \neq 0$，則將 (1.6.9) 兩邊除以 $|\mathbf{A}|$ 可得

$$\frac{\mathrm{adj}\mathbf{A}}{|\mathbf{A}|}\mathbf{A} = \mathbf{A}\frac{\mathrm{adj}\mathbf{A}}{|\mathbf{A}|} = \mathbf{I}_n, \tag{1.6.11}$$

根據定義1.6.7，$\dfrac{\mathrm{adj}\,\mathbf{A}}{|\mathbf{A}|}$ 爲 **A** 的一逆矩陣。

(b) 若 $|\mathbf{A}| = 0$，但 **A** 有一逆矩陣 **B**，則 $\mathbf{AB} = \mathbf{I}_n$。由定理 1.6.2 性質 (iii) 及習題 1.6.4 (a) 知

$$|\mathbf{AB}| = |\mathbf{A}|\,|\mathbf{B}| = |\mathbf{I}_n| = 1,$$

但因 $|\mathbf{A}| = 0$，故上式隱含 $0 = 1$，彼此矛盾，故當 $|\mathbf{A}| = 0$ 時，矩陣 **A** 不可能有逆矩陣。

(ii) 假定 $|\mathbf{A}| \neq 0$, 且有兩個逆矩陣 $\mathbf{A}^{-1}$ 及 $\mathbf{B}$, 則根據定義, (1.6.10) 成立, 且

$$\mathbf{BA} = \mathbf{AB} = \mathbf{I}_n \text{。} \tag{1.6.12}$$

將上式後一等號兩邊前乘 $\mathbf{A}^{-1}$ 得

$$\mathbf{A}^{-1}\mathbf{AB} = \mathbf{A}^{-1}\mathbf{I}_n ,$$

由 (1.6.10) 及例 1.6.3 結果知

$$\mathbf{B} = \mathbf{A}^{-1} ,$$

故知 $\mathbf{A}$ 的逆矩陣爲唯一。

(iii) 由 (ii) 及 (i) 之証明知 $\mathbf{A}^{-1} = \dfrac{\text{adj } \mathbf{A}}{|\mathbf{A}|}$ 。

在看下面的例子之前, 我們在此指出, 若一矩陣爲 1×1, 即 $\mathbf{A} = (a)$, 且 $a \neq 0$, 則其逆矩陣爲 $\mathbf{A}^{-1} = (1/a)$。

【例 1.6.8】試判定下列矩陣是否有逆矩陣, 若有, 試求其逆矩陣。

$$\text{(i) } \mathbf{A}_1 = \begin{pmatrix} 1 & 2 \\ 3 & 4 \end{pmatrix}, \text{ (ii) } \mathbf{A}_2 = \begin{pmatrix} 3 & 2 & 7 \\ 0 & 1 & -3 \\ 3 & 4 & 1 \end{pmatrix}, \text{ (iii) } \mathbf{A}_3 = \begin{pmatrix} 1 & 2 & 1 \\ 0 & 1 & 2 \\ -3 & 4 & 1 \end{pmatrix} \text{。}$$

解: (i) $|\mathbf{A}_1| = 4 - 6 = -2 \neq 0$, 故根據定理 1.6.4 其逆矩陣爲 $\text{adj}\mathbf{A}_1 / |\mathbf{A}_1|$

因 $\text{adj}\mathbf{A}_1 = \begin{pmatrix} 4 & -2 \\ -3 & 1 \end{pmatrix}$, 故 $\mathbf{A}_1^{-1} = \begin{pmatrix} -2 & 1 \\ \frac{3}{2} & -\frac{1}{2} \end{pmatrix}$。

(ii) $|\mathbf{A}_2| = 3\begin{vmatrix} 1 & -3 \\ 4 & 1 \end{vmatrix} - 0\begin{vmatrix} 2 & 7 \\ 4 & 1 \end{vmatrix} + 3\begin{vmatrix} 2 & 7 \\ 1 & -3 \end{vmatrix} = 3(13) - 0 + 3(-13) = 0$,

$\mathbf{A}_2$ 爲奇性矩陣, 故沒有逆矩陣。

(iii) $|\mathbf{A}_3| = \begin{vmatrix} 1 & 2 & 1 \\ 0 & 1 & 2 \\ -3 & 4 & 1 \end{vmatrix} = -16 \neq 0$,

$$\operatorname{adj}\mathbf{A}_3 = \begin{pmatrix} \begin{vmatrix} 1 & 2 \\ 4 & 1 \end{vmatrix} & -\begin{vmatrix} 2 & 1 \\ 4 & 1 \end{vmatrix} & \begin{vmatrix} 2 & 1 \\ 1 & 2 \end{vmatrix} \\ -\begin{vmatrix} 0 & 2 \\ -3 & 1 \end{vmatrix} & \begin{vmatrix} 1 & 1 \\ -3 & 1 \end{vmatrix} & -\begin{vmatrix} 1 & 1 \\ 0 & 2 \end{vmatrix} \\ \begin{vmatrix} 0 & 1 \\ -3 & 4 \end{vmatrix} & -\begin{vmatrix} 1 & 2 \\ -3 & 4 \end{vmatrix} & \begin{vmatrix} 1 & 2 \\ 0 & 1 \end{vmatrix} \end{pmatrix}$$

$$= \begin{pmatrix} -7 & 2 & 3 \\ -6 & 4 & -2 \\ 3 & -10 & 1 \end{pmatrix},$$

$$\therefore \mathbf{A}_3^{-1} = \frac{\operatorname{adj}\mathbf{A}_3}{|\mathbf{A}_3|} = \begin{pmatrix} \frac{7}{16} & -\frac{1}{8} & -\frac{3}{16} \\ \frac{3}{8} & -\frac{1}{4} & \frac{1}{8} \\ -\frac{3}{16} & \frac{5}{8} & -\frac{1}{16} \end{pmatrix}。$$

定理 **1.6.5**：若 **A** 和 **B** 均爲非奇性 n 階方陣，則

(i) $(\mathbf{AB})^{-1} = \mathbf{B}^{-1}\mathbf{A}^{-1}$,

(ii) $(\mathbf{A}^{-1})^{-1} = \mathbf{A}$,

(iii) $(\mathbf{A}^{T})^{-1} = (\mathbf{A}^{-1})^{T}$,

(iv) $(c\mathbf{A})^{-1} = c^{-1}\mathbf{A}^{-1}$。

證明: (i) 我們已知 $(\mathbf{AB})^{-1}$ 爲 **AB** 之逆矩陣。但

$$\mathbf{B}^{-1}\mathbf{A}^{-1}\mathbf{AB} = \mathbf{B}^{-1}(\mathbf{A}^{-1}\mathbf{A})\mathbf{B} = \mathbf{B}^{-1}\mathbf{I}_n\mathbf{B} = \mathbf{B}^{-1}\mathbf{B} = \mathbf{I}_n ,$$

$$\mathbf{AB}(\mathbf{B}^{-1}\mathbf{A}^{-1}) = \mathbf{A}(\mathbf{BB}^{-1})\mathbf{A}^{-1} = \mathbf{AI}_n\mathbf{A}^{-1} = \mathbf{AA}^{-1} = \mathbf{I}_n ,$$

故知 $\mathbf{B}^{-1}\mathbf{A}^{-1}$ 亦爲 **AB** 之逆矩陣。由定理 1.6.4 (ii) 知 $(\mathbf{AB})^{-1} = \mathbf{B}^{-1}\mathbf{A}^{-1}$。

(ii) 令 $\mathbf{C} = \mathbf{A}^{-1}$，則 **C** 亦爲非奇性矩陣（爲什麼？），故 **C** 有唯一逆矩陣 $\mathbf{C}^{-1} = (\mathbf{A}^{-1})^{-1}$。但 $\mathbf{AC} = \mathbf{AA}^{-1} = \mathbf{I}_n$，$\mathbf{CA} = \mathbf{A}^{-1}\mathbf{A} = \mathbf{I}_n$，因此 **A** 亦爲 **C** 之逆矩陣，故得 $\mathbf{C}^{-1} = (\mathbf{A}^{-1})^{-1} = \mathbf{A}$。

(iii) 由 $\mathbf{I}_n^T = \mathbf{I}_n$ 及定理 1.6.1 (iv) 知 $(\mathbf{A}\mathbf{A}^{-1})^T = (\mathbf{A}^{-1})^T\mathbf{A}^T = \mathbf{I}_n^T = \mathbf{I}_n$，將前式第二個等號兩邊後乘$(\mathbf{A}^T)^{-1}$可得，$(\mathbf{A}^{-1})^T\mathbf{A}^T(\mathbf{A}^T)^{-1} = \mathbf{I}_n(\mathbf{A}^T)^{-1}$, 因此 $(\mathbf{A}^{-1})^T = (\mathbf{A}^T)^{-1}$。

(iv) $(c^{-1}\mathbf{A}^{-1})(c\mathbf{A}) = c^{-1}c\mathbf{A}^{-1}\mathbf{A} = 1\cdot\mathbf{I}_n = \mathbf{I}_n$，
$(c\mathbf{A})(c^{-1}\mathbf{A}^{-1}) = cc^{-1}\mathbf{A}\mathbf{A}^{-1} = 1\cdot\mathbf{I}_n = \mathbf{I}_n$，
由逆矩陣定義知 $c^{-1}\mathbf{A}^{-1}$ 爲 $c\mathbf{A}$ 之逆矩陣, 故 $(c\mathbf{A})^{-1} = c^{-1}\mathbf{A}^{-1}$。

在前面例 1.6.8 中, 我們利用餘因子展開法證明矩陣 $\mathbf{A}_2 = \begin{pmatrix} 3 & 2 & 7 \\ 0 & 1 & -3 \\ 3 & 4 & 1 \end{pmatrix}$ 爲一奇性矩陣, 但我們也可利用定理 1.6.2 (vii) 將 $|\mathbf{A}_2|$ 逐步加以改寫,

$$|\mathbf{A}_2| = \begin{vmatrix} 3 & 2 & 7 \\ 0 & 1 & -3 \\ 3 & 4 & 1 \end{vmatrix} = \begin{vmatrix} 3 & 2 & 13 \\ 0 & 1 & 0 \\ 3 & 4 & 13 \end{vmatrix} = \begin{vmatrix} 3 & 2 & 0 \\ 0 & 1 & 0 \\ 3 & 4 & 0 \end{vmatrix} = 0, \tag{1.6.13}$$

上面過程中第二個等號乃由原矩陣第二行乘 3 加到第三行而成。第三個等號則由前面所得新行列式第一行乘 $-\frac{13}{3}$ 加到第三行而來。最後一個等號則是根據定理 1.6.2 (i)。我們得到與餘因子展開法同樣的結果, 即 $|\mathbf{A}_2| = 0$，$\mathbf{A}_2$ 爲一奇性矩陣。但在這些改寫過程中, 我們也發現另一個有趣的結果。現在將 $\mathbf{A}_2$ 寫成$\mathbf{A}_2 = (\mathbf{a}_1, \mathbf{a}_2, \mathbf{a}_3)$, 其中$\mathbf{a}_1 = (3,0,3)^T$, $\mathbf{a}_2 = (2,1,4)^T$, $\mathbf{a}_3 = (7,-3,1)^T$ 爲 $\mathbf{A}_2$ 之三行所形成之行向量, 則上面改寫過程告訴我們 $\mathbf{a}_1$，$\mathbf{a}_2$ 和 $\mathbf{a}_3$ 間有如下的關係 $-\frac{13}{3}\mathbf{a}_1 + 3\mathbf{a}_2 + \mathbf{a}_3 = \mathbf{0}_3$, 根據定義 1.5.5 可知 $\mathbf{a}_1$，$\mathbf{a}_2$ 和 $\mathbf{a}_3$ 爲線性相依。由此我們可以猜測, 任何方陣的行向量若爲線性相依, 則該方陣就是一奇性矩陣；反之, 任一奇性方陣, 其行向量必爲線性相依。事實正是如此, 這個結果與我們接著所要介紹的矩陣的秩 (rank) 有密切的關係。

定義 1.6.8： **A** 爲一 $n \times m$ 矩陣，則 **A** 的秩，$r(\mathbf{A})$，爲 **A** 之線性獨立的行向量的最大個數。

定義 1.6.9： **A** 爲一 $n \times m$ 矩陣，**M** 爲由 **A** 刪去任何 n-k 列與 m-k 行所形成的 k 階方陣，則行列式 $|\mathbf{M}|$ 稱爲矩陣 **A** 的一 k 階子行列式 (kth order minor of **A**)。

由上面兩定義以及 (1.6.13) 的運算過程，我們可以發現 $r(\mathbf{A})$ 以及 **A** 之子行列式間的一些關係。明確地說，所謂 $r(\mathbf{A}) = k$ 的另一種解釋，就是矩陣 **A** 的所有 $k + r(r \geq 1)$ 階子行列式均爲 0，但至少有一 k 階子行列式不等於 0。事實上，這也是我們判別一矩陣的秩的最基本的方法。當 **A** 爲一 $n \times m$ 階矩陣，且 $r(\mathbf{A}) = \min(n, m)$ 時，我們常稱 **A** 爲滿秩 (full rank)。由上述討論及定理 1.6.4，我們可知若且唯若一方陣爲滿秩，則該方陣有唯一逆矩陣。

【例 1.6.9】求下列各矩陣的秩

(i) $\mathbf{A}_1 = (2)$，　　(ii) $\mathbf{A}_2 = \begin{pmatrix} 1 & 0 & 0 & 0 \\ 0 & 1 & 0 & 0 \\ 0 & 0 & 1 & 0 \\ 0 & 0 & 0 & 1 \end{pmatrix}$，

(iii) $\mathbf{A}_3 = \begin{pmatrix} 0 & 0 & 0 \\ 0 & 0 & 0 \end{pmatrix}$，　　(iv) $\mathbf{A}_4 = \begin{pmatrix} 3 & 2 & 7 \\ 0 & 1 & -3 \\ 3 & 4 & 1 \end{pmatrix}$。

解：(i) $|\mathbf{A}_1| = 2 \neq 0$，故 $r(\mathbf{A}_1) = 1$

(ii) $|\mathbf{A}_2| = 1 \neq 0$，故 $r(\mathbf{A}_2) = 4$

(iii) 因 $\mathbf{A}_3$ 之所有元素均爲 0，故其所有二階及一階子行列式均爲 0，故 $r(\mathbf{A}_3) = 0$。

(iv) 由例 1.6.8 知 $|\mathbf{A}_4| = 0$，但其二階子行列式至少有一個不爲 0，如 $\begin{vmatrix} 3 & 2 \\ 0 & 1 \end{vmatrix} = 3 \neq 0$，故知 $r(\mathbf{A}_4) = 2$。

在此例中，$\mathbf{A}_1$ 和 $\mathbf{A}_2$ 爲滿秩。

在定義 1.6.8 中，我們以矩陣 $\mathbf{A}$ 之最大的線性獨立的行數作爲矩陣 $\mathbf{A}$ 的秩，事實上，我們也可以將秩定義爲 $\mathbf{A}$ 之最大的線性獨立的列數。下列定理則保證這兩個定義所得的結果完全相同，故不會發生任何混淆。

定理 1.6.6：$\mathbf{A}$ 爲一 $n\times m$ 矩陣，則其最大的線性獨立的行數與最大的線性獨立的列數相等。

證明：假定 $\mathbf{A}$ 之最大線性獨立的行數及列數分別爲 k 及 k'。很明顯的 k' 也是 $\mathbf{A}^T$ 之最大線性獨立的行數，因此 $\mathbf{A}^T$ 的（行）秩 (column rank) 爲 $r(\mathbf{A}^T)=k'$，故 $\mathbf{A}^T$ 之所有 $k'+r(r\geq 1)$ 階子行列式均爲 0，即 $\left|\mathbf{M}^T_{k'+r}\right|=0$。由定理 1.6.2 知 $\left|\mathbf{M}^T_{k'+r}\right|=\left|\mathbf{M}_{k'+r}\right|=0$，也就是說 $\mathbf{A}$ 之所有 $k'+r$ 階子行列式亦均爲 0，故知 $k'\geq r(\mathbf{A})=k$。但因 $\mathbf{A}^T$ 至少有一 k' 階子行列式不爲 0，即存在一 $\mathbf{M}^T_{k'}$，$\left|\mathbf{M}^T_{k'}\right|\neq 0$。再由定理 1.6.2 知 $\left|\mathbf{M}_{k'}\right|=\left|\mathbf{M}^T_{k'}\right|\neq 0$。故知 $\mathbf{A}$ 也存在一 k' 階子行列式不等於 0，因此 $r(\mathbf{A})=k\geq k'$。綜合可得 $k=k'$，即任何一 $n\times m$ 矩陣之最大線性獨立行數與列數完全相等。

由此定理可知，所謂一矩陣的秩，不論看其最大線性獨立的行數或列數，結果均是一樣的。也由此可知，任何一 $n\times m$ 矩陣，其秩必滿足 $r(\mathbf{A})\leq \min(n,m)$ 之關係。矩陣的秩是線性代數中很重要的一個觀念，許多相關的性質在大部分線性代數書籍中均有詳細的介紹。想進一步了解的讀者，請自行參閱 Hadley (1975) 或 Lang (1987) 等。現在我們回到問題 (1.6.2) 或 (1.6.2')。爲了符號上一致，我們將其改寫成

$$\mathbf{A}\mathbf{x}=\mathbf{0}_n\,, \tag{1.6.14}$$

其中 $\mathbf{A}=\begin{pmatrix} a_{11} & a_{12} & \cdots & a_{1m} \\ \vdots & \vdots & \ddots & \vdots \\ a_{n1} & a_{n2} & \cdots & a_{nm} \end{pmatrix}$，$\mathbf{x}=\begin{pmatrix} x_1 \\ \vdots \\ x_m \end{pmatrix}$，$\mathbf{0}_n=\begin{pmatrix} 0 \\ \vdots \\ 0 \end{pmatrix}$。

我們的目的是希望知道 (1.6.14) 的解是否爲一零向量, 以便判別向量 $\mathbf{a}_j = \left(a_{1j}, a_{2j}, \cdots, a_{nj}\right)^T$,$j = 1, \cdots, m$ 是否爲線性相依。我們分三種情形來討論:

(i) n<m

由 $r(\mathbf{A}) \le \min(n, m) < m$ 知, $\mathbf{A}$ 之 m 個行向量是線性相依。也就是說, 存在一 $\mathbf{x}^* = \left(x_1^*, \cdots, x_m^*\right)^T \ne \mathbf{0}_m$ 使得 $\sum_{j=1}^{m} \mathbf{a}_j x_j^* = \mathbf{0}_n$, 但這正表示 $\mathbf{x}^*$ 滿足 (1.6.14)。換句話說, 在n<m時, (1.6.14) 必存在一組非零向量的解。事實上, 若 $\mathbf{x}^*$ 爲 (1.6.14) 的解, 則任何 $k\mathbf{x}^*$, $k \in \boldsymbol{R}$, $k \ne 0$, 也將都是 (1.6.14) 的解, 因

$$\mathbf{A}\left(k\mathbf{x}^*\right) = k\left(\mathbf{A}\mathbf{x}^*\right) = k\mathbf{0}_n = \mathbf{0}_n ,$$

所以 (1.6.14) 有無窮多的非零向量的解。

(ii) n=m

很明顯的, 若 $\mathbf{A}$ 爲滿秩, 即 $r(\mathbf{A}) = m$, 則 $\mathbf{A}^{-1}$ 存在。 $\mathbf{x}^* = \mathbf{A}^{-1}\mathbf{0}_n = \mathbf{0}_n$ 爲 (1.6.14) 的唯一解, 故當 $\mathbf{A}$ 爲方陣時, $\mathbf{A}$ 的行向量 (或列向量) 線性相依的充分必要條件爲 $r(\mathbf{A}) < m$。

(iii) n > m

因 $r(\mathbf{A}) \le m$, 故 $r(\mathbf{A}) < m$ 或 $r(\mathbf{A}) = m$。若 $r(\mathbf{A}) < m$ 則情形與 (i) 完全相同。若 $r(\mathbf{A}) = m$ 則我們可選出 $\mathbf{A}$ 中線性獨立之 m 列形成一新矩陣 $\mathbf{A}^*$, 則 $r\left(\mathbf{A}^*\right) = m$。由 (ii) 我們知 $\mathbf{A}^*\mathbf{x} = \mathbf{0}_n$ 的唯一解爲 $\mathbf{0}_m$。 $\mathbf{0}_m$ 也滿足 $\mathbf{A}$ 之剩餘 n-m 列所形成的聯立方程式, 故在此情況下, $\mathbf{x}^* = \mathbf{0}_m$ 爲 (1.6.14) 的唯一解。

總結而言, 當我們欲判別 m 個 n 維 向 量 $\mathbf{a}_j = \left(\mathbf{a}_{1j}, \mathbf{a}_{2j}, \cdots, \mathbf{a}_{nj}\right)^T$, $j = 1, \cdots, m$, 是否爲線性獨立時, 我們只要知道聯立方程式 (1.6.14) 的解是否爲零向量即可。但欲知 (1.6.14) 的解是否爲零向量, 則我們只要比較以 $\mathbf{a}_j$, $j = 1, \cdots, m$, 爲行所形成的 $n \times m$ 矩陣 $\mathbf{A}$ 的秩與 m 的大小關係即可。當 $r(\mathbf{A}) = m$ 時, (1.6.14) 的唯一解爲 $\mathbf{x}^* = \mathbf{0}_m$, 故 $\mathbf{a}_j$, $j = 1, \cdots, m$ 爲

線性獨立。當 $r(\mathbf{A})<m$ 時, (1.6.14) 有非零向量的解, 故 $\mathbf{a}_j$, $j=1,\cdots,m$ 爲線性相依。

在結束本節之前, 我們介紹一下與 (1.6.14) 式關係相當密切的非齊次線性聯立方程式 (nonhomogeneous simultaneous linear equations) 的解法。此法在第五章討論傳統比較靜態分析時使用相當廣泛。假設 $\mathbf{A}$ 爲一 n 階方陣, $\mathbf{x}=(x_1,\cdots,x_n)^T$, $\mathbf{b}=(b_1,\cdots,b_n)^T\neq\mathbf{0}_n$, 則

$$\mathbf{Ax}=\mathbf{b} \tag{1.6.15}$$

爲一非齊次型線性聯立方程式。我們知道當 $|\mathbf{A}|\neq 0$ 時, (1.6.15) 的解爲

$$\mathbf{x}^*=\mathbf{A}^{-1}\mathbf{b}, \tag{1.6.16}$$

但在 $\mathbf{A}$ 之階數高過於 2 或 3 時, 求 $\mathbf{A}$ 的逆矩陣通常很麻煩, 也很困難。爲避免直接求 $\mathbf{A}^{-1}$ 以解 (1.6.15), 利用 $\mathbf{A}^{-1}=\dfrac{\text{adj}\mathbf{A}}{|\mathbf{A}|}$, 我們可將 (1.6.16) 寫成

$$\mathbf{x}^*=\frac{(\text{adj}\mathbf{A})\mathbf{b}}{|\mathbf{A}|}=\frac{\begin{pmatrix} A_{11} & A_{21} & \cdots & A_{n1} \\ A_{12} & A_{22} & \cdots & A_{n2} \\ \vdots & \vdots & \ddots & \vdots \\ A_{1n} & A_{2n} & \cdots & A_{nn} \end{pmatrix}\begin{pmatrix} b_1 \\ b_2 \\ \vdots \\ b_n \end{pmatrix}}{|\mathbf{A}|},$$

或 $$x_j^*=\frac{A_{1j}b_1+A_{2j}b_2+\cdots+A_{nj}b_n}{|\mathbf{A}|},\quad j=1,\cdots,n。 \tag{1.6.17}$$

因 A_{ij} 爲 $\mathbf{A}$ 的元素 $\mathbf{a}_{ij}$ 之餘因子, 故 (1.6.17) 式之分子非常類似將 $|\mathbf{A}|$ 以餘因子展開法對 j 行展開的結果。唯一不同的是, 我們以 b_i 取代了 $\mathbf{a}_{ij}$ 。換句話說, 如果我們將矩陣 $\mathbf{A}$ 之第 j 行以 $\mathbf{b}$ 取代, 則所得到的新矩陣之行列式對 $\mathbf{b}$ 這一行作餘因子展開即得到 (1.6.17) 式的分子, 再將其除以 $|\mathbf{A}|$ 即得到 $\mathbf{x}^*$ 之第 j 個元素, 換句話說, (1.6.17) 可寫成

$$x_j^* = \frac{\begin{vmatrix} a_{11} & a_{12} & \cdots & a_{1j-1} & b_1 & a_{1j+1} & \cdots & a_{1n} \\ a_{21} & a_{22} & \cdots & a_{2j-1} & b_2 & a_{2j+1} & \cdots & a_{2n} \\ \vdots & \vdots & \ddots & \vdots & \vdots & \vdots & \ddots & \vdots \\ a_{n1} & a_{n2} & \cdots & a_{nj-1} & b_n & a_{nj+1} & \cdots & a_{nn} \end{vmatrix}}{|\mathbf{A}|}, \quad j = 1, \cdots, n, \qquad (1.6.18)$$

此公式爲解非齊次線性聯立方程式的一個重要結果, 因爲它可避免求逆矩陣的困難, 這個方法即是有名的 Cramer's 法則。

【例 1.6.10】解下列聯立方程式

$$\begin{pmatrix} 1 & -1 & 1 \\ 1 & 2 & -1 \\ 2 & 1 & 3 \end{pmatrix}\begin{pmatrix} x_1 \\ x_2 \\ x_3 \end{pmatrix} = \begin{pmatrix} 5 \\ 2 \\ 0 \end{pmatrix}。$$

解: $\begin{vmatrix} 1 & -1 & 1 \\ 1 & 2 & -1 \\ 2 & 1 & 3 \end{vmatrix} = 9$, 由 Cramer's 法則

$$x_1 = \frac{1}{9}\begin{vmatrix} 5 & -1 & 1 \\ 2 & 2 & -1 \\ 0 & 1 & 3 \end{vmatrix} = \frac{43}{9},$$

$$x_2 = \frac{1}{9}\begin{vmatrix} 1 & 5 & 1 \\ 1 & 2 & -1 \\ 2 & 0 & 3 \end{vmatrix} = -\frac{23}{9},$$

$$x_3 = \frac{1}{9}\begin{vmatrix} 1 & -1 & 5 \\ 1 & 2 & 2 \\ 2 & 1 & 0 \end{vmatrix} = -\frac{21}{9}。$$

習題 1.6

1. 是非題:

(a) $(\mathbf{A}+\mathbf{B})+\mathbf{C}=\mathbf{A}+(\mathbf{B}+\mathbf{C})=\mathbf{A}+\mathbf{B}+\mathbf{C}$。

(b) $(\mathbf{AB})\mathbf{C}=\mathbf{A}(\mathbf{BC})=\mathbf{ABC}$。

(c) $\mathbf{AO}_n=\mathbf{O}_n\mathbf{A}=\mathbf{O}_n$；$\mathbf{A}+\mathbf{O}_n=\mathbf{O}_n+\mathbf{A}=\mathbf{A}$。

(d) $\mathbf{AI}_n=\mathbf{I}_n\mathbf{A}=\mathbf{A}$；$\mathbf{A}+\mathbf{I}_n=\mathbf{I}_n+\mathbf{A}=\mathbf{A}$。

(e) $(a+b)\mathbf{A}=a\mathbf{A}+b\mathbf{A}$；$a(\mathbf{A}+\mathbf{B})=a\mathbf{A}+a\mathbf{B}$。

(f) $\mathbf{AB}=\mathbf{O}_n$，則 $\mathbf{A}=\mathbf{O}_n$ 或 $\mathbf{B}=\mathbf{O}_n$。

(g) $(\mathbf{A}_1\mathbf{A}_2\cdots\mathbf{A}_n)^T=\mathbf{A}_n^T\mathbf{A}_{n-1}^T\cdots\mathbf{A}_1^T$；$(\mathbf{A}_1+\cdots+\mathbf{A}_n)^T=\mathbf{A}_1^T+\cdots+\mathbf{A}_n^T$。

(h) $(\mathbf{I}_n)^T=\mathbf{I}_n$，$r(\mathbf{I}_n)=n$，$\mathbf{I}_n^{-1}=\mathbf{I}_n$。

(i) $\mathbf{A}$ 爲一對角矩陣, 其對角線上的元素爲 $a_{ii}\neq 0$，$i=1,\cdots,n$，則 $\mathbf{A}^{-1}$ 亦爲對角矩陣, 其對角線上的元素爲 $\dfrac{1}{a_{ii}}$，$i=1,\cdots,n$。

(j) $|\mathbf{A}^{-1}|=|\mathbf{A}|^{-1}$。

(k) 若 $|\mathbf{A}_n|\neq 0$，則 $r(\mathbf{AB})=r(\mathbf{B})$。

(l) $|\mathbf{AB}|=|\mathbf{A}||\mathbf{B}|$；$|\mathbf{A}+\mathbf{B}|=|\mathbf{A}|+|\mathbf{B}|$。

(m) $(\mathbf{AB})^{-1}=\mathbf{B}^{-1}\mathbf{A}^{-1}$；$(\mathbf{A}+\mathbf{B})^{-1}=\mathbf{A}^{-1}+\mathbf{B}^{-1}$。

2. 若方陣 $\mathbf{A}$ 滿足 $\mathbf{AA}=\mathbf{A}^2=\mathbf{A}$，則稱 $\mathbf{A}$ 爲等冪矩陣 (idempotent matrix)，試證

(a) 若 $\mathbf{A}$ 爲等冪矩陣, 則 $\mathbf{I}_n-\mathbf{A}$ 亦爲等冪矩陣。

(b) 若 $\mathbf{A}$ 爲對角等冪矩陣, 則其對角線上之元素不是 0 就是 1。

(c) 若 $\mathbf{A}$ 爲 $n\times m$ 矩陣, 且 $|\mathbf{A}^T\mathbf{A}|\neq 0$，則 $\mathbf{I}_n-\mathbf{A}(\mathbf{A}^T\mathbf{A})^{-1}\mathbf{A}^T$ 爲等冪矩陣。

3. 若一 n 階方陣 $\mathbf{A}$ 滿足 $\mathbf{A}=-\mathbf{A}^T$，則稱 $\mathbf{A}$ 爲反對稱矩陣 (anti-symmetric matrix)。若 $\mathbf{B}$ 爲任意方陣, 試證明 $\dfrac{\mathbf{B}+\mathbf{B}^T}{2}$ 和 $\dfrac{\mathbf{B}-\mathbf{B}^T}{2}$ 分別爲對稱和反對稱矩陣。（故任一方陣均可寫成一對稱矩陣和反對稱矩陣之和）

4. 試導出下列各行列式爲其等號右邊所示者。

(a) $|\mathbf{I}_n| = 1$。

(b) $\begin{vmatrix} 1 & a_1 & a_1^2 \\ 1 & a_2 & a_2^2 \\ 1 & a_3 & a_3^2 \end{vmatrix} = (a_2 - a_1)(a_3 - a_2)(a_3 - a_1)$。

(c) $\begin{vmatrix} 0 & p_1 & \cdots & p_n \\ q_1 & a_{11} & \cdots & a_{1n} \\ \vdots & \vdots & \ddots & \vdots \\ q_n & a_{n1} & \cdots & a_{nn} \end{vmatrix} = -\sum_{i=1}^{n}\sum_{j=1}^{n} p_i \mathbf{A}_{ji} q_j$，$\mathbf{A}_{ji}$爲矩陣$\mathbf{A}$之元素 a_{ji} 之餘因子。

(d) $\begin{vmatrix} 1 & 1 & 1 & \cdots & 1 \\ a_2 & a_2 - 1 & a_2 & \cdots & a_2 \\ \vdots & \vdots & \vdots & \ddots & \vdots \\ a_k & a_k & \cdots & \cdots & a_k - 1 \end{vmatrix} = (-1)^{k-1}$。

(e) $\begin{vmatrix} b^2 + c^2 & ab & ca \\ ab & c^2 + a^2 & bc \\ ca & bc & a^2 + b^2 \end{vmatrix} = \begin{vmatrix} 0 & c & b \\ c & 0 & a \\ b & a & 0 \end{vmatrix}^2$。

(f) $\begin{vmatrix} a_{11} & a_{12} & \cdots & a_{1n} \\ a_{21} & a_{22} & \cdots & a_{2n} \\ \vdots & \vdots & \ddots & \vdots \\ a_{n1} & a_{n2} & \cdots & a_{nn} \end{vmatrix} = \begin{vmatrix} a_{11} & -a_{12} & \cdots & -a_{1n} \\ -a_{21} & a_{22} & \cdots & a_{2n} \\ \vdots & \vdots & \ddots & \vdots \\ -a_{n1} & a_{n2} & \cdots & a_{nn} \end{vmatrix}$。

5. 求下列各矩陣之逆矩陣

$$\mathbf{A}_1 = \begin{pmatrix} 1 & 2 & 3 \\ 4 & 1 & 2 \\ 3 & 5 & 1 \end{pmatrix},\ \mathbf{A}_2 = \begin{pmatrix} a_{11} & a_{12} & a_{13} \\ a_{12} & a_{22} & a_{23} \\ a_{13} & a_{23} & a_{33} \end{pmatrix},$$

$$\mathbf{A}_3 = \begin{pmatrix} a_{11} & a_{12} & a_{13} \\ 0 & a_{22} & a_{23} \\ 0 & 0 & a_{33} \end{pmatrix},\ \mathbf{A}_4 = \begin{pmatrix} a_{11} & 0 & 0 \\ 0 & a_{22} & 0 \\ 0 & 0 & a_{33} \end{pmatrix},$$

由 $\mathbf{A}_2^{-1}$，$\mathbf{A}_3^{-1}$ 和 $\mathbf{A}_4^{-1}$，你發現了什麼結果？這些結果可以一般化嗎？

6. 若矩陣 $\mathbf{A}$，$\mathbf{B}$ 爲下列 (a)，(b)，(c) 所示，定義 $\mathbf{C}=\mathbf{AB}$。試求 $r(\mathbf{A})$，$r(\mathbf{B})$ 和 $r(\mathbf{C})$。

(a) $\mathbf{A}=\begin{pmatrix}4 & 2\\ 3 & 4\end{pmatrix}$，$\mathbf{B}=\begin{pmatrix}-1 & 3\\ 5 & 2\end{pmatrix}$。

(b) $\mathbf{A}=\begin{pmatrix}4 & 2\\ 3 & 4\end{pmatrix}$，$\mathbf{B}=\begin{pmatrix}1 & 2\\ 3 & 6\end{pmatrix}$。

(c) $\mathbf{A}=\begin{pmatrix}1 & 2\\ 3 & 6\end{pmatrix}$，$\mathbf{B}=\begin{pmatrix}1 & 3\\ 1 & 3\end{pmatrix}$。

你發現 $r(\mathbf{A})$，$r(\mathbf{B})$ 和 $r(\mathbf{C})$ 間有何關係? 這種關係可以推廣到任何滿足 $\mathbf{C}=\mathbf{AB}$ 的三個矩陣嗎?

7. 試舉一三階方陣 $\mathbf{A}$ 及向量 $\mathbf{b}=(b_1,b_2,b_3)^T\neq\mathbf{0}_3$ 使得

(a) $r(\mathbf{A})=2$ 且 $\mathbf{Ax}=\mathbf{b}$ 無解。

(b) $r(\mathbf{A})=3$ 且 $\mathbf{Ax}=\mathbf{b}$ 有唯一解。

(c) 以幾何方法解釋 (a) 和 (b)。

8. 利用 Cramer's 法則解下列聯立方程式

(a)
$$\begin{aligned}x_1+x_2+x_3+x_4&=2,\\ x_1+x_2+x_3-x_4&=4,\\ x_1+x_2-x_3+x_4&=6,\\ x_1-x_2+x_3-x_4&=8。\end{aligned}$$

(b)
$$\begin{aligned}x_1+2x_2+3x_3+4x_4&=5,\\ 2x_1+x_2+4x_3+x_4&=2,\\ 3x_1+4x_2+x_3+5x_4&=6,\\ 2x_1+3x_2+5x_3+2x_4&=3。\end{aligned}$$

1.7 特性根、特性向量與二次式

假定 **A** 爲一 n 階方陣, 在許多應用場合中, 我們常希望能找到一純量 λ 及向量 $\mathbf{x} \neq \mathbf{0}_n$, 使得

$$\mathbf{A}\mathbf{x} = \lambda\mathbf{x} \text{ 。} \tag{1.7.1}$$

滿足上式的純量 λ 稱爲矩陣 **A** 的一個特性根 (eigenvalue 或 characteristic root), 對應於某一 λ 的 **x** 稱爲對應於該特性根的一個特性向量 (eigenvector 或 characteristic vector)。仔細觀察 (1.7.1) 我們發現, 對應於任何一特性根 λ 的特性向量事實上有無窮多個。因爲若 **x** 爲對應於 λ 的特性向量, 則任何一 $\alpha \in \boldsymbol{R}$, $\alpha \neq 0$, 均可使 $\alpha\mathbf{x}$ 仍滿足 (1.7.1), 故 $\alpha\mathbf{x}$ 亦爲對應於 λ 的一個特性向量。爲了方便起見, 在實際應用時, 我們都取所謂單位長特性向量, 即 $\|\mathbf{x}\| = 1$ 之特性向量, 並以符號 **e** 表示。(1.7.1) 式可改寫成

$$\mathbf{A}\mathbf{x} - \lambda\mathbf{I}\mathbf{x} = \mathbf{0}_n ,$$

或

$$(\mathbf{A} - \lambda\mathbf{I})\mathbf{x} = \mathbf{0}_n , \tag{1.7.2}$$

(1.7.2) 的形式與 (1.6.14) 完全相同, 故爲一齊次線性聯立方程式。由上一節的討論, 我們知到 (1.7.2) 若要有一非零的解 , 則必須有 $r(\mathbf{A} - \lambda\mathbf{I}) < n$, 或

$$f(\lambda) = |\mathbf{A} - \lambda\mathbf{I}| = \begin{vmatrix} a_{11} - \lambda & a_{12} & \cdots & a_{1n} \\ a_{21} & a_{22} - \lambda & \cdots & a_{2n} \\ \vdots & \vdots & \ddots & \vdots \\ a_{n1} & a_{n1} & \cdots & a_{nn} - \lambda \end{vmatrix} = 0 \text{ 。} \tag{1.7.3}$$

(1.7.3) 式稱爲矩陣 **A** 的特性方程式 (characteristic equation) , $f(\lambda)$ 是 λ 的一個 n 次多項式, 稱爲 **A** 的特性多項式 (characteristic polynominal)。

現在我們可以清楚的看到, 要求任一方陣 **A** 的特性根時, 只要解其特性方程式 (1.7.3) 中的 λ 值即可。一般而言, 即使 **A** 的所有元素均

爲實數, 也沒有辦法保證特性方程 (1.7.3) 式的解都是實根。但是如果 $\mathbf{A}$ 爲一對稱矩陣 ($\mathbf{A}^{T}=\mathbf{A}$), 則我們可以證明 $\mathbf{A}$ 的所有特性根必然都是實根。這個結果因牽涉到複數 (complex numbers) 的一些性質, 故我們不再進一步討論, 有興趣的讀者請參考 Hadley (1975) 一書。

【例 1.7.1】求矩陣 $\begin{pmatrix} 5 & -3 \\ -3 & 5 \end{pmatrix}$ 之特性根和特性向量。

解: 由特性方程式

$$\begin{vmatrix} 5-\lambda & -3 \\ -3 & 5-\lambda \end{vmatrix} = (5-\lambda)^2 - 9 = 0,$$

可解得 $\lambda_1 = 2$ 或 $\lambda_2 = 8$。

假定對應於 $\lambda_1 = 2$ 之單位長特性向量爲 $\mathbf{e}_1 = (e_{11}, e_{21})^T$, 則

$$\begin{pmatrix} 5-2 & -3 \\ -3 & 5-2 \end{pmatrix}\begin{pmatrix} e_{11} \\ e_{21} \end{pmatrix} = \begin{pmatrix} 0 \\ 0 \end{pmatrix},$$

故可得聯立方程式

$$3e_{11} - 3e_{21} = 0,$$
$$-3e_{11} + 3e_{21} = 0。$$

但此兩方程式完全相同, 故我們可取其中一條, 再與單位長度的限制 $e_{11}^2 + e_{21}^2 = 1$, 合解出 $e_{11} = e_{21} = \frac{1}{\sqrt{2}}$, 故對應於 $\lambda_1 = 2$ 的單位長特性向量爲 $\mathbf{e}_1 = \left(\frac{1}{\sqrt{2}}, \frac{1}{\sqrt{2}}\right)^T$。同理, 假定對應於 $\lambda_2 = 8$ 之單位長特性向量爲 $\mathbf{e}_2 = (e_{12}, e_{22})^T$, 我們可解得 $\mathbf{e}_2 = \left(\frac{-1}{\sqrt{2}}, \frac{1}{\sqrt{2}}\right)^T$。

定理 1.7.1: $\mathbf{A}$ 爲一 n 階對稱方陣, λ_i 和 λ_j 爲 $\mathbf{A}$ 之兩特性根, $\mathbf{x}_i$ 與 $\mathbf{x}_j$ 分別爲對應於 λ_i 與 λ_j 之特性向量。若 $\lambda_i \neq \lambda_j$, 則 $\mathbf{x}_i^T \mathbf{x}_j = 0$。

證明: 由 (1.7.1) 知

$$\mathbf{Ax}_i = \lambda_i \mathbf{x}_i,$$
$$\mathbf{Ax}_j = \lambda_j \mathbf{x}_j,$$

上兩式分別以 $\mathbf{x}_i$ 和 $\mathbf{x}_j$ 前乘可得

$$\mathbf{x}_j^T\mathbf{Ax}_i = \lambda_i \mathbf{x}_j^T\mathbf{x}_i, \tag{1.7.4}$$
$$\mathbf{x}_i^T\mathbf{Ax}_j = \lambda_j \mathbf{x}_i^T\mathbf{x}_j \text{ 。} \tag{1.7.5}$$

但因 $\mathbf{x}_j^T\mathbf{Ax}_i$ 與 $\mathbf{x}_j^T\mathbf{x}_i$ 均爲純量, 故經轉置後仍然不變, 根據定理 1.6.1 可得 $\mathbf{x}_j^T\mathbf{Ax}_i = \left(\mathbf{x}_j^T\mathbf{Ax}_i\right)^T = \mathbf{x}_i^T\mathbf{A}^T\mathbf{x}_j = \mathbf{x}_i^T\mathbf{Ax}_j$, $\mathbf{x}_j^T\mathbf{x}_i = \left(\mathbf{x}_j^T\mathbf{x}_i\right)^T = \mathbf{x}_i^T\mathbf{x}_j$。利用上述結果, 將 (1.7.4) 和 (1.7.5) 兩式相減可得

$$\left(\lambda_i - \lambda_j\right)\mathbf{x}_i^T\mathbf{x}_j = 0, \tag{1.7.6}$$

因 $\lambda_i \neq \lambda_j$, 故 (1.7.6) 隱含 $\mathbf{x}_i^T\mathbf{x}_j = 0$ 。

這個定理告訴我們, 對應於一對稱方陣的兩相異特性根的任何兩特性向量必然彼此互相垂直（正交）。這個重要的性質, 乃是將對稱方陣對角化 (diagonalization) 的根據。現在假定 n 階對稱方陣 $\mathbf{A}$ 之所有特性根都不相同, 並將其對應的單位長特性向量記爲 $\mathbf{e}_1, \mathbf{e}_2, \cdots, \mathbf{e}_n$ 。定義矩陣 $\mathbf{E}$ 爲

$$\mathbf{E} = \left(\mathbf{e}_1, \mathbf{e}_2, \cdots, \mathbf{e}_n\right), \tag{1.7.7}$$

則由定理 1.7.1 可得

$$\begin{aligned}\mathbf{E}^T\mathbf{AE} &= \mathbf{E}^T\left(\mathbf{Ae}_1, \mathbf{Ae}_2, \cdots, \mathbf{Ae}_n\right) = \mathbf{E}^T\left(\lambda_1\mathbf{e}_1, \lambda_2\mathbf{e}_2, \cdots, \lambda_n\mathbf{e}_n\right) \\ &= \begin{pmatrix} \lambda_1\mathbf{e}_1^T\mathbf{e}_1 & \lambda_2\mathbf{e}_1^T\mathbf{e}_2 & \cdots & \lambda_n\mathbf{e}_1^T\mathbf{e}_n \\ \vdots & \vdots & \vdots & \vdots \\ \lambda_1\mathbf{e}_n^T\mathbf{e}_1 & \lambda_2\mathbf{e}_n^T\mathbf{e}_2 & \cdots & \lambda_n\mathbf{e}_n^T\mathbf{e}_n \end{pmatrix} = \begin{pmatrix} \lambda_1 & & 0 \\ & \ddots & \\ 0 & & \lambda_n \end{pmatrix} = \mathbf{D} \text{ 。}\end{aligned} \tag{1.7.8}$$

矩陣 **D** 有兩個很明顯的特性: 首先, **D** 爲一對角矩陣; 其次, 更重要的, **D** 的對角線上的元素正好都是矩陣 **A** 的特性根。(1.7.8) 式所顯示的, 就是利用對稱方陣 **A** 本身的特性向量將 **A** 對角化的過程。在此, 我們必須特別强調, 在前面的推導過程中, 我們雖然假定所有的特性根均不同, 但同樣的對角化結果, 在有重複特性根時仍然成立。讀者可嚐試加以證明。

【例 1.7.2】將例 1.7.1 中之矩陣對角化。

解: 由例 1.7.1 的結果可知

$$\mathbf{E}=\begin{pmatrix}\frac{1}{\sqrt{2}} & -\frac{1}{\sqrt{2}}\\ \frac{1}{\sqrt{2}} & \frac{1}{\sqrt{2}}\end{pmatrix},$$

所以
$$\mathbf{E}^{\mathrm{T}}\mathbf{A}\mathbf{E}=\begin{pmatrix}\frac{1}{\sqrt{2}} & \frac{1}{\sqrt{2}}\\ -\frac{1}{\sqrt{2}} & \frac{1}{\sqrt{2}}\end{pmatrix}\begin{pmatrix}5 & -3\\ -3 & 5\end{pmatrix}\begin{pmatrix}\frac{1}{\sqrt{2}} & -\frac{1}{\sqrt{2}}\\ \frac{1}{\sqrt{2}} & \frac{1}{\sqrt{2}}\end{pmatrix}$$
$$=\begin{pmatrix}\frac{2}{\sqrt{2}} & \frac{2}{\sqrt{2}}\\ -\frac{8}{\sqrt{2}} & \frac{8}{\sqrt{2}}\end{pmatrix}\begin{pmatrix}\frac{1}{\sqrt{2}} & -\frac{1}{\sqrt{2}}\\ \frac{1}{\sqrt{2}} & \frac{1}{\sqrt{2}}\end{pmatrix}=\begin{pmatrix}2 & 0\\ 0 & 8\end{pmatrix}。$$

在定理 1.7.1 的證明過程中, 我們於 (1.7.4) 和 (1.7.5) 兩式分別得到兩個純量 $\mathbf{x}_j^{\mathrm{T}}\mathbf{A}\mathbf{x}_i$ 與 $\mathbf{x}_i^{\mathrm{T}}\mathbf{A}\mathbf{x}_j$, 這兩個純量都是所謂的雙線性式 (bilinear form)。我們最常碰到的一種特殊的雙線性式爲二次式 (quadratic form), 其定義爲 $\mathbf{Q}=\mathbf{x}^{\mathrm{T}}\mathbf{A}\mathbf{x},\ \mathbf{x}\in \boldsymbol{R}^{\mathrm{n}}$, 而 **A** 爲一 n 階方陣。雖然, 廣義的二次式並不限定 **A** 爲一對稱矩陣, 但事實上, 將 **A** 限爲對稱矩陣, 在分析上並不會造成任何問題。假定

$$\mathbf{B}=\begin{pmatrix}b_{11} & b_{12}\\ b_{21} & b_{22}\end{pmatrix}$$

爲任一二階方陣, 則其對應之二次式爲

$$\mathbf{Q}=\mathbf{x}^{\mathrm{T}}\mathbf{B}\mathbf{x}=(x_1,x_2)\begin{pmatrix}b_{11}&b_{12}\\b_{21}&b_{22}\end{pmatrix}\begin{pmatrix}x_1\\x_2\end{pmatrix}=b_{11}x_1^2+b_{12}x_1x_2+b_{21}x_2x_1+b_{22}x_2^2$$
$$=b_{11}x_1^2+\left(\frac{b_{12}+b_{21}}{2}\right)x_1x_2+\left(\frac{b_{12}+b_{21}}{2}\right)x_2x_1+b_{22}x_2^2$$
$$=(x_1,x_2)\begin{pmatrix}b_{11}&\dfrac{b_{12}+b_{21}}{2}\\\dfrac{b_{12}+b_{21}}{2}&b_{22}\end{pmatrix}\begin{pmatrix}x_1\\x_2\end{pmatrix}=\mathbf{x}^{\mathrm{T}}\mathbf{A}\mathbf{x}, \qquad (1.7.9)$$

上式中 $\mathbf{A}=\begin{pmatrix}b_{11}&\dfrac{b_{12}+b_{21}}{2}\\\dfrac{b_{12}+b_{21}}{2}&b_{22}\end{pmatrix}$, 爲一二階對稱方陣。

(1.7.9) 顯示, 如果我們定義一新的方陣 $\mathbf{A}$, 使其元素爲 $\dfrac{b_{ij}+b_{ji}}{2}$, 則對應於 $\mathbf{B}$ 之二次式與對應於 $\mathbf{A}$ 之二次式完全相同。因此在討論任何二次式時, 我們都可將其對應之矩陣視爲一對稱矩陣。在二次式的運用上, 我們最感興趣的問題是, 一個二次式的符號是否能完全確定。

定義 1.7.1：二次式 $Q=\mathbf{x}^{\mathrm{T}}\mathbf{A}\mathbf{x},\ \mathbf{x}\in \boldsymbol{R}^{n}$

(i) 若對任何 $\mathbf{x}\neq\mathbf{0}_n$, $Q>0$, 則稱 Q 爲一正定 (positive definite) 二次式。

(ii) 若對任何 $\mathbf{x}\neq\mathbf{0}_n$, $Q<0$, 則稱 Q 爲一負定 (negative definite) 二次式。

(iii) 若對任何 $\mathbf{x}$, $Q\geq 0$, 則稱 Q 爲一半正定 (positive semidefinite) 二次式。

(iv) 若對任何 $\mathbf{x}$, $Q\leq 0$, 則稱 Q 爲一半負定 (negative semidefinite) 二次式。

(v) 若存在某些 $\mathbf{x}$, 使 $Q>0$, 某些 $\mathbf{x}$, 使 $Q<0$, 則稱 Q 爲不定 (indefinite) 二次式。

根據這個定義, 我們很清楚看到, 正（負）定二次式必然是半正（負）定二次式, 但反過來則未必成立。另外, 當 $\mathbf{A}=\mathbf{O}_n$ 時, 其對應之二次式同時爲半正定和半負定。

【例 1.7.3】判別下列二次式的符號

(i) $Q_1 = x_1^2 + 4x_1x_2 + 4x_2^2$,

(ii) $Q_2 = x_1^2 + 2x_1x_2 - 5x_2^2$。

解: 我們可以利用完全平方的方法來看 Q_1 和 Q_2 的符號

(i) $Q_1 = x_1^2 + 4x_1x_2 + 4x_2^2 = (x_1 + 2x_2)^2$

因此 Q_1 永遠爲非負, 即 $Q_1 \geq 0$, 但當 $\mathbf{x}_1 = -2\mathbf{x}_2$ 時（如 $x_1 = -2, x_2 = 1$）, $Q_1 = 0$。因此存在 $\mathbf{x} \neq \mathbf{0}_2$ 使得 $Q_1 = 0$, 故 Q_1 爲半正定二次式, 但不是正定二次式。

(ii) $Q_2 = x_1^2 + 2x_1x_2 - 5x_2^2 = (x_1 + x_2)^2 - 6x_2^2$

當 $\mathbf{x} = (1,-1)^T$ 時 $Q_2 = -6$; 當 $\mathbf{x} = (1,0)^T$ 時 $Q_2 = 1$, 故 Q_2 爲不定二次式。

在上面的例子中, 我們是利用完全平方的技巧來確定二次式的符號。但是, 我們也可利用特性根及對角化的原理來判別。

【例 1.7.4】利用矩陣對角化的方法判別例 1.7.3 中 Q_1 的正負。

解:
$$Q_1 = x_1^2 + 4x_1x_2 + 4x_2^2 = (x_1, x_2)\begin{pmatrix} 1 & 2 \\ 2 & 4 \end{pmatrix}\begin{pmatrix} x_1 \\ x_2 \end{pmatrix},$$

故其對應之對稱矩陣爲

$$\mathbf{A} = \begin{pmatrix} 1 & 2 \\ 2 & 4 \end{pmatrix}。$$

由特性方程式

$$|\mathbf{A} - \lambda \mathbf{I}| = \begin{vmatrix} 1-\lambda & 2 \\ 2 & 4-\lambda \end{vmatrix} = 0$$

可解得 $\lambda_1 = 5, \lambda_2 = 0$。

當 $\lambda_1 = 5$ 時, 其對應之單位長向量 $\mathbf{e}_1 = (e_{11}, e_{21})^T$ 隱含

$$\begin{pmatrix} 1-5 & 2 \\ 2 & 4-5 \end{pmatrix}\begin{pmatrix} e_{11} \\ e_{21} \end{pmatrix}=\begin{pmatrix} 0 \\ 0 \end{pmatrix},$$

因此 $2e_{11}=e_{21}$。再由單位長限制 $e_{11}^2+e_{21}^2=1$ 可解出

$$e_{11}=\frac{1}{\sqrt{5}}\ ,\ e_{21}=\frac{2}{\sqrt{5}}\ 。$$

所以 $\mathbf{e}_1=\left(\frac{1}{\sqrt{5}},\frac{2}{\sqrt{5}}\right)^{\mathrm{T}}$。

同理, 當 $\lambda_2=0$ 時可解出 $\mathbf{e}_2=\left(\frac{-2}{\sqrt{5}},\frac{1}{\sqrt{5}}\right)^{\mathrm{T}}$。根據例 1.7.2 的方法可

形成 $\mathbf{E}=(\mathbf{e}_1,\mathbf{e}_2)=\begin{pmatrix} \frac{1}{\sqrt{5}} & \frac{-2}{\sqrt{5}} \\ \frac{2}{\sqrt{5}} & \frac{1}{\sqrt{5}} \end{pmatrix}$。

現在, 我們作下列的變數轉換

$$\mathbf{x}=\mathbf{E}\mathbf{y}\ \text{或}\ \begin{pmatrix} x_1 \\ x_2 \end{pmatrix}=\begin{pmatrix} \frac{1}{\sqrt{5}} & \frac{-2}{\sqrt{5}} \\ \frac{2}{\sqrt{5}} & \frac{1}{\sqrt{5}} \end{pmatrix}\begin{pmatrix} y_1 \\ y_2 \end{pmatrix},$$

則 Q_1 成爲

$$Q_1=\mathbf{x}^{\mathrm{T}}\mathbf{A}\mathbf{x}=(\mathbf{E}\mathbf{y})^{\mathrm{T}}\mathbf{A}\mathbf{E}\mathbf{y}=\mathbf{y}^{\mathrm{T}}\left(\mathbf{E}^{\mathrm{T}}\mathbf{A}\mathbf{E}\right)\mathbf{y}\ 。\qquad (1.7.10)$$

根據 (1.7.7) 至 (1.7.8) 式間對角化原理的討論, 我們可將 (1.7.10) 寫成

$$Q_1=\mathbf{y}^{\mathrm{T}}\mathbf{D}\mathbf{y}=(y_1,y_2)\begin{pmatrix} 5 & 0 \\ 0 & 0 \end{pmatrix}\begin{pmatrix} y_1 \\ y_2 \end{pmatrix}=5y_1^2\ 。\qquad (1.7.11)$$

(1.7.11) 式告訴我們 Q_1 的符號乃完全決定於 y_1^2, 但因 y_1^2 爲非負, 故 $Q_1 \geq 0$, 爲一半正定二次式。

比較上面兩個例子中的完全平方法和矩陣對角化法，讀者或許認爲完全平方法似乎更爲簡便。但這種印象並不可靠，因爲一些較複雜的二次式，完全平方法並不見得那麼容易可以運用。特別是，敏感的讀者應已發現，(1.7.11) 式顯示出，Q_1 的正負似乎和對應於該二次式之對稱矩陣的特性根間有很直接的關係。事實正是如此。關於這點，在第三章中討論正負定矩陣的問題時，我們會再說明。

在例 1.7.4 中將原二次式 Q_1 轉化成 (1.7.11) 的形式的過程，稱爲將一二次式對角化 (diagonalization of quadratic form)，因爲 (1.7.11) 本身也是一個二次式。將一二次式對角化的主要目的，乃在消除原有二次式中的任何交叉乘項（使其只剩下平方項），以使符號判別的工作簡化。另外，從幾何觀點來看，這種二次式對角化的技巧，只不過是一種坐標軸的變換罷了。現在我們就以例 1.7.4 來說明。

在例 1.7.4 中，我們作了如下的變數變換

$$\mathbf{x} = \mathbf{E}\mathbf{y}$$

或
$$\begin{pmatrix} x_1 \\ x_2 \end{pmatrix} = \begin{pmatrix} \frac{1}{\sqrt{5}} & \frac{-2}{\sqrt{5}} \\ \frac{2}{\sqrt{5}} & \frac{1}{\sqrt{5}} \end{pmatrix} \begin{pmatrix} y_1 \\ y_2 \end{pmatrix} = \begin{pmatrix} \cos\theta & -\sin\theta \\ \sin\theta & \cos\theta \end{pmatrix} \begin{pmatrix} y_1 \\ y_2 \end{pmatrix}, \tag{1.7.12}$$

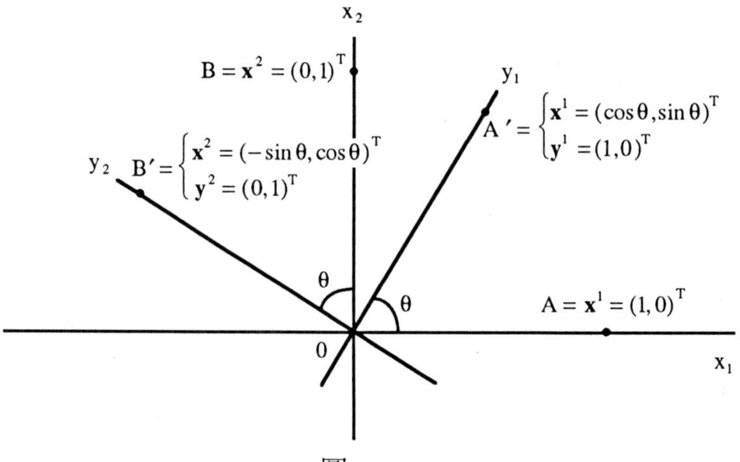

圖 1.7.1

式中 $\theta=\cos^{-1}\frac{1}{\sqrt{5}}$。令 $\mathbf{y}^1=(1,0)^T$，代入 (1.7.12) 可得 $\mathbf{x}^1=(\cos\theta,\sin\theta)^T$。同理, 當 $\mathbf{y}^2=(0,1)^T$ 時, 可解得 $\mathbf{x}^2=(-\sin\theta,\cos\theta)^T$。換句話說, 新坐標的 $(1,0)^T$ 和 $(0,1)^T$ 分別相當於舊坐標下的 $(\cos\theta,\sin\theta)^T$ 和 $(-\sin\theta,\cos\theta)^T$。

以圖 1.7.1 來說, 點 A′ 在 x_1-x_2 舊坐標系下之坐標為 $(\cos\theta,\sin\theta)^T$，在 y_1-y_2 新坐標系下為 $(1,0)^T$；而點 B′ 在 x_1-x_2 舊坐標系下之坐標為 $(-\sin\theta,\cos\theta)^T$，在 y_1-y_2 新坐標系下為 $(0,1)^T$。又 $\mathbf{y}^{1T}\mathbf{y}^2=\mathbf{x}^{1T}\mathbf{x}^2=0$，故我們知道向量 OA′ 和 OB′ 為正交。因此我們可看到，OA′ 和 OB′ 兩向量正好是 OA 和 OB 兩向量分別向逆時鐘方向旋轉 θ 度而已。也就是說, 新坐標的 y_1 軸和 y_2 軸乃是分別由舊坐標的 x_1 軸和 x_2 軸逆時鐘方向旋轉 θ 度而成。

圖 1.7.2 劃出了例 1.7.4 中原二次式的等值線 (isovalue curve) $5=x_1^2+4x_1x_2+4x_2^2=(x_1+2x_2)^2$。在原坐標中它是兩條在原點兩側的西北、東南走向的直線; 但若以新坐標來看, 則這兩條等值線則是兩條垂直於 y_1 軸的直線。這正是前面所提的, 將二次式對角化的精神乃是在透過坐標的轉換（旋轉）, 將原來較複雜的二次式化成較簡化的對角式二次式, 以便於其符號的判別。最後, 我們特別要提醒讀者的是, 在利用特性向量作坐標變換的過程中, 我們的坐標軸在轉換後仍然保持

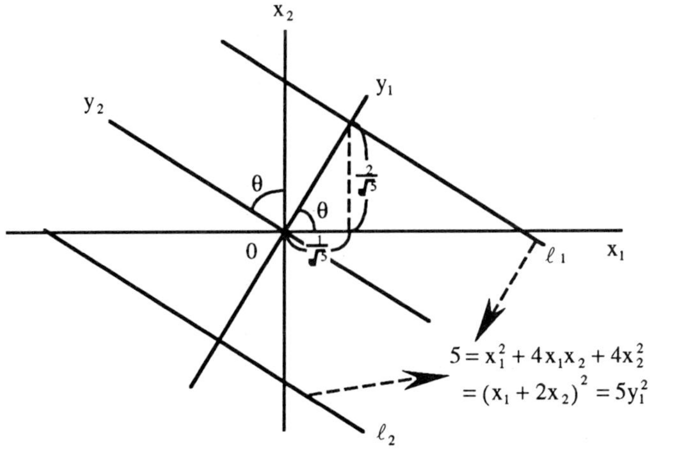

圖 1.7.2

正交（垂直）。這個性質是保證轉換後的對角式二次式的係數爲矩陣 **A** 的特性根的根本原因。如果新坐標軸並非彼此正交，則仍可能將二次式對角化，但其係數卻並不一定是矩陣 **A** 的特性根。

習題 1.7

1. 求下列各矩陣之特性根及其對應之單位長特性向量。

(a) $\begin{pmatrix} 10 & -6 \\ -6 & 10 \end{pmatrix}$，　(b) $\begin{pmatrix} 0 & 0 & 1 \\ 0 & 0 & 0 \\ 1 & 0 & 0 \end{pmatrix}$，　(c) $\begin{pmatrix} 0 & 1 & 1 \\ 1 & 0 & 1 \\ 1 & 1 & 0 \end{pmatrix}$。

2. 若 n 階方陣 **A** 的特性方程式可寫成

$$f(\lambda) = |\mathbf{A} - \lambda\mathbf{I}| = (-\lambda)^n + b_{n-1}(-\lambda)^{n-1} + \cdots + b_1(-\lambda) + b_0,$$

且其特性根爲 $\lambda_1, \lambda_2, \cdots, \lambda_n$，則

(a) $b_{n-1} = \sum_{i=1}^{n} a_{ii} = \sum_{i=1}^{n} \lambda_i$。

(b) $b_0 = |\mathbf{A}| = \prod_{i=1}^{n} \lambda_i$。

3. 若 **A** 爲一 n 階方陣，試證的 **A** 特性根與 $\mathbf{A}^T$ 的特性根相同。又，上述結果是否必須在 **A** 爲對稱矩陣時方成立？

4. 若 $|\mathbf{A}| \neq 0$，試證：當 $\lambda \neq 0$ 爲 **A** 的特性根時，$\dfrac{1}{\lambda}$ 爲 $\mathbf{A}^{-1}$ 的特性根。

5. **A** 爲一 n 階方陣，且其特性根爲 $\lambda_1, \lambda_2, \cdots, \lambda_n$。若

$$f(\mathbf{A}) = a_n\mathbf{A}^n + a_{n-1}\mathbf{A}^{n-1} + \cdots + a_1\mathbf{A} + a_0,\ \ a_i \in \boldsymbol{R},\ \ a_n \neq 0,$$

試證 $f(\mathbf{A})$ 的特性根爲 $f(\lambda_1), f(\lambda_2), \cdots, f(\lambda_n)$。

6. 試證明 2 階對稱方陣

$$\mathbf{A} = \begin{pmatrix} a_{11} & a_{12} \\ a_{12} & a_{22} \end{pmatrix},\ a_{12} \neq 0$$

不可能有相同的特性根。

7. 試利用特性向量將第 1 題中之三個矩陣對角化。

8. 若 n 階方陣具有 $\mathbf{A}^T = \mathbf{A}^{-1}$ 的性質, 則 **A** 稱爲一正交矩陣 (orthogonal matrix)。試證 (1.7.7) 中的 **E** 爲一正交矩陣。

9. 若 $\mathbf{E}_1, \mathbf{E}_2, \cdots \mathbf{E}_n$ 爲正交矩陣, 試證

$$\mathbf{E} = \begin{pmatrix} \mathbf{E}_1 & & & 0 \\ & \mathbf{E}_2 & & \\ & & \ddots & \\ 0 & & & \mathbf{E}_n \end{pmatrix}$$

亦爲一正交矩陣。

10. (a) 試判別下列二次式的符號

(1) $Q = 5x_1^2 - 6x_1x_2 + 5x_2^2$。

(2) $Q = x_1x_2 + x_2x_3 + x_1x_3$。

(2) $Q = x_1^2 + x_2^2 + x_3^2 + 2x_1x_2 + 2x_2x_3$。

(b) 試以 (1) 爲例, 說明對角化二次式的幾何意義。

(c) 比較 (a) 中各二次式所對應之 (對稱) 矩陣的特性根與 Q 之符號, 你發現它們之間有何關係?

第二章

R^n 之基本拓樸性質與凸集合

在第一章中,我們介紹了集合的一些基本觀念及運算法則,並以之定義函數及實函數。但在晚近的經濟理論發展過程中,抽象的拓樸觀念已被普遍運用。爲了使讀者在研習經濟理論的一些較深入的課題時,不致發生太大困難,在這一章中我們將討論$\boldsymbol{R}^n$的一些基本拓樸性質,並使之和連續函數的性質相結合,進而證明極值定理 (extreme value theorem)。另外,本章最後兩節將介紹經濟理論中極其重要的凸集合的概念,以便進一步介紹各種分離定理 (separation theorem)。不論是極值定理或分離定理,都是現代經濟理論中用以證明限制最適解存在的重要工具。

2.1 開集合與閉集合

定義 2.1.1:$A \subset \boldsymbol{R}^n$,對任意一點 $\mathbf{x} \in A$,若存在一$\varepsilon \in \boldsymbol{R}_{++}$,使得$\boldsymbol{R}^n$中與$\mathbf{x}$之距離小於$\varepsilon$之點均在 A 中時,我們稱 $\mathbf{x}$ 爲 A 的一個內部點 (an interior point)。A 的所有內部點所成的集合稱爲集合 A 的內部 (interior),記作 int(A)。

換句話說,如果存在一 $\varepsilon \in \boldsymbol{R}_{++}$,使得滿足 $d(\mathbf{x},\mathbf{y})<\varepsilon$ 之 $\mathbf{y}$ 都在集合之中($\mathbf{y} \in A$),則$\mathbf{x}$便是 A 的一個內部點。在此,我們以 $d(\mathbf{x},\mathbf{y})$ 表示點$\mathbf{x}$和點$\mathbf{y}$間的距離,$d(\mathbf{x},\mathbf{y})$ 必須滿足

(i) $d(\mathbf{x},\mathbf{y}) \geq 0$,

(ii) 若且唯若$\mathbf{x}=\mathbf{y}$,則$d(\mathbf{x},\mathbf{y}) = 0$,

(iii) $d(\mathbf{x},\mathbf{y}) = d(\mathbf{y},\mathbf{x})$,

(iv) 對任意一點 $\mathbf{z}$,$d(\mathbf{x},\mathbf{y}) \leq d(\mathbf{x},\mathbf{z}) + d(\mathbf{z},\mathbf{y})$。

第 (iv) 個性質即是熟知的三角不等式 (triangle inequality)。將這些性質與習題 1.5.2 對照,我們馬上發現,在$\boldsymbol{R}^n$中是可以直接以 (1.5.1) 式的距離定義來討論,但爲了使我們的分析更一般化和抽象化,在此我們以任何滿足 (i) - (iv) 式的$d(\mathbf{x},\mathbf{y})$ 爲距離,而未必限於 (1.5.1) 式的形式。

【例 2.1.1】證明 0 爲開區間 $(-1,1)\subset \boldsymbol{R}$ 的一個內部點。

解:取 $\varepsilon=\frac{1}{2}$，則

$$d(\mathbf{x},\mathbf{y})=|0-y|=|y|<\frac{1}{2}$$

故 $-\frac{1}{2}<y<\frac{1}{2}$，但 $\left(-\frac{1}{2},\frac{1}{2}\right)\subset(-1,1)$, 即所有與 0 之距離小於 $\frac{1}{2}$ 之點均在 $(-1,1)$ 中, 因此 0 爲 $(-1,1)$ 的一個內部點。

爲了方便, 我們常將 $\boldsymbol{R}^n$ 中, 與某定點 $\mathbf{x}\in\boldsymbol{R}^n$ 的距離小於 $\varepsilon\in\boldsymbol{R}_{++}$ 的所有點所成的集合寫成 $B(\mathbf{x};\varepsilon)$，即

$$B(\mathbf{x};\varepsilon)=\left\{\mathbf{y}\in\boldsymbol{R}^n \middle|\ d(\mathbf{x},\mathbf{y})<\varepsilon,\ \varepsilon\in\boldsymbol{R}_{++}\right\}。$$

$B(\mathbf{x};\varepsilon)$ 通稱爲開球體(open ball) 或 ε- 鄰域 (ε- neighborhood)。利用 $B(\mathbf{x};\varepsilon)$, 我們可將內部點的定義寫成:

$A\subset\boldsymbol{R}^n$，$\mathbf{x}\in A$，若存在一 $\varepsilon\in\boldsymbol{R}_{++}$, 使得 $B(\mathbf{x};\varepsilon)\subset A$，則稱 $\mathbf{x}$ 爲 A 的一個內部點。

定義 2.1.2: $A\subset\boldsymbol{R}^n$，$\mathbf{x}\in\boldsymbol{R}^n$。若對任何 $\varepsilon\in\boldsymbol{R}_{++}$，$B(\mathbf{x};\varepsilon)$ 的元素至少有一點在 A 中, 而其他的點在 A' 中, 則稱 $\mathbf{x}$ 爲集合 A 的一個邊界點 (a boundary point)。A 之所有邊界點所成的集合稱爲集合 A 的邊界 (boundary), 記作 bd(A)。

定義 2.1.1 和 2.1.2 中有兩個很重要的差異: 首先, 集合 A 的內部點必在 A 中, 但其邊界點則可能在 A 中, 也可能不在 A 中。其次, 內部點只要求存在一個 $\varepsilon>0$，使得 $B(\mathbf{x};\varepsilon)\subset A$ 即可, 但如果 $\mathbf{x}$ 爲 A 的邊界點, 則對所有 $\varepsilon>0$，都要求 $B(\mathbf{x};\varepsilon)$ 中至少有一元素屬於 A, 而其餘元素則屬於 A'。圖2.1.1(a) 和 2.1.1(b) 說明集合之內部點及邊界點的關係。

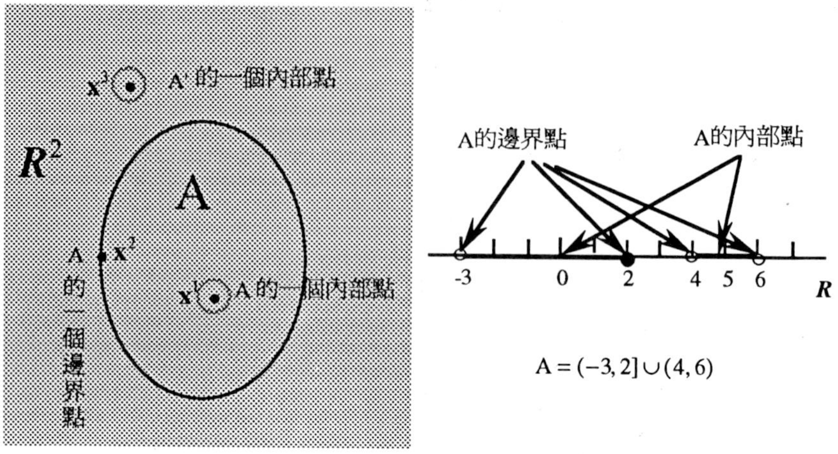

(a) (b)

圖2.1.1

定義 2.1.3：如果一個集合的所有邊界點都屬於該集合，則稱此集合爲一閉集合 (a closed set)；如果一個集合的元素僅包括其內部點則稱此集合爲一開集合 (an open set)。

在R^2和R中，開集合和閉集合是很容易分辨的。簡單地說，只要一個集合包含其邊緣上的所有點即爲一閉集合。反之，若一集合不包含其邊緣上的任何一點即爲一開集合。

【例 2.1.2】 A = (-1,1)，B = [-1,1] 爲開集合或閉集合?

解：A爲一開集合，因其不包含其邊緣上的點 -1 和 1。反之，B 包含 -1 和 1 兩點，故爲一閉集合。換個角度看，-1 和 1 正是 A 和 B 兩集合的所有邊界點，因 A 不包括其任何一邊界點，故爲一開集合。但 B 的所有邊界點都在 B 中，故 B 爲一閉集合。

【例2.1.3】經濟學上常定義預算集合爲

$$B = \left\{ \mathbf{x} \in \boldsymbol{R}_+^n \middle| \mathbf{p}^T \mathbf{x} \le I,\ \mathbf{p} \in \boldsymbol{R}_{++}^n,\ I \ge 0 \right\},$$

以 n=2 爲例，說明 B 爲開集合或閉集合。

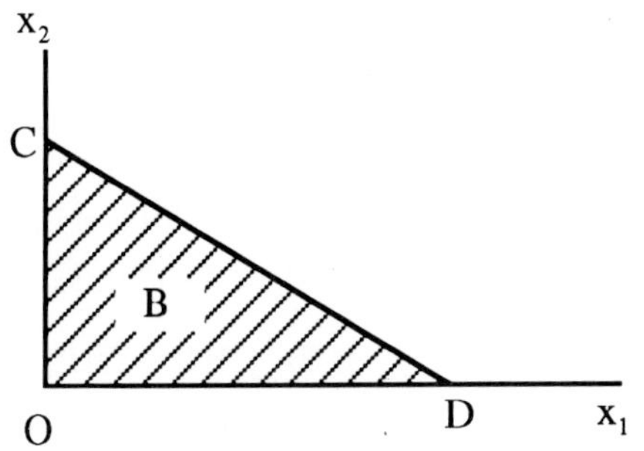

圖 2.1.2

解:由圖 2.1.2 可清楚看出, 集合 B 的邊緣（或更明確點, 邊界）包括 OC, OD 和CD 三條線段。根據 B 的定義, 集合 B 包括這三條線段在內, 故 B 爲一閉集合。

【例2.1.4】假定 $X \subset \boldsymbol{R}_+^n$ ， U: $X \to \boldsymbol{R}$ 爲一效用函數, 且 $\partial U / \partial x_i > 0$ ， $i = 1, \cdots, n$。定義偏好集合爲

$$P = \left\{ \mathbf{x} \in X \mid u(\mathbf{x}) > u^0 \right\},$$

以 n=2 的情形, 說明 P 是否爲開集合?

解：P 之圖形可表示如圖 2.1.3。圖中, 集合 P 之邊緣（或邊界）用虛線表示, 代表集合 P 的邊界點都不在 P 中, 故 P 爲一開集合。（注意: 在此例中, 我們和往常一樣, 假定效用函數爲連續函數。若效用

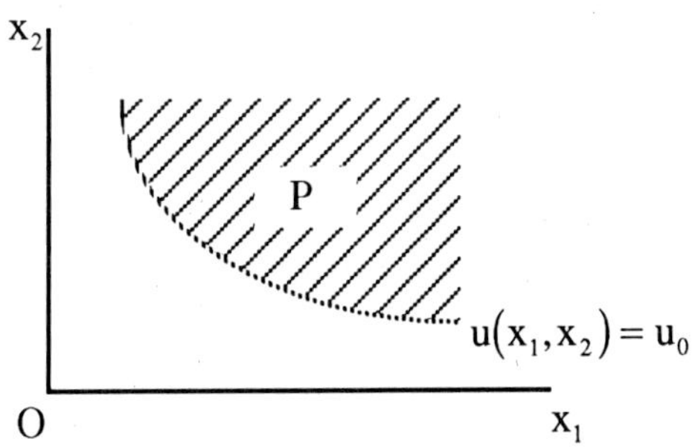

圖 2.1.3

函數不連續, 則集合P未必是一開集合, 讀者可嚐試舉一 $n=1$ 的例子加以說明。)

然而, 如果一個集合不是開集合(閉集合), 是不是一定就是一個閉集合(開集合)呢? 答案是錯的。有許多集合, 如 (3,5], $B=\{(x,y)|p_x x+p_y y=I,\ p_x,p_y,x,y,I>0\}$ 既非開集合, 也非閉集合, 因爲他們只包括一部份的邊界點。反過來說, 即使一個集合是開集合(閉集合), 也並不表示他就一定不是閉集合(開集合)。如果我們的論域是 $\boldsymbol{R}^n$, 則 $\boldsymbol{R}^n$ 既是開集合, 也是閉集合。因爲 $\boldsymbol{R}^n$ 中任何一點 **x**, 我們均可找到一 $\varepsilon>0$, 使得 $B(\mathbf{x};\varepsilon)\subset\boldsymbol{R}^n$ 成立, 故 $\boldsymbol{R}^n$ 中的點均爲其內部點, 所以 $\boldsymbol{R}^n$ 爲一開集合。另一方面, 因爲 $\boldsymbol{R}^n$ 中的點均爲內部點, 故其所有的邊界點均在 $\boldsymbol{R}^n$ 之補集合 $\varnothing$ 中, 但 $\varnothing\subset\boldsymbol{R}^n$, 因此 $\boldsymbol{R}^n$ 也包括其所有邊界點在內。因此, $\boldsymbol{R}^n$ 也是一個閉集合。

有一點必須注意的是, 開集合和閉集合的觀念和論域有關。例如, 當論域爲 $\boldsymbol{R}$ 時, 由例 2.1.2, 我們知道線段 (-1,1) 是一個開集合。但是, 如果我們將此線段看成是 $\boldsymbol{R}^2$ 的部份集合, 如 $(-1,1)=\{(x,0)\in\boldsymbol{R}^2 \mid -1<x<1\}$, 則 (-1,1) 就不再是開集合(爲什麼?), 也不是閉集合(爲什麼?)。因此, 嚴謹地說, 在論域未確定前, 一個集合爲開集合或閉集合還是沒法確定。就 (-1,1) 而言, 我們應該說 (-1,1) 相對於 $\boldsymbol{R}$ 爲開集合 (open relative to $\boldsymbol{R}$), 但相對於 $\boldsymbol{R}^2$ 既非開集合 (not open relative to $\boldsymbol{R}^2$) 也非閉集合 (not closed relative to $\boldsymbol{R}^2$)。在本書中只要論域清楚而不易造成混淆, 我們不特別強調某一集合"相對於某論域"爲開集合或閉集合; 不過, 在有混淆的顧慮時, 我們會特別加以註明。

定理 2.1.1: $A\subset\boldsymbol{R}^n$, 若且唯若 A 爲開集合, 則 A' 爲閉集合。

證明: (i) 證明若 A 爲開集合, 則 A' 爲閉集合。

由基本邏輯"若 p 則 q"與"非 q 則非 p"等價 (equivalent) 的性質, 我們知道要證明上述的命題, 只須證明"若 A' 不爲閉集合,則A不爲開集合”即可。假定A'不是閉集合,則A'至少不包括它的一個邊界點。假定此邊界點爲$\mathbf{x}$,則$\mathbf{x} \notin A'$,亦即$\mathbf{x} \in A$。因$\mathbf{x}$爲A'的一個邊界點,故對任何一個$\varepsilon > 0$而言,$B(\mathbf{x}; \varepsilon)$必然同時包括A中的元素以及A'中的元素。這表示$\mathbf{x}$事實上也是A的一個邊界點。又因$\mathbf{x} \in A$,故集合A包括它自己的一個邊界點$\mathbf{x}$,因此A不是一個開集合,故上述命題獲證。

(ii) 證明若A'爲閉集合,則A爲開集合。

這部分證明方法與(i)完全類同,請讀者自行練習。

因∅爲$\boldsymbol{R}^n$之補集合,根據前面的討論以及這個定理,我們知道∅也同時是一個開集合和閉集合。

定理2.1.2: (i) 有限個開集合的交集爲一開集合。

(ii) 有限個閉集合的聯集爲一閉集合。

(iii) 任何多個開集合的聯集爲開集合。

(iv) 任何多個閉集合的交集爲閉集合。

證明: (i) 假定$A_1, \cdots, A_n \in \boldsymbol{R}^n_+$爲n個開集合,$A = A_1 \cap A_2 \cap \cdots \cap A_n$。若$A = \varnothing$,則A爲一開集合。若$A \neq \varnothing$,則取$\mathbf{x} \in A$。由交集的定義知$\mathbf{x} \in A_i$, $i = 1, \cdots, n$。但因A_i爲開集合,因此必存在一$\varepsilon_i \in \boldsymbol{R}_{++}$, $i = 1, \cdots, n$,使得$B(\mathbf{x}; \varepsilon_i) \subset A_i$。取$\varepsilon = \min(\varepsilon_1, \cdots, \varepsilon_n)$,則$B(\mathbf{x}; \varepsilon) \subset A_i$, $i = 1, \cdots, n$,因此$B(\mathbf{x}; \varepsilon) \subset A_1 \cap A_2 \cap \cdots \cap A_n = A$,即對任一$\mathbf{x} \in A$,均可找到一$B(\mathbf{x}; \varepsilon)$使得$B(\mathbf{x}; \varepsilon) \subset A$。所以,所有A的元素均爲其內部點,故A爲一開集合。

(ii) 設$A_1, \cdots, A_n$爲n個閉集合,則由定理2.1.1知$A_1', A_2', \cdots, A_n'$爲n個開集合。而由(i)可得$A = A_1' \cap A_2' \cap \cdots \cap A_n'$爲一開集合。再由定理2.1.1可知A'爲一閉集合。但$A' = (A_1' \cap \cdots \cap A_n')' = A_1'' \cup \cdots \cup A_n'' = A_1 \cup \cdots \cup A_n$,亦即n個閉集合的聯集爲一閉集合。

(iii) 假定 $A_1, A_2, \cdots$ 爲任何一組（無窮多個）個開集合, 其聯集爲 $A = A_1 \cup A_2 \cup \cdots$。若 $\mathbf{x} \in A$, 則 $\mathbf{x}$ 爲某一 A_i 之元素。因 A_i 爲開集合, 所以存在一 $\varepsilon > 0$ 使得 $B(\mathbf{x}; \varepsilon) \subset A_i$, 但 $A_i \subset A$, 因此 $B(\mathbf{x}; \varepsilon) \subset A$。所以 A 爲一開集合。

(iv) 可如 (ii) 中利用 De Morgan's 定律（定理 1.2.1）證明。

由上述定理, 我們可知, 只要是集合數目爲有限多個, 則開（閉）集合的交集必爲開（閉）集合, 開（閉）集合的聯集也必爲開（閉）集合。但如果集合的數目無窮多的話, 就不一定是開集合的交集仍爲開集合, 閉集合的聯集仍爲閉集合。由 (i) 之證明過程, 我們發現一個隱含在證明過程中的事實是, 有限個開集合的交集不可能只是一個點（或只有一個元素）, 因爲如習題2.1.4 (a) 所示, 只有一個點（或一個元素）的集合必爲閉集合。反過來說, 定理 2.1.2 (i) 之所以要限於有限個開集合, 就是因爲如果有無窮多個開集合的話, 那麼其交集就可能爲一點, 而成爲一個閉集合了。例 2.1.5 即在說明這種現象。

【例 2.1.5】 $A_i = \left(-\frac{1}{i}, \frac{1}{i}\right)$, $i = 1, 2, \cdots$, 則 A_i 爲 $\boldsymbol{R}$ 中的一個開集合。假定 $A = A_1 \cap A_2 \cap \cdots = \bigcap_{i=1}^{\infty} A_i$, 即 A 爲這無窮多個 A_i 的交集。我們知道, 當 $i \to \infty$ 時, $A_i = \{0\}$。因此 $A = \{0\}$ 爲一僅包含原點的集合, 故爲一閉集合。

【例2.1.6】 設 $A_i = \left[\frac{1}{i}, 1 - \frac{1}{i}\right]$, $i = 2, 3 \ldots$, 即 A_i 均爲 $\boldsymbol{R}$ 中的一個閉區間 (closed interval)。但 $A = A_2 \cup A_3 \cup \cdots = \bigcup_{i=2}^{\infty} A_i = (0,1)$, 則 A 爲 $\boldsymbol{R}$ 中的一個開區間 (open interval), 故爲一開集合。

習題 2.1

1. 是非題
   (a) $A=\boldsymbol{R}^2-\{(1,1)\}$ 爲一開集合。
   (b) $A=\{1,2,3\}$, 則 $S=A\times A-\{(1,1)\}$ 爲一閉集合。
   (c) 若 $A\subset B$, 則 $\text{int}(A)\subset\text{int}(B)$。
   (d) 若 $A\subset\boldsymbol{R}$爲一開集合, 且 $B\subset\boldsymbol{R}^2$ 定義爲 $B=\{(x,y)\in\boldsymbol{R}^2 | x\in A\}$, 則 B 爲一開集合。
   (e) $A\subset\boldsymbol{R}^n$, 則 $\boldsymbol{R}^n$-int(A)爲一閉集合。
   (f) $A\subset\boldsymbol{R}^n$, 則 bd(A)爲一閉集合。
   (g) bd(A) = bd(int(A))。

2. 試定義 $\boldsymbol{R}^2$的兩個部分集合 A 和 B ,使之符合下列條件
   (i) A 和 B 均不是開集合。
   (ii) $A\cap B=\varnothing$ 。
   (iii) $A\cup B$ 爲開集合。

3. $U=\{(x,y)\in\boldsymbol{R}^2 | xy\geq 1\}$, 則 int(U) 和 bd(U) 各爲何?

4. 證明題
   (a) $\boldsymbol{R}^n$ 中之一個點爲一閉集合。
   (b) $B(\mathbf{x};\varepsilon)\subset\boldsymbol{R}^n$ 爲一開集合。(提示:以 $\boldsymbol{R}^2$的圖形幫忙)
   (c) 若 $A\subset\boldsymbol{R}$, $B\subset\boldsymbol{R}$ 均爲閉集合, 則 $A\times B\subset\boldsymbol{R}^2$ 爲一閉集合。
   (d) 若 $A\subset\boldsymbol{R}^n$, $B\subset\boldsymbol{R}^n$均爲開集合, 則 $A+B=\{\mathbf{c}\in\boldsymbol{R}^n | \mathbf{c}=\mathbf{a}+\mathbf{b},\ \mathbf{a}\in A,\ \mathbf{b}\in B\}$爲一開集合。〔 A + B 稱爲集合 A 和 B 之和 (sum) 〕
   (e) 設 $A\subset\boldsymbol{R}^n$, 且 $\mathbf{x}\in\boldsymbol{R}^n$, 若對任一 $\varepsilon>0$, $B(\mathbf{x};\varepsilon)\cap A\neq\varnothing$, 則 **x** 稱爲集合 A 的一個極限點 (limit point 或稱 point of closure)。證明: 若且唯若 A 包含它所有的極限點, 則 A 爲一閉集合。
   (f) 設 $A\subset\boldsymbol{R}^n$, 且 $\mathbf{x}\in\boldsymbol{R}^n$, 若任何一個包含 **x** 之開集合均包含 A 之某一異於 **x** 之點, 則 **x** 稱爲 A 之積聚點 (accumulation point)。證明: 若且唯若 A 之所有積聚點均在 A 中, 則 A 爲一閉集合。

2.2 有界集合與緊緻集合

爲了較清楚描述有界集合 (bounded set)，同時介紹上確界 (supremum) 和下確界 (infimum) 等重要觀念, 我們先討論 $\boldsymbol{R}$ 中的集合, 然後再將其推廣到 $\boldsymbol{R}^n$。

定義 **2.2.1**：假設 $A \subset \boldsymbol{R}$,

(i) 如果存在一 $u \in \boldsymbol{R}$, 使得 A 中的元素均不大於 u，即 $x \leq u$，$x \in A$，則稱集合 A 爲有上界的集合 (bounded above)。

(ii) 如果存在一 $\ell \in \boldsymbol{R}$, 使得 A 中所有的元素均不小於 ℓ, 即 $x \geq \ell$, $x \in A$, 則稱集合 A 爲有下界的集合 (bounded below)。

(ii) 如果集合 A 同時爲有上界和有下界的集合, 則稱集合 A 爲 $\boldsymbol{R}$ 中的一個有界集合。

【例 2.2.1】 $A_1 = \{x \in \boldsymbol{R} | 2 < x < 10\}$,
$A_2 = \{x \in \boldsymbol{R} | -3 \leq x < 8\}$,
$A_3 = \{x \in \boldsymbol{R} | -3 \leq x \leq 10\}$,
$A_4 = \{x \in \boldsymbol{R} | x \geq 0\}$,
$A_5 = \{x \in \boldsymbol{R} | x \leq 7\}$,
$A_6 = \{x \in \boldsymbol{R} | x = 1 \text{或} x = 2 \text{或} x = 3\}$,
$A_7 = \boldsymbol{R}$。

A_1 爲有界開集合; A_3 爲有界閉集合; A_2 爲有界集合, 但非開集合, 也非閉集合; A_4 爲有下界的閉集合, 但沒有上界; A_5 爲有上界的閉集合, 但沒有下界; A_6 爲有界閉集合; A_7 爲無界集合, 但同時是開集合也是閉集合。（請弄清楚, 何以上面的集合有所述的那些性質）

定義 **2.2.2**：假設 $A \subset \boldsymbol{R}$ 爲一有上界（有下界）的集合, 則任一 $u'(\ell') \in \boldsymbol{R}$, 滿足 $x \leq u'(x \geq \ell')$, 稱爲 A 的一個上界（下界）〔upper bound (lower bound)〕。

【例 2.2.2】上一個例題中,任何大於或等於10的實數都是 A_1 的上界,而任何小於或等於 2 的實數都是 A_1 的下界。同樣地, A_5 的上界可以是任何大於或等於 7 的實數,而 A_4 的下界則為任何小於或等於 0 的實數。(其它各集合的上下界各為何?)

定義 **2.2.3**:假設 $A \subset \boldsymbol{R}$ 為一有上界的集合。若

(i) U 為 A 的一個上界,
(ii) 所有 A 的上界均不小於 U,

則稱 U 為 A 的最小上界 (least upper bound) 或上確界 (supremum),記為 lub(A) 或 sup(A)。同樣地,若 $A \subset \boldsymbol{R}$ 為一有下界的集合,且

(i) L 為 A 的一個下界,
(ii) 所有 A 的下界均不大於 L,

則稱 L 為 A 的最大下界 (greatest lower bound) 或下確界 (infimum),記為 glb(A) 或 inf(A)。

【例 2.2.3】考慮例 2.2.1 中各集合,我們可得如下之結果

$\sup(A_1)=10,\ \ \inf(A_1)=2;$
$\sup(A_2)=8,\ \ \inf(A_2)=-3;$
$\sup(A_3)=10,\ \ \inf(A_3)=-3;$
$\sup(A_4)=\infty,$(或不存在) $\inf(A_4)=0;$
$\sup(A_5)=7,\ \ \inf(A_5)=-\infty;$(或不存在)
$\sup(A_6)=3,\ \ \inf(A_6)=1;$
$\sup(A_7)=\infty,$(不存在) $\inf(A_7)=-\infty;$(不存在)

因 $\boldsymbol{R}$ 並不是有界集合,沒有上界和下界,寫成 $\sup(A_7)=\infty$,及 $\inf(A_7)=-\infty$,只是一種習慣而已。

由上面的例子,我們可以發現,所謂上確界和下確界,與 $\boldsymbol{R}$ 中一集合的邊界點的觀念是完全相同的,我們將其歸納於下面的定理。

定理 2.2.1：假設 $A \subset \boldsymbol{R}$。若且唯若 U 為 A 的一個上界,且對任一 $\varepsilon > 0$,A 中均有一個元素 x,使得 $x + \varepsilon > U$,則 U 為 A 的上確界。

證明：(i) 假定 $\sup(A) = U$。若存在一 $\varepsilon > 0$,使得 A 中沒有任何元素 **x** 滿足 $x + \varepsilon > U$,則 A 中所有元素 x 均符合 $x + \varepsilon \leq U$,也就是對任一 $x \in A$ 而言,均有 $x + \varepsilon \leq U$ 的關係。但這表示 $U - \varepsilon$ 為 A 的一個上界,且因 $U - \varepsilon < U$,所以 U 不是 A 的上確界,與假設抵觸。

(ii) 假定 U 為 A 的一個上界,且對任何 $\varepsilon > 0$ 而言,均存在一 $x \in A$,使 $x + \varepsilon > U$,欲證明 $\sup(A) = U$。假定 U' 為 A 的另一個上界,則我們必需證明 $U \leq U'$。利用反證法,假定 $U > U'$,取 $\varepsilon = U - U'$,故 $U' = U - \varepsilon$。因 U' 為 A 的上界,所以對任一 $x \in A$,必有 $U' \geq x$ 或 $U - \varepsilon \geq x$,換句話說,$x + \varepsilon \leq U$ 與假設抵觸。

乍見之下,這個定理似乎是不證自明而顯的多餘,但是整個證明過程是一個很好的邏輯訓練,值得仔細齟嚼,讀者請自行描述以及證明下確界的情形。

到目前為止,我們只討論了上確界和下確界的唯一性,而未觸及存在的問題。但存在的問題與實數的完全性 (completeness) 有關,我們不在此進一步討論,而直接將存在性寫成下面的公理。

上確界公理：$A \subset \boldsymbol{R}$,若 $A \neq \varnothing$,且 A 有上界,則 A 必有一上確界。

這個公理的意義,簡單地說就是實數線上沒有任何的缺口。有了這個公理,我們就可以證明有關下確界的定理。

定理 2.2.2：若 $A \subset \boldsymbol{R}$,$A \neq \varnothing$,且 A 是有下界的集合,則 A 必有一下確界。

證明：定義集合 $B=\{y\in \boldsymbol{R} \mid y=-x,\ x\in A\}$。假定A的一個下界爲 ℓ，故對任一 $x\in A$，均有 $x\geq \ell$，因此 $-x\leq -\ell$，或 $y\leq -\ell$。此意謂著B中之任何一個元素均不大於 $-\ell$，因此B爲一有上界的集合。根據上確界公理，B有一上確界，意即所有 $y\in B$ 均符合 $y\leq \sup(B)=U$。但這表示 $-y\geq -U$ 或 $x\geq -U$，所以 $-U$ 爲A的一個下界。又A的任一下界 ℓ 均對應於B的一個上界 $-\ell$，而 $\sup(B)=U\leq -\ell$，故 $-U\geq \ell$，因此 $-U$ 爲A之下確界，即 $\inf(A)=-U$。

定義 2.2.4：$A\subset \boldsymbol{R}$，如果 $\sup(A)=U$，且 $U\in A$，則稱U爲集合A之極大（maximum 或 maximum element of A）。同樣地，若 $\inf(A)=L$，且 $L\in A$，則稱L爲集合A之極小（minimum 或 minimum element of A）。

在經濟學上，極大化或求極值的各種問題幾乎是一切論證的中心，因此上確界和下確界的觀念也就特別重要。有時某些經濟模型的極大或極小並不存在，在那種情況下，就常以上確界和下確界取代極大和極小進行分析。現在我們將有界集合的觀念推展到 $\boldsymbol{R}^n$ 中。

定義 2.2.5：假設 $A\subset \boldsymbol{R}^n$，

(i) 如果存在一 $\mathbf{r}\in \boldsymbol{R}^n$，使得A中任一元素 $\mathbf{x}$ 均滿足 $\mathbf{x}\leq \mathbf{r}$，則稱集合A爲有上界的集合。

(ii) 如果存在一 $\mathbf{s}\in \boldsymbol{R}^n$，使得A中任一元素 $\mathbf{x}$ 均滿足 $\mathbf{s}\leq \mathbf{x}$，則稱集合A爲有下界的集合。

(iii) 如果集合A同時爲有上界和下界的集合，則稱A爲 $\boldsymbol{R}^n$ 中的一有界集合。

簡單地說，如果 $A\subset \boldsymbol{R}^n$，且A中任一元素的每一個分量(component of the point, component of the vector)都有上界（下界），則A爲有上界（下界）的集合；如果A中任一元素的每一分量都有上界和下界,則 A 為一有界集合。從幾何的觀點看,所謂的有界集合就是可以自原點畫一圓球,或超球面 (hypersphere),將其完全包圍在內的集合。

【例 2.2.4】下列集合何者為有界集合?

$$A_1 = \{(x_1, x_2) \in \boldsymbol{R}_+^2 | x_1 \geq x_2\}$$
$$A_2 = \{(x_1, x_2) \in \boldsymbol{R}^2 | x_1 \geq x_2\}$$
$$A_3 = \{(x_1, x_2) \in \boldsymbol{R}^2 | x_1 \geq x_2,\ x_1 < 10\}$$
$$A_4 = \{(x_1, x_2) \in \boldsymbol{R}_+^2 | x_1 \geq x_2,\ x_1 < 10\}$$

解:由定義可知 A_1 為一有下界的集合,因 A_1 中任何一點 $\mathbf{x}$ 均滿足 $\mathbf{x} \geq \mathbf{0}_2$(是否有上界?)。$A_2$ 既不是有上界的集合,也不是有下界的集合。A_3 雖是有上界的集合,但不是有下界的集合。A_4 則為一有界集合,因為以圓點為中心,半徑大於 $\sqrt{200}$ 的圓均可將 A_4 包含在其中。

一般而言,只要一集合不是有界集合,即使是有上界的集合,或有下界的集合,都稱為無界集合 (unbounded set)。例 2.1.3 中的預算集合 B 為一有界集合。例 2.1.4 中的偏好集合 P 為一無界集合,但 P 為一有下界的集合。

定義 2.2.6:如果 $A \subset \boldsymbol{R}^n$ 同時是閉集合,也是有界集合,則稱 A 為一緊緻集合 (compact set)。

在此必須特別强調的是,上面這個緊緻集合的定義,僅適用於歐幾里得空間($\boldsymbol{R}^n$),在其它抽象空間中,緊緻集合有更根本的定義,而定義 2.2.6 則成為一個特例,由於本書將討論範圍限定在 $\boldsymbol{R}^n$ 中,故以此為定義。在 $\boldsymbol{R}^n$ 中,欲判別一集合是否為緊緻集合,所需確定的就是:(1) 該集合是否為一閉集合?(2)該集合是否為一有界集合?至於該集合是否有其他性質,形狀為何、是否有缺口等,則與該集合是否為緊緻集合無關。

【例2.2.5】下列集合中,何者為緊緻集合?

$$S_1 = \{1,2,3\},\ S_2 = S_1 \times S_1,\ S_3 = \boldsymbol{R} - S_1,\ S_4 = \boldsymbol{R}^2 - S_2\ 。$$

解: S_1只包含$\boldsymbol{R}$中的三個點, 但因一個點本身爲一閉集合, 因此S_1爲三個點的聯集, 所以爲一閉集合;再者, S_1有上界和下界, 故爲一有界集合, 所以S_1爲一緊緻集合。同理可說明S_2亦爲一緊緻集合。S_3爲$\boldsymbol{R}$去掉三個點, 因此S_3很明顯的沒有上界和下界, 爲一無界集合, 所以不可能是一個緊緻集合。同理, S_4不爲一緊緻集合。讀者可自行檢視本章前面各例題中的集合, 是否爲緊緻集合。

定理 2.2.3: 若$A_1, A_2, \cdots, A_n$爲$\boldsymbol{R}^n$中 n 個緊緻集合, 則其交集和聯集均爲緊緻集合。

證明: 由定理 2.1.2 得知, $A_1 \cap A_2 \cap \cdots \cap A_n = \bigcap_{i=1}^{n} A_i$ 和 $A_1 \cup A_2 \cup \cdots \cup A_n = \bigcup_{i=1}^{n} A_i$ 均爲閉集合。故要證明它們爲緊緻集合, 只需再證明 $\bigcap_{i=1}^{n} A_i$ 和 $\bigcup_{i=1}^{n} A_i$ 爲有界集合即可。又, $\bigcap_{i=1}^{n} A_i \subset \bigcup_{i=1}^{n} A_i$, 故只要證明 $\bigcup_{i=1}^{n} A_i$ 爲有界集合即可。因A_1, A_2, …, A_n均爲有界集合, 故均可包含於以原點爲球心, 半徑分別爲r_1, …, r_n的開球體中。即 $A_i \subset B(\mathbf{0}_n, r_i)$, $i = 1, \cdots, n$。取 $r = \max(r_1, \cdots, r_n)$, 則 $A_i \subset B(\mathbf{0}_n, r)$, $i = 1, \cdots, n$。因此 $\bigcup_{i=1}^{n} A_i \subset B(\mathbf{0}_n, r)$, 故 $\bigcup_{i=1}^{n} A_i$ 爲一有界集合, 而 $\bigcap_{i=1}^{n} A_i$ 亦爲一有界集合。因 $\bigcap_{i=1}^{n} A_i$ 和 $\bigcup_{i=1}^{n} A_i$ 均是閉集合, 又均爲有界集合, 所以兩者都是緊緻集合。

習題2.2

1. 是非題:

(a) $A \subset \boldsymbol{R}$, 則 A 至多只有一個上確界。

(b) $A, B \subset \boldsymbol{R}$, 且 $\sup(A) = \sup(B)$, $\inf(A) = \inf(B)$, 則 $A = B$。

(c) $A, B \subset \boldsymbol{R}$, 則 $\sup(A \cap B) = \inf\{\sup(A), \sup(B)\}$。

(d) $A = \{(x, y) \in \boldsymbol{R}^2 | 0 \le x \le 1,\ y \in \boldsymbol{R}\}$ 爲一緊緻集合。

(e) $[0,1] \cup [2,3]$爲一緊緻集合, 但$[0,1) \cup [2,3]$不是。

2.證明：

(a) 若 $A \subset B \subset \boldsymbol{R}$，且 A,B 均爲有上界的集合，則 $\sup(A) \le \sup(B)$。

(b) $A, B \subset \boldsymbol{R}$，定義 $A + B = \{x + y | x \in A, y \in B\}$，則

$\sup(A + B) = \sup(A) + \sup(B)$，$\inf(A + B) = \inf(A) + \inf(B)$。

(c) $A, B \subset \boldsymbol{R}$，且 A 和 B 均爲緊緻集合，則 $A \times B$ 爲緊緻集合。

(d) $A, B \subset \boldsymbol{R}^n$，且 A 和 B 均爲緊緻集合，則 $A + B$ 爲一緊緻集合。

(e) 若 $A \subset \boldsymbol{R}^n$ 爲一有界集合，則 $bd(A)$ 爲一緊緻集合。

3. $X \subset \boldsymbol{R}^n$，$f: X \to \boldsymbol{R}$，$g: X \to \boldsymbol{R}$，定義實函數 f 在集合 $A \subset X$ 的上確界爲

$\sup_{\mathbf{x} \in A} f(\mathbf{x}) = \sup\{f(\mathbf{x}) | \mathbf{x} \in A\}$，

下確界爲

$\inf_{\mathbf{x} \in A} f(\mathbf{x}) = \inf\{f(\mathbf{x}) | \mathbf{x} \in A\}$。

試證明：

(a) $\sup_{\mathbf{x} \in A} (\lambda f(\mathbf{x})) = \lambda \sup_{\mathbf{x} \in A} f(\mathbf{x})$，$\lambda \ge 0$。

(b) $\sup_{\mathbf{x} \in A} (-f(\mathbf{x})) = -\inf_{\mathbf{x} \in A} f(\mathbf{x})$。

(c) $\sup_{\mathbf{x} \in A} (f(\mathbf{x}) + g(\mathbf{x})) \le \sup_{\mathbf{x} \in A} f(\mathbf{x}) + \sup_{\mathbf{x} \in A} g(\mathbf{x})$。

4.證明下列各集合爲緊緻集合

(a) $P_n = \left\{\mathbf{p} \in \boldsymbol{R}_+^n \middle| \sum_{i=1}^n p_i = 1\right\}$。

(b) $C_n = \left\{\mathbf{x} \in \boldsymbol{R}^n \middle| \sum_{i=1}^n x_i^2 = 1\right\}$。

(c) $C_n = \left\{\mathbf{x} \in \boldsymbol{R}_+^n \middle| A\mathbf{x} \le \mathbf{b}, \text{ A 爲 } n \times n \text{ 矩陣}, \mathbf{b} \text{ 爲 } n \times 1 \text{ 向量}\right\}$。

※2.3 序列和子序列

$\boldsymbol{R}^n$ 中的拓樸性質, 有時以序列 (sequences) 的觀點探討更爲方便, 且利用序列的收斂性質, 更可和實函數的連續性質相連接。因此, 在這一節中, 我們將介紹序列及相關的觀念。

定義 2.3.1：一個定義域爲自然數集合的函數稱之爲序列。

理論上, 上述定義中之對應域可以是任意集合, 但在經濟學的應用上以對應域 $\boldsymbol{R}^n$ 爲主, 故我們可將序列寫成 $S: N \to \boldsymbol{R}^n$, 其中 N 代表自然數所成的集合。一般習慣, 將函數值 S(k) 寫成 s_k, 而以 $\{s_k\}_{k=1}^{\infty}$ 或 $\{s_k\}$ 代表整個序列, s_k 稱爲該序列的第 k 項。

【例 2.3.1】 (a) $\{s_k\} = \{(1)^k\} = \{1, 1, \cdots, 1, \cdots\}$

(b) $\{x_k\} = \{(-1)^k\} = \{-1, 1, -1, \cdots\}$

(c) $\{y_k\} = \left\{\dfrac{1}{k^2}\right\} = \left\{1, \dfrac{1}{4}, \dfrac{1}{9}, \cdots\right\}$

(d) $\{y_k\} = \left\{\left(\dfrac{1}{k}, \dfrac{1}{k^2}\right)\right\} = \left\{(1,1), \left(\dfrac{1}{2}, \dfrac{1}{4}\right), \left(\dfrac{1}{3}, \dfrac{1}{9}\right), \cdots\right\}$

在未來有關序列的討論中, 最重要的一種是所謂的收斂序列 (convergent sequence), 故我們接下來定義序列的收斂性。爲了便於理解, 以及下節中連續函數的探討, 我們先討論對應域爲 $\boldsymbol{R}$ 之實數序列, 然後再推展到對應域爲 $\boldsymbol{R}^n$ 之情形。

定義 2.3.2：$S: N \to \boldsymbol{R}$。若對任一 $\varepsilon > 0$, 均存在一個 $K \in N$, 使得序列中所有 s_K 以後的各項 s_k 均滿足 $|s_k - s| < \varepsilon$, $s \in \boldsymbol{R}$, 則稱 $\{s_k\}$ 爲一收斂序列, s 爲此序列的極限 (limit), 記作 $\lim\limits_{k\to\infty} s_k = s$ 或 $\lim s_k = s$。如果一序列不收斂, 則稱爲發散序列 (divergent sequence)。

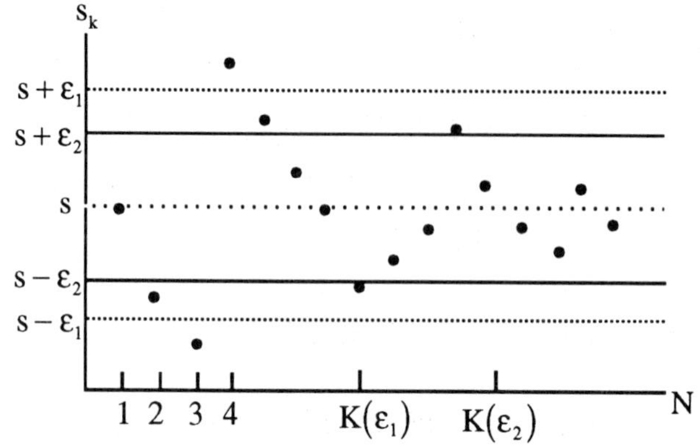

圖 2.3.1

由於定義中, K 的值決定於 ε 的大小, 因此, 有時將其明確的寫成 $K(\varepsilon)$, 以表示其受所取 ε 值的影響。我們可以圖 2.3.1 來說明序列收斂的概念。

上圖中 $\varepsilon_1 > \varepsilon_2 > 0$, 因此以 s 爲中心, 由 ε_1 所形成的帶狀範圍（虛線）, 較由 ε_2 所圍成的範圍（實線）來的寬大。由圖可知, 在 $s_{K(\varepsilon_1)}$ 之後各項均在虛線範圍之內, 但僅當項數超過 $s_{K(\varepsilon_2)}$ 時, 此序列的各項才會都落在實線範圍內。由於序列的收斂是針對任一 $\varepsilon > 0$, 上面的性質均成立, 因此當 ε 極小時, 此序列超過某一 $K(\varepsilon)$ 之各項必可無限地接近到 s (arbitrarily close to s), 這就是所謂收斂的意義。在此値得一提的是, 任何一個收斂序列僅能有一個極限, 此將在習題 2.3.2(a) 中證明。

【例 2.3.2】例 2.3.1 中 (a) 和 (c) 兩序列爲收斂序列, 前者之極限爲 1, 後者之極限爲 0, 但 (b) 中之序列則爲發散序列。〔(d) 亦爲收斂序列, 其極限爲 (0,0)〕

定義 2.3.3: 設序列 $\{s_k\}$ 之值域爲 $T=\{s_1,s_2,\cdots\}$。若 T 爲一有上界（下界）的集合, 則稱 $\{s_k\}$ 爲一有上界（下界）的序列; 若 T 爲一有界集合, 則稱 $\{s_k\}$ 爲一有界序列 (bounded sequence)。

根據這個定義,有界序列也常定義成:存在一個 $c \in \boldsymbol{R}$,使得 $\{s_k\}$ 中各項均滿足 $|s_k| \le c$。事實上,序列既是一個定義於N的函數,因此它本身就是一個集合(定義 2.3.3 中的T),是以定義2.3.3 和上一節之有界集合的定義是完全相同的。

定理 2.3.1: $S: N \to \boldsymbol{R}$,若 $\boldsymbol{lim} s_k = s$,則 $\{s_k\}$ 爲一有界序列。

證明:因 $\{s_k\}$ 爲一收斂序列,故取 $\varepsilon = 1$,則存在一 K_1,使得所有 s_k, $k > K_1$ 均滿足 $|s_k - s| < 1$,由三角不等式可得(讀者請自行證明)

$$|s_k| - |s| \le |s_k - s|,$$

所以 $|s_k| - |s| < 1$ 或 $|s_k| < 1 + |s|$, $k > K_1$。

令 $c = \max\left\{|s_1|, |s_2|, \cdots, |s_{K_1}|, 1 + |s|\right\}$,

則對 s_k 之各項而言,$|s_k| \le c$ 均成立,故得證。

定理 2.3.2: $S: N \to \boldsymbol{R}$,

(i) 如果 $\boldsymbol{lim} s_k = s$,則 $\boldsymbol{lim} |s_k| = |s|$。

(ii) 如果 $\boldsymbol{lim} s_k = s \neq 0$,則存在一K使得 $|s_k| \ge \frac{|s|}{2} > 0$, $k > K$。

(iii) 如果 $\boldsymbol{lim} s_k = s \neq 0$,且 $s_k \neq 0$, $k = 1, 2, \cdots$,則 $\boldsymbol{lim} \frac{1}{s_k} = \frac{1}{s}$。

證明:(i) 因 $\boldsymbol{lim} s_k = s$,故對任一 $\varepsilon > 0$,存在一K使得下式成立

$$|s_k - s| < \varepsilon, \ k > K。$$

又 $$|s_k| - |s| \le |s_k - s|,\ 且\ |s| - |s_k| \le |s - s_k| = |s_k - s|,$$

故 $$\big||s_k| - |s|\big| \le \big||s_k - s|\big| = |s_k - s| < \varepsilon, \ k > K,$$

所以 $\boldsymbol{lim} |s_k| = |s|$。

(ii) 因 $\boldsymbol{lim} |s_k| = |s|$,取 $\varepsilon = \frac{|s|}{2}$,則存在一個K使得下式成立

$$\left||s_k|-|s|\right|<\frac{|s|}{2},\ k>K,$$

所以 $-\frac{|s|}{2}<|s_k|-|s|$, 亦即 $|s_k|>\frac{|s|}{2}>0$, 或 $|s_k|\geq\frac{|s|}{2}>0$。

(iii) $\left|\frac{1}{s_k}-\frac{1}{s}\right|=\left|\frac{s-s_k}{s_k s}\right|=\frac{|s_k-s|}{|s_k||s|}=\frac{1}{|s_k|}\cdot\frac{1}{|s|}|s_k-s|$

由(ii) 知, 存在一個 K_1, 使得

$$|s_k|\geq\frac{|s|}{2},\ k>K_1;\ \text{所以}\ \frac{1}{|s_k|}\leq\frac{2}{|s|},\ k>K_1\text{。}$$

又因 $\boldsymbol{lim}\, s_k=s$, 故知對任何 $\varepsilon>0$, 均存在一 K_2 使得

$$|s_k-s|<\frac{|s|^2\varepsilon}{2},\ \ k>K_2\text{。}$$

取 $K=\max\{K_1,K_2\}$, 則 $\frac{1}{|s_k|}\leq\frac{2}{|s|}$, $|s_k-s|<\frac{|s|^2\varepsilon}{2}$, $k>K$。

由此可知 $\left|\frac{1}{s_k}-\frac{1}{s}\right|=\frac{1}{|s_k|}\cdot\frac{1}{|s|}|s_k-s|<\frac{2}{|s|}\cdot\frac{1}{|s|}\frac{|s|^2\varepsilon}{2}=\varepsilon,$

故 $\boldsymbol{lim}\frac{1}{s_k}=\frac{1}{s}$。

定理 2.3.3:(序列極限定理) S: N $\to$ $\boldsymbol{R}$, T: N $\to$ $\boldsymbol{R}$, 若 $\boldsymbol{lim}\, s_k=s$ 且 $\boldsymbol{lim}\, t_k=t$, 則

(i) $\boldsymbol{lim}(s_k+t_k)=s+t$,

(ii) $\boldsymbol{lim}\, s_k t_k=st$,

(iii) 若 $t\neq0$, $t_k\neq0$, $k=1,2,\cdots$, 則 $\boldsymbol{lim}\frac{s_k}{t_k}=\frac{s}{t}$。

證明: (i) 因 $\{s_k\}$ 和 $\{t_k\}$ 均爲收斂序列, 故對任一 $\varepsilon>0$, 存在一 K_s 和 K_t 使得下式成立

$$|s_k - s| < \frac{\varepsilon}{2},\ k > K_s;\ |t_k - t| < \frac{\varepsilon}{2},\ k > K_t。$$

取 $K = \max\{K_s, K_t\}$, 則 $|s_k - s| < \frac{\varepsilon}{2}$, $|t_k - t| < \frac{\varepsilon}{2}$, $k > K$。

由三角不等式可以得到

$$|t_k + s_k - (t+s)| = |(t_k - t) + (s_k - s)| \le |t_k - t| + |s_k - s| < \frac{\varepsilon}{2} + \frac{\varepsilon}{2} = \varepsilon,$$

$$k > K。$$

故 $$\lim(s_k + t_k) = s + t。$$

(ii) $|s_k t_k - st| = |s_k t_k - s_k t + s_k t - st|$

$$= |s_k(t_k - t) + t(s_k - s)| \le |s_k||t_k - t| + |t||s_k - s|, \tag{2.3.1}$$

因 $\{s_k\}$ 爲收斂序列, 由定理 2.3.1 可知 $\{s_k\}$ 爲一有界序列, 故存在一 c 使得

$$|s_k| \le c,\ k = 1, 2, \cdots, \tag{2.3.2}$$

且存在一 K_s 使得

$$|s_k - s| < \frac{\varepsilon}{2|t|},\ k > K_s。 \tag{2.3.3}$$

同理, 存在一 K_t, 使得

$$|t_k - t| < \frac{\varepsilon}{2c},\ k > K_t。 \tag{2.3.4}$$

取 $K = \max\{K_s, K_t\}$, 則 (2.3.2), (2.3.3), 和 (2.3.4) 對所有 $k > K$ 仍然成立。將其代入 (2.3.1) 得

$$|s_k t_k - st| \le |s_k||t_k - t| + |t||s_k - s| < c\frac{\varepsilon}{2c} + |t|\frac{\varepsilon}{2|t|} \le \frac{\varepsilon}{2} + \frac{\varepsilon}{2} = \varepsilon,\ k > K。$$

故知 $$\lim s_k t_k = st。$$

(iii) $\lim \frac{s_k}{t_k} = \lim \left(s_k \frac{1}{t_k} \right)$

因 $\lim s_k = s$, 且由定理 2.3.2 (iii) 知 $\lim \frac{1}{t_k} = \frac{1}{t}$, 故由 (ii) 可得

$$\lim \frac{s_k}{t_k} = s\frac{1}{t} = \frac{s}{t}。$$

定義 2.3.4：當序列$\{s_k\}$之各項間有$s_k < s_{k+1}(s_k > s_{k+1})$的大小關係時，我們稱$\{s_k\}$爲一遞增（遞減）序列。若各項間的大小關係爲$s_k \le s_{k+1}(s_k \ge s_{k+1})$，則稱$\{s_k\}$爲一非遞減（非遞增）序列。

前面例 2.3.1 中之 (c) 爲一遞減序列, 而 (a) 則同時爲非遞增也是非遞減序列。(b) 既不是非遞增也不是非遞減序列。另外, 不管是遞增, 遞減或非遞增, 非遞減序列, 也常稱爲單調序列 (monotonic sequence)。

定理 2.3.4：如果$\{s_k\}$爲一單調、有界序列，則$\{s_k\}$爲一收斂序列。

證明: 在此我們假定$\{s_k\}$爲一非遞減序列, 至於其它形式的單調序列, 可依同法證明。定義集合 S 爲

$$S = \{s_k \mid k \in N\},$$

因$\{s_k\}$爲有界, 故存在一 c 使得 $s_k \le c$, $k = 1,2,\cdots$, 所以 S 爲一有上界的集合。由上確界公理知 S 有一上確界 u, 即 $\sup(S) = u$。又由定理 2.2.1 知, 對任一 $\varepsilon > 0$ 而言, 必有一 K 使得 $s_K + \varepsilon > u$, 或 $u - \varepsilon < s_K$。但因$\{s_k\}$爲非遞減序列, 所以 $u - \varepsilon < s_K \le s_k$, $k > K$, 故對所有 $k > K$ 而言, $u - \varepsilon < s_K \le s_k \le u$, 即 $-\varepsilon < s_k - u \le 0 < \varepsilon$。所以 $|s_k - u| < \varepsilon$, $k > K$, 即 $\lim s_k = \sup(S) = u$。

定義 2.3.5：設 $S: N \to \boldsymbol{R}$ 爲一序列，$I: N \to N$ 爲一單調遞增函數 (monotonic increasing function)，即，若 $m,n \in N$ 且 $m < n$，則 $I(m) < I(n)$。我們稱複合函數 $S \circ I: N \to \boldsymbol{R}$，

$$(S \circ I)(k) = S(I(k)) = s_{I_k}$$

爲序列 $\{s_k\}$ 的一個子序列 (subsequence)。

簡單地說，所謂 $\{s_k\}$ 的一個子序列就是將 $\{s_k\}$ 中的一些項去掉，再將所剩之各項按原在 $\{s_k\}$ 中的次序加以排列而已。

【例2.3.2】 $S(k) = \dfrac{1}{k}$, $I(k) = 2^k$，

則 $\{s_k\} = \left\{1, \dfrac{1}{2}, \dfrac{1}{3}, \dfrac{1}{4}, \dfrac{1}{5}, \dfrac{1}{6}, \dfrac{1}{7}, \dfrac{1}{8}, \dfrac{1}{9}, \dfrac{1}{10}, \cdots\right\}$，

而 $(S \circ I)(k) = S(I(k)) = s_{I_k} = \dfrac{1}{I(k)} = \dfrac{1}{2^k}$，

故 $\{s_{I_k}\} = \left\{\dfrac{1}{2}, \dfrac{1}{4}, \dfrac{1}{8}, \cdots\right\}$，因此 $\{s_{I_k}\}$ 是 $\{s_k\}$ 的一個子序列，但是 $\{\ell_k\} = \left\{\dfrac{1}{2}, \dfrac{1}{3}, 1, \dfrac{1}{9}, \dfrac{1}{7}, \dfrac{1}{10}, \cdots\right\}$ 則不是 $\{s_k\}$ 的一個子序列。

定理 2.3.5：$S: N \to \boldsymbol{R}$，如果 $\boldsymbol{lim}\, s_k = s$，則 $\{s_k\}$ 的任何子序列 $\{s_{I_k}\}$ 均收斂到 s，即 $\boldsymbol{lim}\, s_{I_k} = s$。

證明：要證明 $\boldsymbol{lim}\, s_{I_k} = s$，只要找到一 $I_{K'}$，使得 $\{s_{I_k}\}$ 中所有在 $I_{K'}$ 以後各項均滿足 $|s_{I_k} - s| < \varepsilon$, $\varepsilon > 0$，即可。但因 $\{s_k\}$ 收斂，所以存在一 K 使得 $|s_k - s| < \varepsilon$, $k > K$ 成立。因 $\{s_{I_k}\}$ 爲 $\{s_k\}$ 的一個子序列，所以必存在一個 K' 使得 $I_{K'} > K$。因此我們得到 $|s_{I_k} - s| < \varepsilon$, $I_K > I_{K'}$，所以 $\boldsymbol{lim}\, s_{I_k} = s$。

這個定理有幾個很重要的結論，例如：如果我們知道 $\{s_k\}$ 是收斂序列，且我們可找到 $\{s_k\}$ 的一個子序列，並知道此子序列的極限爲 s，那我

們就知道$\{s_k\}$收斂到 s。又, 如果我們知道$\{s_k\}$的兩個子序列, 分別收斂到兩個不同的極限, 則我們可推知$\{s_k\}$必不是一個收斂序列。

【例 2.3.3 】 $\{s_k\}=\{(-1)^k\}=\{-1,1,-1,1,\cdots\}$是否爲收斂序列?

解:我們可找到兩個子序列

$$s_k^e=(-1)^{2k}=\{1,1,1,1,\cdots\} \text{和} s_k^o=(-1)^{2k-1}=\{-1,-1,-1,-1,\cdots\},$$

因$\boldsymbol{lim} s_k^e=1$, 而$\boldsymbol{lim} s_k^o=-1$, 所以我們知道$\{s_k\}$不是一個收斂序列。

到目前爲止, 我們將序列的討論限於$S: N\to \boldsymbol{R}$,但這些基本原理大多可直接推廣到$S: N\to \boldsymbol{R}^n$的序列。

定義 2.3.6: 函數$X: N\to \boldsymbol{R}^n$稱爲$\boldsymbol{R}^n$中的一個序列。若對任何$\varepsilon>0$, 都存在一$K(\varepsilon)$, 使得$\mathbf{x}_k\in B(\mathbf{x};\varepsilon)$, $\mathbf{x}\in \boldsymbol{R}^n$, $\forall\, k>K(\varepsilon)$, 則稱$\{\mathbf{x}_k\}$爲一收斂序列, 其極限爲$\mathbf{x}$。

此定義和定義 2.3.1 , 定義 2.3.2 比較, 我們發現, 除了將對應域由$\boldsymbol{R}^n$改爲$\boldsymbol{R}$, 將開區間$(s-\varepsilon,\ s+\varepsilon)$以開球$B(\mathbf{x};\varepsilon)$取代外, 並無不同。此外, 我們以$\{\mathbf{x}_k\}$表示$\boldsymbol{R}^n$中的序列, 這是因爲序列中各項均爲$\boldsymbol{R}^n$中的一個向量的緣故。

定理 2.3.6: $\{\mathbf{x}_k\}$爲$\boldsymbol{R}^n$中的一個序列, $\mathbf{x}\in \boldsymbol{R}^n$。若且唯若$\mathbf{x}_k$的每一分量均收斂到$\mathbf{x}$的對應分量, 則$\boldsymbol{lim}\mathbf{x}_k=\mathbf{x}$。

證明:設x_{jk}爲序列$\{\mathbf{x}_k\}$的第 k 項的第 j 個分量, x_j爲點$\mathbf{x}$的第 j 個分量。

(i) 若$\boldsymbol{lim} x_{jk}=x_j$, $j=1,2,\cdots,n$, 則$\boldsymbol{lim}\mathbf{x}_k=\mathbf{x}$。

因$x_{jk}\in \boldsymbol{R}$, 故$\{x_{jk}\}$爲一實數序列。由定義 2.3.2 知, 對任一$\varepsilon>0$, 均存在一$K_j\in N$, 使得下式成立

$$\left|x_{jk}-x_j\right|<\frac{\varepsilon}{\sqrt{n}},\ k>K_j,\ j=1,2,\cdots,n\text{。}$$

令 $K=\max\{K_1,K_2,\cdots,K_n\}$,

則 $|x_{jk}-x_j|<\dfrac{\varepsilon}{\sqrt{n}}$, 或$(x_{jk}-x_j)^2<\dfrac{\varepsilon^2}{n}$, $k>K$, $j=1,2,\cdots,n$。

也就是說$\{x_{jk}\}$在第K項以後,每一分量都收斂到$\mathbf{x}$的對應分量。

又, $B(\mathbf{x};\varepsilon)=\{\mathbf{x}'\in \boldsymbol{R}^n \mid d(\mathbf{x}',\mathbf{x})<\varepsilon\}$,但在$\boldsymbol{R}^n$中

$d(\mathbf{x}_k,\mathbf{x})=\left[\sum_{j=1}^{n}(x_{jk}-x_j)^2\right]^{\frac{1}{2}}$。因此,當 $k>K$ 時

$$d(\mathbf{x}_k,\mathbf{x})<\Big(\underbrace{\frac{\varepsilon^2}{n}+\frac{\varepsilon^2}{n}+\cdots+\frac{\varepsilon^2}{n}}_{n\text{個}}\Big)^{\frac{1}{2}}=\varepsilon。$$

故在 $k>K$ 時, $\mathbf{x}_k\in B(\mathbf{x};\varepsilon)$, 所以 $\boldsymbol{lim}\,\mathbf{x}_k=\mathbf{x}$。

(ii) 若 $\boldsymbol{lim}\,\mathbf{x}_k=\mathbf{x}$, 則 $\boldsymbol{lim}\,x_{jk}=x_j$, $j=1,2,\cdots,n$。

因 $\boldsymbol{lim}\,\mathbf{x}_k=\mathbf{x}$, 故對任一 $\varepsilon>0$, 均存在 $K\in N$,使得

$$d(\mathbf{x}_k,\mathbf{x})=\left[\sum_{j=1}^{n}(x_{jk}-x_j)^2\right]^{\frac{1}{2}}<\varepsilon,\ k>K,\ j=1,2,\cdots,n。$$

但
$$|x_{jk}-x_j|\le\left[\sum_{j=1}^{n}(x_{jk}-x_j)^2\right]^{\frac{1}{2}}<\varepsilon,\ j=1,2,\cdots,n$$

因此對所有 $k>K$, 均滿足 $|x_{jk}-x_j|<\varepsilon$, $j=1,2,\cdots,n$。

故
$$\boldsymbol{lim}\,x_{jk}=x_j,\ j=1,2,\cdots,n。$$

這個定理最重要的含意, 就是明確地說明, 有關實數序列的各種收斂性質, 在 $\boldsymbol{R}^n$ 中的序列仍然存在。

現在, 我們利用序列的收斂性質來描述閉集合。

定理 2.3.7：$X \subset R^n$，若且唯若 X 中每一個收斂序列均收斂到 X 上的一點，則 X 爲一閉集合。

證明：(i) 若 X 爲一閉集合，且 $lim\mathbf{x}_k = \mathbf{x}$，則 $\mathbf{x} \in X$。

假定 $\mathbf{x} \notin X$。由 $lim\mathbf{x}_k = \mathbf{x}$ 知，對任一 $\varepsilon > 0$，均存在一 $K \in N$ 使得 $\mathbf{x}_k \in B(\mathbf{x};\varepsilon)$，$k > K$。但因 $\mathbf{x}_k \in X$，而 $\mathbf{x} \notin X$，故任一 $B(\mathbf{x};\varepsilon)$ 均包含了 X 中的點和不在 X 中的點。由定義 2.1.2 知，$\mathbf{x}$ 爲 X 的一個邊界點。今 $\mathbf{x} \notin X$，故 X 並未包括它所有的邊界點，所以 X 不是一個閉集合，與假設矛盾。

(ii) 若 $lim\mathbf{x}_k = \mathbf{x}$，且 $\mathbf{x} \in X$，則 X 爲一閉集合。

假定 X 不是閉集合，則 X 至少不包括它的一個邊界點 $\mathbf{y}$。根據邊界點的定義，我們知道 $B\left(\mathbf{y};\frac{1}{k}\right)$，$k \in N$，必同時包含有 X 中的點和 X' 中的點，故我們可取一序列 $\{\mathbf{x}_k\}$，使得 $\mathbf{x}_k \in B\left(\mathbf{y};\frac{1}{k}\right) \cap X$，則 $\{\mathbf{x}_k\}$ 之各項均在 X 中，且對任一 $\varepsilon > 0$，都存在一 $K \geq \frac{1}{\varepsilon}$ 使得 $\mathbf{x}_k \in B(\mathbf{y};\varepsilon)$，$k > K \geq \frac{1}{\varepsilon}$。上式中，K 爲大於或等於 $\frac{1}{\varepsilon}$ 的最小自然數。因此，存在一 X 中的收斂序列，其極限 $\mathbf{y} \notin X$，與假設矛盾。

定義 2.3.7：設 $\{\mathbf{x}_k\}$ 爲 R^n 中的一個序列，集合 $T = \{\mathbf{x}_1, \mathbf{x}_2, \cdots, \mathbf{x}_n\}$ 爲序列 $\{\mathbf{x}_k\}$ 的值域。若 T 爲一有上界（下界）的集合，則稱 $\{\mathbf{x}_k\}$ 爲一有上界（下界）的序列；若 T 爲一有界集合，則稱 $\{\mathbf{x}_k\}$ 爲一有界序列。

定理 2.3.8：若 $\{\mathbf{x}_k\}$ 爲 R^n 中的一個有界序列，則 $\{\mathbf{x}_k\}$ 至少有一收斂子序列。

直覺上，定理 2.3.8 告訴我們的是，在有限的空間中，要擠進無限多個點，則一定會有一些點要聚集在一起。這個定理的嚴謹證明，牽涉到幾個我們未曾介紹的集合的性質, 因而無法進行, 讀者可自習參閱相關的高等微積分的書籍（如 Taylor, 1965 ）; 在此, 我們只做概念性的說明。我們分兩種情形來討論:

(i)若 $\{\mathbf{x}_k\}$ 的值域 $T=\{\mathbf{x}_1,\mathbf{x}_2,\cdots\}$ 僅包括 $\boldsymbol{R}^n$ 中有限個不同的點, 則 T 中至少有一個點重複無窮多次。假定這一點爲 $\mathbf{x}_m$, 則我們可找出一子序列 $\{\mathbf{x}_{k_j}\}$, $j=1,2,\cdots$, $k_1<k_2<\cdots$, 而將 $\{\mathbf{x}_{k_j}\}$ 之每一項均定義爲 $\mathbf{x}_m$, 則 $\{\mathbf{x}_{k_j}\}=\{\mathbf{x}_m,\mathbf{x}_m,\cdots\}$。顯而易見的, 子序列 $\{\mathbf{x}_{k_j}\}$ 收斂到 $\mathbf{x}_m$。

(ii) 若 $T=\{\mathbf{x}_1,\mathbf{x}_2,\cdots\}$ 中沒有任何一點重複無窮多次, 但 T 爲一有界集合。現在定義邊長爲 $r>0$ 的方體 (r-cube):

$$C_1(r,\mathbf{x}^1)=\left\{\mathbf{x}\in\boldsymbol{R}^n \middle| \left|x_i^1-x_i\right|\le\frac{r}{2},\ \ i=1,2,\cdots,n,\ \ \mathbf{x}^1\in T\right\}。$$

因 T 爲有界集合, 所以對任何 $\mathbf{x}^1\in T$, 必可找到一 r, 使得 $T\subset C_1(r,\mathbf{x}^1)$（爲什麼?）, 圖 2.3.2 (a) 爲 $T\subset\boldsymbol{R}^2$ 的情形。圖 2.3.2

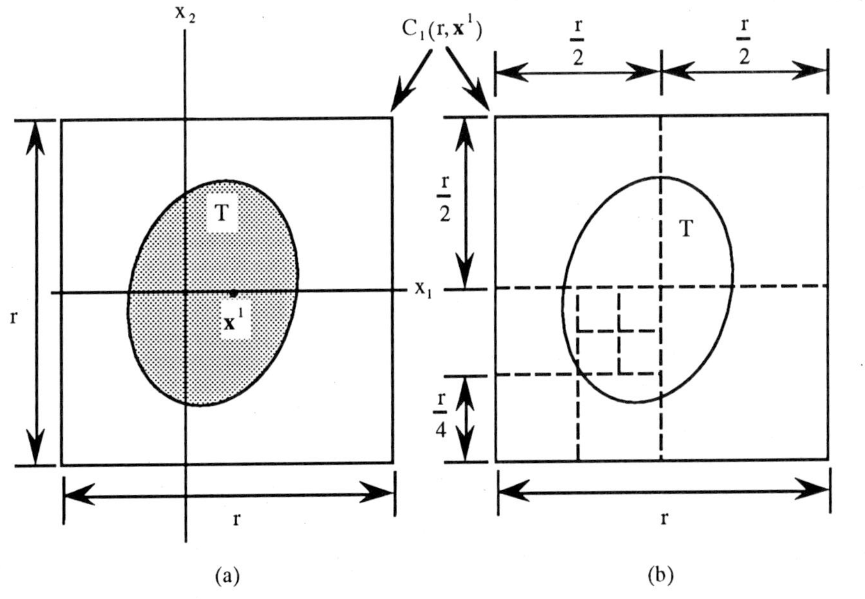

圖 2.3.2

(b) 和圖 2.3.2 (a) 完全相同, 只是將坐標軸等符號略去, 使圖形較爲簡潔, 以利說明。假定我們將圖 2.3.2 (b) 中之正方形 $C_1(r,\mathbf{x}^1)$分割成圖中所示的四個邊長爲$\frac{r}{2}$的正方形, 則因 T 中有無窮多個點, 所以這四個邊長爲$\frac{r}{2}$的正方形中, 至少有一個會包含有 T 中的無窮多個點（爲什麼？）, 假定其爲圖中左下方, 邊長爲$\frac{r}{2}$的那個正方形, 我們將它記爲$C_2\left(\frac{r}{2},\mathbf{x}^2\right)$。接著將$C_2\left(\frac{r}{2},\mathbf{x}^2\right)$再分割成邊長爲$\frac{r}{4}$的正方形, 並假定$C_2\left(\frac{r}{2},\mathbf{x}^2\right)$中右上角的那個邊長$\frac{r}{4}$的正方形, 包含 T 中的無窮多個點, 將其記爲$C_3\left(\frac{r}{4},\mathbf{x}^3\right)$。我們可以繼續上述過程, 得到無窮多個包含 T 中無窮多個點的正方形 $C_1(r,\mathbf{x}^1), C_2\left(\frac{r}{2},\mathbf{x}^2\right), C_3\left(\frac{r}{4},\mathbf{x}^3\right)$, $\cdots$, $C_k\left(\frac{r}{2^{k-1}},\mathbf{x}^k\right)$, …。定義$\{\mathbf{x}_k\}$的子序列爲$\left\{\mathbf{x}_{k_j}\right\}$,

$$\mathbf{x}_{k_j}\in C_j\left(\frac{r}{2^{j-1}},\mathbf{x}^j\right)\cap T,\ \ j=1,2,\ \cdots$$

在上面的分割設計下, 數學上可證明, $\boldsymbol{R}^n$ 中有唯一一點 $\mathbf{x}\in\bigcap_{k=1}^{\infty}C_k\left(\frac{r}{2^{k-1}},\mathbf{x}^k\right)$, 且 $\lim\mathbf{x}_{k_j}=\mathbf{x}$。換句話說, $\boldsymbol{R}^n$ 中任一有界序列$\{\mathbf{x}_k\}$, 必存在一收斂的子序列$\left\{\mathbf{x}_{k_j}\right\}$。

定理 2.3.9：$X\subset\boldsymbol{R}^n$, 若且唯若 X 中的每一個序列均有一收斂子序列, 則 X 爲一有界集合。

證明: (i) 如果 X 爲一有界集合, 則因 X 中任一序列的值域均包含於 X, 故 X 中任一序列均爲有界序列, 根據定理 2.3.8, 我們可知 X 中任何一個序列必有一收斂子序列。

(ii) 若 X 中任一序列都有一收斂子序列, 我們現在要證明 X 必爲一有界集合。假定 X 不是一有界集合, 則 X 中至少有一點 $\mathbf{y}$, 使得 $d(\mathbf{y},\mathbf{0}_n)=\infty$, 則我們可建立一個序列 $\{\mathbf{x}_k\}$, 使得 $\mathbf{x}_k=\mathbf{y}$, $k=1,2,\cdots$。很顯然地, $\{\mathbf{x}_k\}$的任何子序列的值域都僅包含一點 $\mathbf{y}$, 即 $\{\mathbf{y}\}$。但 $\mathbf{y}\notin \boldsymbol{R}^n$, 故不能成爲該子序列的極限。換句話說, 如果 X 不是一個有界集合, 則 X 中至少存在一個沒有任何收斂子序列的序列 $\{\mathbf{x}_k\}=\{\mathbf{y},\mathbf{y},\cdots,\}$, 與假設矛盾, 故得證。

結合定理 2.3.7 和定理2.3.9 , 我們就可以用序列來重新描述緊緻集合的觀念, 這就是有名的 Bolzano-Weierstrass 定理。

定理 2.3.10 : (Bolzano-Weierstrass 定理) 設 $X\subset \boldsymbol{R}^n$, 若且唯若 X 中的每一個序列均有一子序列收斂到 X 中的點, 則 X 爲一緊緻集合。

證明 : (i) 若 X 爲一緊緻集合, 則 X 必爲一有界集合, 且爲一閉集合。由定理 2.3.9 知 X 中的每一個序列都有一收斂的子序列, 又因 X 爲一閉集合, 由定理 2.3.7 知這些收斂的子序列必都收斂到 X 中的一個點。

(ii) 首先, 若 X 中的任何一序列均有一子序列收斂到 X 中的一點, 則由定理 2.3.9 知 X 爲一有界集合。接著證明 X 爲一閉集合。假定 X 不爲一閉集合, 則至少有一 $\mathbf{x}'\in \mathrm{bd}(X)$, 但 $\mathbf{x}'\notin X$。根據定理 2.3.7 的證明, 我們可找到一 X 中的序列 $\{\mathbf{x}_k\}$, 且 $lim\,\mathbf{x}_k=\mathbf{x}'$, 然後根據定理 2.3.5 , 則 $\{\mathbf{x}_k\}$中的任何子序列均收斂到 $\mathbf{x}'$。換句話說, 我們找到一 X 中的序列, 該序列並沒有任何子序列收斂到 X 中的點, 與假設矛盾, 故得證。

習題 2.3

1. 是非題:

(a) 任何收斂序列必為有界序列, 任何有界序列必為一收斂序列。

(b) 若 $\{x_k\}$ 為 $\boldsymbol{R}$ 中的一序列, 且 $|x_k - x_{k+1}| \le \frac{1}{k}$, 則 $\{x_k\}$ 為一收斂序列。

(c) $\{x_k\}$, $\{y_k\}$ 均為 $\boldsymbol{R}$ 中的發散序列, 則 $\{x_k + y_k\}$ 必為 $\boldsymbol{R}$ 中之發散序列, 但 $\{x_k y_k\}$ 則可能為 $\boldsymbol{R}$ 中之收斂序列。

(d) 若序列 $\{\mathbf{x}_k\}$ 的一個子序列 $\{\mathbf{x}_{l_k}\}$ 為一發散序列, 則 $\{\mathbf{x}_k\}$ 必為一發散序列。

(e) $\{\mathbf{x}_k\}$ 為 $\boldsymbol{R}^n$ 中之收斂序列, $\boldsymbol{lim}\mathbf{x}_k = \mathbf{x}$。若 $d(\mathbf{x}_k, \mathbf{0}_n) \le 1$, $k = 1,2,\cdots$, 則 $d(\mathbf{x}, \mathbf{0}_n) \le 1$。

2. 證明題:

(a) 證明收斂序列僅能收斂到一個極限。

(b) 若 $\{\mathbf{x}_k\}$ 為 $\boldsymbol{R}^n$ 中的序列, 且對任一 $\varepsilon > 0$, 均存在一 K, 使得所有 $k > K$, $m > K$ 之各項都滿足 $d(\mathbf{x}_k, \mathbf{x}_m) < \varepsilon$, 則此序列稱之為 Cauchy 序列。試證:

(i) 每一個 Cauchy 序列均是有界的。

(ii) 若 $\{x_k\}$ 和 $\{y_k\}$ 為 $\boldsymbol{R}$ 中之 Cauchy 序列, 則 $\{x_k + y_k\}$ 和 $\{x_k y_k\}$ 為 $\boldsymbol{R}$ 中之 Cauchy 序列。

(iii) $\{\mathbf{x}_k\}$ 為 $\boldsymbol{R}^n$ 中的序列, 若且唯若 $\{\mathbf{x}_k\}$ 收斂到 $\boldsymbol{R}^n$ 中之一點, 則 $\{\mathbf{x}_k\}$ 為一 Cauchy 序列。

(iv) $\{\mathbf{x}_k\}$ 為 $\boldsymbol{R}^n$ 中的序列, 若且唯若對每一 $B(\mathbf{0}_n;\varepsilon)$ 均存在一 K, 使得所有 $k > K$, $m > K$ 均滿足 $\mathbf{x}_k - \mathbf{x}_m \in B(\mathbf{0}_n;\varepsilon)$, 則 $\{\mathbf{x}_k\}$ 為一 Cauchy 序列。

(c) $\{\mathbf{x}_k\}$ 為 $\boldsymbol{R}^n$ 中的序列, 且 $d(\mathbf{x}_{k+1}, \mathbf{x}_k) \le r d(\mathbf{x}_k, \mathbf{x}_{k-1})$, $0 \le r < 1$, 則 $\{\mathbf{x}_k\}$ 為一收斂序列。

(d) 若 $\{x_k\}$ 為 $\boldsymbol{R}$ 中之序列, 我們可以定義上確極限 (limit superior) 和下確極限 (limit inferior) 為:

$\boldsymbol{lim}\sup(x_k) = \inf\{\sup\{x_k, x_{k+1}, \cdots\} | k = 1,2,\cdots\}$,

$\boldsymbol{lim}\inf(x_k)=\sup\left\{\inf\left\{x_k,x_{k+1},\cdots\right\}\middle|k=1,2,\cdots\right\}$。

證明：(i) $\boldsymbol{lim}\inf(x_k)\le\boldsymbol{lim}\sup(x_k)$。

(ii) 若且唯若 $\boldsymbol{lim}x_k=x$，則 $\boldsymbol{lim}\inf(x_k)=\boldsymbol{lim}\sup(x_k)=x$。

(iii) 若 $x_k=(-1)^k$，則 $\boldsymbol{lim}\sup(x_k)$ 與 $\boldsymbol{lim}\inf(x_k)$ 各是多少?

(e) 若 $S\subset\boldsymbol{R}^n$，$T\subset\boldsymbol{R}^m$，且 S 和 T 均為緊緻集合，則 $S\times T$ 為 $\boldsymbol{R}^n\times\boldsymbol{R}^m$ 中之一緊緻集合。

(f) 若 $S\subset\boldsymbol{R}^n$ 為一緊緻集合，證明 S 中之每一個 Cauchy 序列 $\{\mathbf{x}_k\}$ 均有 $\boldsymbol{lim}\mathbf{x}_k=\mathbf{x}$，且 $\mathbf{x}\in S$。

2.4　連續函數與極值定理

在 1.3 節中，我們定義了函數的觀念，並在 1.4 節中討論了實函數的一些性質。但是，爲了在應用上能導出一些重要而有趣的結果，我們對所要探討的函數還須再加一些限制。本節中，我們利用序列的收斂性來描述實函數的一個重要性質—連續性。

定義 2.4.1：$X \subset \boldsymbol{R}^n$，$f: X \to \boldsymbol{R}$，若 $\mathbf{x}^0 \in X$，且對任一 $\varepsilon > 0$，都存在一 $\delta > 0$，使得所有 $\mathbf{x} \in B(\mathbf{x}^0; \delta) \cap X$，均隱含 $f(\mathbf{x}) \in B(f(\mathbf{x}^0); \varepsilon)$，則稱函數 f 在點 $\mathbf{x}^0$ 爲連續，$f(\mathbf{x}^0)$ 稱爲函數 f 在點 $\mathbf{x}^0$ 的極限，記作 $\lim\limits_{\mathbf{x} \to \mathbf{x}^0} f(\mathbf{x}) = f(\mathbf{x}^0)$。

從序列的觀點來看，所謂函數 f 在其定義域 X 中的某一點 $\mathbf{x}^0$ 爲連續，指的是如果我們在 X 中定義一個序列 $\{\mathbf{x}_k\}$，使得 $\lim \mathbf{x}_k = \mathbf{x}^0$，那麼，對應於此序列的函數值序列 $\{f(\mathbf{x}_k)\}$ 必定以 $f(\mathbf{x}^0)$ 爲極限，即 $\lim f(\mathbf{x}_k) = f(\mathbf{x}^0)$。

定義 2.4.2：$X \subset \boldsymbol{R}^n$，$f: X \to \boldsymbol{R}$，如果函數 f 在集合 $A \subset X$ 中的每一點都是連續的，則稱 f 在集合 A 中連續。如果我們只說函數 f 是一個連續函數，這代表函數 f 在其定義域 X 中連續。

我們已知道，函數與其圖形 $\{(\mathbf{x}, f(\mathbf{x})) | \mathbf{x} \in X\}$ 本就是一體的兩面，因此我們可以函數的圖形來說明連續的觀念。這種用圖形來闡釋連續的觀念還有一個好處，即它與日常生活中所謂“連續”的常識一致。換句

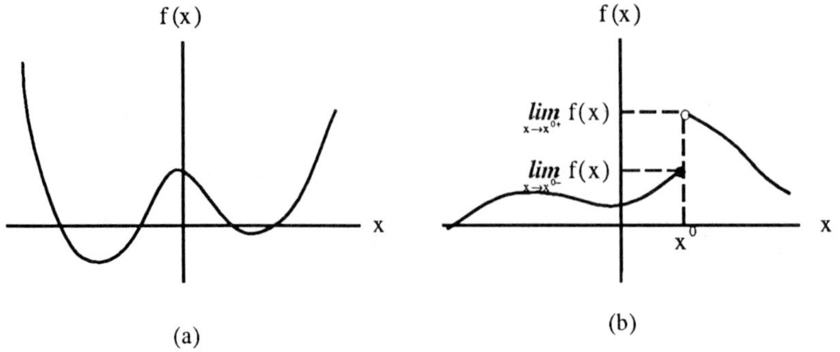

圖 2.4.1

話說,如果一個函數的圖形沒有任何中斷的話,那麼這就是一個連續函數,圖 2.4.1 (a) 爲一連續函數。但圖 2.4.1 (b) 因在 $\mathbf{x}^0$ 之處圖形中斷,故 f 爲一不連續函數,也就是說,若序列 $\{\mathbf{x}_k\}$ 以 $\mathbf{x}^0$ 爲極限,則序列 $\{f(\mathbf{x}_k)\}$ 的極限並不等於 $f(\mathbf{x}^0)$。

當一函數之定義域 $X \subset \boldsymbol{R}$ 時,我們還可有下述側面連續的觀念。

定義 **2.4.3**: $X \subset \boldsymbol{R}$, $f: X \to \boldsymbol{R}$, $a, b \in \boldsymbol{R}$。若 $x^0 \in X$,且對任一 $\varepsilon > 0$ 都存在一 $\delta > 0$,使得所有滿足 $x \in X$ 且 $x^0 < x < x^0 + \delta$ ($x^0 - \delta < x < x^0$)的點均隱含 $f(x) \in B(a;\varepsilon)$ ($f(x) \in B(b;\varepsilon)$),則稱函數 f 在 x^0 這點右側(左側)連續 [right-continuous (left-continuous)],常數 a (b) 爲函數 f 在 x^0 點的右側(左側)極限,記作 $\lim_{x \to x^{0+}} f(x) = a$ ($\lim_{x \to x^{0-}} f(x) = b$)。

比較定義 2.4.1 和定義 2.4.3,我們很容易看出,當 $X \subset \boldsymbol{R}$ 時,如果 $a = b = f(x^0)$(爲什麼要等於 $f(x^0)$?),則函數 f 在 x^0 這點爲連續;反之,若 f 在 x^0 爲連續,則其在 x^0 這點的左側極限和右側極限也必然相同。

利用前面 $\varepsilon - \delta$ 定義以證明函數連續的方法,在一般微積分書籍中均有詳細的介紹,在此不再重複。現在,我們將本章前面所介紹的有關開集合、閉集合以及收斂序列的觀念加以結合,以期對連續的概念有更深入的認識。

定理 **2.4.1**: $X \subset \boldsymbol{R}^n$, $f: X \to \boldsymbol{R}$。下列四種敘述的意義完全相同:

(i) f 爲一連續函數。

(ii) 若 $\{\mathbf{x}_k\}$ 爲 X 中任一收斂序列,且 $\lim \mathbf{x}_k = \mathbf{x}^0$,則 $\{f(\mathbf{x}_k)\}$ 亦爲一收斂序列,且 $\lim f(\mathbf{x}_k) = f(\mathbf{x}^0)$。

(iii) 若 $A \subset \boldsymbol{R}$ 爲一閉集合,則 A 之逆映像 $f^{-1}(A)$ 相對於 X 爲一閉集合。

(iv) 若 $B \subset \boldsymbol{R}$ 爲一開集合,則 B 之逆映像 $f^{-1}(B)$ 相對於 X 爲一開集合。

證明:我們要證明下列的關係:(i) $\Rightarrow$ (ii) $\Rightarrow$ (iii) $\Rightarrow$ (iv) $\Rightarrow$ (i)

(i) ⇒ (ii)

因爲 f 爲一連續函數, 故對任一 $\varepsilon>0$, 必存在一 $\delta>0$, 使得 $\mathbf{x}\in B(\mathbf{x}^0;\delta)$隱含 $f(\mathbf{x})\in B(f(\mathbf{x}^0);\varepsilon)$。又因 $\boldsymbol{lim}\mathbf{x}_k=\mathbf{x}^0$, 由收斂序列的定義, 我們知道存在一個 K 使得 $\mathbf{x}_k\in B(\mathbf{x}^0;\delta)$, $k>K$。再由連續的定義, 我們知道上式隱含 $f(\mathbf{x}_k)\in B(f(\mathbf{x}^0);\varepsilon)$, $k>K$。即 $\boldsymbol{lim}f(\mathbf{x}_k)=f(\mathbf{x}^0)$。

(ii) ⇒ (iii)

假定 $\{\mathbf{x}_k\}$ 爲 $f^{-1}(A)$ 中之任一序列, 且 $\boldsymbol{lim}\mathbf{x}_k=\mathbf{x}^0$。由 (ii) 知 $\boldsymbol{lim}f(\mathbf{x}_k)=f(\mathbf{x}^0)$。因 $\mathbf{x}_k\in f^{-1}(A)$, 故 $f(\mathbf{x}_k)\in A$。但 A 爲一閉集合, 由定理 2.3.7 知 $f(\mathbf{x}^0)\in A$。由逆映像的定義知 $\mathbf{x}^0\in f^{-1}(A)$, 因此 $\{\mathbf{x}_k\}$ 收斂到 $f^{-1}(A)$中的一點。由定理 2.3.7 知 $f^{-1}(A)$爲一閉集合。

(iii) ⇒ (iv)

因 B 爲一開集合, 故 B'爲一閉集合。由 (iii) 知 $f^{-1}(B')$亦爲一閉集合, 所以相對於 X, $\left(f^{-1}(B')\right)'$ 爲一開集合。但由函數以及逆映像之定義, 我們知道 $f^{-1}(B')\cup f^{-1}(B)=X$ 且 $f^{-1}(B')\cap f^{-1}(B)=\varnothing$, 故 $f^{-1}(B)$ 正是 $f^{-1}(B')$ 相對於 X 的補集合, 即 $f^{-1}(B)=\left(f^{-1}(B')\right)'$ 爲一開集合, 故得證。

(iv) ⇒ (i)

假定 $\mathbf{x}^0\in X$, 則對任一 $\varepsilon>0$, $B(f(\mathbf{x}^0);\varepsilon)\subset\boldsymbol{R}$ 爲一開集合。由 (iv) 知 $f^{-1}(B(f(\mathbf{x}^0);\varepsilon))$ 相對於 X 爲一開集合, 又由逆映像之定義知 $\mathbf{x}^0\in f^{-1}(B(f(\mathbf{x}^0);\varepsilon))$。因 $f^{-1}(B(f(\mathbf{x}^0);\varepsilon))$爲一開集合, 故 $\mathbf{x}^0$ 必爲其內部點, 所以必存在一 $\delta>0$, 使得 $B(\mathbf{x}^0;\delta)\subset f^{-1}(B(f(\mathbf{x}^0);\varepsilon))$。換句話說, 對任一 $\varepsilon>0$, 必存在一 $\delta>0$, 使得所有 $\mathbf{x}\in B(\mathbf{x}^0;\delta)$ 隱含 $\mathbf{x}\in f^{-1}(B(f(\mathbf{x}^0);\varepsilon))$, 即 $f(\mathbf{x})\in B(f(\mathbf{x}^0);\varepsilon)$, 故 f 爲一連續函數。

這個定理告訴我們, 連續函數事實上可以不同的方式來定義, 而非僅限於 $\varepsilon-\delta$ 一途。爲了確實了解 (i)-(iv) 間的關係, 且熟習證明的過程,讀者應試著其它次序的證明,如 (i) $\Rightarrow$ (iv) $\Rightarrow$ (iii) $\Rightarrow$ (ii) $\Rightarrow$ (i) 等。另外，值得注意的是,雖然連續函數代表其對應域中任何閉集合（開集合）的逆映像必爲閉集合（開集合）,但是這種關係在映像中未必成立。換句話說,即使 f 爲一連續函數,且 A 爲其定義域中的一個開集合, f(A) 並不一定是開集合。

【例2.4.1】 $f(x)=1,\ x\in \boldsymbol{R}$。顯而易見, f 爲定義於 $\boldsymbol{R}$ 的一連續函數。假定 $A\subset \boldsymbol{R}$ 且 $A\neq\varnothing$ 爲任一開集合,則 $f(A)=\{1\}$ 爲 $\boldsymbol{R}$ 上一點，故爲一閉集合。

【例 2.4.2】定義函數 $f: \boldsymbol{R}\to\boldsymbol{R}$ 爲指數函數 $f(x)=e^{x}$，故 f 爲一連續函數, $f(\boldsymbol{R})=(0,\infty)$, $\boldsymbol{R}$ 爲一閉集合,但 $(0,\infty)$ 爲一開集合。

雖然,例 2.4.2 說明了即使是連續函數, 定義域中閉集合的映像未必是閉集合,但或許你已發現,在此例題中我們所取的集合是 $\boldsymbol{R}$，這是一個沒有界的集合。因此, 若將所取的閉集合加上必須是一有界集合的限制,情況是否會改變呢?事實正是這樣,我們將這個結果列於下述定理中。

※**定理 2.4.2**： $X\subset \boldsymbol{R}^{n}$， $f: X\to\boldsymbol{R}$，爲一連續函數,若 $A\subset X$ 爲一緊緻集合,則 f(A) 爲一緊緻集合。

證明:假設 $\{y_k\}$ 爲 f(A) 中的任一序列,則 $y_k\in f(A)$。我們知道, 對任一 y_k 必存在一 $\mathbf{x}_k\in A$ 使得 $y_k=f(\mathbf{x}_k)$,故 $\{\mathbf{x}_k\}$ 爲 A 中的一個序列。因 A 爲一緊緻集合,由 Bolzano-Weierstrass 定理（定理 2.3.10）我們知道 $\{\mathbf{x}_k\}$ 必有一子序列 $\{\mathbf{x}_{k_j}\}$ 收斂到 A 中的一點，即 $\boldsymbol{lim}\,\mathbf{x}_{k_j}=\mathbf{x}^0$， $\mathbf{x}^0\in A$。將 $\mathbf{x}_{k_j}$ 的映像記爲 y_{k_j},則 $\{y_{k_j}\}$ 爲 $\{y_k\}$ 的一子序列。因 f 爲連續函數,由定理 2.4.1(ii) 可知 $\boldsymbol{lim}\,y_{k_j}=\boldsymbol{lim}\,f(\mathbf{x}_{k_j})=f(\mathbf{x}^0)$。因 $\mathbf{x}^0\in A$，故 $f(\mathbf{x}^0)\in f(A)$。所以, 對 f(A) 中之任一序列 $\{y_k\}$，均有一子序列 $\{y_{k_j}\}$ 收斂到 f(A) 中的一點，再由 Bolzano-Weierstrass 定理知 f(A) 爲一緊緻集合。

有了上面這些定理,現在我們可以證明連續實函數的一個重要性質,所謂的極值定理（ extreme value theorem，或稱 Weierstrass theorem ）。

定理 2.4.3：（極值定理）$X \subset R^n$, f: $X \to R$, 爲一連續函數, 若 $A \subset X$ 爲一緊緻集合, 則必存在 $\mathbf{x}^0, \mathbf{x}^1 \in A$, 使得任意 $\mathbf{x} \in A$ 均滿足 $f(\mathbf{x}^0) \le f(\mathbf{x}) \le f(\mathbf{x}^1)$。

證明: 因 A 爲一緊緻集合, 而 f 爲一連續函數, 由定理 2.4.2 知 f(A) 爲一緊緻集合, 所以 f(A) 爲一有界集合。由上確界公理及定理 2.2.2 知, f(A) 必有上確界 $\sup(f(A)) = f(\mathbf{x}^1)$ 和下確界 $\inf(f(A)) = f(\mathbf{x}^0)$。由定理 2.2.1, 我們知道 $f(\mathbf{x}^0)$ 和 $f(\mathbf{x}^1)$ 是 f(A) 的兩個邊界點。因 f(A) 爲一緊緻集合, 故爲一閉集合, 因此 f(A) 包含其所有的邊界點。根據定義 2.2.4, $f(\mathbf{x}^0)$ 和 $f(\mathbf{x}^1)$ 分別爲 f(A) 的極小和極大, 所以 $f(\mathbf{x}^0) \le f(\mathbf{x}) \le f(\mathbf{x}^1)$, $\mathbf{x} \in A$。

簡單地說, 極值定理告訴我們, 任何定義於緊緻集合的連續函數, 必然有極大值和極小值。它是一個保證極大值和極小值存在的定理, 也是靜態最適化理論 (static optimization theory) 的最基本定理, 因此, 在靜態經濟理論中應用相當廣泛。例如, 我們熟悉的消費者行爲分析中, 預算集合即爲一緊緻集合, 故定義於產品空間 (commodity space) 的連續效用函數, 在預算集合內必有極大值, 故消費者效用極大化行爲必然有解。對於極值定理, 我們必需特別注意幾點: (1) 此定理是一個純粹的存在定理, 只告訴我們極值必然存在, 但並未告訴我們如何找到極值, 因此在性質上與我們熟知的利用一階和二階導數找極值的方法不同。但它的應用範圍則較廣, 因爲它只要求函數爲連續, 而不要求函數可微分; (2) 此定理並沒有告訴我們使函數值達到極大和極小的點是否爲唯一; (3) 此定理中所敘述的條件爲聯合充分條件, 沒有任何單一條件爲必要條件。但一般而言, 任何一條件不成立, 此定理亦不成立。

【例 2.4.3 】 $f(x)=1,\ x\in(0,1)$。很明顯的,定義域中任何一點均使 $f(x)$ 的值同時爲極大和極小。因此,雖然 f 的定義域並不是緊緻集合,但極大和極小仍可能存在。

【例 2.4.4 】設函數 $f: X \to \boldsymbol{R},\ X=[0,1]$ 爲

$$f(x)=\begin{cases} x & 若\ x \neq 1 \\ 0 & 若\ x=1, \end{cases}$$

此函數是否有極大和極小?

解:由圖 2.4.2 可以看出,函數 f 的極小爲0。但其極大則不存在,因爲我們可使 $f(x)$ 的值無限地趨近於 1,但卻沒有一點 $x\in[0,1]$,使得 $f(x)=1$。此題中極大之所以不存在,就是由於 f 在點 $x=1$ 不連續。

最後,我們澄清一點名詞上的問題。在證明極值定理時,我們引用定義 2.2.4,稱值域中的兩點 $f(\mathbf{x}^0)$ 和 $f(\mathbf{x}^1)$ 爲極小和極大。但在許多經濟學書籍中,則稱定義域的 $\mathbf{x}^0$ 和 $\mathbf{x}^1$ 爲函數 f 的極小和極大。兩種說法都是指同一件事情,因此,讀者在閱讀相關書籍時,只要小心即可,不必被名詞本身所困擾。在本書中,除非有必要,將不對此兩種定義方法嚴加區分,而是交互使用。

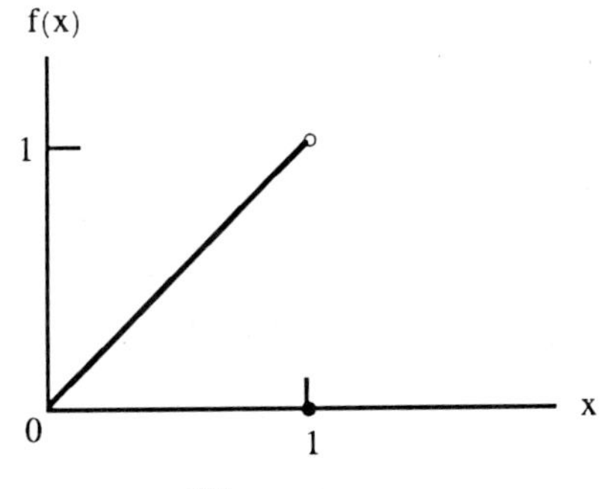

圖 2.4.2

習題 2.4

1. 試舉一連續函數 $f: \boldsymbol{R} \to \boldsymbol{R}$，以及一緊緻集合 $A \subset \boldsymbol{R}$，使得 $f^{-1}(A)$ 並不是一緊緻集合。

2. 試舉一定義於緊緻集合的不連續，無界函數〔註：若一函數的值域爲有界集合，則稱此函數爲有界函數；若其值域爲無界集合，則稱之爲無界函數 (unbounded function)〕。

3. 試舉一連續，有界函數 $f: \boldsymbol{R} \to \boldsymbol{R}$，但極值定理並不成立。

4. 設 $f: X \to \boldsymbol{R}$, $g: Y \to \boldsymbol{R}$，且 $f(X) \subset Y$，證明：若 f 和 g 爲連續函數，則 $g \circ f: X \to \boldsymbol{R}$ 亦爲一連續函數。

5. $X \subset \boldsymbol{R}^n$，設 $f: X \to \boldsymbol{R}^m$ 可寫成 $f(\mathbf{x}) = (f_1(\mathbf{x}), f_2(\mathbf{x}), \cdots, f_m(\mathbf{x}))$，證明：若且唯若 f 爲連續函數，則所有 f_i，$i = 1, 2, \cdots, m$ 均連續。

6. 設 $X \subset \boldsymbol{R}^n$, $f: X \to \boldsymbol{R}$, $g: X \to \boldsymbol{R}$, $\mathbf{x}^0 \in X$，且 f 和 g 在點 $\mathbf{x}^0$ 連續，試證
   (a) $f + g$，(b) $f \cdot g$，(c) $\max(f, g)$ 在點 $\mathbf{x}^0$ 連續。
   (d) 若 $f(\mathbf{x}^0) \neq 0$，則 g/f 在點 $\mathbf{x}^0$ 連續。

7. $f: A \to \boldsymbol{R}$, $A \subset \boldsymbol{R}^n$，若 $f(\mathbf{x}) = f(\mathbf{y})$, $\mathbf{x}, \mathbf{y} \in A$，則稱 f 爲一常數函數。證明常數函數爲一連續函數。

8. 如果函數 $F: \boldsymbol{R} \to \boldsymbol{R}$ 滿足 $x_1 \geq x_2 \Rightarrow F(x_1) \geq F(x_2)$（$x_1 > x_2 \Rightarrow F(x_1) > F(x_2)$），則稱 F 爲一遞增或非遞減函數（嚴格遞增函數）。假定 $f: X \to \boldsymbol{R}$, $X \subset \boldsymbol{R}^n$，且 $F: f(X) \to \boldsymbol{R}$，定義複合函數 $g: X \to \boldsymbol{R}$ 爲 $g(x) = F(f(x))$，試證：
   (i) 若 $\mathbf{x}^0$ 爲 f 之極大（小），且 F 爲遞增函數，則 $\mathbf{x}^0$ 亦爲 g 之極大（小）。
   (ii) 若且唯若 $\mathbf{x}^0$ 爲 f 之極大（小），且 F 爲一嚴格遞增函數，則 $\mathbf{x}^0$ 爲 g 之極大（小）。

2.5 凸集合與分離定理

在這一節中,我們要討論經濟學,尤其是個體經濟理論中最常引用的集合觀念——凸集合 (convex set)。事實上,凸性 (convexity) 可說是傳統消費者行爲,生產者行爲,甚至是一般均衡理論分析的基礎。最淺顯的例子是在消費者行爲分析中,如果消費者的偏好 (preference) 不是凸性,或說無異曲線不是凸向原點 (convex to the origin),則我們可能無法找到一需求曲線,也可能導不出連續的需求曲線。圖2.5.1 (a) 中,當 x_1 的相對價格由 p_1 下降到 p_2 時,消費者的均衡有 B, C 兩點,因此在 p_2 時的需求量可能爲 p_2B',也可能是 p_2C',因而這不是一條需求曲線(需求函數)。反之,在圖 2.5.1 (b) 中,當 x_1 的相對價格由 p_1 下降到 p_2 時,消費者均衡跳到點 B。因此需求曲線在價格爲 p_2 時不連續。同樣地,若生產技術不具凸性,則廠商利潤極大化行爲分析、供給函數以及因素需求函

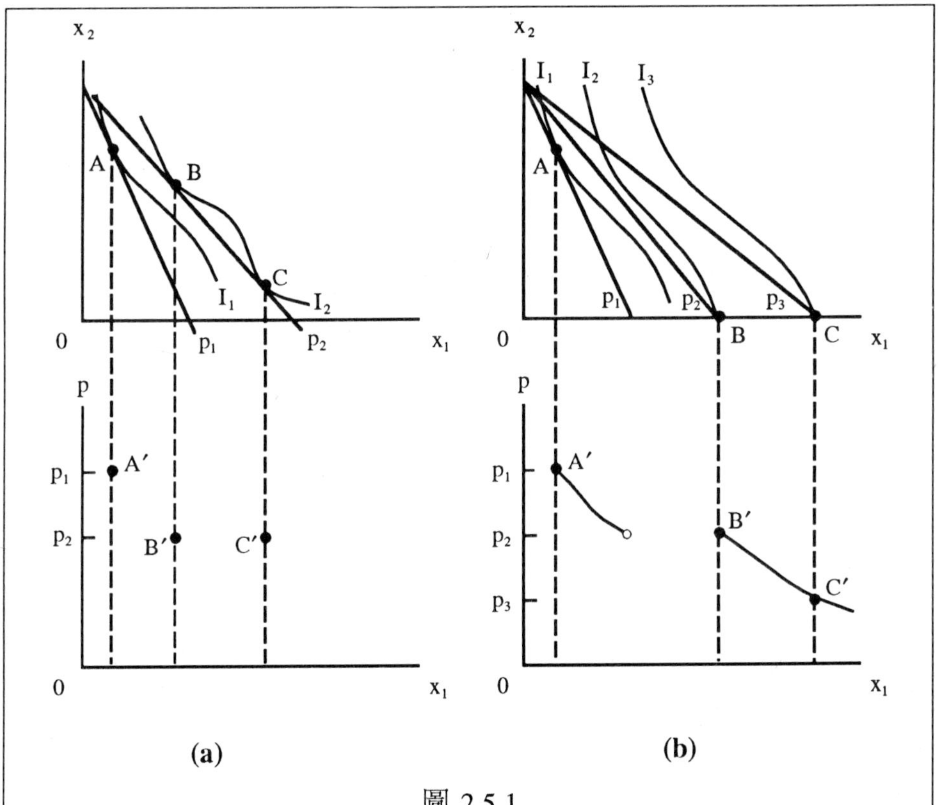

圖 2.5.1

數的導出都會有問題。尤其是,我們在第五章中所要討論的,近十幾年來相當盛行的對偶理論,更是完全奠基於所謂的凸性分析 (convex analysis)。因此,對凸集合基本性質的認識,是探討當前經濟理論不可或缺的一環。在本節最後,我們將要介紹一些分離定理 (separation theorem)。

定義 2.5.1:設 $\mathbf{x},\mathbf{y} \in R^n$, $\lambda \in [0,1]$,則稱 $\mathbf{z} = \lambda\mathbf{x} + (1-\lambda)\mathbf{y}$ 爲 **x** 和 **y** 的凸組合 (convex combination)。

簡單地說,兩個向量的凸組合就是這兩個向量的加權平均。從幾何觀點來看,所謂兩點 **x** 和 **y** 的凸組合,事實上就是代表 **x** 和 **y** 兩點連線的線段;當 $\lambda = 0$, **z** 即爲 **y** 點,當 $\lambda = 1$, **z** 即爲 **x** 點。圖 2.5.2 說明 R^2 中當 $\lambda = 0, \frac{1}{4}, 1$ 時的情形。由圖 2.5.2 也可很清楚看出, **x** 和 **y** 的凸組合就是分別將 **x** 和 **y** 兩向量先行比例地縮短然後再相加。但因限制兩者縮短的比例和必須等於一,所以兩縮短後的向量和必然是在 **x** 和 **y** 兩點的連線上。

我們也可將上述兩點的凸組合擴展到 m 點。假設 $\mathbf{x}^1, \mathbf{x}^2, \cdots, \mathbf{x}^m \in R^n$, $\lambda_i \in [0,1]$, $i = 1,2,\cdots,m$, $\sum_{i=1}^{m} \lambda_i = 1$,則 $\mathbf{z} = \sum_{i=1}^{m} \lambda_i \mathbf{x}^i$ 爲 $\mathbf{x}^1, \mathbf{x}^2, \cdots, \mathbf{x}^m$ 點的一個凸組合。

定義 2.5.2:設 $X \subset R^n$,且 $\mathbf{x},\mathbf{y} \in X$ 爲 X 中任意兩點。若 **x** 和 **y** 的凸組合 $\mathbf{z} \in X$,則稱 X 爲一凸集合。

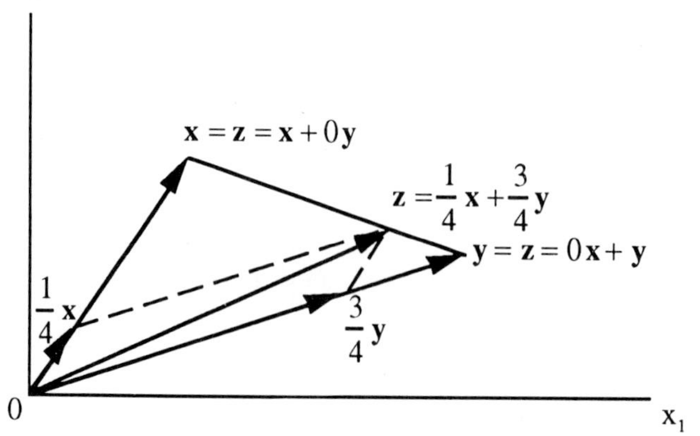

圖 2.5.2

換句話說, 若集合 X 中所有任意兩點的連線均落在 X 中時, X 就是一個凸集合。又, 習慣上我們將空集合和僅含一個點的集合視爲凸集合。

【例 2.5.1】 消費者預算集合 (budget set)〔或消費可能集合 (consumption possibility set), 或機會集合 (opportunity set)〕通常定義爲 $B=\left\{\mathbf{x}\in \boldsymbol{R}_{+}^{n} \middle| \mathbf{p}^{T}\mathbf{x}\le I,\ \mathbf{p}\in \boldsymbol{R}_{++}^{n},\ I\in \boldsymbol{R}_{+}\right\}$, 則 B 是否爲一凸集合?

解: 取 B 中任意兩點 $\mathbf{x}$ 和 $\mathbf{x}'$, 則 $\mathbf{p}^T\mathbf{x}\le I$, $\mathbf{p}^T\mathbf{x}'\le I$。若 $\lambda\in[0,1]$, 則

$$\mathbf{p}^T\left(\lambda\mathbf{x}+(1-\lambda)\mathbf{x}'\right)=\lambda\mathbf{p}^T\mathbf{x}+(1-\lambda)\mathbf{p}^T\mathbf{x}'\le \lambda I+(1-\lambda)I=I,$$

故知 $\lambda\mathbf{x}+(1-\lambda)\mathbf{x}'\in B$, 因此 B 爲一凸集合。

圖 2.5.3 爲兩種產品時的預算集合, 很明顯地, 那是一個凸集合。讀者現在可以試著證明, 預算線本身（即圖中之線段 AC）也是一個凸集合。

定義 2.5.3: $X\subset \boldsymbol{R}^n$, $\mathbf{x},\mathbf{x}'\in X$, 且 $\mathbf{x}\neq\mathbf{x}'$。若除了 $\mathbf{x}$ 和 $\mathbf{x}'$ 兩點之外, 所有 $\mathbf{x}$ 和 $\mathbf{x}'$ 的凸組合均爲 X 的內部點, 則稱 X 爲一嚴格凸集合 (strictly convex set)。

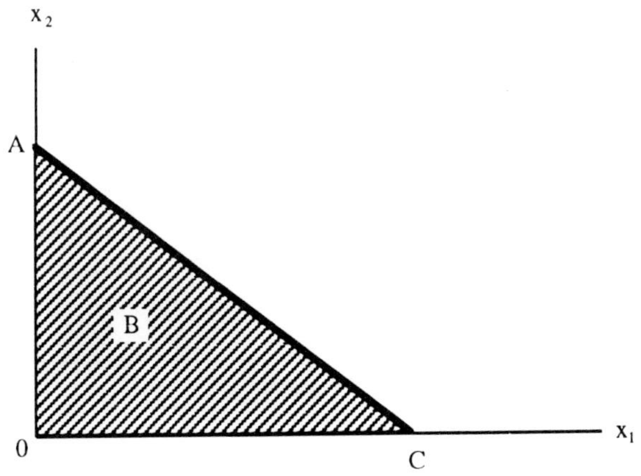

圖 2.5.3

很明顯的, 圖 2.5.3 中的預算集合 B 並不是一個嚴格凸集合。因爲任取預算線 AC 上兩相異點, 其凸組合仍在 AC 線上, 但 AC 上的點均爲 B 之邊界點而非內部點。由此我們可立即推得, 在 $\boldsymbol{R}^2$ 中任何嚴格凸集合的邊緣決不可能有直線部分。經濟學上常假設生產集合 (production set) $\mathrm{Y}=\left\{(\mathrm{q},\mathbf{y})\in\boldsymbol{R}^{n+1}\middle|\mathrm{q}\le\mathrm{f}(-\mathbf{y}),\ \mathbf{y}\le\mathbf{0}_n\right\}$爲凸集合或嚴格凸集合。一般而言, 若我們假設生產集合包括不生產的選擇 (possibility of inaction) , 或 $\mathbf{0}_{n+1}\in\mathrm{Y}$, 則凸集合的假設即排除了規模報酬遞增的可能性（圖 2.5.4 (a)）, 而嚴格凸集合的假設則隱含了規模報酬遞減的生產技術（圖 2.5.4 (b)）。

定理 2.5.1：(i) 任何（有限或無限）多個凸集合的交集仍爲凸集合。

(ii) 若 $\mathrm{S}_i\subset\boldsymbol{R}^n$, $i=1,\cdots,m$, 爲凸集合, 則

$$\sum_{i=1}^{m}\alpha_i\mathrm{S}_i=\left\{\sum_{i=1}^{m}\alpha_i\mathbf{x}^i\middle|\mathbf{x}^i\in\mathrm{S}_i,\ \alpha_i\in\boldsymbol{R}\right\}$$ 亦爲一凸集合。

(iii) 若 $\mathrm{S}_i\subset\boldsymbol{R}^n$, $i=1,\cdots,m$, 爲凸集合, 則

$$\mathop{\times}_{i=1}^{m}\mathrm{S}_i=\mathrm{S}_1\times\mathrm{S}_2\times\cdots\times\mathrm{S}_m$$ 亦爲一凸集合。

證明: (i) 設所有集合的交集爲 S, 若 S 爲 $\varnothing$ 或 S 僅包括一點, 則依習慣, S 爲一凸集合。若 S 中有兩個以上相異點, 則任取兩點 $\mathbf{x},\mathbf{x}'\in\mathrm{S}$, 我們知道 $\mathbf{x},\mathbf{x}'\in\mathrm{S}_i$, 對所有 i 均成立。但因所有 S_i 均爲凸集合, 故知 $\mathbf{z}=\lambda\mathbf{x}+(1-\lambda)\mathbf{x}'$, $\lambda\in[0,1]$, 亦爲所有 S_i 中的點。

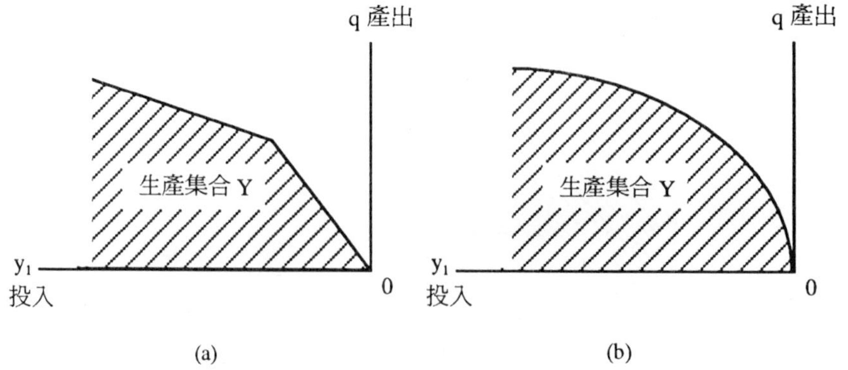

圖 2.5.4

但 $\mathbf{z}$ 既是所有 S_i 中的點，則依交集定義，$\mathbf{z}$ 亦必為 S 中的點，故知 S 為一凸集合。

(ii) 設 $\mathbf{x}', \mathbf{x}'' \in \sum_{i=1}^{m} \alpha_i S_i$，則 $\mathbf{x}' = \sum_{i=1}^{m} \alpha_i \mathbf{x}'^i$，$\mathbf{x}'^i \in S_i$，$i = 1, \cdots, m$。

$$\mathbf{x}'' = \sum_{i=1}^{m} \alpha_i \mathbf{x}''^i, \quad \mathbf{x}''^i \in S_i, \quad i = 1, \cdots, m。$$

設 $\lambda \in [0,1]$，則

$$\mathbf{z} = \lambda \mathbf{x}' + (1-\lambda)\mathbf{x}'' = \lambda \sum_{i=1}^{m} \alpha_i \mathbf{x}'^i + (1-\lambda) \sum_{i=1}^{m} \alpha_i \mathbf{x}''^i$$

$$= \sum_{i=1}^{m} \alpha_i \lambda \mathbf{x}'^i + \sum_{i=1}^{m} \alpha_i (1-\lambda) \mathbf{x}''^i = \sum_{i=1}^{m} \alpha_i \left(\lambda \mathbf{x}'^i + (1-\lambda) \mathbf{x}''^i \right)。$$

因 $\mathbf{x}'^i, \mathbf{x}''^i \in S_i$，且 S_i 為凸集合，$i = 1, \cdots, m$，所以 $\lambda \mathbf{x}'^i + (1-\lambda) \mathbf{x}''^i \in S_i$，$i = 1, \cdots, m$，故 $\mathbf{z} \in \sum_{i=1}^{m} \alpha_i S_i$，而 $\sum_{i=1}^{m} \alpha_i S_i$ 為一凸集合。

(iii) $\times_{i=1}^{m} S_i = \left\{ \left(\mathbf{x}^1, \mathbf{x}^2, \cdots, \mathbf{x}^m \right) \middle| \mathbf{x}^i \in S_i, i = 1, \cdots, m \right\}$，取 $\mathbf{x}', \mathbf{x}'' \in \times_{i=1}^{m} S_i$，

則
$$\mathbf{x}' = \left(\mathbf{x}'^1, \mathbf{x}'^2, \cdots, \mathbf{x}'^m \right), \quad \mathbf{x}'^i \in S_i, \quad i = 1, \cdots, m。$$
$$\mathbf{x}'' = \left(\mathbf{x}''^1, \mathbf{x}''^2, \cdots, \mathbf{x}''^m \right), \quad \mathbf{x}''^i \in S_i, \quad i = 1, \cdots, m。$$

若 $\lambda \in [0,1]$，則

$$\begin{aligned}
\mathbf{z} &= \lambda \mathbf{x}' + (1-\lambda)\mathbf{x}'' \\
&= \left(\lambda \mathbf{x}'^1, \lambda \mathbf{x}'^2, \cdots, \lambda \mathbf{x}'^m \right) + \left((1-\lambda)\mathbf{x}''^1, (1-\lambda)\mathbf{x}''^2, \cdots, (1-\lambda)\mathbf{x}''^m \right) \\
&= \left(\lambda \mathbf{x}'^1 + (1-\lambda)\mathbf{x}''^1, \lambda \mathbf{x}'^2 + (1-\lambda)\mathbf{x}''^2, \cdots, \lambda \mathbf{x}'^m + (1-\lambda)\mathbf{x}''^m \right),
\end{aligned}$$

因 $\mathbf{x}'^i, \mathbf{x}''^i \in S_i$，$i = 1, \cdots, m$，且 S_i 均為凸集合，故 $\lambda \mathbf{x}'^i + (1-\lambda) \mathbf{x}''^i \in S_i$，$i = 1, \cdots, m$。所以 $\mathbf{z} \in \times_{i=1}^{m} S_i$，故 $\times_{i=1}^{m} S_i$ 為一凸集合。

定理 2.5.2：$X \subset R^n$，若且唯若 X 中任意 m 點 $(m=2,3,\cdots)$ 的凸組合均在 X 中，則 X 為一凸集合。

證明: (i) 若 X 中任意 m 點的凸組合均在 X 中，則 X 為一凸集合。

令 $\mathbf{x}^1, \mathbf{x}^2 \in X$ 為 X 中任意兩點，則 $\lambda\mathbf{x}^1+(1-\lambda)\mathbf{x}^2$，$\lambda \in [0,1]$，為 $\mathbf{x}^1$ 和 $\mathbf{x}^2$ 的凸組合，由假設知 $\lambda\mathbf{x}^1+(1-\lambda)\mathbf{x}^2 \in X$，根據凸集合的定義，X 為一凸集合。

(ii) 若 X 為一凸集合，則 X 中任意 m 點的凸組合必在 X 中。

我們可利用數學歸納法證明。由凸集合的定義知，當 $m=2$ 時上述命題成立；即 $\mathbf{x}^1$, $\mathbf{x}^2 \in X$，且 $\lambda \in [0,1]$ 時，$\lambda\mathbf{x}^1+(1-\lambda)\mathbf{x}^2 \in X$。假定當 m 點時上述命題成立，也就是說，若 X 為凸集合，且 $\mathbf{x}^1, \mathbf{x}^2, \cdots, \mathbf{x}^m \in X$, $\lambda_i \in [0,1]$, $i=1,\cdots,m$，$\sum_{i=1}^{m}\lambda_i=1$，則 $\sum_{i=1}^{m}\lambda_i\mathbf{x}^i \in X$。今考慮 $\mathbf{x}^1, \mathbf{x}^2, \cdots, \mathbf{x}^m, \mathbf{x}^{m+1} \in X$，則其凸組合可寫成 $\mathbf{x}=\sum_{i=1}^{m+1}\lambda_i\mathbf{x}^i$，$\lambda_i \in [0,1]$，$i=1,\cdots,m,m+1$，$\sum_{i=1}^{m+1}\lambda_i=1$。由於對 λ_i 的限制，我們知道 $i=\lambda_1,\cdots,\lambda_{m+1}$ 中，至少有一 $\lambda_i \neq 1$，假定其為 λ_1。取 $\lambda_i'=\dfrac{\lambda_i}{1-\lambda_1}$，$i=2,\cdots,m+1$，則 $\lambda_i' \geq 0$，且 $\sum_{i=2}^{m+1}\lambda_i'=\dfrac{\lambda_2}{1-\lambda_1}+\cdots+\dfrac{\lambda_{m+1}}{1-\lambda_1}=\dfrac{1-\lambda_1}{1-\lambda_1}=1$。因此 $\mathbf{z}=\lambda_2'\mathbf{x}^2+\cdots+\lambda_{m+1}'\mathbf{x}^{m+1}$ 為 $\mathbf{x}^2,\cdots,\mathbf{x}^{m+1}$ 等 m 點的凸組合，根據假設 $\mathbf{z} \in X$，又因 $\mathbf{x}^1 \in X$，由 $m=2$ 的情形知 $\lambda_1\mathbf{x}^1+(1-\lambda_1)\mathbf{z} \in X$。但

$$\begin{aligned}\lambda_1\mathbf{x}^1+(1-\lambda_1)\mathbf{z} &= \lambda_1\mathbf{x}^1+(1-\lambda_1)\left(\frac{\lambda_2}{1-\lambda_1}\mathbf{x}^2+\cdots+\frac{\lambda_{m+1}}{1-\lambda_1}\mathbf{x}^{m+1}\right)\\ &= \lambda_1\mathbf{x}^1+\lambda_2\mathbf{x}^2+\cdots+\lambda_{m+1}\mathbf{x}^{m+1}=\mathbf{x},\end{aligned}$$

故 $\mathbf{x} \in X$。因此命題在 $m+1$ 點時仍然成立，由數學歸納法得證。

現在，我們要討論與凸集合有關，且在經濟理論上占有很重要地位的一個定理。雖然從數學的角度來看這個定理相當深入，不過，讀者若先撇開嚴謹的數學證明，而從觀念釐清上著手，相信並不困難。

定義 2.5.4：設函數 $f:X \to Y$，且 $X \cap Y \neq \varnothing$。若 $\mathbf{x}^0 \in X$，且 $f(\mathbf{x}^0) = \mathbf{x}^0$，則稱 $\mathbf{x}^0$ 爲函數 f 的一個定點。

在上面的定義中，我們並未對定義域和對應域的性質加以任何限制，因此，依問題的抽象化程度，有各種不同的定點定理。在此我們要介紹的是最基本的 Brouwer 定點定理 (Brouwer fixed point theorem)。它的特性是將定義域和對應域限制爲相同，且爲 $\boldsymbol{R}^n$ 中的凸性、緊緻集合，而 f 則爲一連續函數。

定理 2.5.3：（Brouwer 定點定理）設 $X \subset \boldsymbol{R}^n$ 爲一緊緻凸集合，$f:X \to X$ 爲連續函數，則 f 必有一定點。

此定理的嚴謹證明頗爲冗長、深入，無法在此陳述（見 Nikaido, 1970）。因此，我們將以 $X \subset \boldsymbol{R}$ 的特例來說明，相信這對此定理的了解較有助益。假定 $X = [0,1]$，由圖 2.5.5 我們可以很清楚看到，只有在 45° 線上的點，其 x_1 軸和 x_2 軸（即 $f(x_1)$）的值才會相等。因此，僅當函數 f 的圖形與 45° 線有交點時，才有定點。圖 2.5.5 中，x_1^* 即爲 f 的一個定點，因 $f(x_1^*) = x_1^*$。Brouwer 定點定理的意義即是，只要 f 爲一連續函數，則 f 必和 45° 線至少相交一次。爲什麼？我們可以分三種情形來考慮：(1) 如果 f 從原點出發，則 $f(0) = 0$，故原點即是一定點。(2) 如果 f 不通過原點，則 f 的圖形不可能全在 45° 線的下方。若 f 的圖形全在 45° 線的下方（如圖中 AB），則 X 中必有未定義的點（如圖中 [O,A)）。因爲對應域爲 [0,1]，在原點不可能有 $f(0) < 0$，所以 $f(0) = 0$ 或 $f(0) > 0$。若 $f(0) = 0$，則回到 (1) 的情形，與不通過原點的假設矛盾。若 $f(0) > 0$，則圖形有一部分在 45° 線的上方，這也和假設抵觸。(3) 同理，若 f 不通過原點，f 的圖形也不可能全在 45° 線的上方（讀者應自行依 (2) 的方法思考，只不過須注意 $f(1) \leq 1$ 的特性）。由上面的陳述，我們知道，f 的圖形不可能會在 45° 線的一邊，而只要 f 的圖形同時出現在 45° 線的兩邊，則連續性

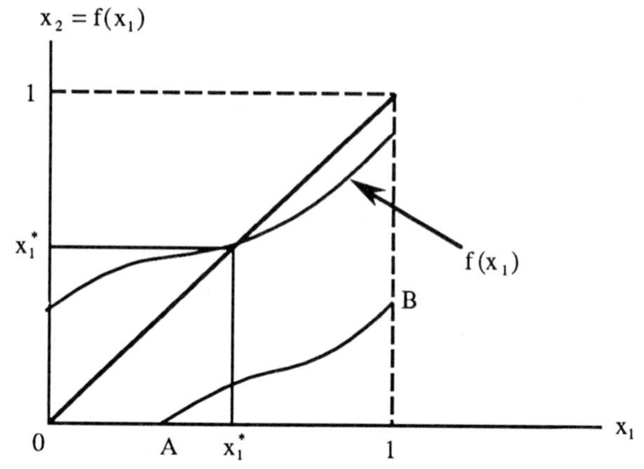

圖 2.5.5

保證 f 必然在某個（某些）地方跨越 45° 線而與之相交, 定點因而存在。在上一句話中, 我們說 "f 必然在某個（某些）地方跨越 45° 線", 是因爲 Brouwer 定點定理（其它定點定理也一樣）只是一存在定理, 它完全不考慮定點是否唯一。圖 2.5.5 中, 我們很容易找出一與 45° 線相交超過一次的函數, 即爲明證。

在經濟學上, 定點定理主要應用於探討一般均衡經濟體系中均衡是否存在的問題。換句話說, 在一個包含有 m 個產品和因素市場的經濟體系中, 我們希望知道, 是否存在一組相對價格 $(p_1, p_2, \cdots, p_{m-1})$, 使整個體系在這組價格的引導下達到均衡。有興趣的讀者, 可參考一般中級個體經濟理論或一般均衡理論的書籍。

在某些場合中, 我們需要先將某些非凸集合凸化 (convexify) 再進行分析。這種凸化過程, 簡單地說, 就是設法找到一包含原集合的最小凸集合, 這就是凸殼 (convex hull) 的觀念。

定義 2.5.5：設 $X \subset R^n$, 則所有包含 X 之凸集合的交集稱爲 X 的凸殼, 記爲 con(X)。

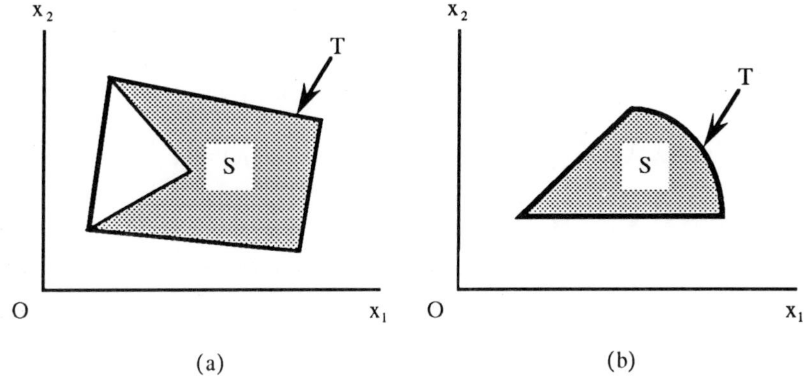

圖 2.5.6

圖 2.5.6 (a) 與 2.5.6 (b) 中, 集合 T 即為集合 S 之凸殼。圖 2.5.6 (a) 與 2.5.6 (b) 不同之處在於前者 S 為一非凸集合, 因此 $S \subset T$, 而後者 S 為凸集合, 故 $S = T$。

※定理 **2.5.4**：$X \subset \boldsymbol{R}^n$, 則 con(X) 為 X 中所有任意有限點的凸組合所成的集合。

證明: (i) 令 S 為 X 中所有任意有限點的凸組合所成的集合。因 $X \subset \text{con}(X)$, 故任何 X 中的點也都在 con(X) 中, 但 con(X) 為一凸集合, 由定理 2.5.2 知 X 中任意有限點（也是在 con(X) 中）的凸組合都在 con(X) 中。因此, 任何 S 的元素也都在 con(X) 中, 故 $S \subset \text{con}(X)$。

(ii) 令 $\mathbf{x}, \mathbf{y}$ 為 S 中任意兩點, 則由 S 的定義可知, 必存在 $\mathbf{x}^i \in X$ $(i = 1, \cdots, m)$ 和 $\mathbf{y}^j \in X$ $(j = 1, \cdots, k)$ 使得

$$\mathbf{x} = \sum_{i=1}^{m} \lambda_j \mathbf{x}^j, \quad \lambda_i \in [0,1], \quad i = 1, \cdots, m, \quad \sum_{i=1}^{m} \lambda_i = 1,$$

$$\mathbf{y} = \sum_{j=1}^{k} \lambda_j \mathbf{y}^j, \quad \lambda_j \in [0,1], \quad j = 1, \cdots, k, \quad \sum_{j=1}^{k} \lambda_j = 1。$$

令 $\lambda \in [0,1]$, 考慮 $\mathbf{x}$ 和 $\mathbf{y}$ 的凸組合

$$\mathbf{z}=\lambda\mathbf{x}+(1-\lambda)\mathbf{y}=\sum_{i=1}^{m}\lambda\lambda_i\mathbf{x}^i+\sum_{j=1}^{k}(1-\lambda)\lambda_j\mathbf{y}^j, \tag{2.5.1}$$

因$\lambda\lambda_i \geq 0$, $(1-\lambda)\lambda_j \geq 0$, $(i=1,\cdots,m;\ j=1,\cdots,k)$, 且 $\sum_{i=1}^{m}\lambda\lambda_i+\sum_{j=1}^{k}(1-\lambda)\lambda_j=\lambda\sum_{i=1}^{m}\lambda_i+(1-\lambda)\sum_{i=1}^{m}\lambda_j=\lambda+(1-\lambda)=1$, 故知$\mathbf{z}$可看成是X中$\mathbf{x}^1,\mathbf{x}^2,\cdots,\ \mathbf{x}^m,\mathbf{y}^1,\mathbf{y}^2,\cdots,\mathbf{y}^k$等$m+k$點的凸組合, 因此$\mathbf{z}\in S$, 所以S爲一凸集合。再由S定義, 我們知道$X\subset S$。也就是說, S爲一包含X的凸集合, 但con(X)爲所有包含X之凸集合的交集, 因此$\text{con}(X)\subset S$。

綜合(i)和(ii)可得$S=\text{con}(X)$。

定理2.5.4還可以更精確點, 我們可以證明con(X)中任何一點均可表示成X中至多$n+1$個點的凸組合, 這就是Caratheodory's定理, 在此我們不詳加討論, 有興趣者請參閱Rockafellar (1970)或Beavis and Dobbs (1990)。

最後, 我們來介紹超平面(hyperplane), 支持超平面(supporting hyperplane)以及幾種不同型式的分離定理(separation theorem)。分離定理也是經濟理論中證明均衡存在的重要工具。和定點定理一樣, 分離定理的觀念相當簡單, 但嚴謹的證明則相當繁瑣。因此, 我們也將以概念的傳述爲重點, 而將證明留給相關的專書。

定義 2.5.6：設$\mathbf{p}\in \boldsymbol{R}^n$, $\mathbf{p}\neq \mathbf{0}_n$, $c\in \boldsymbol{R}$, 則稱集合

$$H=\left\{\mathbf{x}\in \boldsymbol{R}^n \middle| \mathbf{p}^T\mathbf{x}=c\right\} \tag{2.5.2}$$

爲一超平面, $\mathbf{p}$爲此超平面的法線(normal)。

很明顯的, 超平面爲$\boldsymbol{R}^2$中的直線及$\boldsymbol{R}^3$中的平面的概念的擴展。法線則指與該超平面垂直（或正交）的向量；此點可說明如下: 假定$\mathbf{x}^1,\mathbf{x}^2\in H$, 且$\mathbf{x}^1\neq\mathbf{x}^2$。由(2.5.2)知$\mathbf{p}^T\mathbf{x}^1=c$, $\mathbf{p}^T\mathbf{x}^2=c$, 因此$\mathbf{p}^T\left(\mathbf{x}^1-\mathbf{x}^2\right)=0$。

但向量 $\mathbf{x}^1-\mathbf{x}^2$ 乃超平面 H 上的線段，今兩向量 $\mathbf{P}$ 和 $\mathbf{x}^1-\mathbf{x}^2$ 的內積爲 0，由第一章第五節的討論，可以知道這兩個向量彼此正交，因此，我們說法線 $\mathbf{p}$ 與超平面垂直或正交。此外，由法線的意義，我們很容易推得：若超平面 H^1 和 H^2 的法線分別爲 $\mathbf{p}^1$ 和 $\mathbf{p}^2$，且 $\mathbf{p}^1=\lambda\mathbf{p}^2$，$\lambda\in \boldsymbol{R}-\{0\}$，則 H^1 和 H^2 若不是同一個超平面，就是彼此平行的兩超平面。

※**定理 2.5.5**：一個超平面必是一個凸集合，也是一閉集合。

證明：(i) H 爲凸集合。

$$H=\left\{\mathbf{x}\in \boldsymbol{R}^n \middle| \mathbf{p}^T\mathbf{x}=c\right\},$$

取 $\mathbf{x}^1,\mathbf{x}^2\in H$，則其凸組合爲 $\lambda\mathbf{x}^1+(1-\lambda)\mathbf{x}^2$，$\lambda\in[0,1]$。

$$\mathbf{p}^T\left[\lambda\mathbf{x}^1+(1-\lambda)\mathbf{x}^2\right]=\lambda\left(\mathbf{p}^T\mathbf{x}^1\right)+(1-\lambda)\left(\mathbf{p}^T\mathbf{x}^2\right)=\lambda c+(1-\lambda)c=c,$$

故 $\lambda\mathbf{x}^1+(1-\lambda)\mathbf{x}^2\in H$，所以 H 爲一凸集合。

(ii) H 爲閉集合。

取 $\mathbf{x}^0\in H$，則可定義 $\mathbf{x}^0$ 的鄰域爲

$$B\left(\mathbf{x}^0;\varepsilon\right)=\left\{\mathbf{x}\in \boldsymbol{R}^n \middle| \left\|\mathbf{x}-\mathbf{x}^0\right\|<\varepsilon,\ \varepsilon>0\right\},$$

其中 $\left\|\mathbf{x}-\mathbf{x}^0\right\|=\left[\left(\mathbf{x}-\mathbf{x}^0\right)^T\left(\mathbf{x}-\mathbf{x}^0\right)\right]^{\frac{1}{2}}=\left[\sum_{i=1}^{n}\left(x_i-x_i^0\right)^2\right]^{\frac{1}{2}}$ 爲 $\mathbf{x}$ 與 $\mathbf{x}^0$ 之距離。定義點 $\mathbf{x}^1=\mathbf{x}^0+\frac{\varepsilon}{2}\frac{\mathbf{p}}{\|\mathbf{p}\|}$，其中 $\|\mathbf{p}\|=\left(\mathbf{p}^T\mathbf{p}\right)^{\frac{1}{2}}=\left(\sum_{i=1}^{n}p_i^2\right)^{\frac{1}{2}}$，代表 $\mathbf{p}$ 的長度。因 $\left\|\mathbf{x}^1-\mathbf{x}^0\right\|=\frac{\varepsilon}{2}<\varepsilon$，故 $\mathbf{x}^1\in B\left(\mathbf{x}^0;\varepsilon\right)$。但 $\mathbf{p}^T\mathbf{x}^1=\mathbf{p}^T\mathbf{x}^0+\frac{\varepsilon}{2}\frac{\mathbf{p}^T\mathbf{p}}{\|\mathbf{p}\|}$ $=c+\frac{\varepsilon\|\mathbf{p}\|}{2}>c$，故 $\mathbf{x}^1\notin H$。由此可知，對任一 $\varepsilon>0$，H 上任意一點 $\mathbf{x}^0$ 的鄰域 $B\left(\mathbf{x}^0;\varepsilon\right)$ 必同時包含 H 的點 $\mathbf{x}^0$ 和不在 H 上的一點 $\mathbf{x}^1$，故 H 上的每一點都是 H 的邊界點。

接著我們來證明H的所有邊界點都包括在H中。假定 $\mathbf{x}^2$ 爲滿足 $\mathbf{p}^T\mathbf{x}^2 = c_2 < c$ 之任意點。取 $\varepsilon = \dfrac{(c-c_2)}{2\|\mathbf{p}\|}$，則對任何 $\mathbf{x} \in B(\mathbf{x}^2;\varepsilon)$ 而言，

$$\mathbf{p}^T\mathbf{x} = \mathbf{p}^T\mathbf{x}^2 + \mathbf{p}^T(\mathbf{x}-\mathbf{x}^2) \le c_2 + \left|\mathbf{p}^T(\mathbf{x}-\mathbf{x}^2)\right|。\qquad (2.5.3)$$

由 Cauchy-Schwarz 不等式知，$\left|\mathbf{p}^T(\mathbf{x}-\mathbf{x}^2)\right| \le \|\mathbf{p}\|\|\mathbf{x}-\mathbf{x}^2\|$，

故 (2.5.3) 成爲

$$\mathbf{p}^T\mathbf{x} \le c_2 + \|\mathbf{p}\|\|\mathbf{x}-\mathbf{x}^2\| \le c_2 + \|\mathbf{p}\|\varepsilon = c_2 + \frac{(c-c_2)}{2} = \frac{(c_2+c)}{2} < c。\qquad (2.5.4)$$

因此，任一 $\mathbf{x} \in B(\mathbf{x}^2;\varepsilon)$ 也都滿足 $\mathbf{p}^T\mathbf{x} < c$，故都不是H的邊界點。同理可證明，任何滿足 $\mathbf{p}^T\mathbf{x} > c$ 的點也都不是H的邊界點，因而H的所有邊界點都在H中，所以H爲一閉集合。

上述證明第二部份頗爲複雜，但讀者若熟悉 2.3 節中有關序列和子序列的性質則可有下面簡單的證明方法：

(ii') H爲閉集合另一種證法

令 $\{\mathbf{x}_k\}$ 爲H中任一收斂序列，且 $lim\ \mathbf{x}_k = \mathbf{x}$。因 $\mathbf{p}^T\mathbf{x}_k = c$，故 $c = \lim_{k\to\infty} \mathbf{p}^T\mathbf{x}_k = \mathbf{p}^T \lim_{k\to\infty} \mathbf{x}_k = \mathbf{p}^T\mathbf{x}$，所以 $\mathbf{x} \in H$。根據定理 2.3.7 得知H爲一閉集合。

定義 2.5.7：超平面H將 R^n 分割成H和 $H_+ = \left\{x \in R^n \middle| \mathbf{p}^T\mathbf{x} > c\right\}$，$H_- = \left\{x \in R^n \middle| \mathbf{p}^T\mathbf{x} < c\right\}$ 三部分。H_+ 和 H_- 稱爲開半空間(open half space)，$\overline{H}_+ = H_+ \cup H$ 和 $\overline{H}_- = H_- \cup H$ 則稱閉半空間 (closed half space)。

由定理 2.5.5，讀者很容易證明，開半空間和閉半空間均爲凸集合，且正如其名，前者爲開集合，後者爲閉集合。在利用有關交集的定理（定理 2.1.2 和定理 2.5.1 (i)），我們可證明下述定理。

定理 2.5.6： 任何有限個超平面，半空間，或超平面與半空間的交集爲一凸集合；任何有限個超平面，閉半空間，或超平面與閉半空間的交集爲一閉集合。

這個定理，和有關支持超平面與極端點 (extreme point) 的一些結果，就是線性規劃 (linear programming) 中單純型解法 (simplex method) 的基礎。現在，我們就來介紹支持超平面和極端點。

定義 2.5.8： 設 $X \subset \boldsymbol{R}^n$，$X \neq \varnothing$，爲一凸集合，$\mathbf{y}$ 爲 X 的一個邊界點。若存在一 $\mathbf{p} \in \boldsymbol{R}^n$，使得任何 $\mathbf{x} \in X$ 均滿足 $\mathbf{p}^T\mathbf{x} \leq \mathbf{p}^T\mathbf{y}$，則我們稱超平面 $H = \{\mathbf{x} \in \boldsymbol{R}^n | \mathbf{p}^T\mathbf{x} = \mathbf{p}^T\mathbf{y}\}$ 爲 X 在點 $\mathbf{y}$ 的一個支持超平面，而閉半空間 $\overline{H}_- = \{\mathbf{x} \in \boldsymbol{R}^n | \mathbf{p}^T\mathbf{x} \leq \mathbf{p}^T\mathbf{y}\}$ 則稱爲 X 的一個支持半空間 (supporting half space)。

由上述定義可知，所謂支持超平面，就是我們熟悉的切線觀念的延伸。因此，與切線一樣，在沒有對 X 作任何進一步限制前，凸集合在任一邊界點的支持超平面可能不只一個，甚至可能有無窮多個。圖 2.5.7 中凸集合 X 在點 $\mathbf{y}^1$ 和 $\mathbf{y}^2$ 均只有一支持超平面（ H^1 和 H^2 ），在點 $\mathbf{y}^3$ 和 $\mathbf{y}^4$ 之間所有邊界點的支持超平面均爲同一超平面（ H^3 ），在點 $\mathbf{z}$ 的支持超平面則有無窮多個。

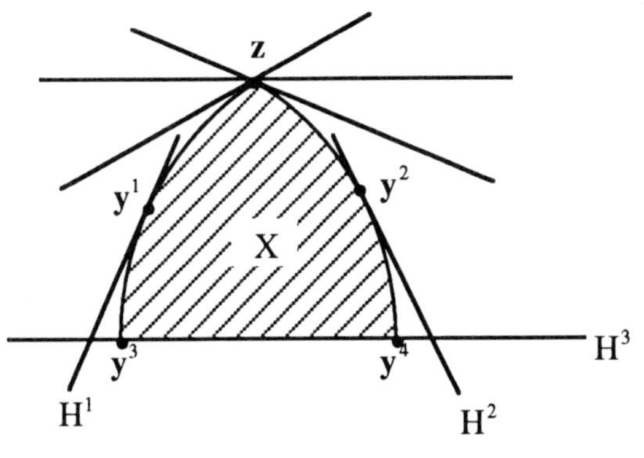

圖 2.5.7

定義 **2.5.9**：設 $X \subset R^n$ 爲一凸集合。如果 $\mathbf{z} \in X$，且不存在 $\mathbf{x}^1, \mathbf{x}^2 \in X$ 使得 $\mathbf{z} = \lambda \mathbf{x}^1 + (1-\lambda)\mathbf{x}^2$，$0 < \lambda < 1$，則稱 $\mathbf{z}$ 爲 X 的一個極端點 (extreme point)。

值得注意的是，在此 $\lambda \neq 0$ 且 $\lambda \neq 1$。因此，極端點不可能位於 X 中任何兩點的連線的內部。如果圖 2.5.7 中的集合 X 爲一閉集合，則其邊界上的點，除了線段 $\mathbf{y}^3\mathbf{y}^4$（不包括點 $\mathbf{y}^3$ 和 $\mathbf{y}^4$）外，均爲 X 的極端點。由此可知，一個凸集合的極端點必然在該集合的邊界上。另外，如果一個集合僅包含一個點，那麼我們將此點視爲該集合的極端點。

定理 **2.5.7**：（支持超平面定理）若 $X \subset R^n$，$X \neq \varnothing$，爲一凸集合，則

(i) X 的每一個邊界點上至少有一個支持超平面。

(ii) 若 X 爲一有下界或上界的閉集合，則 X 的每一個支持超平面上都至少有一個 X 的極端點。

支持超平面定理很容易理解和接受，但其證明則相當冗長、繁瑣，因此，我們不在此證明，讀者可以參考 Hadley(1975) 一書。

前面提過，定理 2.5.6 和 2.5.7 乃是線性規劃中單純型解法 (simplex method) 的基礎。一般而言，線性規劃問題可寫成

$$
\begin{aligned}
\max_{\mathbf{x}} \quad & \mathbf{p}^T \mathbf{x} \\
\text{s.t.} \quad & \mathbf{b}^{1T} \mathbf{x} \le c_1, \\
& \mathbf{b}^{2T} \mathbf{x} \le c_2, \\
& \quad \vdots \\
& \mathbf{b}^{mT} \mathbf{x} \le c_m, \\
& \mathbf{x} \ge \mathbf{0}_n,
\end{aligned}
\tag{2.5.5}
$$

上式中 s.t. (subject to) 代表“受限於”或“必須滿足”的意思，$\mathbf{b}^{jT}\mathbf{x} \le c_j \ (j = 1, \cdots, m)$則爲m條限制式，$\mathbf{x} \in R^n$，$\mathbf{b}^j \in R^n$，$c_j \in R \ (j = 1, \cdots, m)$。換句話說，當我們求使 $\mathbf{p}^T\mathbf{x}$ 達到極大的解 $\mathbf{x}^*$ 時，此 $\mathbf{x}^*$ 必須同時滿足此 m 條限制式。由半空間的定義知，(2.5.5) 中每一條限制式都是一個閉半空間，故 $\mathbf{x}^*$ 滿足所有限制式就是 $\mathbf{x}^*$ 必須在所有這些閉半空間的交集中。

從另一個角度看，我們可說這 m 個閉半空間的交集構成了這個問題的可能解集合 (feasible solution set) 或機會集合 (opportunity set)。假定此機會集合爲 A，則由定理 2.5.6 以及限制式的意義，我們可立刻推得 A 爲一有上界的閉凸集合。因標的函數 (objective function) $\mathbf{p}^T\mathbf{x}$ 爲一超平面，由支持超平面的定義我們知道 A 中使得 $\mathbf{p}^T\mathbf{x}$ 達到最大的點 $\mathbf{x}^*$ 必在 A 的一個支持超平面上。但由定理 2.5.7，我們知道 A 的每一個支持超平面上至少有 A 的一個極端點。所以在解 (2.5.5) 時，如果我們的目的只在找一個使 $\mathbf{p}^T\mathbf{x}$ 達到極大的點，那麼就不用考慮機會集合的所有邊界點，而只要考慮機會集合 A 的極端點即可，如此一來，就可使解題的過程大量簡化。所謂單純型解法，就是一種有系統的在 A 的極端點中找出使 $\mathbf{p}^T\mathbf{x}$ 之值最大的那一點的方法。圖 2.5.8 中，H_i 代表標的函數的等值線；L_1 和 L_2 分別代表兩條限制式，而可能解集合爲閉凸集合 OABC。集合 OABC 只有四個極端點 O、A、B 和 C。除了原點明顯地不是極大的解外，由上面分析，我們知道，只須比較通過 A、B 和 C 三點的超平面就可以了。圖 2.5.8 顯示，通過 B 點的 H_1 比通過其它兩點的 H_2 和 H_3 高，故 H_1 代表較大的 $\mathbf{p}^T\mathbf{x}$，所以 B 點爲所求的解。換個角度看，圖 2.5.8 也顯示，只有通過 B 點的 H_1 才是機會集合的一個支持超平面，因此點 B 爲滿足限制條件且使 $\mathbf{p}^T\mathbf{x}$ 達到極大的解。

最後我們來敘述並簡要說明各種不同形式的分離定理，至於各定理的嚴謹證明則分散於 Hadley (1975), Sydsæter (1981), Takayama (1985) 和 Rockafellar (1970) 等書，有興趣者，請自行參考。

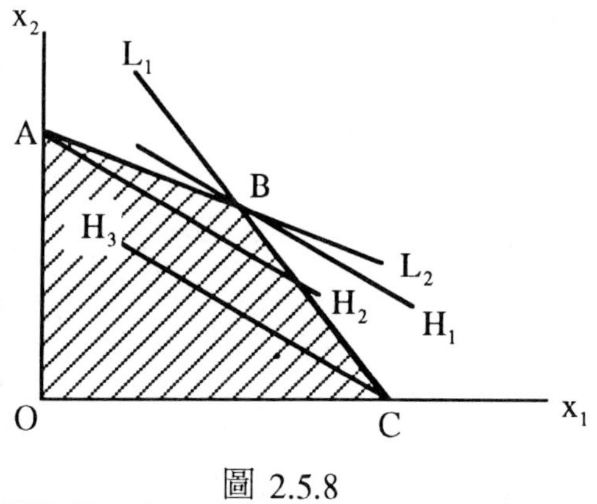

圖 2.5.8

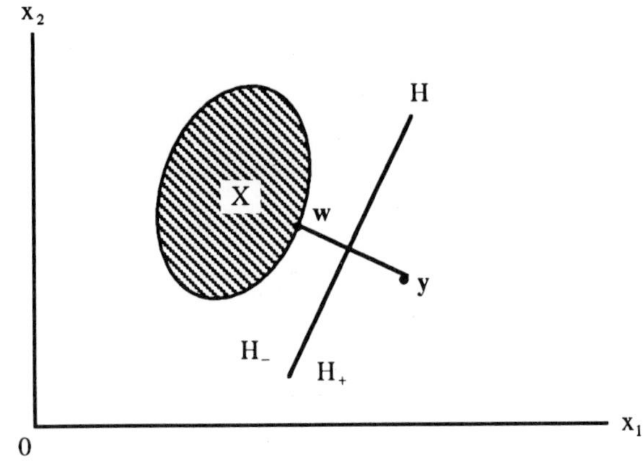

圖 2.5.9

定理 2.5.8：$X \subset \boldsymbol{R}^n$，$X \neq \varnothing$，爲一閉凸集合。若點 $\mathbf{y} \notin X$，則存在一超平面 $H = \{\mathbf{x} | \mathbf{p}^T\mathbf{x} = c\}$ 將 X 和 $\{\mathbf{y}\}$ 嚴格分離，即任一 $\mathbf{x} \in X$ 均滿足 $\mathbf{p}^T\mathbf{x} < c < \mathbf{p}^T\mathbf{y}$。

這個定理可用圖 2.5.9 來說明，圖中假定 $\mathbf{w} \in X$ 爲 X 中與 $\mathbf{y}$ 最接近的點，則任何與線段 $\mathbf{wy}$ 垂直，且通過 $\mathbf{w}$ 和 $\mathbf{y}$ 之間任何一點的超平面 H 均可將 X 和 $\{\mathbf{y}\}$ 分離於 H_+ 和 H_- 中。

定理 2.5.9：$X \subset \boldsymbol{R}^n$，$X \neq \varnothing$，爲一凸集合。若 $\mathbf{y} \notin X$，則存在一超平面 H 將 X 和 $\{\mathbf{y}\}$ 分離，即任一 $\mathbf{x} \in X$ 均滿足 $\mathbf{p}^T\mathbf{x} \leq \mathbf{p}^T\mathbf{y}$。

此定理基本上爲上一個定理的延伸，主要的差別在此定理中的集合 X 未必是一個閉集合，也因爲如此，在此定理中超平面 H 並不一定能嚴格分離 X 和 $\{\mathbf{y}\}$。由兩定理的差別，我們知道，問題的根源在於當 X 不是閉集合時，$\mathbf{y}$ 可能是 X 的一個邊界點，但 $\mathbf{y} \notin X$。由邊界點的定義，我們知道 $\mathbf{y}$ 的任何鄰域 $B(\mathbf{y};\varepsilon)$ 均包含 X 中的點，因此無法將 X 和 $\{\mathbf{y}\}$ 分離於 H_+ 和 H_- 中。但由定理 2.5.7 (i)，我們知道，X 在點 $\mathbf{y}$ 至少有一支持超平面，可將 X 和 $\{\mathbf{y}\}$ 分離在 $\overline{H}_+$ 和 $\overline{H}_-$ 中（圖 2.5.10）。

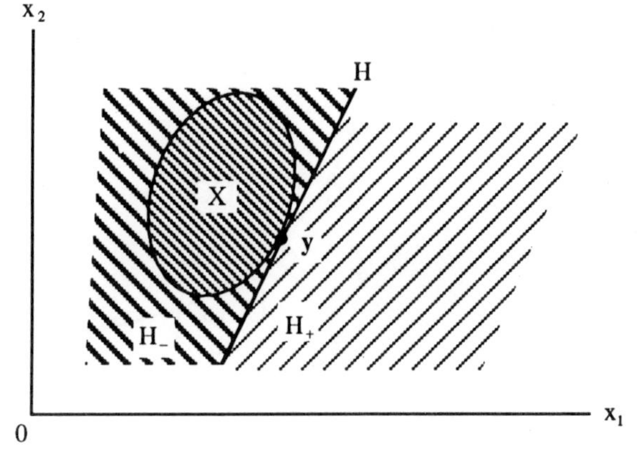

圖 2.5.10

如果我們回憶定義 2.5.8，我們馬上可以發現，如果 **y** 是 X 的一個邊界點，則定理 2.5.9 中的分離超平面正是 X 在 **y** 點的支持超平面。事實上，有些書籍（如 Hadley, 1975）就是以這個方法來定義支持超平面。

定理 **2.5.10**：若 $X \subset \boldsymbol{R}^n$， $Y \subset \boldsymbol{R}^n$ 均為凸集合，且 $X \neq \varnothing$， $Y \neq \varnothing$， $X \cap Y = \varnothing$，則存在一超平面分離 X 和 Y。

很明顯的，這個定理又是上個定理的擴充，其差別只是將上個定理中的一點 **y** 變成一個集合 Y 而已。我們也可將定理 2.5.10 的假設再進一步放寬，而成為下面更一般化的分離定理。

定理 **2.5.11**：若 $X \subset \boldsymbol{R}^n$， $Y \subset \boldsymbol{R}^n$ 均為凸集合，且 $\text{int}(X) \neq \varnothing$， $\text{int}(Y) \neq \varnothing$， $\text{int}(X) \cap \text{int}(Y) = \varnothing$，則存在一超平面分離 X 和 Y。

這個定理容許 X 和 Y 有交集，但限於共同的邊界點，在此情況下，很明顯的，所謂 X 和 Y 的分離超平面，就是 X 和 Y 在這共同邊界點上的一個支持超平面。

【例 2.5.2】假定有一魯賓遜經濟 (Robinson Crusoe economy)，其生產可能集合 T 為一閉凸集合（圖 2.5.11）。魯賓遜具有凸性偏好 (convex preference)，也就是說，對任何一產品籃 (commodity basket) $\mathbf{x}' \in \boldsymbol{R}^n_+$，集合 $\text{UC}(\mathbf{x}') = \left\{ \mathbf{x} \in \boldsymbol{R}^n_+ \middle| \mathbf{x} \succsim \mathbf{x}' \right\}$

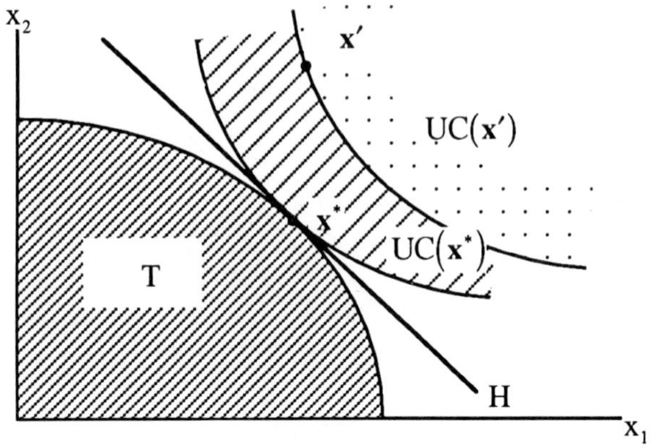

圖 2.5.11

爲一閉凸集合（圖 2.5.11）。上述集合中的符號“ $\mathbf{x} \succsim \mathbf{x}'$ ”代表魯賓遜主觀上認爲和 $\mathbf{x}'$ 至少一樣好的產品籃 $\mathbf{x}$。

若魯賓遜透過適當的生產選擇, 找到點 $\mathbf{x}^* \in T$, 使得其福利達到最大, 則我們可確定 $\mathbf{x}^* \in UC(\mathbf{x}^*) \cap T$。此外, 在所有產品的邊際效用恆大於零的假設下, 我們可立刻推得 $\mathbf{x}^*$ 不可能是 T 的內部點, 因爲若 $\mathbf{x}^*$ 爲 T 的內部點, 則存在一 $\varepsilon > 0$, 使得 $B(\mathbf{x}^*;\varepsilon) \subset T$, 那麼我們可在 $B(\mathbf{x}^*;\varepsilon)$ 中找到一點, 使得魯賓遜在該點的福利超過其在點 $\mathbf{x}^*$ 的福利, 此與 $\mathbf{x}^*$ 使其福利極大的假設矛盾。根據定理 2.5.11, 我們可找到一超平面 H 分離 T 和 $UC(\mathbf{x}^*)$。換句話說, 我們可找到一向量 $\mathbf{p}$, 使得所有 $\mathbf{x} \in T$ 和 $\mathbf{y} \in UC(\mathbf{x}^*)$ 滿足 $\mathbf{p}^T\mathbf{x} \le \mathbf{p}^T\mathbf{x}^* \le \mathbf{p}^T\mathbf{y}$。因此, $\mathbf{p}^T\mathbf{x} = \mathbf{p}^T\mathbf{x}^*$ 即爲圖 2.5.11 中的分離超平面 H。

現在我們將問題反過來, 假定 $\mathbf{p}$ 爲生產者和消費者（在此均由魯賓遜一人扮演）所面對的市場價格向量, 且生產者和消費者的標的分別是追求利潤和福利（效用）的極大, 那麼, 在前面有關生產可能集合及偏好的假設下, 生產者必會選擇 $\mathbf{x}^*$ 爲生產組合, 而消費者也會選擇 $\mathbf{x}^*$ 爲消費組合（爲什麼？）, 而使得市場供需達到均衡。因此,即使生產者不知道消費者的偏好, 消費者也不知道生產者的生產資源和生產技術, 且生產者和消費者之間沒有任何形式的連繫（魯賓遜患有嚴重的人格分裂症！）, 市場在價格 **p** 的指導下仍會達到最適的生產和消費組合 $\mathbf{x}^*$, 因爲所有生產技術、資源限制和消費者偏好的資訊 (information) 事實上均已隱含在價格 **p** 中。上面的說明雖是假設魯賓遜式一人經濟, 但只要偏好和技術均爲凸性的假設成立, 且所有生產者和消費者均爲價格接受者, 則所有結論仍然不變, 這就是經濟學上所謂的價格機能, 亞當史密斯所稱的看不見的一隻手的一個簡單的闡述；這個價格機能也是一切分權經濟制度 (decentralized economy) 的基石。

定理 2.5.12：（Minkowski 定理）若 $A \subset \boldsymbol{R}^n$, $A \neq \varnothing$, 爲一閉凸集合, 則 A 爲其所有支持半空間的交集。

這個定理告訴我們, 任何一個閉凸集合都有另外一種方法來加以描述。爲了清楚起見, 我們先以圖 2.5.12 (a) 來說明。圖中集合 S 包括其邊界 AB 、BC 及 AC , 故爲一閉凸集合。很明顯地, S 也可表示成它的三個支持半空間 $\overline{H}_{+AB}$ 、$\overline{H}_{+BC}$ 和 $\overline{H}_{+AC}$ 的交集, 即 $S = \overline{H}_{+AB} \cap \overline{H}_{+BC} \cap \overline{H}_{+AC}$。（$\overline{H}_{+AB}$ 代表由線段 AB 上一點所定義的支持半空間, $\overline{H}_{+BC}$ 和 $\overline{H}_{+AC}$ 意義相同）。當然, S 在點 A 、B 和 C 仍有無窮多的支持半空間, 但將這些支持半空間再交集進去, 其結果仍然和上面三個支持半空間的交集一樣。圖 2.5.12 (b) 中, $UC(\mathbf{x}')$ 爲例 2.5.2 中所定義的集合, 這也是一個閉凸集合。我們知道, 在 $UC(\mathbf{x}')$ 的邊界上任何一點至少有一支持半空間, Minkowski 定理告訴我們, 如果這些支持半空間是 $\overline{H}_{+i}$, $i = 1,2,\cdots$, 則可將 $UC(\mathbf{x}')$ 寫成

$$UC(\mathbf{x}') = \bigcap_{i=1}^{\infty} \overline{H}_{+i}。$$

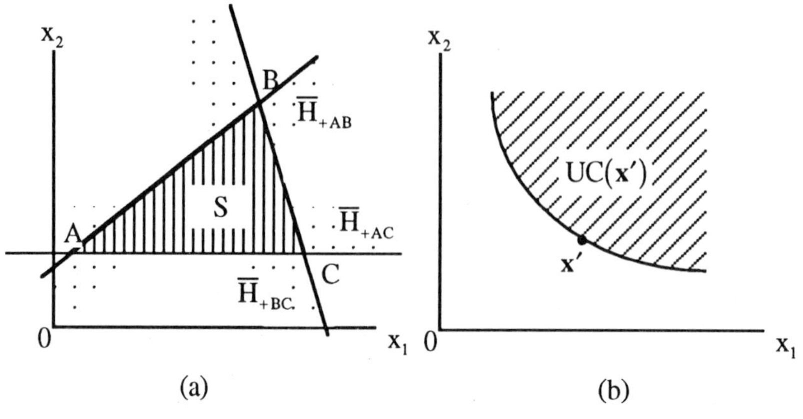

圖 2.5.12

Minkowski 定理觀念上很簡單, 很容易可以接受, 但是從純粹數學技術的觀點來看, 它卻是第五章對偶理論的基礎。雖然, 在第五章的討論中, 我們不能探討這些技術性的問題, 不過, 讀者很可能在較深入的文章或書籍中, 看到Minkowski 定理所扮演的重要角色。

習題　2.5

1. 是非題:

(a) 任意 n 個點的凸組合所形成的集合必爲一凸集合。

(b) 若 $X \subset \boldsymbol{R}^n$, $Y \subset \boldsymbol{R}^n$ 均爲凸集合, 則 $X \cup Y$ 亦爲凸集合。

(c) $X \subset \boldsymbol{R}^n$, 若 $\mathbf{x}_1, \mathbf{x}_2 \in X$, 且點 $\frac{1}{2}(\mathbf{x}_1 + \mathbf{x}_2) \in X$, 則 X 爲一凸集合。

(d) 若 $X \subset \boldsymbol{R}^n$, $Y \subset \boldsymbol{R}^n$ 均爲凸集合, 且 X 和 Y 的交集只有一點, 則必存在一超平面分離 X 和 Y。

(e) 若 A 爲一 n 階方陣, $\mathbf{x}, \mathbf{b} \in \boldsymbol{R}^n$, 則 $A\mathbf{x} = \mathbf{b}$的解爲一凸集合。

(f) $\boldsymbol{R}$ 中任一凸集合必爲一嚴格凸集合。

2. 證明題:

(a) 若 $X \subset \boldsymbol{R}^n$, $Y \subset \boldsymbol{R}^n$ 均爲凸集合, 則 $X + Y = \{\mathbf{x} + \mathbf{y} | \mathbf{x} \in X, \mathbf{y} \in Y\}$ 亦爲凸集合。

(b) 若 $X \subset \boldsymbol{R}^n$ 爲凸集合, 且 $\lambda_1 \geq 0$, $\lambda_2 \geq 0$, 則 $(\lambda_1 + \lambda_2)X = \lambda_1 X + \lambda_2 X$ 爲一凸集合。

(c) 證明一凸集合的任一極端點必爲該集合的一個邊界點。

(d) 設 $\mathbf{x}^i \in \boldsymbol{R}^n$, $i = 1,2,\cdots,m$, 則此m點的凸殼爲此m點的所有凸組合所成的集合。

(e) 若 $A = (a_{ij})$ 爲一n階方陣, 且 $a_{ij} \geq 0$, $i,j = 1,2,\cdots,n$, $\sum_{i=1}^{n} a_{ij} = 1$, $j = 1,2,\cdots,n$, 定義集合 $S = \left\{ \mathbf{x} \in \boldsymbol{R}_+^n \middle| \sum_{i=1}^{n} x_i = 1 \right\}$, 證明若 $\mathbf{x} \in S$, 則 $A\mathbf{x} \in S$。

又, 定義函數 $f{:}S \to S$ 爲 $f(\mathbf{x}) = A\mathbf{x}$, 試證 f 有一定點。

3. Brouwer's 定點定理中的條件, 乃是充分條件而非必要條件; 請在下列各種情況下, 各舉一例子說明此點。

(a) X 爲一緊緻凸集合, f 不是連續函數, 但 f 有一定點。

(b) X 爲一緊緻集合, 但不是凸集合, f 爲連續函數, f 有一定點。

(c) X 爲一凸集合, 但不是緊緻集合, f 爲連續函數, f 有一定點。

(d) X 既不是凸集合, 也不是緊緻集合, 且 f 爲不連續, 但 f 有一定點。

4. 若 $\mathbf{x}^1, \mathbf{x}^2 \in \boldsymbol{R}^n$, 且 $\mathbf{x}$ 爲線段 $\mathbf{x}^1\mathbf{x}^2$ 上的一點；假定 $\mathbf{x}^1$ 和 $\mathbf{x}^2$ 的距離爲 1, λ 爲 $\mathbf{x}$ 與 $\mathbf{x}^1$ 之距離, 試將 $\mathbf{x}$ 寫成 $\mathbf{x}^1$ 和 $\mathbf{x}^2$ 的凸組合。

5. 定義集合 $C = \left\{ (x_1, x_2) \middle| x_1^2 + x_2^2 = 1 \right\}$

(a) C 的極端點爲何？（小心！）

(b) 集合 C 的凸殼爲何?

(c) 若 (s,t) 爲 con(C) 的一個邊界點, 則 con(C) 在點 (s,t) 的支持超平面爲何?

(d) 若 $S = \left\{ (x_1, x_2) \middle| x_1 x_2 \geq 1 \right\}$, 則是否存在一超平面分離 con(C) 和 S？

第三章
經濟理論中常用的函數

3.1 凹函數和凸函數

- 一般定義和性質
- 函數的微分性、梯度和 Hessian 矩陣
- 一次連續可微分凹（凸）函數
- 二次連續可微分凹（凸）函數

3.2 準凹函數和準凸函數

- 一般定義和性質
- 一次連續可微分準凹（凸）函數
- 二次連續可微分準凹（凸）函數

3.3 齊次函數和位似函數

3.4 Cobb-Douglas 函數和 CES 函數

在經濟理論中, 有幾種函數反覆地在各種不同的場合出現。雖然, 這些函數之間隱約地存在著一些關係, 但是很遺憾的, 幾乎所有經濟理論或數理經濟學的書籍, 都只在相關的地方對相關的函數的相關性質作片段的介紹, 而未曾將這些函數放在一起作有系統的整理, 以致許多人對這些函數的性質以及他們之間的關係, 總是感到零碎和難以捉摸。在這一章中, 我們試著將凹函數 (concave function) 、凸函數 (convex function) 、準凹函數 (quasiconcave function) 、準凸函數 (quasi-convex function)、齊次函數 (homogeneous function)和位似函數 (homothetic function)作一較爲深入的介紹, 並以之檢定常見的 Cobb-Douglas 函數和 CES 函數的性質。

3.1 凹函數和凸函數

•一般定義和性質

定義 **3.1.1**：設 $X \subset \boldsymbol{R}^n$ 爲一凸集合且 $f:X \to \boldsymbol{R}$。若對任意兩點 $\mathbf{x}^1, \mathbf{x}^2 \in X$ 與 $\lambda \in [0,1]$, f 均滿足

$$f\left(\lambda\mathbf{x}^1 + (1-\lambda)\mathbf{x}^2\right) \ge \lambda f(\mathbf{x}^1) + (1-\lambda) f(\mathbf{x}^2), \qquad (3.1.1)$$

則稱 f 爲一凹函數。

(3.1.1)式告訴我們, 所謂凹函數, 就是定義域中任何兩點的凸組合（加權平均）的函數值, 必不小於此兩點函數值的凸組合（加權平均）。從幾何觀點來看, (3.1.1) 則意謂在凹函數的圖形上任找兩點, 則連接此兩點的線段必在函數圖形的下方, 或至多與函數圖形重合。圖 3.1.1 (a) 和圖 3.1.1 (b) 爲凹函數, 但圖 3.1.1 (c) 不是凹函數。讀者請自行在 3.1.1 (b) 及 (c) 中找出任意兩點 x_1^1 和 x_1^2, 並標出如圖 (a) 中各函數值, 以驗證 (3.1.1) 式。

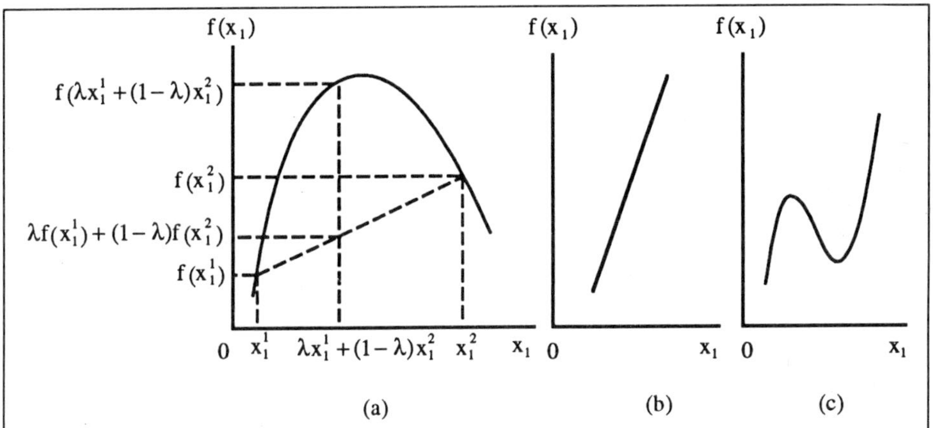

圖 3.1.1

根據定義, 我們知道, 要判定一個函數是否爲凹函數, 就必須求出點 $\lambda\mathbf{x}^1+(1-\lambda)\mathbf{x}^2$ 的函數值, 爲了保證函數 f 在此點確有定義, 因此我們要求其定義域 X 爲一凸集合; 在往後的討論中, 我們將視此爲一當然條件而不再重覆交待。此外, 值得一提的是, 定義 3.1.1 並未限定 X 爲開集合或閉集合。X 爲開集合或閉集合的主要差異爲, 若 X 爲一開集合, 則凹函數必爲一連續函數, 但 X 若爲一閉集合, 則凹函數未必連續。圖 3.1.2 中, 若將定義域限於開區間 (0,1), 則 f 爲一連續凹函數。反之, 若定義域爲閉區間 [0,1], 則此函數仍爲一凹函數, 但此函數在兩端點不連續。

定義 3.1.2: 設 $X\subset \boldsymbol{R}^n$ 爲一凸集合且 $f:X\to \boldsymbol{R}$。若對任意兩點 $\mathbf{x}^1,\mathbf{x}^2\in X$, $\mathbf{x}^1\neq\mathbf{x}^2$ 與 $\lambda\in(0,1)$, 函數 f 均滿足

$$f\left(\lambda\mathbf{x}^1+(1-\lambda)\mathbf{x}^2\right)>\lambda f(\mathbf{x}^1)+(1-\lambda)f(\mathbf{x}^2), \qquad (3.1.2)$$

則稱 f 爲一嚴格凹函數。

定義 3.1.2 與定義 3.1.1 相類似, 主要差別在於 $\mathbf{x}_1^1$ 與 $\mathbf{x}_1^2$ 兩點必須相異, 且 λ 的值不能爲 0 或 1。這兩個要求有一個共同目的, 即不希望 $\mathbf{x}_1^1$ 和 $\mathbf{x}_1^2$ 的凸組合又爲 $\mathbf{x}_1^1$ 或/和 $\mathbf{x}_1^2$ 本身。因爲在那種情況下, 定義中不等式左右兩邊爲同樣的函數值, 故嚴格不等號〝>〞無法成立。但在定義 3.1.1 中則沒問題, 因〝≥〞可包括〝=〞在內。依此定義, 可知圖 3.1.1 (a) 爲嚴

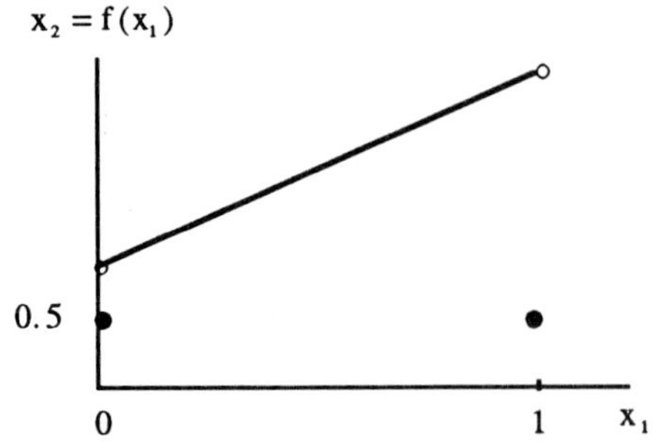

圖 3.1.2

格凹函數, 圖 3.1.1 (b) 與圖 3.1.2 則非嚴格凹函數。又, 我們發現嚴格凹函數必然是凹函數, 反之則未必成立。

定義 3.1.3：$X \subset \boldsymbol{R}^n$, $f{:}X \to \boldsymbol{R}$。若 "$-f$" 為一（嚴格）凹函數, 則稱 f 為一（嚴格）凸函數。

比較定義 3.1.3 與定義 3.1.1 , 我們馬上可將凸函數的定義寫成如定義 3.1.1 的形式, 只不過將符號反個方向而已; 即, 若且唯若對任何 $\mathbf{x}^1, \mathbf{x}^2 \in X$, f 均滿足

$$f\left(\lambda\mathbf{x}^1 + (1-\lambda)\mathbf{x}^2\right) \le \lambda f(\mathbf{x}^1) + (1-\lambda) f(\mathbf{x}^2),$$

則 f 為一凸函數。嚴格凸函數的性質可同法推得。事實上, 幾乎任何有關凹函數的性質, 凸函數也都存在著與之相對稱的性質。因此, 如非特別交待, 在下面的討論中, 我們將以凹函數為主要對象, 讀者必須試著找出對應的凸函數的性質。

再仔細觀察定義 3.1.1 與定義 3.1.3 的解釋, 我們可發現一種特殊情況, 即, 當定義域中任意兩點 $\mathbf{x}^1, \mathbf{x}^2$ 的凸組合的函數值與此兩點函數值的凸組合相等時, 函數 f 同時為凹函數和凸函數。圖 3.1.1 (b) 中的直線型函數即為一例。一般而言, 當一函數同時為凹函數和凸函數時, 稱之為仿射函數 (affine function)。

定理 3.1.1：$X \subset \boldsymbol{R}^n$，若 $f: X \to \boldsymbol{R}$ 與 $g: X \to \boldsymbol{R}$ 均為凹函數，則 $f+g$ 亦為一凹函數。若 f 和 g 均為凹函數，且 f 和 g 中有一個為嚴格凹函數，則 $f+g$ 為一嚴格凹函數。

證明：取 $\mathbf{x}^1, \mathbf{x}^2 \in X$，因 f 和 g 均為凹函數，故對 $\lambda \in [0,1]$，

$$f\left(\lambda \mathbf{x}^1 + (1-\lambda)\mathbf{x}^2\right) \geq \lambda f(\mathbf{x}^1) + (1-\lambda) f(\mathbf{x}^2), \tag{3.1.3}$$

$$g\left(\lambda \mathbf{x}^1 + (1-\lambda)\mathbf{x}^2\right) \geq \lambda g(\mathbf{x}^1) + (1-\lambda) g(\mathbf{x}^2), \tag{3.1.4}$$

上兩式相加可得

$$\begin{aligned} &f\left(\lambda \mathbf{x}^1 + (1-\lambda)\mathbf{x}^2\right) + g\left(\lambda \mathbf{x}^1 + (1-\lambda)\mathbf{x}^2\right) \geq \\ &\quad \lambda\left(f(\mathbf{x}^1) + g(\mathbf{x}^1)\right) + (1-\lambda)\left(f(\mathbf{x}^2) + g(\mathbf{x}^2)\right)。\end{aligned} \tag{3.1.5}$$

因 $(f+g)(\mathbf{x}) = f(\mathbf{x}) + g(\mathbf{x})$，故 (3.1.5) 可寫成

$$(f+g)\left(\lambda \mathbf{x}^1 + (1-\lambda)\mathbf{x}^2\right) \geq \lambda (f+g)(\mathbf{x}^1) + (1-\lambda)(f+g)(\mathbf{x}^2), \tag{3.1.5'}$$

故 $f+g$ 為一凹函數。

又若 f（或 g）為嚴格凹函數時，我們可取 $\mathbf{x}^1 \neq \mathbf{x}^2, \lambda \in (0,1)$，則 (3.1.3) 或 (3.1.4) 中的〝≥〞被〝>〞取代，依同樣過程可推得 (3.1.5') 式中之〝≥〞將被〝>〞取代，此定理第二部分因而成立。

定理 3.1.2：$X \subset \boldsymbol{R}^n$，若 $f: X \to \boldsymbol{R}$ 為一凹函數，則上水平集合 (upper contour set) $UC_f(a) = \left\{\mathbf{x} \in X \middle| f(\mathbf{x}) \geq a,\ a \in \boldsymbol{R}\right\}$ 為一凸集合。

證明：若 $\mathbf{x}^1, \mathbf{x}^2 \in UC_f(a)$，則依定義可得

$$f(\mathbf{x}^1) \geq a,\ f(\mathbf{x}^2) \geq a。\tag{3.1.6}$$

因 f 為一凹函數，故對 $\lambda \in [0,1]$，由 (3.1.6) 可得

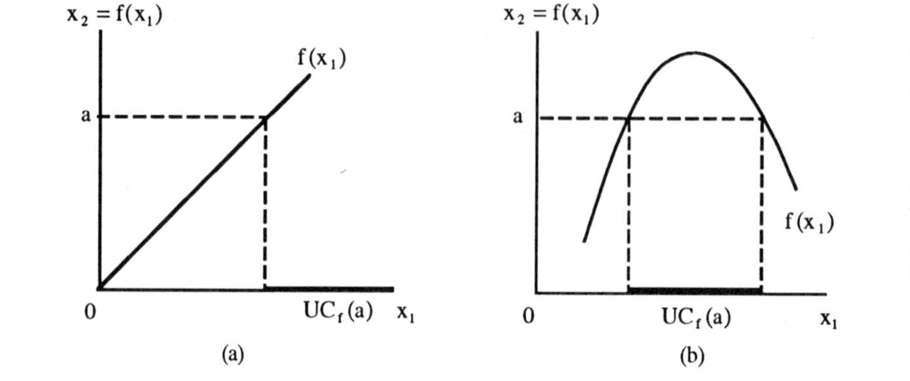

圖 3.1.3

$$f\left(\lambda\mathbf{x}^1 + (1-\lambda)\mathbf{x}^2\right) \geq \lambda f(\mathbf{x}^1) + (1-\lambda)f(\mathbf{x}^2)$$
$$\geq \lambda a + (1-\lambda)a = a\,, \tag{3.1.7}$$

根據 $UC_f(a)$ 之定義知 $\lambda\mathbf{x}^1 + (1-\lambda)\mathbf{x}^2 \in UC_f(a)$, 因此 $UC_f(a)$ 爲一凸集合。

在此我們特別强調, 上水平集合是一函數的定義域的部份集合, 和該函數的值域無關。圖 3.1.3 說明 $\boldsymbol{R}$ 中的兩個凹函數及其可能的上水平集合（粗線部份）。另一方面, 對任一函數, 若可以找到一 $a \in \boldsymbol{R}$ 使得 $UC_f(a)$ 不爲一凸集合, 則 f 必不是凹函數, 圖 3.1.4 即爲一例。此外, 還有一點必須特別注意, 就是此定理的逆定理並不成立。換句話說, 即使某一函數的所有的上水平集合均爲凸集合, 此函數仍未必爲凹函數,

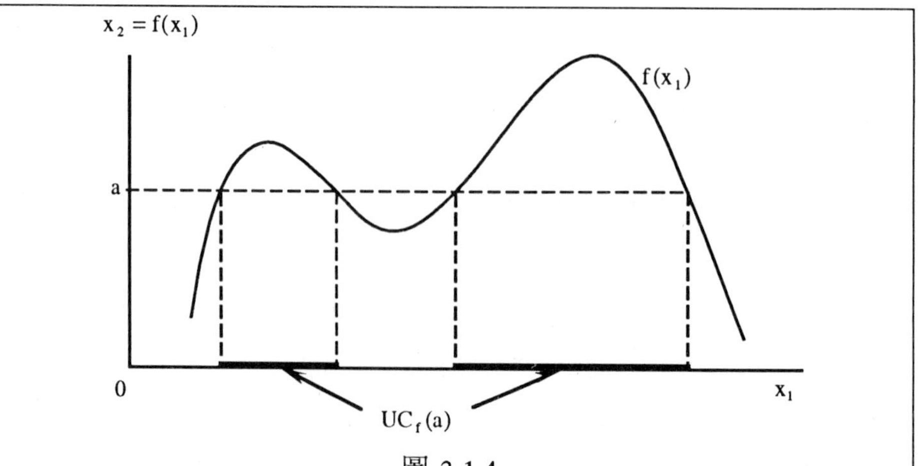

圖 3.1.4

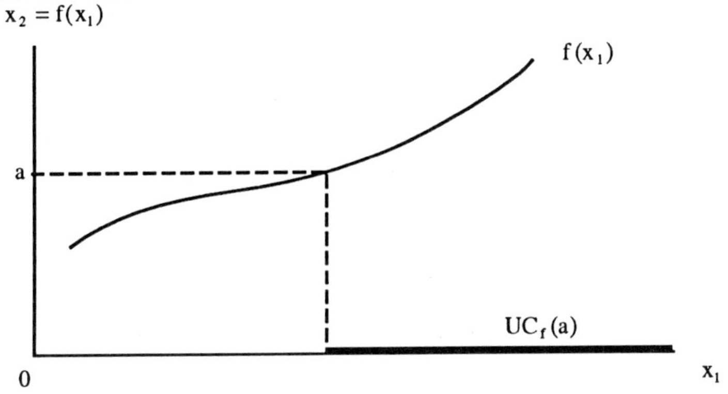

圖 3.1.5

圖 3.1.5 中, 函數 f 並不是凹函數, 但其所有上水平集合均爲凸集合。

【例 3.1.1】 生產函數 $f(K,L)=K^{\alpha}L^{1-\alpha}, \alpha\in(0,1)$，之上水平集合爲 $UC_f(q^0)=\{(K,L)\in \boldsymbol{R}_+^2 | f(K,L)\geq q^0\}$, 即圖 3.1.6 中等產量曲線 (isoquant)，$f(K,L)=q^0$, 及其右上方部份。在本章第 4 節中, 我們將證明此生產函數爲一凹函數, 故 $UC_f(q_0)$ 爲一凸集合。

定理 3.1.3：$X\subset \boldsymbol{R}^n$，$f{:}X\to \boldsymbol{R}$，若且唯若 f 爲一凹函數，則下擺集合 (hypograph) $HG_f=\{(\mathbf{x},y) | \mathbf{x}\in X, y\in \boldsymbol{R}, y\leq f(\mathbf{x})\}$ 爲一凸集合。

證明: (i) 若 HG_f 爲凸集合, 則 f 爲凹函數。

令 $\mathbf{x}^1,\mathbf{x}^2\in X$, 則根據下擺集合定義知

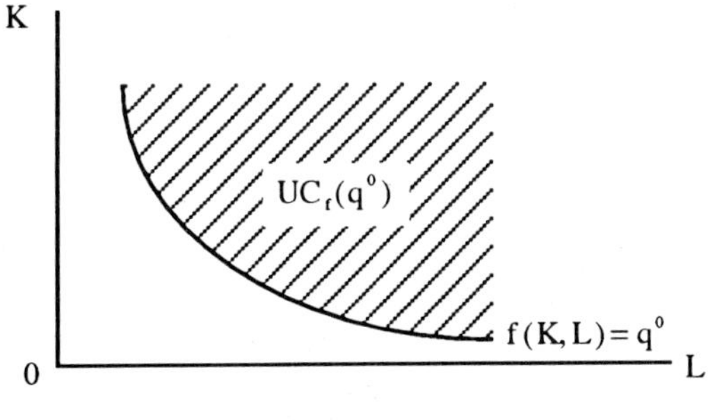

圖 3.1.6

$$\begin{aligned}&\left(\mathbf{x}^1, f\left(\mathbf{x}^1\right)\right) \in HG_f \text{ ,}\\&\left(\mathbf{x}^2, f\left(\mathbf{x}^2\right)\right) \in HG_f \text{。}\end{aligned} \tag{3.1.8}$$

已知 HG_f 爲一凸集合, 故上面兩式隱含

$$\lambda\left(\mathbf{x}^1, f\left(\mathbf{x}^1\right)\right) + (1-\lambda)\left(\mathbf{x}^2, f\left(\mathbf{x}^2\right)\right) \in HG_f \text{ ,}$$

或

$$\left(\lambda\mathbf{x}^1 + (1-\lambda)\mathbf{x}^2, \lambda f\left(\mathbf{x}^1\right) + (1-\lambda) f\left(\mathbf{x}^2\right)\right) \in HG_f \text{。} \tag{3.1.9}$$

再由下擺集合定義知

$$\lambda f(\mathbf{x}^1) + (1-\lambda) f(\mathbf{x}^2) \leq f\left(\lambda\mathbf{x}^1 + (1-\lambda)\mathbf{x}^2\right), \tag{3.1.10}$$

因此, f 爲一凹函數。

(ii) 若 f 爲一凹函數, 則 HG_f 爲一凸集合。

設 $(\mathbf{x}^1, y_1), (\mathbf{x}^2, y_2) \in HG_f$, 則 $y_1 \leq f\left(\mathbf{x}^1\right)$, $y_2 \leq f\left(\mathbf{x}^2\right)$。假定 $\lambda \in [0,1]$, 可得

$$\lambda y_1 + (1-\lambda) y_2 \leq \lambda f\left(\mathbf{x}^1\right) + (1-\lambda) f\left(\mathbf{x}^2\right) \text{。} \tag{3.1.11}$$

但因 f 爲一凹函數, 故

$$\lambda f(\mathbf{x}^1) + (1-\lambda) f(\mathbf{x}^2) \leq f\left(\lambda\mathbf{x}^1 + (1-\lambda)\mathbf{x}^2\right),$$

所以

$$\lambda y_1 + (1-\lambda) y_2 \leq f\left(\lambda\mathbf{x}^1 + (1-\lambda)\mathbf{x}^2\right) \text{。} \tag{3.1.12}$$

由 $\lambda y_1 + (1-\lambda) y_2 \in \boldsymbol{R}$, 且 $\lambda\mathbf{x}^1 + (1-\lambda)\mathbf{x}^2 \in X$ 與 (3.1.12) 可知 $\left(\lambda\mathbf{x}^1 + (1-\lambda)\mathbf{x}^2, \lambda y_1 + (1-\lambda) y_2\right) \in HG_f$, 故 HG_f 爲一凸集合。

此定理與上個定理最大不同在於 HG_f 爲凸集合乃是 f 爲凹函數的充分且必要條件。正因這個原因, 許多書本, 如 Binmore (1983), Dixit and Norman (1980), 均以這個定理爲凹函數的定義。另外一個差別是,

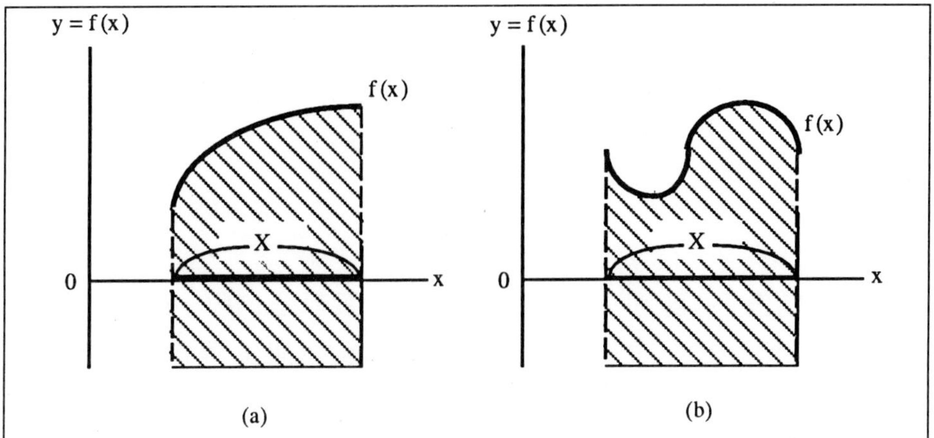

圖 3.1.7

上水平集合是在 f 的定義域中, 但是下擺集合則爲 $X \times \boldsymbol{R}$ 的部分集合。所謂下擺集合, 簡單的說就是函數圖形以下的部分。圖 3.1.7 (a) 與 3.1.7 (b) 中斜線部分分別爲圖中函數的下擺集合。(a) 中之 HG_f 爲凸集合, 故所對應之函數爲凹函數, (b) 中之 HG_f 不爲凸集合, 故對應之函數亦不是凹函數。

定理 3.1.4 ： $X \subset \boldsymbol{R}^n$, $f: X \to \boldsymbol{R}$ 爲一凹函數, $g: \boldsymbol{R} \to \boldsymbol{R}$ 爲一遞增（或非遞減）的凹函數, 則複合函數 $g \circ f: X \to \boldsymbol{R}$ 爲一凹函數。

證明: 令 $\mathbf{x}^1, \mathbf{x}^2 \in X$, $\lambda \in [0,1]$, 則

$$g \circ f\left(\lambda \mathbf{x}^1 + (1-\lambda)\mathbf{x}^2\right) = g\left(f\left(\lambda \mathbf{x}^1 + (1-\lambda)\mathbf{x}^2\right)\right), \qquad (3.1.13)$$

因 f 爲凹函數, 故 $f\left(\lambda \mathbf{x}^1 + (1-\lambda)\mathbf{x}^2\right) \ge \lambda f(\mathbf{x}^1) + (1-\lambda) f(\mathbf{x}^2)$。因 g 爲遞增（或非遞減）函數, 故

$$g\left(f\left(\lambda \mathbf{x}^1 + (1-\lambda)\mathbf{x}^2\right)\right) \ge g\left(\lambda f(\mathbf{x}^1) + (1-\lambda) f(\mathbf{x}^2)\right), \qquad (3.1.14)$$

因 g 爲一凹函數, 故由 (3.1.14) 得

$$g\left(\lambda f(\mathbf{x}^1) + (1-\lambda) f(\mathbf{x}^2)\right) \ge \lambda\left(g \circ f(\mathbf{x}^1)\right) + (1-\lambda)\left(g \circ f(\mathbf{x}^2)\right)。 \qquad (3.1.15)$$

結合 (3.1.13)、(3.1.14) 和 (3.1.15) 得

$$g \circ f\left(\lambda \mathbf{x}^1 + (1-\lambda)\mathbf{x}^2\right) = g\left(f\left(\lambda \mathbf{x}^1 + (1-\lambda)\mathbf{x}^2\right)\right)$$
$$\geq \lambda\left(g \circ f(\mathbf{x}^1)\right) + (1-\lambda)\left(g \circ f(\mathbf{x}^2)\right),$$

故 $g \circ f$ 爲一凹函數。

到目前爲止, 我們所討論的凹（凸）函數都是非常一般化的函數。我們除了知道, 當一個凹（凸）函數的定義域爲開集合時, 該函數必然連續外, 我們對於此函數是否可微分 (differentiable) 則不加考慮。事實上, 與一般函數觀念相同, 即使是一個連續的凹（凸）函數, 也不一定可微分。圖 3.1.8 爲函數 $f:\boldsymbol{R} \to \boldsymbol{R}$, $f(x) = -|x|$。很顯然地, 這是一個連續凹函數, 但此函數在 $x = 0$ 這點並不可微分。

• 函數的微分性、梯度和 Hessian 矩陣

由於經濟學上應用的函數以可微分函數爲主, 因此, 在接下來的討論中, 我們將以可微分函數爲討論對象。雖然, 我們假定所討論的函數均爲高次連續可微分, 但我們將重點放在一次連續可微分和二次連續可微分的凹函數。基本上, 我們假定讀者具有多變數微積分的觀念, 因此, 我們在此僅簡略介紹一下幾個與本節討論以及與本書其他部分較相關的問題。假定函數 $f:X \to \boldsymbol{R}$, $X \subset \boldsymbol{R}^n$ 的各偏導數 $f_i\left(\mathbf{x}^0\right) = \dfrac{\partial f}{\partial x_i}\left(\mathbf{x}^0\right)$,

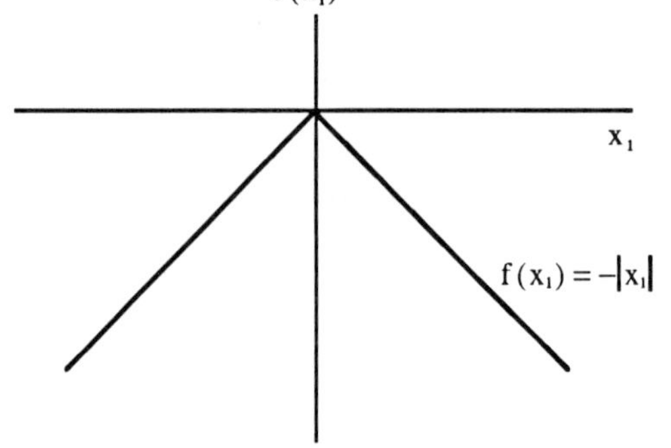

圖 3.1.8

$i=1,\cdots,n$, 對任一 $\mathbf{x}^0 \in X$ 均存在, 且此 n 個偏導數函數

$$f_i : X \to \boldsymbol{R},\ i=1,\cdots,n$$

都是連續函數, 則稱函數 f 爲（一次）連續可微分函數(continuously differentiable function), 記作 $f \in \boldsymbol{C}^1$。如果這 n 個偏導數函數本身爲連續可微分, 這表示對任一 $\mathbf{x}^0 \in X$, $f_{ij}(\mathbf{x}^0)$ $(i,j=1,\cdots,n)$ 均存在, 且 f_i $(i=1,\cdots,n)$ 的偏導數函數

$$f_{ij} : X \to \boldsymbol{R},\ i,j=1,\cdots,n$$

均是連續函數。但 $f_{ij} = \dfrac{\partial f_i}{\partial x_j} = \dfrac{\partial^2 f}{\partial x_j \partial x_i}$ 正是 f 的二階偏導數, 因此, 當對任一 $\mathbf{x}^0 \in X$, $f_{ij}(\mathbf{x}^0)$ $(i,j=1,\cdots,n)$ 均存在, 且所有二階偏導數函數 f_{ij} $(i,j=1,\cdots,n)$ 均連續時, 我們稱此函數爲二次連續可微分(twice-continuously differentiable), 記作 $f \in \boldsymbol{C}^2$。高次（m次）連續可微分函數可如上法定義, 記作 $f \in \boldsymbol{C}^m$。

在許多場合中, 我們常將 f 的 n 個一階偏導數寫成一個行向量

$$f_{\mathbf{x}}(\mathbf{x}^0) = \begin{pmatrix} f_1(\mathbf{x}^0) \\ \vdots \\ f_n(\mathbf{x}^0) \end{pmatrix},\ \mathbf{x}^0 \in X, \tag{3.1.16}$$

這個行向量, 在數學上稱爲函數 f 在點 $\mathbf{x}^0$ 的梯度(gradient), 其符號爲 $\nabla f(\mathbf{x}^0)$。在本書中, 爲了簡化符號, 我們仍將以 $f_{\mathbf{x}}(\mathbf{x}^0)$ 表示梯度。同樣地, 我們也常將 f 的 n^2 個二階偏導數寫成一個 n 階方陣

$$f_{\mathbf{x}\mathbf{x}^T}(\mathbf{x}^0) = \begin{pmatrix} f_{11}(\mathbf{x}^0) & f_{12}(\mathbf{x}^0) & \cdots & f_{1n}(\mathbf{x}^0) \\ \vdots & \vdots & \vdots & \vdots \\ f_{n1}(\mathbf{x}^0) & f_{n2}(\mathbf{x}^0) & \cdots & f_{nn}(\mathbf{x}^0) \end{pmatrix},\ \mathbf{x}^0 \in X, \tag{3.1.17}$$

這個矩陣稱爲函數 f 在點 $\mathbf{x}^0$ 的 Hessian 矩陣。根據 Young's 定理, 我們知道, 當函數 f 爲二次連續可微分時, 微分的次序並不影響結果, 即 $f_{ij}(\mathbf{x}^0) = f_{ji}(\mathbf{x}^0)$, $\mathbf{x}^0 \in X$。所以, Hessian 矩陣爲一對稱矩陣。

另外, 我們可將 (3.1.16) 看成是一純量 f 對向量 $\mathbf{x}$ 作微分, 然後在點 $\mathbf{x}^0$ 作估計的結果。雖然, 向量的微分有各種不同的表示法, 但在本書中, 我們採取的準則是任何純量對行（列）向量微分, 所得到的就是一個行（列）向量。根據這個原理, 我們可將 (3.1.17) 看成純量 f 先對行向量 $\mathbf{x}$ 作微分所得到的行向量, 接著再將此行向量的每一元素（爲一純量）再對列向量 $\mathbf{x}^T$ 作微分所得到的結果。

【例 3.1.2】求函數 $f(x_1,x_2)=x_1^2-x_2^2$ 在點 (x_1,x_2) 的梯度及 Hessian 矩陣。

解:

$$f_{\mathbf{x}}(x_1,x_2)=\begin{pmatrix}\dfrac{\partial f}{\partial x_1}(x_1,x_2)\\ \dfrac{\partial f}{\partial x_2}(x_1,x_2)\end{pmatrix}=\begin{pmatrix}2x_1\\ -2x_2\end{pmatrix},$$

Hessian 矩陣爲

$$f_{\mathbf{x}\mathbf{x}^T}(x_1,x_2)=\begin{pmatrix}\dfrac{\partial^2 f}{\partial x_1^2} & \dfrac{\partial^2 f}{\partial x_1\partial x_2}\\ \dfrac{\partial^2 f}{\partial x_1\partial x_2} & \dfrac{\partial^2 f}{\partial x_2^2}\end{pmatrix}=\begin{pmatrix}2 & 0\\ 0 & -2\end{pmatrix}。$$

因 $f_{\mathbf{x}\mathbf{x}^T}$ 不受 (x_1,x_2) 的影響, 故其 Hessian 矩陣在定義域中任何一點都相同。

由於梯度、Hessian 矩陣與可微分的凹（凸）函數均和 f 的泰勒展開式 (Taylor's formula) 有密切的關係, 在此, 我們先將大家所熟悉的一個變數的泰勒展開式擴展到 n 個變數的情形, 再以之進一步說明梯度、Hessian 矩陣及凹（凸）函數的關係。

假定 $f:X\to \boldsymbol{R}$, $X\subset \boldsymbol{R}$, $x^0\in X$, 則我們知道函數 f 在點 x^0 的二階泰勒展開式爲

$$f(x)=f(x^0)+\frac{(x-x^0)}{1!}f'(x^0)+\frac{(x-x^0)^2}{2!}f''(x'),\qquad(3.1.18)$$

上式中 x' 爲位於 x^0 與 x 間的一個點。當 x^0 和 x 非常接近時, 我們可大略地以 x^0 取代 x', 這也是在經濟理論中常採取的方法。泰勒展開式有很明確的幾何意義: 一階泰勒展開式乃是以一直線來估計函數 f, 且此直線與 f 在展開點 x^0 重合。此可由將 x 以 x^0 代入 (3.1.18) 式中得知。圖 3.1.9 中通過 $\left(x_1^0, f(x_1^0)\right)$ 的直線即爲函數 f 在點 x_1^0 的一階泰勒展開式, 也就是函數 f 在點 $\left(x_1^0, f(x_1^0)\right)$ 的切線。此外, 我們也發現, 當 x_1 與 x_1^0 相距愈遠時, f 的圖形與 $f(x_1^0)+(x_1-x_1^0)f'(x_1^0)$ 就相距愈遠。換句話說, 當 x_1 與 x_1^0 相距愈遠時, f 的線性估計值 (linear approximation) 就愈不準確。二次泰勒展開式的原理與一階泰勒展開式相同, 只不過是以一二次曲線而非直線來估計而已, 圖 3.1.9 中的虛線曲線即代表 f 的二階泰勒展開式。

當 f 爲 n 個變數的函數時, 泰勒展開式的原理和幾何意義與上面一變數時完全類似。現在我們就來討論 n 個變數的函數:

$$f: X \to \boldsymbol{R},\ X \subset \boldsymbol{R}^n$$

在點 $\mathbf{x}^0 \in X$ 的泰勒展開式。令 $\mathbf{x} \in X$, $\mathbf{x}^1 = \mathbf{x}^0 + t(\mathbf{x}-\mathbf{x}^0), 0<t<1$, 定義函數 $g: \boldsymbol{R} \to \boldsymbol{R}$ 爲

$$g(t) = f(\mathbf{x}^1) = f\left(\mathbf{x}^0 + t(\mathbf{x}-\mathbf{x}^0)\right), \tag{3.1.19}$$

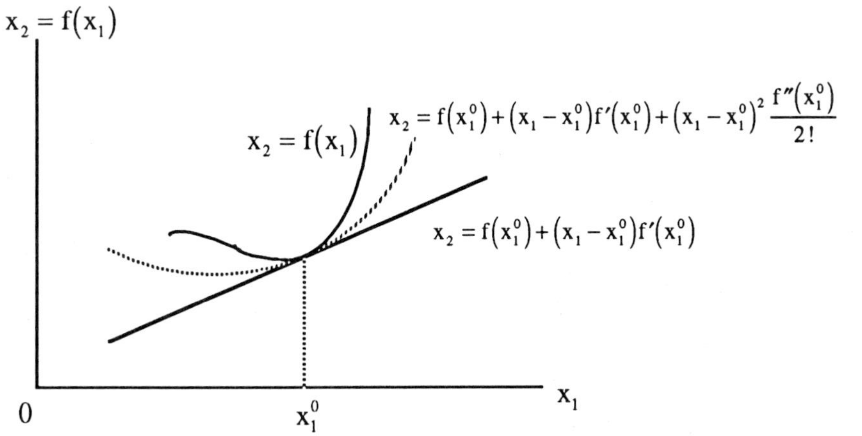

圖 3.1.9

則 $$g'(t)=\frac{dg}{dt}=\left(\frac{df}{d\mathbf{x}}\right)^T_{\mathbf{x}=\mathbf{x}^1}\frac{d\mathbf{x}^1}{dt}=\left(f_{\mathbf{x}}(\mathbf{x}^1)\right)^T(\mathbf{x}-\mathbf{x}^0)=(\mathbf{x}-\mathbf{x}^0)^T f_{\mathbf{x}}(\mathbf{x}^1), \tag{3.1.20}$$

式中 $f_{\mathbf{x}}(\mathbf{x}^1)$ 爲函數 f 在點 $\mathbf{x}^1$ 的梯度。上式中，最後一個等號所以成立，是因爲 $f_{\mathbf{x}}(\mathbf{x}^1)$ 與 $(\mathbf{x}-\mathbf{x}^0)$ 的內積爲一純量(scalar)，因此轉置後仍然一樣。

$$\begin{aligned} g''(t) &= \frac{d^2g}{dt^2}=\frac{d}{dt}\left(\frac{dg}{dt}\right)=(\mathbf{x}-\mathbf{x}^0)^T\frac{d}{dt}\left(f_{\mathbf{x}}(\mathbf{x}^1)\right) \\ &= (\mathbf{x}-\mathbf{x}^0)^T\frac{d}{d\mathbf{x}^T}\left(f_{\mathbf{x}}(\mathbf{x}^1)\right)\frac{d\mathbf{x}^1}{dt} \\ &= (\mathbf{x}-\mathbf{x}^0)^T f_{\mathbf{x}\mathbf{x}^T}(\mathbf{x}^1)(\mathbf{x}-\mathbf{x}^0), \end{aligned} \tag{3.1.21}$$

式中 $f_{\mathbf{x}\mathbf{x}^T}(\mathbf{x}^1)$ 爲 Hessian 矩陣。

根據 (3.1.18) 和 (3.1.19)，g(t) 在 t = 0 的泰勒展開式爲

$$g(t)=g(0)+tg'(0)+\frac{t^2}{2!}g''(t'),\ \ 0<t'<t, \tag{3.1.22}$$

故 $$g(1)=g(0)+g'(0)+\frac{1}{2}g''(t'),\ \ 0<t'<1。 \tag{3.1.23}$$

由 (3.1.19) 知

$$f(\mathbf{x})=g(1),\ f(\mathbf{x}^0)=g(0), \tag{3.1.24}$$

綜合 (3.1.20)，(3.1.21)，(3.1.23) 和 (3.1.24) 可得

$$f(\mathbf{x})=f(\mathbf{x}^0)+(\mathbf{x}-\mathbf{x}^0)^T f_{\mathbf{x}}(\mathbf{x}^0)+\frac{1}{2}(\mathbf{x}-\mathbf{x}^0)^T f_{\mathbf{x}\mathbf{x}^T}(\mathbf{x}'')(\mathbf{x}-\mathbf{x}^0), \tag{3.1.25}$$

其中 $\mathbf{x}''=\mathbf{x}^0+t'(\mathbf{x}-\mathbf{x}^0)$。當 $t'\to 0$ 時，$\mathbf{x}''\to\mathbf{x}^0$，故在 (3.1.25) 中 $f_{\mathbf{x}\mathbf{x}^T}(\mathbf{x}'')\to f_{\mathbf{x}\mathbf{x}^T}(\mathbf{x}^0)$。(3.1.25) 式即爲函數 f 在點 $\mathbf{x}^0$ 的泰勒展開式；如前面一變數時所提，我們將考慮 $\mathbf{x}$ 和 $\mathbf{x}^0$ 相當接近的情形，故有時將直接以 $f_{\mathbf{x}\mathbf{x}^T}(\mathbf{x}^0)$ 取代 $f_{\mathbf{x}\mathbf{x}^T}(\mathbf{x}'')$。另外，由前面的討論，我們知道，一階泰勒展開式其實就是函數 f 在點 $\left(\mathbf{x}^0, f(\mathbf{x}^0)\right)$ 的切超平面(tangent hyperplane)。圖 3.1.10 中，平面 $z=f(\mathbf{x}^0)+(\mathbf{x}-\mathbf{x}^0)^T f_{\mathbf{x}}(\mathbf{x}^0)$，即是函數 $z=f(\mathbf{x})=f(x_1,x_2)$ 在點 (x_1^0,x_2^0,z_0) 的切平面。

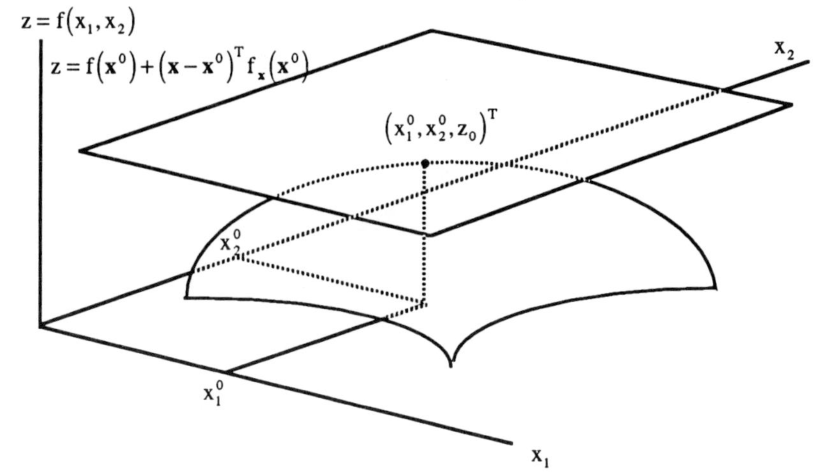

圖 3.1.10

現在，我們將 $f(\mathbf{x})$ 的值固定在 $z_0 = f(\mathbf{x}^0)$，並考慮集合 $C(z_0) = \{\mathbf{x} \in X | f(\mathbf{x}) = z_0\}$。集合 $C(z_0)$ 通常稱爲水平集合 (level set) 或等值曲線 (contour)。經濟學上常用的無異曲線和等產量曲線都是一種水平集合。在本書中，爲了避免名詞混淆，我們將三維以上的 $C(z_0)$ 稱爲水平集合，二維的 $C(z_0)$ 稱爲等值線，而在討論經濟學上的問題時，則直接使用相關的經濟學術語。假定 $\mathbf{x}$ 和 $\mathbf{x}^0$ 爲水平集合 $C(z_0)$ 上面兩點，則一階泰勒展開式

$$f(\mathbf{x}) = f(\mathbf{x}^0) + (\mathbf{x} - \mathbf{x}^0)^T f_{\mathbf{x}}(\mathbf{x}'),\ \mathbf{x}' = \mathbf{x}^0 + t(\mathbf{x} - \mathbf{x}^0),\ 0 < t < 1$$

成爲 $z_0 = z_0 + (\mathbf{x} - \mathbf{x}^0)^T f_{\mathbf{x}}(\mathbf{x}')$，

或 $$(\mathbf{x} - \mathbf{x}^0)^T f_{\mathbf{x}}(\mathbf{x}') = 0, \quad (3.1.26)$$

上式表示，$\mathbf{x}$ 和 $\mathbf{x}^0$ 連線上一點 $\mathbf{x}'$ 的梯度與 $\mathbf{x}$ 和 $\mathbf{x}^0$ 連線本身成正交 (orthogonal) 或垂直。但因 $\mathbf{x}$ 和 $\mathbf{x}^0$ 均在水平集合上，故在 $\mathbf{x} \to \mathbf{x}^0$ 時，$\mathbf{x}$ 和 $\mathbf{x}^0$ 的連線實際上即是水平集合 $C(z_0)$ 在點 $\mathbf{x}^0$ 的切線。又由前面的討論知，當 $\mathbf{x} \to \mathbf{x}^0$ 時，$f_{\mathbf{x}}(\mathbf{x}') \to f_{\mathbf{x}}(\mathbf{x}^0)$，故在 $\mathbf{x} \to \mathbf{x}^0$ 時，(3.1.26) 可寫成

$$(\mathbf{x} - \mathbf{x}^0)^T f_{\mathbf{x}}(\mathbf{x}^0) = 0。 \quad (3.1.26')$$

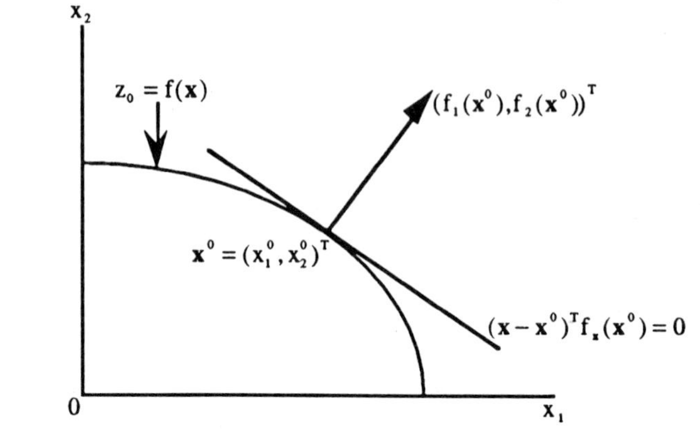

圖 3.1.11

事實上, (3.1.26') 即是函數 f 通過點 $\mathbf{x}^0$ 的水平集合在該點的切超平面方程式。又 (3.1.26') 告訴我們, 水平集合上任何一點 $\mathbf{x}^0$, 其函數的梯度必與此水平集合在此點的切線成正交。由於上面的結果對任一水平集合上的任何點都成立, 我們也常說, 函數 f 在其定義域中任何一點的梯度, 必與通過該點的水平集合成正交（垂直）（圖 3.1.11）。

讀者到此應該可分辨清楚, 函數 f 在點 $(\mathbf{x}^0, f(\mathbf{x}^0))$ 的切超平面與在點 $\mathbf{x}^0$ 的梯度的差別。前者圖形在 $\mathbf{X}\times\boldsymbol{R}$ 中, 後者則為 $\boldsymbol{R}^n$ 中的一個向量。

【例 3.1.3】求 $f(x_1,x_2)=x_1^2x_2+x_1x_2^3$ 在點 (1,2) 的梯度及點 (1,2,10) 之切平面。

解: 梯度為 $f_{\mathbf{x}}(1,2)=\begin{pmatrix} f_1(1,2) \\ f_2(1,2) \end{pmatrix}=\begin{pmatrix} 12 \\ 13 \end{pmatrix}$;

在點 (1,2,10) 之切平面為

$$\begin{aligned} z &= f(1,2)+(x_1-1)f_1(1,2)+(x_2-2)f_2(1,2) \\ &= 10+12(x_1-1)+13(x_2-2)=-28+12x_1+13x_2\text{。} \end{aligned}$$

【例 3.1.4】若一消費者可消費 n 種產品 $\mathbf{x}\in\boldsymbol{R}_+^n$, 其所得和所面對的市場價格分別為 I 和 $\mathbf{p}$, $I>0$, $\mathbf{p}\in\boldsymbol{R}_{++}^n$, 則其預算限制可寫成 $\mathbf{p}^T\mathbf{X}=I$, 故預算限制為一超平面。事實上, 當 I 和 $\mathbf{p}$ 固定

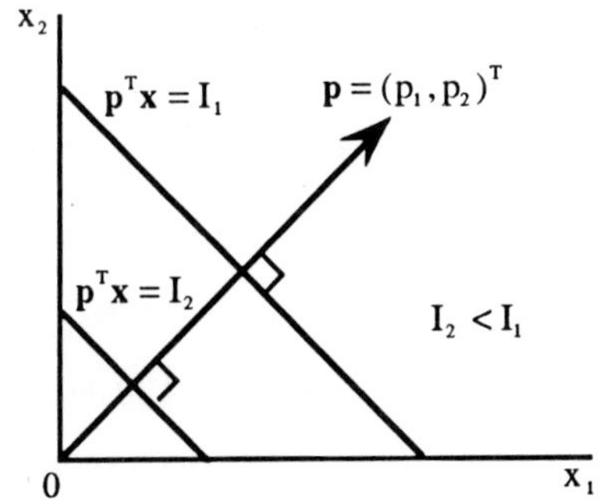

圖 3.1.12

時, 預算限制就是一種水平集合, 故此集合中任何一點 **x** 的梯度爲

$$f_{\mathbf{x}}(\mathbf{x}) = \begin{pmatrix} f_1(\mathbf{x}) \\ \vdots \\ f_n(\mathbf{x}) \end{pmatrix} = \begin{pmatrix} p_1 \\ \vdots \\ p_n \end{pmatrix}。 \tag{3.1.27}$$

換句話說, 預算限制上任何一點的梯度均等於價格向量。由 (3.1.27), 我們也知道, 預算限制的梯度並不受所得水準 (I) 的影響, 所以只要價格向量固定, 不同所得水準的限制式所形成的超平面彼此相互平行 (圖 3.1.12)。

梯度的另一個重要意義爲, 它代表函數值增加最快的方向。這可利用一階泰勒展開式來說明:

$$f(\mathbf{x}) = f(\mathbf{x}^0) + (\mathbf{x} - \mathbf{x}^0)^T f_{\mathbf{x}}(\mathbf{x}^0); \tag{3.1.28}$$

假定我們由 $\mathbf{x}^0$ 這點出發, 希望在以 $\mathbf{x}^0$ 爲球心之單位球上找出一個方向 **x**, 使得函數值增加比其他方向大；換句話說, 我們希望找到使 $f(\mathbf{x}) - f(\mathbf{x}^0)$ 最大的 **x**。由 (3.1.28) 知

$$f(\mathbf{x}) - f(\mathbf{x}^0) = (\mathbf{x} - \mathbf{x}^0)^T f_{\mathbf{x}}(\mathbf{x}^0), \tag{3.1.29}$$

因此, 使 $f(\mathbf{x}) - f(\mathbf{x}^0)$ 最大就是使 $(\mathbf{x} - \mathbf{x}^0)^T f_{\mathbf{x}}(\mathbf{x}^0)$ 最大。但由 (1.5.6), 我們知道

$$(\mathbf{x}-\mathbf{x}^0)^T f_{\mathbf{x}}(\mathbf{x}^0)=\|\mathbf{x}-\mathbf{x}^0\|\,\|f_{\mathbf{x}}(\mathbf{x}^0)\|\cos\theta, \tag{3.1.30}$$

其中 θ 爲向量 $\mathbf{x}-\mathbf{x}^0$ 與 $f_{\mathbf{x}}(\mathbf{x}^0)$ 之夾角。因 $\mathbf{x}$ 在以 $\mathbf{x}^0$ 爲球心之單位球上, 故 $\|\mathbf{x}-\mathbf{x}^0\|=1$, 而 $\|f_{\mathbf{x}}(\mathbf{x}^0)\|$ 爲一定値, 故 (3.1.30) 右邊的大小完全由 $\cos\theta$ 決定。但 $\cos\theta$ 之値最大爲 1, 這僅在 $\theta=0^\circ$ 時才發生。這正表示, 由任一點 $\mathbf{x}^0$ 出發, 欲使 f 的値增加最快的方式就是選取與梯度同樣的方向。換句話說, 點 $\mathbf{x}^0$ 的梯度指出了函數 f 在 $\mathbf{x}^0$ 這點增加最快的方向。尤有進者, 由 (3.1.29) 和 (3.1.30), 我們知道這個最快的增加速度 ($\frac{df}{d\mathbf{x}}(\mathbf{x}^0)$) 剛好等於梯度的長度 $\|f_{\mathbf{x}}(\mathbf{x}^0)\|$。

【例 3.1.5】假定消費者的效用函數爲 $u(x_1,x_2)$, 則無異曲線可寫成 $I(\alpha)=\left\{(x_1,x_2)\in \boldsymbol{R}_+^2 \middle| u(x_1,x_2)=\alpha,\ \alpha\in\boldsymbol{R}_+\right\}$。假定此消費者原在圖 3.1.13 中的 $\mathbf{x}^0=(x_1^0,x_2^0)^T$ 這一點, 則此消費者將會往任何使得 $du(x_1^0,x_2^0)>0$ 的方向移動。但

$$du(x_1^0,x_2^0)=u_{\mathbf{x}}(x_1^0,x_2^0)^T\begin{pmatrix}dx_1\\ dx_2\end{pmatrix}, \tag{3.1.31}$$

上式中 $(dx_1,dx_2)^T$ 代表移動的方向。由前面的討論, 我們知道, 此消費者若選取 $u_{\mathbf{x}}(x_1^0,x_2^0)$ 的方向, 其效用增加最快。又, 由圖 3.1.13, 我們也知道, 只有當此消費者在點 $\mathbf{x}^1=(x_1^1,x_2^1)$ 時, 他才無法再增加效用而不違反預算限制 AB。由例 3.1.4, 我們知道, 在點 $\mathbf{x}^1$ 的預算限制的梯度爲 $(p_1,p_2)^T$, 而 $u_{\mathbf{x}}(x_1^1,x_2^1)$ 則是 $u(x_1,x_2)$ 在點 (x_1^1,x_2^1) 的梯度, 故與通過點 $\mathbf{x}^1$ 的無異曲線的切線（即預算線 AB）垂直。因此, $u_{\mathbf{x}}(x_1^1,x_2^1)$ 與 $(p_1,p_2)^T$ 應是指向相同的方向,

即

$$u_{\mathbf{x}}(x_1^1,x_2^1)=a(p_1,p_2)^T,\ a>0, \tag{3.1.32}$$

或

$$u_{x_1}(x_1^1,x_2^1)=ap_1,$$
$$u_{x_2}(x_1^1,x_2^1)=ap_2,$$

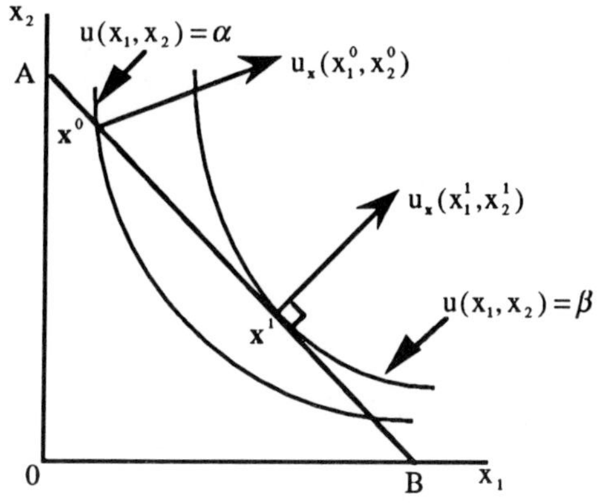

圖 3.1.13

所以

$$\frac{u_{x_1}(x_1^1,x_2^1)}{u_{x_2}(x_1^1,x_2^1)}=\frac{p_1}{p_2}, \tag{3.1.33}$$

(3.1.33)式左邊稱爲邊際代替率 (marginal rate of substitution)。當一消費者對兩產品的消費達到其邊際代替率等於此兩產品的相對價格，如 (3.1.33) 時，則稱其已達到消費者均衡。

•一次連續可微分凹（凸）函數

具備了有關函數的梯度及 Hessian 矩陣的觀念後，我們現在可正式來探討，在函數爲可微分時，如何確定其是否爲一凹（凸）函數的問題。和前面討論的方式一樣，我們將以凹函數爲討論對象，而將大部分凸函數的性質留給讀者。

※**定理 3.1.5**：設 $X \subset \boldsymbol{R}^n$ 爲一開凸集合，$f: X \to \boldsymbol{R}$ 且 $f \in \boldsymbol{C}^1$。對任意兩點 $\mathbf{x}, \mathbf{x}' \in X$，若且唯若 f 爲一凹函數，則

$$f(\mathbf{x}) \le f(\mathbf{x}') + f_{\mathbf{x}}(\mathbf{x}')^T(\mathbf{x}-\mathbf{x}')。 \tag{3.1.34}$$

證明: (i) 若 $f(\mathbf{x}) \le f(\mathbf{x}') + f_{\mathbf{x}}(\mathbf{x}')^{T}(\mathbf{x} - \mathbf{x}')$, 則 f 爲一凹函數。

設 $\mathbf{x}$ 和 $\mathbf{x}'$ 爲 X 中任意兩點, 令 $\mathbf{x}^0 = \lambda\mathbf{x} + (1-\lambda)\mathbf{x}'$, $\lambda \in (0,1)$, 則

$$\lambda\mathbf{x}^0 + (1-\lambda)\mathbf{x}^0 = \lambda\mathbf{x} + (1-\lambda)\mathbf{x}',$$

或
$$\mathbf{x} - \mathbf{x}^0 = \frac{(1-\lambda)}{\lambda}(\mathbf{x}^0 - \mathbf{x}')。 \tag{3.1.35}$$

由假設知
$$f(\mathbf{x}') \le f(\mathbf{x}^0) + f_{\mathbf{x}}(\mathbf{x}^0)^{T}(\mathbf{x}' - \mathbf{x}^0), \tag{3.1.36}$$

$$f(\mathbf{x}) \le f(\mathbf{x}^0) + f_{\mathbf{x}}(\mathbf{x}^0)^{T}(\mathbf{x} - \mathbf{x}^0), \tag{3.1.37}$$

將 (3.1.36) 乘以 $\frac{(1-\lambda)}{\lambda}$, 再與 (3.1.37) 相加, 利用 (3.1.35) 可得

$$(1-\lambda)f(\mathbf{x}') + \lambda f(\mathbf{x}) \le f(\mathbf{x}^0); \tag{3.1.38}$$

由 $\mathbf{x}^0$ 之定義知

$$f\big(\lambda\mathbf{x} + (1-\lambda)\mathbf{x}'\big) \ge (1-\lambda)f(\mathbf{x}') + \lambda f(\mathbf{x})。 \tag{3.1.39}$$

上式在 $\lambda = 1$ 時成爲 $f(\mathbf{x}) \ge f(\mathbf{x})$; 在 $\lambda = 0$ 時成爲 $f(\mathbf{x}') \ge f(\mathbf{x}')$, 故仍然成立。因此, 對任意兩點 $\mathbf{x}, \mathbf{x}' \in X$, (3.1.39) 式在 $\lambda \in [0,1]$ 時成立, 所以 f 爲一個凹函數。

(ii) 若 f 爲一凹函數, 則 $f(\mathbf{x}) \le f(\mathbf{x}') + f_{\mathbf{x}}(\mathbf{x}')^{T}(\mathbf{x} - \mathbf{x}')$。
因 f 爲一凹函數, 由定理 3.1.3 知, 其下擺集合

$$HG_f = \{(\mathbf{x}^T, \mu) | \mathbf{x} \in X,\ \mu \le f(\mathbf{x})\}$$

爲一凸集合。取 $\mathbf{x}' \in X$ 且令 $\mu' = f(\mathbf{x}')$, 則 $(\mathbf{x}'^T, \mu')$ 爲 HG_f 的一個邊界點, 因對任一 $\varepsilon > 0$, 恆有 $(\mathbf{x}'^T, \mu' + \varepsilon) \in HG_f'$, $(\mathbf{x}'^T, \mu' - \varepsilon) \in HG_f$。根據支持超平面定理（定理 2.5.7）, HG_f 在點 $(\mathbf{x}'^T, \mu')$ 有一支持超平面。因 $HG_f \subset \boldsymbol{R}^{n+1}$, 故我們將此支持超平面寫成

$$(\mathbf{p}^{T},b)\cdot(\mathbf{x},y)=\mathbf{p}^{T}\mathbf{x}+by=c, \tag{3.1.40}$$

上式中 $\mathbf{p}\in \boldsymbol{R}^{n}$, $b,c,y\in \boldsymbol{R}$。

我們可取 $b\geq 0$（當 $b<0$ 時, 我們可將上述超平面方程式左右兩邊乘以 -1），則根據支持超平面的定義, 對任一 $(\mathbf{x},f(\mathbf{x}))\in HG_{f}$, 我們有

$$\mathbf{p}^{T}\mathbf{x}+bf(\mathbf{x})\leq c。 \tag{3.1.41}$$

因 $(\mathbf{x}'^{T},\mu')$ 在此支持超平面上, 故

$$\mathbf{p}^{T}\mathbf{x}'+bf(\mathbf{x}')=\mathbf{p}^{T}\mathbf{x}'+b\mu'=c, \tag{3.1.42}$$

由 (3.1.41) 和 (3.1.42) 兩式可得

$$\mathbf{p}^{T}\mathbf{x}+bf(\mathbf{x})\leq \mathbf{p}^{T}\mathbf{x}'+bf(\mathbf{x}')。 \tag{3.1.43}$$

在定義此支持超平面時, 我們將 b 的值限爲 $b\geq 0$, 但事實上, b 的值不可能等於 0。若 $b=0$, 則 (3.1.43) 成爲

$$\mathbf{p}^{T}\mathbf{x}\leq \mathbf{p}^{T}\mathbf{x}',\ \mathbf{x},\mathbf{x}'\in X, \tag{3.1.44}$$

但 (3.1.44) 意謂 $\mathbf{x}'\in X$ 爲 X 的一個邊界點。然而我們知道 X 爲一開集合, 因此 X 不可能包括其任何邊界點, 故 $b=0$ 不可能成立, 換句話說 $b>0$。爲了方便起見, 取 $b=1$（即將其標準化）, 則 (3.1.43) 成爲

$$f(\mathbf{x})+\mathbf{p}^{T}\mathbf{x}\leq f(\mathbf{x}')+\mathbf{p}^{T}\mathbf{x}',$$

或
$$f(\mathbf{x})\leq f(\mathbf{x}')+\mathbf{p}^{T}(\mathbf{x}'-\mathbf{x}),\ \mathbf{x},\mathbf{x}'\in X。 \tag{3.1.45}$$

現在固定 $\mathbf{x}'$, 並令 $\mathbf{x}$ 和 $\mathbf{x}'$ 僅在第 j 個分量上不同, 即 $x_{j}=x'_{j}+h$, $x_{k}=x'_{k}(k\neq j)$, 則 (3.1.45) 成爲

$$f(\mathbf{x})\leq f(\mathbf{x}')-p_{j}h; \tag{3.1.46}$$

整理 (3.1.46) 可得

$$當\ h>0\ 時, \quad \frac{f(\mathbf{x})-f(\mathbf{x}')}{h} \le -p_j, \tag{3.1.47}$$

$$當\ h<0\ 時, \quad \frac{f(\mathbf{x})-f(\mathbf{x}')}{h} \ge -p_j。 \tag{3.1.47'}$$

在 (3.1.47) 中, 取 $h \to 0^+$, 則其左邊成爲函數 f 第 j 個分量在點 $\mathbf{x}'$ 的右偏導數 $f_{j^+}(\mathbf{x}')$；同理, 在 (3.1.47') 中, 取 $h \to 0^-$, 則其左邊爲函數 f 第 j 個分量在點 $\mathbf{x}'$ 的左偏導數 $f_{j^-}(\mathbf{x}')$, 故可得

$$f_{j^+}(\mathbf{x}') \le -p_j \le f_{j^-}(\mathbf{x}')。 \tag{3.1.48}$$

我們知道, 如果 f 是可微分的話, 則其在同一點, 同一分量上的左偏導數和右偏導數必然相等, 因此 (3.1.48) 隱含

$$-f_j(\mathbf{x}') = p_j, \tag{3.1.49}$$

因上式對任一方向 j 均成立, 故可將所有 $f_j, j=1,\cdots,n$, 排在一起, 寫成下列向量形式

$$-f_{\mathbf{x}}(\mathbf{x}') = \mathbf{p}, \tag{3.1.50}$$

將 (3.1.50) 代入 (3.1.45) 可得

$$f(\mathbf{x}) \le f(\mathbf{x}') + f_{\mathbf{x}}(\mathbf{x}')^T(\mathbf{x}-\mathbf{x}'), \tag{3.1.51}$$

故得證。

如果我們將 (3.1.34) 中的〝≤〞以〝<〞取代（且限定 $\mathbf{x} \ne \mathbf{x}'$, 爲什麼？）, 則定理 3.1.5 即成爲嚴格凹函數的定理。又, 由定義 3.1.3, 我們可立即推導出, 將 (3.1.34) 中的〝≤〞以〝≥〞取代, 則定理 3.1.5 即成爲有關凸函數的定理了。另外, 由前面的討論, 我們知道, (3.1.51) 不等號右側正是函數 f 在點 $\mathbf{x}'$ 的一階泰勒展開式, 也就是函數 f 在點 $(\mathbf{x}', f(\mathbf{x}'))^T$ 的切超平面。由此, 我們可知, 所謂一次連續可微分的凹函數

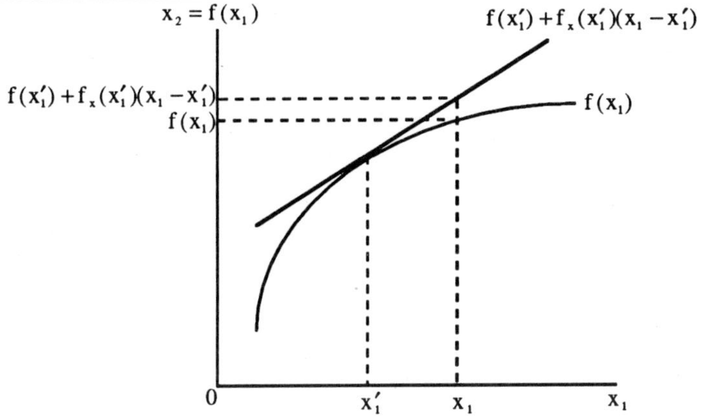

圖 3.1.14

的另一種意義, 就是該函數在其上任一點的一階泰勒展開式（或線性估計式）永遠不可能低於該函數任何其他點的函數值。從幾何觀點來說, 就是該函數上任何一點的切超平面永遠不可能在此函數圖形的下方（見圖 3.1.14）。

•二次連續可微分凹（凸）函數

一般而言, 定理 3.1.5 主要是應用在理論的推演上, 如果要以之實際判別某一特定函數是否爲一凹函數, 則未必如想像般容易；讀者如果不信, 可試著以之驗證 $f(x)=\sqrt{x}$ 和 $f(x)=\boldsymbol{ln}x$ 這兩個簡單的凹函數, 看看是否有困難。另一方面, 如果一個函數是二次連續可微分, 則我們尚有其他的方法來判定其凹、凸性質, 且在大部份的情況下, 其過程要比定理 3.1.5 來得簡便。但是, 在介紹這個方法之前, 我們得先有正、負定矩陣的觀念。

定義 3.1.4：$\mathbf{A}$ 爲一 n 階方陣, $\mathbf{x}\in \boldsymbol{R}^n$,

(i) 若對任何 $\mathbf{x}\neq \mathbf{0}_n$, 均有 $\mathbf{x}^T\mathbf{A}\mathbf{x}>0$, 則稱 $\mathbf{A}$ 爲一正定矩陣 (positive definite matrix)。

(ii) 若對任何 $\mathbf{x} \neq \mathbf{0}_n$, 均有 $\mathbf{x}^T\mathbf{A}\mathbf{x} < 0$, 則稱 **A** 爲一負定矩陣 (negative definite matrix)。

(iii) 若對任何 **x**, 均有 $\mathbf{x}^T\mathbf{A}\mathbf{x} \geq 0$, 則稱 **A** 爲一半正定矩陣 (positive semidefinite matrix)。

(iv) 若對任何 **x**, 均有 $\mathbf{x}^T\mathbf{A}\mathbf{x} \leq 0$, 則稱 **A** 爲一半負定矩陣 (negative semidefinite matrix)。

(v) 若 $\mathbf{x}^T\mathbf{A}\mathbf{x}$ 之值有時爲正, 有時爲負, 則稱 **A** 爲一不確定矩陣 (indefinite matrix)。

讀者如果將此定義與第一章定義 1.7.1 作比較, 應可立即發現, 所謂正負定（對稱）矩陣與正負定二次式基本上是一體的兩面: 若一（對稱）方陣爲正（負）定, 則其對應之二次式就是正（負）定二次式, 反之亦然。因此, 第一章中所介紹用以判別正、負定二次式的方法, 也可以用來判別其對應方陣的正、負定性質。在第一章利用矩陣對角化方法判別正、負定二次式時（例 1.7.4）, 我們曾提到, 二次式之正、負, 似乎與該二次式對應之對稱矩陣的特性根有很密切的關係。現在, 我們正式來敘述這種關係。

※定理 **3.1.6** : **A** 爲一 n 階對稱方陣, 若且唯若

(i) **A** 的所有特性根均爲正, 則 **A** 爲一正定矩陣。

(ii) **A** 的所有特性根均爲負, 則 **A** 爲一負定矩陣。

(iii) **A** 的所有特性根均爲非負, 則 **A** 爲一半正定矩陣。

(iv) **A** 的所有特性根均爲非正, 則 **A** 爲一半負定矩陣。

(v) **A** 的特性根有正、有負, 則 **A** 爲一不確定矩陣。

證明: 假定對應於 **A** 之二次式爲

$$Q = \mathbf{x}^T\mathbf{A}\mathbf{x},\ \mathbf{x} \in \boldsymbol{R}^n,$$

A 之單位長特性向量所形成的 n 階方陣爲

$$\mathbf{E} = (\mathbf{e}_1, \mathbf{e}_2, \cdots, \mathbf{e}_n)。$$

現在作如下的變數變換

$$\mathbf{x} = \mathbf{E}\mathbf{y},\ \mathbf{y} \in \boldsymbol{R}^n, \tag{3.1.52}$$

則 $$Q = \mathbf{x}^T\mathbf{A}\mathbf{x} = (\mathbf{E}\mathbf{y})^T\mathbf{A}(\mathbf{E}\mathbf{y}) = \mathbf{y}^T\mathbf{E}^T\mathbf{A}\mathbf{E}\mathbf{y} = \mathbf{y}^T\mathbf{D}\mathbf{y}$$

$$= (y_1, y_2, \cdots, y_n)\begin{pmatrix} \lambda_1 & & & 0 \\ & \lambda_2 & & \\ & & \ddots & \\ 0 & & & \lambda_n \end{pmatrix}\begin{pmatrix} y_1 \\ y_2 \\ \vdots \\ y_n \end{pmatrix}$$

$$= \lambda_1 y_1^2 + \lambda_2 y_2^2 + \cdots + \lambda_n y_n^2 。\tag{3.1.53}$$

很顯然地, (3.1.53) 也是一個二次式, 只不過完全沒有交叉乘項 $y_i y_j (i \neq j)$ 而已。由 (3.1.53) 也很容易看出, 當 **A** 的所有的特性根 $\lambda_i (i = 1, \cdots, n)$ 均爲正值時, 只要不是 $\mathbf{y} = \mathbf{0}_n$, 則 Q 必然爲正值, 從而得證 Q 爲一正定二次式, 而 **A** 爲一正定矩陣。因此, 現在我們只要證明, 當 $\mathbf{x} \neq \mathbf{0}_n$ 時, $\mathbf{y} \neq \mathbf{0}_n$ 即可。由習題 1.7 第 8 題得知, **E** 爲一可逆矩陣, 故 (3.1.52) 隱含, 當 **x** 不是零向量時, **y** 也不是零向量。

反之, 假定 **A** 爲一正定矩陣, 但有一特性根不是正值, 如 $\lambda_k \leq 0$。因 **A** 爲正定矩陣, 故對任何 $\mathbf{x} = \mathbf{E}\mathbf{y} \neq \mathbf{0}_n$ 均有 $Q = \mathbf{x}^T\mathbf{A}\mathbf{x} = \mathbf{y}^T\mathbf{D}\mathbf{y} > 0$, 適當選取 **x**, 使得 $\mathbf{y} = (0, 0, \cdots, y_k, 0, \cdots, 0) \neq \mathbf{0}_n$, 則 $Q = \lambda_k y_k^2 \leq 0$, 此與 **A** 爲正定的假設矛盾。因此, 當 **A** 爲正定時, 其特性根必皆爲正值, 故得證 (i)。

(ii)-(v) 的證明, 原理與 (i) 相同, 不再重複, 但讀者應試著證明一、兩個。

除了利用特性根來判別一對稱方陣的正、負定性質外, 在第一章中我們所曾使用過的完全平方法（例 1.7.3）, 也可以用來作爲判別的工具。接下來, 我們要介紹的就是將完全平方法加以擴展和系統化的一個有關正、負定矩陣的判別定理。事實上, 在許多經濟理論的探討中, 這個定理比定理 3.1.6 引用得更爲廣泛, 在下一章探討靜態最適化理論時, 讀者就可體會到它的重要性。

定義 3.1.5：A 爲一 n 階方陣。若將 A 的任何 n－k 列和 n－k 行刪除，則對應於因而所形成的 k×k 矩陣的行列式稱爲 A 的一個 k 階子行列式 (kth-order minor of A)。若所刪除的爲對稱的 n－k 列和 n－k 行，則所形成的 k 階子行列式稱爲 A 的一個 k 階主子行列式 (kth-order principal minor)。若所刪除的爲 A 的最後 n－k 列和 n－k 行，則所形成的子行列式稱爲 A 的 k 階前導主子行列式 (kth-order leading principal minor)。

值得一提的是，在許多敘述中，我們常會說 A 之所有子行列式，所有主子行列式或所有前導主子行列式，在此情況下，我們指的是包括不刪除任何列和任何行（即，k＝n）的情形。換句話說，$|\mathbf{A}|$ 也是 A 之子行列式，主子行列式和前導主子行列式。另外，此定義中三種子行列式的觀念，在不同的書本中常有不同的定義方式，讀者在閱讀不同書籍時應特別注意。

【例 3.1.6】求矩陣

$$\mathbf{A}=\begin{pmatrix}1 & 3 & 5\\ 7 & 9 & 11\\ 2 & 4 & 6\end{pmatrix}$$

之所有主子行列式和前導主子行列式。

解: (i) 前導主子行列式分別爲刪除最後兩列和兩行，最後一列和一行，以及不刪除任何行和列，所形成的行列式，故有三個

$$|1|,\quad \begin{vmatrix}1 & 3\\ 7 & 9\end{vmatrix},\quad \begin{vmatrix}1 & 3 & 5\\ 7 & 9 & 11\\ 2 & 4 & 6\end{vmatrix}。$$

(ii) 主子行列式只要刪除對稱的列和行即可，故一階主子行列式有: $|1|, |9|, |6|$; 二階主子行列式有:

$$\begin{vmatrix}1 & 3\\ 7 & 9\end{vmatrix},\quad \begin{vmatrix}1 & 5\\ 2 & 6\end{vmatrix},\quad \begin{vmatrix}9 & 11\\ 4 & 6\end{vmatrix},$$

最後, $|\mathbf{A}|$亦爲其主子行列式。

由這個例子, 我們發現, 任何一 n 階方陣的第 k 階前導主子行列式都只有一個, 故總共有 n 個前導主子行列式。但主子行列式則非如此, 除了第 n 階主子行列式（即$|\mathbf{A}|$）外, 其他各階的主子行列式都超過一個。事實上, 讀者可以很容易利用組合的觀念求得, 一 n 階方陣共有 2^n-1個主子行列式。至於子行列式的數目當然更多（讀者可自行利用這個例子, 查看共有那些個）, 這是一個很重要的發現, 因爲如果在各種問題的討論中, 我們能以前導主子行列式爲對象的話, 就可以減少許多計算上的麻煩和可能的錯誤。很幸運的, 在絕大部分的應用中, 前導主子行列式確實是扮演最重要的角色, 下面的定理就是一個典型的例子。

※定理 **3.1.7** ：**A** 爲一 n 階對稱方陣, 若且唯若

(i) **A** 的所有前導主子行列式均爲正值, 則 **A** 爲一正定矩陣。

(ii) **A** 的所有 k 階前導主子行列式的符號均爲 $(-1)^k$, 則 **A** 爲一負定矩陣。

(iii) **A** 的所有主子行列式均非負值, 則 **A** 爲一半正定矩陣。

(iv) **A** 的所有 k 階主子行列式的符號均爲 $(-1)^k$ 或等於 0, 則 **A** 爲一半負定矩陣。

這個定理的證明相當冗長, 但因 (i) 和 (ii) 兩部份非常重要, 因此我們仍加以證明。前面已經提及, 這個定理是常用的完全平方法的一般化。爲了讓讀者更容易了解, 在正式證明之前, 我們先描述一下完全平方法, 我們由兩個變數的情形開始: 假定

$$Q=\mathbf{x}^T\mathbf{A}\mathbf{x}=(x_1,x_2)\begin{pmatrix}a_{11} & a_{12}\\ a_{21} & a_{22}\end{pmatrix}\begin{pmatrix}x_1\\ x_2\end{pmatrix}$$

$$=a_{11}x_1^2+2a_{12}x_1x_2+a_{22}x_2^2, \tag{3.1.54}$$

式中 $a_{12}=a_{21}$。假定 $a_{11}\neq 0$（$a_{22}\neq 0$同, 但讀者應想想 $a_{11}=a_{22}=0$時是什麼意義）, 則 (3.1.54) 可配方成

$$Q = a_{11}\left[\left(x_1 + \frac{a_{12}}{a_{11}}x_2\right)^2 + \left[\frac{a_{22}}{a_{11}} - \left(\frac{a_{12}}{a_{11}}\right)^2\right]x_2^2\right]。 \tag{3.1.55}$$

現在考慮變數變換

$$y_1 = x_1 + \frac{a_{12}}{a_{11}}x_2,$$

$$y_2 = x_2,$$

或 $$\mathbf{y} = \mathbf{S}\mathbf{x} = \begin{pmatrix} 1 & \frac{a_{12}}{a_{11}} \\ 0 & 1 \end{pmatrix}\begin{pmatrix} x_1 \\ x_2 \end{pmatrix},$$

則 (3.1.55) 可化成

$$Q = a_{11}y_1^2 + \left[a_{22} - \frac{a_{12}^2}{a_{11}}\right]y_2^2。 \tag{3.1.56}$$

顯然地, (3.1.56) 也是一對角形式二次式, 但與利用特性向量來對角化不同, 因其係數並不一定是 **A** 的特性根。又, (3.1.56) 顯示, 只要 y_1 與 y_2 不同時為 0, 則 $a_{11} > 0$ 與 $\left[a_{22} - \frac{a_{12}^2}{a_{11}}\right] > 0$ 就可保證 $Q > 0$。反之, 對任何 $\mathbf{y} \neq \mathbf{0}_2$, 若 $Q > 0$, 則必然有 $a_{11} > 0$ 與 $\left[a_{22} - \frac{a_{12}^2}{a_{11}}\right] > 0$。換句話說, 二次式 (3.1.54) 和矩陣 **A** 為正定的充分必要條件為

$$a_{11} > 0,$$

$$a_{22} - \frac{a_{12}^2}{a_{11}} > 0,$$

或 $$a_{11} > 0,$$

$$a_{11}a_{22} - a_{12}^2 > 0; \tag{3.1.57}$$

但 (3.1.57) 中的兩個條件剛好就是矩陣

$$\mathbf{A} = \begin{pmatrix} a_{11} & a_{12} \\ a_{21} & a_{22} \end{pmatrix}$$

的前導主子行列式均為正值。因此, 二次式 (3.1.54) 和矩陣 **A** 為正定的充分必要條件為, 其對應之對稱矩陣 **A** 的兩個前導主子行列式均為正值, 這正好是定理 3.1.7 (i) 在兩變數下的條件。

上面這種配方法, 可以推廣到 n 階對稱方陣。假定

$$Q = \mathbf{x}^T\mathbf{A}\mathbf{x} = \sum_{i,j=1}^{n} a_{ij}x_i x_j \tag{3.1.58}$$

為一正定的二次式。(3.1.58) 中包含 x_1 的項數為

$$a_{11}x_1^2 + 2a_{12}x_1x_2 + \cdots + 2a_{1n}x_1x_n\,, \tag{3.1.59}$$

因 Q 為正定, 所以當 $x_1 \neq 0$ 而 $x_2 = x_3 = \cdots = x_n = 0$ 時, (3.1.59) 必為正值, 即 $a_{11}x_1^2 > 0$, 但這表示 $a_{11} > 0$, 因此我們可將 (3.1.59) 配方寫成

$$\begin{aligned} a_{11}\left(x_1^2 + 2\sum_{l=2}^{n}\frac{a_{1l}}{a_{11}}x_1x_l\right) &= a_{11}\left[x_1^2 + 2\sum_{l=2}^{n}\frac{a_{1l}}{a_{11}}x_1x_l + \left(\sum_{l=2}^{n}\frac{a_{1l}}{a_{11}}x_l\right)^2 - \left(\sum_{l=2}^{n}\frac{a_{1l}}{a_{11}}x_l\right)^2\right] \\ &= a_{11}\left[\left(x_1 + \sum_{l=2}^{n}\frac{a_{1l}}{a_{11}}x_l\right)^2 - \left(\sum_{l=2}^{n}\frac{a_{1l}}{a_{11}}x_l\right)^2\right]。 \end{aligned} \tag{3.1.60}$$

現在, 我們做下列變數變換

$$\begin{aligned} v_1 &= x_1 + \sum_{l=2}^{n}\frac{a_{1l}}{a_{11}}x_l\,, \\ v_2 &= x_2, \\ &\vdots \\ v_n &= x_n, \end{aligned}$$

或

$$\mathbf{v} = \mathbf{S}_1\mathbf{x}\,; \tag{3.1.61}$$

(3.1.61) 中

$$\mathbf{S}_1 = \begin{pmatrix} 1 & \frac{a_{12}}{a_{11}} & \cdots & & \frac{a_{1n}}{a_{11}} \\ 0 & 1 & 0 & \cdots & 0 \\ 0 & 0 & & & \vdots \\ \vdots & \vdots & & & 0 \\ 0 & 0 & \cdots & & 1 \end{pmatrix}, \qquad \mathbf{x} = \begin{pmatrix} x_1 \\ x_2 \\ \vdots \\ x_n \end{pmatrix},$$

且$|\mathbf{S}_1| = 1$。

將 (3.1.61) 代回 (3.1.58) 中, 並做整理可得

$$Q = a_{11}v_1^2 + \sum_{i,j=2}^{n} b_{ij}v_iv_j, \tag{3.1.62}$$

其中b_{ij}爲所有a_{ij}的函數。因Q爲正定, 故我們可重複上面的過程, 考慮包含v_2的各項, 證明$b_{22} > 0$, 然後將含有v_2的項數完全平方, 以定義另一次變數變換爲

$$\begin{aligned} w_1 &= v_1, \\ w_2 &= v_2 + \sum_{l=3}^{n} \frac{b_{2l}}{b_{22}} v_l, \\ w_3 &= v_3, \\ &\vdots \\ w_n &= v_n, \end{aligned}$$

或 $\mathbf{w} = \mathbf{S}_2\mathbf{v}$;

其中$\mathbf{S}_2$的形式和性質與$\mathbf{S}_1$類似, 讀者應自己設法將其寫出, 以證實$|\mathbf{S}_2| = 1$。經過這第二次變數變換後, (3.1.58) 成爲

$$Q = a_{11}w_1^2 + b_{22}w_2^2 + \sum_{i,j=3}^{n} c_{ij}w_iw_j。 \tag{3.1.63}$$

如果我們重複上述變數變換$n-1$次, 最後, (3.1.58) 將變爲

$$\begin{aligned} Q &= a_{11}y_1^2 + b_{22}y_2^2 + \cdots + z_{nn}y_n^2 \\ &= d_1y_1^2 + d_2y_2^2 + \cdots + d_ny_n^2, \end{aligned} \tag{3.1.64}$$

且上式中所有 y_i^2 項的係數均爲正值。從簡化符號的觀點，我們可將由 (3.1.58) 到 (3.1.64) 的整個過程寫成下列的變數變換:

$$\mathbf{y} = \mathbf{S}_{n-1}\mathbf{S}_{n-2}\cdots\mathbf{S}_2\mathbf{S}_1\mathbf{x}\,,$$

或 $$\mathbf{y} = \mathbf{S}\mathbf{x}\,, \tag{3.1.65}$$

且 $$|\mathbf{S}| = |\mathbf{S}_{n-1}\mathbf{S}_{n-2}\cdots\mathbf{S}_2\mathbf{S}_1| = |\mathbf{S}_{n-1}||\mathbf{S}_{n-2}|\cdots|\mathbf{S}_2||\mathbf{S}_1| = 1。$$

現在, 我們就利用上面的配方結果來證明定理 3.1.7 (i) 和 (ii)。

證明: (i) (a) 假定 $\mathbf{A}$ 爲正定矩陣, 則二次式 $Q = \mathbf{x}^T\mathbf{A}\mathbf{x}$ 爲正定。由上面的描述知, 變數變換 (3.1.65) $\mathbf{y} = \mathbf{S}\mathbf{x}$ 或 $\mathbf{x} = \mathbf{R}\mathbf{y}$, $\mathbf{R} = \mathbf{S}^{-1}$ 可將此二次式變成對角形式二次式 (3.1.64), 即

$$Q = \mathbf{x}^T\mathbf{A}\mathbf{x} = \mathbf{y}^T\mathbf{D}\mathbf{y} = \sum_{i=1}^{n} d_i y_i^2,\ d_i > 0,\ i = 1,\cdots,n\,, \tag{3.1.66}$$

但由上述變換過程, 我們知

$$\mathbf{D} = \mathbf{R}^T\mathbf{A}\mathbf{R}\,,$$

因此 $$|\mathbf{D}| = \prod_{i=1}^{n} d_i = |\mathbf{R}^T||\mathbf{A}||\mathbf{R}|, \tag{3.1.67}$$

但因 $\mathbf{R} = \mathbf{S}^{-1}$, 故 $|\mathbf{R}| = |\mathbf{R}^T| = |\mathbf{S}^{-1}| = |\mathbf{S}|^{-1} = 1$, 所以

$$|\mathbf{A}| = |\mathbf{R}^T||\mathbf{A}||\mathbf{R}| = |\mathbf{D}| = \prod_{i=1}^{n} d_i > 0\,, \tag{3.1.68}$$

即 $\mathbf{A}$ 之第 n 階前導主子行列式爲正值。

接著, 我們令 $x_n = 0$, 則 (3.1.58) 中少了包含 x_n 的各項, 但卻仍然是一正定二次式, 且與此二次式對應之對稱矩陣, 剛好是由矩陣 $\mathbf{A}$ 去掉最後一行與最後一列而成。如果我們對這新的二次式施行和對原有二次式同樣的變數變換, 我

們又可得到 (3.1.66), 只不過少了 $d_n y_n^2$ 一項而已。因此, 我們又可得到

$$|\mathbf{A}_{n-1}| = \begin{vmatrix} a_{11} & a_{12} & \cdots & a_{1n-1} \\ a_{21} & a_{22} & \cdots & a_{2n-1} \\ \vdots & & & \\ a_{n-11} & & \cdots & a_{n-1n-1} \end{vmatrix} > 0, \tag{3.1.69}$$

即 $\mathbf{A}$ 之第 $n-1$ 階前導主子行列式亦為正值。接著我們令 $x_n = x_{n-1} = 0$, 再令 $x_n = x_{n-1} = x_{n-2} = 0$; 如此重複下去, 我們就可得到:

$$|\mathbf{A}_{n-2}| > 0,\ |\mathbf{A}_{n-3}| > 0\ ,\ \cdots,$$
$$|\mathbf{A}_2| = \begin{vmatrix} a_{11} & a_{12} \\ a_{21} & a_{22} \end{vmatrix} > 0,$$
$$|\mathbf{A}_1| = a_{11} > 0\ 。$$

因此, 我們證明了若 $\mathbf{A}$ 為一正定矩陣 (或 $\mathbf{x}^T\mathbf{A}\mathbf{x}$ 為一正定二次式), 則 $\mathbf{A}$ 的所有 n 個前導主子行列式均為正值。

(b) 反之, 假定 $\mathbf{A}$ 的所有前導主子行列式都是正值, 我們現在要證明 $Q = \mathbf{x}^T\mathbf{A}\mathbf{x}$, 或 $\mathbf{A}$ 為正定。

因 $a_{11} > 0$, 我們可以作變數變換 $\mathbf{x} = \mathbf{R}_1\mathbf{v}$, 其中 $\mathbf{R}_1 = \mathbf{S}_1^{-1}$, $\mathbf{S}_1$ 定義於 (3.1.61) 中, 於是可得

$$\begin{aligned} Q &= \mathbf{x}^T\mathbf{A}\mathbf{x} = \mathbf{v}^T\mathbf{R}_1^T\mathbf{A}\mathbf{R}_1\mathbf{v} = \mathbf{v}^T\mathbf{B}\mathbf{v} \\ &= a_{11}v_1^2 + \sum_{i,j=2}^{n} b_{ij}v_iv_j 。\end{aligned} \tag{3.1.70}$$

因 $\mathbf{B} = \mathbf{R}_1^T\mathbf{A}\mathbf{R}_1$, 且由 $\mathbf{R}_1$ 之定義知 $|\mathbf{R}_1| = \dfrac{1}{|\mathbf{S}_1|} = 1$, 所以

$$|\mathbf{B}| = |\mathbf{R}_1^T\mathbf{A}\mathbf{R}_1| = |\mathbf{R}_1^T||\mathbf{A}||\mathbf{R}_1| = |\mathbf{A}| 。\tag{3.1.71}$$

現在令 $x_i = v_i = 0$ $(i = 3,4,\cdots,n)$, 則由 (3.1.70) 知, 在此情況下

$$\mathbf{B}=\begin{pmatrix} a_{11} & 0 \\ 0 & b_{22} \end{pmatrix},$$

而 $$\mathbf{A}=\begin{pmatrix} a_{11} & a_{12} \\ a_{21} & a_{22} \end{pmatrix};$$

由 (3.1.71) 以及 **A** 的所有前導主子行列式均爲正的假設，我們得到

$$|\mathbf{B}|=a_{11}b_{22}=|\mathbf{A}|=\begin{vmatrix} a_{11} & a_{12} \\ a_{21} & a_{22} \end{vmatrix}>0。$$

因 $a_{11}>0$，所以 $b_{22}>0$。又因 $b_{22}>0$，故我們可再透過 $\mathbf{v}=\mathbf{R}_2\mathbf{w}$ 的轉換，如由 (3.1.62) 到 (3.1.63) 般，將 (3.1.70) 化成

$$\begin{aligned} Q &= \mathbf{x}^T\mathbf{A}\mathbf{x}=\mathbf{w}^T\mathbf{C}\mathbf{w} \\ &= a_{11}w_1^2+b_{22}w_2^2+\sum_{i,j=3}^{n}c_{ij}w_iw_j。 \end{aligned} \tag{3.1.72}$$

再令 $x_i=v_i=w_i=0\ (i=4,5,\cdots,n)$，然後根據 (3.1.71) 以下相同的論證，證明 $c_{33}>0$。如果我們不斷重複這種變數變換，最後就可將原來的二次式化成

$$Q=\mathbf{x}^T\mathbf{A}\mathbf{x}=\sum_{i=1}^{n}d_iy_i^2,\ d_i>0,\ i=1,\cdots,n \tag{3.1.73}$$

顯然地，(3.1.73) 是一個正定的二次式，因此 **A** 爲一正定矩陣。

(ii) 上面 (a) 和 (b) 已經證明了定理 3.1.7 (i)。現在我們就利用這個結果來證明定理 3.1.7 (ii)。我們知道若 **A** 爲負定矩陣，則 $\mathbf{x}^T\mathbf{A}\mathbf{x}$ 必爲負定，因此 $-\mathbf{x}^T\mathbf{A}\mathbf{x}=\mathbf{x}^T(-\mathbf{A})\mathbf{x}$ 必爲正定，也就是說 $-\mathbf{A}$ 必爲一正定矩陣。但由 (i)，我們知道 $-\mathbf{A}$ 爲正定的充分必要條件爲 $-\mathbf{A}$ 之所有前導主子行列式均爲正值，即

$$|-\mathbf{A}_1| = -a_{11} > 0,$$

$$|-\mathbf{A}_2| = \begin{vmatrix} -a_{11} & -a_{12} \\ -a_{21} & -a_{22} \end{vmatrix} > 0,$$

$$|-\mathbf{A}_3| = \begin{vmatrix} -a_{11} & -a_{12} & -a_{13} \\ -a_{21} & -a_{22} & -a_{23} \\ -a_{31} & -a_{32} & -a_{33} \end{vmatrix} > 0,$$

$$\vdots$$

$$|-\mathbf{A}| = \begin{vmatrix} -a_{11} & \cdots & -a_{1n} \\ \vdots & & \vdots \\ -a_{n1} & \cdots & -a_{nn} \end{vmatrix} > 0 \circ \tag{3.1.74}$$

但由定理 1.6.2 (v) 我們知道 $|-\mathbf{A}_k| = (-1)^k|\mathbf{A}_k|$，故 (3.1.74) 可改寫成

$$|-\mathbf{A}_1| = -|\mathbf{A}_1| = -a_{11} > 0,$$

$$|-\mathbf{A}_2| = |\mathbf{A}_2| = \begin{vmatrix} a_{11} & a_{12} \\ a_{21} & a_{22} \end{vmatrix} > 0,$$

$$|-\mathbf{A}_3| = -|\mathbf{A}_3| = -\begin{vmatrix} a_{11} & a_{12} & a_{13} \\ a_{21} & a_{22} & a_{23} \\ a_{31} & a_{32} & a_{33} \end{vmatrix} > 0,$$

$$\vdots \tag{3.1.74'}$$

$$|-\mathbf{A}| = (-1)^n|\mathbf{A}| = (-1)^n \begin{vmatrix} a_{11} & \cdots & a_{1n} \\ \vdots & & \vdots \\ a_{n1} & \cdots & a_{nn} \end{vmatrix} > 0,$$

這表示

$$|\mathbf{A}_1| < 0,$$

$$|\mathbf{A}_2| > 0,$$

$$|\mathbf{A}_3| < 0, \tag{3.1.75}$$

$$\vdots$$

$$(-1)^n|\mathbf{A}| > 0;$$

換句話說, 若且唯若 (3.1.75) 成立, 則 $-\mathbf{A}$ 爲正定矩陣, 或者說若且唯若 (3.1.75) 成立, 則 $\mathbf{A}$ 爲一負定矩陣。

我們並不打算證明定理 3.1.7 的 (iii) 和 (iv)。我們將其列出, 主要是爲了說明判別正、負定矩陣與判別半正定、半負定矩陣是兩回事。許多人常常以爲, 當一矩陣的所有前導主子行列式都是非負時, 該矩陣即爲半正定矩陣, 這是錯誤的觀念。最後, 我們要特別強調, 不管是定理 3.1.6 或定理 3.1.7, 矩陣 $\mathbf{A}$ 必須是一個對稱矩陣方成立。下面的例子即是用來說明這個重要的限制。

【例 3.1.7】判別矩陣

$$\mathbf{A}=\begin{pmatrix}-2 & 6\\ 1 & -4\end{pmatrix}$$

爲正定或負定矩陣。

解: 此矩陣之前導主子行列式爲

$$-2<0,\quad \begin{vmatrix}-2 & 6\\ 1 & -4\end{vmatrix}=2>0\,;$$

其特性方程式爲

$$\begin{vmatrix}-2-\lambda & 6\\ 1 & -4-\lambda\end{vmatrix}=0\,,$$

我們可解出其特性根爲

$$\lambda_1=\frac{-6+\sqrt{28}}{2}<0,\quad \lambda_2=\frac{-6-\sqrt{28}}{2}<0。$$

因此, 不論是根據定理 3.1.6 或定理 3.1.7, 我們均將判定 $\mathbf{A}$ 爲一負定矩陣。但是

$$
\begin{aligned}
Q = \mathbf{x}^T\mathbf{A}\mathbf{x} &= -2x_1^2 + 7x_1x_2 - 4x_2^2 \\
&= -2\left(x_1^2 - \frac{7}{2}x_1x_2 + 2x_2^2\right) \\
&= -2\left[\left(x_1 - \frac{7}{4}x_2\right)^2 - \frac{17}{16}x_2^2\right],
\end{aligned}
$$

若取 $\mathbf{x} = \begin{pmatrix} 0 \\ 1 \end{pmatrix}$, 則 $Q = -4 < 0$,

若取 $\mathbf{x} = \begin{pmatrix} \frac{7}{4} \\ 1 \end{pmatrix}$, 則 $Q = \frac{17}{8} > 0$。

所以矩陣 **A** 既非正定, 也非負定矩陣。因此, 當 **A** 不是對稱矩陣時, 貿然引用定理 3.1.6 或定理 3.1.7, 很可能得到錯誤的結論。

有了正、負定及半正定、半負定矩陣的觀念後, 現在, 我們就可以來描述二次連續可微分的凹(凸)函數了。

定理3.1.8：$X \subset \boldsymbol{R}^n$ 爲一開凸集合, $f: X \to \boldsymbol{R}$, 且 $f \in \boldsymbol{C}^2$。若且唯若 f 爲一凹函數, 則 f 的 Hessian 矩陣在 X 上任何一點均爲半負定矩陣。

證明: 設 $\mathbf{x}^0 \in X$, 則 $f(\mathbf{x})$ 在 $\mathbf{x}^0$ 的泰勒展開式可寫成

$$
\begin{aligned}
&f(\mathbf{x}) - f(\mathbf{x}^0) - (\mathbf{x} - \mathbf{x}^0)^T f_{\mathbf{x}}(\mathbf{x}^0) \\
&= \frac{1}{2}(\mathbf{x} - \mathbf{x}^0)^T f_{\mathbf{x}\mathbf{x}^T}\left(\delta\mathbf{x} + (1-\delta)\mathbf{x}^0\right)(\mathbf{x} - \mathbf{x}^0),\ 0 < \delta < 1。
\end{aligned}
\tag{3.1.76}
$$

(i) 若 f 爲一凹函數, 則由定理 3.1.5 知上式左邊必小於或等於 0, 即

$$
\frac{1}{2}(\mathbf{x} - \mathbf{x}^0)^T f_{\mathbf{x}\mathbf{x}^T}\left(\delta\mathbf{x} + (1-\delta)\mathbf{x}^0\right)(\mathbf{x} - \mathbf{x}^0) \le 0,
$$

或
$$
(\mathbf{x} - \mathbf{x}^0)^T f_{\mathbf{x}\mathbf{x}^T}\left(\delta\mathbf{x} + (1-\delta)\mathbf{x}^0\right)(\mathbf{x} - \mathbf{x}^0) \le 0;
\tag{3.1.77}
$$

令 $\delta \to 0$ 可得

$$(\mathbf{x}-\mathbf{x}^0)^T f_{\mathbf{x}\mathbf{x}^T}(\mathbf{x}^0)(\mathbf{x}-\mathbf{x}^0) \le 0。 \quad (3.1.77')$$

因 $\mathbf{x}^0$ 爲 X 中任意點, 故 (3.1.77') 隱含 $f_{\mathbf{x}\mathbf{x}^T}$ 在 X 上爲半負定矩陣。

(ii) 反之, 若 $f_{\mathbf{x}\mathbf{x}^T}$ 在 X 上爲半負定矩陣, 則 (3.1.76) 右邊必不大於 0, 故有

$$f(\mathbf{x}) - f(\mathbf{x}^0) - (\mathbf{x}-\mathbf{x}^0)^T f_{\mathbf{x}}(\mathbf{x}^0) \le 0, \quad (3.1.78)$$

因 $\mathbf{x}$ 和 $\mathbf{x}^0$ 爲 X 中任意兩點, 由定理 3.1.5 知 f 爲一凹函數。

讀者應該很容易將定理 3.1.8 改成有關凸函數的定理, 在此不再贅述。但在此要特別指出, 定理 3.1.8 和定理 3.1.5 有一重要差別。在定理 3.1.5 之後, 我們曾經提到, 只要將定理 3.1.5 中的等號去除, 即成爲有關嚴格凹函數的定理。但這一點, 在定理 3.1.8 中只成立一半, 即如果 $f_{\mathbf{x}\mathbf{x}^T}$ 在 **X** 中爲一負定矩陣, 則 f 爲一嚴格凹函數。但反過來, 當 f 爲一嚴格凹函數時, 我們只知道 $f_{\mathbf{x}\mathbf{x}^T}$ 在 **X** 中爲一半負定矩陣, 卻不能保証 $f_{\mathbf{x}\mathbf{x}^T}$ 爲一負定矩陣（參閱例 3.1.9）。（嚴格凸函數的情形如何呢？）

【例 3.1.8】假定生產函數 $f: \boldsymbol{R}^2_{++} \to \boldsymbol{R}$ 爲

$$f(K,L) = K^{\frac{1}{2}} L^{\frac{1}{2}},$$

此生產函數是否爲一凹函數?

解: 因 $f \in \boldsymbol{C}^2$, 故可利用定理 3.1.8 來判定其是否爲凹函數;

$$f_{KK} = -\frac{1}{4} K^{-\frac{3}{2}} L^{\frac{1}{2}} = \frac{-f}{4K^2},$$

$$f_{KL} = f_{LK} = \frac{1}{4} K^{-\frac{1}{2}} L^{-\frac{1}{2}} = \frac{f}{4KL},$$

$$f_{LL} = -\frac{1}{4} K^{\frac{1}{2}} L^{-\frac{3}{2}} = \frac{-f}{4L^2},$$

故 $f_{KK} < 0,\ f_{LL} < 0$,

$$\begin{vmatrix} f_{KK} & f_{KL} \\ f_{LK} & f_{LL} \end{vmatrix} = \begin{vmatrix} -\frac{f}{4K^2} & \frac{f}{4KL} \\ \frac{f}{4KL} & -\frac{f}{4L^2} \end{vmatrix} = 0\text{。}$$

由定理 3.1.7 (iv) 知, f 之 Hessian 矩陣爲半負定矩陣, 根據定理 3.1.8, f 爲一凹函數。

【例 3.1.9】函數 $f(x) = -x^4,\ x \in \boldsymbol{R}$, 是否爲一凹函數?

解: 設 x, x_0 爲 $\boldsymbol{R}$ 中任意兩相異點, 則

$$\begin{aligned} f(x) - f(x_0) - f'(x_0)(x - x_0) &= -x^4 + x_0^4 + 4x_0^3(x - x_0) \\ &= -\left[(x + x_0)^2 + 2x_0^2\right](x - x_0)^2 < 0, \end{aligned}$$

根據定理 3.1.5 及有關嚴格凹函數的說明, 我們知道 f 爲一嚴格凹函數（見圖 3.1.15）。

但 $f_{xx}(x) = f''(x)$ 並不是在每一點都是負值, 因爲 $f_{xx}(0) = f''(0) = 0$; 也就是說存在一 $y \in \boldsymbol{R},\ y \neq 0$, 使得 $yf_{xx}(x)y = y^2 f''(x) = 0$。當然 $f_{xx}(x)$ 是半負定, 因 $f_{xx}(x) \le 0,\ x \in \boldsymbol{R}$。

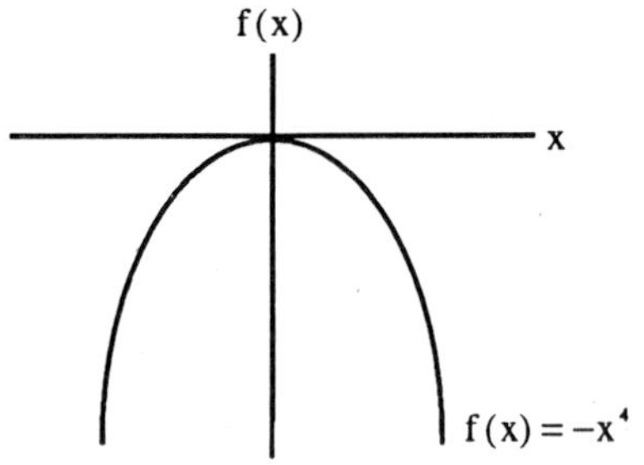

圖 3.1.15

習題 3.1

1. 判定下列各函數, 何者爲凹函數? 何者爲凸函數? 何者既是凹函數也是凸函數? 何者既非凹函數, 也非凸函數?
   (a) $f(x)=\boldsymbol{ln}x-x,\ x\in \boldsymbol{R}_{++}$。
   (b) $f(\mathbf{x})=\sum_{i=1}^{n}a_i x_i^{\beta_i},\ x_i>0,\ \beta_i\ge 0,\ a_i>0,\ i=1,\cdots,n$。
   (c) $f(\mathbf{x})=\mathbf{a}^T\mathbf{x}+b,\ \mathbf{a},\mathbf{x}\in \boldsymbol{R}^n,\ b\in \boldsymbol{R}$。
   (d) $f(\mathbf{x})=5x_1^2+5x_2^2+9x_3^2-6x_1x_3-12x_2x_3$。
   (e) $f(\mathbf{x})=\left(a_0+a_1x_1+a_2x_2+\cdots+a_nx_n\right)^{\alpha},\ \ a_i\in \boldsymbol{R},\ \ i=0,\cdots,n,\ \ 0<\alpha\le 1,$

   $a_0+a_1x_1+a_2x_2+\cdots+a_nx_n>0$。

2. $X\subset \boldsymbol{R}^n$, 若 $f_i:X\to \boldsymbol{R},\ i=1,\cdots,m$ 爲凹函數, 證明 $f(\mathbf{x})=\sum_{i=1}^{m}\alpha_i f_i(\mathbf{x}),\ \alpha_i>0,$ $i=1,\cdots,m$ 爲一凹函數。若將此題中所有 "凹函數" 改爲 "凸函數", 是否仍然成立?

3. 試定義下水平集合 (lower contour set) 與上擺集合 (epigraph), 以之重述並證明定理 3.1.2 和定理 3.1.3 爲凸函數的情形。

4. $X\subset \boldsymbol{R}^n$ 爲一開凸集合, 若 $f:X\to \boldsymbol{R}$ 爲 $\boldsymbol{C}^1$, 且對任意 $\mathbf{x}^1,\mathbf{x}^2\in X$, 下式均成立

$$f\left(\frac{1}{2}\mathbf{x}^1+\frac{1}{2}\mathbf{x}^2\right)\le \frac{1}{2}f(\mathbf{x}^1)+\frac{1}{2}f(\mathbf{x}^2),$$

   試證 f 爲一凸函數。

5. $X\subset \boldsymbol{R}^n$ 爲一開凸集合, $f:X\to \boldsymbol{R}$ 爲 $\boldsymbol{C}^1$, 對任何 $\mathbf{x}^1,\mathbf{x}^2\in X$, 試證: 若且唯若 $\left(f_{\mathbf{x}}(\mathbf{x}^2)-f_{\mathbf{x}}(\mathbf{x}^1)\right)^T(\mathbf{x}^2-\mathbf{x}^1)\le 0\ (\ge 0)$, 則 f 爲一凹 (凸) 函數。

6. (a) 證明 $f(x)=\boldsymbol{ln}x,\ x\in \boldsymbol{R}_{++}$ 爲一凹函數。
   (b) $f:\boldsymbol{R}\to \boldsymbol{R},\ x_1,x_2,\cdots,x_m\in \boldsymbol{R},\ \lambda_i\in[0,1],\ i=1,\cdots,m$, 且 $\sum_{i=1}^{m}\lambda_i=1$。試證: 若且唯若

$$f(\lambda_1 x_1+\lambda_2 x_2+\cdots+\lambda_m x_m)\geq \lambda_1 f(x_1)+\lambda_2 f(x_2)+\cdots+\lambda_m f(x_m),$$

則 f 爲一凹函數。

(c) 利用 (a) 和 (b) 證明 $\sum_{i=1}^{m}\lambda_i x_i \geq \prod_{i=1}^{m}(x_i)^{\lambda_i}$。

(d) 取 $\lambda_1=\lambda_2=\cdots=\lambda_m=1/m$，證明任何 m 個正數的算術平均數必不小於其幾何平均數。

7. (a) $X\subset \boldsymbol{R}^n$ 爲一開凸集合, $f:X\to \boldsymbol{R}$, 對任意 $\mathbf{x}^1,\mathbf{x}^2\in X$, 定義函數 $g:\boldsymbol{R}\to\boldsymbol{R}$ 爲:

$$g(\lambda)=f\left(\lambda\mathbf{x}^1+(1-\lambda)\mathbf{x}^2\right)。$$

證明: 若且唯若 g 爲一凹函數, 則 f 爲一凹函數。（提示: 證明充分條件時, 考慮 $\lambda=0$ 和 $\lambda=1$）

試利用 (a) 證明定理 3.1.5 和定理 3.1.8, 即

(b) $X\subset \boldsymbol{R}^n$ 爲一開凸集合, $f:X\to\boldsymbol{R}$, $f\in \boldsymbol{C}^1$。若且唯若 f 爲一凹函數, 則 $f\left(\mathbf{x}^1\right)\leq f\left(\mathbf{x}^2\right)+f'\left(\mathbf{x}^2\right)\left(\mathbf{x}^1-\mathbf{x}^2\right)$, $\mathbf{x}^1,\mathbf{x}^2\in X$。

(c) 上題中, 假定 $f\in\boldsymbol{C}^2$, 試證: 若且唯若 f 爲一凹函數, 則 $f_{\mathbf{x}\mathbf{x}^T}(\mathbf{x})$, $\mathbf{x}\in X$, 爲半負定矩陣。

8. 在兩部門模型中, 假定兩產品的生產函數分別爲 $f(K_1,L_1), g(K_2,L_2)$ $(L_i,K_i)\in\boldsymbol{R}_+^2$, $i=1,2$。定義生產可能集合爲 $T=\{(q_1,q_2)|0\leq q_1\leq f(K_1,L_1),$ $0\leq q_2\leq g(K_2,L_2),\ K_1+K_2\leq\overline{K},\ L_1+L_2\leq\overline{L},\ L_i\geq 0,\ K_i\geq 0,\ i=1,2,$ $\left(\overline{K},\overline{L}\right)\in\boldsymbol{R}_{++}^2\}$。若生產函數 f 和 g 都是凹函數, 證明:

(a) 生產可能集合 T 爲一凸集合。

(b) 對任一 $q=(q_1,q_2)\in T$, 如果無法找到另一 $q'=(q_1',q_2')\in T$ 使得 $q_1'\geq q_1, q_2'\geq q_2$, 且 $q_1'>q_1$ 或 $q_2'>q_2$ 至少有一成立, 則稱生產組合 $q\in T$ 爲一有效率的組合。現在, 對有效率的生產組合 $q=(q_1,q_2)$, 定義 $q_2=h(q_1)$, 則函數 h 稱爲生產可能線 (production possibility frontier) 或轉換線 (transformation curve)。試證在本題假設下, 生產可能線 h 爲一凹函數。

3.2 準凹函數和準凸函數

上一節，定理 3.1.2 證明凹函數的任何上水平集合 $UC_f(a)$ 必為一凸集合。但我們緊接著指出，該定理的逆定理並不成立，並以圖 3.1.5 加以說明，有些函數的上水平集合均為凸集合，但其本身並不是一個凹函數。在這一節中，我們就要正式討論這一類型的函數。基本上，這一類型的函數是將凹函數和凸函數加以一般化而來，因此稱為準凹函數 (quasiconcave function) 和準凸函數 (quasiconvex function)，這也是經濟學上廣為應用的兩種函數。

• 一般定義和性質

定義 3.2.1：$X \subset \boldsymbol{R}^n$ 為凸集合，$f: X \to \boldsymbol{R}$。若對任意 $\mathbf{x}^1, \mathbf{x}^2 \in X$，且 $f(\mathbf{x}^1) \geq f(\mathbf{x}^2)$，f 均滿足

$$f\left(\lambda \mathbf{x}^1 + (1-\lambda)\mathbf{x}^2\right) \geq f(\mathbf{x}^2),\ \lambda \in [0,1], \tag{3.2.1}$$

則稱 f 為一準凹函數。

上述定義中 $f(\mathbf{x}^1) \geq f(\mathbf{x}^2)$ 的意義為 $\mathbf{x}^1 \in UC_f\left(f(\mathbf{x}^2)\right)$；同理，$f\left(\lambda \mathbf{x}^1 + (1-\lambda)\mathbf{x}^2\right)$ ' $\geq f\left(\mathbf{x}^2\right)$ 隱含 $\lambda \mathbf{x}^1 + (1-\lambda)\mathbf{x}^2 \in UC_f\left(f(\mathbf{x}^2)\right)$。換句話說，所謂 f 為一準凹函數，就是說 f 的任何一個上水平集合都是一個凸集合，這就是下面這個定理的根源。

定理 3.2.1：$X \subset \boldsymbol{R}^n$ 為一凸集合，$f: X \to \boldsymbol{R}$。若且唯若 f 為一準凹函數，則 f 的任一上水平集合 $UC_f(a)$，$a \in \boldsymbol{R}$，為一凸集合。

證明：(i) 若 f 為一準凹函數，則 $UC_f(a)$ 為一凸集合。

對任意 $a \in \boldsymbol{R}$，若 $UC_f(a) = \varnothing$ 或 $UC_f(a)$ 僅包含一個點，則根據慣例，$UC_f(a)$ 為一凸集合。若 $UC_f(a)$ 包含一個以上的點，則可取 $\mathbf{x}^1, \mathbf{x}^2 \in UC_f(a)$，且假定 $f(\mathbf{x}^1) \geq f(\mathbf{x}^2)$。由上水平集合的定義，我們知道 $f(\mathbf{x}^1) \geq f(\mathbf{x}^2) \geq a$。因 f 為一準凹函數，由定義可得

$f\left(\lambda\mathbf{x}^1+(1-\lambda)\mathbf{x}^2\right)\geq f(\mathbf{x}^2)\geq a,\ \lambda\in[0,1]$, 因此 $\lambda\mathbf{x}^1+(1-\lambda)\mathbf{x}^2\in UC_f(a)$, 所以 $UC_f(a)$ 爲一凸集合。

(ii) 若 $UC_f(a)$ 爲一凸集合, 則 f 爲一準凹函數。

假定由 X 中任取兩點, 並令函數值較大的一點爲 $\mathbf{x}^1$, 另一點爲 $\mathbf{x}^2$（若兩點函數值相同, 則可以任取一點爲 $\mathbf{x}^1$, 另一點爲 $\mathbf{x}^2$）, 因此 $f(\mathbf{x}^1)\geq f(\mathbf{x}^2)$, $\mathbf{x}^1,\mathbf{x}^2\in X$。令 $a=f(\mathbf{x}^2)$, 則由上水平集合定義知, $\mathbf{x}^1\in UC_f(a)$, $\mathbf{x}^2\in UC_f(a)$。因 $UC_f(a)$ 爲凸集合, 故對任何 $\lambda\in[0,1]$, 均使 $\lambda\mathbf{x}^1+(1-\lambda)\mathbf{x}^2\in UC_f(a)$。再由上水平集合定義知 $f\left(\lambda\mathbf{x}^1+(1-\lambda)\mathbf{x}^2\right)\geq a=f(\mathbf{x}^2)$, 故 f 爲一準凹函數。

準凹函數爲凹函數的一般化, 兩者之間的差別只要比較定理 3.1.2 和定理 3.2.1 就可以完全了解。定理 3.2.1 告訴我們, 所謂準凹函數, 唯一的要求就是其所有上水平集合必須都是凸集合; 然而, 回顧定理 3.1.2, 我們發現, 雖然凹函數的上水平集合爲凸集合, 但唯有上水平集合爲凸集合並不足以保證所對應的函數爲凹函數。事實上, 由定理 3.1.3, 我們知道, 一個函數是否爲一凹函數, 重要的是其下擺集合是否爲一凸集合, 而非其上水平集合是否爲一凸集合。

【例 3.2.1】說明 $f(x)=x^2$, $x\in\boldsymbol{R}_+$, 爲一準凹函數, 但不是凹函數。

解: 因 $x\in\boldsymbol{R}_+$, 故若且唯若 $x_1\geq x_2$, 則 $f(x_1)\geq f(x_2)$。

又因 $\lambda\in[0,1]$, 所以我們知道 $\lambda x_1+(1-\lambda)x_2\geq x_2$。

由前面推理, 我們可得 $f\left(\lambda x_1+(1-\lambda)x_2\right)\geq f(x_2)$, 故 f 爲一準凹函數。

但由圖 3.2.1, 我們很容易察覺其下擺集合並不是凸集合, 所以 f 並不是凹函數。（讀者可任取兩點, 證明此結果）

凹函數和準凹函數的另一個差別在於連續性。由 3.1 節中, 我們知道, 任何定義於開凸集合的凹函數必然連續, 但是準凹函數即使定義於開凸集合, 仍可能不連續。例如:

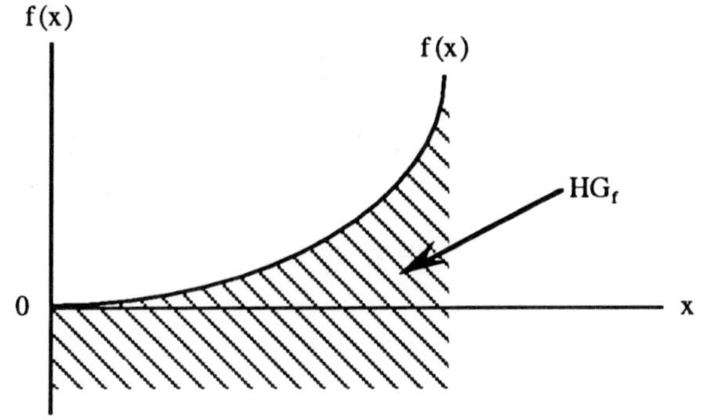

圖 3.2.1

$$f(x)=\begin{cases}0, & -1<x<1,\ x\neq 0\\ 1, & x=0\end{cases}$$

爲一定義於開凸集合 (–1, 1) 之函數。我們很容易可以判定其爲一準凹函數（試試看！）, 但 f 在 x = 0 這點並不連續。

凹函數與準凹函數雖然有上述重要基本差異, 但無論如何, 兩者關係是相當密切的。我們可很輕易地證明下述定理。

定理 3.2.2: $X\subset \boldsymbol{R}^n$ 爲凸集合, $f{:}X\to \boldsymbol{R}$, 若 f 爲一凹函數, 則 f 爲一準凹函數。

證明: 令 $\mathbf{x}^1,\mathbf{x}^2\in X$, 且假定 $f(\mathbf{x}^1)\geq f(\mathbf{x}^2)$（若不成立, 可將兩點交換）。

因 f 爲一凹函數, 故

$$f\left(\lambda\mathbf{x}^1+(1-\lambda)\mathbf{x}^2\right)\geq \lambda f(\mathbf{x}^1)+(1-\lambda)f(\mathbf{x}^2),\ \lambda\in[0,1]。$$

但 $f(\mathbf{x}^1)\geq f(\mathbf{x}^2)$ 隱含 $\lambda f(\mathbf{x}^1)+(1-\lambda)f(\mathbf{x}^2)\geq f(\mathbf{x}^2)$, 故 $f\left(\lambda\mathbf{x}^1+(1-\lambda)\mathbf{x}^2\right)\geq f(\mathbf{x}^2)$, 所以 f 爲一準凹函數。

另外, 我們也可將嚴格凹函數的觀念擴充至嚴格準凹函數 (strictly quasiconcave function)。

定義 3.2.2: $X \subset \boldsymbol{R}^n$ 爲一凸集合, $f: X \to \boldsymbol{R}$。若對任意相異兩點 $\mathbf{x}^1, \mathbf{x}^2 \in X$, 且 $f(\mathbf{x}^1) \geq f(\mathbf{x}^2)$, f 均滿足

$$f\left(\lambda \mathbf{x}^1 + (1-\lambda)\mathbf{x}^2\right) > f(\mathbf{x}^2),\ \lambda \in (0,1), \tag{3.2.2}$$

則稱 f 爲一嚴格準凹函數。

我們也可利用上水平集合及水平集合的觀念來看嚴格準凹函數。在習題 3.2.3 讀者將證明嚴格準凹函數的充分必要條件爲其所有上水平集合都是嚴格凸集合。換個角度看, 我們可說一個嚴格準凹函數的任意水平集合必然不包括任何直線、平面或超平面的部份。

現在, 我們可以很清楚地看到, 所有嚴格凹函數必然是嚴格準凹函數, 但反過來, 嚴格準凹函數則未必然是嚴格凹函數。從幾何的觀點來看, 嚴格準凹函數只要求其所有水平集合不包括直線、平面或超平面的部份, 但嚴格凹函數則除此之外, 還要求函數本身不包括任何直線、平面或超平面的部份。

爲了使讀者對嚴格凹函數、凹函數、嚴格準凹函數及準凹函數間的關係有一更清楚的輪廓, 我們以 Venn 氏圖形將他們的關係繪於圖 3.2.2 中。請特別注意, 圖 3.2.2 中顯示, 凹函數和嚴格準凹函數間並沒有什麼特別的關係。讀者可試著舉出一函數爲嚴格準凹函數但不是凹函數, 以及一凹函數但不爲嚴格準凹函數的例子。

到目前爲止, 我們所有的討論均以準凹函數和嚴格準凹函數爲對象。現在, 我們簡要介紹一下準凸函數和嚴格準凸函數。讀者應自己仔細思考, 以確定上面所述的所有關於準凹函數與嚴格準凹函數的性質, 在準凸函數和嚴格準凸函數中均有其對稱的性質。

定義 3.2.3: $X \subset \boldsymbol{R}^n$ 爲一凸集合, $f: X \to \boldsymbol{R}$。若 -f 爲一（嚴格）準凹函數, 則稱 f 爲一（嚴格）準凸函數。

若將定義 3.2.3 以數學式表示, 則（嚴格）準凸函數 f 之定義即成爲:

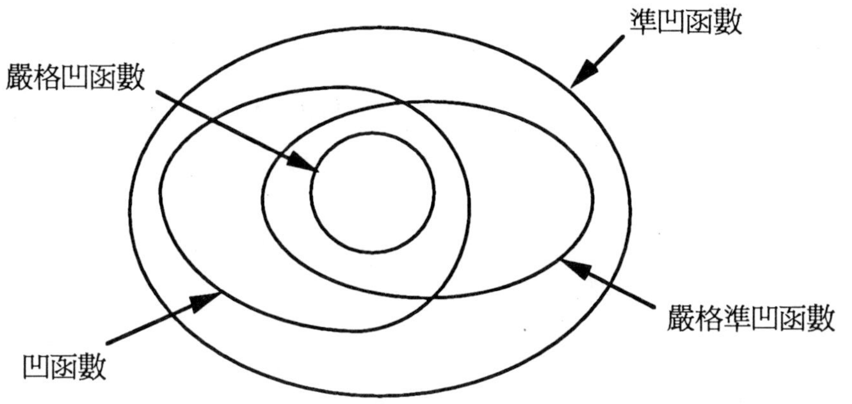

圖 3.2.2

若 $f(\mathbf{x}^1) \geq f(\mathbf{x}^2)$ $(\mathbf{x}^1 \neq \mathbf{x}^2)$ 隱含

$$f\left(\lambda \mathbf{x}^1 + (1-\lambda)\mathbf{x}^2\right) \leq (<) f(\mathbf{x}^1),\ \lambda \in [0,1] \left(\lambda \in (0,1)\right), \qquad (3.2.3)$$

則 f 爲一（嚴格）準凸函數。

比較上式與 (3.2.1), 可知應該存在著一些同時是準凹函數與準凸函數的函數。例如: 任何一直線或超平面就同時是準凹函數和準凸函數, 因爲超平面本身同時是凹函數和凸函數。但更重要的是, 有不少非直線型的函數, 卻可能同時是準凹函數和準凸函數。若以定理 3.2.1（及其對應之凸函數定理）來看, 我們知道, 只要一函數之所有水平集合均爲超平面, 則此函數之上水平集合與下水平集合, $LC_f(a) = \left\{\mathbf{x} \in X \middle| f(\mathbf{x}) \leq a,\ a \in \boldsymbol{R}\right\}$, 就同時爲凸集合, 因此這個函數就同時是準凹函數和準凸函數。

【例 3.2.2】若 $f: \boldsymbol{R}^n \to \boldsymbol{R}$ 定義爲

$$f(\mathbf{x}) = \frac{\mathbf{a}^T\mathbf{x} + \alpha}{\mathbf{b}^T\mathbf{x} + \beta},\ \mathbf{a}, \mathbf{b} \in \boldsymbol{R}^n,\ \alpha, \beta \in \boldsymbol{R},\ \mathbf{b}^T\mathbf{x} + \beta \neq 0。$$

試說明此函數同時爲準凹函數和準凸函數。

解: 取 $c \in \boldsymbol{R}$, 則 f 之水平集合爲

$$
\begin{aligned}
C_f(c) &= \left\{ \mathbf{x} \in \boldsymbol{R}^n \middle| \frac{\mathbf{a}^T\mathbf{x}+\alpha}{\mathbf{b}^T\mathbf{x}+\beta} = c \right\} \\
&= \left\{ \mathbf{x} \in \boldsymbol{R}^n \middle| \mathbf{a}^T\mathbf{x}+\alpha = c(\mathbf{b}^T\mathbf{x}+\beta) \right\} \\
&= \left\{ \mathbf{x} \in \boldsymbol{R}^n \middle| (\mathbf{a}-c\mathbf{b})^T\mathbf{x} = c\beta-\alpha \right\},
\end{aligned}
$$

雖然 $f(\mathbf{x})$ 本身爲一非線性函數, 但上式表示 $C_f(c)$ 爲一超平面, 故 $f(\mathbf{x})$ 同時爲準凹函數和準凸函數。

定理 3.2.3: $X \subset \boldsymbol{R}^n$ 爲一凸集合, $f{:}X \to \boldsymbol{R}$, 且 $g{:}X \to \boldsymbol{R}$, $g = cf$, $c \in \boldsymbol{R}$。

(i) 若 f 爲（嚴格）準凹函數且 $c>0$, 則 g 爲（嚴格）準凹函數,
若 f 爲（嚴格）準凹函數且 $c<0$, 則 g 爲（嚴格）準凸函數。

(ii) 若 f 爲（嚴格）準凸函數且 $c>0$, 則 g 爲（嚴格）準凸函數,
若 f 爲（嚴格）準凸函數且 $c<0$, 則 g 爲（嚴格）準凹函數。

這個定理雖然包括許多部份, 但證明方法均相同, 故我們只證明 (i) 中之準凹函數部份, 其餘讀者可自行練習。

證明: 若 f 爲準凹函數, 則 $\mathbf{x}^1, \mathbf{x}^2 \in X$ 且 $f(\mathbf{x}^1) \ge f(\mathbf{x}^2)$

隱含 $\quad f\left(\lambda\mathbf{x}^1 + (1-\lambda)\mathbf{x}^2\right) \ge f(\mathbf{x}^2),\ \lambda \in [0,1]$。

(a) 當 $c>0$ 時,

$$g(\mathbf{x}^1) = cf(\mathbf{x}^1) \ge cf(\mathbf{x}^2) = g(\mathbf{x}^2),$$

且 $\quad g\left(\lambda\mathbf{x}^1 + (1-\lambda)\mathbf{x}^2\right) = cf\left(\lambda\mathbf{x}^1 + (1-\lambda)\mathbf{x}^2\right) \ge cf(\mathbf{x}^2) = g(\mathbf{x}^2),$

故知 g 爲一準凹函數。

(b) 當 $c<0$ 時, 則

$$cf(\mathbf{x}^1) \le cf(\mathbf{x}^2),$$

故 $\quad g(\mathbf{x}^1) \le g(\mathbf{x}^2)$。

同理 $\quad cf\left(\lambda\mathbf{x}^1 + (1-\lambda)\mathbf{x}^2\right) \le cf(\mathbf{x}^2),$

故 $\quad g\left(\lambda\mathbf{x}^1 + (1-\lambda)\mathbf{x}^2\right) \le g(\mathbf{x}^2)$。

因此, 根據 (3.2.3), g 爲一準凸函數。

定理 3.2.4: $X \subset \boldsymbol{R}^n$ 爲一凸集合, $f:X \to \boldsymbol{R}$, $g:f(X) \to \boldsymbol{R}$, 且 $h:X \to \boldsymbol{R}$ 爲 f 和 g 的複合函數, 即 $h = g(f(\mathbf{x}))$。

(i) 若 f 爲（嚴格）準凹函數, 且 g 爲遞增（嚴格遞增）函數, 則 h 爲一（嚴格）準凹函數。

(ii) 若 f 爲（嚴格）準凸函數, 且 g 爲遞增（嚴格遞增）函數, 則 h 爲一（嚴格）準凸函數。

有關遞增函數的意義, 參見習題 2.4 第 8 題。與上一個定理相同, 我們只證明此定理 (i) 中之準凹函數部份。

證明: 因 f 爲準凹函數, 故 $\mathbf{x}^1, \mathbf{x}^2 \in X$, 且 $f(\mathbf{x}^1) \geq f(\mathbf{x}^2)$, $\lambda \in [0,1]$,

隱含 $$f\left(\lambda\mathbf{x}^1 + (1-\lambda)\mathbf{x}^2\right) \geq f(\mathbf{x}^2);$$

因 g 爲遞增函數, 故可得

$$h(\mathbf{x}^1) = g\left(f(\mathbf{x}^1)\right) \geq g\left(f(\mathbf{x}^2)\right) = h(\mathbf{x}^2) \text{和}$$

$$h\left(\lambda\mathbf{x}^1 + (1-\lambda)\mathbf{x}^2\right) = g\left(f\left(\lambda\mathbf{x}^1 + (1-\lambda)\mathbf{x}^2\right)\right) \geq g\left(f(\mathbf{x}^2)\right) = h(\mathbf{x}^2),$$

所以 h 是一個準凹函數。

定理 3.2.4 雖然與定理 3.1.4 相類似, 但仔細比較, 我們可發現在定理 3.1.4 中, 除了要求 g 爲一遞增函數外, 還要求 g 爲一凹函數, 但在定理 3.2.4 中, 則只要求 g 爲遞增函數即可。讀者可動動腦筋, 如果將定理 3.1.4 中, g 爲一凹函數的要求去掉, 只保留 g 爲一遞增函數, 其結果會是怎樣?

前述兩個定理, 在凸函數中, 均有其對應性質。値得特別指出的是, 在習題 3.1 第 2 題中, 我們基本上證明任何兩個（或有限多個）凹函數的和必然仍爲凹函數，但這個性質，在準凹函數中則未必成立。亦即，任何兩個準凹函數的和未必爲一準凹函數，下面例題即在說明此點。

【例 3.2.3】令 $X=[0,\infty)$，定義 $f:X\to \boldsymbol{R}$ 與 $g:X\to \boldsymbol{R}$ 爲

$$f(x)=2-x,$$
$$g(x)=x^2\text{。}$$

由例 3.2.1 我們知道 g 爲一準凹函數，而 f 爲一線型函數，因此也是一準凹函數。但 $f+g:X\to \boldsymbol{R}$ 可寫成

$$(f+g)(x)=x^2-x+2=\left(x-\frac{1}{2}\right)^2+\frac{7}{4},$$

此爲一開口朝上的拋物線（圖 3.2.3），顯然並不是一準凹函數。

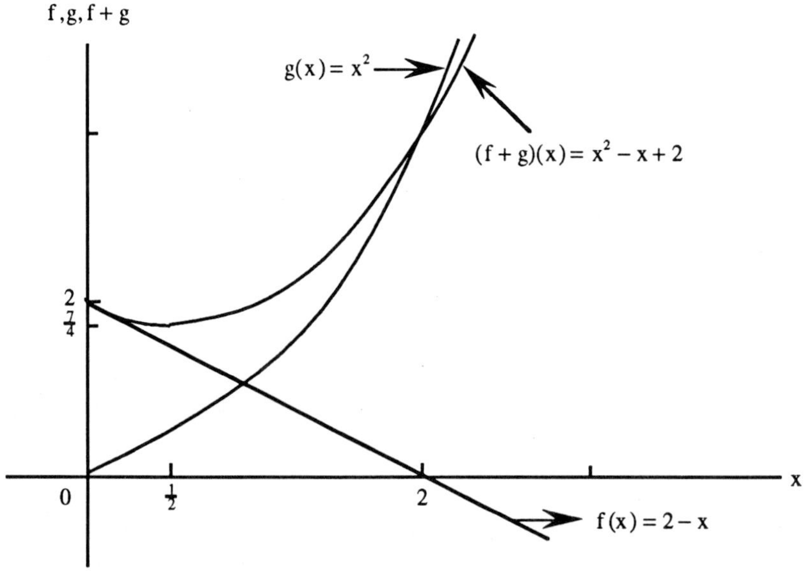

圖 3.2.3

•一次連續可微分準凹（凸）函數

我們已經討論了準凹函數的基本性質，接著我們要討論連續可微分的準凹函數。和凹函數的情形一樣，對一次和二次連續可微分的準凹函數，我們可用不同於原始定義的方式來描述。在定理 3.2.1 中，我們證明了若且唯若 f 爲一準凹函數，則 f 的所有上水平集合均爲凸集合。現在，假定圖 3.2.4 中，斜線（含水平集合）部份爲函數 f 的任一上水平集合 $UC_f(a)$，其中 $a = f(\mathbf{x}^2)$。因 f 爲一次連續可微分，故我們知道 f 在點 $\mathbf{x}^2$ 的梯度 $f_{\mathbf{x}}(\mathbf{x}^2)$ 存在。由 3.1 節的討論（尤其是 (3.1.26') 式），我們知道水平集合 $C_f(a) = \{\mathbf{x} \in X | f(\mathbf{x}) = a\}$ 在點 $\mathbf{x}^2$ 的切超平面爲

$$(\mathbf{x} - \mathbf{x}^2)^T f_{\mathbf{x}}(\mathbf{x}^2) = 0 \text{。} \tag{3.2.4}$$

換個角度來看，如果上水平集合 $UC_f(a)$ 爲一凸集合（也就是 f 爲一準凹函數），則超平面 (3.2.4) 即成爲 $UC_f(a)$ 在點 $\mathbf{x}^2$ 的一個支持超平面。因此，任何一 $\mathbf{x}^1 \in UC_f(a)$（即 $f(\mathbf{x}^1) \geq a = f(\mathbf{x}^2)$）必然位於此支持超平面的一邊。圖 3.2.4 爲 $\mathbf{x}^1$ 在此支持超平面右上方的情形。由圖可清楚看到，任何這樣的 $\mathbf{x}^1$ 與 $\mathbf{x}^2$ 的連線，其與函數 f 在點 $\mathbf{x}^2$ 的梯度的夾角 θ 必然不會超過 90°（如果超過 90° 會怎樣？）。由第一章 (1.5.6) 式可知

$$(\mathbf{x}^1 - \mathbf{x}^2)^T f_{\mathbf{x}}(\mathbf{x}^2) = \|\mathbf{x}^1 - \mathbf{x}^2\| \, \|f_{\mathbf{x}}(\mathbf{x}^2)\| \cos\theta \geq 0 \text{。} \tag{3.2.5}$$

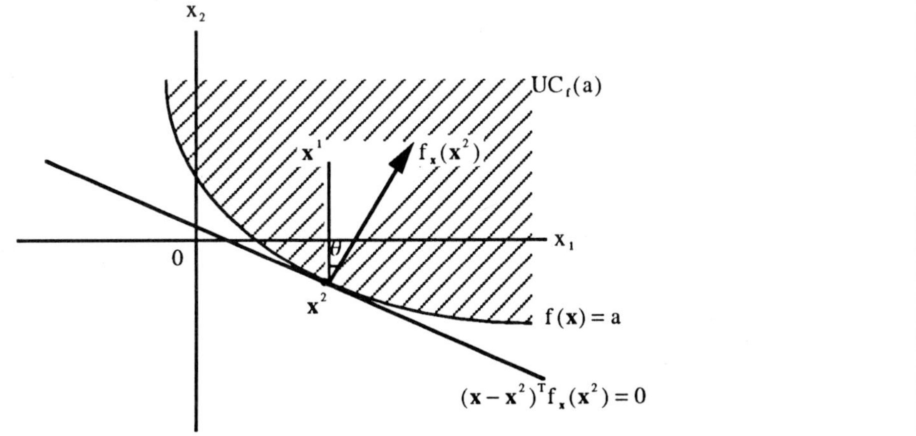

圖 3.2.4

更明確點說，〝只要 f 爲一準凹函數，$\mathbf{x}^1$ 和 $\mathbf{x}^2$ 爲 f 的定義域中任意兩點，且 $f(\mathbf{x}^1)\ge f(\mathbf{x}^2)$，則 (3.2.5) 式必然成立〞。事實上，上面的敘述反過來也成立，這就是下面我們所要介紹的定理。

※**定理 3.2.5**：$X\subset \boldsymbol{R}^n$ 爲一開凸集合，$f:X\to \boldsymbol{R}$ 且 $f\in \boldsymbol{C}^1$。對任意兩點 $\mathbf{x}^1,\mathbf{x}^2\in X$ 且 $f(\mathbf{x}^1)\ge f(\mathbf{x}^2)$，若且唯若 (3.2.5) 成立，則 f 爲一準凹函數。

證明：定義 $g:[0,1]\to \boldsymbol{R}$ 爲 $g(\lambda)=f\left(\lambda\mathbf{x}^1+(1-\lambda)\mathbf{x}^2\right)=f\left(\mathbf{x}^2+\lambda(\mathbf{x}^1-\mathbf{x}^2)\right)$，則 $g(0)=f(\mathbf{x}^2)$，$g(1)=f(\mathbf{x}^1)$，且

$$g'(\lambda)=(\mathbf{x}^1-\mathbf{x}^2)^T f_{\mathbf{x}}\left(\mathbf{x}^2+\lambda(\mathbf{x}^1-\mathbf{x}^2)\right)。\tag{3.2.6}$$

(i) 若 f 爲一準凹函數，且 $f(\mathbf{x}^1)\ge f(\mathbf{x}^2)$，則根據定義可得

$$g(\lambda)=f\left(\mathbf{x}^2+\lambda(\mathbf{x}^1-\mathbf{x}^2)\right)\ge f(\mathbf{x}^2)=g(0),$$

因上式對任何 $\lambda\in[0,1]$ 均成立，故 $g'(0)\ge 0$。將此結果代入 (3.2.6) 得 $g'(0)=(\mathbf{x}^1-\mathbf{x}^2)^T f_{\mathbf{x}}(\mathbf{x}^2)\ge 0$，此即爲 (3.2.5)。

(ii) 假定 (3.2.5)成立，我們只要證明，對任何 $\lambda\in[0,1]$ 均有 $g(\lambda)\ge g(0)$ 即可。利用反證法，假定存在一 $\lambda_1\in(0,1)$ 使得 $g(\lambda_1)<g(0)$，則由 f 爲連續的性質知，存在一 $\mathbf{B}(\lambda_1;\varepsilon)$ 使得所有 $\lambda\in \mathbf{B}(\lambda_1;\varepsilon)$ 均滿足 $g(\lambda)<g(0)$。又因 $g(\lambda_1)<g(1)$，故可找到一 $\lambda_0\in \mathbf{B}(\lambda_1;\varepsilon)$ 使得

$$g'(\lambda_0)>0。\tag{3.2.7}$$

令 $\hat{\mathbf{x}}=\mathbf{x}^2+\lambda_0(\mathbf{x}^1-\mathbf{x}^2)$，因 $g(\lambda_0)<g(0)$，所以 $f(\hat{\mathbf{x}})<f(\mathbf{x}^2)$。

根據 (3.2.5) 可得

$$(\mathbf{x}^2-\hat{\mathbf{x}})^T f_{\mathbf{x}}(\hat{\mathbf{x}})\ge 0,$$

故 $$-\lambda_0(\mathbf{x}^1-\mathbf{x}^2)^T f_{\mathbf{x}}(\hat{\mathbf{x}})\ge 0,$$

或 $$(\mathbf{x}^1-\mathbf{x}^2)^T f_{\mathbf{x}}(\hat{\mathbf{x}})\le 0;\tag{3.2.8}$$

但 (3.2.7) 隱含

$$g'(\lambda_0)=(\mathbf{x}^1-\mathbf{x}^2)^T f_{\mathbf{x}}(\hat{\mathbf{x}})>0。 \tag{3.2.9}$$

(3.2.8) 和 (3.2.9) 彼此矛盾, 故 $g(\lambda_0)<g(0)$ 的假設不成立, 而有 $g(\lambda)\geq g(0)$, $\lambda\in[0,1]$, 所以 f 爲一準凹函數。

定理 3.2.5 中, 若將 (3.2.5) 式的不等式〝≥〞改爲〝>〞, 即成爲描述嚴格準凹函數的定理。當然, 在作了上述的符號變動後, 該定理必然含有 $\mathbf{x}^1\neq\mathbf{x}^2$ 與 $f_{\mathbf{x}}(\mathbf{x}^2)\neq 0$ 的假設。至於一次連續可微分的（嚴格）準凸函數, 當然也有對應於定理 3.2.5 的性質, 我們將其敘述於下, 而不再重複證明。

定理 3.2.6：$X\subset \boldsymbol{R}^n$ 爲一開凸集合, 且函數 $f: X\to \boldsymbol{R}$ 爲 C^1。對任意兩點 $\mathbf{x}^1,\mathbf{x}^2\in X$ 且 $f(\mathbf{x}^1)\geq f(\mathbf{x}^2)$, 若且唯若 f 爲一準凸函數, 則

$$(\mathbf{x}^2-\mathbf{x}^1)^T f_{\mathbf{x}}(\mathbf{x}^1)\leq 0。 \tag{3.2.10}$$

• 二次連續可微分準凹（凸）函數

當 f 爲二次連續可微分函數時, 準凹函數和準凸函數也有類似二次連續可微分的凹函數和凸函數的判別式。只是, 在這兒情形較複雜, 我們必須利用加邊 Hessian 行列式 (bordered Hessian determinant) 來進行判別。所謂加邊 Hessian 行列式可簡述如下：設 $X\subset \boldsymbol{R}^n$, $f:X\to \boldsymbol{R}$, 對任一 $\mathbf{x}^0\in X$, f 在此點的加邊 Hessian 行列式爲

$$|\overline{H}(\mathbf{x}^0)|=\begin{vmatrix} 0 & f_1(\mathbf{x}^0) & f_2(\mathbf{x}^0) & \cdots & f_n(\mathbf{x}^0) \\ f_1(\mathbf{x}^0) & f_{11}(\mathbf{x}^0) & f_{12}(\mathbf{x}^0) & \cdots & f_{1n}(\mathbf{x}^0) \\ f_2(\mathbf{x}^0) & f_{21}(\mathbf{x}^0) & f_{22}(\mathbf{x}^0) & \cdots & f_{2n}(\mathbf{x}^0) \\ \vdots & \vdots & \vdots & & \vdots \\ f_n(\mathbf{x}^0) & f_{n1}(\mathbf{x}^0) & f_{n2}(\mathbf{x}^0) & \cdots & f_{nn}(\mathbf{x}^0) \end{vmatrix}, \tag{3.2.11}$$

其第 k 階加邊前導主子行列式 (kth-order bordered leading principal minor) 則爲

$$\left|\overline{H}(\mathbf{x}^0)\right|_k = \begin{vmatrix} 0 & f_1(\mathbf{x}^0) & f_2(\mathbf{x}^0) & \cdots & f_k(\mathbf{x}^0) \\ f_1(\mathbf{x}^0) & f_{11}(\mathbf{x}^0) & f_{12}(\mathbf{x}^0) & \cdots & f_{1k}(\mathbf{x}^0) \\ f_2(\mathbf{x}^0) & f_{21}(\mathbf{x}^0) & f_{22}(\mathbf{x}^0) & \cdots & f_{2k}(\mathbf{x}^0) \\ \vdots & \vdots & \vdots & & \vdots \\ f_k(\mathbf{x}^0) & f_{k1}(\mathbf{x}^0) & f_{k2}(\mathbf{x}^0) & \cdots & f_{kk}(\mathbf{x}^0) \end{vmatrix} 。 \qquad (3.2.12)$$

由於二次可微分準凹（凸）函數的判別式相當複雜，證明也頗深入、繁複，故我們僅將其結果敘述於下面的定理。除了 Arrow 和 Enthoven (1961) 的原始文章外，Madden (1986) 也提供了較爲簡化（但仍很冗長）的證明。有興趣者，請自行參考。

定理 3.2.7：$X \subset \boldsymbol{R}^n_+$ 爲一凸集合，$f: X \to \boldsymbol{R}$ 且 $f \in \boldsymbol{C}^2$，$\mathbf{x} \in X$ 爲 X 中任意點，

(i) 若 f 爲一準凹函數，則 $(-1)^k\left|\overline{H}(\mathbf{x})\right|_k \geq 0,\ k = 1,\cdots,n$。

(ii) 若 $(-1)^k\left|\overline{H}(\mathbf{x})\right|_k > 0\ (k = 1,\cdots,n)$，則 f 爲一準凹函數。

(iii) 若 f 爲一準凸函數，則 $\left|\overline{H}(\mathbf{x})\right|_k \leq 0,\ k = 1,\cdots,n$。

(iv) 若 $\left|\overline{H}(\mathbf{x})\right|_k < 0\ (k = 1,\cdots,n)$，則 f 爲一準凸函數。

在此定理中，我們將 X 限於 $\boldsymbol{R}^n_+$，這是根據 Arrow 和 Enthoven 的文章，但這個限制是可以去除的，換句話說，上述定理在 $X \subset \boldsymbol{R}^n$ 時仍然成立 (Avriel, 1976)。此外，這個定理的兩個充分條件，(ii) 和 (iv)，不僅分別保證 f 爲準凹函數和準凸函數；事實上，他們還分別保證 f 爲嚴格準凹函數和嚴格準凸函數（見 Takayama, 1993）。

【例 3.2.4】若 $f: \boldsymbol{R}^3_{++} \to \boldsymbol{R}$ 定義爲 $f(\mathbf{x}) = x_1x_2x_3$，則

$$f_1(\mathbf{x}) = x_2x_3,\ f_2(\mathbf{x}) = x_1x_3,\ f_3(\mathbf{x}) = x_1x_2\ ;$$
$$f_{11}(\mathbf{x}) = 0,\ f_{12}(\mathbf{x}) = x_3,\ f_{13}(\mathbf{x}) = x_2,\ f_{22}(\mathbf{x}) = 0,\ f_{23}(\mathbf{x}) = x_1,$$
$$f_{33}(\mathbf{x}) = 0;$$

故 $$|\overline{H}(\mathbf{x})|_3 = |\overline{H}(\mathbf{x})| = \begin{vmatrix} 0 & x_2x_3 & x_1x_3 & x_1x_2 \\ x_2x_3 & 0 & x_3 & x_2 \\ x_1x_3 & x_3 & 0 & x_1 \\ x_1x_2 & x_2 & x_1 & 0 \end{vmatrix} = -3x_1^2x_2^2x_3^2 < 0,$$

$$|\overline{H}(\mathbf{x})|_2 = \begin{vmatrix} 0 & x_2x_3 & x_1x_3 \\ x_2x_3 & 0 & x_3 \\ x_1x_3 & x_3 & 0 \end{vmatrix} = 2x_1x_2x_3^3 > 0,$$

$$|\overline{H}(\mathbf{x})|_1 = \begin{vmatrix} 0 & x_2x_3 \\ x_2x_3 & 0 \end{vmatrix} = -x_2^2x_3^2 < 0。$$

由此可得 $$(-1)|\overline{H}(\mathbf{x})|_1 = x_2^2x_3^2 > 0,$$

$$(-1)^2|\overline{H}(\mathbf{x})|_2 = 2x_1x_2x_3^3 > 0,$$

$$(-1)^3|\overline{H}(\mathbf{x})|_3 = 3x_1^2x_2^2x_3^2 > 0,$$

故 f 爲一嚴格準凹函數。

習題 3.2

1. 請判別下列三函數爲凹函數, 凸函數, 嚴格凹函數, 嚴格凸函數, 準凹函數, 準凸函數, 嚴格準凹函數或嚴格準凸函數。

   (a) $f(\mathbf{x}) = x_2 - \boldsymbol{ln}x_1,\ x_2 \in \boldsymbol{R},\ x_1 \in \boldsymbol{R}_{++}$。

   (b) $f(\mathbf{x}) = -x_1 - x_2 - \frac{1}{2}(x_1 + x_2)^2,\ \mathbf{x} \in \boldsymbol{R}^2$。

   (c) $f(\mathbf{x}) = \boldsymbol{ln}\left(\sum_{i=1}^{n} \alpha_i x_i^2\right),\ \alpha_i > 0,\ i = 1, \cdots, n,\ \mathbf{x} \in \boldsymbol{R}_{++}^n$。

2. 設 $X \subset \boldsymbol{R}$ 爲一凸集合, $f: X \to \boldsymbol{R}$, 證明當 f 爲遞增或遞減函數時, f 必同時爲準凹函數和準凸函數。

3. 證明: 若且唯若一函數的所有上水平集合均爲嚴格凸集合, 則此函數爲一嚴格準凹函數。

4. 因爲凹函數必然是準凹函數, 試由 (3.1.34) 式導出 (3.2.5) 式。

5. 在定理 3.2.4 的假設下, 如果假定 g 爲嚴格遞增函數, 對任何 $c \in f(\mathbf{X})$, 證明 h 和 f 的上水平集合, 下水平集合和水平集合完全相同, 即
   (a) $UC_f(c) = UC_h(g(c))$。
   (b) $LC_f(c) = LC_h(g(c))$。
   (c) $C_f(c) = C_h(g(c))$。

6. 設 $X \subset \boldsymbol{R}^n$ 爲一凸集合, $f:X \to \boldsymbol{R}$ 爲一凹函數, 而且是嚴格準凹函數。又 $g:f(X) \to \boldsymbol{R}$ 爲一嚴格遞增的嚴格凹函數。試證 $h:X \to \boldsymbol{R}$, $h = g(f(X))$ 爲一嚴格凹函數。

7. $X \subset \boldsymbol{R}^n$ 爲一凸集合, $f_i:X \to \boldsymbol{R}$, $i = 1, \cdots, m$ 爲 m 個凹函數。定義函數 $g:X \to \boldsymbol{R}$ 爲

$$g(\mathbf{x}) = h(f_1(\mathbf{x}), f_2(\mathbf{x}), \cdots, f_m(\mathbf{x})),\ \mathbf{x} \in X,$$

其中 $h: f_1(X) \times f_2(X) \times \cdots \times f_m(X) \to \boldsymbol{R}$ 爲一準凹函數, 且 $h_i(\mathbf{x}) > 0$, $i = 1, \cdots, m$。試證明 g 爲一準凹函數。

8. 定義函數 $f:\boldsymbol{R}^n_{++} \to \boldsymbol{R}$ 如下:
   (a) $f(\mathbf{x}) = \dfrac{\mathbf{a}^T\mathbf{x} + \alpha}{(\mathbf{b}^T\mathbf{x} + \beta)^2}$, $\mathbf{a}, \mathbf{b} \in \boldsymbol{R}^n_{++}$, $\alpha, \beta \in \boldsymbol{R}_{++}$, 試證 f 爲一準凹函數。
   (b) $f(\mathbf{x}) = \dfrac{h(\mathbf{x})}{g(\mathbf{x})}$, $h(\mathbf{x}) > 0$, $g(\mathbf{x}) > 0$, h 爲凹函數, g 爲凸函數, 試證 f 爲一準凹函數。
   (c) $f(\mathbf{x}) = \dfrac{h(\mathbf{x})}{g(\mathbf{x})}$, $h(\mathbf{x}) > 0$, $g(\mathbf{x}) > 0$, h 爲凸函數, g 爲凹函數, 試證 f 爲一準凸函數。
   (d) $f(\mathbf{x}) = \dfrac{h(\mathbf{x})}{g(\mathbf{x})}$, $h(\mathbf{x}) > 0$, $g(\mathbf{x}) < 0$, 且 $h(\mathbf{x})$ 和 $g(\mathbf{x})$ 均爲凹函數, 試證 f 爲一準凸函數。
   (提示: 考慮上水平集合與下水平集合)

9. 假定某廠商之生產函數 $f:\boldsymbol{R}^2_{++} \to \boldsymbol{R}$ 爲

$$f(K, L) = AK^{\alpha}L^{\beta},\ \ \alpha + \beta > 1,\ A > 0$$

(a) 證明此生產函數爲準凹函數, 但並不是凹函數。

(b) 此廠商之利潤函數 $\pi:\boldsymbol{R}_{++}^2 \to \boldsymbol{R}$ 可寫成

$$\pi(K,L) = pf(K,L) - wL - rK, \quad p,w,r \in \boldsymbol{R}_{++},$$

式中 p,w,r 分別爲產品、勞動和資本價格, 均爲定值。試判別 $\pi(K,L)$ 是否爲一準凹函數。

10. $X \subset \boldsymbol{R}^n$, $f:X \to \boldsymbol{R}$。若 f 滿足下列兩條件:

(i) f 爲一準凹函數,

(ii) 對任何 $\mathbf{x}^1, \mathbf{x}^2 \in X$, $\mathbf{x}^1 \neq \mathbf{x}^2$, $f(\mathbf{x}^1) > f(\mathbf{x}^2)$ 隱含

$$f(\lambda\mathbf{x}^1 + (1-\lambda)\mathbf{x}^2) > f(\mathbf{x}^2), \quad \lambda \in (0,1],$$

則稱 f 爲一顯著準凹函數 (explicitly quasiconcave function)。

(a) 試證: 嚴格準凹函數必爲顯著準凹函數。

(b) 試舉一準凹函數, 但不爲顯著準凹函數。

(c) 試舉一顯著準凹函數, 但不爲嚴格準凹函數。

3.3 齊次函數和位似函數

在討論生產函數時，我們通常要考慮長期間是否有規模報酬遞增(increasing returns to scale)、規模報酬固定(constant returns to scale)或規模報酬遞減(decreasing returns to scale)的問題。在消費理論中，我們也强調，需求函數必須沒有貨幣幻覺(money illusion)。這些經濟學上的重要觀念，都和數學中的齊次函數直接相關。在本書第五章介紹對偶理論(duality theory)時，讀者也會發現，齊次函數扮演著極其重要的角色。在這一節裡，我們首先對齊次函數作一比較完整的討論，接著介紹更一般化的位似函數的概念，最後則闡明齊次函數與凹函數及準凹函數的關係。

定義3.3.1：$X \subset \boldsymbol{R}^n$，$f: X \to \boldsymbol{R}$。若對任一$\lambda \in \boldsymbol{R}_{++}$，$\mathbf{x} \in X$，函數f滿足

$$f(\lambda \mathbf{x}) = \lambda^r f(\mathbf{x}),\ r \in \boldsymbol{R}, \tag{3.3.1}$$

則稱f爲一r次齊次函數。

在這個定義中，我們首先必須注意的是，該定義並未要求f的定義域爲一凸集合，而只要求，當$\mathbf{x} \in X$，且$\lambda > 0$時，$\lambda \mathbf{x} \in X$而已。由第一章的討論，我們知道$\lambda \mathbf{x}$只不過是點$\mathbf{x}$與原點連線的距離放大或縮小λ倍所得的新點而已。例如$\lambda = 1$時，$\lambda \mathbf{x}$即爲原來的點$\mathbf{x}$；當$\lambda = 2$時，$\lambda \mathbf{x}$爲通過$\mathbf{x}$點的射線上，與原點距離爲$\mathbf{x}$點長度兩倍的點；當$\lambda = 1/2$時，$\lambda \mathbf{x}$爲$\mathbf{x}$與原點連線上一半距離的點。由此可知，X必爲由原點出發的一些射線所形成的集合，這樣的集合，我們將它稱作錐（錐體或錐面）(cone)。顯然地，一個錐未必是凸集合；如圖3.3.1中，集合$S = \{\mathbf{x} \in \boldsymbol{R}_+^2 | x_1 = 0$，或$x_2 = 0$，或$x_1 = x_2\}$爲由$ox_1$，$ox_2$與oA三條射線所組成，因此S是一個錐，但不是凸集合。反之，定義集合$T = \boldsymbol{R}_+^n$，則T是一個錐，且是凸集合，在此情況下，我們稱其爲凸錐(convex cone)。另外，根據上面的討論，一個錐並不一定要包含原點，但在許多情況下，將原點包含在內，分析比較

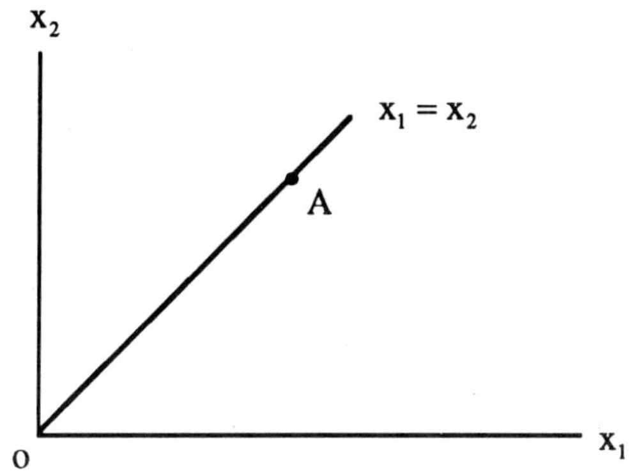

圖3.3.1

方便, 因此, 以後我們提到錐或凸錐時, 均包含原點在內。當一個錐或凸錐包含原點時, 必然不是一個開集合。(是否一定是閉集合?)

根據定義3.3.1, 若我們將 (3.3.1) 中的 $\mathbf{x}$ 視爲生產因素, 則 $\lambda\mathbf{x}$ 就是將所有生產因素同時增加 λ 倍。因此當 $r=1$ 時, 我們得到 $f(\lambda\mathbf{x}) = \lambda f(\mathbf{x})$。換句話說, 將所有生產因素同時變爲原投入的 λ 倍時, 其產量也爲原產量的 λ 倍, 這正是經濟學中規模報酬固定的意義。故所謂規模報酬固定的生產函數, 在數學上就是一次齊次函數, 也常稱爲線性齊次函數 (linearly homogeneous function)。同理, 當 $r<1$ 時, 是代表規模報酬遞減的生產函數, 而 $r>1$ 時, 則是規模報酬遞增的生產函數。

如果我們將 (3.3.1) 之 $f(\mathbf{x})$ 看成一個人需求函數, 則 $\mathbf{x}$ 爲產品價格與貨幣所得的向量。從消費理論中我們知道, 當所有產品的價格與貨幣所得以同比例增加或減少時, 消費者所面對的預算集合 (budget set) 並不會改變, 在偏好不變的假設下, 此消費者的選擇自然不會受到影響。也就是說, 消費者沒有貨幣幻覺, 在此情況下, 我們有

$$f(\lambda\mathbf{x}) = f(\mathbf{x}) = \lambda^0 f(\mathbf{x})。 \qquad (3.3.2)$$

比較 (3.3.2) 與 (3.3.1)，我們很清楚地看到，所謂沒有貨幣幻覺，其意義就是需求函數必須是價格和貨幣所得的零次齊次函數。在 (3.3.2) 中，若 $x_i \neq 0$，我們可取 $\lambda = 1/x_i$，則 (3.3.2) 成爲

$$
\begin{aligned}
& g\left(\frac{x_1}{x_i},\frac{x_2}{x_i},\cdots,\frac{x_{i-1}}{x_i},\frac{x_i}{x_i},\frac{x_{i+1}}{x_i},\cdots,\frac{x_n}{x_i}\right) \\
&= f\left(\frac{x_1}{x_i},\frac{x_2}{x_i},\cdots,\frac{x_{i-1}}{x_i},1,\frac{x_{i+1}}{x_i},\cdots,\frac{x_n}{x_i}\right) \\
&= \left(\frac{1}{x_i}\right)^0 f(\mathbf{x}) = f(\mathbf{x})\ ;
\end{aligned}
\tag{3.3.3}
$$

(3.3.3) 告訴我們，當 $f(\mathbf{x})$ 爲一零次齊次函數時，$f(\mathbf{x})$ 的值完全決定於自變數的相對大小，而不受各自變數的單位所影響，這也就是我們說需求函數是決定於相對價格和實質所得，而非絕對價格和貨幣所得，或說貨幣單位不影響產品需求的原因。另外，值得一提的是，在某些情況下，有些函數只在某一部份自變數具有齊次性質，如 $f(\lambda\mathbf{x},\mathbf{y}) = \lambda^r f(\mathbf{x},\mathbf{y})$ 表示函數 f 爲其自變數 $\mathbf{x}$ 的 r 次齊次函數。當然，這個函數也可能同時是自變數 $\mathbf{y}$ 的 k 次齊次函數，即 $f(\mathbf{x},\lambda\mathbf{y}) = \lambda^k f(\mathbf{x},\mathbf{y})$。

【例 3.3.1】 (a) 若生產函數爲

$$f(K,L) = AK^{\alpha}L^{\beta},$$

則 $f(\lambda K,\lambda L) = A(\lambda K)^{\alpha}(\lambda L)^{\beta} = \lambda^{\alpha+\beta}AK^{\alpha}L^{\beta} = \lambda^{\alpha+\beta}f(K,L)$，

故知其爲 $\alpha+\beta$ 次齊次生產函數。

(b) 需求函數

$$x_i(\mathbf{p},I) = \frac{I}{p_i^{1+\rho}\sum_{j=1}^{n} p_j^{-\rho}},\ i=1,\cdots,n,\ \rho > -1,\ \rho \neq 0,$$

則
$$
\begin{aligned}
x_i(\lambda\mathbf{p},\lambda I) &= \frac{\lambda I}{(\lambda p_i)^{1+\rho}\sum_{j=1}^{n}(\lambda p_j)^{-\rho}} = \frac{\lambda I}{\lambda^{1+\rho}p_i^{1+\rho}\lambda^{-\rho}\sum_{j=1}^{n}p_j^{-\rho}} \\
&= \frac{I}{p_i^{1+\rho}\sum_{j=1}^{n}p_j^{-\rho}} = x_i(\mathbf{p},I),
\end{aligned}
$$

此爲一零次齊次函數。

(c) 成本函數

$$C(\mathbf{w},q)=q^{\frac{1}{\sum_{j=1}^{n}\alpha_j}}\left[\sum_{j=1}^{n}\alpha_j\right]\prod_{j=1}^{n}\left[\frac{w_j}{\alpha_j}\right]^{\frac{\alpha_j}{\sum_{j=1}^{n}\alpha_j}},$$

$$\alpha_j>0,\ j=1,\cdots,n,\ \sum\alpha_j<1,$$

式中 $\mathbf{w}$ 爲因素價格向量, q 爲產量。

$$\begin{aligned}C(\lambda\mathbf{w},q)&=q^{\frac{1}{\sum_{j=1}^{n}\alpha_j}}\left[\sum_{j=1}^{n}\alpha_j\right]\prod_{j=1}^{n}\left[\frac{\lambda w_j}{\alpha_j}\right]^{\frac{\alpha_j}{\sum_{j=1}^{n}\alpha_j}}\\&=q^{\frac{1}{\sum_{j=1}^{n}\alpha_j}}\left[\sum_{j=1}^{n}\alpha_j\right]\prod_{j=1}^{n}\left(\lambda^{\frac{\alpha_j}{\sum_{j=1}^{n}\alpha_j}}\right)\prod_{j=1}^{n}\left[\frac{w_j}{\alpha_j}\right]^{\frac{\alpha_j}{\sum_{j=1}^{n}\alpha_j}}\\&=q^{\frac{1}{\sum_{j=1}^{n}\alpha_j}}\left[\sum_{j=1}^{n}\alpha_j\right]\lambda^{\frac{\sum_{j=1}^{n}\alpha_j}{\sum_{j=1}^{n}\alpha_j}}\prod_{j=1}^{n}\left[\frac{w_j}{\alpha_j}\right]^{\frac{\alpha_j}{\sum_{j=1}^{n}\alpha_j}}\\&=\lambda C(\mathbf{w},q),\end{aligned}$$

故知成本函數爲因素價格向量的一次齊次函數。

現在, 我們來討論齊次函數的一些重要性質。

定理 3.3.1: $f:\boldsymbol{R}\to\boldsymbol{R}$, 若且唯若 $f(x)$ 爲 r 次齊次函數, 則 $f(x)=kx^r$, $k\in\boldsymbol{R}$。

證明: (i) 若 $f(x)=kx^r$,

則 $f(\lambda x)=k\cdot(\lambda x)^r=\lambda^r kx^r=\lambda^r f(x)$, 故知 f 爲一 r 次齊次函數。

(ii) 若 f 爲一 r 次齊次函數且 $r\neq0$, 則根據定義 $f(\lambda x)=\lambda^r f(x)$。
當 $x\neq0$ 時, 取 $\lambda=1/x$ 代入上式可得

$$f(1)=\left(\frac{1}{x}\right)^r f(x),$$

故 $\quad f(x)=f(1)x^r=kx^r$, 其中 $k=f(1)$。

若 $x=0$, 定義 $f(0)=0$, 則

$$f(x)=f(0)=0=k\cdot0^r=kx^r,\ k\in\boldsymbol{R}。$$

若 $r=0$, 則 $f(\lambda x)=\lambda^0 f(x)=f(x)$, 這表示 $f(x)$ 爲一常數函數, 即 $f(x)=k=kx^0$, $k\in \boldsymbol{R}$。

由此定理可知, 單變數的一次齊次函數乃爲一通過原點的直線, 這也是一次齊次函數常被稱作線性齊次函數的原因。二次齊次函數則爲通過原點的一拋物線。此外, 由

$$f'(x)=rkx^{r-1},$$
$$f''(x)=r(r-1)kx^{r-2},$$

我們知道, 若 $x\in \boldsymbol{R}_{++}$, 則 $f''(x)$ 的符號完全決定於 k, r, 和 $r-1$。如果 $r(r-1)k\geq 0$, 則此 r 次齊次函數爲一凸函數; 反之, 若 $r(r-1)k\leq 0$, 則爲一凹函數。

定理3.3.1 同時提供我們一個重要的訊息, 即, 單變數的齊次函數必然是可微分, 但這個現象在多變數情形下, 則未必成立。例如, 常見的 Leontief 生產函數

$$f(K,L)=\min\left[\frac{K}{a},\frac{L}{b}\right],\quad a,b>0$$

爲一線性齊次函數, 但並不可微分。不過, 如果我們將注意力集中在可微分的齊次函數, 則我們可以得到下面幾個重要的結果。

定理 3.3.2 (Euler 定理): $X\subset \boldsymbol{R}^n$, $f:X\to \boldsymbol{R}$, $f\in \boldsymbol{C}^1$。若且唯若 f 爲一 r 次齊次函數, 則

$$\mathbf{x}^T f_{\mathbf{x}}(\mathbf{x})=rf(\mathbf{x}),\quad \mathbf{x}\in X。\tag{3.3.4}$$

證明: (i) 若 f 爲一 r 次齊次函數, 則由定義知

$$f(\lambda\mathbf{x})=\lambda^r f(\mathbf{x}),$$

將上式兩邊對 λ 微分可得

$$\mathbf{x}^T f_{\mathbf{x}}(\lambda \mathbf{x}) = r\lambda^{r-1} f(\mathbf{x}), \tag{3.3.5}$$

令 $\lambda = 1$, 即得

$$\mathbf{x}^T f_{\mathbf{x}}(\mathbf{x}) = rf(\mathbf{x})。$$

(ii) 假定 (3.3.4) 成立, 定義 $g: \boldsymbol{R}_{++} \to \boldsymbol{R}$ 爲

$$g(\lambda) = f(\lambda \mathbf{x})$$

將上式兩邊對 λ 微分可得

$$g'(\lambda) = \mathbf{x}^T f_{\mathbf{x}}(\lambda \mathbf{x}), \tag{3.3.6}$$

(3.3.6) 兩邊乘以 λ, 並利用 (3.3.4) 可得

$$\lambda g'(\lambda) = \lambda \mathbf{x}^T f_{\mathbf{x}}(\lambda \mathbf{x}) = rf(\lambda \mathbf{x}) = rg(\lambda),$$

故 $$\frac{g'(\lambda)}{g(\lambda)} = \frac{r}{\lambda}。 \tag{3.3.7}$$

將上式兩邊對 λ 積分可得

$$\mathit{ln}(g(\lambda)) = r\mathit{ln}\lambda + c, \quad c \in \boldsymbol{R},$$

或 $$g(\lambda) = e^{(r\mathit{ln}\lambda + c)} = A\lambda^r, \quad A = e^c。 \tag{3.3.8}$$

令 $\lambda = 1$, 則由 (3.3.8) 知 $A = g(1) = f(\mathbf{x})$, 因而

$$f(\lambda \mathbf{x}) = g(\lambda) = A\lambda^r = \lambda^r f(\mathbf{x}), \tag{3.3.9}$$

(3.3.9) 正表示 f 爲一 r 次齊次函數。

又, (3.3.4) 也可寫成

$$\left(\frac{\mathbf{x}}{f(\mathbf{x})}\right)^T f_{\mathbf{x}}(\mathbf{x}) = \sum_{i=1}^{n} \frac{\partial f}{\partial x_i} \frac{x_i}{f(\mathbf{x})} = \sum_{i=1}^{n} e_i = r, \qquad (3.3.10)$$

上式中，$e_i = \frac{\partial f}{\partial x_i} \frac{x_i}{f(\mathbf{x})}$ 爲函數 f 對 x_i 的偏彈性。因此，一個 r 次齊次函數的所有偏彈性的和剛好等於 r。

【例 3.3.2】 假定生產函數 $f: \boldsymbol{R}_+^2 \to \boldsymbol{R}$ 爲

$$f(K,L) = AK^{\alpha}L^{\beta}, \ \alpha, \beta > 0,$$

則
$$f_K = \frac{\partial f}{\partial K} = \alpha A K^{\alpha-1} L^{\beta} = \alpha \frac{f}{K},$$

$$f_L = \frac{\partial f}{\partial L} = \beta A K^{\alpha} L^{\beta-1} = \beta \frac{f}{L},$$

故
$$K f_k + L f_L = (\alpha + \beta) f, \qquad (3.3.11)$$

或
$$\frac{K}{f} f_k + \frac{L}{f} f_L = e_K + e_L = (\alpha + \beta)。 \qquad (3.3.11')$$

上例中，因 f_k 和 f_L 分別代表資本和勞動的邊際實物生產量 (marginal physical product)，故 (3.3.11) 式左邊的意義是：當資本和勞動均以其邊際實物生產量爲報酬時，總共的因素報酬。在此例中的生產函數下，(3.3.11) 式告訴我們總因素報酬剛好是總產量的 $(\alpha+\beta)$ 倍。因此，當 $\alpha+\beta=1$ 時，就代表所有生產的東西正好完全分配給資本和勞動兩種生產因素，這就是功能性所得分配理論中著名的 Wicksteed Imputation 定理。讀者可試著思考，在 $\alpha+\beta>1$ 或 $\alpha+\beta<1$ 時，如果生產因素仍以邊際實物生產量支付，會產生什麼問題？至於 (3.3.11') 則有兩種解釋：一如前面所提，因爲這是一個 $(\alpha+\beta)$ 次齊次函數，故資本和勞動的偏彈性之和剛好爲 $(\alpha+\beta)$；另一種解釋是，在生產因素以邊際實物生產量支付時，(3.3.11') 左邊第一項代表資本的報酬占總產出的比例，第二項則爲勞動的報酬占總產出的比例，而此兩比例的和剛好是 $(\alpha+\beta)$。

定理 3.3.3：$X\subset \boldsymbol{R}^n$，$f:X\to \boldsymbol{R}$，$f\in \boldsymbol{C}^1$ 且爲 r 次齊次函數，

則 (i) $\dfrac{\partial f(\mathbf{x})}{\partial x_i}=f_i(\mathbf{x})$，$i=1,\cdots,n$，爲一 $r-1$ 次齊次函數。

(ii) 若 $\mathbf{x}=(\mathbf{y},\mathbf{z})$，$f(\mathbf{x})=f(\mathbf{y},\mathbf{z})$，爲 $\mathbf{y}$ 的 r 次齊次函數，

則 $\dfrac{\partial f}{\partial y_i}$，$i=1,\cdots,m$，爲 $\mathbf{y}$ 的 $r-1$ 次齊次函數；

$\dfrac{\partial f}{\partial z_j}$，$j=1,\cdots,n-m$，爲 $\mathbf{y}$ 的 r 次齊次函數。

證明: (i) 因 $f(\lambda\mathbf{x})=\lambda^r f(\mathbf{x})$，

兩邊對 $\mathbf{x}$ 微分可得

$$\lambda f_{\mathbf{x}}(\lambda\mathbf{x})=\lambda^r f_{\mathbf{x}}(\mathbf{x}),$$

故 $$f_{\mathbf{x}}(\lambda\mathbf{x})=\lambda^{r-1}f_{\mathbf{x}}(\mathbf{x})。$$

根據定義知 $f_{\mathbf{x}}(\mathbf{x})$ 爲一 $r-1$ 次齊次函數。

(ii) 證明與 (i) 完全相同, 不再重述。

這個定理有非常重要的幾何意義, 我們將在下面有關齊次函數的幾何性質中再進一步說明。

定理 3.3.4：$X\subset \boldsymbol{R}^n$，$f:X\to \boldsymbol{R}$，$f\in \boldsymbol{C}^1$，若

$$f(\lambda\mathbf{x})=\phi(\lambda)f(\mathbf{x}), \tag{3.3.12}$$

則必存在一 k，使得 $\phi(\lambda)=\lambda^k$。

證明: 將 (3.3.12) 兩邊對 λ 微分可得

$$\mathbf{x}^T f_{\mathbf{x}}(\lambda\mathbf{x})=\phi'(\lambda)f(\mathbf{x}), \tag{3.3.13}$$

令 $\lambda=1$, 則上式成爲

$$\mathbf{x}^T f_{\mathbf{x}}(\mathbf{x})=\phi'(1)f(\mathbf{x})。 \tag{3.3.14}$$

但根據 Euler 定理, (3.3.14) 式隱含 $f(\mathbf{x})$ 爲一 $\phi'(1)$ 次齊次方程式，即

$$f(\lambda \mathbf{x}) = \lambda^{\phi'(1)} f(\mathbf{x})。 \qquad (3.3.15)$$

但因 $\phi'(1)$ 只是一個定數, 故可寫成 $\phi'(1) = k$, 因此(3.3.15)成為

$$f(\lambda \mathbf{x}) = \lambda^{k} f(\mathbf{x}), \qquad (3.3.16)$$

比較 (3.3.12) 與 (3.3.16) 即得

$$\phi(\lambda) = \lambda^{k}。$$

我們在此特別證明定理 3.3.4 的原因是, 有些數理經濟學的書籍, 如 Lancaster (1968) 與 Weintraub (1982) , 以 (3.3.12) 式作為將齊次函數一般化的方法, 並稱滿足 (3.3.12) 者為一位似函數（詳見定義 3.3.2 及其後之說明）。由定理 3.3.4 , 我們知道, 這種一般化的方法是行不通的, 任何滿足 (3.3.12) 式的函數仍將是齊次函數, 而非位似函數。

由於齊次函數有一些重要幾何的性質, 在經濟學上常會碰到, 因此在進一步討論之前, 我們先就其幾何性質加以說明。

從定理 3.3.1 的證明中, 我們知道, 除了常數函數, 單變數齊次函數在 $x = 0$ 時的函數值必等於 0。如果我們進一步假定, 一單變數 r 次齊次函數的函數值在原點以外均為正, 則當 $r < 1$ $(r > 1)$時, 此函數必為一

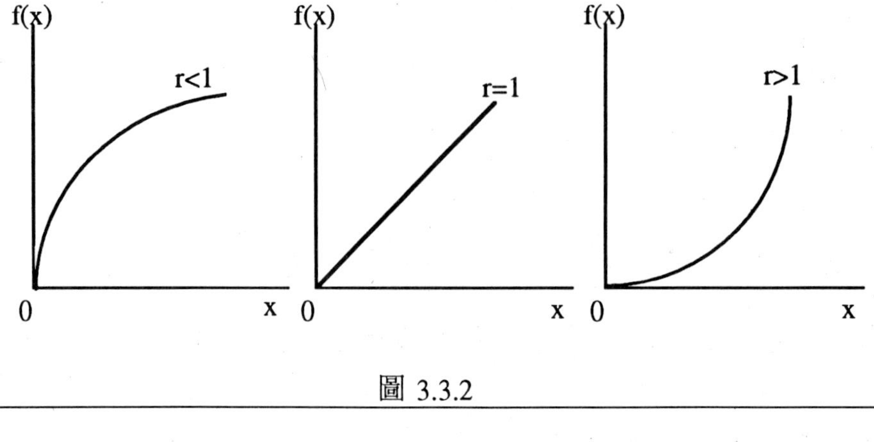

圖 3.3.2

嚴格凹（凸）函數, 而當 $r=1$時, 則爲一通過原點的直線, 故爲一凹函數, 也是一凸函數, 反之亦然（見圖 3.3.2）。

這種直覺的判別法, 在單變數齊次函數中雖然簡便, 但在多變數齊次函數中, 卻很容易造成錯誤。最常見的錯誤就是將 $r=1$爲直線的觀念直接推廣, 認爲在多變數時, 一次齊次函數必然是一個超平面。雖然通過原點的超平面是一次齊次函數, 但在多變數情況下, 一次齊次函數卻未必是一個超平面。

我們以 $f: \boldsymbol{R}_+^2 \to \boldsymbol{R}_+$ 的齊次函數來說明。假定 $f(x_1, x_2)$ 爲一 r 次齊次函數, 考慮 $(x_1^0, x_2^0) \in \boldsymbol{R}_{++}^2$ 這一點, 則由原點出發通過 (x_1^0, x_2^0) 的射線上任何一點均可以 $(\lambda x_1^0, \lambda x_2^0)$, $\lambda > 0$, 來表示（見圖 3.3.3）。假定 $f(x_1^0, x_2^0) = c$, 則我們知道 $f(\lambda x_1^0, \lambda x_2^0) = \lambda^r c$。因此, 只要知道點 (x_1^0, x_2^0) 的函數值, 則射線 OG 上任何點的函數值均可確定, 其函數型態爲 $x_3 = \lambda^r c$。如果我們將圖 3.3.3 中之 Ox_3 與 OG 看成兩軸, 則我們可將 $x_3 = \lambda^r c$ 之圖形畫出。當 $r=1$, 即爲 $f(\mathbf{x})$ 一次齊次時, $x_3 = c\lambda$, 故知其爲一直線, 且在 $\lambda = 1$ 時, 即在點 (x_1^0, x_2^0) 時, 其值爲 c。由此可見, 所謂函數 $f(\mathbf{x})$ 爲一次齊次或線性齊次函數, 所要求的只是定義域中, 任何由原點出發的射線上各點的映像所成的集合, 在此函數的圖形表面也是一條通過原點的直線罷了,

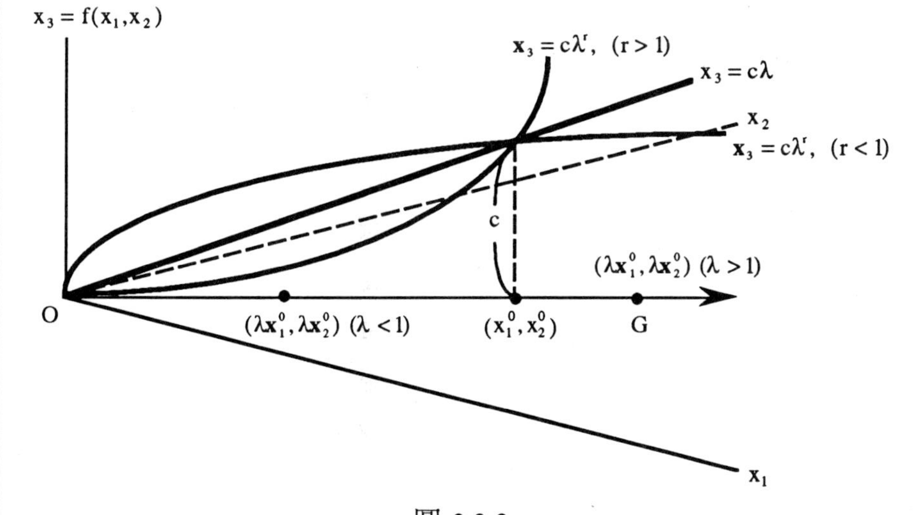

圖 3.3.3

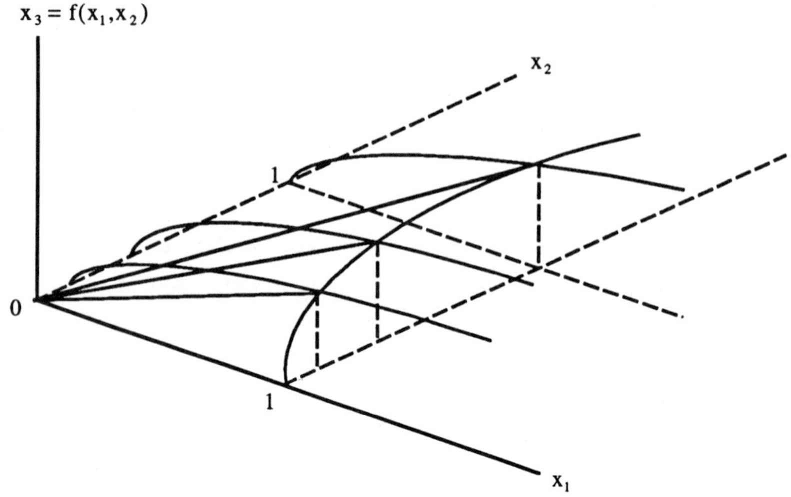

圖 3.3.4

至於函數圖形本身是否爲一（超）平面, 則不重要。反過來, 我們可以說, 任何一次齊次函數的圖形, 乃是一些通過原點的直線所構成。

圖 3.3.4 爲一函數圖形不是超平面的一次齊次函數, $f: \boldsymbol{R}_+^2 \to \boldsymbol{R}$,

$$f(x_1,x_2)=\begin{cases} 0, & \text{當 } x_1 = x_2 = 0 \\ \dfrac{x_1x_2}{x_1+x_2}, & \text{其他情形。} \end{cases}$$

同樣道理, 當 $r>1$ 或 $r<1$ 時, 我們可畫出對應於射線 OG 上各點的函數值圖形。由上面討論, 我們知道: 當 $r>1$ 時, 其圖形爲一嚴格凸函數; 而當 $r<1$ 時, 其圖形爲嚴格凹函數（圖 3.3.3）。

由圖 3.3.3 和圖 3.3.4, 我們可看到, 很難在三度空間中完整地描繪圖形。因此在許多情況下, 我們發現以定義域中的水平集合來討論齊次函數更爲清楚方便。

假定 $\mathbf{x}^1$ 和 $\mathbf{x}^2$ 爲 r 次齊次函數 f 的同一水平集合上的兩點, 則 $f(\mathbf{x}^1) = f(\mathbf{x}^2) = c$, $c \in \boldsymbol{R}$。因 f 爲一 r 次齊次函數, 故 $f(\lambda\mathbf{x}^1) = \lambda^r f(\mathbf{x}^1) = \lambda^r c = \lambda^r f(\mathbf{x}^2) = f(\lambda\mathbf{x}^2)$。這個結果表示, 如果 $\mathbf{x}^1$ 和 $\mathbf{x}^2$ 在同一水平集合上, 則射線 $O\mathbf{x}^1$ 上任何一點 $\lambda\mathbf{x}^1$ 必與射線 $O\mathbf{x}^2$ 上 $\lambda\mathbf{x}^2$ 這點同在一水平集合上。換句話說,

只要我們知道某一齊次函數的任一水平集合, 則該齊次函數所有其他水平集合均是該一水平集合的放大或縮小。圖 3.3.5 描繪兩個變數下, 一個齊次函數的兩條等值線(水平集合)。由上面的討論, 我們知道, 等值線 $f(\mathbf{x})=\lambda^r c$ 爲等值線 $f(\mathbf{x})=c$ 上各點放大 λ 倍而來。因此, 這兩條等值線基本上是完全相同的。更明確點說, 等值線 $f(\mathbf{x})=c$ 在點 $\mathbf{x}'$ 和等值線 $f(\mathbf{x})=\lambda^r c$ 在點 $\lambda\mathbf{x}'$ 的斜率應該相同。現在, 我們就利用定理 3.3.3 (i) 來說明。在兩個變數的情形下, 等值線 $f(\mathbf{x})=c$ 在點 $\mathbf{x}'$ 的斜率爲

$$\left.\frac{dx_2}{dx_1}\right|_{\mathbf{x}=\mathbf{x}'}=-\frac{f_1(\mathbf{x}')}{f_2(\mathbf{x}')},\ f_2(\mathbf{x}')\neq 0, \tag{3.3.17}$$

而等值線 $f(\mathbf{x})=\lambda^r c$ 在點 $\lambda\mathbf{x}'$ 的斜率則爲

$$\left.\frac{dx_2}{dx_1}\right|_{\mathbf{x}=\lambda\mathbf{x}'}=-\frac{f_1(\lambda\mathbf{x}')}{f_2(\lambda\mathbf{x}')},\ f_2(\lambda\mathbf{x}')\neq 0。 \tag{3.3.18}$$

由定理 3.3.3 (i), 我們知道 $f_1(\mathbf{x})$ 和 $f_2(\mathbf{x})$ 均爲 $r-1$ 次齊次函數, 故 (3.3.18) 可寫成

$$\left.\frac{dx_2}{dx_1}\right|_{\mathbf{x}=\lambda\mathbf{x}'}=-\frac{f_1(\lambda\mathbf{x}')}{f_2(\lambda\mathbf{x}')}=-\frac{\lambda^{r-1}f_1(\mathbf{x}')}{\lambda^{r-1}f_2(\mathbf{x}')}=-\frac{f_1(\mathbf{x}')}{f_2(\mathbf{x}')}。 \tag{3.3.19}$$

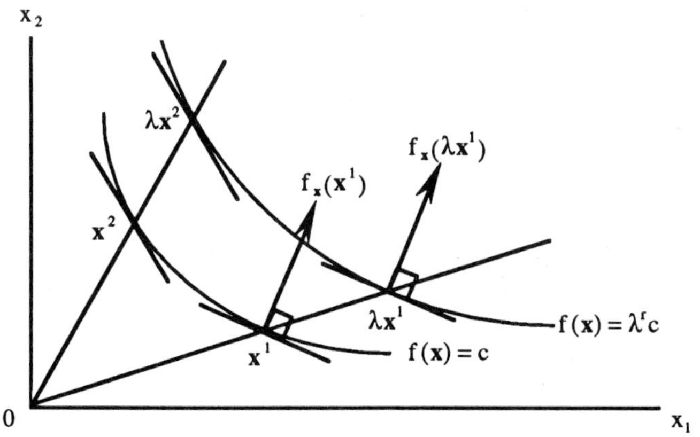

圖 3.3.5

由 (3.3.17) 與 (3.3.19), 可得

$$\left.\frac{dx_2}{dx_1}\right|_{x=x'} = \left.\frac{dx_2}{dx_1}\right|_{x=\lambda x'},$$

即 r 次齊次函數 $f(x_1, x_2)$ 在點 $\mathbf{x}'$ 與 $\lambda\mathbf{x}'$ 的等值線的斜率相同。因為 $\mathbf{x}'$ 為定義域中任意一點, 故我們可說, r 次齊次函數的等值線彼此互相平行。

上面的推導雖然限於兩個變數, 但卻很容易將其擴展到 n 個變數的情形。假定 $f: X \to \boldsymbol{R}$, $X \subset \boldsymbol{R}^n$ 為一 r 次齊次函數。由定理 3.3.3 (i), 我們知道 $f_i(\mathbf{x})$, $i = 1, \cdots, n$, 為一 $r-1$ 次齊次函數, 也就是說

$$f_i(\lambda\mathbf{x}) = \lambda^{r-1} f_i(\mathbf{x}),\ i = 1, \cdots, n。$$

將這 n 個式子排列起來, 利用梯度的定義可得

$$f_{\mathbf{x}}(\lambda\mathbf{x}) = \lambda^{r-1} f_{\mathbf{x}}(\mathbf{x})。 \tag{3.3.20}$$

(3.3.20) 告訴我們, 函數 f 在點 $\lambda\mathbf{x}$ 的梯度為其在點 $\mathbf{x}$ 之梯度的 λ^{r-1} 倍。因 $\lambda > 0$, 故 (3.3.20) 也告訴我們, 在 f 的定義域裡, 任一射線上兩點的梯度均指向同一方向, 或說, 函數 f 在點 $\mathbf{x}$ 與點 $\lambda\mathbf{x}$ 的梯度彼此是互相平行的。由 3.1 節有關梯度的討論, 我們知道, 任何一點的梯度必與經過該點的水平集合(的切線或切超平面)成正交, 因此通過點 $\mathbf{x}$ 與點 $\lambda\mathbf{x}$ 的水平集合, 在此兩點(的切線或切超平面)也必然平行。

【例 3.3.3】 假定生產函數 $f: \boldsymbol{R}_+^2 \to \boldsymbol{R}$ 為一線性齊次函數

$$Q = F(K, L)。$$

由定義知 $F(\lambda K, \lambda L) = \lambda F(K, L) = \lambda Q$,

取 $\lambda = \frac{1}{L}$, $L \neq 0$, 則

$$F\left(\frac{K}{L}, 1\right) = \frac{1}{L} F(K, L) = \frac{1}{L} Q。 \tag{3.3.21}$$

令 $f(k)=F\left(\frac{K}{L},1\right)$，$k=\frac{K}{L}$，$q=\frac{Q}{L}$，則上式可寫成單位生產函數 (per capita production function)

$$q=f(k), \tag{3.3.22}$$

換句話說，當生產函數爲線性齊次時，單位生產量只取決於資本和勞動的比率。又因 $Q=Lf(k)$，故

$$F_K(K,L)=\frac{\partial F}{\partial K}=Lf'(k)\left(\frac{1}{L}\right)=f'(k), \tag{3.3.23}$$

$$\begin{aligned}F_L(K,L)&=\frac{\partial F}{\partial L}=f(k)+Lf'(k)\left(-\frac{K}{L^2}\right)\\&=f(k)-kf'(k)。\end{aligned} \tag{3.3.24}$$

(3.3.23) 表示資本的邊際生產實物量（或邊際生產力）剛好是單位生產函數的斜率，因此只受資本勞動比率的影響，而不受資本與勞動絕對數量的影響。同樣的，(3.3.24) 顯示勞動的邊際生產力也只取決於資本勞動比率。再者，我們知道等產量線的斜率爲

$$\begin{aligned}\frac{dK}{dL}&=-\frac{F_L(K,L)}{F_K(K,L)}=-\frac{f(k)-kf'(k)}{f'(k)}\\&=k-\frac{f(k)}{f'(k)},\end{aligned} \tag{3.3.25}$$

故知等產量線的斜率也只取決於資本勞動比率。反過來說，只要資本勞動比率固定，等產量線的斜率也就完全相同。而所謂資本勞動比率固定，只不過是指圖 3.3.6 中由原點出發的任一射線上的點罷了。因此，圖 3.3.6 中等產量線在 A_1，A_2，和 A_3 的斜率相等，而在 B_1，B_2 和 B_3 的斜率也一樣。

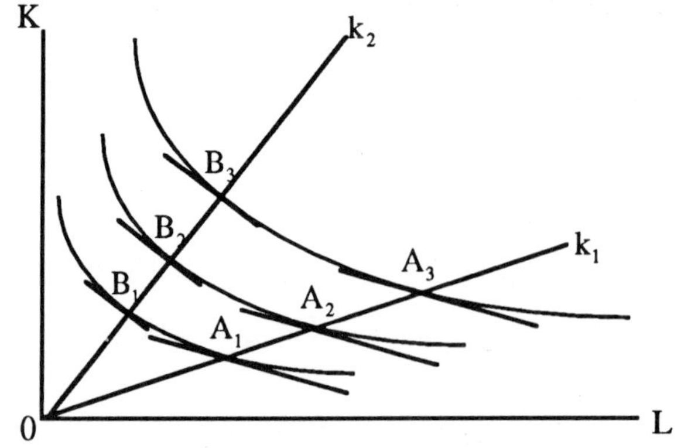

圖 3.3.6

齊次函數的水平集合彼此平行的性質並不是其所專有; 事實上, 有一比齊次函數更一般化的函數同樣具有這個性質, 這就是我們接下來要介紹的位似函數 (homothetic function)。

定義3.3.2: $X \subset \boldsymbol{R}^n$, $f:X \to \boldsymbol{R}$。如果存在一嚴格遞增函數 $g:\boldsymbol{R} \to \boldsymbol{R}$ 和一 r 次齊次函數 $h:X \to \boldsymbol{R}$, 使得 $f(\mathbf{x}) = g(h(\mathbf{x}))$, 則稱 f 爲一位似函數。

換句話說, 只要將齊次函數作遞增轉換 (increasing transformation) 就可得到一位似函數。現在考慮一齊次函數 $f(\mathbf{x})$, 再取 $g(x) = x$, 則 $g'(x) = 1 > 0$, 故 g 爲一嚴格遞增函數, 根據定義 $g(f(\mathbf{x}))$ 爲一位似函數; 但 $g(f(\mathbf{x})) = f(\mathbf{x})$, 因此, 任何一齊次函數 $f(\mathbf{x})$ 都是一位似函數。然而, 位似函數則並不一定是齊次函數, 例如, $h(x) = x^2$ 爲一二次齊次函數, $g(x) = \boldsymbol{ln}x$ 爲一嚴格遞增函數, 故 $f(x) = g(h(x)) = \boldsymbol{ln}x^2$ 爲一位似函數, 但我們可輕易查證 $f(x) = \boldsymbol{ln}x^2$ 並不是齊次函數。

前面我們提到, 位似函數也具有所有水平集合彼此互相平行的性質, 現在說明如下:

由 $$f(\mathbf{x}) = g(h(\mathbf{x}))$$

可得 $$f_i(\mathbf{x}) = g'(h(\mathbf{x}))h_i(\mathbf{x}), \ i = 1, \cdots, n,$$

故 $$f_i(\lambda\mathbf{x}) = g'(h(\lambda\mathbf{x}))h_i(\lambda\mathbf{x}),\ i = 1,\cdots,n。 \tag{3.3.26}$$

因 h_i 爲 $r-1$ 次齊次函數, 故 (3.3.26) 可寫成

$$f_i(\lambda\mathbf{x}) = g'(h(\lambda\mathbf{x}))\lambda^{r-1}h_i(\mathbf{x}),\ i = 1,\cdots,n。 \tag{3.3.27}$$

將 (3.3.27) 中 n 個式子排列起來, 並利用梯度的定義, 可得

$$f_{\mathbf{x}}(\lambda\mathbf{x}) = g'(h(\lambda\mathbf{x}))\lambda^{r-1}h_{\mathbf{x}}(\mathbf{x})。 \tag{3.3.28}$$

因 $g'(\mathbf{x}) > 0$, 故 (3.3.28) 可改寫成

$$\begin{aligned} f_{\mathbf{x}}(\lambda\mathbf{x}) &= \frac{g'(h(\lambda\mathbf{x}))\lambda^{r-1}}{g'(h(\mathbf{x}))} g'(h(\mathbf{x}))h_{\mathbf{x}}(\mathbf{x}) \\ &= \frac{g'(h(\lambda\mathbf{x}))\lambda^{r-1}}{g'(h(\mathbf{x}))} f_{\mathbf{x}}(\mathbf{x}) \\ &= k(\lambda,\mathbf{x})f_{\mathbf{x}}(\mathbf{x}), \end{aligned} \tag{3.3.29}$$

上式中 $$k(\lambda,\mathbf{x}) = \frac{g'(h(\lambda\mathbf{x}))\lambda^{r-1}}{g'(h(\mathbf{x}))} > 0。$$

對某一特定點 $\mathbf{x}$ 而言, 因爲 λ 已知, 故 $k(\lambda,\mathbf{x})$ 爲一定數, 因此 (3.3.29) 表示, 函數 f 在點 $\mathbf{x}$ 與點 $\lambda\mathbf{x}$ 的梯度方向相同。由前面 (3.3.20) 的討論, 我們得知, 〝當 f 爲一位似函數時, 其水平集合必都彼此平行〞。事實上, 這個命題的逆命題也是成立的, 即〝當一個函數的水平集合都彼此平行時, 該函數就是一位似函數〞, 但這部分的證明遠超出本書的範圍, 因而從略 (見 Ide and Takayama, 1989)。

在 3.2 節中, 我們曾強調, 凹函數必然是準凹函數, 但準凹函數則未必是凹函數。現在, 我們就要來證明, 如果一準凹函數同時也是某種齊次函數時, 那麼這個準凹函數就是一個凹函數。

定理 3.3.5: $X \subset \boldsymbol{R}^n$, $f{:}X \to \boldsymbol{R}_{++}$, $f \in \boldsymbol{C}^1$ 且 f 爲一次齊次函數, 若且唯若 f 爲一凹函數, 則 f 爲一準凹函數。

證明: (i) 若 f 爲一凹函數, 則 f 爲一準凹函數, 這部份即定理 3.2.2。

(ii) 若 f 爲一準凹函數, 則 f 爲一凹函數。

要證明這個命題, 我們只要證明: 對任意 $\mathbf{x}^1, \mathbf{x}^2 \in X$ 且 $f(\mathbf{x}^1) \geq f(\mathbf{x}^2)$ 時，$(\mathbf{x}^1 - \mathbf{x}^2)^T f_{\mathbf{x}}(\mathbf{x}^2) \geq 0$ 隱含

$f(\mathbf{x}^1) \leq f(\mathbf{x}^2) + (\mathbf{x}^1 - \mathbf{x}^2)^T f_{\mathbf{x}}(\mathbf{x}^2)$ 和

$f(\mathbf{x}^2) \leq f(\mathbf{x}^1) + (\mathbf{x}^2 - \mathbf{x}^1)^T f_{\mathbf{x}}(\mathbf{x}^1)$ 即可。

因 f 的對應域爲 $\boldsymbol{R}_{++}$, 故 f 的函數值恆爲正, 定義

$$\lambda = \frac{f(\mathbf{x}^1)}{f(\mathbf{x}^2)}, \tag{3.3.30}$$

因 f 爲一次齊次函數, 所以

$$f(\mathbf{x}^1) = \lambda f(\mathbf{x}^2) = f(\lambda \mathbf{x}^2)。 \tag{3.3.31}$$

又因 $f \in \boldsymbol{C}^1$ 且爲準凹函數, 故

$$(\mathbf{x}^1 - \lambda \mathbf{x}^2)^T f_{\mathbf{x}}(\lambda \mathbf{x}^2) \geq 0,$$

或 $$\mathbf{x}^{1T} f_{\mathbf{x}}(\lambda \mathbf{x}^2) \geq (\lambda \mathbf{x}^2)^T f_{\mathbf{x}}(\lambda \mathbf{x}^2)。 \tag{3.3.32}$$

因 f 爲一次齊次函數, 故由定理 3.3.3 知 $f_{\mathbf{x}}(\mathbf{x})$ 爲零次齊次函數, 再利用 Euler 定理與 (3.3.31), 可將 (3.3.32) 寫成

$$\mathbf{x}^{1T} f_{\mathbf{x}}(\mathbf{x}^2) \geq f(\lambda \mathbf{x}^2) = f(\mathbf{x}^1), \tag{3.3.33}$$

但由 Euler 定理知

$$\mathbf{x}^{2T} f_{\mathbf{x}}(\mathbf{x}^2) = f(\mathbf{x}^2)。 \tag{3.3.34}$$

將 (3.3.34) 自 (3.3.33) 兩邊減去可得

$$(\mathbf{x}^1 - \mathbf{x}^2)^T f_{\mathbf{x}}(\mathbf{x}^2) \geq f(\mathbf{x}^1) - f(\mathbf{x}^2),$$

或 $$f(\mathbf{x}^1) \leq f(\mathbf{x}^2) + (\mathbf{x}^1 - \mathbf{x}^2)^T f_{\mathbf{x}}(\mathbf{x}^2)。 \tag{3.3.35}$$

同理可證明,

$$f(\mathbf{x}^2) \le f(\mathbf{x}^1) + (\mathbf{x}^2 - \mathbf{x}^1)^T f_{\mathbf{x}}(\mathbf{x}^1)。 \tag{3.3.36}$$

因此，f 爲一凹函數。

定理 3.3.5 只證明線性齊次函數的情形，但這個定理事實上是可擴展到任何 $0 < r \le 1$ 的齊次函數。

定理 3.3.6：$X \subset R^n$，$f: X \to R_{++}$，$f \in C^1$ 且 f 爲 r 次齊次函數，$0 < r \le 1$。若且唯若 f 爲一準凹函數，則 f 爲一凹函數。

證明：當 $r = 1$ 時，此定理即成定理 3.3.5，因此我們只要證明 $0 < r < 1$ 的情形即可。但凹函數必然是準凹函數，因此我們只要證明準凹函數爲凹函數即可。

我們首先將 $f(\mathbf{x})$ 寫成

$$f(\mathbf{x}) = \left[(f(\mathbf{x}))^{\frac{1}{r}}\right]^r = h(g(\mathbf{x})),$$

上式中 $g(\mathbf{x}) = (f(\mathbf{x}))^{\frac{1}{r}}$，$h(g) = g^r$。

因 $r > 0$，故 $g(\mathbf{x})$ 爲 $f(\mathbf{x})$ 的嚴格遞增函數，又 $f(\mathbf{x})$ 爲一準凹函數，由定理 3.2.4 (i) 知 $g(\mathbf{x})$ 爲一準凹函數。再者，對 $\lambda > 0$，我們有

$$g(\lambda\mathbf{x}) = (f(\lambda\mathbf{x}))^{\frac{1}{r}} = (\lambda^r f(\mathbf{x}))^{\frac{1}{r}} = \lambda(f(\mathbf{x}))^{\frac{1}{r}} = \lambda g(\mathbf{x}),$$

因此 $g(\mathbf{x})$ 爲一次齊次函數。由定理 3.3.5，我們知道 $g(\mathbf{x})$ 爲一凹函數。最後，因 $0 < r < 1$，故 h 爲 g 的一嚴格遞增凹函數（凹轉換），根據定理 3.1.4，我們得證 $h(g(\mathbf{x})) = f(\mathbf{x})$ 爲一凹函數。

習題 3.3

1. 假定下列各函數均爲 $f: \boldsymbol{R}^n_{++} \to \boldsymbol{R}_{++}$, 試判別其是否爲齊次函數? 若爲齊次函數, 又爲幾次齊次函數? 若不爲齊次函數, 是否爲位似函數?
   (a) $f(\mathbf{x}) = \sum_{i=1}^{n} \alpha_i \ln x_i$, $\alpha_i > 0$, $i = 1, \cdots, n$。
   (b) $f(\mathbf{x}) = \prod_{i=1}^{n} (x_i - c_i)^{\alpha_i}$, $c_i > 0$, $\alpha_i > 0$, $i = 1, \cdots, n$。
   (c) $f(\mathbf{x}) = g(\mathbf{x}) / h(\mathbf{x})$, $h(\mathbf{x})$爲 n 次齊次函數, $g(\mathbf{x})$爲 m 次齊次函數。
   (d) $f(\mathbf{x}) = g(\mathbf{x}) + h(\mathbf{x})$, $h(\mathbf{x})$和 $g(\mathbf{x})$與 (c) 同。
   (e) $f(\mathbf{x}, \mathbf{y})$爲 $\mathbf{x}$ 的 m 次齊次函數, 且爲 $\mathbf{y}$ 的 n 次齊次函數。

2. $X \subset \boldsymbol{R}^n$, $f: X \to \boldsymbol{R}$ 爲一 r 次齊次函數, 試證:
   (a) $f(\mathbf{x}) = x_i^r f\left(\dfrac{x_1}{x_i}, \dfrac{x_2}{x_i}, \cdots, \dfrac{x_{i-1}}{x_i}, 1, \dfrac{x_{i+1}}{x_i}, \cdots, \dfrac{x_n}{x_i}\right)$。
   (b) 若 $r = 1$, 則 f 的 Hessian 行列式 $|f_{\mathbf{xx}}(\mathbf{x}^0)| = 0$, $\mathbf{x}^0 \in X$。

3. (a) $X \subset \boldsymbol{R}^n_+$, $f: X \to \boldsymbol{R}$, 若 f 爲一 r 次齊次函數, 試證當 $x_1 = x_2 = \cdots = x_n = y$ 時, $f(\mathbf{x}) = cy^r$（提示: 定義 $g(y) = f(y, y, \cdots, y)$）。
   (b) $X \subset \boldsymbol{R}^n_+$, $f: X \to \boldsymbol{R}_{++}$, 爲一 r 次齊次函數, 試證
      (1) 當 f 爲凹函數時, $0 \le r \le 1$。
      (2) 當 f 爲凸函數時, 則 $r \le 0$ 或 $r \ge 1$。
      (3) 上述 (1), (2) 的逆命題是否成立? 若不成立, 請舉反例說明。

4. $X \subset \boldsymbol{R}^n$, $f: X \to \boldsymbol{R}$, 證明若 f 爲一次齊次凹函數, 則
   $$f(\mathbf{x}^1 + \mathbf{x}^2) \ge f(\mathbf{x}^1) + f(\mathbf{x}^2),\ \mathbf{x}^1, \mathbf{x}^2 \in X$$
   又, 如果 $\mathbf{x}^1 \ne k\mathbf{x}^2$, $k \in \boldsymbol{R}$, $k \ne 0$, 且 f 不爲線性函數, 則上式中的等號不成立。

5. $X \subset \boldsymbol{R}^n \times \boldsymbol{R}^m$, $f: X \to \boldsymbol{R}$ 定義爲
   $$f(\mathbf{x}, \mathbf{y}) = h(\mathbf{x}) g(\mathbf{y}),\ \mathbf{x} \in \boldsymbol{R}^n, \mathbf{y} \in \boldsymbol{R}^m,\ 且\ (\mathbf{x}, \mathbf{y}) \in X。$$
   試證: 若且唯若 f 爲一 r 次齊次函數, 則 $h(\mathbf{x})$爲 k 次齊次函數, 而 $g(\mathbf{y})$爲 r-k 次齊次函數。

6. 此題爲習題 3.1 第 6 題的延續,

(a) 假定 $X \subset \boldsymbol{R}^n_{++}$, $f:X \to \boldsymbol{R}$, $f \in \boldsymbol{C}^1$ 且 f 爲一線性齊次函數。試利用 Euler 定理證明: 若且唯若 f 爲一凹函數, 則

$$\mathbf{x}^{1T} f_{\mathbf{x}}(\mathbf{x}^2) \geq f(\mathbf{x}^1), \quad \mathbf{x}^1, \mathbf{x}^2 \in X \text{。}$$

(b) 利用 (a) 及習題 3.1 第 6 題(c) 之結果, 證明函數

$$f(\mathbf{x}) = A\prod_{i=1}^{n} x_i^{\alpha_i}, \quad A > 0,\ \alpha_i > 0,\ i = 1, \cdots, n,\ \sum \alpha_i = 1,\ \mathbf{x} \in \boldsymbol{R}^n_{++}$$

爲一凹函數。

7. 若 $f(K,L)$, $(K,L) \in \boldsymbol{R}^2_{++}$, 爲一線性齊次生產函數, 試證明: 若且唯若資本的邊際生產力遞減, 則勞動的邊際生產力亦遞減。

8. 假定 $h: \boldsymbol{R}^n \to \boldsymbol{R}$ 爲一位似函數, 若將其寫成 $y = h(\mathbf{x}) = g(f(\mathbf{x}))$, 其中, $g: \boldsymbol{R} \to \boldsymbol{R}$ 爲嚴格遞增函數, $f: \boldsymbol{R}^n \to \boldsymbol{R}$ 爲一次齊次函數。試證: $1 = f(t(y)\mathbf{x})$, 其中 $t(y) = {}^{1}\!/_{g^{-1}(y)}$。

3.4 Cobb-Douglas 函數和 CES 函數

在前面三節中，我們討論了幾種經濟理論中常常碰到的函數，我們將注意力集中在探討這些函數的一般性質，而非某幾個具有那些性質的特殊函數。在本節中，我們將反過來討論兩個經濟學上最常用的函數，看看它們和前三節所討論的各種函數間有何關係。這兩個特殊的函數即 Cobb-Douglas 函數（以下簡稱 C-D 函數）與 CES 函數。我們先討論 C-D 函數。

定義 3.4.1：函數 $f: \boldsymbol{R}_+^n \to \boldsymbol{R}$, $n > 1$, 定義成

$$f(\mathbf{x}) = A\prod_{i=1}^{n} x_i^{\alpha_i},\ \ A > 0,\ \alpha_i > 0,\ i = 1,\cdots,n\,, \tag{3.4.1}$$

稱爲 C-D 函數。

此函數之值在 $\mathbf{x} \in \boldsymbol{R}_{++}^n$ 時恆爲正 $(f(\mathbf{x}) > 0)$，但在 $\mathbf{x} \in \boldsymbol{R}_+^n - \boldsymbol{R}_{++}^n$ 時則爲 $f(\mathbf{x}) = 0$。我們過去常舉的例子，$f(K,L) = AK^{\alpha}L^{\beta}$，即爲上述定義中 $n = 2$ 的情形。我們可以很輕易地判斷出 C-D 函數是一個齊次函數，

$$\begin{aligned} f(\lambda\mathbf{x}) &= A\prod_{i=1}^{n}(\lambda x_i)^{\alpha_i} = A\prod_{i=1}^{n}\lambda^{\alpha_i}x_i^{\alpha_i} = A\prod_{i=1}^{n}\lambda^{\alpha_i}\prod_{i=1}^{n}x_i^{\alpha_i} \\ &= \lambda^{\sum_{i=1}^{n}\alpha_i}\left(A\prod_{i=1}^{n}x_i^{\alpha_i}\right) = \lambda^{\sum_{i=1}^{n}\alpha_i}f(\mathbf{x})\,, \end{aligned} \tag{3.4.2}$$

所以 C-D 函數爲一 $\sum_{i=1}^{n}\alpha_i$ 次齊次函數。因此，如果我們將 C-D 函數看成一個生產函數，那麼它可能是規模報酬遞增 $\left(\sum_{i=1}^{n}\alpha_i > 1\right)$、規模報酬固定 $\left(\sum_{i=1}^{n}\alpha_i = 1\right)$，或規模報酬遞減 $\left(\sum_{i=1}^{n}\alpha_i < 1\right)$ 的生產函數。又，當生產函數爲一 C-D 函數時，(3.4.1) 中的指數 α_i 具有特別的經濟意義。將 (3.4.1) 對 x_i 作偏微分可得

$$\frac{\partial f}{\partial x_i} = f_i = \alpha_i x_i^{\alpha_i - 1}A\prod_{j=1, j\neq i}^{n}x_j^{\alpha_j} = \alpha_i\frac{f}{x_i},\quad i = 1,\cdots,n, \tag{3.4.3}$$

上式可寫成

$$\frac{\partial f}{\partial x_i}\frac{x_i}{f}=\alpha_i\,,\qquad i=1,\cdots,n, \tag{3.4.3'}$$

故 α_i 代表第 i 種生產因素的偏產量彈性。又因 $\frac{\partial f}{\partial x_i}$ 代表第 i 種生產因素的邊際實物生產量（邊際生產力），故當生產因素是以其邊際生產力爲單位報酬時, (3.4.3') 也告訴我們 α_i 代表第 i 種生產因素的報酬佔總產出的比例。

由習題 3.3.3 (b), 我們知道, 當 $\sum_{i=1}^{n}\alpha_i>1$ 時, C-D 函數不可能是一個凹函數, 而當 $\sum_{i=1}^{n}\alpha_i<1$, 又不可能是一個凸函數。那麼, C-D 函數的凹、凸性質到底如何呢? 它是不是一個準凹函數或準凸函數呢? 雖然, 我們可用各種不同的方法來判別、回答這些問題, 但在此我們將採用的方法, 不僅簡單, 更可充分應用前面幾節所得到結果, 特別是定理 3.3.6。然而, 仔細觀察定理 3.3.6, 我們發現, 其所涵蓋的只是函數值恆正的函數。因此, 在引用於C-D 函數（以及下面要談的CES 函數）之前, 我們得先證明下面這個定理。

※**定理 3.4.1**：若 $f:\boldsymbol{R}^n_+\to\boldsymbol{R}$ 爲一連續函數, 且 f 在 $\boldsymbol{R}^n_{++}$ 上爲一凹函數（準凹函數）, 則 f 在 $\boldsymbol{R}^n_+$ 上爲一個凹函數（準凹函數）。

證明: 我們只證明凹函數的部份, 至於準凹函數部份, 證法完全類似, 請讀者自行練習。

令 $\mathbf{x}^1,\mathbf{x}^2\in\boldsymbol{R}^n_+$, $\mathbf{y}\in\boldsymbol{R}^n_{++}$, 且 $y_i=y,\ i=1,\cdots,n$,

則 $\mathbf{x}^1+\mathbf{y},\mathbf{x}^2+\mathbf{y}\in\boldsymbol{R}^n_{++}$。因 f 在 $\boldsymbol{R}^n_{++}$ 上爲一凹函數, 故對任何 $\lambda\in[0,1]$, 我們有

$$f\big(\lambda(\mathbf{x}^1+\mathbf{y})+(1-\lambda)(\mathbf{x}^2+\mathbf{y})\big)\ge\lambda f(\mathbf{x}^1+\mathbf{y})+(1-\lambda)f(\mathbf{x}^2+\mathbf{y}),$$

或 $$f\big(\lambda\mathbf{x}^1+(1-\lambda)\mathbf{x}^2+\mathbf{y}\big)\ge\lambda f(\mathbf{x}^1+\mathbf{y})+(1-\lambda)f(\mathbf{x}^2+\mathbf{y})。\tag{3.4.4}$$

但因 f 在 $\boldsymbol{R}_+^n$ 上為一連續函數，故對任意 $\mathbf{x}\in\boldsymbol{R}_+^n$，當 $\mathbf{y}\to\mathbf{0}_n$ 時，$f(\mathbf{x}+\mathbf{y})\to f(\mathbf{x})$。因此將 (3.4.4) 左右兩邊各取極限 $\mathbf{y}\to\mathbf{0}_n$，可得

$$f\left(\lambda\mathbf{x}^1+(1-\lambda)\mathbf{x}^2\right)\geq\lambda f(\mathbf{x}^1)+(1-\lambda)f(\mathbf{x}^2)。\tag{3.4.5}$$

因 (3.4.5) 對任何 $\mathbf{x}^1,\mathbf{x}^2\in\boldsymbol{R}_+^n$ 均成立, 故知 f 在 $\boldsymbol{R}_+^n$ 上為一凹函數。

有了這個定理以後, 我們接著可證明:

定理 3.4.2：任何一個C-D 函數都是準凹函數。又, 若且唯若一個C-D 函數為 $\sum_{i=1}^{n}\alpha_i\leq 1$ 次齊次函數, 則此C-D 函數為一凹函數。

證明: 由定義 3.4.1, 我們很清楚看到, C-D 函數在 $\boldsymbol{R}_+^n$ 中是一個連續函數。根據定理 3.4.1, 我們只要能證明C-D 函數在 $\boldsymbol{R}_{++}^n$ 中是一個準凹函數, 則本定理自然成立。因此, 在下面的證明中, 我們先將定義域限於 $\boldsymbol{R}_{++}^n$ 的範圍。因為 $A>0$, 為了簡化運算, 我們將 A 標準化為 1, 然後再將 (3.4.1) 取對數即得

$$g(\mathbf{x})=\boldsymbol{ln}f(\mathbf{x})=\boldsymbol{ln}\left[\prod_{i=1}^{n}x_i^{\alpha_i}\right]=\sum_{i=1}^{n}\alpha_i\boldsymbol{ln}x_i\ ,\tag{3.4.6}$$

(3.4.6) 為 n 個對數函數各乘以一正數再加總而成。由習題 3.1.6 (a) 知，對數函數 $\boldsymbol{ln}x_i$ 為一凹函數，再由習題 3.1.2，我們知道 $\sum_{i=1}^{n}\alpha_i\boldsymbol{ln}x_i$ 也是一個凹函數。因凹函數必然是準凹函數, 故 $g(\mathbf{x})$ 為一準凹函數。

定義 $h(\mathbf{x})=\boldsymbol{e}^{g(\mathbf{x})}$, 因指數函數是嚴格遞增函數, 由定理 3.2.4 可知, $h(\mathbf{x})$ 為一準凹函數。但 $h(\mathbf{x})=\boldsymbol{e}^{g(\mathbf{x})}=\boldsymbol{e}^{\boldsymbol{ln}f(\mathbf{x})}=f(\mathbf{x})$, 因此我們證明了C-D 函數在 $\boldsymbol{R}_{++}^n$ 中為一準凹函數。又, C-D 函數在 $\boldsymbol{R}_{++}^n$ 中為連續可微分的 $\sum_{i=1}^{n}\alpha_i$ 次齊次函數, 且在 $\boldsymbol{R}_{++}^n$ 中, 其函數值恆大於 0。根據定理 3.3.6, 我們知道, 當 $\sum_{i=1}^{n}\alpha_i\leq 1$時, C-D 函數在 $\boldsymbol{R}_{++}^n$ 中為一

凹函數。最後, 由C-D函數在$\boldsymbol{R}_+^n$中連續的性質及定理 3.4.1, 可得證, C-D函數都是準凹函數, 且當$\sum_{i=1}^{n}\alpha_i \leq 1$時, 爲一凹函數。

由於$\boldsymbol{ln}$x爲一嚴格準凹函數, 所以上面的證明告訴我們, 所有的C-D函數不僅是準凹函數, 而且是嚴格準凹函數。由3.2節關於嚴格準凹函數的討論可知, C-D函數的所有上水平集合都是嚴格凸集合; 換句話說, C-D函數的水平集合必然沒有直線（平面或超平面）的部份。我們可以n = 2的C-D函數來說明。當n = 2時, C-D函數成爲

$$f(\mathbf{x}) = Ax_1^{\alpha_1}x_2^{\alpha_2},$$

故其水平集合（等值線）爲

$$Ax_1^{\alpha_1}x_2^{\alpha_2} = c,\ c \in \boldsymbol{R}_{++}, \tag{3.4.7}$$

或

$$x_2 = \frac{c^{\frac{1}{\alpha_2}}}{A^{\frac{1}{\alpha_2}}x_1^{\frac{\alpha_1}{\alpha_2}}}。 \tag{3.4.7'}$$

(3.4.7) 的圖形爲雙曲線, 且當$x_1 \to 0$時, $x_2 \to \infty$, 而$x_2 \to 0$時, $x_1 \to \infty$, 因此這是以x_1和x_2兩軸爲漸近線的雙曲線。圖 3.4.1 描繪$\alpha_1 = \alpha_2 = A = c = 1$的C-D函數的一條等值線, 這是一條直角雙曲線(rectangular hyperbola)。

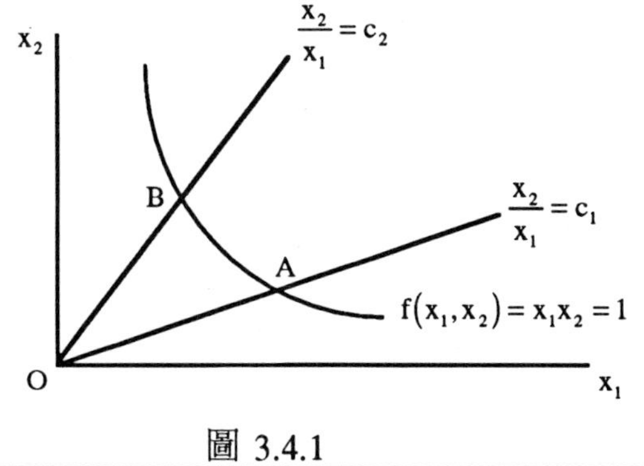

圖 3.4.1

我們可進一步明確算出, $n=2$ 時任何一條等值線上任何一點 $\mathbf{x}$ 的斜率爲

$$\frac{dx_2}{dx_1}=-\frac{f_1(\mathbf{x})}{f_2(\mathbf{x})}, \tag{3.4.8}$$

但

$$f_1(\mathbf{x})=\alpha_1 A x_1^{\alpha_1-1}x_2^{\alpha_2}=\frac{\alpha_1 f(\mathbf{x})}{x_1},$$

$$f_2(\mathbf{x})=\alpha_2 A x_1^{\alpha_1}x_2^{\alpha_2-1}=\frac{\alpha_2 f(\mathbf{x})}{x_2},$$

故

$$\frac{dx_2}{dx_1}=-\frac{\alpha_1 f/x_1}{\alpha_2 f/x_2}=-\frac{\alpha_1 x_2}{\alpha_2 x_1}。 \tag{3.4.8'}$$

因 $c\in \boldsymbol{R}_{++}$, 故 $(x_1,x_2)\in \boldsymbol{R}_{++}^2$。因此, 我們知道C-D函數的等值線的斜率恆爲負值, 且其值僅決定於 x_2 與 x_1 的比例, 這正是上一節中有關齊次函數所得到的結果。

又

$$\frac{d^2x_2}{dx_1^2}=-\frac{\alpha_1}{\alpha_2}\left(\frac{x_1\dfrac{dx_2}{dx_1}-x_2}{x_1^2}\right)=-\frac{\alpha_1}{\alpha_2}\left(\frac{x_1\left(-\dfrac{\alpha_1}{\alpha_2}\dfrac{x_2}{x_1}\right)-x_2}{x_1^2}\right)$$

$$=\frac{\alpha_1}{\alpha_2}\left(1+\frac{\alpha_1}{\alpha_2}\right)\frac{x_2}{x_1^2}>0,$$

故知兩變數的C-D函數的等值線爲一嚴格凸函數, 這正印證前面所提, C-D函數的上水平集合爲嚴格凸集合的說法。

在 $n=2$ 時, C-D函數的等值線（水平集合）除了是一遞減的嚴格凸函數外, 在經濟學上, 我們還常關心另外一個問題, 就是等值線的斜率（絕對值）遞減的速度到底有多快, 或者說, 等值線的曲率（彎曲度）有多大。圖 3.4.1 中, 考慮等值線 $x_1x_2=1$ 與直線 $x_2=c_1x_1$ 的交點 A, 以及其與 $x_2=c_2x_1$ 的交點 B $(c_2>c_1)$。我們清楚看到, 等值線在 B 點的斜率

的絕對值較其在 A 點的斜率的絕對值大。更明確點說，當等值線上 $\frac{x_2}{x_1}$ 的比例上升時，等值線的斜率的絕對值也跟著上升，即

$$\frac{d\left(\frac{f_1}{f_2}\right)}{d\left(\frac{x_2}{x_1}\right)} > 0 \text{。} \tag{3.4.9}$$

而且，當等值線的彎曲程度愈大時，(3.4.9) 也就愈大；反之，當等值線愈接近直線時，(3.4.9) 就愈小。但與一般斜率的概念相同，(3.4.9) 會受到單位的影響，爲了避免這個缺點，我們可用彈性來衡量等值線的曲率，即以

$$\frac{d\left(\frac{f_1}{f_2}\right)}{d\left(\frac{x_2}{x_1}\right)}\frac{\left(\frac{x_2}{x_1}\right)}{\left(\frac{f_1}{f_2}\right)} \tag{3.4.9'}$$

來取代 (3.4.9)。經濟學上所稱的替代彈性 σ，就定義爲 (3.4.9') 的倒數：

$$\sigma = \frac{d\left(\frac{x_2}{x_1}\right)}{d\left(\frac{f_1}{f_2}\right)}\frac{\left(\frac{f_1}{f_2}\right)}{\left(\frac{x_2}{x_1}\right)} = \frac{d\ln\left(\frac{x_2}{x_1}\right)}{d\ln\left(\frac{f_1}{f_2}\right)}$$

$$= \frac{\widehat{\left(\frac{x_2}{x_1}\right)}}{\widehat{\left(\frac{f_1}{f_2}\right)}} = \frac{\hat{x}_2 - \hat{x}_1}{\hat{f}_1 - \hat{f}_2} \text{。} \tag{3.4.10}$$

(3.4.10) 第二行中各變數 $\hat{x}$，代表變數的變動率，定義爲

$$\hat{x} = d\ln x = \frac{dx}{x},$$

而最後一個等號, 很容易由對數函數的性質, $ln\frac{x}{y}=ln x-ln y$得到。

由上面的討論, 我們知道, 當等值線的曲率愈大（愈彎曲）時, σ就愈小; 而當等值線愈接近直線時, σ就愈接近∞。如果我們將 (3.4.10) 中, 函數$f(x_1,x_2)$解釋成生產函數, x_1解釋成勞動(L), x_2解釋成資本 (K), 則我們更容易了解其經濟意義。在此情況下, (3.4.10) 成為

$$\sigma=\frac{d\left(\frac{K}{L}\right)}{d\left(\frac{f_L}{f_K}\right)}\frac{\left(\frac{f_L}{f_K}\right)}{\left(\frac{K}{L}\right)}。\tag{3.4.10'}$$

當生產因素市場為完全競爭市場時, 我們知道, 工資(w)和資本報酬(r)剛好等於它們的邊際生產力, $w=f_L$, $r=f_K$, 因此 (3.4.10') 又可寫成

$$\sigma=\frac{d\left(\frac{K}{L}\right)}{d\left(\frac{w}{r}\right)}\frac{\left(\frac{w}{r}\right)}{\left(\frac{K}{L}\right)}。\tag{3.4.10''}$$

(3.4.10'') 很清楚地告訴我們, 在既有的生產技術下, 當因素市場的相對價格改變時, 以勞動代替資本, 或以資本取代勞動的難易程度。替代彈性愈大, 表示等值線愈接近直線, 資本與勞動互相替代的可能性也愈大; 反之, 替代彈性愈小, 則等值線愈為彎曲, 表示資本與勞動互相替代的可能性愈小。在極端情形下, 如果生產函數為直線型

$$f(K,L)=aK+bL,\ \ a>0,\ b>0,\tag{3.4.11}$$

則$\sigma=\infty$; 如果生產函數為固定係數的Leontief函數

$$f(K,L)=\min\left[\frac{K}{a_K},\frac{L}{a_L}\right],\ \ a_K,a_L>0,\tag{3.4.12}$$

則$\sigma=0$（見圖 3.4.2）。

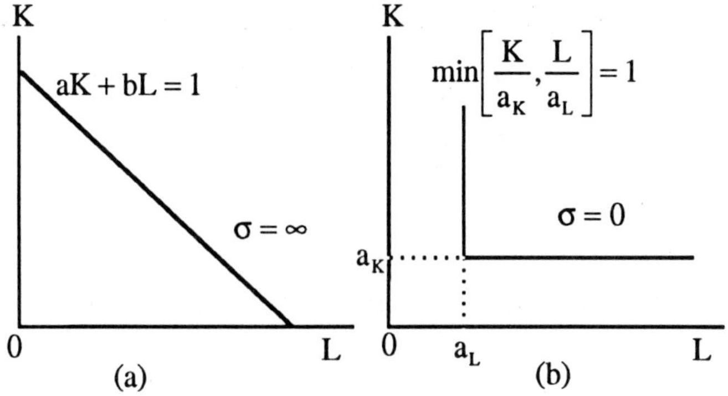

圖 3.4.2

【例 3.4.1】假定生產函數 $f:\in \boldsymbol{R}_+^2 \to \boldsymbol{R}$ 爲 C-D 生產函數

$$f(K,L) = AK^{\alpha}L^{\beta},\ A > 0,$$

則 $$f_L = \beta AK^{\alpha}L^{\beta-1} = \beta\frac{f}{L},$$

$$f_K = \alpha AK^{\alpha-1}L^{\beta} = \alpha\frac{f}{K},$$

因此 $$\frac{f_L}{f_K} = \frac{\beta}{\alpha}\frac{K}{L},$$

上式兩邊取對數可得 $\boldsymbol{ln}\left(\frac{f_L}{f_K}\right) = \boldsymbol{ln}\left(\frac{\beta}{\alpha}\right) + \boldsymbol{ln}\left(\frac{K}{L}\right)$。

因 $\boldsymbol{ln}\left(\frac{\beta}{\alpha}\right)$ 爲常數, 故上式兩邊微分, 得 $d\boldsymbol{ln}\left(\frac{f_L}{f_K}\right) = d\boldsymbol{ln}\left(\frac{K}{L}\right)$,

因此 $$\sigma = \frac{d\boldsymbol{ln}\left(\frac{K}{L}\right)}{d\boldsymbol{ln}\left(\frac{f_L}{f_K}\right)} = 1。$$

例 3.4.1 告訴我們, 任何(兩種生產因素的)C-D 生產函數, 其替代彈性都是等於 1, 這是一個很重要的性質, 但也是 C-D 函數最大的限制。爲了克服這個限制, 才有所謂 CES 函數的出現。但在探討 CES 函數之前, 讓我們先證明一個與替代彈性相關的定理。

定理 3.4.3：*若生產函數* $f: R_+^2 \to R$ *爲一次齊次函數, 則*

$$\sigma = \frac{f_K f_L}{f f_{KL}}。$$

證明: 因爲 f 爲一次齊次函數, 由 Euler 定理可得

$$f(K,L) = f_L(K,L)L + f_K(K,L)K,$$

上式兩邊取對數後再微分, 並利用 $\hat{x}$ 的定義可得

$$\frac{f_K K\hat{K} + f_L L\hat{L}}{f} = \frac{f_L L}{f}(\hat{f}_L + \hat{L}) + \frac{f_K K}{f}(\hat{f}_K + \hat{K}), \tag{3.4.13}$$

(3.4.13) 隱含

$$\frac{f_L L}{f}\hat{f}_L + \frac{f_K K}{f}\hat{f}_K = 0。 \tag{3.4.14}$$

上式左邊加減 $\frac{f_L L}{f}\hat{f}_K$ 可得

$$\frac{f_L L}{f}(\hat{f}_L - \hat{f}_K) + \frac{f_L L}{f}\hat{f}_K + \frac{f_K K}{f}\hat{f}_K = 0,$$

或

$$\frac{f_L L}{f}(\hat{f}_L - \hat{f}_K) + (f_L L + f_K K)\frac{\hat{f}_K}{f} = 0。 \tag{3.4.15}$$

但由 f 爲一次齊次函數, 可知 (3.4.15) 第二項括弧中的值剛好是 f, 故我們得到

$$\frac{f_L L}{f}(\hat{f}_L - \hat{f}_K) + \hat{f}_K(K,L) = 0, \tag{3.4.16}$$

即 $$\frac{f_L L}{f}(\hat{f}_L - \hat{f}_K) + \frac{f_{KK} K\hat{K} + f_{KL} L\hat{L}}{f_K} = 0。 \tag{3.4.16'}$$

將 (3.4.16') 左邊分別加減 $\frac{f_{KK} K\hat{L}}{f_K}$, 結果爲

$$\frac{f_L L}{f}(\hat{f}_L - \hat{f}_K) + \frac{f_{KK} K}{f_K}(\hat{K} - \hat{L}) + \frac{f_{KK} K\hat{L} + f_{KL} L\hat{L}}{f_K} = 0,$$

或 $$\frac{f_L L}{f}(\hat{f}_L - \hat{f}_K) + \frac{f_{KK} K}{f_K}(\hat{K} - \hat{L}) + \frac{(f_{KK} K + f_{KL} L)}{f_K}\hat{L} = 0。 \tag{3.4.17}$$

因 f 爲一次齊次函數, 根據定理 3.3.3, $f_K(K,L)$ 爲零次齊次函數, 所以由 Euler 定理知

$$f_{KK} K + f_{KL} L = 0, \tag{3.4.18}$$

因此 (3.4.17) 成爲

$$\frac{f_L L}{f}(\hat{f}_L - \hat{f}_K) + \frac{f_{KK} K}{f_K}(\hat{K} - \hat{L}) = 0。 \tag{3.4.19}$$

又由 (3.4.18) 知 $f_{KK} K = -f_{KL} L$, 將其代入 (3.4.19), 再加整理即得

$$\sigma = \frac{\hat{K} - \hat{L}}{\hat{f}_L - \hat{f}_K} = \frac{f_K f_L}{f f_{KL}}。$$

定理 3.4.3 還有其他更普遍採用的證明方法, 我們將之列於習題中。在此提出上面證明方法的主要目的, 乃是希望藉機讓讀者更熟習 Euler 定理的運用。接下來, 我們討論 CES 函數。

定義 3.4.2：函數 $f: \boldsymbol{R}_+^n \to \boldsymbol{R}$, $n>1$, 定義成

$$f(\mathbf{0}_n)=0,$$

$$f(\mathbf{x})=A\left[\sum_{i=1}^{n}\alpha_i x_i^{-\rho}\right]^{-\frac{v}{\rho}}, \quad \mathbf{x}\in \boldsymbol{R}_+^n,\ \mathbf{x}\neq 0_n;\ A, v>0,$$

$$\rho>-1,\ \rho\neq 0;\ \sum_{i=1}^{n}\alpha_i=1,$$

$$\alpha_i>0,\ i=1,\cdots,n, \tag{3.4.20}$$

稱爲一固定替代彈性 (constant elasticity of substitution) 函數，簡稱 CES 函數。

首先, 當 $\mathbf{x}\neq \mathbf{0}_n$ 時

$$\begin{aligned} f(\lambda\mathbf{x}) &= A\left[\sum_{i=1}^{n}\alpha_i(\lambda x_i)^{-\rho}\right]^{-\frac{v}{\rho}} \\ &= A\left[\lambda^{-\rho}\sum_{i=1}^{n}\alpha_i x_i^{-\rho}\right]^{-\frac{v}{\rho}} \\ &= \lambda^{v} A\left[\sum_{i=1}^{n}\alpha_i x_i^{-\rho}\right]^{-\frac{v}{\rho}} \\ &= \lambda^{v} f(\mathbf{x}); \end{aligned}$$

當 $\mathbf{x}=\mathbf{0}_n$ 時

$$f(\lambda\mathbf{0}_n)=f(\mathbf{0}_n)=0=\lambda^{v}\cdot 0,$$

故知 CES 函數爲一 v 次齊次函數。因此, 將 CES 函數視爲一生產函數時, 它可能是規模報酬遞增 $(v>1)$, 遞減 $(v<1)$ 或固定 $(v=1)$ 的生產函數, 也因此, 我們常將 v 稱爲規模係數。

接著, 我們來看 $n=2$ 的 CES 函數的替代彈性。考慮 CES 生產函數 $f(K,L)=A\left[\alpha_K K^{-\rho}+\alpha_L L^{-\rho}\right]^{-\frac{v}{\rho}}$, $\alpha_K+\alpha_L=1$, 則

$$f_L = \frac{\partial f}{\partial L} = \left(-\frac{v}{\rho}\right) A\left[\alpha_K K^{-\rho} + \alpha_L L^{-\rho}\right]^{-\left(1+\frac{v}{\rho}\right)}(-\rho)\alpha_L L^{-(1+\rho)}$$

$$= v\alpha_L \frac{f(K,L)}{\left[\alpha_K K^{-\rho} + \alpha_L L^{-\rho}\right]} L^{-(1+\rho)};$$

同理，

$$f_K = v\alpha_K \frac{f(K,L)}{\left[\alpha_K K^{-\rho} + \alpha_L L^{-\rho}\right]} K^{-(1+\rho)},$$

故

$$\frac{f_L}{f_K} = \frac{\alpha_L}{\alpha_K}\left(\frac{K}{L}\right)^{(1+\rho)}。 \tag{3.4.21}$$

將 (3.4.21) 兩邊取對數, 並微分可得

$$d\,ln\left(\frac{f_L}{f_K}\right) = (1+\rho)\,d\,ln\left(\frac{K}{L}\right), \tag{3.4.22}$$

故

$$\sigma = \frac{d\,ln\left(\frac{K}{L}\right)}{d\,ln\left(\frac{f_L}{f_K}\right)} = \frac{1}{1+\rho}。 \tag{3.4.23}$$

由 (3.4.23) 我們發現, 兩要素的 CES 生產函數的替代彈性僅受到 ρ 的影響（兩個以上生產要素, 結果又如何呢？）; 當 ρ 為固定常數時, 其替代彈性也跟著固定, 這也就是此種類型的生產函數, 被稱為固定替代彈性生產函數的理由。

如果我們比較 $n=2$ 時的 C-D 函數與 CES 函數的替代彈性, 我們會發現, 當 $\rho=0$ 時, 兩者替代彈性均為 1, 故我們似乎可猜測 C-D 函數為 CES 函數當 $\rho=0$ 的一種特殊情形。但是, 我們由 CES 函數的定義知, $\rho=0$ 是被排除掉的, 因為當 $\rho=0$ 時 v/ρ 無法定義, 因此我們可考慮 $\rho\to 0$ 的可能性。

定理 3.4.4：當 $\rho\to 0$ 時, v 次齊次的 CES 函數即為 v 次齊次的 C-D 函數。

證明: 首先將 CES 函數表示成對數形態,

$$\boldsymbol{ln}\mathrm{f}(\mathbf{x})=\boldsymbol{ln}\mathrm{A}-\mathrm{v}\frac{\boldsymbol{ln}\left(\sum_{i=1}^{n}\alpha_i x_i^{-\rho}\right)}{\rho}, \tag{3.4.24}$$

將上式兩邊取 $\lim_{\rho\to 0}$ 可得

$$\lim_{\rho\to 0}\boldsymbol{ln}\mathrm{f}(\mathbf{x})=\boldsymbol{ln}\mathrm{A}-\mathrm{v}\lim_{\rho\to 0}\frac{\boldsymbol{ln}\left(\sum_{i=1}^{n}\alpha_i x_i^{-\rho}\right)}{\rho}。 \tag{3.4.25}$$

但 (3.4.25) 右邊第二項, 當 $\rho\to 0$ 時, $\sum_{i=1}^{n}\alpha_i x_i^{-\rho}\to 1$, 故分母與分子同趨近於 0, 因此, 我們得利用 L'Hôpital's 法則來估計其值, 即

$$\lim_{\rho\to 0}\frac{\boldsymbol{ln}\left(\sum_{i=1}^{n}\alpha_i x_i^{-\rho}\right)}{\rho}=\lim_{\rho\to 0}\frac{-\left(\sum_{i=1}^{n}\alpha_i x_i^{-\rho}\boldsymbol{ln}x_i\right)\Big/\sum_{i=1}^{n}\alpha_i x_i^{-\rho}}{1}$$

$$=\lim_{\rho\to 0}\frac{-\left(\sum_{i=1}^{n}\alpha_i x_i^{-\rho}\boldsymbol{ln}x_i\right)}{\sum_{i=1}^{n}\alpha_i x_i^{-\rho}}=-\frac{\sum_{i=1}^{n}\alpha_i\boldsymbol{ln}x_i}{1}=-\sum_{i=1}^{n}\boldsymbol{ln}x_i^{\alpha_i}。 \tag{3.4.26}$$

上式第一個等號是由兩個微分法則: $\frac{d}{dx}\boldsymbol{ln}\mathrm{f}(x)=\frac{f'(x)}{f(x)}$ 與 $\frac{d}{dx}a^{f(x)}=a^{f(x)}f'(x)\boldsymbol{ln}a$ 而得到; 倒數第二個等號則由 $x_i^0=1$ 與 $\sum_{i=1}^{n}\alpha_i=1$ 得到。

將 (3.4.26) 代回 (3.4.25) 即得

$$\begin{aligned}\lim_{\rho\to 0}\boldsymbol{ln}\mathrm{f}(\mathbf{x})&=\boldsymbol{ln}\mathrm{A}+\mathrm{v}\sum_{i=1}^{n}\boldsymbol{ln}x_i^{\alpha_i}\\&=\boldsymbol{ln}\mathrm{A}\left(\prod_{i=1}^{n}x_i^{v\alpha_i}\right)。\end{aligned} \tag{3.4.27}$$

(3.4.27) 表示, 當 $\rho\to 0$ 時, $\boldsymbol{ln}\mathrm{f}(\mathbf{x})\to\boldsymbol{ln}\mathrm{A}\left(\prod_{i=1}^{n}x_i^{v\alpha_i}\right)$; 或說, 當 $\rho\to 0$ 時, $\mathrm{f}(\mathbf{x})\to \mathrm{A}\prod_{i=1}^{n}x_i^{v\alpha_i}$; 但後者即是一個 v 次齊次的 C-D 函數。

事實上, 除了 $\rho \to 0$ 外, 我們還可考慮 $\rho \to -1$ 與 $\rho \to \infty$ 兩種特殊情況。由 (3.4.23), 我們知道, 當 $\rho \to -1$ 時, $\sigma \to \infty$。根據上面的討論, 我們知道這正代表該函數的等值線為一直線。由另一個角度看, 將 ρ 的最大下界 -1 代入 (3.4.20) 可得到

$$f(\mathbf{x}) = A\left[\sum \alpha_i x_i\right]^v。 \tag{3.4.28}$$

由 (3.4.28), 我們知道其水平集合為

$$A\left[\sum \alpha_i x_i\right]^v = c,\ c \in \boldsymbol{R},$$

或

$$\sum \alpha_i x_i = \left(\frac{c}{A}\right)^{\frac{1}{v}} = k,\ k \in \boldsymbol{R}, \tag{3.4.29}$$

上式正表示在 $\rho = -1$ 時, CES 函數的水平集合為一超平面。當 $n = 2$ 時, 正好是一直線, 與上面的討論一致。

至於另一種極端的情況 $\rho \to \infty$, 由 (3.4.23) 知, 在 $n = 2$ 時, $\sigma \to 0$, 此時其等值線將成 L 型, 如圖 3.4.2 (b)。換句話說, 在 $\rho \to \infty$ 時, CES 函數即成為我們所熟知的 Leontief 形式, $f(x_1, x_2) = \min\left[\frac{x_1}{a_1}, \frac{x_2}{a_2}\right]^v$ 了, 讀者將在習題 3.4.2 中證明這個結果。在 n 個變數時, Leontief 固定係數函數 $f: \boldsymbol{R}_+^n \to \boldsymbol{R}$ 可寫成:

$$f(\mathbf{x}) = \min\left[\frac{x_1}{a_1}, \frac{x_2}{a_2}, \cdots, \frac{x_n}{a_n}\right]^v, \tag{3.4.30}$$

此亦為一 v 次齊次函數, 但不可微分。

在定理 3.4.2 中, 我們證明了 C-D 函數永遠為一 (嚴格) 準凹函數, 且當其為 $\sum_{i=1}^{n} \alpha_i \le 1$ 次齊次函數時, 為一凹函數。現在我們既已證明 C-D 函數為 CES 函數的一個特例, 我們當然也很希望知道, CES 函數是否也具有類似的性質。下面的定理即在說明此點。

定理 3.4.5： 任何一個 CES 函數都是準凹函數。又，若且唯若一個 CES 函數爲 $v \le 1$ 次齊次函數，則此 CES 函數爲一凹函數。

證明: 這個定理的證明和定理 3.4.2 的證明完全類似。因此，我們將只證明其在 $\boldsymbol{R}^n_{++}$ 中爲準凹函數，至於其他細節，請讀者自行練習補足。

爲了方便，我們先將 A 標準化爲 $A=1$，然後將 CES 函數以對數形態表示，由 (3.4.20) 可得

$$g(\mathbf{x}) = ln f(\mathbf{x}) = -\frac{v}{\rho} ln\left(\sum_{i=1}^{n} \alpha_i x_i^{-\rho}\right)。 \tag{3.4.31}$$

令 $h(\mathbf{x}) = \sum_{i=1}^{n} \alpha_i x_i^{-\rho}$，則上式成爲

$$g(\mathbf{x}) = -\frac{v}{\rho} ln h(\mathbf{x})。 \tag{3.4.31'}$$

$h(\mathbf{x})$ 的 Hessian 行列式爲

$$\left|h_{\mathbf{x}\mathbf{x}^T}(\mathbf{x})\right| = \begin{vmatrix} \alpha_1\rho(1+\rho)x_1^{-(2+\rho)} & 0 & \cdots & 0 \\ 0 & \alpha_2\rho(1+\rho)x_2^{-(2+\rho)} & & \vdots \\ \vdots & & \ddots & 0 \\ 0 & \cdots & 0 & \alpha_n\rho(1+\rho)x_n^{-(2+\rho)} \end{vmatrix}, \tag{3.4.32}$$

(3.4.32) 對角線上的元素爲 $\alpha_i\rho(1+\rho)x_i^{-(2+\rho)}$, $i=1,\cdots,n$。因 $\rho>-1$, $\rho \ne 0$，故當 $-1<\rho<0$ 時，$\alpha_i\rho(1+\rho)x_i^{-(2+\rho)} \le 0$；當 $\rho>0$ 時，$\alpha_i\rho(1+\rho)x_i^{-(2+\rho)} \ge 0$。故我們知道，當 $\rho>0$ 時，(3.4.32) 的所有主子行列式均非負値，而當 $-1<\rho<0$ 時，(3.4.32) 的所有主子行列式，若不等於 0，則其符號爲 $(-1)^k$, $k=1,\cdots,n$。根據定理 3.1.7 和定理 3.1.8，我們知道，當 $\rho>0$ 時，$h(\mathbf{x})$ 爲一凸函數；而當 $-1<\rho<0$ 時，$h(\mathbf{x})$ 爲一凹函數。

因爲對數函數爲一嚴格遞增的凹函數，由定理 3.1.4 知，當 $-1<\rho<0$ 時，$ln\mathrm{h}(\mathbf{x})$ 爲一凹函數。由習題 3.1 第 2 題的證明過程，我們知道 $-\frac{v}{\rho}ln\mathrm{h}(\mathbf{x})$ 爲一凹函數（因 $\frac{v}{\rho}<0$，故 $-\frac{v}{\rho}>0$）。由 (3.4.31') 知 $\mathrm{g}(\mathbf{x})$ 爲一凹函數，再由定理 3.2.2，可得 $\mathrm{g}(\mathbf{x})$ 爲一準凹函數。由 (3.4.31) 知

$$\mathrm{f}(\mathbf{x})=e^{\mathrm{g}(\mathbf{x})}, \tag{3.4.33}$$

因指數函數爲一嚴格遞增函數，根據定理 3.2.4，我們得證 $\mathrm{f}(\mathbf{x})$ 爲一準凹函數。

當 $\rho>0$ 時，我們知道 $\mathrm{h}(\mathbf{x})$ 爲一凸函數。因此，$\mathrm{h}(\mathbf{x})$ 也是一個準凸函數。準凸函數在經過正轉換後（在此爲對數函數），仍爲一準凸函數。因爲 $-\frac{v}{\rho}$ 在此情況下爲負值，所以 $\mathrm{g}(\mathbf{x})=-\frac{v}{\rho}ln\mathrm{h}(\mathbf{x})$ 變成一準凹函數。同樣由定理 3.2.4 與 (3.4.33)，我們得證 $\mathrm{f}(\mathbf{x})$ 爲一準凹函數。

此證明最後一部份，用到了有關凸函數與準凸函數的一些性質，都與前面有關凹函數與準凹函數的定理相對稱，讀者該設法確定這些敘述是對的。

習題 3.4

1. 試說明 CES 函數中 α_i 的經濟意義。

2. 以兩種生產因素爲例，證明：當 $\rho\to\infty$ 時，CES 生產函數成爲 Leontief 固定係數生產函數。

3. 假定生產函數 $f:\boldsymbol{R}_+^2 \to \boldsymbol{R}$ 爲二次可微分, 且

$$q = f(K,L),$$

其中 q 代表生產量, K 和 L 分別代表資本和勞動力。

(a) 試導出替代彈性

$$\sigma = \frac{f_K f_L (f_K K + f_L L)}{KL(2f_K f_L f_{KL} - f_L^2 f_{KK} - f_K^2 f_{LL})}。$$

(b) 當 f(K,L) 爲線性齊次函數時, 試由 (a) 導出

$$\sigma = \frac{f_K f_L}{f\, f_{KL}}。$$

(c) 若 f(K,L) 爲一位似函數, 即 $f(K,L) = g(h(K,L))$, 其中 g 爲嚴格遞增函數, h(K,L) 爲線性齊次函數, 試導出 f(K,L) 的替代彈性爲

$$\sigma = \frac{h_K h_L}{h\, h_{KL}}。$$

4. Stone-Geary 效用函數 $u:\boldsymbol{R}_+^2 \to \boldsymbol{R}$ 定義爲

$$u(x_1,x_2) = A(x_1 - a)^{\alpha}(x_2 - b)^{\beta},\ \alpha,\beta > 0,\ A > 0,$$

$$x_1 \geq a > 0,\ x_2 \geq b > 0。$$

(i) 此效用函數是凹函數, 凸函數, 準凹函數或準凸函數?

(ii) 此效用函數是否爲齊次函數?

(iii) 此效用函數和 C-D 函數有何關係?

(iv) 試解釋常數 α, β, a, b 的經濟意義。

(v) 試求 x_1 和 x_2 的替代彈性。

5. 試直接以定理 3.1.8 與定理 3.2.5 證明 C-D 函數必爲一準凹函數, 而當 $\sum_{i=1}^{n} \alpha_i \leq 1$ 時, 爲一凹函數。

6. 請利用習題 3.2 第 6 題的結果, 證明: ν 次齊次的 C-D 函數和 CES 函數, 在 $\nu < 1$ 時, 均爲嚴格凹函數。

7. 假定產品市場與因素市場爲完全競爭, 生產過程只使用兩種生產因素, K 和 L, 其報酬分別爲 r 和 w

(i) 試證 $\dfrac{d\left(rK/wL\right)}{d\left(\dfrac{r}{w}\right)} = \dfrac{K}{L}(1-\sigma)$。

(ii) 試解釋 (i) 之經濟意義。

(iii) 在經濟發展的過程中, 我們常發現, 當一國資本化程度加深時（即 K/L 上升）, 該國勞動所得相對於資本所得跟著上升, 試問這種現象和替代彈性有何關係?

8. 假定 x 和 y 兩部門的生產函數分別爲

$x = \left(0.4K^{-1} + 0.6L^{-1}\right)^{-1}$,

$y = K^{\frac{1}{3}}L^{\frac{2}{3}}$。

試問, 此兩部門使用的資本勞動比率, 是否在任何 w/r 下均不相同?（w 爲工資, r 爲資本報酬）。

9. 求下列兩生產函數的替代彈性

(i) $x = AK^{\alpha}L^{\beta} - BL,\quad A>0,\quad B>0;\quad \alpha,\beta>0$。

(ii) $y = A\left(1+K^{-\alpha}L^{-\beta}\right)^{-1},\quad \alpha>0,\quad \beta>0;\quad 0\le y\le A$。

10. 試以上題中兩生產函數, 驗證 7(i), 並解釋其經濟意義。

第四章
靜態最適化理論

經濟學中最常見到的一個觀念就是均衡 (equilibrium), 均衡分析 (equilibrium analysis) 也是任何經濟模型建立的第一個步驟。廣義而言, 均衡的概念包括了無標的均衡 (nongoal equilibrium) 和有標的均衡 (goal equilibrium) 兩種; 前者均衡的達到並非因任何經濟單位 (economic agent) 特意追求而達到, 如香蕉市場均衡和外匯市場均衡, 國民所得的均衡等。反之, 有標的均衡則指某特定經濟單位特意追求所造成的結果, 例如, 消費者均衡爲消費者追求效用極大而得到, 生產者均衡爲生產者追求利潤極大的結果。有標的均衡分析, 從分析方法的角度看, 即是所謂的最適化理論。如果我們所探討的問題是, 經濟單位如何在某一特定時點, 將有限的資源配置於不同的用途上, 則我們所面對的就是靜態最適化問題 (static optimization) ; 反之, 若我們探討的是, 一經濟單位如何將有限資源配置於一段時間內的不同時點的問題, 那我們就有了動態最適化問題 (dynamic optimization)。有關動態最適化問題, 我們留待本書後半部再討論, 在本章及下一章中, 我們所討論的都是靜態最適化問題。

我們可將靜態最適化問題寫成

$$
\begin{aligned}
&f:\boldsymbol{R}^n \rightarrow \boldsymbol{R}, \\
&\max_{\mathbf{x}} f(\mathbf{x}) \qquad \text{s.t.} \quad \mathbf{x} \in X \subset \boldsymbol{R}^n,
\end{aligned}
\tag{4.0.1}
$$

上式中 $f(\mathbf{x})$ 爲經濟單位所要達成最適化的對象, 稱之爲標的函數 (objective function) ; max 代表極大化 (maximization)。如將 max 改爲 min , 極小化(minimization), 所得到的仍是一個靜態最適化的問題。但如下面即將提到的, 任何極小化問題, 都可將之改爲一極大化問題, 因此以後我們談靜態最適化, 均以 (4.0.1) 式爲對象。max 下面的 $\mathbf{x}$, 代表經濟單位即將選取, 以使得 $f(\mathbf{x})$ 爲極大的變數, 稱之爲選擇變數 (choice variables) , 依場合不同, 也常稱爲決策變數 (decision variables) 、工具 (instruments) 、政策變數 (policy variables) 或控制變數 (control variables)。任何選擇變數如果滿足此靜態最適化問題的所有限制條件 (constraints) , 我們稱此選擇變數爲一可能解 (feasible solution) , 所有可能解所成的集合稱之爲可能解集合 (feasible set) 或機會集合 (opportunity set)，(4.0.1) 式中之 X 即爲機會集合。而 s.t. (subject to) 乃代表所選取的選擇變數必須是（受限於）可能解集合的一個元素。一般而言，除了標的函數本身性質（如凹、凸性和可微分性）外，影響 (4.0.1) 的解的最重要因素是機會集合的性質。例如，根據第二章中所討論的 Weierstrass 定理（定理 2.4.3），只要 X 是一個緊緻集合，而 f 是一個連續函數，我們就知道 f 必有極大和極小存在。因此，就 (4.0.1) 這個問題，我們也將依機會集合 X 的性質，分成下列三種型式來討論：(i) 無限制條件最適化理論，(ii) 等式限制條件最適化理論，以及 (iii) 不等式限制條件最適化理論。

由於在許多場合中，我們除了對第二章中所定義的極大、極小有興趣外，還牽涉到其他種類的極大、極小觀念。因此，在正式討論有關求取極值的條件和方法之前，讓我們先定義相關的概念。

定義 4.0.1：$X \subset \boldsymbol{R}^n$，$f: X \to \boldsymbol{R}$。若 $\mathbf{x}^* \in X$，且

(i) 對任何 $\mathbf{x} \in X$，均滿足 $f(\mathbf{x}^*) \geq f(\mathbf{x})$，則稱函數 f 在點 $\mathbf{x}^*$ 有一全域極大 (global maximum)，或 $\mathbf{x}^*$ 爲函數 f 的一個全域極大。

(ii) 對任何 $\mathbf{x} \in X$，$\mathbf{x} \neq \mathbf{x}^*$，均滿足 $f(\mathbf{x}^*) > f(\mathbf{x})$，則稱函數 f 在點 $\mathbf{x}^*$ 有絕對全域極大（absolute global maximum 或 strict global maximum），或 $\mathbf{x}^*$ 爲函數 f 的絕對全域極大。

(iii) 若存在一 $\varepsilon > 0$，使得所有 $\mathbf{x} \in B(\mathbf{x}^*;\varepsilon) \cap X$ 均滿足 $f(\mathbf{x}^*) \geq f(\mathbf{x})$，則稱函數 f 在點 $\mathbf{x}^*$ 有一局部極大 (local maximum)，或 $\mathbf{x}^*$ 爲函數 f 的一個局部極大。

(iv) 若存在一 $\varepsilon > 0$，使得所有 $\mathbf{x} \in B(\mathbf{x}^*;\varepsilon) \cap X$，$\mathbf{x} \neq \mathbf{x}^*$，均滿足 $f(\mathbf{x}^*) > f(\mathbf{x})$，則稱函數 f 在點 $\mathbf{x}^*$ 有一絕對局部極大（absolute local maximum 或 strict local maximum），或 $\mathbf{x}^*$ 爲函數 f 的一個絕對局部極大。

很顯然地，絕對全域極大最多只有一個，且絕對全域極大必定是一局部極大；但上面這些敘述倒回去則未必成立。圖 4.0.1 可用來說明定義中的各種概念。點 x_1 和點 x_6 都是局部絕對極大，而 x_6 又是全域絕

對極大。點 x_1，x_6 和所有 $x \in [x_3, x_4]$ 都是局部極大。點 x_2 和 x_5 則爲局部絕對極小, 其中點 x_2 又爲全域絕對極小。這兒所提的各種極小觀念, 和定義 4.0.1 中各種極大觀念完全對稱, 只要將定義 4.0.1 中所有不等號反向即可得到。事實上, 我們很容易看出, 函數 f 的（絕對）全域（局部）極大, 剛好就是函數 $g(x) = -f(x)$ 的（絕對）全域（局部）極小。因此, 任何求極小的問題, 都可以用一對應求極大的問題來取代, 這就是我們在 (4.0.1) 式中將最適化問題寫成求極大問題的原因。最後, 我們特別指出, 定義 2.2.4 和 Weierstrass 定理中所指的極大和極小, 都是指全域極大和極小, 而非局部極大和極小。

雖然, Weierstrass 定理是靜態最適化分析中, 最基本的存在定理, 但正如我們在討論這個定理時一再强調的, 這個定理只是一些聯合充分條件, 定理中任何單一條件都不是必要條件。事實上, 在許多經濟問題的應用上, 我們不僅要求函數 f 是一個連續函數, 而且要求其至少爲二次連續可微分函數。因爲在這種情況下, 我們就可以有效地運用一些微積分上的定理來找到極大和極小。另一方面, 在有些情況下, 機會集合也未必是一個緊緻集合, 但我們仍希望找到標的函數的極大和極小。我們即將討論的無限制條件的最適化問題即是一個例子, 因爲對選擇變數 **x** 不加任何限制, 因此可視爲 $X = \boldsymbol{R}^n$ 的情況。由於 $\boldsymbol{R}^n$ 不是一個有界的集合, 因此 X 也就不是一個緊緻集合了。

從基本微積分課程中, 我們都很熟悉求二次連續可微分單變數函

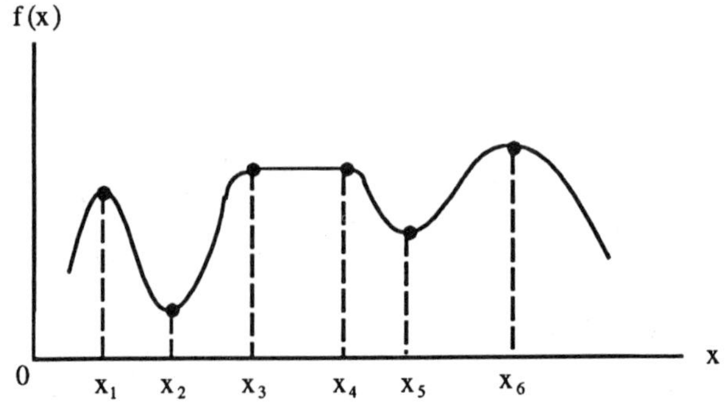

圖 4.0.1

數的極值的方法。首先, 利用所謂的一階條件（或必要條件）$f'(x)=0$, 找出函數 $f(x)$ 的滯留點 (stationary point)；接著, 以 $f(x)$ 的二階導數來查看, 在滯留點附近, 函數 $f(x)$ 是一個凹函數或凸函數, 以確定該滯留點是一個局部極大或局部極小, 這就是通稱的二階條件或充分條件。最後, 如果我們的目的是找出全域極大（極小）, 那麼, 當機會集合是一個開集合時, 我們只要將符合二階條件的所有滯留點的函數值加以比較, 即可找出全域極大（極小）；但如果機會集合不是一個開集合, 則除了比較前述各滯留點的函數值外, 還必須和機會集合所含的各邊界點的函數值比較, 方能確定全域極大（極小）。在多變數的情況下, 求極值的原理和單變數完全相同, 只不過, 此時一階條件成爲 $f(\mathbf{x})$ 的梯度, 而二階條件, 和 $f(\mathbf{x})$ 的 Hessian 矩陣有關, 處理起來較爲複雜罷了。

4.1 無限制條件最適化理論

這就是 (4.0.1) 中 $X=\boldsymbol{R}^n$ 的情形, 也是大家最熟悉的情形。基於大部分經濟理論實際運用的需要, 在這裡我們暫不討論極值存在的問題, 而將注意力集中在如何求出已存在的極值的方法。此外, 爲了有效運用微積分上的技巧, 我們進一步假定所有函數都是二次或二次以上連續可微分函數。

定理 4.1.1：假定 $f:\boldsymbol{R}^n \to \boldsymbol{R}$, $f \in \boldsymbol{C}^2$, 則

(i) $\mathbf{x}^*$ 爲 f 之局部極大的一階必要條件爲 $f_{\mathbf{x}}(\mathbf{x}^*)=\mathbf{0}_n$。

(ii) $\mathbf{x}^*$ 爲 f 之局部極大的二階必要條件爲 Hessian 矩陣 $f_{\mathbf{x}\mathbf{x}^T}(\mathbf{x}^*)$ 爲半負定矩陣。

證明: (i) 假定 $\mathbf{x}^*$ 爲 f 之局部極大, 則由定義 4.0.1 知, 對所有 $\mathbf{x} \in B(\mathbf{x}^*;\varepsilon)$, 均有 $f(\mathbf{x}^*) \geq f(\mathbf{x})$。將 $f(\mathbf{x})$ 在 $\mathbf{x}^*$ 作泰勒展開式可得

$$f(\mathbf{x}) = f(\mathbf{x}^*) + f_{\mathbf{x}}(\lambda\mathbf{x}^* + (1-\lambda)\mathbf{x})^T(\mathbf{x}-\mathbf{x}^*), \tag{4.1.1}$$

上式中 $0<\lambda<1$。但因 $f(\mathbf{x}^*) \geq f(\mathbf{x})$, 故 (4.1.1) 隱含

$$f_{\mathbf{x}}\left(\lambda\mathbf{x}^{*}+(1-\lambda)\mathbf{x}\right)^{T}\left(\mathbf{x}-\mathbf{x}^{*}\right)\leq 0。\qquad(4.1.2)$$

令$\lambda\to 1$, 則由 f 的可微分性可得

$$f_{\mathbf{x}}\left(\mathbf{x}^{*}\right)^{T}\left(\mathbf{x}-\mathbf{x}^{*}\right)\leq 0。\qquad(4.1.2')$$

若 $f_{\mathbf{x}}\left(\mathbf{x}^{*}\right)\neq\mathbf{0}_{n}$ ，則我們必可找到一 $\mathbf{x}'\in B\left(\mathbf{x}^{*};\varepsilon\right)$ ，使得 $f_{\mathbf{x}}\left(\mathbf{x}^{*}\right)^{T}\left(\mathbf{x}'-\mathbf{x}^{*}\right)>0$（為什麼？），但因 (4.1.2') 對任何 $\mathbf{x}\in B\left(\mathbf{x}^{*};\varepsilon\right)$均成立, 故$f_{\mathbf{x}}\left(\mathbf{x}^{*}\right)\neq\mathbf{0}_{n}$會造成矛盾。所以, 當 $\mathbf{x}^{*}$ 為 f 的一個局部極大時, $f_{\mathbf{x}}\left(\mathbf{x}^{*}\right)=\mathbf{0}_{n}$。

(ii) 由二階泰勒展開式

$$\begin{aligned}f(\mathbf{x})&=f\left(\mathbf{x}^{*}\right)+f_{\mathbf{x}}\left(\mathbf{x}^{*}\right)^{T}\left(\mathbf{x}-\mathbf{x}^{*}\right)\\&\quad+\frac{1}{2}\left(\mathbf{x}-\mathbf{x}^{*}\right)^{T}f_{\mathbf{x}\mathbf{x}^{T}}\left(\lambda'\mathbf{x}^{*}+(1-\lambda')\mathbf{x}\right)\left(\mathbf{x}-\mathbf{x}^{*}\right),\quad 0<\lambda'<1,\end{aligned}\qquad(4.1.3)$$

以及$f_{\mathbf{x}}\left(\mathbf{x}^{*}\right)=\mathbf{0}_{n}$的結果, 可以得到

$$f(\mathbf{x})=f\left(\mathbf{x}^{*}\right)+\frac{1}{2}\left(\mathbf{x}-\mathbf{x}^{*}\right)^{T}f_{\mathbf{x}\mathbf{x}^{T}}\left(\lambda'\mathbf{x}^{*}+(1-\lambda')\mathbf{x}\right)\left(\mathbf{x}-\mathbf{x}^{*}\right)。\qquad(4.1.4)$$

因$f\left(\mathbf{x}^{*}\right)\geq f(\mathbf{x})$, 故

$$\frac{1}{2}\left(\mathbf{x}-\mathbf{x}^{*}\right)^{T}f_{\mathbf{x}\mathbf{x}^{T}}\left(\lambda'\mathbf{x}^{*}+(1-\lambda')\mathbf{x}\right)\left(\mathbf{x}-\mathbf{x}^{*}\right)\leq 0。\qquad(4.1.5)$$

令$\lambda'\to 1$, 並將 (4.1.5) 兩邊乘以 2 即得

$$\left(\mathbf{x}-\mathbf{x}^{*}\right)^{T}f_{\mathbf{x}\mathbf{x}^{T}}\mathbf{x}^{*}\left(\mathbf{x}-\mathbf{x}^{*}\right)\leq 0。\qquad(4.1.5')$$

因 (4.1.5') 對任一 $\mathbf{x}\in B\left(\mathbf{x}^{*};\varepsilon\right)$均成立, 故在$B\left(\mathbf{x}^{*};\varepsilon\right)$中, (4.1.5') 為一半負定二次式, 換句話說, $f_{\mathbf{x}\mathbf{x}^{T}}\left(\mathbf{x}^{*}\right)$（相對於 $B\left(\mathbf{x}^{*};\varepsilon\right)$）為一半負定矩陣。

我們將滿足 $f_x(\mathbf{x}^*)=\mathbf{0}_n$ 的點稱爲滯留點或臨界點 (critical point)。定理 4.1.1 (i) 告訴我們, 如果 $\mathbf{x}^*$ 是函數 $f(\mathbf{x})$ 的一個局部極大, 則 $\mathbf{x}^*$ 必然是 $f(\mathbf{x})$ 的一個滯留點, 這也是通稱的一階條件。(ii) 則進一步指出, 當 $\mathbf{x}^*$ 爲函數 $f(\mathbf{x})$ 的一個局部極大時, 則在 $\mathbf{x}^*$ 附近該函數必須是一凹函數。由習題 4.1.1, 我們也知道, 點 $\mathbf{x}^*$ 爲 $f(\mathbf{x})$ 之極小的必要條件也是 $f_x(\mathbf{x}^*)=\mathbf{0}_n$, 只是定理 4.1.1 (ii) 中的凹函數以凸函數取代而已。另外, 在第三章中, 我們已經解釋過, $f_x(\mathbf{x}^*)$ 爲函數 $f(\mathbf{x})$ 在點 $\mathbf{x}^*$ 的梯度, 代表 f 在這一點時函數值增加最快的方向。因此, 一階條件 $f_x(\mathbf{x}^*)=\mathbf{0}_n$ 表示由點 $\mathbf{x}^*$ 出發, 沒有任何一個方向能增加 $f(\mathbf{x})$ 的值, 故 f 在這一點就可能有局部極大（那局部極小又如何解釋呢？）。所以, 當我們要找一函數的極大或極小時, 就必須由滯留點著手。在此, 我們必須立即指出, 局部極大或局部極小雖然一定發生在滯留點, 但滯留點不一定是局部極大或局部極小, 它可能是一既非局部極大, 也非局部極小的馬鞍點 (saddle point)。（或者, 在單變數函數時爲一反曲點 (inflection point), 見習題 4.1.2 ）。圖 4.1.1 (a) 和 (b) 分別以函數圖形及水平集合描繪各種可能情形。圖 (a) 中, 可清楚看到, z_1 和 z_3 分別爲局部極大, z_3 且爲全域極大。z_2 是一個馬鞍點, z_4 則爲局部（也是全域）極小。另外, 由 (b) 中各等值線的數值, 讀者還可以發現, 由點 z_1 和 z_3 兩點, 不管往那個方向, 函數值 z 都會下降; 反之, 由 z_4 不管往那個方向, 函數值 z 都上升。故 z_1 和 z_3 爲局部極大而 z_4 爲一局部極小。最後, 在 z_2 這點, 如果只在 x_1 軸的方向移動, 則函數值就上升, 但若只在 x_2 軸的方向移動, 則函數值就下降。因此, z_2 這一點, 就 x_1 軸的方向來說是一個局部極小, 就 x_2 軸的方向來說則是局部極大, 這正是馬鞍點的特性。

由上面的討論, 我們知道, 如何辨別一個滯留點是局部極大, 局部極小, 或馬鞍點（反曲點）乃是求極值過程中一個重要的步驟。接下來這個充分條件的定理, 就在滿足這個需要。

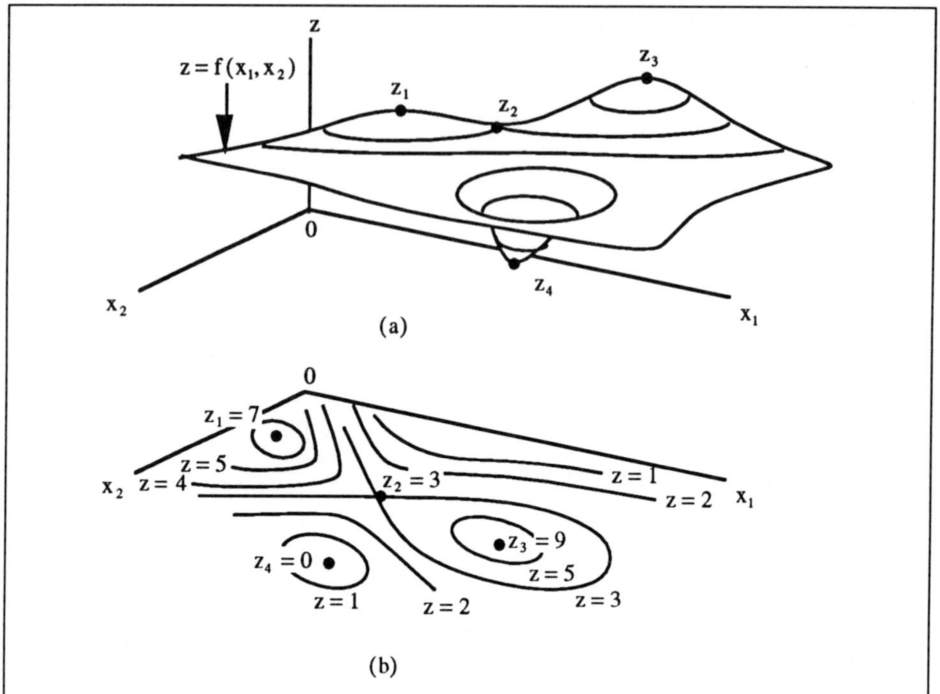

圖 4.1.1

定理 4.1.2：$f{\cdot}\boldsymbol{R}^n \to \boldsymbol{R}$，$f \in \boldsymbol{C}^2$，則 $\mathbf{x}^*$ 爲 f 之（絕對）局部極大的充分條件爲

(i) $f_{\mathbf{x}}(\mathbf{x}^*) = \mathbf{0}_n$，

(ii) $f_{\mathbf{x}\mathbf{x}^T}(\mathbf{x}^*)$ 爲一負定矩陣。

證明: 欲證明 $\mathbf{x}^*$ 爲 $f(\mathbf{x})$ 的一個局部極大, 只要證明所有 $\mathbf{x} \in B(\mathbf{x}^*;\varepsilon)$ 均滿足 $f(\mathbf{x}^*) \geq f(\mathbf{x})$ 即可。

將 $f(\mathbf{x})$ 在點 $\mathbf{x}^*$ 作泰勒展開式可得

$$\begin{aligned} f(\mathbf{x}) &= f(\mathbf{x}^*) + f_{\mathbf{x}}(\mathbf{x}^*)^T(\mathbf{x}-\mathbf{x}^*) \\ &\quad + \frac{1}{2}(\mathbf{x}-\mathbf{x}^*)^T f_{\mathbf{x}\mathbf{x}^T}(\lambda\mathbf{x}+(1-\lambda)\mathbf{x}^*)(\mathbf{x}-\mathbf{x}^*),\ 0<\lambda<1; \end{aligned} \tag{4.1.6}$$

當 $\lambda \to 0$ 時, 上式成爲

$$f(\mathbf{x}) = f(\mathbf{x}^*) + f_{\mathbf{x}}(\mathbf{x}^*)^T(\mathbf{x}-\mathbf{x}^*) + \frac{1}{2}(\mathbf{x}-\mathbf{x}^*)^T f_{\mathbf{x}\mathbf{x}^T}(\mathbf{x}^*)(\mathbf{x}-\mathbf{x}^*)。 \tag{4.1.6'}$$

因 $f_{\mathbf{x}}(\mathbf{x}^*)=\mathbf{0}_n$ 且 $f_{\mathbf{x}\mathbf{x}^T}(\mathbf{x}^*)$ 爲一負定矩陣, 故 (4.1.6') 隱含

$$f(\mathbf{x}^*)>f(\mathbf{x}),$$

因此 $\mathbf{x}^*$ 爲 $f(\mathbf{x})$ 的一個絕對局部極大。但上式也隱含 $f(\mathbf{x}^*)\geq f(\mathbf{x})$（等號在 $\mathbf{x}=\mathbf{x}^*$ 時成立）, 因此, $\mathbf{x}^*$ 也是 $f(\mathbf{x})$ 的一個局部極大。

這個定理就是大家所熟知的二階充分條件, 它告訴我們, 只要我們能確定, 在某一滯留點附近, 函數 f 是一嚴格凹函數, 那麼這個滯留點就是一個（絕對）局部極大。同理, 我們可證明, 若滯留點 $\mathbf{x}^*$ 附近, $f_{\mathbf{x}\mathbf{x}^T}(\mathbf{x}^*)$ 爲一正定矩陣, 則 $\mathbf{x}^*$ 就是 $f(\mathbf{x})$ 的一個（絕對）局部極小。

最後, 我們必須指出, 定理 4.1.2 所述的充分條件, 遠超過保證局部極大的要求。由證明過程中, 我們清楚看到, 這兩個條件, 不但保證了該滯留點是一個局部極大, 事實上, 它們保證了該滯留點爲一個絕對局部極大。雖然, 我們也可提出只保證局部極大, 而非絕對局部極大的充分條件, 但在應用上, 定理 4.1.2 已能滿足實際需要, 因此, 不在此再敘述和證明這些條件。此外, 比較定理 4.1.1 和定理 4.1.2 , 我們當可預期, 必然有些局部極大滿足定理 4.1.1 (ii) , 但卻不滿足定理 4.1.2 (ii) , 因此無法以定理 4.1.2 來判別。$f(x)=-x^4$ 就是一個典型的例子。我們很容易驗證, $x^*=0$ 是 $f(x)$ 的全域絕對極大（因此也是局部極大）, 但 $f''(x^*)=0$, 所以無法用定理 4.1.2 來判別（請參見習題 4.1.3 ）。

【例 4.1.1 】求函數 $f(x)=e^{2x}+e^{-3x}$, $x\in \boldsymbol{R}$, 之極大或極小。

解: 由 $f'(x^*)=2e^{2x^*}-3e^{-3x^*}=0$, 得 $2e^{2x^*}=3e^{-3x^*}$ 或 $ln2+2x^*=ln3-3x^*$, 故滯留點爲 $x^*=\frac{1}{5}(ln3-ln2)=\frac{1}{5}ln\frac{3}{2}$。 $f''(x)=4e^{2x}+9e^{-3x}>0$（因指數 e^{2x}, e^{-3x} 恆爲正值）, 因此 $f''(x^*)>0$, 根據定理 4.1.2 , 函數 f 有絕對局部極小 $x^*=\frac{1}{5}ln\frac{3}{2}$。

【例 4.1.2】假定一廠商之生產函數爲 $Q=f(K,L)=\boldsymbol{ln}K+L^{\frac{1}{2}}$，且 K，L 和 Q 之市場價格分別爲 r，w 和 p，求此廠商利潤極大之勞動和資本投入。

解: 利潤 $\pi(K,L;r,w,p)=pQ-rK-wL=p\boldsymbol{ln}K+pL^{\frac{1}{2}}-rK-wL$。

一階條件爲

$$\frac{\partial\pi}{\partial K}=\frac{p}{K^*}-r=0,$$

$$\frac{\partial\pi}{\partial L}=\frac{1}{2}pL^{*-\frac{1}{2}}-w=0,$$

由上面兩式可解得 $K^*=\frac{p}{r}$, $L^*=\frac{p^2}{4w^2}$, (K^*,L^*) 爲一臨界點。現在探討充分條件,

$$\frac{\partial^2\pi}{\partial K^2}=-\frac{p}{K^2},$$

$$\frac{\partial^2\pi}{\partial K\partial L}=\frac{\partial^2\pi}{\partial L\partial K}=0,$$

$$\frac{\partial^2\pi}{\partial L^2}=-\frac{1}{4}pL^{-\frac{3}{2}},$$

$$\left|\pi_{xx^T}\right|=\begin{vmatrix}-\frac{p}{K^2} & 0\\ 0 & -\frac{1}{4}pL^{-\frac{3}{2}}\end{vmatrix}=\frac{1}{4}p^2K^{-2}L^{-\frac{3}{2}},$$

故 $\left|\pi_{xx^T}(K^*,L^*)\right|_1=-\frac{r^2}{p}<0$, $\left|\pi_{xx^T}(K^*,L^*)\right|=2\frac{r^2w^3}{p^3}>0$,

因此 $\pi_{xx^T}(K^*,L^*)$ 爲負定, 故選取 $K^*=\frac{p}{r}$, $L^*=\frac{p^2}{4w^2}$ 可使該廠商的利潤達到極大。K^* 和 L^* 分別爲參數 w, r, p 之函數, 經濟學上稱之爲要素需求函數, 常記作 $K^*(w,r,p)$, $L^*(w,r,p)$。

由定理 4.1.2 知, 只要在滯留點 $\mathbf{x}^*$ 附近, $f_{\mathbf{xx}^T}(\mathbf{x}^*)$ 爲負定（正定）矩陣, 則 $\mathbf{x}^*$ 即爲函數 f 的一個絕對局部極大（小）。但由定理 3.1.6 我們知道 $f_{\mathbf{xx}^T}(\mathbf{x}^*)$ 爲負定（正定）與 $f_{\mathbf{xx}^T}(\mathbf{x}^*)$ 的所有特性根均爲負值（正值）是一體的兩面。因此, 我們可將定理 4.1.2 改爲, 在滯留點 $\mathbf{x}^*$, 若 Hessian 矩陣 $f_{\mathbf{xx}^T}(\mathbf{x}^*)$ 之特性根均爲負值（正值）, 則 $\mathbf{x}^*$ 爲函數 f 的一絕對局部極大（小）。但, 一般而言, 在任何一滯留點 $\mathbf{x}^*$ 之特性根並未必全然爲正或負, 它們可能同時有正、有負或有些爲零。由第一章和第三章中有關特性根與對角化的討論, 我們知道, 只要 $f_{\mathbf{xx}^T}(\mathbf{x}^*)$ 有任何一特性根爲零, 則 $\left|f_{\mathbf{xx}^T}(\mathbf{x}^*)\right| = 0$, 那麼定理 4.1.2 就無法用來判別是局部極

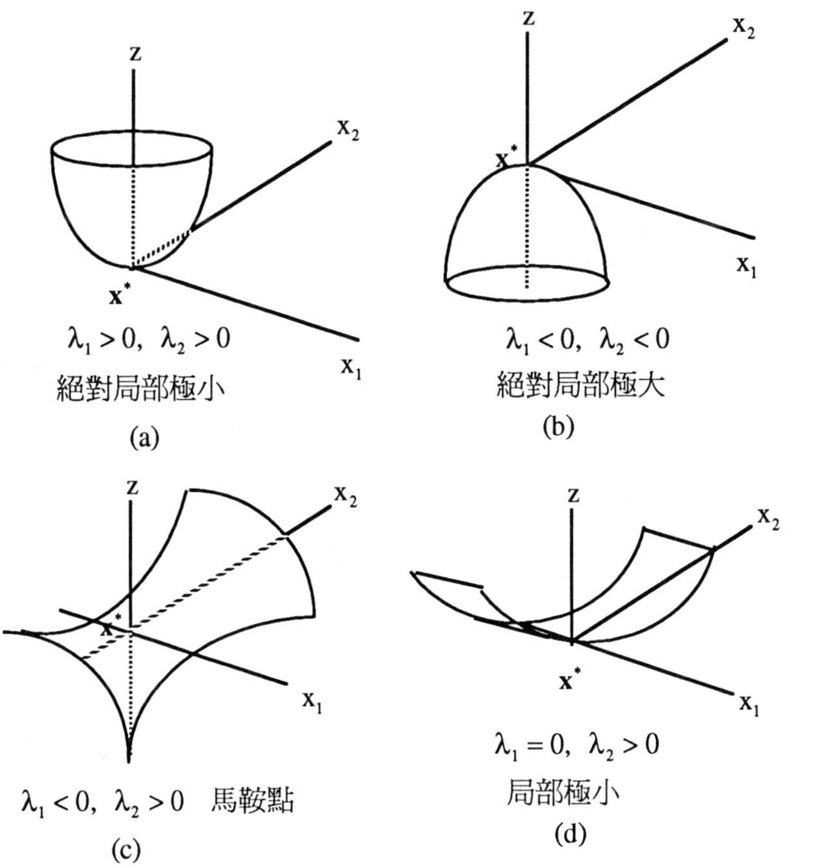

圖 4.1.2

大或局部極小, 前面提到的 $f(x)=-x^4$ 即爲一例。在這種情況下, 就必須利用泰勒展開式的高次項來作判定的依據, 習題 4.1.3 即在討論此點。另一方面, 若 $f_{xx^T}(\mathbf{x}^*)$ 之特性根都不等於零, 但同時有正値和負値, 則 $|f_{xx^T}(\mathbf{x}^*)|\neq 0$, 而 $f_{xx^T}(\mathbf{x}^*)$ 既非（半）正定, 也非（半）負定。根據定理 4.1.1, 我們知道 $\mathbf{x}^*$ 既不是局部極大, 也不是局部極小, 而是一個馬鞍點。圖 4.1.2 說明兩變數函數 $z=f(x_1,x_2)$ 的各種可能情形。

【例 4.1.3】若函數 $f:\boldsymbol{R}^2\to\boldsymbol{R}$ 爲

$$f(x_1,x_2)=x_1^2x_2+x_1x_2^3-x_1x_2。$$

試求此函數的所有滯留點, 並判別該滯留點爲局部極大, 局部極小或其它情形。

解: 由一階條件

$$\frac{\partial f}{\partial x_1}=2x_1^*x_2^*+x_2^{*3}-x_2^*=0,$$

$$\frac{\partial f}{\partial x_2}=x_1^{*2}+3x_1^*x_2^{*2}-x_1^*=0,$$

我們可解得（讀者應自行練習詳細求解過程）下列六個滯留點: (0,0), (1,0), (0,1), (0,−1), $\left(\frac{2}{5},\frac{1}{\sqrt{5}}\right)$ 和 $\left(\frac{2}{5},\frac{-1}{\sqrt{5}}\right)$。現在, 我們利用定理 4.1.2 來判別這些滯留點的性質。

$$\frac{\partial^2 f}{\partial x_1^2}=2x_2,$$

$$\frac{\partial^2 f}{\partial x_1\partial x_2}=\frac{\partial^2 f}{\partial x_2\partial x_1}=2x_1+3x_2^2-1,$$

$$\frac{\partial^2 f}{\partial x_2^2}=6x_1x_2,$$

故 $f_{xx^T}(x_1,x_2)=\begin{pmatrix} 2x_2 & 2x_1+3x_2^2-1 \\ 2x_1+3x_2^2-1 & 6x_1x_2 \end{pmatrix}$。

(i) 點 (0,0)

$$f_{xx^T}(0,0)=\begin{pmatrix} 0 & -1 \\ -1 & 0 \end{pmatrix},$$

$$\left|f_{xx^T}(0,0)\right|_1=0,$$

$$\left|f_{xx^T}(0,0)\right|=-1<0,$$

故在點 $\mathbf{x}^*=(0,0)$，$f_{xx^T}(\mathbf{x}^*)$ 既非正定，亦非負定，且 $\left|f_{xx^T}(\mathbf{x}^*)\right|\neq 0$，所以 (0,0) 爲一馬鞍點（讀者可求其特性根以爲對照，$\lambda_1=1$，$\lambda_2=-1$）。

(ii) 點 (1,0)

$$f_{xx^T}(1,0)=\begin{pmatrix} 0 & 1 \\ 1 & 0 \end{pmatrix},$$

$$\left|f_{xx^T}(1,0)\right|_1=0,$$

$$\left|f_{xx^T}(1,0)\right|=-1<0,$$

與 (i) 相同，點 (1,0) 爲一馬鞍點。

(iii) 點 (0,1)

$$f_{xx^T}(0,1)=\begin{pmatrix} 2 & 2 \\ 2 & 0 \end{pmatrix},$$

此亦爲一馬鞍點，詳細過程請讀者自行完成。

(iv) 點 (0,−1)

$$f_{xx^T}(0,-1)=\begin{pmatrix} -2 & 2 \\ 2 & 0 \end{pmatrix},$$

爲一馬鞍點。

(v) 點$\left(\frac{2}{5},\frac{1}{\sqrt{5}}\right)$

$$f_{xx^T}\left(\frac{2}{5},\frac{1}{\sqrt{5}}\right)=\begin{pmatrix}\frac{2}{\sqrt{5}} & \frac{2}{5}\\ \frac{2}{5} & \frac{12}{5\sqrt{5}}\end{pmatrix},$$

$$\left|f_{xx^T}\left(\frac{2}{5},\frac{1}{\sqrt{5}}\right)\right|_1=\frac{2}{\sqrt{5}}>0,$$

$$\left|f_{xx^T}\left(\frac{2}{5},\frac{1}{\sqrt{5}}\right)\right|=\frac{24}{25}-\frac{4}{25}=\frac{20}{25}>0,$$

故此點爲一絕對局部極小。

(vi) 點$\left(\frac{2}{5},\frac{-1}{\sqrt{5}}\right)$

$$f_{xx^T}\left(\frac{2}{5},\frac{-1}{\sqrt{5}}\right)=\begin{pmatrix}\frac{-2}{\sqrt{5}} & \frac{2}{5}\\ \frac{2}{5} & \frac{-12}{5\sqrt{5}}\end{pmatrix},$$

$$\left|f_{xx^T}\left(\frac{2}{5},\frac{-1}{\sqrt{5}}\right)\right|_1=\frac{-2}{\sqrt{5}}<0,$$

$$\left|f_{xx^T}\left(\frac{2}{5},\frac{-1}{\sqrt{5}}\right)\right|=\frac{24}{25}-\frac{4}{25}=\frac{20}{25}>0,$$

故點$\left(\frac{2}{5},\frac{-1}{\sqrt{5}}\right)$爲一絕對局部極大。

【例 4.1.4】在一雙佔市場 (duopolistic market) 中, 假定市場的需求函數爲

$$p=f(x),\quad f'<0,\quad x=x_1+x_2, \tag{4.1.7}$$

x_1和x_2分別爲第一家和第二家廠商的產量。假定兩廠商的成本函數爲

$$c_1 = c_1(x_1),\ c_1' > 0,\ c_1'' > 0, \tag{4.1.8}$$

$$c_2 = c_2(x_2),\ c_2' > 0,\ c_2'' > 0。 \tag{4.1.9}$$

在求利潤最大的動機下，兩廠商分別求

$$\pi_1 = px_1 - c_1(x_1) = x_1 f(x_1 + x_2) - c_1(x_1), \tag{4.1.10}$$

$$\pi_2 = px_2 - c_2(x_2) = x_2 f(x_1 + x_2) - c_2(x_2) \tag{4.1.11}$$

之極大值。由於市場上僅此兩家廠商，故任何一家廠商的行爲都將引起另一家廠商的注意，從而採取必要的對策。事實上，每一家廠商也深知這種互動關係，因此在其採取任何行動時，都會將其對手的可能反應列入考慮。這種一家廠商採取行動時，對另一家廠商的反應的預期，就稱該廠商的猜測變量 (conjectural variation)。如果我們假設此兩廠商均以產量爲選擇變數，我們可將其記爲 $\tau_1 = \left.\dfrac{dx_2}{dx_1}\right|_c$，$\tau_2 = \left.\dfrac{dx_1}{dx_2}\right|_c$（其中c代表猜測），前（後）者代表第一（二）家廠商的猜測變量。很顯然地，兩廠商的均衡產量都將受這兩個猜測變量的影響。將 (4.1.10) 與 (4.1.11) 分別對x_1和x_2微分可得下列一階條件

$$\frac{d\pi_1}{dx_1} = f(x_1^* + x_2^*) + x_1^* f'(x_1^* + x_2^*)(1 + \tau_1) - c_1'(x_1^*) = 0, \tag{4.1.12}$$

$$\frac{d\pi_2}{dx_2} = f(x_1^* + x_2^*) + x_2^* f'(x_1^* + x_2^*)(1 + \tau_2) - c_2'(x_2^*) = 0。 \tag{4.1.13}$$

由 (4.1.12) 我們可解出

$$x_1^* = \phi_1(x_2^*, \tau_1), \tag{4.1.14}$$

同樣, 由 (4.1.13) 可解得

$$x_2^* = \phi_2(x_1^*, \tau_2)。\tag{4.1.15}$$

(4.1.14) 和 (4.1.15) 分別稱爲第一家和第二家廠商的反應函數 (reaction function), 因爲在 τ_1 和 τ_2 給定後, (4.1.14)（(4.1.15)）告訴我們第一（二）家廠商如何調整其產量以適應第二（一）家廠商產量的變動。在 τ_1 和 τ_2 給定後, 我們可由 (4.1.14) 和 (4.1.15) 解出臨界點 (x_1^*, x_2^*), x_1^* 和 x_2^* 都是 τ_1 和 τ_2 的函數。一般而言, τ_1 和 τ_2 可以是任何東西, 它們可能相同, 可能不同, 可能是常數, 也可能本身都是 x_1 和 x_2 的函數, 我們當然沒必要, 也無法在此討論各種可能情形。在此, 我們選取經濟學上最傳統的 Cournot 模型, 假定 $\tau_1 = \tau_2 = 0$。在這個假定下, 我們可將 (4.1.12) 式全微分, 求得第一家廠商反應函數的斜率（基本上, 我們在此是利用隱函數定理來求反應函數的斜率, 此定理的詳細內容, 請參見第五章。另外, 爲簡化符號, 我們將 * 略去）,

$$\left.\frac{dx_1}{dx_2}\right|_{\phi_1} = -\frac{f' + x_1 f''}{2f' + x_1 f'' - c_1''} = -\frac{1}{1 + \dfrac{f' - c_1''}{f' + x_1 f''}}, \tag{4.1.16}$$

很顯然地, $\left.\frac{dx_1}{dx_2}\right|_{\phi_1}$ 的符號, 完全決定於 f'' 爲正或爲負。如果假定需求函數爲一凹函數, 則 $f'' \le 0$, 那麼我們可得 $-1 < \left.\frac{dx_1}{dx_2}\right|_{\phi_1} < 0$。同理, $-1 < \left.\frac{dx_2}{dx_1}\right|_{\phi_2} < 0$。

圖 4.1.3 中 R_1 和 R_2 兩曲線即分別代表第一和第二家廠商的反應函數, 其交點 (x_1^*, x_2^*) 爲一個臨界點（在此假定只有一個交點）。現在, 我們來看充分條件。將 (4.1.12) 對 x_1 再作微分, 並假定猜測變量爲常數, 可得

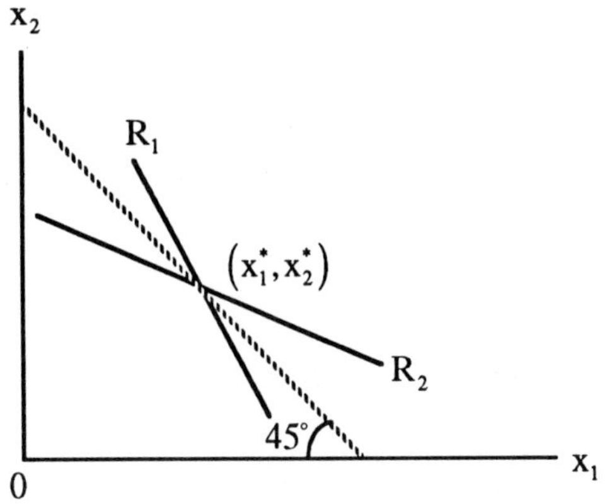

圖 4.1.3

$$\frac{d^2\pi_1}{dx_1^2} = 2f' + x_1 f'' - c'', \tag{4.1.17}$$

在上述 $f'' \le 0$ 的假設下，我們知道 $\frac{d^2\pi_1}{dx_1^2} < 0$ ；同樣地，$\frac{d^2\pi_2}{dx_2^2} < 0$。根據定理 4.1.2 可知 (x_1^*, x_2^*) 確是使兩廠商利潤達到極大的一組均衡解。

【例 4.1.5】統計上，我們常希望利用一組資料 (x_i, y_i)，$i = 1, \cdots, n$ 來配一條直線 $\hat{y}_i = a + bx_i$，最常見的方法就是所謂的最小平方法 (least squares)。該法是希望所配出來的直線，其估計值 $\hat{y}_i$ 與實際資料 y_i 之差距的平方和達到最小，亦即求適當的 a 和 b 使 $\sum_{i=1}^{n}(y_i - \hat{y}_i)^2$ 達到最小。我們可將此問題寫成

$$\min_{a,b} \ f(a,b) = \sum_{i=1}^{n}(y_i - a - bx_i)^2, \tag{4.1.18}$$

其一階條件為

$$\frac{\partial f}{\partial a} = 2\left(\sum_{i=1}^{n}(y_i - a^* - b^* x_i)(-1)\right) = 0, \tag{4.1.19}$$

$$\frac{\partial f}{\partial b}=2\left(\sum_{i=1}^{n}\left(y_i-a^*-b^*x_i\right)\left(-x_i\right)\right)=0\,; \tag{4.1.20}$$

或
$$\sum_{i=1}^{n}\left(y_i-a^*-b^*x_i\right)=0\,, \tag{4.1.19'}$$

$$\sum_{i=1}^{n}\left(y_i-a^*-b^*x_i\right)x_i=0\,; \tag{4.1.20'}$$

或
$$\sum_{i=1}^{n}y_i-na^*-b^*\sum_{i=1}^{n}x_i=0\,, \tag{4.1.19''}$$

$$\sum_{i=1}^{n}y_ix_i-a^*\sum_{i=1}^{n}x_i-b^*\sum_{i=1}^{n}x_i^2=0\text{。} \tag{4.1.20''}$$

(4.1.19") 和 (4.1.20") 即是通稱的正規方程式 (normal equations), 它們可用來解 a^*, b^* 兩變數,

$$b^*=\frac{n\sum_{i=1}^{n}y_ix_i-\sum_{i=1}^{n}x_i\sum_{i=1}^{n}y_i}{n\sum_{i=1}^{n}x_i^2-\left(\sum_{i=1}^{n}x_i\right)^2}\,, \tag{4.1.21}$$

$$a^*=\frac{\sum_{i=1}^{n}y_i}{n}-b^*\frac{\sum_{i=1}^{n}x_i}{n}\text{。}$$

現在看二階充分條件, 由 (4.1.19) 和 (4.1.20) (略去等於零的部分)得

$$\frac{\partial^2 f}{\partial a^2}=2n>0, \tag{4.1.22}$$

$$\frac{\partial^2 f}{\partial a\partial b}=\frac{\partial^2 f}{\partial b\partial a}=2\sum_{i=1}^{n}x_i\,, \tag{4.1.23}$$

$$\frac{\partial^2 f}{\partial b^2}=2\sum_{i=1}^{n}x_i^2>0, \tag{4.1.24}$$

故
$$\left|f_{xx^T}\right|=\begin{vmatrix}2n & 2\sum_{i=1}^{n}x_i\\ 2\sum_{i=1}^{n}x_i & 2\sum_{i=1}^{n}x_i^2\end{vmatrix}=4n\sum_{i=1}^{n}x_i^2-4\left(\sum_{i=1}^{n}x_i\right)^2\text{。} \tag{4.1.25}$$

令 $\overline{x}=\frac{\sum_{i=1}^{n}x_i}{n}$，則 $\sum_{i=1}^{n}x_i=n\overline{x}$，所以

$$\left|f_{xx^T}\right|=4\left(n\sum_{i=1}^{n}x_i^2-n^2\overline{x}^2\right)=4n\left(\sum_{i=1}^{n}x_i^2-n\overline{x}^2\right)。$$

因 $\sum_{i=1}^{n}(x_i-\overline{x})^2=\sum_{i=1}^{n}\left(x_i^2-2x_i\overline{x}+\overline{x}^2\right)=\sum_{i=1}^{n}x_i^2-2n\overline{x}^2+n\overline{x}^2=\sum_{i=1}^{n}x_i^2-n\overline{x}^2>0$，故 $\left|f_{xx^T}\right|>0$（除非 $x_i=\overline{x}$，$i=1,\cdots,n$，但這種情況沒多大意義，在此不予考慮）。所以 f_{xx^T} 爲一正定矩陣，而 (a^*,b^*) 爲函數 $f(a,b)$ 的極小。

敏感的讀者，尤其是經濟系的學生，在看到例 4.1.2 和例 4.1.4 後，應該會有這樣的疑問：到底定理 4.1.2 是不是可以用來解這兩個例題？因爲不管是生產因素的投入（例 4.1.2 中的 K 和 L），或是生產量（例 4.1.4 中的 x_1 和 x_2）都不可能爲負值。如果我們假定廠商在這時節並沒有停止生產的打算，則更應有 K>0, L>0，和 $x_1>0$, $x_2>0$ 的限制。那麼，嚴格地說，這兩個問題的機會集合不是 $X=\boldsymbol{R}_+^2$ 就是 $X=\boldsymbol{R}_{++}^2$，而不應是 $X=\boldsymbol{R}^2$，因而他們就不是我們所定義的無限制條件的最適化問題了。在這種情況下，我們又怎能利用定理 4.1.2 來求極值呢？

我們可從兩方面來解釋這個問題。第一、如果機會集合確實爲 $X=\boldsymbol{R}_{++}^2$，那麼毫無疑問的，我們可利用定理 4.1.2 來求解。如果我們仔細查看定理 4.1.1 和定理 4.1.2，我們就會發現，這兩個定理都是有關內部解 (interior solution) 的定理；也就是說，所探討的極大或極小必須是機會集合的內部點。因 $\boldsymbol{R}^n$ 是一個開集合，它所有的元素都是內部點，故在 $X=\boldsymbol{R}^n$ 時，定理 4.1.1 和定理 4.1.2 的應用便毫無障礙。同樣地，如果我們考慮一個最適化問題，只要其機會集合 $X\subset\boldsymbol{R}^n$ 是一個開集合，那麼任何 X 中的滯留點都是 X 的內部點，從而定理 4.1.1 和定理 4.1.2 也就可以適用了。這也就是有不少書本，在定義無限制條件最適化問題時並不限定 $X=\boldsymbol{R}^n$，而只限定 $X\subset\boldsymbol{R}^n$ 是一個開集合，將問題直接寫成：

$f: X \to \boldsymbol{R}$, $X \subset \boldsymbol{R}^n$為一開集合,

$$\max_{\mathbf{x}} f(\mathbf{x})。 \quad (4.1.26)$$

因此, 就例題 4.1.2 和 4.1.4 而言, 只要我們將 K, L 限制爲 $(K,L) \in \boldsymbol{R}^2_{++}$, 將 x_1, x_2 解釋成 $(x_1, x_2) \in \boldsymbol{R}^2_{++}$, 那麼定理 4.1.2 的引用就沒問題了。第二、如果在各種經濟層面的考慮下, 我們認爲 $(L,K) \in \boldsymbol{R}^2_{+}$ 和 $(x_1, x_2) \in \boldsymbol{R}^2_{+}$ 較有意義, 那麼機會集合就不是開集合, 從而極大或極小就不一定是一個內部解, 而可能是機會集合的一個邊界點, 也就是通稱的角解 (corner solution)。基本上, 定理 4.1.1 和定理 4.1.2 並不能用來判別一個邊界點是不是極大或極小, 而必須訴諸其他的方法, 這就是我們在第三節中所要探討的課題。但是, 在許多情形下 (如我們在第三節中將會提到的), 我們還是可以先以機會集合的內部點爲討論對象, 如果由此所求得的極大或極小滿足了問題的要求, 那麼就可以不必引用較爲複雜的定理了。在例 4.1.2 和例 4.1.4 中, 讀者應該很容易查出, 我們所得到的解是完全符合最基本的經濟原理而可以接受的。

在這一節中, 我們的討論都是針對局部極大或極小, 但是, 當標的函數具有某些特別的性質時, 事實上, 局部極大或極小也隱含全域極大或極小。現在, 我們就以兩個相關的定理作爲本節的結束。

※定理 4.1.3：$X \subset \boldsymbol{R}^n$ 爲一凸集合, $f: X \to \boldsymbol{R}$, 若 f 爲一凹函數或嚴格準凹函數, 則 f 的任何一個局部極大也是全域極大。

證明: (i) 假定 f 爲凹函數, 且 $\mathbf{x}^*$ 爲局部極大, 則存在一 $\varepsilon > 0$ 使得所有 $\mathbf{x} \in B(\mathbf{x}^*;\varepsilon)$ 均滿足 $f(\mathbf{x}^*) \ge f(\mathbf{x})$。現在假定 $\mathbf{x}^*$ 不是 f 的全域極大, 則必存在一 $\mathbf{x}^{**} \notin B(\mathbf{x}^*;\varepsilon)$ 且 $f(\mathbf{x}^{**}) > f(\mathbf{x}^*)$。因 f 是一個凹函數, 故

$$f(\lambda \mathbf{x}^{**} + (1-\lambda)\mathbf{x}^*) \ge \lambda f(\mathbf{x}^{**}) + (1-\lambda) f(\mathbf{x}^*),\ 0 \le \lambda \le 1。 \quad (4.1.27)$$

又因 $f(\mathbf{x}^{**}) > f(\mathbf{x}^*)$, 所以當 $\lambda \ne 0$ 時, (4.1.27) 隱含

$$f\left(\lambda \mathbf{x}^{**}+(1-\lambda)\mathbf{x}^{*}\right)>f\left(\mathbf{x}^{*}\right)。 \tag{4.1.28}$$

令 $\mathbf{x}^{0}=\lambda_{0}\mathbf{x}^{**}+\left(1-\lambda_{0}\right)\mathbf{x}^{*}$，且 λ_0 滿足 $0<\lambda_{0}<\dfrac{\varepsilon}{d\left(\mathbf{x}^{*},\mathbf{x}^{**}\right)}$, 則可得 $\mathbf{x}^{0}\in B\left(\mathbf{x}^{*};\varepsilon\right)$, 或更明確點, 我們證明了（爲什麼？）

$$f\left(\mathbf{x}^{0}\right)>f\left(\mathbf{x}^{*}\right),\quad \mathbf{x}^{0}\in B\left(\mathbf{x}^{*};\varepsilon\right), \tag{4.1.29}$$

但這和 $\mathbf{x}^*$ 爲局部極大的假設矛盾, 因此 $\mathbf{x}^*$ 必是全域極大。

(ii) 當 f 爲一嚴格準凹函數時, 我們由定義知

$$f\left(\lambda \mathbf{x}^{**}+(1-\lambda)\mathbf{x}^{*}\right)>f\left(\mathbf{x}^{*}\right),\quad 0<\lambda<1, \tag{4.1.30}$$

其餘部分證明和 (i) 相同, 讀者應可自行完成。

※定理 4.1.4：$X\subset \boldsymbol{R}^{n}$ 爲一凸集合, $f: X\rightarrow \boldsymbol{R}$, f 爲一準凹函數, $\mathbf{x}^*$ 爲 f 的一個局部極大。若 $\mathbf{x}^*$ 不是 f 的全域極大, 則存在 $\mathbf{x}\in B\left(\mathbf{x}^{*};\varepsilon\right)$, 且 $\mathbf{x}\neq\mathbf{x}^{*}$, 使得 $f(\mathbf{x})=f\left(\mathbf{x}^{*}\right)$。

證明：因 $\mathbf{x}^*$ 爲 f 的一個局部極大, 故存在一 $\varepsilon>0$, 使得所有 $\mathbf{x}\in B\left(\mathbf{x}^{*};\varepsilon\right)$ 滿足 $f\left(\mathbf{x}^{*}\right)\geq f(\mathbf{x})$。但 $\mathbf{x}^*$ 不是 f 的全域極大, 故存在一 $\mathbf{x}^{**}\notin B\left(\mathbf{x}^{*};\varepsilon\right)$, 且 $f\left(\mathbf{x}^{**}\right)>f\left(\mathbf{x}^{*}\right)$。因 f 爲一準凹函數, 根據定義可得

$$f\left(\lambda \mathbf{x}^{**}+(1-\lambda)\mathbf{x}^{*}\right)\geq f\left(\mathbf{x}^{*}\right),\quad 0\leq\lambda\leq 1, \tag{4.1.31}$$

取 $\mathbf{x}^{0}=\lambda_{0}\mathbf{x}^{**}+\left(1-\lambda_{0}\right)\mathbf{x}^{*}$, $0<\lambda_{0}<\dfrac{\varepsilon}{d\left(\mathbf{x}^{**},\mathbf{x}^{*}\right)}$, 則 $\mathbf{x}^{0}\in B\left(\mathbf{x}^{*};\varepsilon\right)$, $\mathbf{x}^{0}\neq\mathbf{x}^{*}$ 且 $f\left(\mathbf{x}^{0}\right)\geq f\left(\mathbf{x}^{*}\right)$。但已知 $\mathbf{x}^*$ 爲一局部極大, 且 $\mathbf{x}^{0}\in B\left(\mathbf{x}^{*};\varepsilon\right)$, 所以 $f\left(\mathbf{x}^{*}\right)\geq f\left(\mathbf{x}^{0}\right)$。因此, $f\left(\mathbf{x}^{*}\right)=f\left(\mathbf{x}^{0}\right)$。

習題 4.1

1. 重述定理 4.1.1 和定理 4.1.2 爲局部極小的定理並加以證明。

2. $f: \boldsymbol{R} \to \boldsymbol{R}$, $f \in \boldsymbol{C}^m (m > 2)$。若函數 f 在範圍 $(x_1, x_0]$ 爲一凹（凸）函數，在範圍 $[x_0, x_2)$ 爲一凸（凹）函數，則稱 x_0 爲 f 的一個反曲點。
   (a) 說明：若 x_0 爲 f 的一個反曲點，則 $f''(x_0) = 0$。
   (b) 舉一反例說明 $f''(x_0) = 0$ 乃 x_0 爲反曲點的必要條件而非充分條件。
   (c) 若 $f(x) = ke^{-\frac{x^2}{2}}$, $k > 0$，試求此函數的局部極大（或極小）以及反曲點。

3. 假定 $f: \boldsymbol{R} \to \boldsymbol{R}$, x^* 爲 f 的一個滯留點。若 $f^{(n)}(x)$ 代表 f 之第 n 階導數，且 $f''(x^*) = f'''(x^*) = \cdots = f^{(n-1)}(x^*) = 0$, $f^{(n)}(x^*) \neq 0$，試利用泰勒展開式證明
   (a) 若 n 爲偶數，且 $f^{(n)}(x^*) < 0$，則 x^* 爲局部極大。
   (b) 若 n 爲偶數，且 $f^{(n)}(x^*) > 0$，則 x^* 爲局部極小。
   (c) 若 n 爲奇數，則 x^* 爲一反曲點。

4. $f: \boldsymbol{R}^n \to \boldsymbol{R}$，試證
   (a) 如果 f 爲凹函數或準凹函數，則 f 或者沒有全域極大，或者只有一全域極大，或者有無窮多個全域極大，且這些全域極大的集合爲一凸集合。
   (b) 如果 f 爲一嚴格凹函數或嚴格準凹函數，則 f 或者沒有絕對全域極大，或者僅有一絕對全域極大。

5. 求下列各函數的臨界點，並利用二階條件判別其性質。
   (a) $f(x_1, x_2) = x_1^2 x_2 - 4x_1^2 - x_2^2$。
   (b) $f(x_1, x_2) = x_2^2 - x_1^2$（請試畫出函數圖形，看看像何形狀）。
   (c) $f(x_1, x_2) = e^{x_1 + x_2}(x_1^2 - 2x_1 x_2 + 3x_2^2)$。
   (d) $f(x_1, x_2, x_3) = x_1 x_2 x_3 - x_1 x_2 - 2x_3 - x_3^2$。

(e) $f(x_1,x_2)=-x_1^2+ax_1x_2-x_2^2$（請討論 $a=0$, $a=1$, $a=2$ 和 $a=3$, 並畫出函數圖形及其等值線）。

6. 在例 4.1.4 的雙佔市場模型中,
   (a) 若我們假定 $c_1(x_1)=c_2(x_2)=c(x)$, 則 x_1^* 和 x_2^* 之間有何關係?
   (b) 若我們假定 $c_1(x_1)=c_2(x_2)=c$, c 爲定值, 則 $x_1^*+x_2^*$ 是否比只有一家廠商獨占此市場時來的大? 當然, 我們假定此獨占廠商的總生產成本亦爲固定。
   (c) 如果我們假定 $\tau_1=0$ 而 $\tau_2=k>0$, 那麼兩廠商的均衡產量與在 $\tau_1=\tau_2=0$ 的假設下有何不同? 請解釋其經濟意義。

7. 假定一壟斷廠商擁有兩個生產工廠, 其生產成本分別爲:

$$c_1(x_1)=2x_1,$$
$$c_2(x_2)=\frac{1}{4}+x_2+2x_2^2。$$

若此廠商所面對的需求函數爲

$$p=4-\frac{1}{2}(x_1+x_2),$$

則在追求利潤極大的動機下, 兩個工廠各生產多少產品? 若政府對第一個工廠給予 1000 元獎勵, 而對第二個工廠每生產一單位給予 1 元的補貼, 則兩工廠的產量會有何變化? 試說明其經濟意義。

8. 假定一競爭廠商以 x_1 和 x_2 兩種生產因素以及生產技術 $f(x_1,x_2)$ 進行生產, 產品和因素的價格分別爲 p,w_1,w_2。由於使用第二種生產因素會造成空氣污染, 故政府加以課征污染稅, 其稅率爲 t。試寫出此廠商的標的函數, 求出其利潤極大的一階和二階條件, 並解釋其經濟意義。

9. 假定有雞和蛋兩個產業, 前者專門買蛋孵雞, 後者則專門養雞下蛋。若以 y 代表雞的數量, 以 x 代表蛋的數量, 則孵雞業的生產函數

f: $\boldsymbol{R} \to \boldsymbol{R}$ 可寫成 $y = 4x^{\frac{1}{2}}$，而下蛋業的生產函數 g: $\boldsymbol{R} \to \boldsymbol{R}$ 可寫成 $x = y^{\frac{1}{2}}$。假定蛋的價格爲 1，雞的價格爲 p,

(a) 分別求兩產業利潤最大的雞和蛋的產量以及使用量。

(b) 如果下蛋業所生產的蛋完全用來孵雞，則 p 是多少？又，在這種情形下，市場上會有多少雞可供消費？

10. 假定隨機變數 X 具有常態分配

$$f(x) = \frac{1}{\sqrt{2\pi}\sigma} e^{-\frac{(x-\mu)^2}{2\sigma^2}},$$

其中 μ 代表 X 的平均數，σ 爲變異數。若 $x_1, \cdots, x_n$ 是 X 的 n 個獨立觀察值，則我們稱這 n 個觀察值的聯合分配

$$L(\mu, \sigma^2) = \prod_{i=1}^{n} f(x_i) = \prod_{i=1}^{n} \frac{1}{\sqrt{2\pi}\sigma} e^{-\frac{(x_i-\mu)^2}{2\sigma^2}} = \frac{1}{(2\pi)^{\frac{n}{2}} \sigma^n} e^{-\frac{1}{2\sigma^2}\sum_{i=1}^{n}(x_i-\mu)^2}$$

爲一個概似函數 (likelihood function)。統計上所謂的最大概似法 (maximum likelihood estimation)，就是求取 μ 和 σ^2 使得概似函數達到最大。試求 μ 和 σ^2 的最大概似估計量，並檢驗二階條件。

4.2 等式限制條件最適化理論

在上一節中, 我們很詳細的討論無限制條件的最適化理論。然而, 經濟學的根本問題, 乃是在探討如何將“有限的資源”做最有效率的運用, 因此, 絕大部分經濟理論上的最適化問題均是有限制條件的。大家所最熟悉的就是個人的支出受到所得的限制, 以及整個國家的生產能力受到其所擁有的資源, 如土地、勞動力和資本的限制等現象。另外, 有些經濟學上的變數, 其數值並非毫無限制, 例如我們很難解釋每年生產 -5 部汽車, 消費 -20 公斤牛肉以及每天工作 48 小時。是以在討論問題時, 可能要對相關變數的數值範圍加以限制才有意義。因此, 就實際的應用來說, 有限制條件的最適化問題在經濟學上較無限制條件的最適化問題更爲重要。在本節中, 我們先探討限制條件爲等式的最適化問題。這個問題可寫成:

$$f: X \to \boldsymbol{R},\ X \subset \boldsymbol{R}^n,\ 爲一開集合,$$

$$g^j: X \to \boldsymbol{R},\ j = 1, \cdots, m,\ m < n,$$

$$\max_{\mathbf{x}}\ f(\mathbf{x}) \qquad \text{s.t.} \quad \mathbf{g}(\mathbf{x}) = \mathbf{0}_m。 \tag{4.2.1}$$

上述問題中, f 爲標的函數, $\mathbf{g}(\mathbf{x}) = \mathbf{0}_m$ (或 $g^j(\mathbf{x}) = 0$, $j = 1, \cdots, m$) 代表 m 個 (等式) 限制條件。我們要求限制條件的數目 (m) 必須小於選擇變數的數目 (n), 否則就可能完全喪失自由度而使問題變得沒有意義。例如, 假定我們欲求 $f(x_1, x_2) = x_1 x_2$ 的極大, 且滿足 $x_1 + x_2 = 1$, $x_1 - x_2 = 0$。但是, 則滿足這兩個限制條件的 $(x_1, x_2)^T$ 只有 $\left(\frac{1}{2}, \frac{1}{2}\right)^T$, 所以我們根本沒有“選擇”的自由。

• 一階條件及其意義

在具備了求取無限制條件的極值的方法後, 最直覺的求解 (4.2.1) 的方法, 就是設法將它改變成一個無限制條件的問題。理論上, 我們可利用這m個等式限制, 將m個變數表示成其他其他n-m個變數的函數, 再把這些函數代回標的函數f中。這樣一來, 由於限制式已經消除, 我們就可以利用4.1節中的方法求取f的極值了。然而, 在大多數情形下, 尤其在經濟學上, 限制式常只是一般式而非特定的函數形式, 以致這種"消去法"無法有效使用; 但是, 這種消去法的概念, 則是接下來所要介紹的Lagrange法的根源。

定理 4.2.1：（Lagrange乘數定理）在(4.2.1)中, 假定$\mathbf{x}^*$為函數f的一個局部極大, 且$\mathbf{g}(\mathbf{x}^*)=\mathbf{0}_m$。若Jacobian矩陣$\mathbf{g}_{\mathbf{x}^T}(\mathbf{x}^*)=\left(\dfrac{\partial g^j(\mathbf{x}^*)}{\partial x_i}\right)_{m\times n}$的秩(rank)為m, 則存在唯一的一個實數向量$\lambda^*=(\lambda_1^*,\cdots,\lambda_m^*)^T$使得

$$f_{\mathbf{x}}(\mathbf{x}^*)+\left[\mathbf{g}_{\mathbf{x}^T}(\mathbf{x}^*)\right]^T\lambda^*=\mathbf{0}_n。\tag{4.2.2}$$

我們也常將(4.2.2)寫成下列兩種形式:

$$f_i(\mathbf{x}^*)+\sum_{j=1}^{m}\lambda_j^* g_i^j(\mathbf{x}^*)=0,\ \ i=1,\cdots,n,\tag{4.2.2'}$$

或 $$f_{\mathbf{x}}(\mathbf{x}^*)+\sum_{j=1}^{m}\lambda_j^* g_{\mathbf{x}}^j(\mathbf{x}^*)=\mathbf{0}_n。\tag{4.2.2''}$$

這組實數$\lambda_1^*,\cdots,\lambda_m^*$就是通稱的Lagrange乘數。

如上所提, 這個定理是利用限制條件消去m個選擇變數的原理而得到的, 因此牽涉到如何將這m個選擇變數, 表示成其餘n–m個選擇變數的函數的問題。解決這個問題有賴於數學上的隱函數定理, 由於我們將到第五章才詳細討論隱函數定理, 故我們在此不對定理4.2.1做嚴謹的證明。反之, 我們將以較為直覺的方式來闡明此定理的意義。

我們知道點$\mathbf{x}^*$滿足限制條件$\mathbf{g}(\mathbf{x})=\mathbf{0}_m$, 且在此限制條件下使函數f的值達到最大。由極值與微分的觀念, 我們知道, $\mathbf{x}^*$的任何可能的微小變動（意指在變動之後仍滿足限制條件）, 都不可能使f的值增加。現在將$\mathbf{x}^*$的變動以$\mathbf{dx}$表示, 則上面的陳述可寫成

$$\mathbf{dg} = \left(\mathbf{g}_{\mathbf{x}^T}\left(\mathbf{x}^*\right)\right)\mathbf{dx} = \mathbf{0}_m \text{ 隱含 } df = \left(f_{\mathbf{x}^T}\left(\mathbf{x}^*\right)\right)\mathbf{dx} = 0 \text{。} \tag{4.2.3}$$

更明確點說，$\mathbf{x}^*$ 的任何微小變動 $\mathbf{dx} = \left(dx_1, dx_2, \cdots, dx_n\right)^T$，如果仍然滿足限制條件而有

$$\begin{aligned} dg^1\left(\mathbf{x}^*\right) &= \frac{\partial g^1\left(\mathbf{x}^*\right)}{\partial x_1}dx_1 + \cdots + \frac{\partial g^1\left(\mathbf{x}^*\right)}{\partial x_n}dx_n = 0, \\ &\vdots \\ dg^m\left(\mathbf{x}^*\right) &= \frac{\partial g^m\left(\mathbf{x}^*\right)}{\partial x_1}dx_1 + \cdots + \frac{\partial g^m\left(\mathbf{x}^*\right)}{\partial x_n}dx_n = 0, \end{aligned} \tag{4.2.4}$$

則必然也滿足

$$df\left(\mathbf{x}^*\right) = \frac{\partial f\left(\mathbf{x}^*\right)}{\partial x_1}dx_1 + \cdots + \frac{\partial f\left(\mathbf{x}^*\right)}{\partial x_n}dx_n = 0 \text{。} \tag{4.2.5}$$

因此，如果 $\left(dx_1, \cdots, dx_n\right)^T$ 爲聯立方程式 (4.2.4) 的一組解，則該組解必然也滿足 (4.2.5)。換句話說，(4.2.5) 並沒包含任何不在 (4.2.4) 中的新情報。以線性代數的術語來說，(4.2.4) 中各方程式的係數向量與 (4.2.5) 的係數向量是彼此線性相依。所以我們可將 (4.2.5) 的係數向量表示成 (4.2.4) 中 m 條方程式的係數向量的線性組合，即存在一 $\lambda = \left(\lambda_1, \cdots, \lambda_m\right)^T \neq \mathbf{0}_m$ 使下式成立:

$$\lambda_1\begin{pmatrix} \frac{\partial g^1}{\partial x_1}\left(\mathbf{x}^*\right) \\ \vdots \\ \frac{\partial g^1}{\partial x_n}\left(\mathbf{x}^*\right) \end{pmatrix} + \lambda_2\begin{pmatrix} \frac{\partial g^2}{\partial x_1}\left(\mathbf{x}^*\right) \\ \vdots \\ \frac{\partial g^2}{\partial x_n}\left(\mathbf{x}^*\right) \end{pmatrix} + \cdots + \lambda_m\begin{pmatrix} \frac{\partial g^m}{\partial x_1}\left(\mathbf{x}^*\right) \\ \vdots \\ \frac{\partial g^m}{\partial x_n}\left(\mathbf{x}^*\right) \end{pmatrix} + \begin{pmatrix} \frac{\partial f}{\partial x_1}\left(\mathbf{x}^*\right) \\ \vdots \\ \frac{\partial f}{\partial x_n}\left(\mathbf{x}^*\right) \end{pmatrix} = \mathbf{0}_n, \tag{4.2.6}$$

(4.2.6) 如果以向量符號寫出，其形式與 (4.2.2") 完全相同。由於我們假定 $\mathbf{g}_{\mathbf{x}^T}\left(\mathbf{x}^*\right)$ 爲滿秩（full rank，即 $r\left(\mathbf{g}_{\mathbf{x}^T}\left(\mathbf{x}^*\right)\right) = m$），因此 (4.2.4) 中各方程式的係數向量彼此是線性獨立。由第一章（1.6 節）的討論，我們知道 (4.2.6) 存在唯一的一組解 $\left(\lambda_1^*, \lambda_2^*, \cdots, \lambda_m^*\right)^T$（爲什麼？），這也就是定理 4.2.1 中的 Lagrange 乘數。

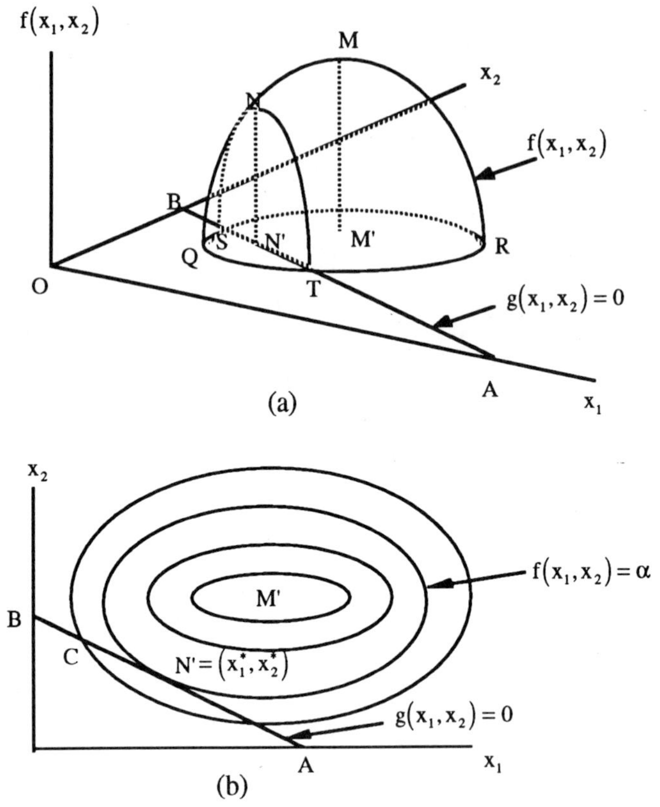

圖 4.2.1

接著我們從幾何觀點來說明定理 4.2.1。首先我們看兩變數，一限制式的情形，即 max $f(x_1,x_2)$ s.t. $g(x_1,x_2)=0$。在圖 4.2.1 (a) 中，$f(x_1,x_2)$ 的圖形為"倒碗型"的 QMR，而限制式則為平面上的曲線 AB。曲線 SNT 為 QMR 上直接位於曲線 AB 正上方的點所成的集合。很明顯的，當我們不對選擇變數加以限制時，極大為 M′，但當我們將選擇變數限制為滿足 $g(x_1,x_2)=0$ 的點時，所能得到的限制極大為 N′。限制最適化理論即在告訴我們如何找到 N′。

由於 $g(x_1,x_2)=0$ 的圖形在 x_1-x_2 平面上，因此我們可以函數 f 的水平集合或等值線，取代 f 本身圖形來探討這個問題，這就是圖 4.2.1 (b)。相對於圖 (a)，M′和 N′分別代表無限制條件和有限制條件的極大。比較圖 4.2.1 (a) 和 (b)，我們可看到愈靠近點 M′的等值線，所代表的函數值愈大。因此，我們的問題就成爲在 $g(x_1,x_2)=0$ 這條曲線上找到一點，使通過該點的等值線較 $g(x_1,x_2)=0$ 上其他任何點的等值線更靠近 M′。圖 (b) 中，C 點爲 $g(x_1,x_2)=0$ 上的一點，因此滿足限制條件。但從圖 (b) 很容易看出，由點 C 沿 $g(x_1,x_2)=0$ 往右下方移動，會移到愈來愈高的等值線上，故 f 的值也就跟隨著增加，所以 C 點並不是限制極大。但當我們移到點 N′時，不論往右下方或左上方移動，函數 f 的值都會下降，故 N′點就是所謂的限制極大 (constrained maximum)。比較點 C 和點 N′，我們發現它們最主要的差異爲：在點 C 限制曲線 $g(x_1,x_2)=0$ 是和通過該點的等值線相交，而在點 N′，限制曲線則和通過該點的等值線相切。因此，在求限制極大時，我們就必須先找到限制曲線上與 f 的等值線相切的點，這就是定理 4.2.1 的根本意義。現在我們就來看，這和 (4.2.2) 有什麼關係。

我們知道，在點 N′，$g(x_1,x_2)=0$ 和 f 的一條等值線 $f(x_1,x_2)=\alpha$，$\alpha\in\boldsymbol{R}$，相切，因此在這一點，這兩條曲線的斜率相等。我們也知道，此兩曲線在點 N′〔或 (x_1^*,x_2^*)〕的斜率分別是（又是隱函數定理！）〕

$$\left.\frac{dx_2}{dx_1}\right|_{\substack{g(x_1,x_2)=0\\x_1=x_1^*,x_2=x_2^*}}=-\frac{g_1(x_1^*,x_2^*)}{g_2(x_1^*,x_2^*)},$$

和

$$\left.\frac{dx_2}{dx_1}\right|_{\substack{f(x_1,x_2)=\alpha\\x_1=x_1^*,x_2=x_2^*}}=-\frac{f_1(x_1^*,x_2^*)}{f_2(x_1^*,x_2^*)},$$

因此，

$$-\frac{f_1(x_1^*,x_2^*)}{f_2(x_1^*,x_2^*)}=-\frac{g_1(x_1^*,x_2^*)}{g_2(x_1^*,x_2^*)} \tag{4.2.7}$$

或

$$-\frac{f_1(x_1^*,x_2^*)}{g_1(x_1^*,x_2^*)}=-\frac{f_2(x_1^*,x_2^*)}{g_2(x_1^*,x_2^*)}。 \tag{4.2.7'}$$

如果我們將 (4.2.7′) 記爲 λ^*，則可得

$$-\frac{f_1(x_1^*,x_2^*)}{g_1(x_1^*,x_2^*)}=-\frac{f_2(x_1^*,x_2^*)}{g_2(x_1^*,x_2^*)}=\lambda^*, \tag{4.2.8}$$

或 $$\lambda^* g_1(x_1^*,x_2^*)+f_1(x_1^*,x_2^*)=0,$$

$$\lambda^* g_2(x_1^*,x_2^*)+f_2(x_1^*,x_2^*)=0, \tag{4.2.8'}$$

很明顯的 (4.2.8'), 和 (4.2.2) 完全相同。由此可知, 定理 4.2.1 是求限制極大的必要條件。

爲了方便將上面的解釋推展到 n 個變數的情形 $(n>2)$, 我們也可用梯度的概念來導出 (4.2.2)。我們分別將 $g(x_1,x_2)=0$ 和 $f(x_1,x_2)=\alpha$ 視爲函數 g 和 f 的等值線。因 $g(x_1,x_2)=0$ 和 $f(x_1,x_2)=\alpha$ 在點 $N'=(x_1^*,x_2^*)$ 相切, 故它們在 N′ 點有相同的切線。另外, 我們知道, f 和 g 在點 (x_1^*,x_2^*) 的梯度必然與通過此點的等值線的切線成正交（垂直）, 因此 f 和 g 在點 N′ 的梯度必然成比率。換句話說, 必然存在一 $\lambda^*\in \boldsymbol{R}$, $\lambda^*\neq 0$, 使得

$$f_{\mathbf{x}}(x_1^*,x_2^*)=-\lambda^* g_{\mathbf{x}}(x_1^*,x_2^*), \tag{4.2.9}$$

或 $$f_{\mathbf{x}}(x_1^*,x_2^*)+\lambda^* g_{\mathbf{x}}(x_1^*,x_2^*)=0。 \tag{4.2.9'}$$

我們又得到 (4.2.2), 只不過是 $m=1$ 的特殊情形罷了。

當限制條件超過兩個時 $(m>2)$, 則上面一個限制條件中, 所謂在 N′ 點 g 和 f 的梯度成比率的論證就不再成立。因爲只要限制條件彼此獨立（這就是 $\mathbf{g}_{\mathbf{x}^T}(\mathbf{x}^*)$ 爲滿秩的另一意義）, 那麼這些限制條件在點 N′ 的梯度就指向不同的方向, 故 f 在點 N′ 的梯度就不可能同時和每一限制條件在點 N′ 的梯度成比率了。事實上, 如果我們仔細看 (4.2.2), 或更清楚些 (4.2.2"), 我們就會發現, 在 $m>2$ 時, 這個式子告訴我們的是, 在點 N′, f 的梯度必須是所有限制式在該點的梯度的線性組合。現在我們就以 $\max\ f(x_1,x_2,x_3)$, s.t. $g^1(x_1,x_2,x_3)=0$, $g^2(x_1,x_2,x_3)=0$ 來說明。因 $f(x_1,x_2,x_3)$ 的圖形在四度空間, 無法以圖形表示, 但根據上面的討論, 我們可直接在 $x_1-x_2-x_3$ 空間中看 $f(x_1,x_2,x_3)$ 的水平集合以及限制式

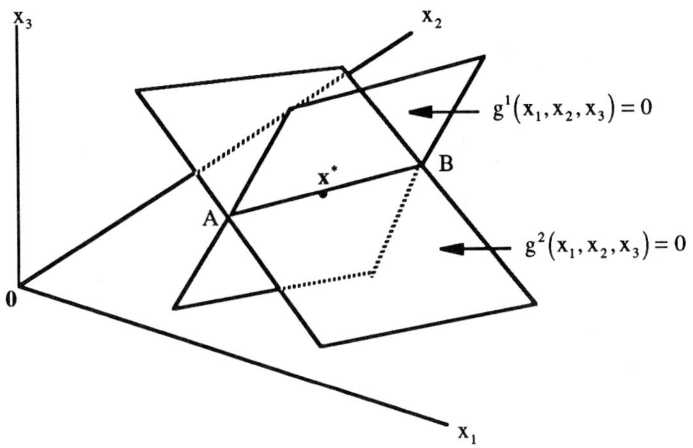

圖 4.2.2

$g^1(x_1,x_2,x_3)=0$及$g^2(x_1,x_2,x_3)=0$。圖 4.2.2 中，限制式分別爲三度空間中的兩個曲面。一般而言，同時滿足此兩限制條件的點所成的集合，乃是此兩曲面相交所形成的一曲線，如圖中的 AB。假定點 $\mathbf{x}^*$ 爲 f 的一局部極大，且滿足所有限制條件，則 $\mathbf{x}^*$ 必然在 AB 線上。因爲 $\mathbf{x}^*$ 在函數 $g^1(x_1,x_2,x_3)$與 $g^2(x_1,x_2,x_3)$的水平集合上，故此兩函數在點 $\mathbf{x}^*$ 的梯度必然分別與水平集合 $g^1(x_1,x_2,x_3)=0$和 $g^2(x_1,x_2,x_3)=0$成正交。換句話說，$g^1_{\mathbf{x}}(\mathbf{x}^*)$和 $g^2_{\mathbf{x}}(\mathbf{x}^*)$必同時在點 $\mathbf{x}^*$ 與曲線 AB 成正交。又，由前面兩變數的討論中，我們知道，當 $\mathbf{x}^*$ 爲限制局部極大時，$f(\mathbf{x})$必有一水平集合在此點與限制條件 AB 曲線相切，故 f 在點 $\mathbf{x}^*$ 的梯度 $f_{\mathbf{x}}(\mathbf{x}^*)$也必然與 AB 成正交。由此，我們知道，$f_{\mathbf{x}}(\mathbf{x}^*)$，$g^1_{\mathbf{x}}(\mathbf{x}^*)$和 $g^2_{\mathbf{x}}(\mathbf{x}^*)$必然都在通過點 $\mathbf{x}^*$ 且與 AB 成正交的平面 H 上（H 在圖上沒畫出）。但由線性代數，我們知道，一平面只要由兩條線性獨立的直線即可形成。由 $\mathbf{g}_{\mathbf{x}^T}(\mathbf{x}^*)$滿秩的假設（在此 $m=2$），我們知道 $g^1_{\mathbf{x}}(\mathbf{x}^*)$和 $g^2_{\mathbf{x}}(\mathbf{x}^*)$彼此爲線性獨立，故我們可將 H 上任何其他向量表示成 $g^1_{\mathbf{x}}(\mathbf{x}^*)$和 $g^2_{\mathbf{x}}(\mathbf{x}^*)$的線性組合。亦即，存在一$(\lambda_1^*,\lambda_2^*)^T$使得

$$f_{\mathbf{x}}(\mathbf{x}^*)=-\lambda_1^* g^1_{\mathbf{x}}(\mathbf{x}^*)-\lambda_2^* g^2_{\mathbf{x}}(\mathbf{x}^*),$$

或

$$f_{\mathbf{x}}(\mathbf{x}^*)+\lambda_1^* g^1_{\mathbf{x}}(\mathbf{x}^*)+\lambda_2^* g^2_{\mathbf{x}}(\mathbf{x}^*)=\mathbf{0}_3, \tag{4.2.10}$$

這正好是 (4.2.2") 在 $m=2$ 時的情形。

現在我們應該很清楚, 任何 $\mathbf{x}^*$ 如果是 (4.2.1) 的一局部極大, 則必須: (1) 滿足限制條件 $\mathbf{g}(\mathbf{x})=\mathbf{0}_m$, (2) 在點 $\mathbf{x}^*$, 標的函數的梯度爲各限制式在該點的梯度的線性組合。基於這層體認, 我們很自然的將 (4.2.1) 以所謂的 Lagrangean 函數來處理。所謂 Lagrangean 函數即定義爲 L: $\boldsymbol{R}^{m+n}\to\boldsymbol{R}$,

$$L(\mathbf{x},\lambda)=f(\mathbf{x})+\lambda^T\mathbf{g}(\mathbf{x})=f(\mathbf{x})+\sum_{j=1}^{m}\lambda_j g^j(\mathbf{x}), \tag{4.2.11}$$

其中 $\lambda_1,\cdots,\lambda_m$ 就是 Lagrange 乘數。現在我們可利用 $L(\mathbf{x};\lambda)$ 重新敘述定理 4.2.1。

定理 4.2.2：在(4.2.1)中, 假定 $\mathbf{x}^*$ 爲函數 f 的一個局部極大, 且 $\mathbf{g}(\mathbf{x}^*)=\mathbf{0}_m$。若矩陣 $\mathbf{g}_{\mathbf{x}^T}(\mathbf{x}^*)=\left(\dfrac{\partial g^j(\mathbf{x}^*)}{\partial x_i}\right)_{m\times n}$ 的秩爲 m, $(m<n)$, 則存在唯一的一組 Lagrange 乘數 $\lambda^*=(\lambda_1^*,\lambda_2^*,\cdots,\lambda_m^*)^T$ 使得

$$L_{\mathbf{x}}(\mathbf{x}^*,\lambda^*)=f_{\mathbf{x}}(\mathbf{x}^*)+\left[\mathbf{g}_{\mathbf{x}^T}(\mathbf{x}^*)\right]^T\lambda^*=\mathbf{0}_n,$$
$$L_{\lambda}(\mathbf{x}^*,\lambda^*)=\mathbf{g}(\mathbf{x}^*)=\mathbf{0}_m\ 。\tag{4.2.12}$$

(4.2.12) 就是 Lagrange 法中通稱的一階條件或必要條件。在舉例說明之前, 我們特別指出兩點: 第一, (4.2.12) 式也是求有等式限制條件的極小的一階條件或必要條件; 第二, 雖然我們利用 (4.2.12) 可求得 Lagrangean 函數的滯留點, 但這並不表示我們利用 Lagrangean 函數, 將有等式限制條件問題, 轉變爲無等式限制條件的 Lagrangean 函數的極大化問題。在此, 我們只是利用 Lagrangean 函數 $L(\mathbf{x},\lambda)$ 的一階偏導數等於零向量的條件, 跟利用限制式消去變數以導出原函數極大化的一階條件剛好相同的這個事實而已。這點, 在討論二階或充分條件時就會更清楚了。

【例 4.2.1】 $\max f(x_1,x_2)=x_2-e^{x_1-1}$ s.t. $\left(x_1^{\frac{1}{2}}-x_2^{\frac{1}{2}}\right)^2=0$。

解：(i) 消去法

由限制式我們可得 $x_1=x_2$，將此代回 f 中，則 $f(x_1,x_2(x_1))=x_1-e^{x_1-1}$。原題變成求 x_1 使 $f(x_1,x_2(x_1))$ 達到極大的問題。由 4.1 節的結果得知，一階條件為 $\frac{df}{dx_1}=1-e^{x_1^*-1}=0$，上式可解得臨界值為 $x_1^*=1$。因 $\left.\frac{d^2f}{dx_1^2}\right|_{x_1=x_1^*}=-e^{x_1^*-1}<0$，二階條件成立，故 $(x_1^*,x_2^*)=(x_1^*,x_1^*)=(1,1)$ 為 f 之限制極大。

(ii) Lagrange 法

$L(x_1,x_2,\lambda)=x_2-e^{x_1-1}+\lambda\left(x_1^{\frac{1}{2}}-x_2^{\frac{1}{2}}\right)^2$，

一階條件
$$\frac{\partial L}{\partial x_1}=-e^{x_1^*-1}+\lambda^* x_1^{*-\frac{1}{2}}\left(x_1^{*\frac{1}{2}}-x_2^{*\frac{1}{2}}\right)=0, \tag{4.2.13}$$

$$\frac{\partial L}{\partial x_2}=1-\lambda^* x_2^{*-\frac{1}{2}}\left(x_1^{*\frac{1}{2}}-x_2^{*\frac{1}{2}}\right)=0, \tag{4.2.14}$$

$$\frac{\partial L}{\partial \lambda}=\left(x_1^{*\frac{1}{2}}-x_2^{*\frac{1}{2}}\right)^2=0。 \tag{4.2.15}$$

由 (4.2.15)，我們解得 $x_1^*=x_2^*$，但將此結果代回 (4.2.13) 和 (4.2.14) 則得到

$$-e^{x_1^*-1}=0, \tag{4.2.13'}$$

$$1=0, \tag{4.2.14'}$$

的不合理結果。換句話說，在這個題目中，Lagrange 法並不適用。其理由何在？如果我們回去看定理 4.2.1 或定理 4.2.2，就可以發現定理中很重要的一個條件為，在臨界點 $\mathbf{x}^*$，$\mathbf{g}_{\mathbf{x}^T}(\mathbf{x}^*)$ 的秩必須等於限制式的數目。現在 $g_{x_1}=x_1^{-\frac{1}{2}}\left(x_1^{\frac{1}{2}}-x_2^{\frac{1}{2}}\right)$，$g_{x_2}=-x_2^{-\frac{1}{2}}\left(x_1^{\frac{1}{2}}-x_2^{\frac{1}{2}}\right)$，故在臨界點 (1,1)，我們得到 $g_{x_1}(1,1)=g_{x_2}(1,1)=0$，或 $\mathbf{g}_{\mathbf{x}^T}(1,1)=(0,0)$，其秩為 0，因

此並未滿足定理中所要求的條件，以致無法找到λ使 (4.2.2) 式成立，Lagrange 法也就失靈了。順便一提的是，在只有一個限制條件時，所謂$\mathbf{g}_{\mathbf{x}^T}(\mathbf{x}^*)$爲滿秩，也就等於在$\mathbf{x}^*$這點，$g(\mathbf{x})$的偏微分不能全部爲 0 的意思。

【例 4.2.2】 $\max\ f(x_1,x_2)=2\boldsymbol{ln}\ x_1+\boldsymbol{ln}\ x_2$，

(i) s.t. $x_1+x_2-6=0$，

(ii) s.t. $6-x_1-x_2=0$。

解：(i) $\max\ f(x_1,x_2)\quad \text{s.t.}\ x_1+x_2-6=0$，

$$L(x_1,x_2,\lambda)=2\boldsymbol{ln}\ x_1+\boldsymbol{ln}\ x_2+\lambda(x_1+x_2-6),$$

一階條件

$$\frac{\partial L}{\partial x_1}=\frac{2}{x_1^*}+\lambda^*=0,$$

$$\frac{\partial L}{\partial x_2}=\frac{1}{x_2^*}+\lambda^*=0,$$

$$\frac{\partial L}{\partial \lambda}=x_1^*+x_2^*-6=0。$$

上三式聯立可解得臨界點$(x_1^*,x_2^*,\lambda^*)=\left(4,2,-\frac{1}{2}\right)$。

(ii) $\max\ f(x_1,x_2)\quad \text{s.t.}\ 6-x_1-x_2=0$，

$$L(x_1,x_2,\lambda)=2\boldsymbol{ln}\ x_1+\boldsymbol{ln}\ x_2+\lambda(6-x_1-x_2),$$

一階條件

$$\frac{\partial L}{\partial x_1}=\frac{2}{x_1^*}-\lambda^*=0,$$

$$\frac{\partial L}{\partial x_2}=\frac{1}{x_2^*}-\lambda^*=0,$$

$$\frac{\partial L}{\partial \lambda}=6-x_1^*-x_2^*=0。$$

上三式聯立可解得臨界點 $\left(x_1^*,x_2^*,\lambda^*\right)=\left(4,2,\frac{1}{2}\right)$。

比較 (i) 和 (ii) 兩個限制式, 我們發覺, 事實上兩式完全相同, 均代表直線 $x_1+x_2=6$, 因此 (i) 和 (ii) 兩個問題根本就是同一問題, 而應有相同的解, 這也正是在兩個問題中, 我們都得到臨界點爲 $\left(x_1^*,x_2^*\right)=(4,2)$ 的原因。但現在因限制式的寫法不同 ((ii) 的限制式由 (i) 之限制式左、右兩邊同乘 -1 而得), 以致所得到的 λ^* 值也相差一個符號。這個例子告訴我們, Lagrange 乘數的符號並無法確定, 而是受到限制式如何表示的影響。但不管 Lagrange 乘數的符號如何, 只要我們在寫限制式及解題過程中前後保持一致, 則對臨界點並無影響。不過, 值得一提的是, Lagrange 乘數具有一定的意義, 有時爲了讓其所代表的意義便於作經濟上的解釋, 我們常特意地將限制式寫成某特定形態, 以便乘數的符號也確定下來, 在下一章比較靜態分析中我們就可看到這點。

• 二階條件

現在我們已知如何利用 Lagrange 法來找出臨界點, 但如前面所提到的, 定理 4.2.1 或定理 4.2.2 的一階條件, 同時也是求限制極小的一階條件。因此, 和無限制條件的極大化問題一樣, 我們必須查看充分條件 (或二階充分條件), 以便區別滿足一階條件的各臨界點到底是限制極大或限制極小。

※定理 **4.2.3**：假定對應於 (4.2.1) 的 Lagrangean 函數爲 (4.2.11)。如果存在一 $\mathbf{x}^*\in X$ 和 $\lambda^*\in \boldsymbol{R}^m$, $\lambda^*\neq \mathbf{0}_m$ 使得

(i) $L_{\mathbf{x}}\left(\mathbf{x}^*,\lambda^*\right)=\mathbf{0}_n$, (4.2.16)

(ii) 對所有 $\mathbf{z} \in \boldsymbol{R}^n$, $\mathbf{z} \neq \mathbf{0}_n$, 且滿足

$$g_{\mathbf{x}}^j(\mathbf{x}^*)^T \mathbf{z} = 0, \quad j = 1, \cdots, m, \tag{4.2.17}$$

恆有 $\mathbf{z}^T L_{\mathbf{x}\mathbf{x}^T}(\mathbf{x}^*, \lambda^*)\mathbf{z} < 0$, (4.2.18)

則 f 在點 $\mathbf{x}^*$ 有限制（嚴格）局部極大。

證明: 假定 $\mathbf{x}^*$ 爲一可能解（即 $\mathbf{g}(\mathbf{x}^*) = \mathbf{0}_m$）且滿足 (4.2.16) - (4.2.18), 但 $\mathbf{x}^*$ 不是一限制（嚴格）局部極大, 則存在一 $\varepsilon > 0$ 及 $\hat{\mathbf{x}} \neq \mathbf{x}^*$, $\hat{\mathbf{x}} \in B(\mathbf{x}^*; \varepsilon)$, 且

$$g^j(\hat{\mathbf{x}}) = 0, \quad j = 1, \cdots, m, \tag{4.2.19}$$

$$f(\hat{\mathbf{x}}) > f(\mathbf{x}^*)。 \tag{4.2.20}$$

將 $g^j(\hat{\mathbf{x}})$ 在點 $\mathbf{x}^*$ 作泰勒展開式, 則存在 $0 < \theta < 1$ 使得

$$g^j(\hat{\mathbf{x}}) = g^j(\mathbf{x}^*) + g_{\mathbf{x}}^j(\theta\mathbf{x}^* + (1-\theta)\hat{\mathbf{x}})^T(\hat{\mathbf{x}} - \mathbf{x}^*), \quad j = 1, \cdots, m, \tag{4.2.21}$$

但因 $g^j(\hat{\mathbf{x}}) = g^j(\mathbf{x}^*) = 0$, 故上式成爲

$$g_{\mathbf{x}}^j(\theta\mathbf{x}^* + (1-\theta)\hat{\mathbf{x}})^T(\hat{\mathbf{x}} - \mathbf{x}^*) = 0, \quad j = 1, \cdots, m。 \tag{4.2.22}$$

令 $\mathbf{z} = \hat{\mathbf{x}} - \mathbf{x}^*$, 則 $\mathbf{z} \neq \mathbf{0}_n$, 取 $\theta \to 1$, 我們得到

$$g_{\mathbf{x}}^j(\mathbf{x}^*)^T \mathbf{z} = 0, \quad j = 1, \cdots, m。 \tag{4.2.23}$$

對 $L(\hat{\mathbf{x}}, \lambda^*)$ 作泰勒展開式, 則存在一 $0 < \delta < 1$ 使得

$$L(\hat{\mathbf{x}}, \lambda^*) = L(\mathbf{x}^*, \lambda^*) + [L_{\mathbf{x}}(\mathbf{x}^*, \lambda^*)]^T(\hat{\mathbf{x}} - \mathbf{x}^*)$$
$$+ \frac{1}{2}(\hat{\mathbf{x}} - \mathbf{x}^*)^T L_{\mathbf{x}\mathbf{x}^T}(\delta\mathbf{x}^* + (1-\delta)\hat{\mathbf{x}})(\hat{\mathbf{x}} - \mathbf{x}^*), \tag{4.2.24}$$

但因 $L_{\mathbf{x}}(\mathbf{x}^*, \lambda^*) = \mathbf{0}_n$, $L(\mathbf{x}^*, \lambda^*) = f(\mathbf{x}^*)$, 且由 (4.2.19) 知

$L(\hat{\mathbf{x}},\lambda^*)=f(\hat{\mathbf{x}})+\sum_{i=1}^{n}\lambda_j^* g^j(\hat{\mathbf{x}})=f(\hat{\mathbf{x}})$, 故上式可寫成

$$f(\hat{\mathbf{x}})=f(\mathbf{x}^*)+\frac{1}{2}\mathbf{z}^T L_{\mathbf{x}\mathbf{x}^T}(\delta\mathbf{x}^*+(1-\delta)\hat{\mathbf{x}})\mathbf{z}, \tag{4.2.25}$$

取 $\delta\to 1$, 則

$$f(\hat{\mathbf{x}})=f(\mathbf{x}^*)+\frac{1}{2}\mathbf{z}^T L_{\mathbf{x}\mathbf{x}^T}(\mathbf{x}^*)\mathbf{z}, \tag{4.2.26}$$

由 $f(\hat{\mathbf{x}})>f(\mathbf{x}^*)$ 知, (4.2.26) 隱含 $\mathbf{z}^T L_{\mathbf{x}\mathbf{x}^T}(\mathbf{x}^*)\mathbf{z}>0$, 與 (4.2.18) 矛盾, 故當 (4.2.16) - (4.2.18) 成立時, $\mathbf{x}^*$ 必爲限制（嚴格）局部極大。

定理 4.2.3 就是在解等式限制條件極大化問題中所稱的充分條件（或二階充分條件）。基本上, 它與無限制極大化的充分條件是相同的。在無限制條件的局部極大化過程中, 所謂的二階充分條件乃要求在臨界點附近該函數爲一嚴格凹函數。在此, 我們要求在滿足限制條件的臨界點附近, 函數爲一嚴格凹函數。以圖 4.2.1 (a) 來看, 即要求曲線 SNT 在點 N 附近爲一嚴格凹函數。根據這個定理, 我們很容易推得, 若將 (4.2.18) 改爲 $\mathbf{z}^T L_{\mathbf{x}\mathbf{x}^T}(\mathbf{x}^*,\lambda^*)\mathbf{z}>0$, 則定理 4.2.3 即成爲限制（嚴格）局部極小的充分條件。雖然, 等式限制條件下的二階條件, 原理與無限制條件的二階條件原理相同, 但要眞正利用定理 4.2.3 來區別一臨界點爲局部極大或局部極小卻相當困難, 幸而利用線性代數中所謂限制二次式 (constrained quadratic form) 的結果, 我們可將定理 4.2.3 改成下面較易引用的結果。至於其推導過程, 完全是技術上的問題, 我們不在此詳述, 讀者可在 Chiang (1984) 和 Sydsæter (1981) 中找到較簡單情形下的討論。

定理 4.2.4：假定對應於 (4.2.1) 的 Lagrangean 函數爲 (4.2.11)，且 $(\mathbf{x}^*,\lambda^*)$ 滿足一階條件 (4.2.12)，定義加邊 Hessian 行列式 (bordered Hessian determinant) $|\overline{H}|_r$ 爲

$$\left|\overline{\mathrm{H}}(\mathbf{x}^*,\lambda^*)\right|_r=\begin{vmatrix} 0 & \cdots & 0 & \frac{\partial g^1}{\partial x_1} & \cdots & \frac{\partial g^1}{\partial x_r} \\ \vdots & \ddots & \vdots & \vdots & \ddots & \vdots \\ 0 & \cdots & 0 & \frac{\partial g^m}{\partial x_1} & \cdots & \frac{\partial g^m}{\partial x_r} \\ \frac{\partial g^1}{\partial x_1} & \cdots & \frac{\partial g^m}{\partial x_1} & \frac{\partial^2 L}{\partial x_1^2} & \cdots & \frac{\partial^2 L}{\partial x_1 \partial x_r} \\ \vdots & \ddots & \vdots & \vdots & \ddots & \vdots \\ \frac{\partial g^1}{\partial x_r} & \cdots & \frac{\partial g^m}{\partial x_r} & \frac{\partial^2 L}{\partial x_r \partial x_1} & \cdots & \frac{\partial^2 L}{\partial x_r^2} \end{vmatrix},$$

行列式中各偏微分均估計在點$(\mathbf{x}^*,\lambda^*)$, 則

(i) 若對 $r=m+1,\cdots,n$ 均有 $(-1)^r\left|\overline{\mathrm{H}}(\mathbf{x}^*,\lambda^*)\right|_r>0$, 則 $\mathbf{x}^*$ 爲一限制（嚴格）局部極大。

(ii) 若對 $r=m+1,\cdots,n$ 均有 $(-1)^m\left|\overline{\mathrm{H}}(\mathbf{x}^*,\lambda^*)\right|_r>0$, 則 $\mathbf{x}^*$ 爲一限制（嚴格）局部極小。

當限制式只有一條$(m=1)$時, 則定理 4.2.4 可更清楚地寫成

(i) 若對 $r=2,\cdots,n$ 有 $\left|\overline{\mathrm{H}}(\mathbf{x}^*,\lambda^*)\right|_2>0$, $\left|\overline{\mathrm{H}}(\mathbf{x}^*,\lambda^*)\right|_3<0$, $\left|\overline{\mathrm{H}}(\mathbf{x}^*,\lambda^*)\right|_4>0$ $\cdots$, $(-1)^n\left|\overline{\mathrm{H}}(\mathbf{x}^*,\lambda^*)\right|_n>0$, 則 $\mathbf{x}^*$ 爲一限制（嚴格）局部極大。

(ii) 若 $\left|\overline{\mathrm{H}}(\mathbf{x}^*,\lambda^*)\right|_2<0$, $\left|\overline{\mathrm{H}}(\mathbf{x}^*,\lambda^*)\right|_3<0$, $\cdots$, $\left|\overline{\mathrm{H}}(\mathbf{x}^*,\lambda^*)\right|_n<0$, 則 $\mathbf{x}^*$ 爲一限制（嚴格）局部極小。

【例 4.2.3】假定一消費者的效用函數爲 $U:\boldsymbol{R}^n_{++}\to\boldsymbol{R}$。若所有消費品的邊際效用均爲正値, 即 $U_i=\dfrac{\partial U}{\partial x_i}>0$, $i=1,\cdots,n$, 則此不滿足(nonsatiation)的假設將促使該消費者用盡全部所得。令 I 爲該消費者的貨幣所得, 則我們可得預算限制式 $\mathbf{p}^T\mathbf{x}=I$, $\mathbf{p}\in\boldsymbol{R}^n_{++}$。此消費者欲在此預算限制下求取最適的 $\mathbf{x}$, 使其效用達到極大。因此, 該消費者所面對的最適化問題可寫成:

$$\max_{\mathbf{x}} \ U(\mathbf{x}) \qquad \text{s.t.} \ \mathbf{p}^T\mathbf{x} = I,$$

其對應之 Lagrangean 函數為

$$L(\mathbf{x}, \lambda) = U(\mathbf{x}) + \lambda\left(I - \mathbf{p}^T\mathbf{x}\right)。$$

限制極大的一階條件為

$$\frac{\partial U}{\partial x_i} - \lambda^* p_i = 0,\ i = 1, \cdots, n,$$

$$\frac{\partial U}{\partial \lambda} = I - \mathbf{p}^T\mathbf{x}^* = 0。 \tag{4.2.27}$$

由上面 $n+1$ 式, 我們可解得臨界點

$$\mathbf{x}^* = \mathbf{x}^*(\mathbf{p}, I),$$

$$\lambda^* = \lambda^*(\mathbf{p}, I)。 \tag{4.2.28}$$

又, $$\left|\overline{H}\right|_r = \begin{vmatrix} 0 & -p_1 & -p_2 & \cdots & -p_r \\ -p_1 & U_{11} & U_{12} & \cdots & U_{1r} \\ -p_2 & U_{21} & U_{22} & \cdots & U_{2r} \\ \vdots & \vdots & \vdots & \ddots & \vdots \\ -p_r & U_{r1} & U_{r2} & \cdots & U_{rr} \end{vmatrix}, \qquad r = 2, \cdots, n,$$

其中 $U_{ij} = \dfrac{\partial^2 U}{\partial x_i \partial x_j}$, $i, j = 1, \cdots, r$。

若將 (4.2.27) 中之結果 $\dfrac{\partial U}{\partial x_i} - \lambda^* p_i = 0$ 代入 $\left|\overline{H}\right|_r$ 中，並令 $U_i = \dfrac{\partial U}{\partial x_i}$, 可得（將∗略去）

$$
\left|\overline{\mathrm{H}}\right|_r=\begin{vmatrix} 0 & -\dfrac{U_1}{\lambda} & -\dfrac{U_2}{\lambda} & \cdots & -\dfrac{U_r}{\lambda} \\ -\dfrac{U_1}{\lambda} & U_{11} & U_{12} & \cdots & U_{1r} \\ -\dfrac{U_2}{\lambda} & U_{21} & U_{22} & \cdots & U_{2r} \\ \vdots & \vdots & \vdots & \ddots & \vdots \\ -\dfrac{U_r}{\lambda} & U_{r1} & U_{r2} & \cdots & U_{rr} \end{vmatrix}
$$

$$
=\frac{1}{\lambda^2}\begin{vmatrix} 0 & U_1 & U_2 & \cdots & U_r \\ U_1 & U_{11} & U_{12} & \cdots & U_{1r} \\ U_2 & U_{21} & U_{22} & \cdots & U_{2r} \\ \vdots & \vdots & \vdots & \ddots & \vdots \\ U_r & U_{r1} & U_{r2} & \cdots & U_{rr} \end{vmatrix}。 \tag{4.2.29}
$$

若在$(\mathbf{x}^*,\lambda^*)$估計 (4.2.29) 式, 則由定理 4.2.4 , 我們知道 $\mathbf{x}^*$ 爲限制局部極大的充分條件爲$\left|\overline{\mathrm{H}}(\mathbf{x}^*,\lambda^*)\right|_2>0$, $\left|\overline{\mathrm{H}}(\mathbf{x}^*,\lambda^*)\right|_3<0$, …。因$\lambda^{*2}>0$, 故充分條件又可寫成

$$
\begin{vmatrix} 0 & U_1(\mathbf{x}^*) & U_2(\mathbf{x}^*) \\ U_1(\mathbf{x}^*) & U_{11}(\mathbf{x}^*) & U_{12}(\mathbf{x}^*) \\ U_2(\mathbf{x}^*) & U_{21}(\mathbf{x}^*) & U_{22}(\mathbf{x}^*) \end{vmatrix}>0,
$$

$$
\begin{vmatrix} 0 & U_1(\mathbf{x}^*) & U_2(\mathbf{x}^*) & U_2(\mathbf{x}^*) \\ U_1(\mathbf{x}^*) & U_{11}(\mathbf{x}^*) & U_{12}(\mathbf{x}^*) & U_{13}(\mathbf{x}^*) \\ U_2(\mathbf{x}^*) & U_{21}(\mathbf{x}^*) & U_{22}(\mathbf{x}^*) & U_{23}(\mathbf{x}^*) \\ U_3(\mathbf{x}^*) & U_{31}(\mathbf{x}^*) & U_{32}(\mathbf{x}^*) & U_{33}(\mathbf{x}^*) \end{vmatrix}<0,
$$

$$
\cdots \tag{4.2.30}
$$

根據定理 3.2.7（及其下之說明）, 我們知道, 滿足 (4.2.30) 之函數, 在點 $\mathbf{x}^*$ 附近必爲一嚴格準凹函數。這個結果告訴我們, 爲何在經濟書籍或文章中, 常將效用函數假設爲嚴格準凹函數, 因爲在此假設下, 我們所求到的限制臨界點即爲限制極大, 而不用再查看二階條件了。順便值得一提的是, (4.2.28) 中所求到的 $\mathbf{x}^*=\mathbf{x}^*(\mathbf{p},\mathrm{I})$, 即是

一般所稱的 Marshallian 需求函數。又，因機會集合 $\{\mathbf{x}|\mathbf{p}^T\mathbf{x}=I,\ \mathbf{x}\in \boldsymbol{R}^n_{++},\ I>0\}$ 爲一凸集合，根據定理 4.1.3 知，$\mathbf{x}^*$ 不僅是一局部極大，而且也是全域極大。

【例 4.2.4】假定一完全競爭廠商之生產函數 f: $\boldsymbol{R}^n_{++}\to \boldsymbol{R}_+$ 爲

$$f(\mathbf{x})=\sum_{i=1}^{n}\alpha_i ln(x_i-a_i),\ \ \alpha_i\ge 0,\ \ \sum_{i=1}^{n}\alpha_i=1,$$

又假定生產因素 x_i 的價格爲 w_i $(i=1,\cdots,n)$，試求該廠商的條件要素需求函數 (conditional input demand functions)。

解: 所謂條件要素需求函數，就是指生產某一固定產量時，使得生產成本達到極小的要素需求。因此，本題所要解的問題乃是

$$\min_{\mathbf{x}}\ \mathbf{w}^T\mathbf{x}\qquad \text{s.t.}\ \ f(\mathbf{x})=q_0,\ \ q_0\in \boldsymbol{R}_+,$$

其對應之 Lagrangean 函數爲

$$L(\mathbf{x},\lambda;\mathbf{w},q_0)=\mathbf{w}^T\mathbf{x}+\lambda\left(q_0-\sum_{i=1}^{n}\alpha_i ln(x_i-a_i)\right)。$$

一階條件爲

$$\frac{\partial L}{\partial x_i}=w_i-\frac{\lambda^*\alpha_i}{x_i^*-a_i}=0,\qquad i=1,\cdots,n, \tag{4.2.31}$$

$$\frac{\partial L}{\partial \lambda}=q_0-\sum_{i=1}^{n}\alpha_i ln(x_i^*-a_i)=0。 \tag{4.2.32}$$

生產因素的邊際生產力 (marginal productivity)，即邊際實物生產量 (marginal physical product) 爲

$$MPP_i=\frac{\partial f}{\partial x_i}=\frac{\alpha_i}{x_i-a_i},\qquad i=1,\cdots,n,$$

故我們可將 (4.2.31) 式寫成

$$w_i \Big/ \frac{\alpha_i}{x_i^* - a_i} = \frac{w_i}{MPP_i} = \lambda^*, \qquad i = 1, \cdots, n, \tag{4.2.33}$$

因 w_i 為固定的因素價格, 而 MPP_i 的倒數則是每增加一單位的產出, 所需增加的 x_i 的投入量, 因此 $\frac{w_i}{MPP_i}$ 正是生產該產品的邊際成本。也就是說, 欲在固定的產量下使成本達到極小, 必須達到不管使用那一種生產因素, 其所帶來的邊際成本都相等的境界。而且, 這個使總生產成本達到最小的邊際成本, 剛好等於均衡的 Lagrange 乘數。

現在將 (4.2.33) 改寫成 $w_i = \frac{\lambda^* \alpha_i}{x_i^* - a_i}$, $i = 1, \cdots, n$, 並將 $i = 2, \cdots, n$ 各式兩邊分別除以 $w_1 = \frac{\lambda^* \alpha_1}{x_1^* - a_1}$, 我們得到

$$\frac{w_i}{w_1} = \frac{\alpha_i (x_1^* - a_1)}{\alpha_1 (x_i^* - a_i)}, \qquad i = 2, \cdots, n。 \tag{4.2.34}$$

此式告訴我們, 在成本極小時, 兩種因素的價格比, 必須等於此兩種生產因素的邊際生產力的比。或者說, 兩種生產因素的相對價格要等於此兩種生產因素的邊際技術替代率 (marginal rate of technical substitution)。由 (4.2.34) 可得

$$x_i^* = a_i + \frac{w_1}{w_i} \frac{\alpha_i}{\alpha_1} (x_1^* - a_1), \qquad i = 2, \cdots, n, \tag{4.2.35}$$

將 (4.2.35) 代入 (4.2.32) 並加以整理可解得

$$x_1^* = a_1 + e^{q_0 - \sum_{i=1}^{n} \alpha_i ln\left(\frac{w_1}{w_i} \frac{\alpha_i}{\alpha_1}\right)}, \tag{4.2.36}$$

在 (4.2.36) 中, 我們將加總 (Σ) 由 $i = 1$ 算起, 因為當 $i = 1$ 時, $ln\left(\frac{w_1}{w_i} \frac{\alpha_i}{\alpha_1}\right) = ln\left(\frac{w_1}{w_1} \frac{\alpha_1}{\alpha_1}\right) = ln\ 1 = 0$, 故結果與由 $i = 2$ 算起一樣。最後由 (4.2.35) 和 (4.2.36) 可得

$$x_i^* = a_i + \frac{w_1}{w_i}\frac{\alpha_i}{\alpha_1} e^{q_0 - \sum_{i=1}^{n} \alpha_i ln\left(\frac{w_1}{w_i}\frac{\alpha_i}{\alpha_1}\right)}, \qquad i = 1, \cdots, n, \tag{4.2.37}$$

與前面說明一樣, (4.2.37) 包括 $i = 1$ 的情形。當 $i = 1$ 時, 我們可得到 (4.2.36), 故 (4.2.37) 適用於所有的 $i = 1, \cdots, n$。接著, 我們來查看二階條件,

$$|\overline{H}|_r = \begin{vmatrix} 0 & -\frac{\alpha_1}{x_1 - a_1} & -\frac{\alpha_2}{x_2 - a_2} & \cdots & -\frac{\alpha_r}{x_r - a_r} \\ -\frac{\alpha_1}{x_1 - a_1} & \frac{\lambda\alpha_1}{(x_1 - a_1)^2} & 0 & \cdots & 0 \\ -\frac{\alpha_2}{x_2 - a_2} & 0 & \frac{\lambda\alpha_2}{(x_2 - a_2)^2} & \vdots & \vdots \\ \vdots & \vdots & \cdots & \ddots & 0 \\ -\frac{\alpha_r}{x_r - a_r} & 0 & \cdots & 0 & \frac{\lambda\alpha_r}{(x_r - a_r)^2} \end{vmatrix},$$

利用 (4.2.31), 可將 $|\overline{H}|_r$ 寫成

$$|\overline{H}|_r = \begin{vmatrix} 0 & -\frac{\alpha_1}{x_1 - a_1} & -\frac{\alpha_2}{x_2 - a_2} & \cdots & -\frac{\alpha_r}{x_r - a_r} \\ -\frac{\alpha_1}{x_1 - a_1} & \frac{w_1}{(x_1 - a_1)} & 0 & \cdots & 0 \\ -\frac{\alpha_2}{x_2 - a_2} & 0 & \frac{w_2}{(x_2 - a_2)} & \vdots & \vdots \\ \vdots & \vdots & \cdots & \ddots & 0 \\ -\frac{\alpha_r}{x_r - a_r} & 0 & \cdots & 0 & \frac{w_r}{(x_r - a_r)} \end{vmatrix},$$

則 $$|\overline{H}|_2 = \begin{vmatrix} 0 & -\frac{\alpha_1}{x_1 - a_1} & -\frac{\alpha_2}{x_2 - a_2} \\ -\frac{\alpha_1}{x_1 - a_1} & \frac{w_1}{(x_1 - a_1)} & 0 \\ -\frac{\alpha_2}{x_2 - a_2} & 0 & \frac{w_2}{(x_2 - a_2)} \end{vmatrix}$$

$$= -\frac{w_1\alpha_2^2}{(x_1 - a_1)(x_2 - a_2)^2} - \frac{w_2\alpha_1^2}{(x_1 - a_1)^2(x_2 - a_2)} < 0,$$

$$\left|\overline{H}\right|_3=\begin{vmatrix}0 & -\dfrac{\alpha_1}{x_1-a_1} & -\dfrac{\alpha_2}{x_2-a_2} & -\dfrac{\alpha_3}{x_3-a_3}\\ -\dfrac{\alpha_1}{x_1-a_1} & \dfrac{w_1}{(x_1-a_1)} & 0 & 0\\ -\dfrac{\alpha_2}{x_2-a_2} & 0 & \dfrac{w_2}{(x_2-a_2)} & 0\\ -\dfrac{\alpha_3}{x_3-a_3} & 0 & 0 & \dfrac{w_3}{(x_3-a_3)}\end{vmatrix}$$

$$=\frac{w_3}{x_3-a_3}\left|\overline{H}\right|_2-\frac{\alpha_3^2 w_1 w_2}{(x_1-a_1)(x_2-a_2)(x_3-a_3)^2}<0。$$

讀者可繼續往下查看 $\left|\overline{H}\right|_4, \left|\overline{H}\right|_5, \cdots, \left|\overline{H}\right|_n$ 而發現所有 $\left|\overline{H}\right|_r$, $r=4,\cdots,n$ 均小於 0, 故知由 (4.2.31) 與 (4.2.32) 解得的臨界點 $\mathbf{x}^*$ 確為使成本極小的解, 即 (4.2.37) 之 $\mathbf{x}_i^*$, $i=1,\cdots,n$ 為條件因素需求函數。

在例 4.2.4 查看二階條件過程中, 讀者應已發現有一嚴重漏洞, 即, 事實上, 我們很難查看所有的 $\left|\overline{H}\right|_r$ 直到 $r=n$。那麼, 對 $r>3$, 如何得證 $\left|\overline{H}\right|_r<0$ 呢? 我們可由另一角度來看這個問題, 即先不要將生產函數的形式寫出, 而以一般式進行極小化, 則由與例 4.2.3 相同的方式, 我們可發現, 若二階條件要滿足, 則生產函數必須是一嚴格準凹函數。今生產函數為 $f(\mathbf{x})=\sum_{i=1}^{n}\alpha_i \boldsymbol{ln}(x_i-a_i)$, 因對數函數為一嚴格凹函數, 且 $\alpha_i\geq 0$, 因此, 我們知道 $f(\mathbf{x})$ 為一嚴格凹函數, 由此得知 $f(\mathbf{x})$ 為一嚴格準凹函數, 故可得證所求得的 $\mathbf{x}^*$ 為一限制局部極小。

定理 4.2.1 一定理 4.2.4 所談的是在等式限制條件下, 限制局部極大(極小)的必要和充分條件。但, 有時我們卻希望能求得全域極大或極小。雖然, 我們可以最基本的方法將全部可能的局部極大(極小)求出, 再找出函數值最大(最小)的一個臨界點, 然而, 如果我們對標的函數, 限制式和/或 Lagrangean 函數的凹、凸性質有些事前的情報, 則我們往往可知求得的局部極大(極小), 事實上也就是全域極大(極小)。現在, 我們就來證明一個相關的定理。

定理 4.2.5：假定 $(\mathbf{x}^*,\lambda^*)$ 爲 (4.2.12) 的一組解。若 Lagrangean 函數 $L(\mathbf{x},\lambda^*)$ 爲 $\mathbf{x}$ 的凹函數，則 $\mathbf{x}^*$ 爲 (4.2.1) 的限制全域極大。

證明: $L(\mathbf{x},\lambda^*)=f(\mathbf{x})+\sum_{j=1}^{m}\lambda_j^* g^j(\mathbf{x})$。因 $(\mathbf{x}^*,\lambda^*)$ 滿足 (4.2.12)，故 $L_{\mathbf{x}}(\mathbf{x}^*,\lambda^*)=f_{\mathbf{x}}(\mathbf{x}^*)+\sum_{j=1}^{m}\lambda_j^* g_{\mathbf{x}}^j(\mathbf{x}^*)=\mathbf{0}_n$，這正是 $\mathbf{x}^*$ 爲 $L(\mathbf{x},\lambda^*)$ 之局部極大的必要條件。又因 $L(\mathbf{x},\lambda^*)$ 爲 $\mathbf{x}$ 的凹函數，因此充分條件亦成立，而 $\mathbf{x}^*$ 爲 $L(\mathbf{x},\lambda^*)$ 之局部極大，再根據定理 4.1.3 我們知道 $\mathbf{x}^*$ 也是 $L(\mathbf{x},\lambda^*)$ 之全域極大。也就是說，對任何 $\mathbf{x}\in X$ 均有

$$L(\mathbf{x}^*,\lambda^*)\geq L(\mathbf{x},\lambda^*)，\text{或}$$

$$f(\mathbf{x}^*)+\sum_{j=1}^{m}\lambda_j^* g^j(\mathbf{x}^*)\geq f(\mathbf{x})+\sum_{j=1}^{m}\lambda_j^* g^j(\mathbf{x})。\tag{4.2.38}$$

但 $(\mathbf{x}^*,\lambda^*)$ 爲 (4.2.12) 的解，故 $g^j(\mathbf{x}^*)=0,\ j=1,\cdots,m$，(4.2.38) 式成爲

$$f(\mathbf{x}^*)\geq f(\mathbf{x})+\sum_{j=1}^{m}\lambda_j^* g^j(\mathbf{x}),\ \mathbf{x}\in X,\tag{4.2.39}$$

因此，對任何 $\mathbf{x}\in X$，且滿足 $g^j(\mathbf{x})=0,\ j=1,\cdots,m$，可得

$$f(\mathbf{x}^*)\geq f(\mathbf{x}),\tag{4.2.40}$$

故 $\mathbf{x}^*$ 爲一限制全域極大。

當然，讀者應很容易可以陳述並證明限制（全域）極小的情形，在此不再贅言。

習題 4.2

1. $X \subset \boldsymbol{R}^n$ 爲一開集合, $f: X \to \boldsymbol{R}$, $g^j: X \to \boldsymbol{R}$, $j = 1, \cdots, m$, 證明:

$\max_{\mathbf{x}} f(\mathbf{x}) \quad \text{s.t. } g^j(\mathbf{x}) = 0,\ j = 1, \cdots, m$ 與

$\min_{\mathbf{x}} -f(\mathbf{x}) \quad \text{s.t. } g^j(\mathbf{x}) = 0,\ j = 1, \cdots, m$ 的解相同。

2. 設 $f: \boldsymbol{R}^3_{++} \to \boldsymbol{R}$, 爲 $f(\mathbf{x}) = \boldsymbol{ln}\ x_1 x_2 x_3$, 試求:

$$\begin{aligned} &\max_{\mathbf{x}} \quad f(\mathbf{x}) \\ &\text{s.t.} \quad x_1 + x_2 + x_3 = 0, \\ &\qquad\ \ x_1^2 + x_2^2 + x_3^2 = 3。\end{aligned}$$

3. 試舉一例說明 $\max_{\mathbf{x},\lambda} L(\mathbf{x}, \lambda) = f(\mathbf{x}) + \lambda^T \mathbf{g}(\mathbf{x})$ 和 $\max_{\mathbf{x}} f(\mathbf{x}) \quad \text{s.t. } \mathbf{g}(\mathbf{x}) = \mathbf{0}_m$ 是不相同的。

4. 設 $Q: \boldsymbol{R}^n \to \boldsymbol{R}$, 爲一二次式, $Q = \mathbf{x}^T A \mathbf{x}$, 試證:

$\max_{\mathbf{x}} Q \quad \text{s.t. } \sum x_i^2 = 1$

和 $\min_{\mathbf{x}} Q \quad \text{s.t. } \sum x_i^2 = 1$ 均存在,

且 Q 之極大值和極小值分別等於對稱矩陣 A 之最大和最小特性根。

5. 求下列各函數的極值:

(i) $f(x_1, x_2, x_3) = 2x_1 x_2 x_3 \quad \text{s.t. } x_1^2 + x_2^2 + x_3^2 = 3$。

(ii) $f(x_1, x_2) = \boldsymbol{e}^{-(x_1^2 + x_2^2)} \quad \text{s.t. } 2x_1 + 3x_2 = 4$。

(iii) $f(x_1, x_2, x_3) = kx_1 + mx_2 + nx_3 \quad \text{s.t. } \left(\frac{x_1}{a}\right)^2 + \left(\frac{x_2}{b}\right)^2 + \left(\frac{x_3}{c}\right)^2 = 1$,

$(k, m, n, a, b, c \in \boldsymbol{R},\ a \neq 0,\ b \neq 0,\ c \neq 0)$。

(iv) $f(x_1, x_2, x_3) = x_1 x_2 x_3 \quad \text{s.t. } x_1 + 2x_2 + x_3 = 1,\ 3x_1 + 2x_2 + x_3 = 1$。

(v) $f(x_1, x_2, x_3) = x_1 - x_2 + 2x_3 \quad \text{s.t. } x_1^2 + x_2^2 + x_3^2 = 1,\ x_1 + x_2 + x_3 = 0$。

6. 在例 4.2.3 中, 我們假定消費者的貨幣所得爲 I, 以求得消費者均衡。現在假定該消費者並無貨幣所得 I, 而僅擁有各種產品 $\bar{x}_i$, $i = 1, \cdots, n$。

(i) 假定此消費者可依市場價格出售其擁有的產品，以換取所得，購買其所需之商品。現以 $i=2$ 爲例：重新求解效用極大的需求函數 x_1^*, x_2^*。詳細解釋一階和二階條件的經濟意義。又，爲了滿足二階條件，效用函數應有什麼限制？結果和例 4.2.3 有什麼不同？

(ii) $x_1^*(p_1, p_2, \bar{x}_1, \bar{x}_2)$ 爲 (p_1, p_2) 或 $(p_1, p_2, \bar{x}_1, \bar{x}_2)$ 的零次齊次函數？$\frac{\partial x_1^*}{\partial p_1}$ 的符號爲何？

7. 假定一消費者消費 x_1 和 x_2 兩種產品，且在購買任一產品時，他必須支付此兩產品的平均價格 $\frac{p_1+p_2}{2}$。若此消費者的效用函數爲 $U(x_1, x_2)$，

(i) 試求使其效用達到極大的一階條件，並解釋其經濟意義。

(ii) 如果效用函數爲準凹函數，則二階條件是否滿足？

(iii) 若 x_1^* 和 x_2^* 爲均衡需求量，則 x_1^* 和 x_2^* 是否永遠相等？如果不恆相等，那麼在效用函數是怎樣的限制下才會相等？

8. 假定一消費者的效用函數爲 $U(c, w) = \boldsymbol{ln} c + \boldsymbol{ln}(24 - w)$，其中 c 爲消費，w 爲工作時間。假定消費品的價格爲 p，工資率爲 ω，且此消費者有非工資所得 I，

(i) 寫出此消費者的預算限制式。

(ii) 求效用極大之消費品需求函數 $c^*(p, \omega, I)$ 及勞動供給函數 $w^*(p, \omega, I)$，詳細解釋一階條件的經濟意義。

(iii) 該消費者會進入市場的最低工資爲何？〔此工資就是所謂的保留工資 (reservation wage)〕

(iv) $c^*(p, \omega, I)$ 和 $w^*(p, \omega, I)$ 是否均爲零次齊次函數？其經濟意義爲何？

9. 假定一經濟體系擁有固定的勞動力和資本，$\bar{L}$ 和 $\bar{K}$，該經濟體系利用這兩種生產因素生產兩種產品 X 和 Y，其生產函數分別爲 $X = F(L_x, K_x)$ 和 $Y = G(L_y, K_y)$。這個經濟體系的生產可能線 (production possibility frontier) $Y = Y(X)$ 告訴我們，在當前的技術下，如果沒有浪費任何資源，則在每一個固定數量的 X 的生產 $(\bar{X})$ 情況下，所能產出的最多的 Y。我們可以下述方法求出生產可能曲線:

$$\max_{L_x, K_x, L_y, K_y} G(L_y, K_y)$$
$$\text{s.t. } K_x + K_y = \overline{K},$$
$$L_x + L_y = \overline{L}, \tag{1}$$
$$\overline{X} = F(L_x, K_x),$$

但我們可利用資源限制式, 將上面的三個限制式加以合併成一個限制式, 即

$$\max_{L_y, K_y} G(L_y, K_y)$$
$$\text{s.t. } \overline{X} = F(\overline{K} - K_y, \overline{L} - L_y)。 \tag{2}$$

(i) 試以上面 (2) 式導出生產可能線 $Y = Y(X)$, 並解釋其一階條件的經濟意義。

(ii) 二階條件爲何? 若欲二階條件成立, 對 G 和 F 是否須加以限制?

(iii) 證明生產可能線的斜率 dY/dX 正好是 Lagrange 乘數。

10. 廠商通常保有一些存貨以應市場需要, 今假定某一廠商每年需要某一定量的存貨 $\overline{Q}$, 但爲了減少儲藏成本, 該廠商並不一次在年初即訂購 $\overline{Q}$ 的存貨, 而是分 n 次定貨, 每次定 x 單位, 因此 $x = \dfrac{\overline{Q}}{n}$（假定每次定貨都剛好是上次定的貨賣完的時候）。如果每單位貨品每年的儲藏成本爲 a, 而每次新定貨的成本爲 b, 試問該廠商該分幾次定貨, 每次定多少單位才可使其成本最小? 又在此情形下, 每年的成本是多少?

4.3 不等式限制條件最適化理論

在前面兩節無限制條件與等式限制條件最適化理論中，我們作了兩個假設，即函數的定義域爲開集合和限制條件數不可超過選擇變數的數目。將定義域（以及所隱含的機會集合）限制爲開集合，主要是爲了讓所求的解爲一內部解 (interior solution)，因此，微積分上一階導數和二階導數的技術可以有效運用。然而，由經濟學的觀點來看，這個限制卻往往與事實相左。以消費者行爲理論來說，如果我們將產品分成兩大類或三大類，如食、衣、住或米類、肉類和青菜水果類，那麼將各類消費限爲正值，大概沒有什麼問題。但是當我們將產品的種類細分（即選擇變數的數目 n 不斷的增大），如將食物不但分成米類、肉類和青菜水果，而再將米類分成稻米、大麥、小麥、燕麥；肉類再分爲牛、羊、豬、雞、魚；青菜水果再分爲青江菜、小白菜、大白菜、韭菜、高麗菜、蘋果、柳橙、橘子、芒果、芭樂、葡萄、木瓜等，那麼，我們如再限定每一消費者對每一項產品都有正的消費量就有些違反經濟事實了。更何況，上面的分類還可以再不斷的細分呢！同理，在廠商生產過程中，如果生產因素的分類分的很細，每一廠商很可能根據自己的生產技術及環境、位置而決定只採用某些因素，而不用其他因素。因此，在許多情況下，我們的機會集合應該是包含邊界點（通常爲某些 $\mathbf{x}_i = 0,\ i = 1,\cdots,n$ ）較合理。然而，在這種情況下，我們的最適解就有可能不是內部解，而是角解 (corner solution)，那麼前面兩節所介紹的方法就必須適度修改，方能適用了。

其次，要求等式限制數目小於選擇變數數目的問題，在前面已經提及，這是爲了讓我們有選擇的自由度。圖 4.3.1 中有兩個選擇變數，若同時有兩條等式限制條件 $g^1(\mathbf{x}) = 0$，$g^2(\mathbf{x}) = 0$，則很明顯地，同時滿足此兩限制式的僅有 $\mathbf{x}^*$ 一點，那麼，我們根本就沒選擇餘地，也談不上所謂最適化了。現在，如果將限制式 $g^2(\mathbf{x}) = 0$ 去掉，則我們可選擇 AB 線上任何一點，這個問題才比較有意義。不過，將限制條件去掉，有時並不一定是最適當的方法。圖 4.3.2 中，假定一經濟社會利用其所擁有的

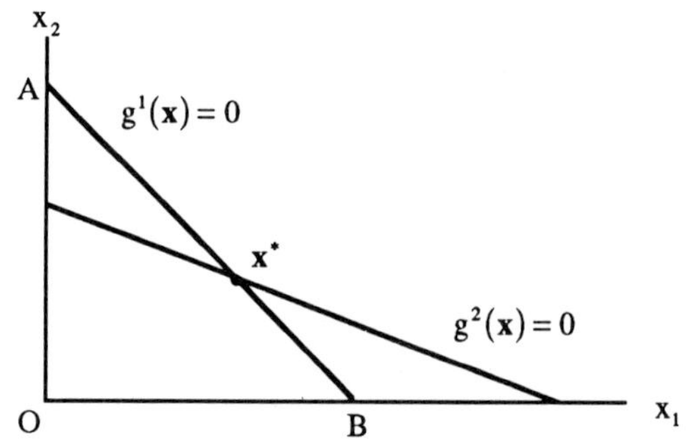

圖 4.3.1

資本$(\overline{K})$和勞動量$(\overline{L})$生產兩種產品x_1和x_2, 則資本和勞動達到充分就業的條件分別爲$g^2(\mathbf{x})-\overline{K}=0$和$g^1(\mathbf{x})-\overline{L}=0$。其中$g^1(\mathbf{x})=a_{L_1}x_1+a_{L_2}x_2$, $g^2(\mathbf{x})=a_{K_1}x_1+a_{K_2}x_2$, a_{L_i}, a_{K_i}, $(i=1,2)$分別爲生產一單位的x_i產品所需的勞動量和資本量; 因此, $g^1(\mathbf{x})$和$g^2(\mathbf{x})$就是生產x_1和x_2兩種產品所需的勞動量和資本量。和圖 4.3.1 的情形相同, 若我們限制兩種生產因素都要達到充分就業, 那麼只有$\mathbf{x}^*$一點而無其他選擇的餘地。由圖上的社會無異曲線, 我們知道此時社會福利水準爲w_0。如果我們根據前面的方法, 將$g^2(\mathbf{x})-\overline{K}=0$的限制式暫時去除, 那麼我們就會選取A點而達到$w_2$的福利水準。雖然$w_2>w_0$, 福利提高, 但很明顯地, 點A位在資本限制式之外, 根本就不可能達到。反之, 若我們暫時不考慮$g^1(\mathbf{x})-\overline{L}=0$的限制, 則由圖 4.3.2 我們知道B是最適點, 且在B點的福利水準也比在點$\mathbf{x}^*$爲高。更重要的是, B點沒有違反該經濟社會的資源限制。在B點資本達到充分就業, 但所使用的勞動力比此社會所擁有的少, 因此絕對是一個可能選取的均衡點。現在, 等式限制條件的另一個問題就變得很明顯。既然B點是可能選取的點, 且在B點的福利較$\mathbf{x}^*$點爲高, 那又有什麼理由一定要追求所有資源均充分就業的$\mathbf{x}^*$而捨社會福利較高之B點呢? 一般而言, 當然沒有什麼特別的意義要求達到點$\mathbf{x}^*$。$\mathbf{x}^*$之所以被選取, 只不過是因爲兩個等式限制條件迫使機會集合退化成僅含有$\mathbf{x}^*$一點, 以致沒有什麼選擇而已。因此, 一個合理的修正方向就是, 在不違反資源限制的條件下, 追求社會福利之極大。換句話說, 只要勞動和資本的使用量不超過該經濟社會所擁有的數量, 該經濟

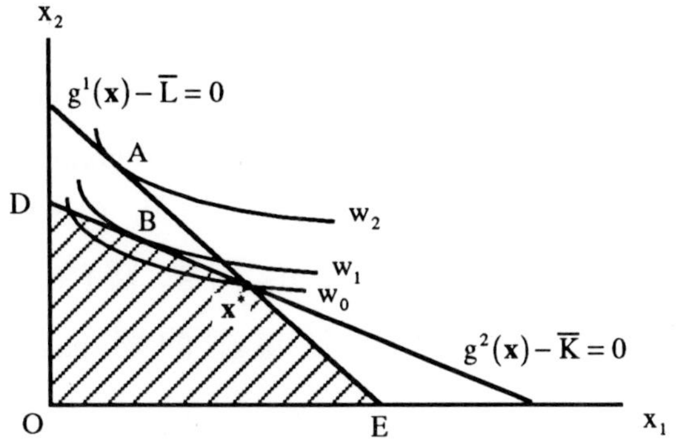

圖 4.3.2

社會就可選取任何一點以求社會福利之極大。以圖 4.3.2 來說，兩個資源限制式現在成爲 $g^1(\mathbf{x})-\overline{L}\le 0$ 和 $g^2(\mathbf{x})-\overline{K}\le 0$，於是機會集合成爲圖中斜線部分（即 $OD\mathbf{x}^*E$）。在這種新的限制之下，我們很清楚的看到，點 A 在機會集合之外，無法達到；點 $\mathbf{x}^*$ 雖然在機會集合中，但其所帶來的福利水準遠不如點 B。事實上，就圖 4.3.2 中所示的情形，點 B 才是最適解。

• Kuhn Tucker 條件之推導

上面這些說明，指出了靜態最適理論的另一個方向，即不等式限制條件（包括變數值及限制式）最適化理論，這也就是我們在這一節中要討論的課題。這個問題可寫成下面的形式：

$$f: X\to \boldsymbol{R},\quad g^j: X\to \boldsymbol{R},\quad X\subset \boldsymbol{R}^n,\quad j=1,\cdots,m,$$

$$\max_{\mathbf{x}}\ f(\mathbf{x})\quad \text{s.t. } \mathbf{g}(\mathbf{x})\ge \mathbf{0}_m,\quad \mathbf{x}\ge \mathbf{0}_n, \tag{4.3.1}$$

與前面相同，上式中 $\mathbf{g}(\mathbf{x})=\left(g^1(\mathbf{x}),\cdots,g^m(\mathbf{x})\right)^T$。

在討論解 (4.3.1) 前，我們先對此問題的一些性質加以說明：

(1) 當 f 和 g^j $(j=1,\cdots,m)$ 都是線性函數時, (4.3.1) 稱爲線性規劃問題 (linear programming problem)。如果去掉 f 和 g^j $(j=1,\cdots,m)$ 都是線性函數的限制, 則我們可將 (4.3.1) 看爲是線性規劃問題的一般化, 通稱爲非線性規劃問題 (nonlinear programming problem)。在 f 和 g^j $(j=1,\cdots,m)$ 都是凹函數的特殊情況, (4.3.1) 稱爲凹性規劃問題 (concave programming problem)。同理, 當 f 和 g^j $(j=1,\cdots,m)$ 均爲準凹函數時, 稱爲準凹性規劃問題 (quasiconcave programming problem)。

(2) 如果在同樣的限制條件下, 我們要求 $f(\mathbf{x})$ 之極小値, 則可將其寫成 $\max_{\mathbf{x}} \ -f(\mathbf{x})$。

(3) 限制條件 $\mathbf{g}(\mathbf{x}) \geq \mathbf{0}_m$ 和 $\mathbf{x} \geq \mathbf{0}_n$ 絕對不可改爲 $\mathbf{g}(\mathbf{x}) > \mathbf{0}_m$ 和 $\mathbf{x} > \mathbf{0}_n$。但因 $\mathbf{g}(\mathbf{x}) \geq \mathbf{0}_m$, $\mathbf{x} \geq \mathbf{0}_n$ 與 $-\mathbf{g}(\mathbf{x}) \leq \mathbf{0}_m$, $-\mathbf{x} \leq \mathbf{0}_n$ 完全相同, 故不等式的符號方向並不重要。然而, 在同一問題中, 應保持符號的一致性, 且應配合限制式的經濟意義。

(4) (4.3.1) 並不限於討論不等式限制問題, 它也包括了等式限制條件, 因爲 $\mathbf{g}(\mathbf{x}) = \mathbf{0}_m$ 可寫成 $\mathbf{g}(\mathbf{x}) \geq \mathbf{0}_m$ 和 $-\mathbf{g}(\mathbf{x}) \geq \mathbf{0}_m$。

(5) 和等式限制條件最大的不同是, (4.3.1) 中我們不必限制 $m < n$。

(6) 如果 (4.3.1) 爲一（準）凹性規劃問題（當然, 線性規劃問題也是凹性規劃問題）, 則我們知道 X 爲一凸集合, 且所有 $g^j(\mathbf{x})$ 的上水平集合均爲凸集合。因而這個問題的機會集合 $K = \{\mathbf{x} \in X \mid \mathbf{g}(\mathbf{x}) \geq \mathbf{0}_m,\ \mathbf{x} \geq \mathbf{0}_n\}$ 必然是凸集合。又因 f 爲凹函數, 故根據定理 4.1.3, f 的任何局部極大也是全域極大。

由於非線性規劃問題, 一般讀者較不熟悉, 且其正式理論的推演較爲複雜, 因此我們先以較直覺的方式化成等式限制條件問題, 利用我們所熟悉的 Lagrange 法導出一些解題的條件, 最後才正式證明相關的定理。

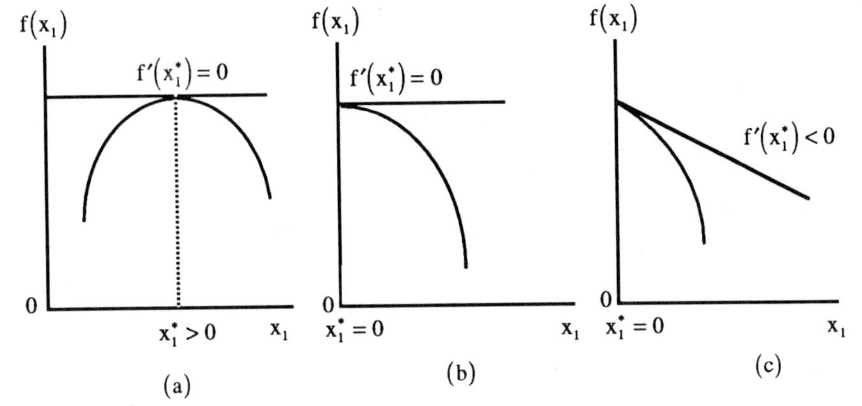

圖 4.3.3

首先, 讓我們將 (4.3.1) 中 $\mathbf{g}(\mathbf{x}) \geq \mathbf{0}_m$ 的限制去除, 只考慮 $\mathbf{x} \geq \mathbf{0}_n$ 的限制, 看看對極大化的解有什麼影響。以單變數爲例, 假定我們要求函數 $f: \boldsymbol{R}_+ \to \boldsymbol{R}$ 之極大, 則在 $x_1 \geq 0$ 的限制下, 極大可能有如圖 4.3.3 中的三種情形。

在圖 4.3.3 (a) 中, 極大產生於 $x_1^* > 0$ 的範圍, 故限制條件 $x_1 \geq 0$ 無效 (unbinding 或 slack), 這種結果與沒對 x_1 加以限制完全相同, x_1^* 必須爲函數 f 的一臨界點, 即 $f'(x_1^*) = 0$。圖 4.3.3 (c) 中, 最適解 $x_1^* = 0$, 但由圖可知函數 f 在此點的導數並不等於 0, 因而 x_1^* 並不是一臨界點。事實上, $f'(x_1^*) < 0$。圖 4.3.3 (b) 則爲一特殊情況, 與 (c) 一樣, $x_1^* = 0$, 因此限制式 $x_1 \geq 0$ 有效 (binding), 但在 $x_1^* = 0$ 這點又剛好是 f 的一個臨界點而使 $f'(x_1^*) = 0$。綜合上面三種可能情形, 我們知道, 在 $x_1 \geq 0$ 的限制下, 若 x_1^* 爲 f 的一極大, 則應符合

$$x_1^* > 0 \text{ 且 } f'(x_1^*) = 0,$$

或 $$x_1^* = 0 \text{ 且 } f'(x_1^*) \leq 0,$$

更簡潔點, 若 x_1^* 爲極大, 則滿足

$$x_1^* \geq 0, \; f'(x_1^*) \leq 0, \; x_1^* f'(x_1^*) = 0。 \tag{4.3.2}$$

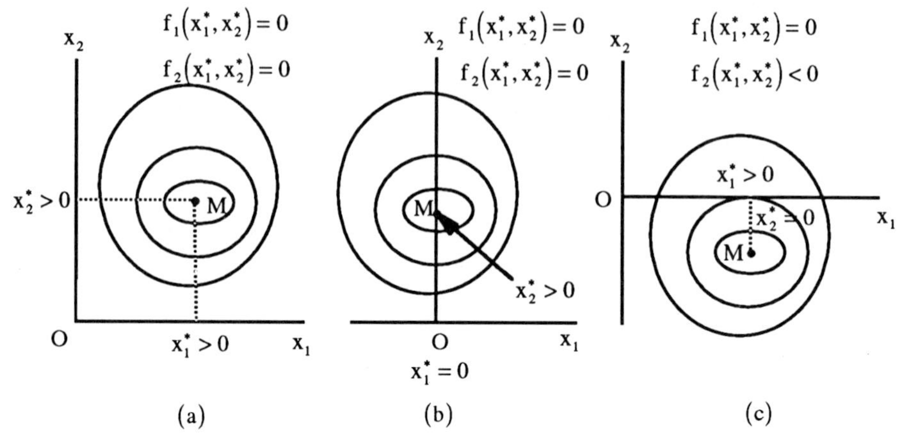

圖 4.3.4

這個結果, 在變數數目超過一個時, 仍然成立。圖 4.3.4 爲兩個變數時的部分圖形（總共有九種情形, 讀者可自行畫出）。圖中的圈圈代表等值線, M 爲在沒有任何限制下, f 之值爲最大的點, 故愈靠近 M 點的圈圈代表愈大的 f 值。由圖可看出, 和一個變數的情形相同。若 $\mathbf{x}^* = (x_1^*, x_2^*)$ 爲在 $x_1 \geq 0$, $x_2 \geq 0$ 限制下的極大, 則應滿足

$$x_i^* \geq 0\,,\ f_i(\mathbf{x}^*) \leq 0\,,\ x_i^* f_i(\mathbf{x}^*) = 0\,,\ i = 1,2。 \tag{4.3.3}$$

現在, 我們來看 n 個變數的情形。假定 $\mathbf{x}^*$ 爲

$$\max_{\mathbf{x}}\ f(\mathbf{x}) \quad \text{s.t.}\ \ \mathbf{x} \geq \mathbf{0}_n \tag{4.3.4}$$

的一個解, 則對任何 $\mathbf{x} \in B(\mathbf{x}^*;\varepsilon)$ 都有

$$f(\mathbf{x}^*) \geq f(\mathbf{x})。 \tag{4.3.5}$$

由泰勒展開式, 我們知道存在一 $0 < \lambda < 1$, 使得

$$f(\mathbf{x}) = f(\mathbf{x}^*) + \left[f_{\mathbf{x}}(\lambda\mathbf{x}^* + (1-\lambda)\mathbf{x})\right]^T (\mathbf{x} - \mathbf{x}^*)。 \tag{4.3.6}$$

由 (4.3.5) 與 (4.3.6) 知

$$\left[\mathbf{f}_{\mathbf{x}}\left(\lambda\mathbf{x}^{*}+(1-\lambda)\mathbf{x}\right)\right]^{T}\left(\mathbf{x}-\mathbf{x}^{*}\right)\leq 0, \tag{4.3.7}$$

令 $\lambda\to 1$, 則上式成爲

$$\left[\mathbf{f}_{\mathbf{x}}\left(\mathbf{x}^{*}\right)\right]^{T}\left(\mathbf{x}-\mathbf{x}^{*}\right)\leq 0。 \tag{4.3.8}$$

若 $\mathbf{x}^{*}$ 爲一內部解, 即限制條件無效, 或 $\mathbf{x}^{*}>\mathbf{0}_{n}$, 則 (4.3.8) 對任何方向的 $\mathbf{x}$ 均成立。和定理 4.1.1 的證明完全相同, 我們可得

$$\mathbf{f}_{\mathbf{x}}\left(\mathbf{x}^{*}\right)=\mathbf{0}_{n}。 \tag{4.3.9}$$

但, 若 $\mathbf{x}^{*}\geq\mathbf{0}_{n}$ 且 $\mathbf{x}^{*}\not>\mathbf{0}_{n}$, 則至少有一限制條件爲有效。假定除了 $x_i^{*}=0$ 外, 其餘限制條件均無效（即 $x_j^{*}>0,\ j=1,\cdots,n,\ j\neq i$）, 並假定 $\mathbf{x}$ 和 $\mathbf{x}^{*}$ 的差別僅在第 i 個元素, 則 $\mathbf{x}-\mathbf{x}^{*}=\left(0,0,\cdots,x_i-x_i^{*},\cdots,0\right)^{T}$, 那麼 (4.3.8) 就成爲

$$f_i\left(\mathbf{x}^{*}\right)\left(x_i-x_i^{*}\right)\leq 0。 \tag{4.3.10}$$

因 $x_i\geq 0$, 而 $x_i^{*}=0$, 因此 $x_i-x_i^{*}\geq 0$, 故 (4.3.10) 隱含

$$f_i\left(\mathbf{x}^{*}\right)\leq 0。 \tag{4.3.11}$$

換句話說, 當 $x_i^{*}=0$ 時, (4.3.11) 式就必須成立。綜合上面的討論, 我們知道, 若 $\mathbf{x}^{*}$ 爲最適解, 且 $x_i^{*}>0$ 時, 則 $f_i\left(\mathbf{x}^{*}\right)=0$；反之, 若 $x_i^{*}=0$ 則有 $f_i\left(\mathbf{x}^{*}\right)\leq 0$。因此, 不管是那一種情形, 若 $\mathbf{x}^{*}$ 爲最適解, 恆有 $x_i^{*}f_i\left(\mathbf{x}^{*}\right)=0$, 故我們可將 (4.3.4) 的解的必要條件寫成

$$\mathbf{f}_{\mathbf{x}}\left(\mathbf{x}^{*}\right)\leq\mathbf{0}_{n},$$

$$\mathbf{x}^{*}\geq\mathbf{0}_{n},$$

$$\mathbf{x}^{*T}\mathbf{f}_{\mathbf{x}}\left(\mathbf{x}^{*}\right)=0。 \tag{4.3.12}$$

(4.3.12) 第三式左邊雖然等於 $\sum_{i=1}^{n}x_i^{*}\,f_i\left(\mathbf{x}^{*}\right)$, 但因 $x_i^{*}\geq 0$, $f_i\left(\mathbf{x}^{*}\right)\leq 0$, 故欲使 $\mathbf{x}^{*T}\mathbf{f}_{\mathbf{x}}\left(\mathbf{x}^{*}\right)=0$ 的唯一可能就是所有 $x_i^{*}f_i\left(\mathbf{x}^{*}\right)=0$, 與上面的結果完全相同。

【例 4.3.1】某廠商之總收入函數為 $TR = 10q - q^2 + \frac{a}{2} - \frac{a^2}{2}$，其中 q 代表銷售量，a 為廣告支出。若此廠商之總成本為 $TC = \frac{q^2}{2} + 5q + a + 1$，則該廠商應生產多少產品，花多少廣告費，以使利潤達到最大？

解：利潤 $\pi = TR - TC = -\frac{3}{2}q^2 + 5q - \frac{a^2}{2} - \frac{a}{2} - 1$。

由常識我們可知道，生產量和廣告支出不可能是負值。因此，在此問題中，事實上，我們是假定了 $q \geq 0$，$a \geq 0$ 的限制。現在，如果我們忽略此限制，而以 4.1 節的方法求 π 之極大，則其一階條件為

$$\frac{\partial \pi}{\partial q} = -3q^* + 5 = 0,$$

$$\frac{\partial \pi}{\partial a} = -a^* - \frac{1}{2} = 0。 \tag{4.3.13}$$

解得 $q^* = \frac{5}{3}$，$a^* = -\frac{1}{2}$。因 Hessian 矩陣

$$\pi_{xx^T} = \begin{pmatrix} -3 & 0 \\ 0 & -1 \end{pmatrix} \tag{4.3.14}$$

為負定，故我們知道上述解確使利潤達到極大；此時該廠商的利潤為 $\pi^* = \frac{79}{24}$。但是，這個最適解卻包含負的廣告支出，和我們的經濟常識不一致。為了避免這個結果，我們應將 $q \geq 0$，$a \geq 0$ 的限制明確在解題過程中加以考慮。根據 (4.3.12)，一階條件為

$$q^* \geq 0, \tag{4.3.15}$$

$$\frac{\partial \pi}{\partial q} = -3q^* + 5 \leq 0, \tag{4.3.16}$$

$$q^* \frac{\partial \pi}{\partial q} = q^*(-3q^* + 5) = 0, \tag{4.3.17}$$

$$a^* \geq 0, \tag{4.3.18}$$

$$\frac{\partial \pi}{\partial a} = -a^* - \frac{1}{2} \leq 0, \tag{4.3.19}$$

$$a^* \frac{\partial \pi}{\partial a} = a^*\left(-a^* - \frac{1}{2}\right) = 0。 \tag{4.3.20}$$

若 $q^* = 0$, 則由 (4.3.16) 得 $5 \leq 0$, 不可能, 因此 $q^* > 0$。由 (4.3.17) 可得 $-3q^* + 5 = 0$, 故 $q^* = \frac{5}{3}$。若 $a^* > 0$, 則 (4.3.20) 隱含 $-a^* - \frac{1}{2} = 0$, 所以 $a^* = -\frac{1}{2}$, 彼此矛盾, 因此 $a^* = 0$。當 $a^* = 0$ 時 (4.3.19) 亦成立。此時該廠商之最大利潤爲 $\pi^* = \frac{19}{6}$。讀者可自行查看, 這確實是在 $q \geq 0$, $a \geq 0$ 的限制下的最大利潤。

現在, 我們可利用解 (4.3.4) 的方法來探討包括其他不等式限制條件的問題, 即 (4.3.1)。我們採取的策略是, 將不等式限制條件 $g(\mathbf{x}) \geq \mathbf{0}_m$ 改爲等式, 再利用 4.2 節的 Lagrange 法以及 (4.3.12) 來求解。這個方法的優點, 除了容易了解外, 更可連接等式限制的 Lagrange 法及非線性規劃的 Kuhn-Tucker 條件。由 $g(\mathbf{x}) \geq \mathbf{0}_m$, 我們知道可以找到 $\mathbf{s} = (s_1, s_2, \cdots, s_m)^T \geq \mathbf{0}_m$ 使得 $g(\mathbf{x}) - \mathbf{s} = \mathbf{0}_m$。如此, 我們可將 (4.3.1) 改寫成

$$\begin{aligned} \max_{\mathbf{x}} \quad & f(\mathbf{x}) \\ \text{s.t.} \quad & g(\mathbf{x}) - \mathbf{s} = \mathbf{0}_m, \\ & \mathbf{x} \geq \mathbf{0}_n, \\ & \mathbf{s} \geq \mathbf{0}_m。 \end{aligned} \tag{4.3.1'}$$

正如例 4.3.1 中所提到的, 我們可先將 (4.3.1') 中 $\mathbf{x} \geq \mathbf{0}_n$, $\mathbf{s} \geq \mathbf{0}_m$ 的限制暫時忽略, 那麼 (4.3.1') 即成爲 4.2 節中的等式限制條件的問題, 故可用 Lagrange 法求解, 其對應之 Lagrangean 函數爲

$$\tilde{L}(\mathbf{x}, \mathbf{s}, \lambda) = f(\mathbf{x}) + \lambda^T(g(\mathbf{x}) - \mathbf{s}), \tag{4.3.21}$$

如果 $\mathbf{x}$ 和 $\mathbf{s}$ 沒有符號限制, 則由 4.2 節, 我們知道 (4.3.1') 的一階條件剛好是 $\tilde{L}(\mathbf{x},\mathbf{s},\lambda)$ 的所有偏導數均等於零, 即 $\tilde{L}_{\mathbf{x}}=\mathbf{0}_n$， $\tilde{L}_{\mathbf{s}}=\tilde{L}_\lambda=\mathbf{0}_m$。但若有 $\mathbf{x}\geq\mathbf{0}_n$ 和 $\mathbf{s}\geq\mathbf{0}_m$ 的限制, 則由上面的討論, 一階條件應修正如 (4.3.12), 其結果爲

$$
\begin{aligned}
&\tilde{L}_{\mathbf{x}}(\mathbf{x}^*,\mathbf{s}^*,\lambda^*)=f_{\mathbf{x}}(\mathbf{x}^*)+\left[\mathbf{g}_{\mathbf{x}}(\mathbf{x}^*)\right]^T\lambda^*\leq\mathbf{0}_n,\\
&\mathbf{x}^*\geq\mathbf{0}_n,\\
&\mathbf{x}^{*T}\left[f_{\mathbf{x}}(\mathbf{x}^*)+\left[\mathbf{g}_{\mathbf{x}}(\mathbf{x}^*)\right]^T\lambda^*\right]=0,\\
&\tilde{L}_{\mathbf{s}}(\mathbf{x}^*,\mathbf{s}^*,\lambda^*)=-\lambda^*\leq\mathbf{0}_m,\\
&\mathbf{s}^*\geq\mathbf{0}_m,\\
&\mathbf{s}^{*T}(-\lambda^*)=0,\\
&\tilde{L}_\lambda(\mathbf{x}^*,\mathbf{s}^*,\lambda^*)=\mathbf{g}(\mathbf{x}^*)-\mathbf{s}^*=\mathbf{0}_m,
\end{aligned}
\tag{4.3.22}
$$

在 (4.3.22) 第一式中, $\left[\mathbf{g}_{\mathbf{x}}(\mathbf{x}^*)\right]^T$ 是 $\mathbf{g}_{\mathbf{x}^T}(\mathbf{x}^*)$ 的轉置矩陣, 因此爲一 $n\times m$ 矩陣。由 (4.3.22) 最後一式可得 $\mathbf{g}(\mathbf{x}^*)=\mathbf{s}^*$, 我們可利用這個結果消去 (4.3.22) 中之 $\mathbf{s}^*$ 而得到 (4.3.22')

$$
\begin{aligned}
&f_{\mathbf{x}}(\mathbf{x}^*)+\left[\mathbf{g}_{\mathbf{x}}(\mathbf{x}^*)\right]^T\lambda^*\leq\mathbf{0}_n,\\
&\mathbf{x}^*\geq\mathbf{0}_n,\\
&\mathbf{x}^{*T}\left[f_{\mathbf{x}}(\mathbf{x}^*)+\left[\mathbf{g}_{\mathbf{x}}(\mathbf{x}^*)\right]^T\lambda^*\right]=0,\\
&\lambda^*\geq\mathbf{0}_m,\\
&\mathbf{g}(\mathbf{x}^*)\geq\mathbf{0}_m,\\
&\lambda^{*T}\left[\mathbf{g}(\mathbf{x}^*)\right]=0,
\end{aligned}
\tag{4.3.22'}
$$

(4.3.22') 即是非線性規劃中著名的 Kuhn-Tucker 條件。

現在我們定義對應於 (4.3.1)之 Lagrangean 函數爲

$$
L(\mathbf{x},\lambda)=f(\mathbf{x})+\lambda^T\mathbf{g}(\mathbf{x}),
\tag{4.3.23}
$$

則上述 Kuhn-Tucker 條件可寫成下列較簡潔的形式:

$$\begin{aligned}
&\mathbf{L}_{\mathbf{x}}\left(\mathbf{x}^{*},\lambda^{*}\right)=\mathbf{f}_{\mathbf{x}}\left(\mathbf{x}^{*}\right)+\left[\mathbf{g}_{\mathbf{x}}\left(\mathbf{x}^{*}\right)\right]^{T}\lambda^{*}\leq\mathbf{0}_{n},\\
&\mathbf{x}^{*}\geq\mathbf{0}_{n},\\
&\mathbf{x}^{*T}\mathbf{L}_{\mathbf{x}}\left(\mathbf{x}^{*},\lambda^{*}\right)=\mathbf{x}^{*T}\left[\mathbf{f}_{\mathbf{x}}\left(\mathbf{x}^{*}\right)+\left[\mathbf{g}_{\mathbf{x}}\left(\mathbf{x}^{*}\right)\right]^{T}\lambda^{*}\right]=0,\\
&\mathbf{L}_{\lambda}\left(\mathbf{x}^{*},\lambda^{*}\right)=\mathbf{g}\left(\mathbf{x}^{*}\right)\geq\mathbf{0}_{m},\\
&\lambda^{*}\geq\mathbf{0}_{m},\\
&\lambda^{*T}\mathbf{L}_{\lambda}\left(\mathbf{x}^{*},\lambda^{*}\right)=\lambda^{*T}\mathbf{g}\left(\mathbf{x}^{*}\right)=0,
\end{aligned}\qquad (4.3.22'')$$

(4.3.22") 前面兩式意謂 $x_i \geq 0$, $\frac{\partial L}{\partial x_i} \leq 0$, $(i = 1,\cdots,n)$, 故第三式 $x_i \frac{\partial L}{\partial x_i} = 0$, 隱含 x_i 和 $\frac{\partial L}{\partial x_i}$ $(i = 1,\cdots,n)$ 中至少有一個等於零。同理, (4.3.22") 後三式隱含 λ_k 和 $\frac{\partial L}{\partial \lambda_k}$, $(k = 1,\cdots,m)$ 中至少有一爲零。如果我們忽略 x_i 與 $\frac{\partial L}{\partial x_i}$ 同時爲零及 λ_k 與 $\frac{\partial L}{\partial \lambda_k}$ 同時爲零的情形, 則可得到下列的結果:

若 $x_i > 0$, 則 $\frac{\partial L}{\partial x_i} = 0$; 若 $\frac{\partial L}{\partial x_i} < 0$, 則 $x_i = 0$, $(i = 1,\cdots,n)$;

若 $\lambda_k > 0$, 則 $\frac{\partial L}{\partial \lambda_k} = 0$; 若 $\frac{\partial L}{\partial \lambda_k} > 0$, 則 $\lambda_k = 0$, $(k = 1,\cdots,m)$。

【例 4.3.2】一消費者的效用函數爲 $U(x_1,x_2) = \ln x_1 + \ln(x_2 + 5)$。假定該消費者的所得是 4, 且 x_1 和 x_2 的價格爲 $p_1 = p_2 = 1$, 則此消費者應消費多少的 x_1 和 x_2, 以使其效用達到極大?

解: 此消費者所面對的問題爲

$$\begin{aligned}
&\max_{\mathbf{x}} \ \ln x_1 + \ln(x_2 + 5)\\
&\text{s.t.} \ \ x_1 + x_2 \leq 4,\\
&\qquad x_1, x_2 \geq 0。
\end{aligned}$$

首先設立 Lagrangean 函數:

$$L(x_1, x_2, \lambda) = \ln x_1 + \ln(x_2 + 5) + \lambda(4 - x_1 - x_2),$$

根據 (4.3.22")，Kuhn-Tucker 條件爲

$$\frac{\partial L}{\partial x_1}=\frac{1}{x_1^*}-\lambda^*\leq 0, \tag{a}$$

$$x_1^*\geq 0, \tag{b}$$

$$x_1^*\left(\frac{1}{x_1^*}-\lambda^*\right)=0, \tag{c}$$

$$\frac{\partial L}{\partial x_2}=\frac{1}{x_2^*+5}-\lambda^*\leq 0, \tag{d}$$

$$x_2^*\geq 0, \tag{e}$$

$$x_2^*\left(\frac{1}{x_2^*+5}-\lambda^*\right)=0, \tag{f}$$

$$\frac{\partial L}{\partial \lambda}=4-x_1^*-x_2^*\geq 0, \tag{g}$$

$$\lambda^*\geq 0, \tag{h}$$

$$\lambda^*\frac{\partial L}{\partial \lambda}=\lambda^*\left(4-x_1^*-x_2^*\right)=0。 \tag{i}$$

我們可以立即看出 $\lambda^*>0$, 因如果 $\lambda^*=0$, 則由 (d) 可得 $x_2^*\leq -5$，但這與 (e) $x_2^*\geq 0$ 的條件矛盾。當 $\lambda^*>0$, 則由 (i) 知

$$4-x_1^*-x_2^*=0, \tag{j}$$

又由對數函數的性質, 我們知道 x_1^* 不可能爲零, 因而 $x_1^*>0$，則由 (c) 可得

$$\frac{1}{x_1^*}-\lambda^*=0, \tag{k}$$

若 $x_2^*>0$, 則由 (f) 可知

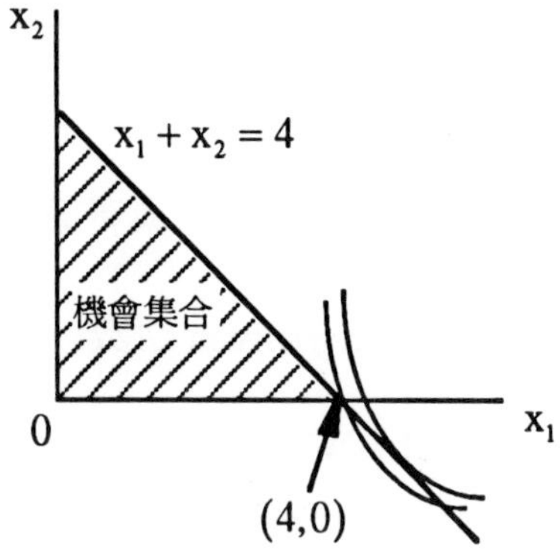

圖 4.3.5

$$\frac{1}{x_2^* + 5} - \lambda^* = 0。\tag{l}$$

由 (k) 與 (l), 我們得知

$$x_1^* = x_2^* + 5。\tag{m}$$

將 (m) 代入 (j) 解得 $x_2^* = -\frac{1}{2}$, 但這和 $x_2^* > 0$ 之假設不符。若 $x_2^* = 0$, 則由 (j) 可得 $x_1^* = 4$。將 x_1^* 代入 (k) 解得 $\lambda^* = \frac{1}{4}$。最後, 將 $x_2^* = 0$ 和 $\lambda^* = \frac{1}{4}$ 代入 (d) 得到 $-\frac{1}{20} \le 0$, 沒有矛盾。因此, 最適消費量爲 $x_1^* = 4$, $x_2^* = 0$。雖然, 我們尚未討論如何確定 $(x_1^*, x_2^*) = (4,0)$ 爲一 (限制) 極大, 但目前我們可由圖 4.3.5 看出其確是效用極大的解。

【例 4.3.3】一消費者以其所得 I, 依價格 p_R, p_B 和 p_V 分別購買食米 (R), 牛肉 (B) 和青菜 (V) 三種食品。假定該消費者的效用函數 U(R,B,V) 爲一嚴格凹函數, 且所有三種食品的邊際效用均爲正值。

(i) 寫出效用極大的 Kuhn-Tucker 條件, 並證明該消費者會將全部所得花費在這三種食品上。

(ii) 若 $U_B/U_V > c > 1$, 其中 c 爲常數。試說明此消費者僅在 $p_B/p_V > c$ 時方同時消費牛肉和青菜。又, 若 $p_B/p_V \le c$, 則該消費者不會購買牛肉或青菜?

解: 依題意, 我們可寫出下列的 Lagrangean 函數

$$L(R,B,V,\lambda) = U(R,B,V) + \lambda(I - p_R R - p_B B - p_V V),$$

(i) 根據 (4.3.22"), 我們可將 Kuhn-Tucker 條件寫成:

$$\frac{\partial L}{\partial R} = U_R - \lambda^* p_R \le 0, \tag{a}$$

$$R^* \ge 0, \tag{b}$$

$$R^* \frac{\partial L}{\partial R} = R^*\left(U_R - \lambda^* p_R\right) = 0, \tag{c}$$

$$\frac{\partial L}{\partial B} = U_B - \lambda^* p_B \le 0, \tag{d}$$

$$B^* \ge 0, \tag{e}$$

$$B^* \frac{\partial L}{\partial B} = B^*\left(U_B - \lambda^* p_B\right) = 0, \tag{f}$$

$$\frac{\partial L}{\partial V} = U_V - \lambda^* p_V \le 0, \tag{g}$$

$$V^* \ge 0, \tag{h}$$

$$V^* \frac{\partial L}{\partial V} = V^*\left(U_V - \lambda^* p_V\right) = 0, \tag{i}$$

$$\frac{\partial L}{\partial \lambda} = I - p_R R^* - p_B B^* - p_V V^* \ge 0, \tag{j}$$

$$\lambda^* \ge 0, \tag{k}$$

$$\lambda^* \frac{\partial L}{\partial \lambda} = \lambda^*\left(I - p_R R^* - p_B B^* - p_V V^*\right) = 0 \text{。} \tag{l}$$

若此人未將所有所得花在這三種食品上, 則 (j) 成爲 $\frac{\partial L}{\partial \lambda} > 0$, 再與 (k) , (l) 結合, 我們得到 $\lambda^* = 0$。但將 $\lambda^* = 0$ 代入 (a) 式, 則隱含 $U_R \leq 0$。這與題目中三種食品的邊際效用均爲正值的假設矛盾, 不可能。因此, 我們知道此人應將全部所得都花在這三種食品上。

(ii) 若 $B^* > 0$, $V^* > 0$, 則由 (e)-(i) 可得

$$U_B - \lambda^* p_B = 0 \text{,}$$

$$U_V - \lambda^* p_V = 0 \text{。}$$

故知 $\frac{U_B}{U_V} = \frac{p_B}{p_V}$, 或 $\frac{p_B}{p_V} = \frac{U_B}{U_V} > c > 1$。反之, 若 $\frac{p_B}{p_V} \leq c$, 由上面的結果, 我們知道, 此消費者不可能同時購買牛肉和青菜。

假定 $B^* > 0$, $V^* = 0$。則由 (d) , (e) 和 (f) 可得

$$U_B - \lambda^* p_B = 0 \text{,} \tag{d'}$$

又由 (g) , (h) 和 (i)

$$U_V - \lambda^* p_V \leq 0 \text{,} \tag{g'}$$

若 $U_V - \lambda^* p_V = 0$, 則由 (d') 可知 $\frac{U_B}{p_B} = \lambda^* = \frac{U_V}{p_V}$, 或 $\frac{U_B}{U_V} = \frac{p_B}{p_V}$, 此與 $\frac{U_B}{U_V} > c \geq \frac{p_B}{p_V}$ 的假設不符。若 $U_V - \lambda^* p_V < 0$, 則由 (d') 可得

$$\frac{U_B}{p_B} = \lambda^* > \frac{U_V}{p_V} \text{,}$$

或 $$\frac{U_B}{U_V} > \frac{p_B}{p_V} \text{。} \tag{m}$$

此與$\dfrac{U_B}{U_V} > c \geq \dfrac{p_B}{p_V}$之假設不發生矛盾。

反之, 若$B^* = 0$, $V^* > 0$, 則與上面相同的過程可得

$$U_B - \lambda^* p_B \leq 0, \tag{d''}$$

$$U_V - \lambda^* p_V = 0。 \tag{g''}$$

故 $$\frac{U_B}{U_V} \leq \frac{p_B}{p_V}。 \tag{n}$$

此與$\dfrac{U_B}{U_V} > c$及$\dfrac{p_B}{p_V} \leq c$的假設矛盾, 故不可能。因此, 我們知道, 當$\dfrac{p_B}{p_V} \leq c$時, 此消費者只會購買牛肉而不會購買青菜。這個經濟意義很簡單, 因我們假設$\dfrac{U_B}{U_V} > c > 1$, 即牛肉的邊際效用遠高於青菜的邊際效用。因此, 只有當牛肉的價格相對地高於青菜時, 此人才會同時消費牛肉和青菜。當$\dfrac{p_B}{p_V} \leq c$時, 表示牛肉相對於青菜的價格並未高到一定的程度, 故此人當然選用邊際效用相對較高的牛肉而不消費青菜了。最後, 讀者應試著查看是否可能有$B^* = V^* = 0$的情形, 如果眞的這樣, 其經濟意義何在?

• Kuhn Tucker 定理之證明

前面, 我們以圖解推導方式, 加上 Lagrange 法得到 Kuhn-Tucker 條件。接著我們要以較嚴謹的方法來證明非線性規劃問題的相關定理。爲了方便起見, 我們將問題重述於 (4.3.24) :

$$f\colon X \to \boldsymbol{R},\ g^j\colon X \to \boldsymbol{R},\ X \subset \boldsymbol{R}^n,\ j = 1, \cdots, m, \tag{4.3.24}$$

$$\max_{\mathbf{x}}\ f(\mathbf{x}) \qquad \text{s.t.}\ \ \mathbf{g}(\mathbf{x}) \geq \mathbf{0}_m,\ \mathbf{x} \geq \mathbf{0}_n。$$

另外, 定義對應於 (4.3.24) 的 Lagrangean 函數爲

$$L(\mathbf{x},\lambda)=f(\mathbf{x})+\lambda^T\mathbf{g}(\mathbf{x})=f(\mathbf{x})+\sum_{j=1}^{m}\lambda_j g^j(\mathbf{x})。 \tag{4.3.25}$$

定義 4.3.1：在問題 (4.3.24) 中，若對任何 $\mathbf{x}\in X$， $\mathbf{x}\geq\mathbf{0}_n$ 和 $\lambda\geq\mathbf{0}_m$，$(\mathbf{x}^*,\lambda^*)\geq(\mathbf{0}_n,\mathbf{0}_m)$ 均滿足 $L(\mathbf{x},\lambda^*)\leq L(\mathbf{x}^*,\lambda^*)\leq L(\mathbf{x}^*,\lambda)$，則 $(\mathbf{x}^*,\lambda^*)$ 稱爲 Lagrangean 函數 $L(\mathbf{x},\lambda)$ 的一個馬鞍點 (saddle point)。

簡單地說, 所謂 $(\mathbf{x}^*,\lambda^*)$ 爲 $L(\mathbf{x},\lambda)$ 的馬鞍點, 意指當 λ 固定於 λ^* 時, $\mathbf{x}^*$ 使 $L(\mathbf{x},\lambda^*)$ 的函數值達到最大, 即 $L(\mathbf{x}^*,\lambda^*)=\max_{\mathbf{x}} L(\mathbf{x},\lambda^*)$, $\mathbf{x}\in X\cap \boldsymbol{R}^n_+$; 同理, 當 $\mathbf{x}$ 固定於 $\mathbf{x}^*$ 時, λ^* 使 $L(\mathbf{x}^*,\lambda)$ 達到最小, 即 $L(\mathbf{x}^*,\lambda^*)=\min_{\lambda} L(\mathbf{x}^*,\lambda)$, $\lambda\in \boldsymbol{R}^m_+$。

※**定理 4.3.1**：在問題 (4.3.24) 中, 若 $(\mathbf{x}^*,\lambda^*)$ 爲 Lagrangean 函數 $L(\mathbf{x},\lambda)$ 的一個馬鞍點, 則 $\mathbf{g}(\mathbf{x}^*)\geq\mathbf{0}_m$, 且 $\lambda^{*T}\mathbf{g}(\mathbf{x}^*)=0$。

證明: 若 $(\mathbf{x}^*,\lambda^*)$ 爲 $L(\mathbf{x},\lambda)$ 的一個馬鞍點, 則由定義 4.3.1 可得

$$f(\mathbf{x}^*)+\sum_{j=1}^{m}\lambda_j^* g^j(\mathbf{x}^*)\leq f(\mathbf{x}^*)+\sum_{j=1}^{m}\lambda_j g^j(\mathbf{x}^*), \tag{4.3.26}$$

或 $$\sum_{j=1}^{m}\lambda_j^* g^j(\mathbf{x}^*)\leq \sum_{j=1}^{m}\lambda_j g^j(\mathbf{x}^*)。 \tag{4.3.26'}$$

現若存在一 j 使得 $g^j(\mathbf{x}^*)<0$, 則在 λ^* 給定的情況下, 必可找到一足夠大的 λ_j 使得 (4.3.26') 不成立, 因此所有 $g^j(\mathbf{x}^*)$ 必須不爲負值, 即 $\mathbf{g}(\mathbf{x}^*)\geq\mathbf{0}_m$。因 $\lambda^*\geq\mathbf{0}_m$ 且 $\mathbf{g}(\mathbf{x}^*)\geq\mathbf{0}_m$, 故

$$\lambda^{*T}\mathbf{g}(\mathbf{x}^*)=\sum_{j=1}^{m}\lambda_j^* g^j(\mathbf{x}^*)\geq 0。 \tag{4.3.27}$$

但 (4.3.26') 乃是對任意 $\lambda\geq\mathbf{0}_m$ 均成立, 因此, 對 $\lambda=\mathbf{0}_m$ 也是成立, 所以可得

$$\sum_{j=1}^{m} \lambda_j^* g^j(\mathbf{x}^*) \leq 0, \tag{4.3.28}$$

結合 (4.3.27) 與 (4.3.28) 即得

$$\sum_{j=1}^{m} \lambda_j^* g^j(\mathbf{x}^*) = 0。 \tag{4.3.29}$$

※定理 **4.3.2**：在問題 (4.3.24) 中，若 $(\mathbf{x}^*, \lambda^*)$ 爲 $L(\mathbf{x}, \lambda)$ 的一個馬鞍點，則 $\mathbf{x}^*$ 爲 (4.3.24) 的一個解。

證明: 根據馬鞍點的定義, 我們知道

$$f(\mathbf{x}) + \sum_{j=1}^{m} \lambda_j^* g^j(\mathbf{x}) \leq f(\mathbf{x}^*) + \sum_{j=1}^{m} \lambda_j^* g^j(\mathbf{x}^*), \tag{4.3.30}$$

由定理 4.3.1 知 $\sum_{j=1}^{m} \lambda_j^* g^j(\mathbf{x}^*) = 0$，再加上 $\lambda_j^* \geq 0$，$g^j(\mathbf{x}) \geq 0$，$(j = 1, \cdots, m)$，(4.3.30) 隱含

$$f(\mathbf{x}) \leq f(\mathbf{x}^*)。 \tag{4.3.31}$$

因此 $\mathbf{x}^*$ 爲 $f(\mathbf{x})$ 的（限制）全域極大, 也就是說 $\mathbf{x}^*$ 爲 (4.3.24) 的一個解。

定理 4.3.1 和定理 4.3.2 告訴我們, 就非線性規劃問題 (4.3.24) 來說, 如果我們能找到 $\mathbf{x}^* \geq \mathbf{0}_n$ 和 $\lambda^* \geq \mathbf{0}_m$，且 $(\mathbf{x}^*, \lambda^*)$ 滿足

(i) $f(\mathbf{x}^*) + \sum_{j=1}^{m} \lambda_j^* g^j(\mathbf{x}^*) \geq f(\mathbf{x}) + \sum_{j=1}^{m} \lambda_j^* g^j(\mathbf{x})$, 其中 $\mathbf{x} \geq \mathbf{0}_n$，$\mathbf{g}(\mathbf{x}) \geq \mathbf{0}_m$，

(ii) $\mathbf{g}(\mathbf{x}^*) \geq \mathbf{0}_m$， (4.3.32)

(iii) $\lambda^{*T} \mathbf{g}(\mathbf{x}^*) = 0$，

則 $\mathbf{x}^*$ 即是 (4.3.24) 的一個解。將上述結果和 (4.3.22") 比較，我們可立即發現，除了在此我們並不限制 Lagrangean 函數爲可微分，而在 (4.3.22") 的敘述中假定 $L(\mathbf{x},\lambda)$ 爲一次可微分的差別外，兩者實在完全相同。具體的說，$\mathbf{x}^* \geq \mathbf{0}_n$ 和 (4.3.32) 中的 (i) 式就是 (4.3.22") 中的前三個式子，而 $\lambda^* \geq \mathbf{0}_m$ 加上(4.3.32) 的 (ii)，(iii) 就和 (4.3.22") 的後三個式子完全相同。這也是爲什麼一般將定理 4.3.2 稱爲 Kuhn-Tucker 充分條件的原因。一般而言，定理 4.3.2 的逆定理並不必然成立；但是，如果我們所面對的問題 (4.3.24) 是一個凹性規劃問題，則只要此凹性規劃問題滿足某種條件，則定理 4.3.2 的逆定理就可成立。

※定理 **4.3.3**：在問題 (4.3.24) 中，若 (1) 函數 f 和 g^j $(j=1,\cdots,m)$ 均是凹函數，(2) 存在一 $\bar{\mathbf{x}} \in X$，$\bar{\mathbf{x}} \geq \mathbf{0}_n$ 使得 $g(\bar{\mathbf{x}}) > \mathbf{0}_m$，(3) $\mathbf{x}^*$ 爲 f 的一個（限制）全域極大，則必存在一 $\lambda^* \geq \mathbf{0}_m$，使得 $(\mathbf{x}^*,\lambda^*)$ 滿足 (4.3.32)。

證明：令 $\mathbf{a}=(a_0,a_1,\cdots,a_m)^T$，$\mathbf{a} \in \boldsymbol{R}^{m+1}$。定義集合 A 爲

$$A=\{\mathbf{a} | \text{存在一 } \mathbf{x} \geq \mathbf{0}_n \text{ 使得 } a_0 \leq f(\mathbf{x}),\ a_j \leq g^j(\mathbf{x}),\ j=1,\cdots,m\},$$

爲了說明我們定義這個集合的目的，我們先來看看 A 這個集合到底是什麼樣子。

由定義可知，集合 A 是受 $\mathbf{x}$ 值的影響。換句話說，我們如果取 $\mathbf{x}=\mathbf{x}^1$，則可得到一集合 $A_1=\{\mathbf{a}|a_0 \leq f(\mathbf{x}^1),\ a_j \leq g^j(\mathbf{x}^1),\ j=1,\cdots,m\}$。同理，取 $\mathbf{x}=\mathbf{x}^2$ 可得 A_2。然後，我們可將 A 視爲所有這些可能的 A_i $(i=1,\cdots)$ 的聯集。即 $A=\bigcup_{i=1}^{\infty} A_i$。圖 4.3.6 爲當 $n=m=1$ 時的一個 A 的圖形。圖中，f 和 g 均爲凹函數，而機會集合爲線段 $[x_1,x_2]$（爲什麼？）。當 $x=x_1$ 時，$A_1=\{\mathbf{a}|a_0 \leq f(x_1),\ a_1 \leq g(x_1)\}$。$f(x_1)$ 的值可由 f(x) 圖形上得到。因其爲集合 A 的第一個元素，故將其縱軸距離透過 45° 線轉到橫軸上，此時滿足 $a_0 \leq f(x_1)$ 的所有 a_0 的集合即爲 $(-\infty,H]$。又因 $g(x_1)=0$，故滿足 $a_1 \leq g(x_1)$ 的 a_1 集合爲 $(-\infty,0]$，因此 A_1 爲圖中 RHS 及其左下方之所有點所成的集合。重複上述

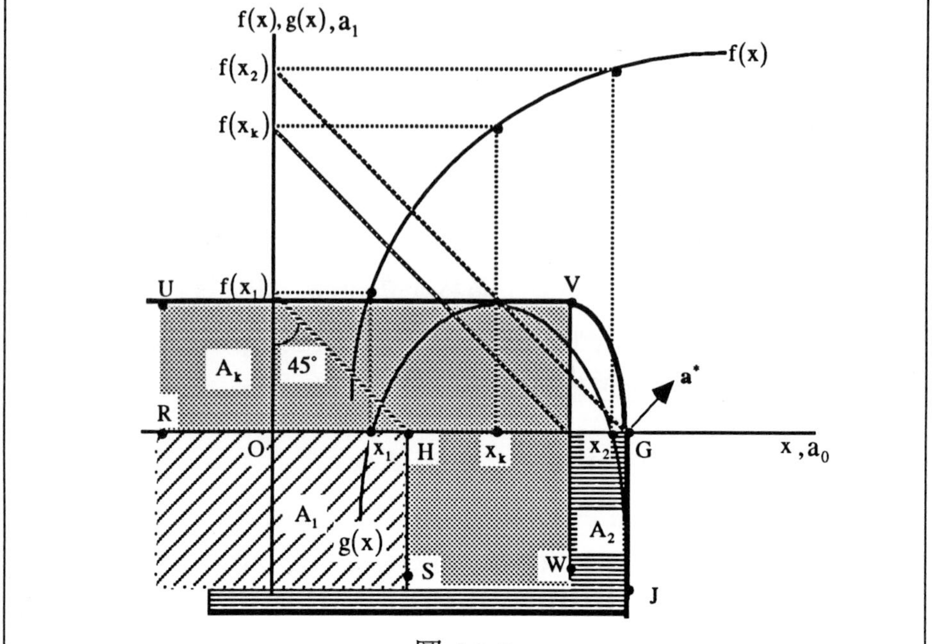

圖 4.3.6

過程, 我們發現, 對任何 $x_j \le x_k$ (x_k 爲機會集合中, 使得 g 值最大的一點), 均可得到 $A_j \subset A_k$ 的結果。因此, 只要畫出 A_k, 我們就不用擔心小於 x_k 的任何 A_j 了。如圖上所示, A_k 爲 UVW 及其左下方的所有點所成的集合。最後來看 $x_p > x_k$ 的部分。假定 $OG = f(x_2)$, 則重複上述作圖過程, 我們可得到, 集合 $A = \bigcup_{i=1}^{\infty} A_i$ 的圖形將如圖上粗線 UVGJ 及其左下方部分。我們就是希望能證明在點 G , 即 $\mathbf{a} = (f(x_2), g(x_2)) = (f(x_2), 0)$ 〔或在一般情況 $\mathbf{a}^* = (f(\mathbf{x}^*), 0, 0, \cdots, 0)$ 〕, 集合 A 有一支持超平面。

由第二章定理 2.5.7 我們知道, 要證明 A 在點 $\mathbf{a}^* = (f(\mathbf{x}^*), 0, 0, \cdots, 0)$ 有一支持超平面, 就須證明 (i) A 爲一凸集合, (ii) $\mathbf{a}^*$ 不是 A 的一個內部點。首先, 我們證明 A 爲一凸集合。假定 $\mathbf{a}' = (a_0', a_1', \cdots, a_m')$ 與 $\mathbf{a}'' = (a_0'', a_1'', \cdots, a_m'')$ 爲 A 中的兩個點, 則由 A 之定義, 存在 $\mathbf{x}' \ge \mathbf{0}_n$ 和 $\mathbf{x}'' \ge \mathbf{0}_n$ 使得下兩式成立:

$$a_0' \le f(\mathbf{x}'),\ a_j' \le g^j(\mathbf{x}'),\ j = 1, \cdots, m,$$

$$a_0'' \le f(\mathbf{x}''),\ a_j'' \le g^j(\mathbf{x}''),\ j = 1, \cdots, m。$$

取 $\lambda \in [0,1]$, 則

$$\lambda\mathbf{a}' + (1-\lambda)\mathbf{a}'' = \left(\lambda a_0' + (1-\lambda)a_0'',\ \lambda a_1' + (1-\lambda)a_1'',\ \cdots,\ \lambda a_m' + (1-\lambda)a_m''\right)。$$

但因 f 和 g 均為凹函數, 故

$$\lambda a_0' + (1-\lambda)a_0'' \le \lambda f(\mathbf{x}') + (1-\lambda)f(\mathbf{x}'') \le f(\lambda\mathbf{x}' + (1-\lambda)\mathbf{x}''), \tag{4.3.33}$$

$$\lambda a_j' + (1-\lambda)a_j'' \le \lambda g^j(\mathbf{x}') + (1-\lambda)g^j(\mathbf{x}'') \le g^j(\lambda\mathbf{x}' + (1-\lambda)\mathbf{x}''),\ j = 1, \cdots, m。 \tag{4.3.34}$$

又 $\mathbf{x}' \ge \mathbf{0}_n$, $\mathbf{x}'' \ge \mathbf{0}_n$, 且 $\lambda \in [0,1]$, 所以 $\lambda\mathbf{x}' + (1-\lambda)\mathbf{x}'' \ge \mathbf{0}_n$, 由 A 之定義與 (4.3.33), (4.3.34) 知道 $\lambda\mathbf{a}' + (1-\lambda)\mathbf{a}'' \in A$, 因此 A 為一凸集合。

現在我們來證明 $\mathbf{a}^* = (f(\mathbf{x}^*), 0, 0, \cdots, 0) \in A$, 但 $\mathbf{a}^*$ 不是 A 的一內部點。因 $f(\mathbf{x}^*) \le f(\mathbf{x}^*)$, 而 $0 \le g^j(\mathbf{x}^*)$, $j = 1, \cdots, m$, 故由定義知 $\mathbf{a}^* \in A$。接著, 我們以反證法證明 $\mathbf{a}^*$ 不是 A 的內部點。假定 $\mathbf{a}^*$ 為 A 的一內部點, 則存在一 $\varepsilon > 0$, 使得 $B(\mathbf{a}^*;\varepsilon) \subset A$。由開球體的定義知, 在 $B(\mathbf{a}^*;\varepsilon)$ 中必可找到一點 $\mathbf{b} = (b_0, b_1, \cdots, b_m)$ 使得

$$b_0 > f(\mathbf{x}^*),\ b_j \ge 0,\ j = 1, \cdots, m; \tag{4.3.35}$$

因 $\mathbf{b} \in B(\mathbf{a}^*;\varepsilon) \subset A$, 故由 A 之定義, 知道必存在一 $\hat{\mathbf{x}}$ 使得

$$b_0 \le f(\hat{\mathbf{x}}),\ b_j \le g^j(\hat{\mathbf{x}}),\ j = 1, \cdots, m, \tag{4.3.36}$$

但 (4.3.35) 和 (4.3.36) 隱含

$$f(\mathbf{x}^*) < f(\hat{\mathbf{x}}),\ 0 \le g^j(\hat{\mathbf{x}}),\ j = 1, \cdots, m。 \tag{4.3.37}$$

換句話說, 在機會集合中存在一 $\hat{\mathbf{x}}$, 使得 $f(\hat{\mathbf{x}}) > f(\mathbf{x}^*)$, 這與 $\mathbf{x}^*$ 為 f 的（限制）全域極大的假設不符, 所以, $\mathbf{a}^*$ 不可能為 A 的內部點。因 $\mathbf{a}^* \in A$, 故 $\mathbf{a}^*$ 必為 A 的一邊界點。由定理 2.5.7, 我們知道 A 在

點$\mathbf{a}^*$有一支持超平面。也就是說, 存在一 $\lambda' = (\lambda'_0, \lambda'_1, \cdots, \lambda'_m)^T \neq \mathbf{0}_{m+1}$ 使得

$$\lambda'^T \mathbf{a} \leq \lambda'^T \mathbf{a}^* = \lambda'_0 f(\mathbf{x}^*), \quad \mathbf{a} \in A,$$

或 $$\lambda'_0 a_0 + \sum_{j=1}^{m} \lambda'_j a_j \leq \lambda'_0 f(\mathbf{x}^*)。 \tag{4.3.38}$$

因 (4.3.38) 右邊爲一定值, 故所有 λ'_j $(j = 0, 1, \cdots, m)$ 必須均不是負值。如果有任何一 $\lambda'_j < 0$, 我們就可取 $a_j \to -\infty$, 而使 (4.3.38) 不成立, 故 $\lambda' \geq \mathbf{0}_{m+1}$。

又由 A 之定義知, 對任何一 $\mathbf{a} \in A$, 必存在一 $\mathbf{x} \geq \mathbf{0}_n$ 使得 $(f(\mathbf{x}), g^1(\mathbf{x}), \cdots, g^m(\mathbf{x})) \in A$, 故 (4.3.38) 也隱含

$$\lambda'_0 f(\mathbf{x}) + \sum_{j=1}^{m} \lambda'_j g^j(\mathbf{x}) \leq \lambda'_0 f(\mathbf{x}^*), \quad \mathbf{x} \geq \mathbf{0}_n。 \tag{4.3.38'}$$

接著我們要證明 $\lambda'_0 > 0$; 假定 $\lambda'_0 = 0$, 則 (4.3.38')變成

$$\sum_{j=1}^{m} \lambda'_j g^j(\mathbf{x}) \leq 0, \ \mathbf{x} \geq \mathbf{0}_n。 \tag{4.3.39}$$

由定理中第 (2) 個條件, 我們知道, 存在一 $\bar{\mathbf{x}} \geq \mathbf{0}_n$ 使得 $\mathbf{g}(\bar{\mathbf{x}}) > \mathbf{0}_m$, 而我們已證明 $\lambda' \geq \mathbf{0}_{m+1}$, 如今又假定 $\lambda'_0 = 0$, 那麼 $\lambda'_1, \cdots, \lambda'_m$ 中必然至少有一個是正值, 因此

$$\sum_{j=1}^{m} \lambda'_j g^j(\bar{\mathbf{x}}) > 0, \tag{4.3.40}$$

但 (4.3.39) 和 (4.3.40) 彼此矛盾, 因此 $\lambda'_0 > 0$。

現在將 (4.3.38') 除以 λ'_0, 且定義 $\lambda^*_j = \dfrac{\lambda'_j}{\lambda'_0}$, $j = 1, \cdots, m$, 則得到

$$f(\mathbf{x}) + \sum_{j=1}^{m} \lambda^*_j g^j(\mathbf{x}) \leq f(\mathbf{x}^*), \quad \mathbf{x} \geq \mathbf{0}_n。 \tag{4.3.41}$$

令 $\mathbf{x}=\mathbf{x}^*$, 則由 (4.3.41) 可得

$$\sum_{j=1}^{m}\lambda_j^* g^j\left(\mathbf{x}^*\right)\leq 0。\tag{4.3.42}$$

但另一方面, 我們知道, $\mathbf{x}^*$ 爲 f 的限制全域極大, 故 $g^j\left(\mathbf{x}^*\right)\geq 0$, $j=1,\cdots,m$。因此

$$\sum_{j=1}^{m}\lambda_j^* g^j\left(\mathbf{x}^*\right)\geq 0。\tag{4.3.43}$$

綜合 (4.3.42) 和 (4.3.43), 我們得到

$$\sum_{j=1}^{m}\lambda_j^* g^j\left(\mathbf{x}^*\right)=0,\tag{4.3.44}$$

將 (4.3.44) 加到 (4.3.41) 右邊可得

$$f(\mathbf{x})+\sum_{j=1}^{m}\lambda_j^* g^j(\mathbf{x})\leq f\left(\mathbf{x}^*\right)+\sum_{j=1}^{m}\lambda_j^* g^j\left(\mathbf{x}^*\right),$$

或 $$L\left(\mathbf{x},\lambda^*\right)\leq L\left(\mathbf{x}^*,\lambda^*\right)。\tag{4.3.45}$$

定理 4.3.3 一般稱爲 Kuhn-Tucker 必要條件, 而定理 4.3.2 和定理 4.3.3 則常合稱爲 Kuhn-Tucker 定理, 是非線性規劃中最重要的定理。在繼續討論之前, 我們先簡要陳述和這兩個定理相關的一些問題:

(1) 首先, 由定理 4.3.2 和定理 4.3.3 的證明過程, 我們發現 Kuhn-Tucker 定理並未要求函數 f 和 g^j $(j=1,\cdots,m)$ 爲可微分函數, 因此要比 (4.3.22") 所陳述的 Kuhn-Tucker 條件一般化。後面, 我們將提出一個定理, 以便將 Kuhn-Tucker 定理寫成 (4.3.22") 的形式。

(2) 在定理 4.3.2 中並不需要對 f 和 g^j $(j=1,\cdots,m)$ 作任何限制, 但在定理 4.3.3 中則 f 和所有 g^j $(j=1,\cdots,m)$ 必須都是凹函數; 另外, 還必須存在一 $\overline{\mathbf{x}}\in X$, $\overline{\mathbf{x}}\geq \mathbf{0}_n$, 使得 $\mathbf{g}(\overline{\mathbf{x}})>\mathbf{0}_m$。事實上, 如果一個非線性規劃問題

滿足這些條件，我們就將之稱爲正規凹性規劃問題 (regular concave programming problem)。由於定理 4.3.2 爲一充分條件，而定理 4.3.3 的限制條件比定理 4.3.2 更强，故定理 4.3.3 自然也是一充分條件。因此，對一個正規凹性規劃問題，定理 4.3.3 乃是一充分和必要條件。換句話說，如果我們有一正規凹性規劃問題，則任何滿足 Kuhn-Tucker 條件的 $(\mathbf{x}^*,\lambda^*)$ 必然是使 $f(\mathbf{x}^*)$ 的值達到極大，且 $\mathbf{g}(\mathbf{x}^*)\geq\mathbf{0}_m$，反之亦然。

(3) 定理 4.3.3 中，“存在 $\overline{\mathbf{x}}\in X$，$\overline{\mathbf{x}}\geq\mathbf{0}_n$，$\mathbf{g}(\overline{\mathbf{x}})>\mathbf{0}_m$”的條件，通稱爲限制要件 (constraint qualification) 或正規條件 (regularity condition)。由整個證明過程，我們發現這個條件只是用來保證 $\lambda_0'>0$，因此可用以將 $\lambda_j'\ (j=1,\cdots,m)$ 標準化成 $\lambda_j^*=\dfrac{\lambda_j'}{\lambda_0'}$。反過來說，如果我們不將 λ_j' 標準化，而保留原來的 $(\lambda_0',\lambda_1',\cdots,\lambda_m')$，則限制要件就不必要了。在這種情況下，Lagrangean 函數成爲

$$L'(\mathbf{x},\lambda')=\lambda_0'f(\mathbf{x})+\sum_{j=1}^{m}\lambda_j'g^j(\mathbf{x})。$$

很顯然的，當 $\lambda_0'\neq 0$ 時，我們可將 λ_j' 標準化成 Kuhn-Tucker 定理。由於幾乎所有經濟學上的問題都滿足限制要件，即 $\lambda_0'\neq 0$，因此 Kuhn-Tucker 定理也是往後我們求解不等式限制條件最適化問題的主要工具。

(4) 上面 (3) 中所提到的限制要件稱爲 Slater 限制要件，我們可將它寫成

(i) $g^j\ (j=1,\cdots,m)$ 爲凹函數，且存在一 $\overline{\mathbf{x}}\in X$，$\overline{\mathbf{x}}\geq\mathbf{0}_n$ 使得 $\mathbf{g}(\overline{\mathbf{x}})>\mathbf{0}_m$。

另外，還有其他幾種不同形式的限制要件，包括:

(ii) 所有 $g^j(\mathbf{x})$，$j=1,\cdots,m$，均爲凸函數（當然，包括線性函數）。

(iii) 機會集合爲一含有內部點的凸集合，且對任一有效限制式 (binding constraint) $g^j(\mathbf{x}^*)=0$ 均有 $g_{\mathbf{x}}^j(\mathbf{x}^*)\neq\mathbf{0}_n$。

(iv) 若 $g^1(\mathbf{x}^*)=0,\ g^2(\mathbf{x}^*)=0,\ \cdots,\ g^{m'}(\mathbf{x}^*)=0,\ (m'\le m)$,

則 $g^1_{\mathbf{x}}(\mathbf{x}^*),\ g^2_{\mathbf{x}}(\mathbf{x}^*),\ \cdots,\ g^{m'}_{\mathbf{x}}(\mathbf{x}^*)$ 彼此線性獨立。

上面這些限制要件, 一般稱為 Arrow-Hurwicz-Uzawa 條件 (Arrow-Hurwicz-Uzawa conditions), 雖然這些限制要件彼此並不相同, 但任何一個均足以保證定理 4.3.3 成立, 因此, 滿足任何一個都能使我們安心地引用 Kuhn-Tucker 定理。此外, 值得一提的是第 (iv) 種形式, 事實上就是等式限制條件極大化中滿秩的條件。

(5) 在不少經濟問題中, 尤其是消費者理論, 我們往往會碰到標的函數（如效用函數）僅為準凹性函數的情形。這時, 我們就面對了所謂的準凹性規劃問題。Arrow 和 Enthoven 曾證明, 在適當的限制下, Kuhn-Tucker 定理仍可用來解準凹性規劃問題。在本書中, 我們將假定這些必要的限制完全成立, 因此讀者可放心地以 Kuhn-Tucker 定理來解題。

前面, 我們曾兩度提到, 我們所證明的 Kuhn-Tucker 定理和 (4.3.22") 所述的 Kuhn-Tucker 條件, 雖然形式有些不同, 實際上卻完全一樣。或者說 (4.3.22") 就是 Kuhn-Tucker 定理在一次連續可微分時的特例。現在我們就來敘述一個定理以說明這一點。為了方便, 我們假定面對的是一個正規凹性規劃問題, 因此, Kuhn-Tucker 定理, 或者說 $L(\mathbf{x},\lambda)$ 的馬鞍點 $(\mathbf{x}^*,\lambda^*)$ 的存在, 就成為解 (4.3.24) 的充分和必要條件。

定理 4.3.4：設 $L(\mathbf{x},\lambda)$ 為對應於 (4.3.24) 的 Lagrangean 函數。若 $L\in C^1$ 且 $(\mathbf{x}^*,\lambda^*)\ge(\mathbf{0}_n,\mathbf{0}_m)$ 為 L 的一個馬鞍點, 則

(i) $L_{\mathbf{x}}(\mathbf{x}^*,\lambda^*)\le\mathbf{0}_n,\quad L_\lambda(\mathbf{x}^*,\lambda^*)\ge\mathbf{0}_m$,

(ii) $\mathbf{x}^{*T}L_{\mathbf{x}}(\mathbf{x}^*,\lambda^*)=0,\quad \lambda^{*T}L_\lambda(\mathbf{x}^*,\lambda^*)=0$。

將此定理和 Kuhn-Tucker 定理相結合, 讀者就可立即得到 (4.3.22") 了。

【例 4.3.4】假定一獨占廠商的生產函數爲 $q = K^{\frac{1}{2}}L^{\frac{1}{2}}$，其所面對的市場需求函數爲 $p = 10 - q$，若資本和勞動價格爲 $w = r = 1$，且該廠商的平均資本報酬率因政府的管制而不得超過 2。試問

(i) 該廠商最適的資本和勞動僱用量各多少？

(ii) 若 (i) 中最適的產量爲 q^*，則 (i) 中所得的資本和勞動僱用量，是不是在 q^* 的產量下使成本達到極小的僱用量？爲什麼？

解: (i) 該廠商所面對的問題爲

$$\max_{L,K} \quad pq - L - K$$

$$\text{s.t.} \quad (pq - L)/K \le 2,$$

$$K \ge 0, \ L \ge 0。$$

故所對應之 Lagrangean 函數可寫成

$$\begin{aligned} \mathcal{L}(K,L,\lambda) &= pq - L - K + \lambda(2K + L - pq) \\ &= pq(1-\lambda) - L(1-\lambda) - K(1-2\lambda) \\ &= \left(10 - K^{\frac{1}{2}}L^{\frac{1}{2}}\right)K^{\frac{1}{2}}L^{\frac{1}{2}}(1-\lambda) - L(1-\lambda) - K(1-2\lambda), \end{aligned}$$

其 Kuhn-Tucker 條件爲

$$\frac{\partial \mathcal{L}}{\partial K} = \left(5K^{*-\frac{1}{2}}L^{*\frac{1}{2}} - L^*\right)(1-\lambda^*) - (1-2\lambda^*) \le 0, \tag{a}$$

$$K^* \ge 0, \tag{b}$$

$$K^*\frac{\partial \mathcal{L}}{\partial K} = K^*\left(5K^{*-\frac{1}{2}}L^{*\frac{1}{2}} - L^*\right)(1-\lambda^*) - K^*(1-2\lambda^*) = 0; \tag{c}$$

$$\frac{\partial \mathcal{L}}{\partial L} = \left(5K^{*\frac{1}{2}}L^{*-\frac{1}{2}} - K^*\right)(1-\lambda^*) - (1-\lambda^*) \le 0, \tag{d}$$

$$L^* \ge 0, \tag{e}$$

$$L^*\frac{\partial \mathcal{L}}{\partial L}=L^*\left(5K^{*\frac{1}{2}}L^{*-\frac{1}{2}}-K^*\right)\left(1-\lambda^*\right)-L^*\left(1-\lambda^*\right)=0\,; \tag{f}$$

$$\frac{\partial \mathcal{L}}{\partial \lambda}=2K^*+L^*-\left(10-K^{*\frac{1}{2}}L^{*\frac{1}{2}}\right)K^{*\frac{1}{2}}L^{*\frac{1}{2}}\geq 0\,, \tag{g}$$

$$\lambda^*\geq 0\,, \tag{h}$$

$$\lambda^*\frac{\partial \mathcal{L}}{\partial \lambda}=\lambda^*\left[2K^*+L^*-\left(10-K^{*\frac{1}{2}}L^{*\frac{1}{2}}\right)K^{*\frac{1}{2}}L^{*\frac{1}{2}}\right]=0\text{。} \tag{i}$$

觀察 Kuhn-Tucker 條件, 我們馬上可以發現 λ^* 不可能等於一。若 $\lambda^*=1$, 則由 (a) 可得 $1\leq 0$, 不合理。現在若 $K^*=0$ (或更確切些, $K^*\to 0$), 則 $5K^{*-\frac{1}{2}}L^{*\frac{1}{2}}\to\infty$, 故 (a) 隱含 $\lambda^*>1$。但由 (d), 我們也知道 $K^*\to 0$ 時 (d)隱含 $\lambda^*\leq 1$, 兩者彼此矛盾, 故 K^* 不可能等於零, 由 (b) 知, 這表示 $K^*>0$; 同理可得到 $L^*>0$。

在此情況下, Kuhn-Tucker 條件成爲

$$\frac{\partial \mathcal{L}}{\partial K}=\left(5K^{*-\frac{1}{2}}L^{*\frac{1}{2}}-L^*\right)\left(1-\lambda^*\right)-\left(1-2\lambda^*\right)=0\,, \tag{a'}$$

$$\frac{\partial \mathcal{L}}{\partial L}=\left(5K^{*\frac{1}{2}}L^{*-\frac{1}{2}}-K^*\right)-1=0, \tag{d'}$$

再加上 (g), (h) 和 (i) 三式。

由 (d') 可解得 $L^*=\dfrac{25K^*}{\left(K^*+1\right)^2}$, 將其代入 (a') 得

$$\frac{\lambda^*}{1-\lambda^*}=1-\frac{25}{\left(K^*+1\right)^2}, \tag{j}$$

若 $\lambda^*=0$, 則由 (j) 得 $K^*=4$。但 $\lambda^*=0$ 時 (a') 和 (d') 兩式也隱含 $L^*=K^*$。將 $L^*=K^*=4$ 代入 (g) 式左邊得到

$$2K^*+L^*-\left(10-K^{*\frac{1}{2}}L^{*\frac{1}{2}}\right)K^{*\frac{1}{2}}L^{*\frac{1}{2}}=-12,$$

此與 (g) 式不符, 因此 $\lambda^* > 0$。在 $\lambda^* > 0$ 的情況下, Kuhn-Tucker 條件成爲 (a'), (d') 和下列 (g')

$$\frac{\partial L}{\partial \lambda} = 2K^* + L^* - \left(10 - K^{*\frac{1}{2}}L^{*\frac{1}{2}}\right)K^{*\frac{1}{2}}L^{*\frac{1}{2}} = 0。 \tag{g'}$$

解此三式可得 $K^* = \frac{23}{2}$, $L^* = \frac{46}{25}$, $\lambda^* = \frac{21}{46}$, 因此 $\frac{K^*}{L^*} = \frac{25}{4}$。

(ii) 將 K^*, L^* 代入生產函數得 $q^* = \sqrt{\frac{1058}{50}}$。

現求 $\min \quad K + L$

$$\text{s.t.} \quad K^{\frac{1}{2}}L^{\frac{1}{2}} = \sqrt{\frac{1058}{50}},$$

$$K \geq 0,\ L \geq 0。$$

其 Lagrangean 函數爲

$$L'(K, L, \lambda) = K + L + \lambda\left(\sqrt{\frac{1058}{50}} - K^{\frac{1}{2}}L^{\frac{1}{2}}\right),$$

讀者可自行列出, 並查看 Kuhn-Tucker 條件, 即可得到 $K^{**} > 0$, $L^{**} > 0$ 之結果。因此, 我們直接以 $K > 0$, $L > 0$ 進行分析。極小化的一階條件爲

$$\frac{\partial L'}{\partial K} = 1 - \frac{\lambda^{**}}{2}K^{**-\frac{1}{2}}L^{**\frac{1}{2}} = 0, \tag{l}$$

$$\frac{\partial L'}{\partial L} = 1 - \frac{\lambda^{**}}{2}K^{**\frac{1}{2}}L^{**-\frac{1}{2}} = 0, \tag{m}$$

$$\frac{\partial L'}{\partial \lambda} = \sqrt{\frac{1058}{50}} - K^{**\frac{1}{2}}L^{**\frac{1}{2}} = 0。 \tag{n}$$

解一階條件得 $K^{**} = L^{**} = \sqrt{\frac{1058}{50}}$, 或 $K^{**}/L^{**} = 1$。

由此可知, 在限制資本的報酬率爲 2 之後, 該廠商求利潤極大的資本勞動比例 K^*/L^* 顯然較成本最小的資本勞動比例高,

即 $K^*/L^* > K^{**}/L^{**}$。這個例題說明了，當獨佔廠商的資本報酬率受到管制時，會促使其採用較爲資本密集的生產技術，這種現象，在文獻上通稱爲 A-J 效果 (Averch-Johnson effect)。事實上，讀者可自行練習證明，A-J 效果對任何獨占廠商（即一般化需求函數和生產函數）仍然成立 (Hands, 1991; Takayama, 1993)。

【例 4.3.5】設 $f: \boldsymbol{R}^2 \to \boldsymbol{R}$ 爲 $f(x_1, x_2) = x_1 + x_2$。求

$$\min_{x_1, x_2} \; x_1 + x_2 \qquad \text{s.t.} \;\; x_1^2 + x_2^2 \le 1。$$

解: 這個題目相當於

$$\max_{x_1, x_2} \; -(x_1 + x_2) \qquad \text{s.t.} \;\; 1 - (x_1^2 + x_2^2) \ge 0。$$

顯然地，在點 (0,0)，$g(0,0) = 1 > 0$，且 $g(x_1, x_2) = 1 - (x_1^2 + x_2^2)$ 爲一凹函數，故 Slater 的限制要件滿足。

$$L = -(x_1 + x_2) + \lambda(1 - x_1^2 - x_2^2),$$

Kuhn-Tucker 條件爲，在最適點 $(x_1^*, x_2^*, \lambda^*)$，

$$\frac{\partial L}{\partial x_1} = -1 - 2\lambda^* x_1^* = 0, \tag{a}$$

$$\frac{\partial L}{\partial x_2} = -1 - 2\lambda^* x_2^* = 0, \tag{b}$$

$$\frac{\partial L}{\partial \lambda} = 1 - x_1^{*2} - x_2^{*2} \ge 0, \tag{c}$$

$$\lambda^* \ge 0, \tag{d}$$

$$\lambda^* \frac{\partial L}{\partial \lambda} = \lambda^*(1 - x_1^{*2} - x_2^{*2}) = 0。 \tag{e}$$

顯然地，$\lambda^* > 0$，因爲若 $\lambda^* = 0$，則 (a) 式成爲 $-1 = 0$，不可能。故由 (e) 可得

$$1-x_1^{*2}-x_2^{*2}=0。 \tag{f}$$

由 (a) 和 (b) 可解得 $x_1^*=x_2^*$，將其代入 (f) 可解出 $x_1^*=x_2^*=\frac{1}{\sqrt{2}}$ 或 $x_1^*=x_2^*=\frac{-1}{\sqrt{2}}$。若 $x_1^*=\frac{1}{\sqrt{2}}$，則由 (a) 可得 $\lambda^*=-\frac{\sqrt{2}}{2}$，與前面 $\lambda^*>0$ 之結果矛盾。若 $x_1^*=\frac{-1}{\sqrt{2}}$，則 $\lambda^*=\frac{\sqrt{2}}{2}>0$，故知 $(x_1^*,x_1^*)=\left(\frac{-1}{\sqrt{2}},\frac{-1}{\sqrt{2}}\right)$ 爲最適解。

到目前爲止，我們僅談到如何解非線性規劃的問題，以及解題的相關條件，而未觸及解是否存在，是否唯一的問題。一般而言，非線性規劃問題，甚或更簡單的凹性規劃問題，可能沒有解存在，可能有唯一的解，也可能有無限多的解。但如果標的函數和限制函數具有某些特別性質時，我們是可以得到比較確定的答案的。現在我們就以一個相關的定理，作爲本章的結束。

定理 4.3.5：在一凹性規劃問題

$$\max_{\mathbf{x}}\ f(\mathbf{x}) \quad \text{s.t. } \mathbf{g}(\mathbf{x})\ge \mathbf{0}_m, \quad \mathbf{x}\in X\subset \boldsymbol{R}^n \tag{4.3.46}$$

中，若 (i) f 沒有臨界點，但所有 g^j, $(j=1,\cdots,m)$ 均爲嚴格凹函數，或 (ii) f 爲一嚴格凹函數，則此問題至多有一個解。

證明: (i) 假定，$\mathbf{x}'$ 和 $\mathbf{x}''$ 爲 (4.3.46) 的兩個解，且 $\mathbf{x}'\ne\mathbf{x}''$。因 $\mathbf{x}'$ 和 $\mathbf{x}''$ 均爲解，故知 $f(\mathbf{x}')=f(\mathbf{x}'')$，且對於機會集合中任一 $\mathbf{x}$ 均滿足

$$f(\mathbf{x}')\ge f(\mathbf{x}),\ \ \mathbf{g}(\mathbf{x}')\ge \mathbf{0}_m,$$

$$f(\mathbf{x}'')\ge f(\mathbf{x}),\ \ \mathbf{g}(\mathbf{x}'')\ge \mathbf{0}_m。 \tag{4.3.47}$$

取 $\hat{\mathbf{x}}=\lambda\mathbf{x}'+(1-\lambda)\mathbf{x}''$，$\lambda\in(0,1)$，則因所有 g^j 均爲嚴格凹函數，故

$$g^j(\hat{\mathbf{x}})=g^j\left(\lambda\mathbf{x}'+(1-\lambda)\mathbf{x}''\right)>\lambda g^j(\mathbf{x}')+(1-\lambda)g^j(\mathbf{x}'')\geq 0,\ \ j=1,\cdots,m,$$

故 $\hat{\mathbf{x}}$ 滿足所有限制，即 $\mathbf{g}(\hat{\mathbf{x}})\geq\mathbf{0}_m$。因 f 沒有臨界點，故至少存在一 i 使得 $f_i(\mathbf{x})\neq 0$，現假定 $f_1(\mathbf{x})>0$。令 $\overline{\mathbf{x}}=(\hat{x}_1+\varepsilon,\hat{x}_2,\cdots,\hat{x}_n)^T$，且 $\varepsilon>0$，$\varepsilon\to 0$。因 $g^j(\hat{\mathbf{x}})>0$，由 g^j 之連續性可知 $g^j(\overline{\mathbf{x}})>0$，$j=1,\cdots,m$，因此 $\mathbf{g}(\overline{\mathbf{x}})\geq\mathbf{0}_m$。因 $f_1(\mathbf{x})>0$，故知當 $\varepsilon\to 0$ 時，$f(\overline{\mathbf{x}})>f(\hat{\mathbf{x}})$。已知 f 爲一凹函數，故

$$f(\hat{\mathbf{x}})=f\left(\lambda\mathbf{x}'+(1-\lambda)\mathbf{x}''\right)\geq\lambda f(\mathbf{x}')+(1-\lambda)f(\mathbf{x}'')=f(\mathbf{x}')=f(\mathbf{x}''),$$

因此我們得到

$$f(\overline{\mathbf{x}})>f(\hat{\mathbf{x}})\geq f(\mathbf{x}')=f(\mathbf{x}''),\ \ \mathbf{g}(\overline{\mathbf{x}})\geq\mathbf{0}_m。\tag{4.3.48}$$

所以 $\mathbf{x}'$ 和 $\mathbf{x}''$ 不可能是 (4.3.46) 的兩個解，與假設矛盾，故 (4.3.46) 至多只有一個解。

(ii) 這部分的證明與 (i) 到 (4.3.47) 式以前相同。現取 $\hat{\mathbf{x}}=\lambda\mathbf{x}'+(1-\lambda)\mathbf{x}''$，$\lambda\in(0,1)$，則因所有 g^j，$(j=1,\cdots,m)$ 均爲凹函數，故

$$g^j(\hat{\mathbf{x}})=g^j\left(\lambda\mathbf{x}'+(1-\lambda)\mathbf{x}''\right)\geq\lambda g^j(\mathbf{x}')+(1-\lambda)g^j(\mathbf{x}'')\geq\mathbf{0}_m,\ \ j=1,\cdots,m,$$

因此 $\hat{\mathbf{x}}$ 滿足所有限制條件。又因 f 爲嚴格凹函數，故

$$f(\hat{\mathbf{x}})=f\left(\lambda\mathbf{x}'+(1-\lambda)\mathbf{x}''\right)>\lambda f(\mathbf{x}')+(1-\lambda)f(\mathbf{x}'')=f(\mathbf{x}')=f(\mathbf{x}''),$$

因此，$\mathbf{x}'$ 和 $\mathbf{x}''$ 不可能是 (4.3.46) 的兩個解，與假設矛盾，故 (4.3.46) 至多只有一個解。

習題 4.3

1. 試寫出下列二次規劃(quadratic programming)問題的 Kuhn-Tucker 條件。

$$\max_{\mathbf{x}} \quad f(\mathbf{x}) = \mathbf{a}^T\mathbf{x} + \frac{1}{2}\mathbf{x}^T\mathbf{B}\mathbf{x}$$
$$\text{s.t.} \quad \mathbf{A}\mathbf{x} \le \mathbf{c},$$
$$\mathbf{x} \ge \mathbf{0}_n,$$

式中 $\mathbf{a}, \mathbf{c} \in \boldsymbol{R}^n$，$\mathbf{B}$ 爲一 $n \times n$ 半負定矩陣，A 爲一 $n \times n$ 矩陣。

2. 試說明, 在非線性規劃問題 (4.3.1) 中，若將 $\mathbf{g}(\mathbf{x}) \ge \mathbf{0}_m$ 改爲 $\mathbf{g}(\mathbf{x}) = \mathbf{0}_m$，並將 $\mathbf{x} \ge \mathbf{0}_n$ 的限制去除, 則相對應之 Kuhn-Tucker 條件變成 4.2 節中的 Lagrange 條件。

3. 假設 (4.3.1) 爲一凹性規劃問題, 證明若該問題超過一個解, 則該問題就有無窮多個解, 且這些解所成的集合爲一凸集合。

4. 解下列各題:

(a) $\max \ 2x_1 - x_1^2 + x_2 \quad \text{s.t. } x_1 + x_2 \le 3,\ 3x_1 - 2x_2 \le 6,\ x_1, x_2 \ge 0$。

(b) $\max \ x_1 + 2x_2 - x_1^2 + 3x_1x_2 - 3x_2^2 \quad \text{s.t. } 2 - 2x_1 - x_2 \ge 0,\ x_1 - x_2 - 1 \ge 0,$
$x_1, x_2 \ge 0$。

(c) $\min \ x_1^2 + (x_2 - 1)^2 \quad \text{s.t. } x_1 \ge e^{x_2}$。

(d) $\max \ x_1 + x_2 \quad \text{s.t. } x_1 + 2x_2 \le 100,\ \frac{3}{2}x_1 + 2x_2 \le 120,\ 2x_1 + x_2 \le 140,$。

(e) $\min \ x_1^2 + x_2^2 - 20x_1 + 4x_2 \quad \text{s.t. } 9 - x_1 - x_2^2 \ge 0,\ x_1^2 + x_2^2 - 26 = 0,\ x_1 \ge 0$。

5. 假定一廠商的生產函數爲 $f(K, L) = K^{\frac{1}{4}}L^{\frac{1}{4}}$, 其中資本 (K) 和勞動力 (L) 的價格分別爲 r 和 w。現假定資本和勞動力均不足, 因此其使用量受到 $K \le \overline{K}$, $L \le \overline{L}$ 的限制。若此廠商希望在生產至少 $\overline{q}$ 的數量下, 達到最小成本。（其中 $\overline{q} < f(\overline{K}, \overline{L})$, 因此廠商一定可在資源限制下達到此產量）

(a) 若 $(K, L) \in \boldsymbol{R}_{++}^2$, 則最適的 K 和 L 爲何?

(b) 若 $(K, L) \in \boldsymbol{R}_{+}^2$, 則 (a) 之答案是否仍然成立? 爲什麼? 試說明其經濟意義。

(c) 若現在資本與勞動力的使用量未受到限制，但該廠商用以購買生產資源的資金總共為 $\overline{M}$。假定產品的價格為 p，且 $(K,L)\in \boldsymbol{R}^2_{++}$，試問該廠商應僱用多少 K 及 L 方才使其利潤達到最大？

6. 有 A 和 B 兩人同住在一起，他們各自買一產品 x 供自己使用（如牙膏、衣服等），但他們也共同買一產品 y 一起使用（如冷氣，室內盆栽）。兩個人都各自在自己的預算限制範圍內求效用之極大，也就是說每個人都要 $\max\ U^i\quad s.t.\ p_x x^i + p_y y^i \le I^i,\ i = A,B$。現假定

$$U^A\left(x^A, y^A + y^B\right) = \frac{1}{2}\boldsymbol{ln}\left(x^A\right) + \frac{1}{2}\boldsymbol{ln}\left(y^A + y^B\right),$$
$$U^B\left(x^B, y^A + y^B\right) = \frac{1}{3}\boldsymbol{ln}\left(x^B\right) + \frac{2}{3}\boldsymbol{ln}\left(y^A + y^B\right),$$
$$p_x = p_y = 1,\ I^A = 10,\ I^B = 30。$$

試問兩人對 x 和 y 的最適購買量為何？是否有人想“白吃午餐”而不買 y？為什麼？你有沒有辦法想出一套方法來改善他們的福利呢？

7. 在有關工會的模型中，一般假定工會的目的是要獲取最多的總工資，wL，其中 w 代表工資率，L 代表總勞動僱用量。假定工會可以控制廠商，則工會通常在允許廠商獲得某個最低程度的利潤 $\bar{\pi}$ 的情況下追求最大的 wL。若廠商使用勞動力 L 和資本 K 從事生產，其生產函數 f(K,L) 為一凹函數，則我們可將此工會模型寫成

$$\max_{K,L}\ wL$$
$$s.t.\ pf(K,L) - wL - rK \ge \bar{\pi},$$
$$K \ge 0,$$

其中 p 和 r 分別代表最後產品及資本的價格。

(a) 試寫出 Kuhn-Tucker 條件，並解釋其經濟意義。

(b) 由 Kuhn-Tucker 條件，能不能看出最適的資本使用量和利潤極大化下的資本使用量是否相同？為什麼？請由經濟觀點解釋。

(c) 假定 $f(K,L) = \left(L^{-1} + K^{-1}\right)^{-1}$，試求最適之 L 和 K。

8. 假定一消費者的效用函數 U: $\boldsymbol{R}_{+}^{n} \to \boldsymbol{R}$ 爲連續可微分，其所面對的預算限制式爲 $\mathbf{p}^{T}\mathbf{x} \le I$，其中 $\mathbf{p}^{T} \in \boldsymbol{R}_{++}^{n}$，$\mathbf{x} \in \boldsymbol{R}_{+}^{n}$，$I > 0$。假定此消費者購買第一種產品受到 $x_1 \le \overline{q}$，$\overline{q} > 0$，的限制，

   (a) 試列出最適內部解 $(\mathbf{x}^* > \mathbf{0}_n)$ 的一階條件。

   (b) 假定此消費者有唯一最適解 $\mathbf{x}^*$，且 $\mathbf{x}^*$ 滿足 $x_1^* < \overline{q}$，試證明（或提供反例）此最適解不會因 $x_1 \le \overline{q}$ 的限制取消而改變。

9. 假定一消費者的效用函數爲 $U(q_1, q_2)$。此消費者消費每一單位的 q_i $(i = 1,2)$ 需要時間 t_i $(i = 1,2)$。假定此消費者將所擁有的時間 T，僅用來消費產品和工作以賺取勞動所得。若此人的非勞動所得爲 I，所面對的工資率爲 w，而 q_i 的價格爲 p_i $(i = 1,2)$，則此消費者所面對的所得和時間限制式爲

$$p_1 q_1 + p_2 q_2 \le I + wL,$$
$$t_1 q_1 + t_2 q_2 \le T - L,$$

上面兩式中之 L 爲工作時間。

   (a) 試寫出效用極大的 Kuhn-Tucker 條件。

   (b) 假定 $U(q_1, q_2) = \ln q_1 + \ln q_2$，$p_1 = 1$，$p_2 = 2$，$I = 40$，$t_1 = t_2 = 1$，$T = 24$，$w = 2$，試求最適的消費組合 (q_1^*, q_2^*)。

   (c) 由 (b) 中亦可求得勞動供給函數 L^*。試問，當工資上升時，勞動供給是否可能下降？又，工資上升對 q_1^* 和 q_2^* 的影響有何不同？試解釋其經濟意義。

10. 政府當局通常必須面對實質所得水準和通貨膨脹的選擇。我們可將這種行爲以效用函數 $U(y, p)$ 來表示，其中 y 爲實質所得，p 代表通貨膨脹率。很顯然的，$U_y = \dfrac{\partial U}{\partial y} > 0$，$U_p = \dfrac{\partial U}{\partial p} < 0$。通貨膨脹率和實質所得間的關係則可以下列短期 Phillips 曲線來描述

$$p = \alpha(y - \overline{y}) + p^e,$$

上式中, $\alpha>0$, $\bar{y}$爲充分就業的實質所得, p^e爲預期通貨膨脹率。現在, 決策者所面對的問題可寫成

$$\max_{y,p} \ U(y,p)$$
$$\text{s.t.} \ \ p=\alpha(y-\bar{y})+p^e,$$
$$y\geq 0,$$
$$p\geq 0\text{。}$$

(a) 寫出 Kuhn-Tucker 條件, 並解釋其經濟意義。

(b) 若 $U(y,p)=y-p^2$, 試解出 y^*, p^*。

(c) 試以圖形描繪 (b), 並說明當α增加時, y^*和p^*會如何變化? 其經濟意義爲何?

第五章
比較靜態、極值函數與對偶理論

5.1 比較靜態的概念

5.2 傳統比較靜態分析

- 隱函數定理
- 比較靜態分析

5.3 極值函數與包絡線定理

- 極值函數
- 包絡線定理及其意義
- ※ 一般化包絡線定理

5.4 消費者理論之對偶性

- UM 問題與 EM 問題
- 對偶性

5.5 廠商理論之對偶性

- PM 問題與 CM 問題
- PM' 問題與對偶性

5.1 比較靜態的概念

在前一章,討論各種形式的最適化理論時，我們一直將標的函數和限制式只寫成選擇變數的函數。然而，在各種經濟模型中，通常除了選擇變數外，還包括其他描述此經濟體系或經濟單位特性的變數。我們將一個模型中選擇變數以外的其他變數統稱爲參數 (parameter) 或外生變數 (exogenous variable)。雖然，有些學者認爲參數和外生變數的意義並不相同，但就我們所要討論的課題——比較靜態分析 (comparative statics) 而言，它們的角色並沒有實質的差異，它們都是代表我們所正在討論的經濟模型以外的力量所決定的變數，它們不是模型本身可以決定，也不是相關經濟單位可以選擇或控制的。值得一提的是，在非標的均衡的比較靜態中，因未牽涉到選擇或控制某些變數以求最適化的問題，因此相對於體系以外決定的外生變數，我們通常將體系內決定的變數稱爲內生變數 (endogenous variable)，而不稱選擇變數或控制變數。

當一經濟模型中包含有外生變數或參數時，很顯然地，該模型的均衡或最適解將會受到外生變數或參數的影響，當參數或外生變數發生變動時，均衡或最適解通常會跟著改變。例如，在消費者行爲理論中，若一消費者的效用函數爲 $U(x_1,x_2)=x_1^{\alpha}x_2^{\beta}$，則在預算限制下，使其效用極大的最適選擇爲 $x_1^*=\dfrac{\alpha}{\alpha+\beta}\dfrac{I}{p_1}$，$x_2^*=\dfrac{\beta}{\alpha+\beta}\dfrac{I}{p_2}$，其中，$p_1$、$p_2$ 和 I 分別代表 x_1、x_2 的價格及該消費者的貨幣所得。在此消費者行爲模型中，α、β、p_1、p_2 和 I 都是此模型以外的因素所決定，故都是外生變數。我們也看到了最適解 x_1^*、x_2^* 都是這些外生變數的函數，因此，x_1^*、x_2^* 的值很可能會因這些外生變數的改變而不同。如所得 I 增加時，x_1^*、x_2^* 都跟著增加，當 p_1 上升時 x_1^* 減少，但 x_2^* 卻不受影響。所謂比較靜態分析，就是在看看一經濟體系中內生變數或選擇變數的均衡值，在外生變數的值不同時，到底有何差異；或者說，內生變數或選擇變數的均衡值在外生變數發生變動時會有什麼改變。在此，我們要特別强調兩點：第一、比較靜態分析，只是比較在兩組不同的外生變數值下，兩個均衡點的內生變數或選擇變數的值的不同。換句話說，只是比較兩個靜態均衡點，而不涉及如何由一均衡點過渡到另一均衡點的過程，因此，沒有任何動態觀念在內。第二、因爲比較靜態是在比較兩個靜態均衡，所以在做比較時，我們已經隱含地假設這兩個均衡都已達到，否則即沒意義。因此，任何比較靜態分析都含有經濟體系爲一穩定體系的假定，故目前我們不必去擔心穩定性的問題。穩定性問題以及它和比較靜態分析間的關係則屬動態分析的範疇。

【例 5.1.1】在前面文中所提到的效用極大的 x_1 和 x_2 購買量爲

$$x_1^* = \frac{\alpha}{\alpha+\beta}\frac{I}{p_1},$$

$$x_2^* = \frac{\beta}{\alpha+\beta}\frac{I}{p_2},$$

若所得由 $I=10$ 增加爲 $I=20$，則最適購買量如何變動?

解：當 $I=10$ 時，$x_1^* = \frac{\alpha}{\alpha+\beta}\frac{10}{p_1}$，$x_2^* = \frac{\beta}{\alpha+\beta}\frac{10}{p_2}$；當 $I=20$ 時，$x_1^{**} = \frac{\alpha}{\alpha+\beta}\frac{20}{p_1}$，$x_2^{**} = \frac{\beta}{\alpha+\beta}\frac{20}{p_2}$。

所以

$$x_1^{**} - x_1^* = \frac{20\alpha}{p_1(\alpha+\beta)} - \frac{10\alpha}{p_1(\alpha+\beta)} = \frac{10\alpha}{p_1(\alpha+\beta)} > 0,$$

$$x_2^{**} - x_2^* = \frac{20\beta}{p_2(\alpha+\beta)} - \frac{10\beta}{p_2(\alpha+\beta)} = \frac{10\beta}{p_2(\alpha+\beta)} > 0,$$

因此，當所得增加時，x_1^* 和 x_2^* 跟著增加。在此，當所得增加一倍時，兩種產品的最適消費量也都增加一倍，故我們有

$$\frac{x_1^*}{x_2^*} = \frac{\alpha}{\beta}\frac{p_2}{p_1} = \frac{x_1^{**}}{x_2^{**}}。$$

讀者應可很輕易證明, 在本題中, 只要效用函數及兩種產品的相對價格保持不變, 任何所得水準下, 兩種產品的最適消費量的比永遠相同。

在理論經濟學中, 我們通常討論的是當外生變數發生微小變動時, 均衡點如何變動的問題, 在這種情形下, 只要我們所求得的靜態均衡解是外生變數的可微分函數, 那麼偏微分的概念就可以直接用來做比較靜態分析。因此

$$\frac{\partial x_1^*}{\partial I}=\frac{\alpha}{p_1(\alpha+\beta)}>0\,,$$

$$\frac{\partial x_2^*}{\partial I}=\frac{\beta}{p_2(\alpha+\beta)}>0\,,$$

$$\frac{\partial x_1^*}{\partial p_1}=-\frac{\alpha I}{p_1^2(\alpha+\beta)}<0\,,$$

$$\frac{\partial x_2^*}{\partial p_1}=0\,,$$

$$\frac{\partial x_1^*}{\partial p_2}=0\,,$$

$$\frac{\partial x_2^*}{\partial p_2}=-\frac{\beta I}{p_2^2(\alpha+\beta)}<0。$$

我們得到的結論是, 當所得增加時, 對兩種產品的最適消費量同時增加。當 p_1 上升時, x_1^* 下降, 但不影響 x_2 的最適消費量; 反之, 若 p_2 上升則 x_1^* 不受影響, 但 x_2^* 下降。

【例 5.1.2 】假定烏魚市場的供需函數分別爲

$$q_d=a-bp+cy\,,\qquad a,b,c>0\,;\tag{5.1.1}$$

$$q_s=-e+fp-gw\,,\qquad e,f,g>0\,;\tag{5.1.2}$$

上兩式中 q_d 和 q_s 分別代表市場需求和供給量，p 爲烏魚價格，y 爲所得水準，w 代表氣候，以溫度表示。此市場模型除了滿足基本的供需定律外，我們假定所得增加時，烏魚的需求跟著上升，而供給則隨氣溫之上升而下降。根據最簡單的供需原理，模型 (5.1.1) 和 (5.1.2) 包含了三個內生變數 q_d，q_s 和 p，因而需要另一條方程式方能決定此三個內生變數的均衡值，此爲市場供需相等的條件，即

$$q_d = q_s。\qquad (5.1.3)$$

由 (5.1.1) - (5.1.3) 我們可解得市場均衡價格和均衡交易量

$$p^* = \frac{(a+e)+cy+gw}{b+f},$$

$$q^* = q_d^* = q_s^* = \frac{(af-be)+cfy-bgw}{b+f}。$$

這個結果繪於圖 5.1.1 中，圖中供給和需求曲線分別爲 S 和 D；E，p^* 和 q^* 則代表均衡點，均衡價格和均衡交易量。現在我們很容易可以來看天氣變動對烏魚價格和均衡交易量的影響。因

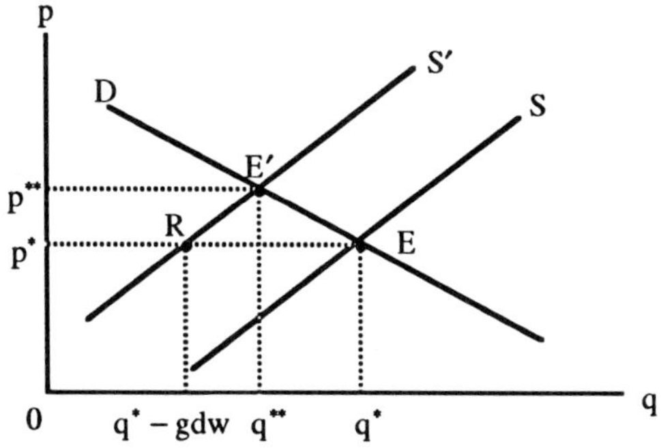

圖 5.1.1

$$\frac{\partial p^*}{\partial w}=\frac{g}{b+f}>0,$$
$$\frac{\partial q^*}{\partial w}=\frac{-bg}{b+f}<0, \tag{5.1.4}$$

故氣溫上升, 使得均衡價格上升, 均衡交易量下降。這種比較靜態分析, 也可以圖 5.1.1 來說明。由模型中, 我們知道, w 這個外生變數僅出現於 (5.1.2), 即供給函數, 故氣溫上升只影響圖 5.1.1 中的供給曲線 S。更明確地說如果我們固定價格在 p^*, 則 w 的變動只會影響 q_s。其程度爲

$$dq_s=-gdw,$$

這就是說, 氣溫每上升一度, 烏魚的供給量即減少 g 單位, 故在 p^* 時, 供給曲線應在 R 點, 也就是在 E 點往左移動 gdw 單位的地方。但這個推論對於任何一固定的價格 p 均成立, 因此, 整條新供給曲線應在原供給曲線左邊 gdw 單位的地方, 如 S′。由圖上清楚可見, 新均衡點爲 E′, 均衡價格上升至 p^{**}, 均衡交易量下降至 q^{**}, 結果與 (5.1.4) 完全相同。

習題 5.1

1. 在例 5.1.1 中, 假定該消費者的偏好發生變化, α 增加, 則對其均衡需求量有何影響? 試分別以數學和圖解方式說明, 並闡述其經濟意義。

2. 在例 5.1.2 中, 分別說明所得下降及捕烏魚技術進步的結果。

3. 在下列總體模型中, 試說明投資增加及政府提高所得稅稅率的影響。

   $y=C+\bar{I}+\bar{G},$

   $C=\alpha+\beta(y-T), \qquad \alpha>0,\ 0<\beta<1,$

$T=\gamma+\delta y$, $\gamma>0,\ 0<\delta<1$,

其中各符號意義如下:

y: 國民所得,

C: 消費

$\bar{I}$: 投資, 爲外生變數,

$\bar{G}$: 政府支出, 爲外生變數,

T: 稅收,

δ: 所得稅稅率。

4. 假定某林場以其現有人力 $\bar{L}$ 去種植竹子 (Q_B) 和杉木 (Q_F), 其生產函數分別爲

$$Q_B=\frac{L_B}{2},\ Q_F=L_F^{\frac{1}{2}}。$$

假定竹子和杉木分別定於 T_B 和 T_F 年後砍伐, 將兩種產品出售後的單位收入函數分別爲

$$R_B=2T_B^{\frac{1}{2}},\ R_F=8T_F^{\frac{1}{2}}。$$

若市場利率爲固定值 r, 則 t 年後, 每塊錢的現值爲 e^{-rt}。

(i) 寫出在人力限制下, 使收入現值極大的經濟模型。導出一階條件, 並說明其經濟意義（提示: 選擇變數爲 L_B、L_F、T_B、T_F）。

(ii) 說明: (a) 增加人力, (b) 利率水準下降的影響。

5. 假定家計部門 (household sector) 的效用函數爲

$$U(C,L,M)=\alpha lnC+\beta lnL+\gamma ln\left(\frac{M}{p}\right),$$

其中 C 爲消費, L 爲休閒, $\frac{M}{p}$ 爲實質貨幣餘額, p 爲物價水準。假定家計部門擁有的貨幣量爲 M°, 時間爲 T, 工資率爲 w, 則其預算限制爲 $pC+wL+M\le wT+M^{\circ}$, 試分別討論物價上升及 M° 增加對實質貨幣需求及勞動供給的影響。

6. 某經濟系在調查研究後發現, 該系教授所完成的實證研究數 x_1 和理論研究數 x_2 跟該系所雇用的研究助理工作時數 y 之間有下列關係, $y=\left(x_1+x_2^2\right)^2$。若研究助理每小時的工資爲 w, 而該系給予實證研究

和理論研究的貨幣評價分別爲 p_1 和 p_2。假定該系希望系上教授研究成果的貨幣總值達到最大, 試說明研究助理工資上升對實證和理論研究的影響。

7. 某完全競爭廠商, 以固定的土地 $(\overline{T})$ 和資本 $(\overline{K})$ 配合勞動力 (L) 生產兩產品 y_1 和 y_2, 其生產函數分別爲

$$y_1 = 110L_1 + 100K_1 + 100T_1 - L_1^2 - K_1^2 - T_1^2,$$

$$y_2 = 310L_2 + 300K_2 + 300T_2 - 5L_2^2 - 5K_2^2 - 5T_2^2,$$

其中 L_i, K_i, T_i $(i = 1,2)$ 分別爲使用於生產第 i 種產品的勞動、資本和土地。假定產品的價格分別爲 p_1 和 p_2, 勞動雇用工資爲 w, 試求

(i) 兩產品的供給函數及該廠商的勞動需求函數。

(ii) 該廠商資本擁有量增加, 對兩產品之供給以及勞動需求的影響, 並解釋其經濟意義。

8. 考慮一 IS-LM 總體經濟模型:

消費函數 $C = c_0 + cy_d$, $c_0 > 0$, $0 < c < 1$,

投資函數 $I = I_0 - \alpha r$, $\alpha > 0$,

交易性貨幣需求函數 $L_1 = ky$, $k > 0$,

投機性貨幣需求函數 $L_2 = L_0 - \beta r$, $\beta > 0$,

其中 $y_d = y - T$, T 爲政府稅收 (故 y_d 爲可支配所得), r 爲利率, y 爲國民所得。假定政府支出 G, 稅收 T 和貨幣供給量 M 均爲固定。

(i) 求均衡國民所得及利率水準。

(ii) 若 $\alpha/\beta \to 0$, 則 (i) 之結果爲何? 試解釋其經濟意義。

(iii) 試比較政府支出增加及貨幣供給增加對均衡所得及利率水準的影響, 並以圖解說明。

5.2 傳統比較靜態分析

•隱函數定理

前一節中我們說明了比較靜態分析的概念, 並以一些經濟模型來說明。這些例子, 以及習題 5.1 中各題, 有一個共同的特色, 即模型中所有的函數均爲顯函數 (explicit function) , 因此, 我們可將內生變數均衡值解出來, 使其成爲各參數或外生變數的顯函數。在這種情況下, 比較靜態分析變得非常簡單, 只要對相關的函數作偏微分運算即可完成。尤有進者, 由於均衡值是外生變數的顯函數, 其偏微分的結果可以明確算出, 因而, 我們不僅知道外生變數影響的方向, 還知道其明確的大小, 故我們事實上有了定量的比較靜態分析 (quantitative comparative statics)。然而, 經濟理論通常只是告訴我們, 某些變數存在著因果或函數關係, 並未明確告訴我們這種函數關係的形式。因此, 在例 5.1.2 中, 我們通常不會有 (5.1.1) 和 (5.1.2) 的式子, 而只有類似

$$
\begin{aligned}
&q_d = f(p,y), \quad f_p < 0, \quad f_y > 0, \\
&q_s = g(p,w), \quad g_p > 0, \quad g_w < 0,
\end{aligned}
\tag{5.2.1}
$$

的設定 (specification) 而已。在這種情況下, 當然我們不可能明確地解出 p^* 和 q^*。因此, 也就不太可能有定量比較靜態分析了。不過, 如果我們將注意力集中在原均衡點附近外生變數的微小變動, 我們仍是可以分析外生變數對內生變數影響的方向, 這就是定性比較靜態分析 (qualitative comparative statics)〔當然, 定量比較靜態分析也包含了定性比較靜態分析〕, 這也是經濟分析的重點之一。

類似 (5.2.1) 這種隱函數 (implicit function) 形態表示的經濟模型, 其比較靜態分析可約略分成兩種方法。傳統方法建立於隱函數定理上, 適用於無標的均衡, 無限制條件及等式限制條件下的最適解的比較靜態分析; 另一種較現代的方法, 則以極值函數 (maximum value function) 和包絡線定理 (envelope theorem) 爲基礎, 這種方法適用於任何有標的均衡（包括不等式限制條件下的最適解）的比較靜態分析。在這一節中,

我們先探討傳統比較靜態分析法，本章其餘部分則以現代分析法爲討論對象。由於傳統分析法基本上就是數學上隱函數定理的應用，因而我們在此先簡要介紹隱函數定理。

雖然，在中級經濟分析課程上，很少明確介紹隱函數定理，但事實上，我們卻是經常在使用。例如，大部分大二，甚至一些大一的學生，都會算無異曲線 $U(x,y)=c$ 的斜率爲 $dy/dx=-U_x/U_y$，只是不知道他們之所以可以得到這個結果，是因爲隱函數定理的緣故。另外，我們也很習慣解 n 條線性聯立方程組 $\mathbf{Ax}=\mathbf{b}$，也知道，當 $|A|\neq 0$ 時，這 n 條聯立方程式有唯一解。但是，同樣地，或許也沒有太多的人知道，這個 $|A|\neq 0$ 的條件是可以看成隱函數定理的一個特例。從上面這兩個例子，我們也隱約可以知道，所謂隱函數定理，基本上是和解方程式，以及求函數的（偏）導數有關。

現在以效用函數 $U(x,y)=x+(y-1)^2$ 爲例，效用等於 1 的無異曲線方程式可寫成

$$x+(y-1)^2=1, \tag{5.2.2}$$

或 $$x+(y-1)^2-1=0, \tag{5.2.2'}$$

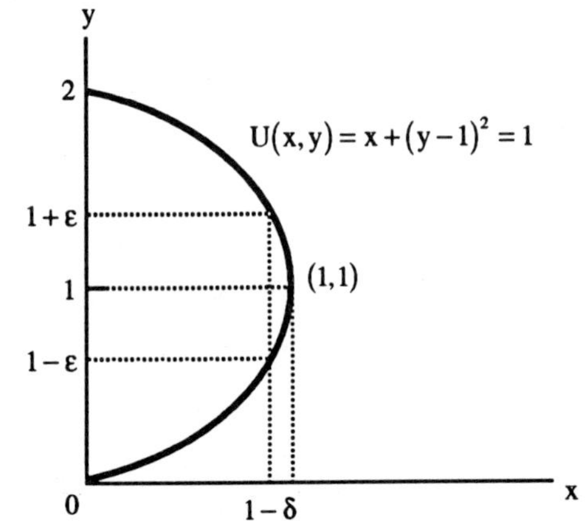

圖 5.2.1

其圖形則如圖 5.2.1 所示。(5.2.2) 或 (5.2.2') 中包含兩個變數 x 和 y，我們希望看看能否將 y 解成 x 的函數。由圖 5.2.1，我們很清楚地可以看到，當 $x \in [0,1)$時任何一個 x 均有兩個 y 值同時滿足 (5.2.2)。因此，如果我們不對 y 的值加以任何限制，就不可能將 y 表示成 x 的函數，$y = f(x)$。但是，如果我們將 y 的值限於 $y > 1$，則可將 y 表示成下列 x 的函數

$$y = 1 + \sqrt{1-x}\text{。} \tag{5.2.3}$$

同理，若將 y 的值限於 $y \in [0,1)$，則可得

$$y = 1 - \sqrt{1-x}\text{。} \tag{5.2.4}$$

上面這個例子顯示出(1,1)這一點似乎有些特別；事實上，只要將 y 的值限於 $y \in (1-\varepsilon, 1+\varepsilon)$，則不管 ε 是多小，則對任何 $x \in (1-\delta, 1)$〔見圖 5.2.1〕必有兩個 y 值與之相對應，因而在此 y 值範圍內，我們不可能將 y 解爲 x 的函數。從幾何圖形上來看，我們很容易可以發現，(1,1) 這點和無異曲線上其他點最大的不同是，在這一點此無異曲線的切線爲垂直。換個角度來看，如果我將 (5.2.2) 表示成下列形式：

$$F(x,y) = x + (y-1)^2 - 1 = 0, \tag{5.2.2''}$$

則在(1,1)這一點有

$$F_y(1,1) = \frac{\partial F(1,1)}{\partial y} = 2(y-1)\Big|_{x=1,y=1} = 0\text{。} \tag{5.2.5}$$

因此，我們或許會懷疑，能否將隱函數 $F(x,y) = 0$ 解成 $y = f(x)$ 的函數關係，是否和 $F(x,y) = 0$ 圖形的斜率有關，或說，是否和 F_y 的值有關？事實正是如此，這也就是隱函數定理所要告訴我們的東西。

定理 5.2.1（隱函數定理）：$X \subset R^{n+m}$ 爲一開集合，函數 $\mathbf{F}: X \to R^m$，$\mathbf{F} = (F_1, \cdots, F_m)^T \in C^r$，r 爲一正整數。假定 $(\mathbf{x}^0, \mathbf{y}^0)^T \in X$ 滿足 $\mathbf{F}(\mathbf{x}^0, \mathbf{y}^0) = \mathbf{0}_m$，且在點 $(\mathbf{x}^0, \mathbf{y}^0)^T$，下列 Jacobian 行列式不等於 0，即

$$|J| = \left|\frac{\partial(F_1, F_2, \cdots, F_m)}{\partial(y_1, y_2, \cdots, y_m)}\right| = \begin{vmatrix} \frac{\partial F_1}{\partial y_1} & \frac{\partial F_1}{\partial y_2} & \cdots & \frac{\partial F_1}{\partial y_m} \\ \vdots & \vdots & \ddots & \vdots \\ \frac{\partial F_m}{\partial y_1} & \frac{\partial F_m}{\partial y_2} & \cdots & \frac{\partial F_m}{\partial y_m} \end{vmatrix} \neq 0 \qquad (5.2.6)$$

,

則存在一 $\delta-$鄰域 $B(\mathbf{x}^0;\delta)\subset \boldsymbol{R}^n$，一 $\varepsilon-$鄰域 $B(\mathbf{y}^0;\varepsilon)\subset \boldsymbol{R}^m$，以及唯一的函數 $f: B(\mathbf{x}^0;\delta)\to B(\mathbf{y}^0;\varepsilon)$，使得任一 $\mathbf{x}\in B(\mathbf{x}^0;\delta)$ 均滿足 $\mathbf{F}(\mathbf{x}, f(\mathbf{x})) = \mathbf{0}_m$，且 $f = (f_1,\cdots,f_m)^T \in \boldsymbol{C}^r$。

上述定理中, 函數 F 乃是將定義域中的一個點 $(\mathbf{x},\mathbf{y})\in X$, 對應到一唯一的 m 維向量 $\mathbf{z}\in \boldsymbol{R}^m$，即 $z_i = F_i(x_1,\cdots,x_n,y_1,\cdots,y_m)$，$i=1,\cdots,m$。因此，一般稱 F 爲一向量函數或矢函數 (vector function)。至於 $(F_1,\cdots,F_m)\in \boldsymbol{C}^r$ 則表示每一 $F_i(i=1,\cdots,m)$ 均爲 r 次連續可微分函數。

有關隱函數定理的嚴謹的證明, 有興趣的同學可自行查閱一般高等微積分的課本, 在此僅說明有關此定理的一些重要特性, 以加强讀者對此定理的認識。

(1) 定理 5.2.1 是最一般化的隱函數定理的敘述, 若以較平常的語言來說, 我們可將隱函數定理寫成: 如果 (a) 存在一點 $(\mathbf{x}^0,\mathbf{y}^0)^T$ 滿足聯立方程組

$$\begin{aligned} &F_1(x_1,\cdots,x_n,y_1,\cdots,y_m) = 0, \\ &\vdots \qquad\qquad\qquad \vdots \\ &F_m(x_1,\cdots,x_n,y_1,\cdots,y_m) = 0。\end{aligned} \qquad (5.2.7)$$

（其中 F_i, $i=1,\cdots,m$ 爲 r 次連續可微分函數），且 (b) 在點 $(\mathbf{x}^0,\mathbf{y}^0)^T$，(5.2.6) 成立，則我們可在點 $(\mathbf{x}^0,\mathbf{y}^0)^T$ 附近將 y_i, $i=1,\cdots,m$ 解成 $(x_1,\cdots,x_n)^T$的函數, 即在 $(\mathbf{x}^0,\mathbf{y}^0)^T$ 附近有

$$\begin{aligned} &y_1 = f_1(x_1,\cdots,x_n), \\ &\vdots \qquad \vdots \\ &y_m = f_m(x_1,\cdots,x_n)。\end{aligned} \qquad (5.2.8)$$

在此必須特別強調的是，上面 (a)，(b) 兩條件只是保證在 $(\mathbf{x}^0,\mathbf{y}^0)^T$ 附近，(5.2.8)成立的充分條件而非必要條件。以前面所舉無異曲線的例子來說，**x** 和 **y** 兩向量變成 x, y 兩純量，而 (5.2.7) 的聯立方程組只剩一條式子 $F(x,y)=x+(y-1)^2=0$。因此，其所對應的 Jacobian 行列式 (5.2.6) 也簡化成 $F_y=\dfrac{\partial F}{\partial y}\neq 0$。由於 $F_y=\dfrac{\partial F}{\partial y}=2(y-1)$，故僅在 $y=1$ 時方會使 $F_y=0$。根據隱函數定理，無異曲線 $x+(y-1)^2-1=0$ 上，除了在 (1,1) 這點附近外，我們都可將 y 表示成 x 的函數，這正是我們前面所得到的結果。

(2) 因 $(\mathbf{x}^0,\mathbf{y}^0)^T$ 滿足 (5.2.7)，且 $(\mathbf{x}^0,\mathbf{y}^0)^T$ 附近的點，包括點 $(\mathbf{x}^0,\mathbf{y}^0)^T$，均滿足 (5.2.8)，故

$$
\begin{aligned}
&F_1\left(x_1^0,\cdots,x_n^0,y_1^0,\cdots,y_m^0\right)=0\\
&\vdots \qquad\qquad\qquad \vdots\\
&F_m\left(x_1^0,\cdots,x_n^0,y_1^0,\cdots,y_m^0\right)=0,
\end{aligned}
\tag{5.2.9}
$$

或

$$
\begin{aligned}
&F_1\left(x_1^0,\cdots,x_n^0,f_1\left(x_1^0,\cdots,x_n^0\right),\cdots,f_m\left(x_1^0,\cdots,x_n^0\right)\right)=0\\
&\vdots \qquad\qquad\qquad\qquad\qquad\qquad \vdots\\
&F_m\left(x_1^0,\cdots,x_n^0,f_1\left(x_1^0,\cdots,x_n^0\right),\cdots,f_m\left(x_1^0,\cdots,x_n^0\right)\right)=0,
\end{aligned}
\tag{5.2.9'}
$$

成爲一組恆等式 (identities)。利用 F_i，$i=1,\cdots,m$，爲 r 次連續可微分，以及恆等式兩邊全微分必然相等的性質，對 (5.2.9) 做全微分可得

$$
\begin{aligned}
&\frac{\partial F_1}{\partial x_1}dx_1+\cdots+\frac{\partial F_1}{\partial x_n}dx_n+\frac{\partial F_1}{\partial y_1}dy_1+\cdots+\frac{\partial F_1}{\partial y_m}dy_m=0\\
&\vdots \qquad\qquad\qquad\qquad\qquad\qquad \vdots\\
&\frac{\partial F_m}{\partial x_1}dx_1+\cdots+\frac{\partial F_m}{\partial x_n}dx_n+\frac{\partial F_m}{\partial y_1}dy_1+\cdots+\frac{\partial F_m}{\partial y_m}dy_m=0,
\end{aligned}
\tag{5.2.10}
$$

(5.2.10) 亦可寫成

$$\begin{pmatrix} \frac{\partial F_1}{\partial y_1} & \cdots & \frac{\partial F_1}{\partial y_m} \\ \vdots & \ddots & \vdots \\ \frac{\partial F_m}{\partial y_1} & \cdots & \frac{\partial F_m}{\partial y_m} \end{pmatrix} \begin{pmatrix} dy_1 \\ \vdots \\ dy_m \end{pmatrix} = -\begin{pmatrix} \frac{\partial F_1}{\partial x_1} & \cdots & \frac{\partial F_1}{\partial x_n} \\ \vdots & \ddots & \vdots \\ \frac{\partial F_m}{\partial x_1} & \cdots & \frac{\partial F_m}{\partial x_n} \end{pmatrix} \begin{pmatrix} dx_1 \\ \vdots \\ dx_n \end{pmatrix}, \qquad (5.2.10')$$

(5.2.10) 和 (5.2.10') 中所有的偏微分，均是在點 $(\mathbf{x}^0, \mathbf{y}^0)^T$ 的估計值。(5.2.10') 式中，我們很清楚看到，前乘於向量 $(dy_1, \cdots, dy_m)^T$ 之矩陣，不外是估計於點 $(\mathbf{x}^0, \mathbf{y}^0)^T$ 的 Jacobian 矩陣，J。由隱函數定理得知，其對應之 Jacobian 行列式值不等於 0，故 J 之逆矩陣存在。現在將 (5.2.10') 看成是包含 m 個變數 $dy_1, \cdots, dy_m$ 的聯立方程組，則由第一章的討論，可以解得

$$\begin{pmatrix} dy_1 \\ \vdots \\ dy_m \end{pmatrix} = -\begin{pmatrix} \frac{\partial F_1}{\partial y_1} & \cdots & \frac{\partial F_1}{\partial y_m} \\ \vdots & \ddots & \vdots \\ \frac{\partial F_m}{\partial y_1} & \cdots & \frac{\partial F_m}{\partial y_m} \end{pmatrix}^{-1} \begin{pmatrix} \frac{\partial F_1}{\partial x_1} & \cdots & \frac{\partial F_1}{\partial x_n} \\ \vdots & \ddots & \vdots \\ \frac{\partial F_m}{\partial x_1} & \cdots & \frac{\partial F_m}{\partial x_n} \end{pmatrix} \begin{pmatrix} dx_1 \\ \vdots \\ dx_n \end{pmatrix}, \qquad (5.2.11)$$

(5.2.11) 即是我們從事比較靜態分析的最基本式子 (fundamental equation of comparative statics)。在前面無異曲線的例子中，(5.2.11) 成爲

$$dy = -\frac{\partial F/\partial x}{\partial F/\partial y}dx, \qquad (5.2.12)$$

上式隱含無異曲線斜率爲

$$\frac{dy}{dx} = -\frac{\partial F/\partial x}{\partial F/\partial y}, \qquad (5.2.12')$$

這是我們很熟悉的結果。

(3) 隱函數定理基本上只是針對某一特定點 $(\mathbf{x}^0, \mathbf{y}^0)^T$ 附近而言，至於此點附近以外其他定義域並未涉及，因此是純粹的局部性 (local) 概念。

另外, 此定理爲一存在定理, 它沒有告訴我們 ε–鄰域和 δ–鄰域有多大, 也沒告訴我們函數 $f_1,\cdots,f_m$ 的明確形式 (explicit form)。但我們知道, 當 F_i, $i=1,\cdots,m$, 爲 r 次連續可微分時, f_i, $i=1,\cdots,m$ 也是 r 次連續可微分的函數。

(4) 隱函數定理中對於向量 **x** 和 **y** 的維數 (dimension) n 和 m 並無任何限制, 因此可能是 n>m , n<m 或 n=m。

•比較靜態分析

介紹了隱函數定理, 現在就來看傳統比較靜態分析問題。假設我們所面對的問題是

$$\max_{\mathbf{x}} \ f(\mathbf{x};\alpha) \qquad \mathbf{x}\in X\subset \mathbb{R}^n, \quad \alpha\in A\subset \mathbb{R}^k, \tag{5.2.13}$$

或 $$\max_{\mathbf{x}} \ f(\mathbf{x};\alpha) \qquad \text{s.t.} \ \ g(\mathbf{x};\alpha)=\mathbf{0}_m, \quad \mathbf{x}\in X\subset \mathbb{R}^n, \quad \alpha\in A\subset \mathbb{R}^k。\tag{5.2.14}$$

在這兩個問題中, **x** 代表選擇變數, α 代表參數或外生變數。我們將這兩種變數以分號分開, 以別於同是內生變數或外生變數時以逗號分開的的習慣。集合 A 稱參數容許集合 (admissible parameter set)。爲了分析方便, 我們作一些假設:

(A.5.2.1) f 的定義域 X 爲一開凸集合（通常爲 $\mathbb{R}^n$ 或 $\mathbb{R}^n_{++}$）。

(A.5.2.2) 參數容許集合 A 爲一開凸集合（通常爲 $\mathbb{R}^k$ 或 $\mathbb{R}^k_{++}$）。

(A.5.2.3) 對任一 $\alpha\in A$, $f(\mathbf{x};\alpha)$ 和 $g(\mathbf{x};\alpha)$ 至少爲二次連續可微分函數。

(A.5.2.4) 對任一 $\alpha\in A$, (5.2.13) 和 (5.2.14) 均有唯一解。

值得一提的是, 雖然在 (5.2.14) 中, 標的函數和限制函數中的外生變數均以 α 表示, 但這並不表示所有外生變數或參數都要同時出現在這兩個函數中。一般而言, $f(\mathbf{x};\alpha)$ 中的 α, 會有一些不是限制式中的參數, 而 $g(\mathbf{x};\alpha)$ 中的 α, 也有一些參數不出現在標的函數中。

定理 5.2.2：假定當 $\alpha=\alpha^* \in A$ 時，(5.2.13) 的解爲 $\mathbf{x}^*$，且

$$|J|=\left|f_{\mathbf{xx}^T}(\mathbf{x}^*;\alpha^*)\right|=\left|\frac{\partial^2 f(\mathbf{x}^*;\alpha^*)}{\partial x_i \partial x_j}\right| \neq 0,$$

則

$$\begin{bmatrix} \partial x_1/\partial\alpha_j \\ \vdots \\ \partial x_n/\partial\alpha_j \end{bmatrix} = -\begin{bmatrix} \frac{\partial^2 f}{\partial x_1^2} & \frac{\partial^2 f}{\partial x_1\partial x_2} & \cdots & \frac{\partial^2 f}{\partial x_1\partial x_n} \\ \vdots & \vdots & \ddots & \vdots \\ \frac{\partial^2 f}{\partial x_n\partial x_1} & \frac{\partial^2 f}{\partial x_n\partial x_2} & \cdots & \frac{\partial^2 f}{\partial x_n^2} \end{bmatrix}^{-1} \begin{bmatrix} \frac{\partial^2 f}{\partial x_1\partial\alpha_j} \\ \vdots \\ \frac{\partial^2 f}{\partial x_n\partial\alpha_j} \end{bmatrix}$$

$$j=1,\cdots,k, \tag{5.2.15}$$

或以矩陣符號表示

$$\frac{\partial \mathbf{x}}{\partial \alpha^T} = -f_{\mathbf{xx}^T}^{-1} f_{\mathbf{x}\alpha^T}, \tag{5.2.15'}$$

其中 $\frac{\partial \mathbf{x}}{\partial \alpha^T}$ 爲 $n\times k$ 矩陣 $\left[\frac{\partial x_i}{\partial \alpha_j}\right]$，$f_{\mathbf{xx}^T}^{-1}$ 爲 $n\times n$ 矩陣，$f_{\mathbf{x}\alpha^T}$ 爲 $n\times k$ 矩陣 $\left[\frac{\partial^2 f}{\partial x_i \partial \alpha_j}\right]$，又 (5.2.15) 和 (5.2.15') 中所有的二階偏導數均是在點 $(\mathbf{x}^*;\alpha^*)^T$ 的估計值。

證明: 因 $\mathbf{x}^*$ 爲 $f(\mathbf{x};\alpha^*)$ 的一個局部極大, 由第四章無限制條件最適化理論知, 其一階條件爲

$$f_{\mathbf{x}}(\mathbf{x}^*;\alpha^*)=\mathbf{0}_n, \tag{5.2.16}$$

但因 $f_{\mathbf{x}}$ 的 Jacobian 行列式 $|J|=\left|f_{\mathbf{xx}^T}(\mathbf{x}^*;\alpha^*)\right|\neq 0$, 由隱函數定理知，存在連續函數 $x_i=x_i(\alpha)$，$i=1,\cdots,n$，使得

$$f_{\mathbf{x}}(\mathbf{x}(\alpha);\alpha)=\mathbf{0}_n \tag{5.2.17}$$

成爲一恆等式。將 (5.2.17) 對 α 做偏微分可得

$$f_{\mathbf{xx}^T}\frac{\partial \mathbf{x}}{\partial \alpha^T}+f_{\mathbf{x}\alpha^T}=\mathbf{O}_{n\times k}。 \tag{5.2.18}$$

將 (5.2.18) 中各偏導數估計於 $(\mathbf{x}^*;\alpha^*)^T$, 因 $\left|f_{\mathbf{xx}^T}(\mathbf{x}^*;\alpha^*)\right| \neq 0$, 故可得

$$\frac{\partial \mathbf{x}}{\partial \alpha^T} = -f_{\mathbf{xx}^T}^{-1}(\mathbf{x}^*;\alpha^*) f_{\mathbf{x}\alpha^T}(\mathbf{x}^*;\alpha^*)。 \tag{5.2.19}$$

在此, 我們特別提醒讀者, 在 (5.2.16) 中, 對應於 $f_{\mathbf{x}}$ 的 Jacobian 行列式 $\left|f_{\mathbf{xx}^T}\right|$, 剛好就是對應於函數 f 的 Hessian 行列式。因此, 如果在求解 (5.2.13) 時, 二階充分條件成立, 則 $f_{\mathbf{xx}^T}(\mathbf{x}^*;\alpha^*)$ 就是負定矩陣, 也因此 $\left|f_{\mathbf{xx}^T}(\mathbf{x}^*;\alpha^*)\right| \neq 0$ 自然成立, 故可直接引用隱函數定理。比較 (5.2.19) 和 (5.2.11) 讀者應很容易察知, 他們基本上是完全相同的。

【例 5.2.1】 假定政府對廠商的總收入課稅, 其稅率爲 (1-t)。若一廠商以 x_1 和 x_2 兩種生產因素從事生產, 其生產函數爲 $y = f(x_1, x_2)$。產品 y 以及 x_1 和 x_2 的市場價格分別爲 p, w_1, w_2。但政府爲了鼓勵對 x_1 的使用, 因此廠商購買 x_1 的支出可先由總收入中扣除, 然後再課稅。試問政府提高稅率對 x_1 和 x_2 使用量的影響。

解: 根據題意, 該廠商之利潤爲

$$\pi = (1-(1-t))[pf(x_1,x_2) - w_1x_1] - w_2x_2 = tpf(x_1,x_2) - tw_1x_1 - w_2x_2,$$

極大化利潤的一階條件爲

$$\begin{aligned} \frac{\partial \pi}{\partial x_1} &= tpf_1(x_1^*,x_2^*) - tw_1 = 0 , \\ \frac{\partial \pi}{\partial x_2} &= tpf_2(x_1^*,x_2^*) - w_2 = 0 。 \end{aligned} \tag{5.2.20}$$

由 (5.2.20) 可解得極值 (x_1^*,x_2^*) 的二階充分條件爲, 在點 (x_1^*,x_2^*), Hessian 矩陣

$$\pi_{\mathbf{xx}^T}=\begin{pmatrix}\pi_{x_1x_1} & \pi_{x_1x_2}\\ \pi_{x_2x_1} & \pi_{x_2x_2}\end{pmatrix}$$

爲一負定矩陣。因 $\pi_{x_1x_1}=tpf_{11}$，$\pi_{x_1x_2}=tpf_{12}=tpf_{21}=\pi_{x_2x_1}$，$\pi_{x_2x_2}=tpf_{22}$，故

$$\left|\pi_{xx^T}\right|=\begin{vmatrix}tpf_{11} & tpf_{12}\\ tpf_{21} & tpf_{22}\end{vmatrix}=t^2p^2\begin{vmatrix}f_{11} & f_{12}\\ f_{21} & f_{22}\end{vmatrix},$$

因此，若在點 $\left(x_1^*,x_2^*\right)$ 有 $f_{11}<0$，$\left(f_{22}<0\right)$，$f_{11}f_{22}-f_{12}f_{21}=f_{11}f_{22}-f_{12}^2>0$，則二階充分條件成立（即 $\pi_{x_1x_1}<0$，$\left|\pi_{\mathbf{xx}^T}\right|>0$）。換句話說，若在點 $\left(x_1^*,x_2^*\right)$ 附近，生產函數爲嚴格凹函數，則 x_1^* 和 x_2^* 即爲使生產者利潤極大之因素僱用量。但二階充分條件成立的假設，即代表對應於 (5.2.20) 的 Jacobian 行列式不爲 0，故我們可利用隱函數定理由 (5.2.20) 解出

$$\begin{aligned}x_1^*&=x_1\left(p,w_1,w_2,t\right),\\ x_2^*&=x_2\left(p,w_1,w_2,t\right)。\end{aligned}\tag{5.2.21}$$

再根據隱函數定理的性質，將 (5.2.21) 代回 (5.2.20) 後做全微分，並令 $dp=dw_1=dw_2=0$，可得

$$\begin{bmatrix}tpf_{11} & tpf_{12}\\ tpf_{21} & tpf_{22}\end{bmatrix}\begin{bmatrix}\partial x_1/\partial t\\ \partial x_2/\partial t\end{bmatrix}=\begin{bmatrix}w_1-pf_1\\ -pf_2\end{bmatrix}。\tag{5.2.22}$$

上式中，我們將 $\partial x_i^*/\partial t$ 寫成 $\partial x_i/\partial t$ $(i=1,2)$，這是爲了不讓符號太複雜，也是經濟學上的習慣，但讀者須切記，$\partial x_i/\partial t$ $(i=1,2)$ 乃是代表 x_i 的均衡值 x_i^*，因外生變數 t 發生變動所引起的變動。另外，由一階條件 (5.2.20)，可得 $w_1-pf_1\left(x_1^*,x_2^*\right)=0$，$pf_2\left(x_1^*,x_2^*\right)=\frac{w_2}{t}$，將此代入 (5.2.22) 即得

$$\begin{bmatrix} tpf_{11} & tpf_{12} \\ tpf_{21} & tpf_{22} \end{bmatrix}\begin{bmatrix} \partial x_1/\partial t \\ \partial x_2/\partial t \end{bmatrix}=\begin{bmatrix} 0 \\ -\frac{w_2}{t} \end{bmatrix}。\tag{5.2.22'}$$

利用 Cramer's 法則, 解 (5.2.22') 可得

$$\frac{\partial x_1}{\partial t}=\frac{pw_2f_{12}}{\left|\pi_{xx^T}\right|},$$

$$\frac{\partial x_2}{\partial t}=\frac{-pw_2f_{11}}{\left|\pi_{xx^T}\right|},$$

因此, 當二階充分條件成立時, 我們知道

$$\frac{\partial x_2}{\partial t}>0。$$

因稅率爲 1-t , 故當 t 下降時, 稅率上升, 因而 $\partial x_2/\partial t>0$ 告訴我們當政府提高稅率時 $(\partial t<0)$, 該廠商對第二種生產因素的需求會減少。然而, 即使二階充分條件成立, 我們仍無法判斷 $\partial x_1/\partial t$ 的符號。$\partial x_1/\partial t$ 的正負乃決定於 f_{12} 的符號, 也就是說決定於生產因素間的互補或替代關係。若 x_1 和 x_2 爲互補生產因素, 則 $f_{12}>0$, 那麼 $\partial x_1/\partial t>0$, 因爲稅率提高會減少 x_2 的使用, 透過互補品的關係, 我們知道 x_1 的需求也會跟著減少。反之, 若 x_1 和 x_2 爲替代生產因素, 則 $f_{12}<0$, 因而 $\partial x_1/\partial t<0$。當然, 如果我們假定 f 爲一次齊次嚴格凹函數, 則自然有 $f_{12}>0$ (爲什麼?), $\partial x_1/\partial t>0$ 的結果了。

定理 5.2.3: 假定 $L(\mathbf{x},\lambda;\alpha)$ 爲對應於 (5.2.14) 的 Lagrangean 函數, 當 $\alpha=\alpha^*$ 時 (5.2.14) 的解爲 $\mathbf{x}^*$, 且矩陣 $\mathbf{g}_{\mathbf{x}^T}(\mathbf{x}^*)=\left(\frac{\partial g^j(\mathbf{x}^*)}{\partial x_i^*}\right)_{m\times n}$

和矩陣

$$\overline{H}(\mathbf{x}^*,\lambda^*;\alpha^*)=\begin{bmatrix}\mathbf{0}_m & \mathbf{g}_{\mathbf{x}^T}\\ (\mathbf{g}_{\mathbf{x}^T})^T & L_{\mathbf{xx}^T}\end{bmatrix}=\begin{bmatrix}0 & \cdots & 0 & \frac{\partial g^1}{\partial x_1} & \cdots & \frac{\partial g^1}{\partial x_n}\\ \vdots & \ddots & \vdots & \vdots & \ddots & \vdots\\ 0 & \cdots & 0 & \frac{\partial g^m}{\partial x_1} & \cdots & \frac{\partial g^m}{\partial x_n}\\ \frac{\partial g^1}{\partial x_1} & \cdots & \frac{\partial g^m}{\partial x_1} & \frac{\partial^2 L}{\partial x_1^2} & \cdots & \frac{\partial^2 L}{\partial x_1\partial x_n}\\ \vdots & \ddots & \vdots & \vdots & \ddots & \vdots\\ \frac{\partial g^1}{\partial x_n} & \cdots & \frac{\partial g^m}{\partial x_n} & \frac{\partial^2 L}{\partial x_n\partial x_1} & \cdots & \frac{\partial^2 L}{\partial x_n^2}\end{bmatrix}$$

均爲滿秩 (full rank)，則

$$\begin{bmatrix}\partial\lambda_1/\partial\alpha_r\\ \vdots\\ \partial\lambda_m/\partial\alpha_r\\ \partial x_1/\partial\alpha_r\\ \vdots\\ \partial x_n/\partial\alpha_r\end{bmatrix}=-\begin{bmatrix}0 & \cdots & 0 & \frac{\partial g^1}{\partial x_1} & \cdots & \frac{\partial g^1}{\partial x_n}\\ \vdots & \ddots & \vdots & \vdots & \ddots & \vdots\\ 0 & \cdots & 0 & \frac{\partial g^m}{\partial x_1} & \cdots & \frac{\partial g^m}{\partial x_n}\\ \frac{\partial g^1}{\partial x_1} & \cdots & \frac{\partial g^m}{\partial x_1} & \frac{\partial^2 L}{\partial x_1^2} & \cdots & \frac{\partial^2 L}{\partial x_1\partial x_n}\\ \vdots & \ddots & \vdots & \vdots & \ddots & \vdots\\ \frac{\partial g^1}{\partial x_n} & \cdots & \frac{\partial g^m}{\partial x_n} & \frac{\partial^2 L}{\partial x_n\partial x_1} & \cdots & \frac{\partial^2 L}{\partial x_n^2}\end{bmatrix}^{-1}\begin{bmatrix}\partial g^1/\partial\alpha_r\\ \vdots\\ \partial g^m/\partial\alpha_r\\ \partial^2 L/\partial x_1\partial\alpha_r\\ \vdots\\ \partial^2 L/\partial x_n\partial\alpha_r\end{bmatrix},$$

$$r=1,\cdots,k, \tag{5.2.23}$$

或

$$\frac{\partial\mathbf{z}}{\partial\alpha^T}=-\overline{H}^{-1}L_{\mathbf{z}\alpha^T}, \tag{5.2.23'}$$

上式中 $\mathbf{z}=\begin{pmatrix}\lambda\\ \mathbf{x}\end{pmatrix}$，爲 $(n+m)\times 1$ 向量，$\frac{\partial\mathbf{z}}{\partial\alpha^T}$ 爲 $(n+m)\times k$ 矩陣，$\overline{H}^{-1}$ 爲 $(n+m)\times(n+m)$ 矩陣，$L_{\mathbf{z}\alpha^T}$ 爲 $(n+m)\times k$ 矩陣，且 (5.2.23) 和 (5.2.23') 中所有偏導數均爲在點 $(\mathbf{x}^*,\lambda^*;\alpha^*)$ 的估計值。

證明: 由定理 4.2.2 我們知道 (5.2.14) 的一階條件爲

$$L_{\mathbf{x}}(\mathbf{x}^*,\lambda^*;\alpha^*)=\mathbf{0}_n,$$

$$L_{\lambda}(\mathbf{x}^*,\lambda^*;\alpha^*)=\mathbf{g}(\mathbf{x}^*;\alpha^*)=\mathbf{0}_m,$$

由此一階條件, 利用隱函數定理, 即可得證。其證明過程和定理 5.2.2 完全相同, 故留給讀者練習, 不再重複。

【例 5.2.2】某消費者的效用函數爲 $u(x_1,x_2)$, $u_1>0$, $u_2>0$, $u_{11}<0$, $u_{22}<0$, $u_{12}=u_{21}>0$。假定當消費第 i 種產品時, 該消費者須花 $t_i\ (i=1,2)$ 的時間, 又該消費者的所得全部來自工作, 而它所有的時間 T 小時就分配在工作及消費兩種產品上。若每小時工資爲 w, x_1 和 x_2 的價格分別爲 p_1 和 p_2, 且當此人健康狀況良好時 $t_i=\bar{t}_i$, $\bar{t}_i$ 爲一定數, 當它生病時 $t_i=k\bar{t}_i$, $k>1$, $(i=1,2)$。試問當此人生病時, 對 x_1 和 x_2 消費量有何影響?

解: 由題意知此消費者的預算限制可寫成

$$p_1x_1+p_2x_2=w\left(T-k\bar{t}_1x_1-k\bar{t}_2x_2\right), \tag{5.2.24}$$

因爲健康時 $t_i=\bar{t}_i$, 這剛好是 $t_i=k\bar{t}_i$ 在 $k=1$ 的情形, 故所謂生病, 可解釋成 k 由 $k=1$ 增加成 $k>1$ 的現象。此人在 (5.2.24) 限制式下追求效用極大, 其 Lagrangean 函數爲

$$L=u(x_1,x_2)+\lambda\left(wT-\left(wk\bar{t}_1+p_1\right)x_1-\left(wk\bar{t}_2+p_2\right)x_2\right),$$

則一階條件爲

$$\begin{aligned}
\frac{\partial L}{\partial x_1}&=u_1-\lambda^*\left(wk\bar{t}_1+p_1\right)=0,\\
\frac{\partial L}{\partial x_2}&=u_2-\lambda^*\left(wk\bar{t}_2+p_2\right)=0,\\
\frac{\partial L}{\partial \lambda}&=wT-\left(wk\bar{t}_1+p_1\right)x_1^*-\left(wk\bar{t}_2+p_2\right)x_2^*=0。
\end{aligned} \tag{5.2.25}$$

二階條件爲在均衡點 $\left(x_1^*,x_2^*,\lambda^*\right)$, $|H|>0$。利用一階條件可得

$$|\overline{H}| = \begin{vmatrix} 0 & -(wk\bar{t}_1 + p_1) & -(wk\bar{t}_2 + p_2) \\ -(wk\bar{t}_1 + p_1) & u_{11} & u_{12} \\ -(wk\bar{t}_2 + p_2) & u_{21} & u_{22} \end{vmatrix} = \frac{1}{\lambda^2}\begin{vmatrix} 0 & u_1 & u_2 \\ u_1 & u_{11} & u_{12} \\ u_2 & u_{21} & u_{22} \end{vmatrix},$$

故只要效用函數爲嚴格準凹函數, 二階條件必可滿足。

現假定二階條件成立, 根據定理 5.2.3 , 對 (5.2.25) 做全微分並令 $dp_1 = dp_2 = dw = d\bar{t}_1 = d\bar{t}_2 = 0$, 可得

$$\begin{bmatrix} 0 & -(wk\bar{t}_1 + p_1) & -(wk\bar{t}_2 + p_2) \\ -(wk\bar{t}_1 + p_1) & u_{11} & u_{12} \\ -(wk\bar{t}_2 + p_2) & u_{21} & u_{22} \end{bmatrix}\begin{bmatrix} d\lambda \\ dx_1 \\ dx_2 \end{bmatrix} = \begin{bmatrix} (w\bar{t}_1 x_1 + w\bar{t}_2 x_2) \\ \lambda w\bar{t}_1 \\ \lambda w\bar{t}_2 \end{bmatrix} dk,$$

(5.2.26)

利用 Cramer's 法則, 以及在原始均衡時 $k = 1$ 的事實可得

$$\frac{\partial x_1}{\partial k} = \frac{1}{|\overline{H}|}\left[\lambda w(w\bar{t}_2 + p_2)(p_1\bar{t}_2 - p_2\bar{t}_1) + (w\bar{t}_1 + p_1)(w\bar{t}_1 x_1 + w\bar{t}_2 x_2)u_{22} - (w\bar{t}_2 + p_2)(w\bar{t}_1 x_1 + w\bar{t}_2 x_2)u_{12}\right], \quad (5.2.27)$$

$$\frac{\partial x_2}{\partial k} = \frac{1}{|\overline{H}|}\left[\lambda w(w\bar{t}_1 + p_1)(p_2\bar{t}_1 - p_1\bar{t}_2) + (w\bar{t}_1 + p_1)(w\bar{t}_1 x_1 + w\bar{t}_2 x_2)u_{21} - (w\bar{t}_2 + p_2)(w\bar{t}_1 x_1 + w\bar{t}_2 x_2)u_{11}\right], \quad (5.2.28)$$

在有關效用函數的假定下, 我們知道 (5.2.27) 中括號內後面兩項都是負值, 而 (5.2.28) 中括號內後兩項均是正值, 但兩式之第一項符號須視 $p_1\bar{t}_2$ 和 $p_2\bar{t}_1$ 之相對大小而定。如果我們將 $\bar{t}_1$ 和 $\bar{t}_2$ 視爲 x_1 和 x_2 的時間價格則

$$\frac{p_1}{p_2} < \frac{\bar{t}_1}{\bar{t}_2} \quad (5.2.29)$$

表示 x_1 (x_2) 產品市場相對價格低（高）於其時間相對價格。換句話說, 在消費 x_1 (x_2) 產品的過程中, 其貨幣價格相對地比時間價格不重要（重要）。因爲, 生病時, 會影響的只是時間價格而已, 故在 (5.2.29) 的情況下, 我們預期, 生病會使此人減少 x_1 產品的消費,

而增加 x_2 產品的消費。將 (5.2.29) 代入 (5.2.27) 和 (5.2.28) 中，我們得到 $\frac{\partial x_1}{\partial k} < 0$，$\frac{\partial x_2}{\partial k} > 0$，和我們前面的推測完全一致。讀者應可嘗試說明在 $\frac{p_1}{p_2} = \frac{\bar{t}_1}{\bar{t}_2}$ 和 $\frac{p_1}{p_2} > \frac{\bar{t}_1}{\bar{t}_2}$ 兩種情形下，(5.2.27) 和 (5.2.28) 的符號和經濟意義。

定理 5.2.2 和定理 5.2.3 都是關於有標的均衡的比較靜態分析，其過程相當簡單: (1) 利用上一章的最適化理論，求出一階條件（或均衡條件）; (2) 對一階條件作全微分，再利用 Cramer's 法則，將相關的 $\frac{\partial x_i}{\partial \alpha_r}$ $(i = 1, \cdots, n;\ r = 1, \cdots, k)$ 解出; (3) 通常我們假定二階（充分）條件成立，則可確定 Hessian 行列式 $(|H|)$，或加邊 Hessian 行列式 $(|\bar{H}|)$，及其前導主子行列式的符號，以之幫助判定 $\frac{\partial x_i}{\partial \alpha_r}$ 之符號。在非標的均衡的比較靜態分析中，步驟和上面所述並無多大差別，但 (1) 中的均衡條件並非來自最適化的一階條件，而是來自模型的設定，(2) 可說完全相同，至於 (3) 當然也沒有二階條件的幫助，而有賴於模型的假設，特別是有關模型動態調整的設定。不過，此動態穩定與比較靜態間的關係須留待本書動態分析部份方能討論。

【例 5.2.3】在一兩國兩產品貿易模型中，本國出口第一種產品，進口第二種產品。若本國對進口品課關稅，其稅率爲 t，則其進口品國際和國內相對價格分別爲

$$p = \frac{p_2}{p_1}, \qquad p_d = \frac{(1+t)p_2}{p_1} = (1+t)p,$$

其中 p_d 表本國國內相對價格。同樣地，外國進口第一種產品，出口第二種產品，並對進口品課關稅，稅率爲 t^F，則其面對的國際和國內進口品相對價格分別爲

$$p^F = \frac{p_1}{p_2} = \frac{1}{p}, \qquad p_d^F = \frac{(1+t^F)p_1}{p_2} = \frac{(1+t^F)}{p},$$

上式中 F 代表外國的意思。

假定所有關稅由兩國政府直接支用, 並假定本 (外) 國政府花費 $0<\lambda<1\ (0<\lambda^F<1)$ 部分的關稅購買進口品, 其餘則用以購買各自的出口品。值得注意的是政府購買進口品並不用像一般人民那樣繳交關稅。在上述假設下, 國際均衡可由下列兩式來表示:

$$(1+\lambda t)pM(p_d)-(1+\lambda^F t^F)M^F\left(\left(1+t^F\right)\Big/p\right)=0, \qquad (5.2.30)$$

$$p_d-(1+t)p=0。 \qquad (5.2.31)$$

(5.2.30) 式中 $M(\bullet)$ 和 $M^F(\bullet)$ 代表本國和外國非政府部門的進口需求函數, 分別爲進口品國內價格的函數, 故 (5.2.30) 代表貿易平衡, 而 (5.2.31) 則表示國內外價格一致。在國貿理論中, 一般認爲政府課關稅的結果會使貿易條件改善 (即進口品國際相對價格下降), 而進口品國內價格上升。試以 (5.2.30), (5.2.31) 的模型探討本國政府課關稅後是否會帶來上述效果。

解: 這是一個典型的非標的均衡的比較靜態分析。如果我們假定對應於 (5.2.30) 和 (5.2.31) 的 Jacobian 行列式不爲 0, 則我們可利用隱函數定理解出 $p^*=p(t,t^F,\lambda,\lambda^F)$, $p_d^*=p_d(t,t^F,\lambda,\lambda^F)$ 並進行比較靜態分析。將 (5.2.30) 和 (5.2.31) 全微分, 令 $dt^F=d\lambda=d\lambda^F=0$, 並假定兩國政府一開始時未課關稅, 所以 $t=t^F=0$, 則

$$\begin{aligned}&Mdp+p\frac{dM}{dp_d}dp_d+\lambda pMdt+\frac{dM^F}{d\left(1/p\right)}\frac{1}{p^2}dp=0,\\&dp_d-dp-pdt=0。\end{aligned} \qquad (5.2.32)$$

定義兩國非政府部門進口需求彈性爲 $\varepsilon=-\dfrac{dM}{dp_d}\dfrac{p_d}{M}$, $\varepsilon^F=-\dfrac{dM^F}{dp_d^F}\dfrac{p_d^F}{M^F}$, 則 (5.2.32) 可寫成

$$\begin{aligned}&\left(1-\varepsilon^{F}\right)dp-\varepsilon dp_{d}=-\lambda pdt,\\&dp_{d}-dp=pdt。\end{aligned}\tag{5.2.32'}$$

將 (5.2.32') 兩邊除以 dt , 利用 Cramer's 法則可解得

$$\begin{aligned}\frac{\partial p}{\partial t}&=\frac{p(\lambda-\varepsilon)}{\varepsilon+\varepsilon^{F}-1},\\\frac{\partial p_{d}}{\partial t}&=\frac{p\left(\varepsilon^{F}+\lambda-1\right)}{\varepsilon+\varepsilon^{F}-1}。\end{aligned}\tag{5.2.33}$$

由國際貿易理論中, 我們知道 $\varepsilon+\varepsilon^{F}-1>0$ 即爲市場穩定的 Marshall-Lerner 條件。(5.2.33) 告訴我們, 即使在市場穩定的假設下, $\frac{\partial p}{\partial t}$ 與 $\frac{\partial p_d}{\partial t}$ 的符號仍無法確定。前者視本國非政府部門進口需求彈性與政府將關稅花在進口品的比率大小而定; 後者則受外國非政府部門進口需求彈性及本國政府將關稅花在出口品的比率的相對大小的影響。因此, 關稅的課征並不一定能改善貿易條件, 也不見得會使進口品的國內相對價格上升。

雖然比較靜態分析是經濟理論中很重要的一環, 但讀者應已發現, 傳統的分析法只是一些很機械化的程序而已, 只要模型設定沒有問題, 加上細心的微分和求解, 就已大功告成。然而, 在結束本節之前, 我們仍要提醒讀者幾個相關的問題:

(1) 除非模型中所有函數均爲顯函數, 否則任何利用隱函數定理進行的比較靜態分析, 其結果均僅具有局部性的意義。換句話說, 這些結論僅在原均衡點附近方成立, 此由隱函數定理的本質可以知道。

(2) 在進行任何比較靜態分析之前, 應先仔細思考模型的意義, 這通常有助於判別模型的合理性, 並幫助預期可能的結果, 避免毫無意義的求解。例如, 在習題 5.2.4 中, 如果將勞動供給改爲實質工資的函數 $N=g\left(w/p\right)$, 則讀者應考慮會有什麼後果。在此, 我們還要特別指出的是, 一般而言, 非標的均衡模型中所謂“內生變數”或“外生

變數”的選定, 並沒有一定的規則, 完全是看所面對的模型的目的來決定。因此, 對模型經濟意義的了解和掌握, 就特別重要。

(3) 詳細思考和解釋比較靜態的結果, 尤其是其經濟意義以及導致此結果的經濟機能。這個部分乃是比較靜態分析的重心所在, 也是經濟分析和純粹微分技巧的差別所在。如果讀者已修過國貿理論, 那就請試著解釋 (5.2.33) 兩個式子的經濟意義。

習題 5.2

1. 試證明在點 $(x,y,z,u,v)^T=(1,\ 1,-1,\ 1,\ 1)^T$ 附近, 我們可由聯立方程組

$$xuy+uyv+2yvz=0,$$
$$2uyv+yvz+vzx=0,$$

解得 $\begin{pmatrix}u\\v\end{pmatrix}=g(x,y,z)$, 並求 $\begin{pmatrix}\frac{\partial u}{\partial x} & \frac{\partial u}{\partial y} & \frac{\partial u}{\partial z}\\ \frac{\partial v}{\partial x} & \frac{\partial v}{\partial y} & \frac{\partial v}{\partial z}\end{pmatrix}$。

2. 假定某人的效用函數爲

$$u(x,y)=\begin{cases} x & \text{當 } x<x^0 \\ x^0+(x-x^0)y & \text{當 } x>x^0,\ \ x^0\in \boldsymbol{R}_{++} \end{cases}$$

(i) 畫出此人的無異曲線圖。

(ii) 此人的 x 和 y 的所得彈性爲何?

(iii) x 產品對此人而言, 具有什麼特別的意義?

3. 一封閉經濟體系的 IS-LM 模型可設定爲:

$$Y=C[Y-T(Y),\ r]+I(Y,\ r)+\overline{G}, \qquad (\text{IS 曲線})$$
$$L(Y,r)=\overline{M}/p, \qquad (\text{LM 曲線})$$

上兩式中各符號意義如下:

Y : 總所得,

r : 利率,

$\overline{G}$: 政府支出（爲定值）,

$\overline{M}$: 名目貨幣供給（爲定值）,

p : 物價水準,

$C(\cdot)$: 消費函數,

$I(\cdot)$: 投資函數,

$L(\cdot)$: 貨幣需求函數,

$T(\cdot)$: 租稅函數。

假定 $\partial C/\partial Y_d > 0$，其中 $Y_d = Y - T(Y)$ 爲可支配所得，$\partial C/\partial r < 0$，$\partial I/\partial Y > 0$，$\partial I/\partial r < 0$，$\partial L/\partial Y > 0$，$\partial L/\partial r < 0$，且假定均衡所得水準遠低於充分就業的所得水準, 因此物價水準固定。試比較政府增加支出和增加貨幣供給何者對所得的影響較大, 並請在(Y,r)平面上畫出 IS 和 LM 兩曲線, 以分析上述兩政策效果。

4. 假定一總體經濟模型爲

$$y = f(N), \qquad f' > 0,$$
$$G + I(y, r) = S(y, r), \qquad I_y > 0,\ I_r < 0,\ 0 < S_y < 1,\ S_r > 0,$$
$$L(y, r) = M/p, \qquad L_y > 0,\ L_r < 0,$$
$$N = g(w), \qquad g' > 0,$$
$$g(w) = h\left(w/p\right), \qquad h' < 0,$$

模型中 y : 總生產,

N : 勞動力,

r : 利率,

G : 政府支出,

M : 名目貨幣供給,

p : 物價水準,

w : 名目工資率,

$f(\cdot)$: 生產函數,

$I(\cdot)$: 投資函數,
$S(\cdot)$: 儲蓄函數,
$L(\cdot)$: 貨幣需求函數,
$g(\cdot)$: 勞動供給函數,
$h(\cdot)$: 勞動需求函數。

若我們將 y、r、p、w 和 N 視爲內生變數, 試比較貨幣政策及財政政策的所得及就業效果。又, 你需要怎樣的假設以得到確定的結果?

5. 假定一打擊犯罪模型如下:

$$p = w(f),$$
$$n = v(p, s, b),$$
$$z(f) + pnh(s) = k。$$

模型中各變數意義爲:

p : 犯人被抓到並處刑的機率,
f : 警力的大小,
n : 犯罪次數,
s : 處罰的程度 (如判刑之年限),
b : 犯罪的報酬,
z(f) : 維持警力 f 所需之成本,
h(s) : 執行處罰之成本,
k : 打擊犯罪基金, 爲一定額。

假定每一犯人只犯一罪, 試作各種適當、合理的假設 (並加以詳細說明), 比較提高處罰 (提高 s), 加强安全防護 (降低 b) 及增加打擊犯罪基金 (提高 k) 對打擊犯罪的功效。

6. 考慮標準的消費者行爲問題

$$\max_{\mathbf{x}\in \boldsymbol{R}^n_{++}} \ u(\mathbf{x}) \qquad \text{s.t.}\ \ \mathbf{p}^T\mathbf{x} = I,$$

其中效用函數 u(·)爲嚴格準凹函數。

(i) 對一階條件全微分，並將其寫成

$$\overline{H}\Delta = G,$$

其中 $\overline{H}$ 爲加邊 Hessian 矩陣

$$\Delta = \begin{pmatrix} -d\lambda \\ dx_1 \\ \vdots \\ dx_n \end{pmatrix}。$$

(ii) 求出 $\partial x_1 / \partial I$ 及 $\partial x_1 / \partial p_1$。

(iii) 假定當價格發生變動時，我們也改變所得水準，使該消費者效用維持不變，因此 du = 0。試利用一階條件及預算限制式導出 $dI - d\mathbf{p}^T\mathbf{x} = 0$。

(iv) 將 $dI - d\mathbf{p}^T\mathbf{x} = 0$ 的條件代回 (i) 的方程式中，並求 $\left.\frac{\partial x_1}{\partial p_1}\right|_{du=0}$。

(v) 將 $\frac{\partial x_1}{\partial p_1}$ 表示成 $\partial x_1 / \partial I$ 和 $\left.\frac{\partial x_1}{\partial p_1}\right|_{du=0}$ 之和，這個式子即是著名的 Slutsky 方程式（Slutsky equations）。

7. 假定某國以勞動力、土地和資本從事糧食及衣服的生產，其生產函數分別爲 $F = 3L_F^{\frac{1}{3}}T_F^{\frac{2}{3}}$，$C = 2L_C^{\frac{1}{2}}K_C^{\frac{1}{2}}$，其中 F 和 C 分別代表糧食和衣服，$L_F$ 和 L_C 爲生產糧食及衣服所需之勞動力，T_F 爲生產糧食之土地，K_C 爲生產衣服之資本。若該國所面對的糧食和衣服的世界價格分別爲 p_F 及 p_C，該國擁有的勞動力，土地及資本爲 $\overline{L}$，$\overline{T}$，$\overline{K}$。

(i) 假定資源永遠充分就業，則該國應如何分配勞動力於此兩部門，使其以世界價格表示的產品產值達到最大。

(ii) 試分別說明勞動力成長及資本累積對最適勞動分配的影響。

(iii) 利用圖形說明 (ii) 之結果。

8. 假定一廠商的生產函數爲 $q = f(\mathbf{x})$, 其中 $\mathbf{x} \in \boldsymbol{R}^n_{++}$ 爲生產因素向量。若生產因素的價格向量爲 $\mathbf{w}$, $\mathbf{w} \in \boldsymbol{R}^n_{++}$, 且該廠商以最低成本生產 $q = q_0$。試證明 $\partial x_i / \partial w_i < 0$。又, 上面的結果是否須對生產函數的形態作限制方可得到呢?

9. 假定某甲獨自一人時, 其消費行爲可寫成

$$\max_{x_1, x_2} \ u(x_1, x_2) \qquad \text{s.t.} \ p_1x_1 + p_2x_2 = I,$$

但當他（她）結婚後, 消費行爲變成

$$\max_{x_1, x_2} \ u(x_1, x_2) + \alpha w(x_1, x_2) \qquad \text{s.t.} \ p_1x_1 + p_2x_2 = I,$$

其中 $w(x_1, x_2)$ 代表配偶的效用函數。假定 $\alpha > 0$, 試問在什麼條件下 $\partial x_1 / \partial \alpha > 0$? 又, 其經濟意義爲何?

10. 在一兩期模型中, 假定效用函數爲 $u(c_1, c_2) = c_1c_2$, 其中 c_i $(i = 1,2)$ 爲第 i 期的實質消費。假定 I_i 及 p_i 分別代表第 i 期 $(i = 1,2)$ 的貨幣所得及價格, r 代表利率, 則預算限制可寫成 $(I_1 - p_1c_1)(1 + r) = p_2c_2 - I_2$。試問在那些條件下 $\partial c_1 / \partial r > 0$, $\partial c_2 / \partial r > 0$, 並說明其經濟意義。

11. 在習題 4.2 第 9 題 (iii) 中, 我們證明了生產可能曲線的斜率 dY / dX 正好是 Lagrange 乘數。現假定生產函數 G 和 F 均爲固定規模報酬函數, 並假定所有生產因素的邊際生產力均是遞減, 試證明生產可能曲線爲凹性函數。（提示: 別忘了 Euler 定理）

12. 假定一獨佔廠商的成本函數爲 $c(q)$, 其所面對逆需求函數 (inverse demand function) 爲 $p = f(q)$, 其中 p, q 分別爲價格及產量。由於情報錯誤, 此獨佔廠商以爲市場需求函數爲 $p^e = \alpha f(q)$, $\alpha > 0$。若將 p^e 稱作預期價格 (expected price), 而根據此預期價格所得到的利潤爲預期利潤 π^e。

(i) 試求使預期利潤最大的產量, 並決定 $dq/d\alpha$ 的符號。

(ii) 假定實際利潤爲 π^a, 則 $w=\pi^a-\pi^e$ 爲意外利得, 試求 $dw/d\alpha$。

(iii) 若 $0<\alpha<1$, 則 α 下降是否能使意外利得上升? 其經濟意義爲何?

5.3 極值函數與包絡線定理

在前一節的比較靜態分析中, 我們探討了參數（或外生變數）發生（微小）變動時, 選擇變數或內生變數的均衡值會有什麼反應。在有標的均衡的問題中, 一般而言, 當選擇變數因參數或外生變數改變而調整時, 標的函數的最大值也會跟著改變。本節的目的即在探討參數改變對標的函數的最大值的影響, 這些討論將成為下面兩節有關消費和生產的對偶理論及比較靜態分析的基礎。此外, 與傳統比較靜態分析不同的地方是, 這種利用極值函數 (maximum value function) 從事比較靜態分析的方法, 不但適用於無限制條件和等式限制條件的問題, 也適用於不等式限制條件的情形。當然, 在非標的均衡的問題上, 因為沒有所謂的極值函數, 因此這個方法也就派不上用場了。現在, 讓我們將問題敘述如下:

$$\max_{\mathbf{x}} \ f(\mathbf{x};\alpha) \quad \text{s.t.} \ \mathbf{g}(\mathbf{x};\alpha) \geq \mathbf{0}_m, \ \ \mathbf{x} \in X \subset \boldsymbol{R}^n, \ \ \alpha \in A \subset \boldsymbol{R}^k \tag{5.3.1}$$

上式中, 所有符號的意義均與 (5.2.14) 相同, 且此問題也滿足 (A.5.2.1)—(A.5.2.4) 的假設。

•極值函數

定義 5.3.1：對任一 $\alpha \in A$，若 $\mathbf{x}^* = \mathbf{x}(\alpha)$ 為 (5.3.1) 的最適解，則函數

$V: A \rightarrow \boldsymbol{R}$,

$V(\alpha) = f\left(\mathbf{x}^*;\alpha\right) = f\left(\mathbf{x}(\alpha);\alpha\right)$,

稱為對應於 (5.3.1) 的極值函數。

【例 5.3.1】 $\max_{\mathbf{x} \in \boldsymbol{R}^2} \ \alpha_1 x_1 - \alpha_2 x_2 \quad \text{s.t.} \ x_2^{\frac{1}{2}} - x_1 \geq 0, \ \left(\alpha_1, \alpha_2\right) \in \boldsymbol{R}_{++}^2$，求 $V(\alpha)$。

解: 讀者應很容易查出, 此問題滿足 (A.5.2.1) − (A.5.2.3); 其 Lagrangean 函數為

$$L(\mathbf{x},\lambda;\alpha)=\alpha_1\mathbf{x}_1-\alpha_2\mathbf{x}_2+\lambda\left(\mathbf{x}_2^{\frac{1}{2}}-\mathbf{x}_1\right),$$

Kuhn-Tucker 條件為

$$\frac{\partial L}{\partial \mathrm{x}_1}=\alpha_1-\lambda^*=0, \tag{a}$$

$$\frac{\partial L}{\partial \mathrm{x}_2}=-\alpha_2+\frac{\lambda^*}{2\sqrt{\mathrm{x}_2^*}}=0, \tag{b}$$

$$\frac{\partial L}{\partial \lambda}=\sqrt{\mathrm{x}_2^*}-\mathrm{x}_1^*\geq 0, \tag{c}$$

$$\lambda^*\geq 0, \tag{d}$$

$$\lambda^*\frac{\partial L}{\partial \lambda}=\lambda^*\left(\sqrt{\mathrm{x}_2^*}-\mathrm{x}_1^*\right)=0。 \tag{e}$$

首先, 我們知道$\lambda^*=0$不成立, 因為如$\lambda^*=0$, 則 (a) 式隱含$\alpha_1=0$, 與$\alpha_1>0$之假設不合, 故$\lambda^*>0$。由 (e) 知道$\lambda^*>0$隱含

$$\sqrt{\mathrm{x}_2^*}-\mathrm{x}_1^*=0, \tag{f}$$

由 (a) 、 (b) 、 (f) 中可解得

$$\mathrm{x}_1^*=\frac{\alpha_1}{2\alpha_2},\quad \mathrm{x}_2^*=\frac{\alpha_1^2}{4\alpha_2^2},\quad \lambda^*=\alpha_1,$$

因此$\mathrm{V}(\alpha)=\alpha_1\mathrm{x}_1^*-\alpha_2\mathrm{x}_2^*=\dfrac{\alpha_1^2}{4\alpha_2}$。

【例 5.3.2 】假定一消費者的效用函數為$\mathrm{u}(\mathbf{x};\mathbf{a},\alpha)=\prod_{i=1}^{n}\left(\mathrm{x}_i-\mathrm{a}_i\right)^{\alpha_i}$, $\mathbf{x}\in \boldsymbol{R}_{++}^{n}$, $\mathbf{a}\in \boldsymbol{R}_{++}^{n}$, $\alpha\in \boldsymbol{R}_{++}^{n}$。若 x_i 的價格為 p_i, $(\mathrm{i}=1,\cdots,\mathrm{n})$, $\mathbf{p}\in \boldsymbol{R}_{++}^{n}$, 且$\mathbf{p}^{\mathrm{T}}\mathbf{x}=\mathrm{I}$, I 為該消費者的所得。若此人在預算限制下求效用之極大, 試問其最大效用是多少?

解：若我們作變數變換 $y_i = x_i - a_i$ ， $i = 1,\cdots,n$ ，則預算限制成爲 $\mathbf{p}^T(\mathbf{y}+\mathbf{a}) = I$ 或 $\mathbf{p}^T\mathbf{y} = I - \mathbf{p}^T\mathbf{a} = I'$，而效用函數爲 $u(\mathbf{y};\alpha) = \prod_{i=1}^{n} y_i^{\alpha_i}$ ，其對應之 Lagrangean 函數爲

$$L(\mathbf{y},\lambda;\alpha,\mathbf{p},I') = \prod_{i=1}^{n} y_i^{\alpha_i} + \lambda\left(I' - \mathbf{p}^T\mathbf{y}\right)。$$

一階條件爲

$$\begin{aligned} &\frac{\partial L}{\partial y_i} = \alpha_i \frac{U}{y_i^*} - \lambda^* p_i = 0, \quad i = 1,\cdots,n, \\ &\frac{\partial L}{\partial \lambda} = I' - \mathbf{p}^T\mathbf{y}^* = 0, \end{aligned} \tag{5.3.2}$$

由 (5.3.2) 第一式可得

$$\frac{\alpha_i}{\alpha_j}\frac{y_j^*}{y_i^*} = \frac{p_i}{p_j} \text{ 或 } y_i^* = \frac{p_j}{p_i}\frac{\alpha_i}{\alpha_j} y_j^*, \quad i,j = 1,\cdots,n, \quad i \neq j。 \tag{5.3.3}$$

將 (5.3.3) 代入 (5.3.2) 第二式, 則

$$\begin{aligned} I' = \mathbf{p}^T\mathbf{y}^* &= \sum_{i=1}^{n} p_i y_i^* = p_j y_j^* + \sum_{\substack{i=1 \\ i\neq j}}^{n} p_i y_i^* = p_j y_j^* + \sum_{\substack{i=1 \\ i\neq j}}^{n} p_i \frac{p_j}{p_i}\frac{\alpha_i}{\alpha_j} y_j^* \\ &= \left(1 + \sum_{\substack{i=1 \\ i\neq j}}^{n} \frac{\alpha_i}{\alpha_j}\right) p_j y_j^* = \left(\sum_{i=1}^{n} \frac{\alpha_i}{\alpha_j}\right) p_j y_j^*, \quad j = 1,\cdots,n, \end{aligned}$$

故 $$y_j^* = \frac{\alpha_j}{\sum_{i=1}^{n}\alpha_i}\frac{I'}{p_j}, \quad j = 1,\cdots,n, \tag{5.3.4}$$

再將 y_j^* 代入 (5.3.2) 第一式可得

$$\lambda^* = \left(\frac{I'}{\sum_{i=1}^{n}\alpha_i}\right)^{\sum_{j=1}^{n}\alpha_j - 1} \prod_{i=1}^{n}\left(\frac{\alpha_i}{p_i}\right)^{\alpha_i} \tag{5.3.4'}$$

。

因 $u(\mathbf{y};\alpha)$ 爲一 Cobb-Douglas 函數, 由第二章的討論, 我們知道這是準凹函數。事實上, 讀者應可證明這是一個嚴格準凹函數, 並進而得知二階條件成立（見例 4.2.3）。將 $y_i = x_i - a_i$ 代回 (5.3.4), 我們得到

$$x_i^* = a_i + \frac{\alpha_i}{\sum_{j=1}^{n}\alpha_j}\frac{\left(I - \mathbf{p}^T\mathbf{a}\right)}{p_i},$$

因此, 極值函數爲

$$V(\mathbf{a},\alpha,\mathbf{p},I) = \prod_{i=1}^{n}\left[\frac{\alpha_i}{\sum_{j=1}^{n}\alpha_j}\frac{\left(I - \mathbf{p}^T\mathbf{a}\right)}{p_i}\right]^{\alpha_i} \tag{5.3.5}$$

。

在消費者理論中, $V(\mathbf{a},\alpha,\mathbf{p},I)$ 稱爲間接效用函數 (indirect utility function), 其性質我們將在下一節中詳細討論。另外, 順便一提, (5.3.4) 爲任何 Cobb-Douglas 效用函數 $u(\mathbf{y};\alpha) = \prod_{i=1}^{n} y_i^{\alpha_i}$ 之通解。(5.3.4) 可改寫成

$$\frac{p_i y_i^*}{I'} = \frac{\alpha_i}{\sum_{j=1}^{n}\alpha_j},$$

這表示, 第 i 種產品最適消費額佔所得的比重必須等於 $\frac{\alpha_i}{\sum_{j=1}^{n}\alpha_j}$。

【例 5.3.3】一廠商在市場上以 w 和 r 的價格購買勞動(L)和資本(K)從事生產, 其生產函數爲 $f(K,L) = \left(K^{-\varepsilon} + L^{-\varepsilon}\right)^{-\frac{1}{\varepsilon}}$, $(K,L) \in \boldsymbol{R}_{++}^2$, $\varepsilon > -1, \varepsilon \neq 0$。若此廠商以最小成本生產 y_0 單位的產品, 則此最小成本是多少?

解: 此廠商求成本極小的 Lagrangean 函數爲

$$\mathcal{L} = wL + rK + \lambda\left[y_0 - \left(K^{-\varepsilon} + L^{-\varepsilon}\right)^{-\frac{1}{\varepsilon}}\right],$$

一階條件爲

$$\begin{aligned} \frac{\partial \mathcal{L}}{\partial L} &= w - \lambda^* L^{*-(\varepsilon+1)} \frac{f(K^*,L^*)}{R} = 0, \\ \frac{\partial \mathcal{L}}{\partial K} &= r - \lambda^* K^{*-(\varepsilon+1)} \frac{f(K^*,L^*)}{R} = 0, \\ \frac{\partial \mathcal{L}}{\partial \lambda} &= y_0 - \left(K^{*-\varepsilon} + L^{*-\varepsilon}\right)^{-\frac{1}{\varepsilon}} = 0, \end{aligned} \tag{5.3.6}$$

式中 $R = \left(K^{*-\varepsilon} + L^{*-\varepsilon}\right)$。由一階條件可得

$$L^* = y_0\left[1 + \left(\frac{w}{r}\right)^{-\frac{\varepsilon}{\varepsilon+1}}\right]^{\frac{1}{\varepsilon}},$$

$$K^* = y_0\left[1 + \left(\frac{w}{r}\right)^{\frac{\varepsilon}{\varepsilon+1}}\right]^{\frac{1}{\varepsilon}},$$

$$\lambda^* = \left(w^{\frac{\varepsilon}{\varepsilon+1}} + r^{\frac{\varepsilon}{\varepsilon+1}}\right)^{\frac{1+\varepsilon}{\varepsilon}}。$$

因爲生產函數是一次齊次的 CES 函數, 由第三章中我們知道, 這是一個準凹函數（事實上爲一嚴格準凹函數, 讀者請證明在生產函數爲嚴格準凹函數時, 二階條件必然成立）, 故此廠商之最小成本爲

$$\begin{aligned} V(y_0, w, r, \varepsilon) = wL^* + rK^* &= y_0\left\{w\left[1 + \left(\frac{w}{r}\right)^{-\frac{\varepsilon}{\varepsilon+1}}\right]^{\frac{1}{\varepsilon}} + r\left[1 + \left(\frac{w}{r}\right)^{\frac{\varepsilon}{\varepsilon+1}}\right]^{\frac{1}{\varepsilon}}\right\} \\ &= y_0\left(w^{\frac{\varepsilon}{\varepsilon+1}} + r^{\frac{\varepsilon}{\varepsilon+1}}\right)^{\frac{1+\varepsilon}{\varepsilon}}。 \end{aligned} \tag{5.3.7}$$

(5.3.7) 式即是生產理論中的成本函數 (cost function)。在第五節中, 我們將會進一步討論這個函數。雖然, 成本函數是由求極小值而來, 但本質上它也是一種極值函數。

•包絡線定理及其意義

現在，就讓我們來探討極值函數的一些性質。首先，也是最重要的包絡線定理 (envelope theorem)。

定理 5.3.1：（包絡線定理）對任一 $\alpha \in A$，假定 (5.3.1) 的最適解爲 $\mathbf{x}^*(\alpha)$，並假定所有在點 $(\mathbf{x}^*(\alpha),\alpha)$ 爲有效的限制條件，其在 $\mathbf{x}^*(\alpha)$ 的梯度彼此線性獨立，則 (5.3.1) 的極值函數和 Lagrangean 函數間有下列關係：

$$\frac{\partial V(\alpha)}{\partial \alpha_r} = V_{\alpha_r}(\alpha) = \frac{\partial L(\mathbf{x}^*(\alpha),\lambda^*(\alpha);\alpha)}{\partial \alpha_r}, \quad r = 1,\cdots,k。$$

證明：因 $(\mathbf{x}^*(\alpha),\lambda^*(\alpha))$ 滿足 Kuhn-Tucker 條件，故 $\lambda^{*T}(\alpha)g(\mathbf{x}^*(\alpha);\alpha) = 0$，因此 $V(\alpha)$ 可寫成

$$V(\alpha) = f(\mathbf{x}^*(\alpha);\alpha) + \lambda^{*T}(\alpha)g(\mathbf{x}^*(\alpha);\alpha)。$$

上式對 α_r 偏微分，並略去自變數符號，我們得到

$$\begin{aligned}\frac{\partial V(\alpha)}{\partial \alpha_r} &= \sum_{i=1}^{n} \frac{\partial f}{\partial x_i}\frac{\partial x_i^*}{\partial \alpha_r} + \frac{\partial f}{\partial \alpha_r} + \mathbf{g}^T \frac{\partial \lambda^*}{\partial \alpha_r} + \lambda^{*T}\left(\sum_{i=1}^{n} \frac{\partial g}{\partial x_i}\frac{\partial x_i^*}{\partial \alpha_r} + \frac{\partial g}{\partial \alpha_r}\right) \\ &= \frac{\partial f}{\partial \alpha_r} + \mathbf{g}^T \frac{\partial \lambda^*}{\partial \alpha_r} + \lambda^{*T}\frac{\partial g}{\partial \alpha_r} + \sum_{i=1}^{n}\left(\frac{\partial f}{\partial x_i} + \lambda^{*T}\frac{\partial g}{\partial x_i}\right)\frac{\partial x_i^*}{\partial \alpha_r},\end{aligned}$$

$$r = 1,\cdots,k。 \tag{5.3.8}$$

由 Kuhn-Tucker 條件，我們知道

$$\frac{\partial f}{\partial x_i} + \lambda^{*T}\frac{\partial g}{\partial x_i} = 0, \qquad i = 1,\cdots,n, \tag{5.3.9}$$

故 (5.3.8) 成爲

$$\frac{\partial V(\alpha)}{\partial \alpha_r} = \frac{\partial f}{\partial \alpha_r} + \mathbf{g}^T \frac{\partial \lambda^*}{\partial \alpha_r} + \lambda^{*T} \frac{\partial \mathbf{g}}{\partial \alpha_r}, \quad r = 1, \cdots, k。 \tag{5.3.8'}$$

再由 Kuhn-Tucker 條件, 我們知道

$$\lambda^{*T}(\alpha) g\left(\mathbf{x}^*(\alpha); \alpha\right) = 0, \tag{5.3.10}$$

(5.3.10) 對 α_r 偏微分, 得到

$$\mathbf{g}^T \frac{\partial \lambda^*}{\partial \alpha_r} + \lambda^{*T} \left(\sum_{i=1}^{n} \frac{\partial \mathbf{g}}{\partial x_i} \frac{\partial x_i^*}{\partial \alpha_r} + \frac{\partial \mathbf{g}}{\partial \alpha_r} \right) = 0。 \tag{5.3.11}$$

(i) 若所有限制條件均無效, 則由 (5.3.10) 知 $\lambda^*(\alpha) = \mathbf{0}_m$, 將其代入 (5.3.11) 可得 $\mathbf{g}^T \frac{\partial \lambda^*}{\partial \alpha_r} = 0$。

(ii) 若有 m' $(0 \le m' < m)$ 個限制式無效, 為了方便我們可假定其為前面 m' 個限制式無效, 則 $\lambda^* = \left(0, 0, \cdots, 0, \lambda^*_{m'+1}, \cdots, \lambda^*_m\right)^T$, 故 (5.3.11) 成為

$$\mathbf{g}^T \frac{\partial \lambda^*}{\partial \alpha_r} + \lambda^{*'T} \left(\sum_{i=1}^{n} \frac{\partial \mathbf{g}'}{\partial x_i} \frac{\partial x_i^*}{\partial \alpha_r} + \frac{\partial \mathbf{g}'}{\partial \alpha_r} \right) = 0。 \tag{5.3.11'}$$

其中 $\mathbf{g}' = \left(g^{m'+1}, \cdots, g^m\right)^T$, $\lambda^{*'} = \left(\lambda^*_{m'+1}, \cdots, \lambda^*_m\right)^T$ 分別為 m-m' 個有效的限制式及其對應之 Lagrange 乘數。但這表示

$$g^s\left(\mathbf{x}^*(\alpha); \alpha\right) = 0, \quad s = m' + 1, \cdots, m,$$

將其對 α_r 做偏微分即得

$$\sum_{i=1}^{n} \frac{\partial g^s}{\partial x_i} \frac{\partial x_i^*}{\partial \alpha_r} + \frac{\partial g^s}{\partial \alpha_r} = 0, \quad s = m' + 1, \cdots, m。$$

因此 (5.3.11') 式等號左邊括號內成為一 $(m - m') \times 1$ 的零向量, 故 $\lambda^{*'T} \left(\sum_{i=1}^{n} \frac{\partial \mathbf{g}'}{\partial x_i} \frac{\partial x_i^*}{\partial \alpha_r} + \frac{\partial \mathbf{g}'}{\partial \alpha_r} \right) = 0$。但由 (5.3.11') 知, 這也表示

$g^T \frac{\partial \lambda^*}{\partial \alpha_r} = 0$。綜合 (i) 和 (ii) 我們知道 $g^T \frac{\partial \lambda^*}{\partial \alpha_r} = 0$， $r = 1, \cdots, k$， 將此結果代回 (5.3.8') 即得

$$\frac{\partial V(\alpha)}{\partial \alpha_r} = V_{\alpha_r}(\alpha) = \frac{\partial f(\mathbf{x}^*(\alpha);\alpha)}{\partial \alpha_r} + \lambda^{*T} \frac{\partial g(\mathbf{x}^*(\alpha);\alpha)}{\partial \alpha_r}$$
$$= \frac{\partial L(\mathbf{x}^*(\alpha), \lambda^*(\alpha);\alpha)}{\partial \alpha_r}, \qquad r = 1, \cdots, k。$$

包絡線定理告訴我們, 任何參數變動對極值的影響都包括對標的函數的影響 $\frac{\partial f(\mathbf{x}^*(\alpha);\alpha)}{\partial \alpha_r}$ 及對限制函數的影響 $\lambda^{*T}(\alpha)\frac{\partial g(\mathbf{x}^*(\alpha);\alpha)}{\partial \alpha_r}$ 兩部分, 而這些影響又正好等於在均衡點對 Lagrangean 函數的影響。讀者應很容易看到, 當所有限制條件均無效, 或參數 α_r 只出現在標的函數, 而不在限制函數中時, $\frac{\partial V(\alpha)}{\partial \alpha_r} = \frac{\partial f(\mathbf{x}^*(\alpha);\alpha)}{\partial \alpha_r}$, 結果與無限制條件下完全相同。事實上, 在習題 5.3.1 中, 讀者即將證明無限制條件及等式限制條件下的包絡定理。

【例 5.3.4】試分別利用極值函數及包絡線定理求例 5.3.2 中 I 及 p_i 變動, 例 5.3.3 中 y_0, w, r 變動, 對極值函數的影響。

解: (i) 例 5.3.2 的極值函數為

$$V(\mathbf{a}, \alpha, \mathbf{p}, I) = \prod_{i=1}^{n} \left[\frac{\alpha_i}{\sum_{j=1}^{n} \alpha_j} \frac{(I - \mathbf{p}^T \mathbf{a})}{p_i} \right]^{\alpha_i},$$

故 $$\frac{\partial V}{\partial I} = \left(\sum_{i=1}^{n} \alpha_i \right) \left(\prod_{i=1}^{n} \left(\frac{\alpha_i}{p_i \sum_j \alpha_j} \right)^{\alpha_i} \right) (I - \mathbf{p}^T \mathbf{a})_i^{\Sigma \alpha_i - 1}, \tag{a}$$

$$\frac{\partial V}{\partial p_i}=\left[-a_i\sum_{j=1}^{n}\alpha_j\frac{\prod_{i=1}^{n}\left(\frac{I-\mathbf{p}^T\mathbf{a}}{p_i}\right)^{\alpha_i}}{I-\mathbf{p}^T\mathbf{a}}-\frac{\alpha_i}{p_i}\prod_{i=1}^{n}\left(\frac{I-\mathbf{p}^T\mathbf{a}}{p_i}\right)^{\alpha_i}\right]\prod_{i=1}^{n}\left(\frac{\alpha_i}{\sum_j\alpha_j}\right)^{\alpha_i}$$

$$=-a_i\sum_{j=1}^{n}\alpha_j\frac{\prod_{i=1}^{n}\left(\frac{\alpha_i(I-\mathbf{p}^T\mathbf{a})}{p_i\sum_j\alpha_j}\right)^{\alpha_i}}{I-\mathbf{p}^T\mathbf{a}}-\frac{\alpha_i}{p_i}\prod_{i=1}^{n}\left(\frac{\alpha_i(I-\mathbf{p}^T\mathbf{a})}{p_i\sum_j\alpha_j}\right)^{\alpha_i}\text{。}\qquad\text{(b)}$$

若由包絡線定理, 則由 (5.3.4') 可得

$$\frac{\partial V}{\partial I}=\frac{\partial L(\mathbf{x}^*(\alpha),\lambda^*(\alpha);\alpha)}{\partial I}$$

$$=\lambda^*(\alpha)=\left(\sum_{i=1}^{n}\alpha_i\right)\left(\prod_{i=1}^{n}\left(\frac{\alpha_i}{p_i\sum_j\alpha_j}\right)^{\alpha_i}\right)(I-\mathbf{p}^T\mathbf{a})^{\sum_i\alpha_i-1},\qquad\text{(c)}$$

$$\frac{\partial V}{\partial p_i}=\frac{\partial L(\mathbf{x}^*(\alpha),\lambda^*(\alpha);\alpha)}{\partial p_i}=-\lambda^*(\alpha)x_i^*(\alpha)$$

$$=-\left(\sum_{i=1}^{n}\alpha_i\left(\prod_{i=1}^{n}\left(\frac{\alpha_i}{p_i\sum_j\alpha_j}\right)^{\alpha_i}\right)(I-\mathbf{p}^T\mathbf{a})^{\sum\alpha_i-1}\right)\left(a_i+\frac{\alpha_i}{\sum\alpha_j}\frac{(I-\mathbf{p}^T\mathbf{a})}{p_i}\right)$$

$$=-a_i\sum_{j=1}^{n}\alpha_j\frac{\prod_{i=1}^{n}\left(\frac{\alpha_i(I-\mathbf{p}^T\mathbf{a})}{p_i\sum_j\alpha_j}\right)^{\alpha_i}}{I-\mathbf{p}^T\mathbf{a}}-\frac{\alpha_i}{p_i}\prod_{i=1}^{n}\left(\frac{\alpha_i(I-\mathbf{p}^T\mathbf{a})}{p_i\sum_j\alpha_j}\right)^{\alpha_i},\qquad\text{(d)}$$

很顯然地 (a) = (c)，(b) = (d)。

(ii) 例 5.3.3 之極值函數爲

$$V(y_0,w,r,\varepsilon)=y_0\left(w^{\frac{\varepsilon}{\varepsilon+1}}+r^{\frac{\varepsilon}{\varepsilon+1}}\right)^{\frac{1+\varepsilon}{\varepsilon}},$$

故 $$\frac{\partial V}{\partial y_0}=\left(w^{\frac{\varepsilon}{\varepsilon+1}}+r^{\frac{\varepsilon}{\varepsilon+1}}\right)^{\frac{1+\varepsilon}{\varepsilon}},\qquad\text{(e)}$$

若由包絡線定理, 則

$$\frac{\partial L}{\partial y_0}=\frac{\partial L(K^*,L^*,\lambda^*;w,r,y_0,\varepsilon)}{\partial y_0}=\lambda^*=\left(w^{\frac{\varepsilon}{\varepsilon+1}}+r^{\frac{\varepsilon}{\varepsilon+1}}\right)^{\frac{1+\varepsilon}{\varepsilon}}, \tag{f}$$

我們再度得到 $\frac{\partial V}{\partial y_0}=\frac{\partial L(K^*,L^*,\lambda^*;w,r,y_0,\varepsilon)}{\partial y_0}$ 之結果。在例 5.3.3 中, 我們已經指出 $V(y_0,w,r,\varepsilon)$ 爲一成本函數, 故 $\frac{\partial V}{\partial y_0}$ 爲邊際成本函數, 由 $\frac{\partial V}{\partial y_0}=\frac{\partial L(K^*,L^*,\lambda^*;w,r,y_0,\varepsilon)}{\partial y_0}=\lambda^*$, 我們得到 Lagrangean 乘數 λ^* 剛好是代表邊際成本函數。此外, 由於這是固定規模報酬的 CES 生產函數, 因此, 邊際成本 λ^* 與平均成本 $\frac{V}{y_0}$ 相等, 且不受產量影響。我們將 $\frac{\partial V}{\partial w}$ 與 $\frac{\partial V}{\partial r}$ 留給讀者練習, 希望讀者由此過程中充分體會包絡線定理的優點。

包絡線定理本身雖然相當簡單, 其理論上的應用也相當廣, 但有許多學生一直無法了解, 包絡線定理和包絡線有何關係, 或爲什麼這個定理被稱爲包絡線定理, 現在就讓我們試著回答這個問題。

假定 $(\mathbf{x}^*(\alpha),\lambda^*(\alpha))$ 滿足非線性規劃問題 (5.3.1) 的 Kuhn-Tucker 條件, 則由 (4.3.32) 知

$$L(\mathbf{x}^*(\alpha),\lambda^*(\alpha);\alpha)\geq L(\mathbf{x},\lambda^*(\alpha);\alpha),\quad \alpha\in A,\ \ \mathbf{x}\in X,$$

因上式對任一 $\mathbf{x}\in X$ 均成立, 故如我們取 $\mathbf{x}$ 爲當 $\alpha=\hat{\alpha}$ 時之最適值 $\mathbf{x}^*(\hat{\alpha})$, 則應有

$$L(\mathbf{x}^*(\alpha),\lambda^*(\alpha);\alpha)\geq L(\mathbf{x}^*(\hat{\alpha}),\lambda^*(\alpha);\alpha)。 \tag{5.3.12}$$

但 $\lambda^*(\alpha)^T\mathbf{g}(\mathbf{x}^*(\alpha))=0$, 故

$$L(\mathbf{x}^*(\alpha),\lambda^*(\alpha);\alpha)=f(\mathbf{x}^*(\alpha);\alpha)+\lambda^*(\alpha)^T\mathbf{g}(\mathbf{x}^*(\alpha))=f(\mathbf{x}^*(\alpha);\alpha)=V(\alpha),$$

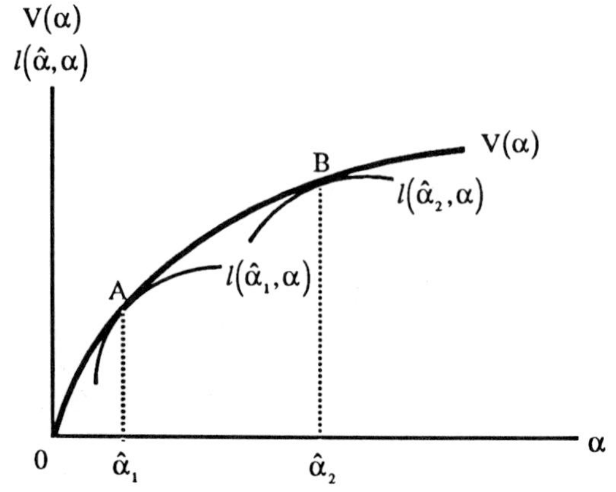

圖 5.3.1

又因 (5.3.12) 右邊的函數僅受 α 和 $\hat{\alpha}$ 的影響, 故 (5.3.12) 可寫成

$$V(\alpha)\geq L\left(\mathbf{x}^*(\hat{\alpha}),\lambda^*(\alpha);\alpha\right)=l(\hat{\alpha},\alpha), \tag{5.3.13}$$

一般將 (5.3.13) 稱爲包絡線關係 (envolope relation)。如果我們將 $\hat{\alpha}$ 固定, 則 (5.3.13) 右邊和左邊均爲 α 之函數。當取 $\alpha=\hat{\alpha}$ 時, 則 $V(\hat{\alpha})=l(\hat{\alpha},\hat{\alpha})$。換句話說, 若將 $l(\hat{\alpha},\alpha)$ 中之變數取爲 $\hat{\alpha}$, 則 $l(\hat{\alpha},\hat{\alpha})$ 剛好爲極值函數在點 $\hat{\alpha}$ 的值 $V(\hat{\alpha})$。但當 $\alpha\neq\hat{\alpha}$ 時, $l(\hat{\alpha},\alpha)$ 不可能超過 $V(\alpha)$。假定 $\alpha\in A\subset \boldsymbol{R}_{++}$, 且爲了說明起見, 假定 $V(\alpha)$ 爲一凹函數, 則上述的包絡線關係將如圖 5.3.1 所示。圖中 $l(\hat{\alpha}_1,\alpha)$ 爲將 $\hat{\alpha}$ 之值固定在 $\hat{\alpha}_1$ 時之圖形, 當 α 之值爲 $\hat{\alpha}_1$ 時, 其值 $l(\hat{\alpha}_1,\hat{\alpha}_1)$ 剛好與 $V(\alpha)$ 在 $\alpha=\hat{\alpha}_1$ 之值相同, 故兩函數在 $\alpha=\hat{\alpha}_1$ 時均通過同一點 A。因 $V(\alpha)\geq l(\hat{\alpha}_1,\alpha)$, 當 $\alpha\neq\hat{\alpha}_1$ 時, $l(\hat{\alpha}_1,\alpha)$ 的圖形, 或者仍與 $V(\alpha)$ 重合或者在其下方; 圖 5.3.1 描繪 $V(\alpha)>l(\hat{\alpha}_1,\alpha)$, $\alpha\neq\hat{\alpha}_1$, 的情形。同理, $l(\hat{\alpha}_2,\alpha)$ 爲將 $\hat{\alpha}$ 固定在 $\hat{\alpha}_2$ 的圖形, 其與 $V(\alpha)$ 的關係與上述 $l(\hat{\alpha}_1,\alpha)$ 與 $V(\alpha)$ 的關係完全相同。

如果我們將 $\hat{\alpha}$ 的值分別取爲 $\hat{\alpha}_1<\hat{\alpha}_2<\hat{\alpha}_3<\cdots$, 而將所有 $l(\hat{\alpha}_1,\alpha)$, $l(\hat{\alpha}_2,\alpha)$, $l(\hat{\alpha}_3,\alpha)$, $\cdots$ 之圖形繪出, 則將可得出類似圖 5.3.2 的圖形。若我們無限地重複這個過程, 讀者不難體會 $V(\alpha)$ 將剛好是包絡在這組曲線

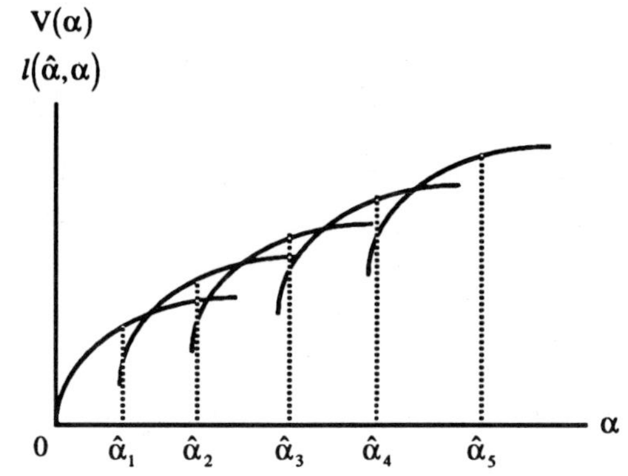

圖 5.3.2

上方的包絡線，這就是所謂的包絡線關係。由包絡線關係，我們知道 $V(\alpha)$ 上任何一點 $V(\hat{\alpha})$，均有 $l(\hat{\alpha},\hat{\alpha})$ 通過，且對任何 $\alpha \neq \hat{\alpha}$ 均有 $V(\hat{\alpha}) \geq l(\hat{\alpha},\alpha)$ 的關係。換句話說，$V(\hat{\alpha})$ 與 $l(\hat{\alpha},\alpha)$ 在 $(\hat{\alpha},V(\hat{\alpha}))$ 這一點剛好相切。因此，只要 $V(\alpha)$ 和 $l(\hat{\alpha},\alpha)$ 均是可微分函數，那麼 $V(\alpha)$ 和 $l(\hat{\alpha},\alpha)$ 在點 $(\hat{\alpha},V(\hat{\alpha}))$ 的斜率便相同，即

$$\frac{\partial V(\hat{\alpha})}{\partial \alpha}=\frac{\partial l(\hat{\alpha},\hat{\alpha})}{\partial \alpha}。 \tag{5.3.14}$$

但 $$\frac{\partial l(\hat{\alpha},\hat{\alpha})}{\partial \alpha}=\frac{\partial f(x^*(\hat{\alpha});\hat{\alpha})}{\partial \alpha}+g(x^*(\hat{\alpha});\hat{\alpha})^T\frac{\partial \lambda^*(\hat{\alpha})}{\partial \alpha}+\lambda^*(\hat{\alpha})^T\frac{\partial g(x^*(\hat{\alpha});\hat{\alpha})}{\partial \alpha}, \tag{5.3.15}$$

而且如前面 (5.3.11) 式之下的推論，我們知道 $g(x^*(\hat{\alpha});\hat{\alpha})^T\frac{\partial \lambda^*(\hat{\alpha})}{\partial \alpha}=0$，因而 (5.3.15) 成爲

$$\frac{\partial l(\hat{\alpha},\hat{\alpha})}{\partial \alpha}=\frac{\partial f(x^*(\hat{\alpha});\hat{\alpha})}{\partial \alpha}+\lambda^*(\hat{\alpha})^T\frac{\partial g(x^*(\hat{\alpha});\hat{\alpha})}{\partial \alpha}。 \tag{5.3.16}$$

但 (5.3.16) 式等號右邊剛好等於 $\frac{\partial L(x^*(\hat{\alpha}),\lambda^*(\hat{\alpha});\hat{\alpha})}{\partial \alpha}$，結合這個結果及 (5.3.14)，(5.3.16) 即得

$$\frac{\partial V(\hat{\alpha})}{\partial \alpha}=\frac{\partial L\left(x^*(\hat{\alpha}),\lambda^*(\hat{\alpha});\hat{\alpha}\right)}{\partial \alpha}, \tag{5.3.17}$$

這正好與定理 5.3.1 所述相同; 因此, 定理 5.3.1 是可直接由前述的包絡線關係得到, 這也是爲什麼這個定理被稱爲包絡線定理的原因了。

【例 5.3.5 】試以

$$\max_{x} \ \sqrt{x} \qquad \text{s.t.} \quad a-x^2\geq 0, \quad a>0, \quad x\geq 0,$$

圖解說明包絡線關係。

解: 讀者很容易可以解出

$$x^*(a)=a^{\frac{1}{2}},$$

$$\lambda^*(a)=\frac{1}{4}a^{-\frac{3}{4}},$$

$$V(a)=a^{\frac{1}{4}},$$

$$l(\hat{a},a)=f\left(x^*(\hat{a});a\right)+\lambda^*(a)g\left(x^*(\hat{a});a\right)=\hat{a}^{\frac{1}{4}}+\frac{1}{4}a^{-\frac{3}{4}}(a-\hat{a}),$$

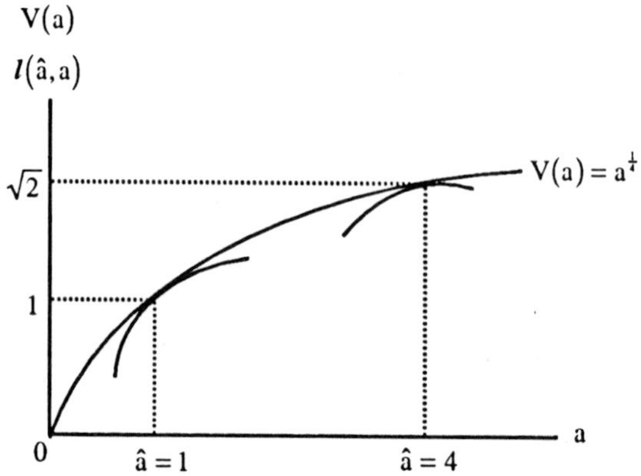

圖 5.3.3

故 $\dfrac{\partial V(\hat{a})}{\partial a}=\dfrac{1}{4}\hat{a}^{-\frac{3}{4}}=\dfrac{\partial l(\hat{a},\hat{a})}{\partial a}$。

取 $\hat{a}=1$, $\hat{a}=4$, 則 V(a)與 $l(\hat{a},a)$ 之關係如圖 5.3.3 所示。

利用包絡線定理, 我們可賦予我們所熟知的 Lagrange 乘數重要的經濟意義。事實上, 在過去我們已不止一次碰到這個問題。在例 5.3.4 (ii) 中, 我們曾導出, 均衡時的 Lagrange 乘數值剛好是代表生產的邊際成本, 也就是將限定的產量增加一單位時, 生產者所必須支付的額外成本。在習題 4.2.9 中, 我們曾證明生產可能線的斜率為 Lagrange 乘數; 我們知道, 生產可能線的斜率 dY/dX 乃代表增加一單位 X 的生產, 所必須放棄的 Y 產品的數量, 也就是說增加一單位 X 的生產所必須以 Y 產品（的減少）支付的代價; 因此, 與例 5.3.4 相同, Lagrange 乘數為一種邊際成本和邊際價格的概念。現在我們就要將這種概念加以一般化。

如果我們假定, (5.3.1) 的標的函數中並沒有參數出現, 即 $f(\mathbf{x};\alpha)=f(\mathbf{x})$, 而限制函數的形式為 $\mathbf{g}(\mathbf{x};\alpha)=\alpha-\mathbf{h}(\mathbf{x})\geq\mathbf{0}_m$, 則其對應之 Lagrangean 函數為

$$L(\mathbf{x},\lambda;\alpha)=f(\mathbf{x})+\lambda^{T}(\alpha-\mathbf{h}(\mathbf{x})), \tag{5.3.18}$$

極值函數為 $V(\alpha)=f(\mathbf{x}^*(\alpha))$。由包絡線定理可得:

$$\frac{\partial V(\alpha)}{\partial \alpha_\ell}=\frac{\partial L(\mathbf{x}^*(\alpha),\lambda^*(\alpha);\alpha)}{\partial \alpha_\ell}=\lambda^*_\ell(\alpha),\quad \ell=1,\cdots,k。\tag{5.3.19}$$

另外, 我們可將限制式寫成下列形式

$$h_\ell(\mathbf{x})\leq\alpha_\ell,\quad \ell=1,\cdots,k, \tag{5.3.20}$$

(5.3.20) 明確顯示出 α_ℓ 乃具有某種最大限制的意義, 因而 (5.3.19) 的意義是, 如果我們將這最大的限制放寬一單位時, 將會使標的函數的最大值增加 $\lambda^*_\ell(\alpha)$ 個單位, 也就是說, $\lambda^*_\ell(\alpha)$ 代表限制條件在均衡點的邊際貢

獻。反過來說，在達到均衡時，如果追求此標的函數極大的經濟單位可以支付某些代價來減少限制，那麼爲了減少一單位的限制（即 α_ℓ 增加一單位），此經濟單位所願支付的代價必不超過增加一單位 α_ℓ 的貢獻 $\lambda_\ell^*(\alpha)$。但只要所須額外支付的價格小於 $\lambda_\ell^*(\alpha)$，此經濟單位一定會支付此價格以求限制之進一步減少。這種過程只有當其所支付的代價剛好與放寬限制的邊際貢獻相等時方才停止，方才重新達到均衡。這也就是爲什麼在經濟學上，常將 Lagrange 乘數 $\lambda^*(\alpha)$ 視爲一種價格的原因。這種價格一般稱作影子價格 (shadow price) 以別於市場價格，因爲即使是沒有市場價格存在，這些限制（如高速公路的速度限制）也有它內在的價值 (imputed value)，而這內在價值就是由 $\lambda^*(\alpha)$ 反應出來。在例 5.3.2 (i) 中，我們得到 $\dfrac{\partial V}{\partial I}=\lambda^*(\alpha)$，因此我們常將 $\lambda^*(\alpha)$ 稱爲所得的邊際效用。但 $\lambda^*(\alpha)$ 也代表爲了增加一單位所得，該消費者所願支付的，以效用表示的最高價格，因此，它也代表了所得的影子價格。讀者應可由此例很淸楚看出，影子價格和市場價格的差異；顯然的，每一塊錢貨幣所得的市場價格也是一塊錢，但其影子價格則以效用來衡量，它代表了一塊錢所能帶來的實質福利。

現在我們來探討極值函數的其他性質。

定理 5.3.2：在 (5.3.1) 中若 f 和 g_j $(j=1,\cdots,m)$ 均爲 $(\mathbf{x};\alpha)$ 的凹函數，則其極值函數 $V(\alpha)$ 亦爲凹函數。

證明：假定 $\alpha^1,\alpha^2\in A$，則因 A 爲凸集合，故對任何 $0\le\lambda\le1$，$\lambda\alpha^1+(1-\lambda)\alpha^2\in A$。又假定當 $\alpha=\alpha^i$ 時，$\mathbf{x}^i$ $(i=1,2)$ 爲 (5.3.1) 之解，故 $\mathbf{x}^1,\mathbf{x}^2\in X$。因 X 爲凸集合，所以 $\lambda\mathbf{x}^1+(1-\lambda)\mathbf{x}^2\in X$。由 $g\left(\mathbf{x}^1(\alpha^1);\alpha^1\right)\ge\mathbf{0}_m$，$g\left(\mathbf{x}^2(\alpha^2);\alpha^2\right)\ge\mathbf{0}_m$，且 g_j $(j=1,\cdots,m)$ 爲凹函數可得

$$
\begin{aligned}
&g_j\left(\lambda\mathbf{x}^1+(1-\lambda)\mathbf{x}^2;\lambda\alpha^1+(1-\lambda)\alpha^2\right)\\
&\quad\ge\lambda g_j\left(\mathbf{x}^1(\alpha^1);\alpha^1\right)+(1-\lambda)g_j\left(\mathbf{x}^2(\alpha^2);\alpha^2\right)\ge0,\quad j=1,\cdots,m。
\end{aligned}
\tag{5.3.21}
$$

故當參數爲 $\lambda\alpha^1+(1-\lambda)\alpha^2$ 時, $\lambda\mathbf{x}^1+(1-\lambda)\mathbf{x}^2$ 在 (5.3.1) 的機會集合中。

令 $\mathbf{x}^\lambda$ 爲 $\alpha=\lambda\alpha^1+(1-\lambda)\alpha^2$ 時的最適解, 由極值函數的定義知

$$
\begin{aligned}
V\left(\lambda\alpha^1+(1-\lambda)\alpha^2\right) &= f\left(\mathbf{x}^\lambda;\lambda\alpha^1+(1-\lambda)\alpha^2\right)\\
&\geq f\left(\lambda\mathbf{x}^1+(1-\lambda)\mathbf{x}^2;\lambda\alpha^1+(1-\lambda)\alpha^2\right)\\
&\geq \lambda f\left(\mathbf{x}^1;\alpha^1\right)+(1-\lambda)f\left(\mathbf{x}^2;\alpha^2\right)\\
&= \lambda V\left(\alpha^1\right)+(1-\lambda)V\left(\alpha^2\right)。
\end{aligned}
\tag{5.3.22}
$$

上式中各等式和不等式關係, 乃由極值函數與 f 爲 $(\mathbf{x};\alpha)$ 的凹函數的性質而來。(5.3.22) 剛好是 $V(\alpha)$ 爲凹函數的定義。

在此特別說明一下, 定理 5.3.2 的證明是最典型的證明極值函數凹、凸性質的方法, 讀者務必熟練, 這在未來對偶理論 (duality theory) 的討論非常重要。此外, 讀者要特別小心, 定理 5.3.2 中 f 和 g_j $(j=1, \cdots, m)$ 必須是 $(\mathbf{x};\alpha)$ 的凹函數而非僅爲 $\mathbf{x}$ 或 α 的凹函數, 這兩者是完全不同的, 例如: $f(\mathbf{x};\mathbf{p})=\mathbf{p}^T\mathbf{x}$ 雖是 $\mathbf{x}$ 的凹函數, 也是 $\mathbf{p}$ 的凹函數, 但卻不是 $(\mathbf{x};\mathbf{p})$ 的凹函數。事實上, 它是既非 $(\mathbf{x};\mathbf{p})$ 的凹函數, 也不是 $(\mathbf{x};\mathbf{p})$ 的凸函數 (想想第三章有關齊次函數的討論)。

定理 5.3.3: 在 (5.3.1) 中, 若參數 α 沒有出現於限制式中, 且 $f(\mathbf{x};\alpha)$ 爲 α 的凸函數, 則 $V(\alpha)$ 爲一凸函數。

證明: (注意: 證明方法與定理 5.3.2 完全類似)

設 $\alpha^1,\alpha^2\in A$, 則因 A 爲凸集合, 故對 $0\leq\lambda\leq1$, 恆有 $\lambda\alpha^1+(1-\lambda)\alpha^2\in A$。假定 $\mathbf{x}^1$, $\mathbf{x}^2$ 分別爲當 $\alpha=\alpha^1$, $\alpha=\alpha^2$ 時 (5.3.1) 的最適解, 而 $\mathbf{x}^\lambda$ 爲當 $\alpha=\lambda\alpha^1+(1-\lambda)\alpha^2$ 時的最適解, 則

$$\begin{aligned} V\left(\lambda\alpha^1+(1-\lambda)\alpha^2\right) &= f\left(\mathbf{x}^\lambda;\lambda\alpha^1+(1-\lambda)\alpha^2\right) \\ &\le \lambda f\left(\mathbf{x}^\lambda;\alpha^1\right)+(1-\lambda)f\left(\mathbf{x}^\lambda;\alpha^2\right) \\ &\le \lambda f\left(\mathbf{x}^1;\alpha^1\right)+(1-\lambda)f\left(\mathbf{x}^2;\alpha^2\right) \\ &= \lambda V\left(\alpha^1\right)+(1-\lambda)V\left(\alpha^2\right), \end{aligned}$$

故 $V(\alpha)$ 爲 α 之凸函數。

【例 5.3.6】假定一消費者的效用函數爲 $u(\mathbf{x})$。若此人欲在滿足至少 u^0 的效用下使其支出達到最小, 則此人所面對的問題爲

$$\min_{\mathbf{x}} \ \mathbf{p}^T\mathbf{x} \quad \text{s.t.} \quad u(\mathbf{x})-u^0 \ge 0,$$

或 $$\max_{\mathbf{x}} \ -\mathbf{p}^T\mathbf{x} \quad \text{s.t.} \quad u(\mathbf{x})-u^0 \ge 0。$$

若我們將價格向量 $\mathbf{p}$ 視爲唯一的參數, 則此參數只出現於標的函數中。因 $-\mathbf{p}^T\mathbf{x}$ 爲 $\mathbf{p}$ 的線性函數, 故亦爲 $\mathbf{p}$ 之凸函數。根據定理 5.3.3, 極值函數 $V\left(\mathbf{p};u^0\right)$ 爲 $\mathbf{p}$ 之凸函數。令 $E\left(\mathbf{p};u^0\right)=-V\left(\mathbf{p};u^0\right)=\mathbf{p}^T\mathbf{x}^*\left(\mathbf{p};u^0\right)$, 則 $E\left(\mathbf{p};u^0\right)$ 爲至少達到效用 u^0 的最低支出, 我們將之稱爲支出函數 (expenditure function)。因 $V\left(\mathbf{p};u^0\right)$ 爲 $\mathbf{p}$ 之凸函數, 故 $E\left(\mathbf{p};u^0\right)=-V\left(\mathbf{p};u^0\right)$ 爲 $\mathbf{p}$ 之凹函數。

※定理 **5.3.4**: 假定兩非線性規劃問題

$$\text{(i)} \max_{\mathbf{x}} \ f(\mathbf{x}) \quad \text{s.t.} \quad \mathbf{g}(\mathbf{x}) \ge \mathbf{0}_m,$$
$$\text{(ii)} \max_{\mathbf{x}} \ f(\mathbf{x}) \quad \text{s.t.} \quad \mathbf{g}(\mathbf{x}) \ge \alpha, \quad \mathbf{x}\in X \subset \boldsymbol{R}^n, \quad \alpha \in A \subset \boldsymbol{R}^k,$$

均滿足 Slater 限制要件。若 $\left(\mathbf{x}^*,\lambda^*\right)$ 滿足 (i) 之 Kuhn-Tucker 條件, $\left(\hat{\mathbf{x}},\hat{\lambda}\right)$ 滿足 (ii) 之 Kuhn-Tucker 條件, 則

$$\lambda^{*T}\alpha \le f\left(\mathbf{x}^*\right)-f(\hat{\mathbf{x}}) \le \hat{\lambda}^T\alpha。$$

證明: 因 $\mathbf{x}^*$ 爲 (i) 之解, 故

$$L(\mathbf{x},\boldsymbol{\lambda}^*) \le L(\mathbf{x}^*,\boldsymbol{\lambda}^*),$$

或 $$\mathrm{f}(\mathbf{x}) + \boldsymbol{\lambda}^{*\mathrm{T}}\mathbf{g}(\mathbf{x}) \le \mathrm{f}(\mathbf{x}^*) + \boldsymbol{\lambda}^{*\mathrm{T}}\mathbf{g}(\mathbf{x}^*)。 \tag{5.3.23}$$

由 Kuhn-Tucker 條件知 $\boldsymbol{\lambda}^{*\mathrm{T}}\mathbf{g}(\mathbf{x}^*) = 0$, 故上式成為

$$\mathrm{f}(\mathbf{x}) + \boldsymbol{\lambda}^{*\mathrm{T}}\mathbf{g}(\mathbf{x}) \le \mathrm{f}(\mathbf{x}^*)。 \tag{5.3.23'}$$

令 $\mathbf{x} = \hat{\mathbf{x}}$, 代入 (5.3.23') 得

$$\mathrm{f}(\hat{\mathbf{x}}) - \mathrm{f}(\mathbf{x}^*) \le -\boldsymbol{\lambda}^{*\mathrm{T}}\mathbf{g}(\hat{\mathbf{x}})。 \tag{5.3.24}$$

由 Kuhn-Tucker 條件知 $\boldsymbol{\lambda}^{*\mathrm{T}} \ge \mathbf{0}$, $\mathbf{g}(\hat{\mathbf{x}}) \ge \alpha$, 因此 $\boldsymbol{\lambda}^{*\mathrm{T}}\mathbf{g}(\hat{\mathbf{x}}) \ge \boldsymbol{\lambda}^{*\mathrm{T}}\alpha$ 或 $-\boldsymbol{\lambda}^{*\mathrm{T}}\mathbf{g}(\hat{\mathbf{x}}) \le -\boldsymbol{\lambda}^{*\mathrm{T}}\alpha$, 將此結果代入 (5.3.24) 得到

$$\mathrm{f}(\hat{\mathbf{x}}) - \mathrm{f}(\mathbf{x}^*) \le -\boldsymbol{\lambda}^{*\mathrm{T}}\alpha。 \tag{5.3.25}$$

同理, 因 $\hat{\mathbf{x}}$ 為 (ii) 之解, 故

$$L(\mathbf{x},\hat{\boldsymbol{\lambda}}) \le L(\hat{\mathbf{x}},\hat{\boldsymbol{\lambda}}),$$

或 $$\mathrm{f}(\mathbf{x}) + \hat{\boldsymbol{\lambda}}^{\mathrm{T}}(\mathbf{g}(\mathbf{x}) - \alpha) \le \mathrm{f}(\hat{\mathbf{x}}) + \hat{\boldsymbol{\lambda}}^{\mathrm{T}}(\mathbf{g}(\hat{\mathbf{x}}) - \alpha)。 \tag{5.3.26}$$

由 Kuhn-Tucker 條件知 $\hat{\boldsymbol{\lambda}}^{\mathrm{T}}(\mathbf{g}(\hat{\mathbf{x}}) - \alpha) = 0$, 上式成為

$$\mathrm{f}(\mathbf{x}) + \hat{\boldsymbol{\lambda}}^{\mathrm{T}}(\mathbf{g}(\mathbf{x}) - \alpha) \le \mathrm{f}(\hat{\mathbf{x}})。 \tag{5.3.26'}$$

取 $\mathbf{x} = \mathbf{x}^*$, 代入上式得

$$\mathrm{f}(\hat{\mathbf{x}}) - \mathrm{f}(\mathbf{x}^*) \ge \hat{\boldsymbol{\lambda}}^{\mathrm{T}}(\mathbf{g}(\mathbf{x}^*) - \alpha) = \hat{\boldsymbol{\lambda}}^{\mathrm{T}}\mathbf{g}(\mathbf{x}^*) - \hat{\boldsymbol{\lambda}}^{\mathrm{T}}\alpha。 \tag{5.3.27}$$

但由 Kuhn-Tucker 條件 $\hat{\boldsymbol{\lambda}} \ge \mathbf{0}$, $\mathbf{g}(\mathbf{x}^*) \ge \mathbf{0}$, 故 $\hat{\boldsymbol{\lambda}}^{\mathrm{T}}\mathbf{g}(\mathbf{x}^*) \ge 0$, 所以 (5.3.27) 成為

$$\mathrm{f}(\hat{\mathbf{x}}) - \mathrm{f}(\mathbf{x}^*) \ge -\hat{\boldsymbol{\lambda}}^{\mathrm{T}}\alpha。 \tag{5.3.28}$$

結合 (5.3.25) 和 (5.3.28) 即得

$$\lambda^{*T}\alpha \le f(\mathbf{x}^*) - f(\hat{\mathbf{x}}) \le \hat{\lambda}^T\alpha。 \tag{5.3.29}$$

如果我們回想一下前面的解釋, Lagrange 乘數乃是一種影子價格, 則 (5.3.29) 透露出很重要的經濟意義; (5.3.29) 隱函 $(\lambda^* - \hat{\lambda})^T \alpha \le 0$。若 $\alpha = (0,\cdots,0,\alpha_i,0,\cdots,0)$, 則此不等式成為

$$(\lambda_i^* - \hat{\lambda}_i)\alpha_i \le 0。 \tag{5.3.30}$$

因 λ_i^* 和 $\hat{\lambda}_i$ 分別代表 $\alpha = \mathbf{0}_k$ 和 $\alpha = (0,\cdots,0,\alpha_i,0,\cdots,0)^T$ 時, 第 i 個限制因素的影子價格, 故 (5.3.30) 告訴我們, 當第 i 個限制因素發生變動時, 其影子價格變動的方向剛好和限制變動的方向相反。例如, 若第 i 個限制因素代表建築業中的非技術性工人的數量, 當許多非技術工人由建築業轉向服務業時, 建築業中非技術工人數量減少, 限制吃緊, 因此其影子價格跟著上升（這遲早會反應在市場價格上）。如果建築業能爭取政府同意, 自東南亞進口非技術勞工, 則可解除非技術勞工不足的現象, 使其限制放寬, 那麼建築業中非技術性工人的影子價格也就會跟著下降（同樣地, 只要勞工可以源源輸入, 這個影子價格下降的事實, 遲早也會反應在市場價格的下降上）。

※ •一般化包絡線定理

到目前為止, 我們所討論的問題都是在一定數量的限制條件下, 即 m 個限制條件, 或再加上 n 個 $\mathbf{x} \ge \mathbf{0}_n$ 的選擇變數非負值的限制。所謂比較靜態分析, 所探討的也是這些既定的限制條件發生些微變動的影響。但是, 在有些狀況下, 我們面對的卻是限制條件的數目發生變動的情形。例如, 在生產理論中, 短期內資本數量通常固定, 為生產過程的一限制條件, 但在長期, 資本本身已成為一選擇變數, 而不再是限制條件的參數, 在這種狀況下, 生產者所面對的問題當然不同, 因此, 生產

函數及其最適的產量也將跟著改變。現在，我們就介紹一下限制條件數目變動和極值函數的關係，以作爲本節的結束。

圖 5.3.4 描述消費者均衡問題，max $u(x_1,x_2)$ s.t. $p_1x_1+p_2x_2\leq I$，圖中 OR 代表所得消費曲線，因此，在所得水準 I_1，I_2 和 I_3 時，均衡點爲 E_1，E_2 和 E_3。由前面的討論，我們知道，對應於此問題的極值函數，即間接效用函數 V(I)（因我們討論重點在 I，故將其他參數略去），可以用來描述這些均衡點所對應的最大效用。假定此消費者的所得爲 I_1，則在均衡點 E_1 的極值函數值爲 $V(I_1)$。現在假定政府實施購物劵制度，要求人民在購物時除了付一般價格外，還要依所購產品，每單位付一定量的購物劵；但爲了減少施行初期對人民消費的過度干擾，政府配給消費者的購物劵量剛好足以購買人民原來的消費組合 E_1。因此，圖 5.3.4 中的消費者，除了面對原有的所得限制 CD 外，還要面對一條通過 E_1 點的購物劵限制線，假定其爲 AB。現在，我們可以看到，只要此消費者的所得維持在 I_1 則均衡點仍爲 E_1，極值函數的值 $V(I_1)$ 也不會因此新的限制條件而改變。但是極值函數本身則會因此新限制條件而改變。因爲當所得由 I_1 增加到 I_3 時，如果沒有新的限制，機會集合爲 OEF，消費者可選 E_3 點，但在增加購物劵限制後，機會集合縮小成 OAGF，消費者的均

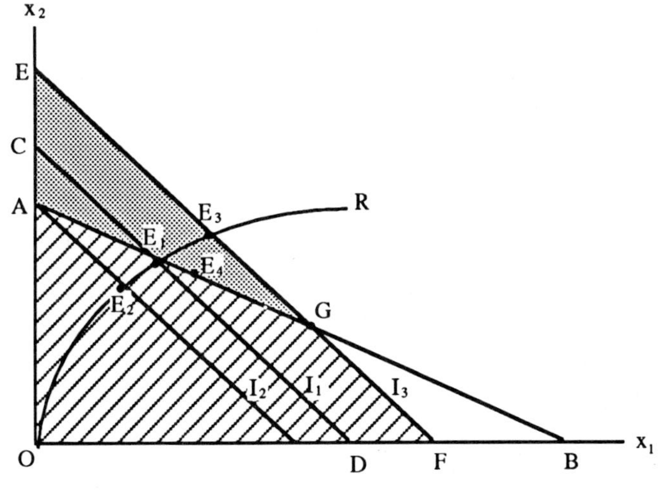

圖 5.3.4

衡點將如圖中的 E_4，而非 E_3。由此可見，一般而言，在增加了新限制條件後，描述這些新均衡點的最大效用的極值函數，會與未加新限制前的極值函數不同。若將這新的極值函數寫成 $V^1(I)$ 則由上面的討論我們知道 $V(I_1)=V^1(I_1)$，但當 $I \neq I_1$ 時兩者的值就不一定相同。事實上，我們很容易了解，當限制增加時，此消費者所可能得到的最大效用一定不會增加，且很可能減少，如圖 5.3.4 中所示 $V^1(I_3)<V(I_3)$，故我們可得到

$$V(I_1)=V^1(I_1), \tag{5.3.31}$$

$$V(I) \geq V^1(I)。 \tag{5.3.32}$$

現在，我們可將這個簡單的例子所得的結果，推展到一般化的問題，如 (5.3.1)。假定在 $\alpha=\alpha^\circ$ 時，(5.3.1) 的最適解爲 $\mathbf{x}^*(\alpha^\circ)$，極值函數 $V(\alpha)$ 之值爲 $V(\alpha^\circ)$。假定在 (5.3.1) 中增加一個限制，且原最適點 $\mathbf{x}^*(\alpha^\circ)$ 滿足此限制，則 (5.3.1) 的極值仍然不會改變，但極值函數則會改變而成爲 $V^1(\alpha)$，其上標 1 代表增加限制的數目。根據前面的討論，$V(\alpha)$ 和 $V^1(\alpha)$ 間有下列的關係：

$$V(\alpha^\circ)=V^1(\alpha^\circ), \tag{5.3.33}$$

$$V(\alpha) \geq V^1(\alpha)。 \tag{5.3.34}$$

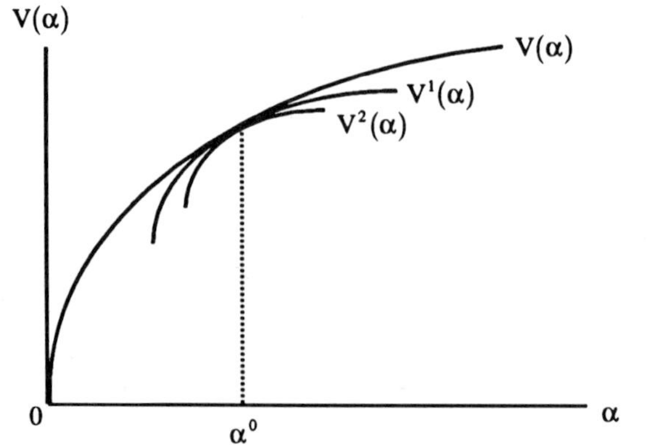

圖 5.3.5

假定$\alpha \in \boldsymbol{R}$且$V(\alpha)$爲凹函數，則上列關係可描繪如圖 5.3.5。$V(\alpha)$和$V^1(\alpha)$相切於點$\left(\alpha^\circ, V\left(\alpha^\circ\right)\right)$，但$\alpha \neq \alpha^\circ$時，$V(\alpha) \geq V^1(\alpha)$，且我們可以看出$V^1(\alpha)$在切點附近的凹曲程度比$V(\alpha)$還大。因此，在極值函數連續可微分的假設下，我們可得到

$$\frac{dV\left(\alpha^\circ\right)}{d\alpha} = \frac{dV^1\left(\alpha^\circ\right)}{d\alpha}, \tag{5.3.35}$$

$$\frac{d^2V\left(\alpha^\circ\right)}{d\alpha^2} \geq \frac{d^2V^1\left(\alpha^\circ\right)}{d\alpha^2}。 \tag{5.3.36}$$

事實上，如果我們在新限制滿足原均衡點的假設下，不斷增加限制條件的話，則每增加一個限制式，其新的極值函數與前一個不包括此新限制式的極值函數之間，都具有 (5.3.33) 到 (5.3.36) 的性質，故我們可歸納得下面的一般化包絡線定理 (generalized envelope theorem)：

$$V\left(\alpha^\circ\right) = V^1\left(\alpha^\circ\right) = V^2\left(\alpha^\circ\right) = \cdots, \tag{5.3.37}$$

$$\frac{dV\left(\alpha^\circ\right)}{d\alpha} = \frac{dV^1\left(\alpha^\circ\right)}{d\alpha} = \frac{dV^2\left(\alpha^\circ\right)}{d\alpha} = \cdots, \tag{5.3.38}$$

$$\frac{d^2V\left(\alpha^\circ\right)}{d\alpha^2} \geq \frac{d^2V^1\left(\alpha^\circ\right)}{d\alpha^2} \geq \frac{d^2V^2\left(\alpha^\circ\right)}{d\alpha^2} \geq \cdots。 \tag{5.3.39}$$

如果，我們將 (5.3.1) 改成求極小的問題，則極值函數所代表的就是最小值函數，而會有$V(\alpha) \leq V^1(\alpha) \leq V^2(\alpha) \leq \cdots$的關係；(5.3.37) 和 (5.3.38) 仍然成立，但 (5.3.39) 不等號符號方向應該反過來，讀者可很容易由$\min\limits_{\mathbf{x}} \ f(\mathbf{x})$與$\max\limits_{\mathbf{x}} \ -f(\mathbf{x})$的關係推導出這些結果。

在經濟學上，一般化包絡線定理的最重要的應用就是所謂的 Le Châtelier 原理 (Le Châtelier Principle)。這個原理是有關部分選擇變數無法變動的限制下，逐一解除其限制對極值的影響。生產理論中，長期和短期生產函數及長期和短期成本函數間的關係，即是最明顯的例子。爲了較清楚地解說 Le Châtelier 原理，讓我們將問題簡化成下列形式：

$$\max_{\mathbf{x}} \; f(\mathbf{x}) \quad \text{s.t. } g(\mathbf{x}) \ge \alpha,\; \mathbf{x} \in \boldsymbol{R}^n,\; \alpha \in \boldsymbol{R}^k, \tag{5.3.40}$$

將 $\mathbf{x}$ 寫成 $\mathbf{x} = (\mathbf{x}^1, \mathbf{x}^2)^T$，其中 $\mathbf{x}^1 \in \boldsymbol{R}^p$，$\mathbf{x}^2 \in \boldsymbol{R}^q$，$p + q = n$。對任一 $\alpha \in \boldsymbol{R}^k$，若所有選擇變數都可自由變動，則 (5.3.40) 的最適解爲 $\mathbf{x}^*(\alpha) = (\mathbf{x}^{1*}(\alpha), \mathbf{x}^{2*}(\alpha))^T$，而極值函數爲 $V(\alpha) = f(\mathbf{x}^*(\alpha)) = f(\mathbf{x}^{1*}(\alpha), \mathbf{x}^{2*}(\alpha))$。現在，假定 $\mathbf{x}^2$ 這些選擇變數固定無法變動，則 $\mathbf{x}^2$ 本身即成爲一參數向量。在此情況下，對任一 $\alpha \in A$，(5.3.40) 之最適解成爲 $\mathbf{x}^*(\alpha, \mathbf{x}^2) = (\mathbf{x}^{1*}(\alpha, \mathbf{x}^2), \mathbf{x}^2)^T$，其對應之極值函數爲 $V(\alpha, \mathbf{x}^2)$。正如前面一般化包絡線定理所提及的，$V(\alpha)$ 和 $V(\alpha, \mathbf{x}^2)$ 有下列關係

$$V(\alpha) \ge V(\alpha, \mathbf{x}^2), \tag{5.3.41}$$

$$V(\alpha) = V(\alpha, \mathbf{x}^{2*}(\alpha)) 。 \tag{5.3.42}$$

現在假定 α 發生微小變動，且 $d\alpha = (0, \cdots, 0, d\alpha_j, 0, \cdots, 0)^T$，則 $\mathbf{x}^{2*}(\alpha)$ 就不再是 (5.3.40) 的最適解，由 (5.3.41) 可得

$$V(\alpha + d\alpha) \ge V(\alpha + d\alpha, \mathbf{x}^{2*}(\alpha)), \tag{5.3.43}$$

(5.3.42) 和 (5.3.43) 相減可得

$$V(\alpha + d\alpha) - V(\alpha) \ge V(\alpha + d\alpha, \mathbf{x}^{2*}(\alpha)) - V(\alpha, \mathbf{x}^{2*}(\alpha)), \tag{5.3.44}$$

將上式兩邊除以 $d\alpha_j$，且令 $d\alpha_j \to 0$。若 $d\alpha_j > 0$，則得到

$$\frac{\partial V(\alpha)}{\partial \alpha_j} \ge \frac{\partial V(\alpha, \mathbf{x}^{2*}(\alpha))}{\partial \alpha_j}, \tag{5.3.45}$$

若 $d\alpha_j < 0$，則得到

$$\frac{\partial V(\alpha)}{\partial \alpha_j} \le \frac{\partial V(\alpha, \mathbf{x}^{2*}(\alpha))}{\partial \alpha_j} 。 \tag{5.3.46}$$

結合 (5.3.45) 和 (5.3.46)，以及 $V(\alpha)$ 爲連續可微分的性質可得

$$\frac{\partial V(\alpha)}{\partial \alpha_j}=\frac{\partial V\left(\alpha,\mathbf{x}^{2^*}(\alpha)\right)}{\partial \alpha_j}\text{ 。} \tag{5.3.47}$$

將 (5.3.43) 兩邊在 α 點做泰勒展開式（略去二階以上部分），則

$$\begin{aligned}&V(\alpha)+(d\alpha)^T\frac{dV(\alpha)}{d\alpha}+\frac{1}{2}(d\alpha)^T\frac{d^2V(\alpha)}{d\alpha^2}(d\alpha)\\&\geq V\left(\alpha,\mathbf{x}^{2^*}(\alpha)\right)+(d\alpha)^T\frac{\partial V\left(\alpha,\mathbf{x}^{2^*}(\alpha)\right)}{\partial\alpha}+\frac{1}{2}(d\alpha)^T\frac{\partial^2 V\left(\alpha,\mathbf{x}^{2^*}(\alpha)\right)}{\partial\alpha^2}(d\alpha)\text{ 。}\end{aligned} \tag{5.3.48}$$

因 $d\alpha=\left(0,\cdots,0,d\alpha_j,0,\cdots,0\right)^T$, 故 (5.3.48) 成爲

$$\begin{aligned}&V(\alpha)+\frac{dV(\alpha)}{d\alpha_j}d\alpha_j+\frac{1}{2}\frac{d^2V(\alpha)}{d\alpha_j^2}\left(d\alpha_j\right)^2\\&\geq V\left(\alpha,\mathbf{x}^{2^*}(\alpha)\right)+\frac{\partial V\left(\alpha,x^{2^*}(\alpha)\right)}{\partial\alpha_j}d\alpha_j+\frac{1}{2}\frac{\partial^2 V\left(\alpha,x^{2^*}(\alpha)\right)}{\partial\alpha_j^2}\left(d\alpha_j\right)^2,\end{aligned} \tag{5.3.49}$$

利用 (5.3.42) 和 (5.3.47)，(5.3.49) 可寫成

$$\frac{\partial^2 V(\alpha)}{\partial\alpha_j^2}\geq\frac{\partial^2 V\left(\alpha,x^{2^*}(\alpha)\right)}{\partial\alpha_j^2}\text{。} \tag{5.3.50}$$

(5.3.50) 即是所謂的 Le Châtelier 原理, 我們在本章後面的討論中還會應用到這個關係。

習題 5.3

1. 敘述並證明無限制條件及等式限制條件之極大化問題的包絡線定理。

2. (i) 求 $\max\limits_{x_1,x_2} f(x_1,x_2)=x_1^2x_2^2$ s.t. $x_1^2+x_2^2=1$ 之極值函數，並由此推論出下列關係：若，$a,b>0$，則

$$(ab)^{\frac{1}{2}} \le \frac{a+b}{2}。$$

(ii) 利用 $\max\limits_{\mathbf{x}} \prod_{i=1}^{n} x_i^2$ s.t. $\sum_{i=1}^{n} x_i^2=1$ 之極值函數，將 (i) 之結果一般化，即，對 $a_i>0$，$i=1,\cdots,n$，則

$$\left(\prod_{i=1}^{n} a_i\right)^{\frac{1}{n}} \le \frac{\sum_{i=1}^{n} a_i}{n}。$$

(iii) 試證明 $\max\limits_{\mathbf{x}} f(\mathbf{x})=\sum_{i=1}^{n} a_i x_i$ s.t. $\sum_{i=1}^{n} x_i^p=1$, $(p>1)$ 的極值函數爲 $V(\mathbf{a},p)=\left(\sum_{i=1}^{n} a_i^q\right)^{\frac{1}{q}}$，其中 $q=\frac{p}{(p-1)}$。由上述結果導出 Chauchy-Schwarz 不等式

$$\sum_{i=1}^{n} a_i b_i \le \left[\left(\sum_{i=1}^{n} a_i^2\right)\left(\sum_{i=1}^{n} b_i^2\right)\right]^{\frac{1}{2}}, \quad a_i,b_i>0, \quad i=1,\cdots,n。$$

〔提示：考慮 $p=2$，並將 $x_i = b_i \Big/ \sqrt{\sum_{i=1}^{n} b_i^2}$ 時 $\sum_{i=1}^{n} a_i x_i$ 之值與極值函數做比較〕

3. 在下列非線性規劃問題中

$$\max_{\mathbf{x}} f(\mathbf{x}) \quad \text{s.t.} \quad g(\mathbf{x};\alpha)=\alpha-\mathbf{h}(\mathbf{x})\ge \mathbf{0}_k,\ \mathbf{x}\in X\subset \boldsymbol{R}^n,\ \alpha\in A\subset \boldsymbol{R}^k,$$

試證：(i) $V(\alpha)$ 爲任一 α_j $(j=1,\cdots,k)$ 之非遞減函數。

(ii) 若 $f(\mathbf{x})$ 爲 $\mathbf{x}$ 之凹函數, $h(\mathbf{x})$ 爲 $\mathbf{x}$ 之凸函數, 則 $V(\alpha)$ 爲 α 之凹函數。

4. 在上一題的非線性規劃問題中, 假定 $\mathbf{x}^1$ 和 $\mathbf{x}^2$ 分別爲 $\alpha=\alpha^1$ 及 $\alpha=\alpha^2$ 時之最適解。若 $V(\alpha^1)\neq V(\alpha^2)$ 且 $g(\mathbf{x}^1,\alpha^2)\geq 0$, 則必有 $g(\mathbf{x}^2,\alpha^1)<0$, 請詳述你的結論和顯示性偏好理論 (revealed preference theory) 的關係。

5. 假定一廠商之生產函數爲 $f(\mathbf{x})$, 其產品和因素價格分別爲 $p\in \boldsymbol{R}_{++}$ 和 $\mathbf{w}\in \boldsymbol{R}^n_{++}$, 則此廠商的利潤爲 $\pi = pf(\mathbf{x})-\mathbf{w}^T\mathbf{x}$。若此廠商追求利潤之最大, 則其極值函數可寫成

$$V(p,\mathbf{w}) = \max_{\mathbf{x}} \ pf(\mathbf{x})-\mathbf{w}^T\mathbf{x},$$

此極值函數, 一般稱之爲利潤函數 (profit function)。

(i) 證明 $V(p,\mathbf{w})$ 爲 $(p,\mathbf{w})$ 之凸函數。又, 你的結果和生產函數的性質是否有關?

(ii) 若生產函數爲 $f(\mathbf{x})=\sum_{i=1}^{n} x_i^{\alpha_i}$, $\alpha_i\in \boldsymbol{R}^n_{++}$, $\sum\alpha_i<1$, $\mathbf{x}\in \boldsymbol{R}^n_{+}$, 則其利潤函數爲何? 它是否眞爲 $(p,\mathbf{w})$ 之凸函數?

6. 假定一計劃經濟國家, 以唯一生產因數勞動 (L) 從事生產兩種產品 x_1 和 x_2。此兩種產品之價格和生產函數分別爲 p_i 和 $f^i(L_i)$, $i=1,2$。其中 L_i $(i=1,2)$ 爲使用在產品 i 的生產的勞動量。設此國爲國際貿易上的小國, 因此 p_i 乃由世界市場所決定。在此情況下, 該國欲分配其固定的勞動力 $(\bar{L})$ 於兩產品之生產以使其總收入達到最大。

(i) 利用 Lagrange 法求一階條件, 並解釋其經濟意義。

(ii) 在什麼條件下, 二階條件方才成立。

(iii) 現在假定此計劃經濟體制解體, 在同樣的世界價格下, 此兩種產品分別由許多完全競爭廠商自由依市場狀況生產 (當然任何一廠商也不知有勞動資源的限制)。若我們將 (i) 中所解得最適 Lagrange 乘數值當作勞動的市場價格, 則此市場經濟的生產是否與 (i) 中計劃經濟下的生產有所不同? 請試著解釋影子價格和〝看不見的一隻手〞 (an invisible hand) 間的關係。

7. 試就下列兩效用函數, 求其對應之間接效用函數及支出函數。（設商品價格爲 p_1, p_2, 所得爲 I ）

(i) $u(x_1,x_2)=-\frac{1}{x_1}-\frac{1}{x_2}$。

(ii) $u(x_1,x_2)=x_1+e^{x_2}$。

8. 試分別求下列兩生產函數之成本函數及利潤函數（設產品價格爲 p, 因素價格爲 w_1, w_2 ）

(i) $f(x_1,x_2)=\sqrt{x_1+x_2}$。

(ii) $f(x_1,x_2)=\min(x_1,x_2)$。

9. 假定競爭廠商之生產函數 f(K,L) 爲一嚴格凹函數, K 和 L 的價格分別爲 r 和 w, 該廠商的目的爲追求利潤之極大。

(i) 假定在短期間資本的數量固定爲 $\overline{K}$, 試證 $\left.\frac{\partial L}{\partial w}\right|_{K=\overline{K}}<0$。

(ii) 在長期間, K 和 L 均爲可自由選取的變數, 試證 $\frac{\partial L}{\partial w}<0$。

(iii) 比較 $\left.\frac{\partial L}{\partial w}\right|_{K=\overline{K}}$ 和 $\frac{\partial L}{\partial w}$, 並以之說明 Le Châtelier 原理。

10. 假定一生產函數 $f(K,T,L)=(KTL)^{\frac{1}{6}}$, 其中 K, T 和 L 的市場價格分別爲 r, t 和 w=1。若 V(q) 爲生產 q 單位產品的最低成本。

(i) 試導出 $V(q)=3(rt)^{\frac{1}{3}}q^2$, 並將 T 的最適值記爲 $T^*(q)$。

(ii) 將 T 固定爲 $\overline{T}$, 並以 $\hat{V}(q,\overline{T})$ 代表固定 T 時生產 q 之最低成本。試導出 $\hat{V}(q,\overline{T})=t\overline{T}+2\left(\frac{r}{\overline{T}}\right)^{\frac{1}{2}}q^3$。

(iii) 當產量爲 $q=q_0$ 時, 若 T 可自由變動, 由 (i) 知其最適值可寫成 $T^*(q_0)$。現將 T 固定在 $T^*(q_0)$ 而將此情況下之最低生產成本寫成 $\hat{V}(q,T^*(q_0))$, 試證明:

(a) 若 $q\neq q_0$, 則 $\hat{V}(q,T^*(q_0))>V(q)$; 若 $q=q_0$ 則 $\hat{V}(q,T^*(q_0))=V(q)$。

(b) $\frac{\partial\hat{V}(q_0,T^*(q_0))}{\partial q}=V'(q_0)$。

(c) $\frac{\partial^2\hat{V}(q_0,T^*(q_0))}{\partial q^2}>V''(q_0)$。

(iv) 在同一圖上繪出 $\hat{V}(q, T^*(q_0))$ 和 $V(q)$。

11. 假定下面限制極大化問題

$$\max_{\mathbf{x}} \ f(\mathbf{x};a) \quad \text{s.t.} \ g(\mathbf{x}) = b, \quad \mathbf{x} \in \boldsymbol{R}^n, \quad a, b \in \boldsymbol{R}$$

之極值函數爲 $V(a,b)$。定義主一對偶標的函數 (primal-dual objective function) 爲

$$F(x,a,b) = f(x;a) - V(a,b);$$

將 F 視爲 $\mathbf{x}$,a,b 的函數求 F 之極大, 並以之證明包絡線定理:

(i) $\dfrac{\partial V}{\partial a} = \dfrac{\partial f(\mathbf{x}^*;a)}{\partial a}$,

(ii) $\dfrac{\partial^2 V}{\partial a^2} > \dfrac{\partial^2 f(\mathbf{x}^*;a)}{\partial a^2}$,

(iii) $\dfrac{\partial V}{\partial b} = \lambda^*$, λ^* 爲 Lagrange 乘數。

5.4 消費者理論之對偶性

前面一節所討論的極值函數和所謂的對偶理論(duality theory)有非常密切的關係。雖然，經濟理論上對偶的觀念早就存在，但廣泛地運用這個技巧來進行分析則只是近一、二十年的事。由於對偶理論今日已普遍使用於個體、國際貿易、財政學等各主要經濟學的領域，不但是理論推演的重要工具，也是實證研究中愈來愈不可缺少的知識，因此，我們在這一節和下一節就對偶理論做初步的介紹。在本節中，我們首先介紹消費者理論中的對偶性質。

• UM 問題與EM 問題

簡單的說，一個消費者所面對的兩個最基本問題是：(1) 如何在一定的貨幣所得及價格下求效用之極大，這就是 UM 問題 (utility maximation problem)；(2) 在一定的價格下，欲達到某一定效用水準時，如何使其支出最少，這就是 EM 問題 (expenditure minimization problem)。以符號表示，這兩個問題可寫成

$$\text{(UM)} \qquad \max_{\mathbf{x}\in \boldsymbol{R}^{\mathrm{n}}_{+}} \ \mathrm{U}(\mathbf{x}) \quad \text{s.t. } \ \mathbf{p}^{\mathrm{T}}\mathbf{x} \le \mathrm{I}, \ \ (\mathbf{p},\mathrm{I}) \in \boldsymbol{R}^{\mathrm{n}+1}_{++},$$

上式中 $\mathrm{U}(\cdot)$ 爲效用函數，$\mathbf{p}$ 和 I 分別爲價格向量及貨幣所得；$\mathbf{x}$ 爲產品向量。

$$\text{(EM)} \qquad \min_{\mathbf{x}\in \boldsymbol{R}^{\mathrm{n}}_{+}} \ \mathbf{p}^{\mathrm{T}}\mathbf{x} \quad \text{s.t. } \ \mathrm{U}(\mathbf{x}) \ge \mathrm{u}_0, \ \ \mathbf{p} \in \boldsymbol{R}^{\mathrm{n}}_{++}, \ \ \mathrm{u}_0 \in \boldsymbol{R}, \ \ \mathrm{u}_0 > \mathrm{U}(\mathbf{0}_{\mathrm{n}})。$$

爲了將注意力集中在對偶性上，我們在下面的分析中假定任何函數均至少二次連續可微分，效用函數爲嚴格準凹函數，所有產品的邊際效用均爲正值，且UM和EM問題的最適解均在 $\boldsymbol{R}^{\mathrm{n}}_{++}$ 中。值得注意的是，當我們假定所有產品的邊際效用均爲正值時，UM和EM兩問題中的限制式就可改爲等式。以UM問題爲例，這就是說當消費者達到效用極大時，會將所有所得花光。換句話說，若 $\mathbf{x}^*$ 爲UM之解，且 $\mathbf{p}^{\mathrm{T}}\mathbf{x}^* < \mathrm{I}$，則由

UM 問題的 Kuhn-Tucker 條件得知，這時代表所得邊際效用的 Lagrange 乘數爲 $\lambda^* = 0$；但是 Kuhn-Tucker 條件還包括 $U_i(\mathbf{x}^*) - \lambda^* p_i \le 0$，$i = 1, \cdots, n$；因此，隱含 $U_i(\mathbf{x}^*) \le 0$，$i = 1, \cdots, n$，這與所有產品的邊際效用均爲正值的假設矛盾。至於 EM 的情形，讀者可以同理練習推得。

現在讓我們先討論 UM 問題，當限制式爲等式且 $\mathbf{x}^* \in \boldsymbol{R}^n_{++}$ 時，由第四章的 Lagrange 法，我們可以得到下列的一階條件。

$$\begin{aligned} &U_i - \lambda p_i = 0, \qquad i = 1, \cdots, n, \\ &I - \mathbf{p}^T \mathbf{x} = 0, \end{aligned} \tag{5.4.1}$$

由一階條件可解得 $\mathbf{x}^* = \mathbf{x}^*(\mathbf{p}, I)$，$\lambda^* = \lambda^*(\mathbf{p}, I)$，。又因 U 爲嚴格準凹函數，由例 4.2.3 知二階條件成立，因此 $\mathbf{x}^*(\mathbf{p}, I)$ 確爲 UM 問題之解，$\mathbf{x}^*(\mathbf{p}, I)$ 通稱爲 Marshallian 需求函數或一般需求函數(Marshallian demand function 或 ordinary demand function)。又，UM 的極值函數爲 $V(\mathbf{p}, I) = \max_{\mathbf{x}} \left\{ U(\mathbf{x}) \middle| \mathbf{p}^T \mathbf{x} \le I,\ \mathbf{x} \in \boldsymbol{R}^n_+ \right\} = U(\mathbf{x}^*(\mathbf{p}, I))$，正是例 5.3.2 中所稱的間接效用函數；它告訴我們消費者在固定價格和貨幣所得下所能達到的最大效用。現在，我們來看 $\mathbf{x}^*(\mathbf{p}, I)$ 和 $V(\mathbf{p}, I)$ 的性質。

定理 5.4.1：在 UM 問題中，若 $\mathbf{x}^*(\mathbf{p}, I)$ 爲 Marshallian 需求函數，$V(\mathbf{p}, I)$ 爲間接效用函數，則 $\mathbf{x}^*(\mathbf{p}, I)$ 和 $V(\mathbf{p}, I)$ 均爲連續函數，且

(i) $\mathbf{x}^*(\mathbf{p}, I)$ 爲 $(\mathbf{p}, I)$ 之零次齊次函數。

(ii) $V(\mathbf{p}, I)$ 爲 $(\mathbf{p}, I)$ 之零次齊次函數。

(iii) 若 $\mathbf{p}' \ge \mathbf{p}$，則 $V(\mathbf{p}, I) \ge V(\mathbf{p}', I)$；若 $I' \ge I$，則 $V(\mathbf{p}, I') \ge V(\mathbf{p}, I)$。

(iv) $V(\mathbf{p}, I)$ 爲 $\mathbf{p}$ 之準凸函數。

(v) $x_i^*(\mathbf{p}, I) = -\dfrac{\partial V / \partial p_i}{\partial V / \partial I}$，　$i = 1, \cdots, n$。

證明：(i) 若 $t > 0$，且消費者的貨幣價格及所得由 $(\mathbf{p}, I)$ 變成 $(t\mathbf{p}, tI)$，則預算限制式成爲

$$(tI) - (t\mathbf{p})^T \mathbf{x} = 0$$

或 $t\left(I-\mathbf{p}^{T}\mathbf{x}\right)=0$,

所以 $I-\mathbf{p}^{T}\mathbf{x}=0$,

與所得及物價爲$(\mathbf{p},I)$時完全相同。換句話說, UM問題的機會集合並未因所得和物價同比率的變動而改變, 故在偏好未改變的情況下, 最適的選擇仍應是$\mathbf{x}^{*}(\mathbf{p},I)$, 故$\mathbf{x}^{*}(t\mathbf{p},tI)=\mathbf{x}^{*}(\mathbf{p},I)$, 也就是說$\mathbf{x}^{*}(\mathbf{p},I)$是$(\mathbf{p},I)$的零次齊次函數。以經濟學的術語來說, 就是需求函數沒有〝貨幣幻覺〞(money illusion)。

(ii) 因爲$V(\mathbf{p},I)=U\left(\mathbf{x}^{*}(\mathbf{p},I)\right)$, 由(i)之結果得知

$$V(t\mathbf{p},tI)=U\left(\mathbf{x}^{*}(t\mathbf{p},tI)\right)=U\left(\mathbf{x}^{*}(\mathbf{p},I)\right)=V(\mathbf{p},I),$$

故$V(\mathbf{p},I)$爲$(\mathbf{p},I)$之零次齊次函數。正因如此, 間接效用函數也常寫成$\overline{V}(\overline{\mathbf{p}})=\overline{V}\left(\frac{\mathbf{p}}{I}\right)=V\left(\frac{\mathbf{p}}{I},1\right)$, 其中$\overline{\mathbf{p}}=\frac{\mathbf{p}}{I}$稱爲標準化價格向量(normalized price vector), $\overline{V}$稱爲標準化間接效用函數(normalized indirect utility function)。

(iii) 當價格爲$\mathbf{p}$時, UM問題的機會集合（或消費可能集合）爲$B=\left\{\mathbf{x}|\mathbf{p}^{T}\mathbf{x}\le I,\ \mathbf{x}\in R_{+}^{n},\ (\mathbf{p},I)\in R_{++}^{n+1}\right\}$。考慮$\mathbf{p}'\ge\mathbf{p}$, 則其機會集合爲$B'=\left\{\mathbf{x}|\mathbf{p}'^{T}\mathbf{x}\le I,\ \mathbf{x}\in R_{+}^{n},\ (\mathbf{p},I)\in R_{++}^{n+1}\right\}$。設$\mathbf{x}'\in B'$, 則$I\ge\mathbf{p}'^{T}\mathbf{x}'\ge\mathbf{p}^{T}\mathbf{x}'$, 故$\mathbf{x}'\in B$, 所以$B'\subset B$。因在$(\mathbf{p},I)$下之機會集合包含$(\mathbf{p}',I)$下之機會集合, 故$(\mathbf{p},I)$下之極值$V(\mathbf{p},I)$不可能小於$(\mathbf{p}',I)$下之極值$V(\mathbf{p}',I)$。換句話說, 當$\mathbf{p}'\ge\mathbf{p}$時, $V(\mathbf{p},I)\ge V(\mathbf{p}',I)$。同理, 讀者可證明, 當$I'\ge I$時, $V(\mathbf{p},I')\ge V(\mathbf{p},I)$。

(iv) 根據3.2節的討論, 我們知道, 要證明$V(\mathbf{p},I)$爲$\mathbf{p}$之準凸函數, 只要證明其下水平集合$LC(\nu_0,I)=\left\{\mathbf{p}|V(\mathbf{p},I)\le\nu_0\right\}$爲凸集合即可。假定$\mathbf{p}^{1},\mathbf{p}^{2}\in LC(\nu_0,I)$, 則對應於$\mathbf{p}^{1}$和$\mathbf{p}^{2}$之機會集合分別爲$B_1=\left\{\mathbf{x}|\mathbf{p}^{1T}\mathbf{x}\le I\right\}$和$B_2=\left\{\mathbf{x}|\mathbf{p}^{2T}\mathbf{x}\le I\right\}$, 且$V(\mathbf{p}^{1},I)\le\nu_0$, $V(\mathbf{p}^{2},I)\le\nu_0$。令$0\le\lambda\le1$, 則當價格爲$\mathbf{p}^{\lambda}=\lambda\mathbf{p}^{1}+(1-\lambda)\mathbf{p}^{2}$時, 其對應之機會

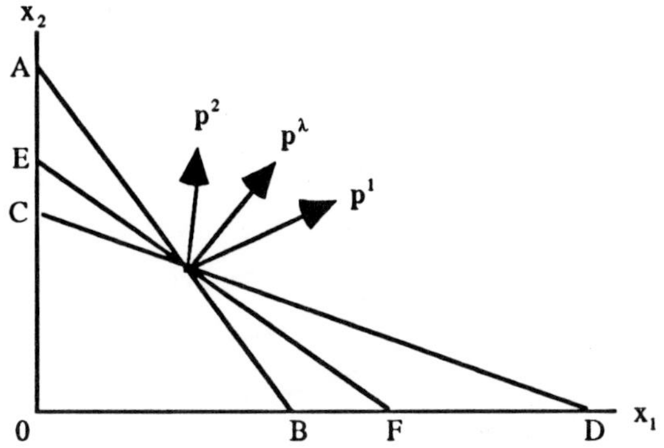

圖 5.4.1

集合爲 $B_{\lambda}=\{x|p^{\lambda T}x\leq I\}$，間接效用函數爲 $V(p^{\lambda},I)=V(\lambda p^{1}+(1-\lambda)p^{2},I)$。取任一 $x\in B_{\lambda}$，則 $p^{\lambda T}x=(\lambda p^{1}+(1-\lambda)p^{2})^{T}x=\lambda p^{1T}x+(1-\lambda)p^{2T}x\leq I=\lambda I+(1-\lambda)I$。但上式隱含 $p^{1T}x\leq I$ 或 $p^{2T}x\leq I$（爲什麼？）。換句話說，任何 $x\in B_{\lambda}$，必然也是 $x\in B_{1}$ 或 $x\in B_{2}$。故在 B_{λ} 這個機會集合中，其最適選擇的效用不可能超過 $V(p^{1},I)$ 或 $V(p^{2},I)$，亦即 $V(p^{\lambda},I)\leq v_{0}$。因此 $p^{\lambda}\in LC(v_{0},I)$，而 $LC(v_{0},I)$ 爲一凸集合，所以 $V(p,I)$ 爲 p 之準凸函數。

圖 5.4.1 說明在兩產品下的 B_1，B_2 和 B_{λ} 的關係。圖中 B_1 爲 OAB，B_2 爲 OCD，B_{λ} 爲 OEF。對應於價格向量 p^1，p^2 和 p^{λ} 之預算線分別爲 AB，CD 和 EF。因爲 p^{λ} 爲 p^1 和 p^2 的加權平均，故 EF 必然通過 AB 和 CD 的交點，且夾於 AB 和 CD 之間。圖 5.4.2 繪出兩種產品時的間接無異曲線，由上面證明過程，讀者當可輕易解釋，何以圖中箭頭所指，爲效用增加的方向。

(v) 對應於 UM 問題之 Lagrangean 函數爲

$$L(x,\lambda;p,I)=U(x)+\lambda(I-p^{T}x)。$$

令 $x^{*}(p,I)$，$\lambda^{*}(p,I)$ 爲滿足一階條件的最適解，根據包絡線定理可得

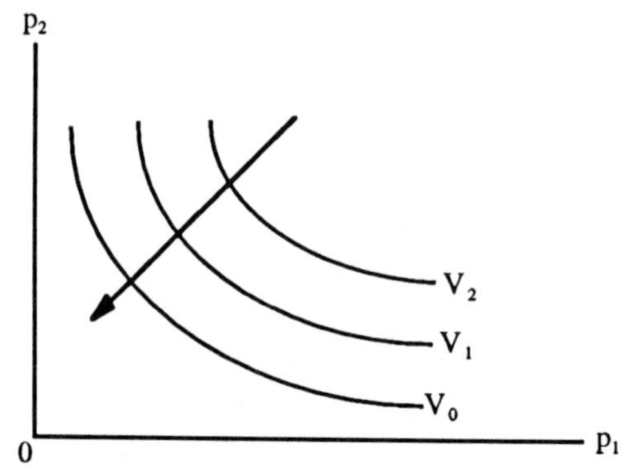

圖 5.4.2

$$\frac{\partial V(\mathbf{p},I)}{\partial p_i}=\frac{\partial L(\mathbf{x}^*,\lambda^*;\mathbf{p},I)}{\partial p_i}=-\lambda^* x_i^*,\ \ i=1,\cdots,n, \tag{5.4.2}$$

$$\frac{\partial V(\mathbf{p},I)}{\partial I}=\frac{\partial L(\mathbf{x}^*,\lambda^*;\mathbf{p},I)}{\partial I}=\lambda^*, \tag{5.4.3}$$

(5.4.2) 除以 (5.4.3) 可得

$$\frac{\partial V(\mathbf{p},I)\big/\partial p_i}{\partial V(\mathbf{p},I)\big/\partial I}=-x_i^*,$$

或 $$x_i^*=-\frac{\partial V(\mathbf{p},I)\big/\partial p_i}{\partial V(\mathbf{p},I)\big/\partial I},\qquad i=1,\cdots,n。 \tag{5.4.4}$$

(5.4.4) 一般稱爲 Roy's 恆等式 (Roy's identity), 它告訴我們, 如果我們能知道間接效用函數, 則 Marshallian 需求曲線可直接由間接效用函數求得, 而不必再訴諸極大化過程。

【例 5.4.1 】假定效用函數爲 $U(x_1,x_2)=2x_1^{\frac{1}{2}}+4x_2^{\frac{1}{2}}$, 試求 Marshallian 需求函數及間接效用函數, 並查證定理 5.4.1 中各種性質。

解: $L = 2x_1^{\frac{1}{2}} + 4x_2^{\frac{1}{2}} + \lambda(I - p_1x_1 - p_2x_2)$,

一階條件

$$\frac{\partial L}{\partial x_1} = \frac{1}{\sqrt{x_1^*}} - \lambda^* p_1 = 0,$$

$$\frac{\partial L}{\partial x_2} = \frac{2}{\sqrt{x_2^*}} - \lambda^* p_2 = 0, \tag{5.4.5}$$

$$\frac{\partial L}{\partial \lambda} = I - p_1x_1^* - p_2x_2^* = 0。$$

由一階條件可解得

$$x_1^*(\mathbf{p}, I) = \frac{p_2 I}{p_1(p_2 + 4p_1)},$$

$$x_2^*(\mathbf{p}, I) = \frac{4p_1 I}{p_2(p_2 + 4p_1)},$$

$$V(\mathbf{p}, I) = 2x_1^{*\frac{1}{2}} + 4x_2^{*\frac{1}{2}} = 2I^{\frac{1}{2}}\left(\frac{1}{p_1} + \frac{4}{p_2}\right)^{\frac{1}{2}}。$$

由於此效用函數爲嚴格凹函數（爲什麼？），故爲嚴格準凹函數（爲什麼？），二階條件成立，故 x_1^*，x_2^*確爲最適解。現在我們來查看定理 5.4.1 之各性質

(i) $$x_1^*(t\mathbf{p}, tI) = \frac{(tp_2)(tI)}{(tp_1)((tp_2) + 4(tp_2))} = \frac{t^2(p_2 I)}{t^2 p_1(p_2 + 4p_1)} = \frac{(p_2 I)}{p_1(p_2 + 4p_1)} = x_1^*(\mathbf{p}, I),$$

故 x_1^* 爲 $(\mathbf{p}, I)$ 之零次齊次函數。同理可證 $x_2^*(t\mathbf{p}, tI) = x_2^*(\mathbf{p}, I)$。

(ii) $$V(t\mathbf{p}, tI) = 2(tI)^{\frac{1}{2}}\left(\frac{1}{tp_1} + \frac{4}{tp_2}\right)^{\frac{1}{2}} = 2t^{\frac{1}{2}}I^{\frac{1}{2}}\left(\frac{1}{tp_1} + \frac{4}{tp_2}\right)^{\frac{1}{2}}$$

$$= 2I^{\frac{1}{2}}\left(t\left(\frac{1}{tp_1} + \frac{4}{tp_2}\right)\right)^{\frac{1}{2}} = 2I^{\frac{1}{2}}\left(\frac{1}{p_1} + \frac{4}{p_2}\right)^{\frac{1}{2}} = V(\mathbf{p}, I)。$$

(iii) $$\frac{\partial V}{\partial p_1}=-\frac{I^{\frac{1}{2}}}{\left(\frac{1}{p_1}+\frac{4}{p_2}\right)^{\frac{1}{2}}p_1^2}<0\ ,$$

$$\frac{\partial V}{\partial p_2}=-\frac{4I^{\frac{1}{2}}}{\left(\frac{1}{p_1}+\frac{4}{p_2}\right)^{\frac{1}{2}}p_2^2}<0,$$

$$\frac{\partial V}{\partial I}=\frac{(4p_1+p_2)^{\frac{1}{2}}}{(p_1p_2I)^{\frac{1}{2}}}>0\text{。}$$

(iv) 由 (iii)

$$\frac{\partial^2 V}{\partial p_1^2}=\frac{\left(\frac{3}{2}+\frac{8p_1}{p_2}\right)I^{\frac{1}{2}}}{\left[\frac{1}{p_1}+\frac{4}{p_2}\right]^{\frac{3}{2}}p_1^4}>0\ ,$$

$$\frac{\partial^2 V}{\partial p_1\partial p_2}=\frac{\partial^2 V}{\partial p_2\partial p_1}=\frac{-2I^{\frac{1}{2}}}{\left[\frac{1}{p_1}+\frac{4}{p_2}\right]^{\frac{3}{2}}p_2^2p_1^2}<0\ ,$$

$$\frac{\partial^2 V}{\partial p_2^2}=\frac{8\left(3+\frac{p_2}{p_1}\right)I^{\frac{1}{2}}}{\left[\frac{1}{p_1}+\frac{4}{p_2}\right]^{\frac{3}{2}}p_2^4}>0\ ,$$

$$\left(\frac{\partial^2 V}{\partial p_1^2}\right)\left(\frac{\partial^2 V}{\partial p_2^2}\right)-\left(\frac{\partial^2 V}{\partial p_2\partial p_1}\right)^2=\frac{4I\left(24+48\frac{p_1}{p_2}+3\frac{p_2}{p_1}\right)}{\left[\frac{1}{p_1}+\frac{4}{p_2}\right]^3p_2^4p_1^4}>0\ ,$$

故 V 爲 (p_1,p_2) 之凸函數，因此亦爲 (p_1,p_2) 之準凸函數。

(v) 由 (iii)

$$\frac{\partial V}{\partial p_1}\Big/\frac{\partial V}{\partial I}=-\frac{p_2I}{(p_2+4p_1)p_1}=-x_1^*,$$

故 $$x_1^*=-\frac{\partial V}{\partial p_1}\Big/\frac{\partial V}{\partial I}\ ;$$

同理 $\frac{\partial V}{\partial p_2}\Big/\frac{\partial V}{\partial I}=-\frac{4p_1 I}{(p_2+4p_1)p_2}=-x_2^*$,

$$x_2^*=-\frac{\partial V}{\partial p_2}\Big/\frac{\partial V}{\partial I}\text{。}$$

現在我們來看EM問題, 其一階條件爲

$$\begin{aligned} &p_i-\lambda U_i=0, \qquad i=1,\cdots,n \\ &u_0-U(\mathbf{x})=0, \end{aligned} \tag{5.4.6}$$

由 (5.4.6) 可解得 $\hat{\mathbf{x}}(\mathbf{p},u_0)$和$\hat{\lambda}(\mathbf{p},u_0)$。讀者可自行查證二階條件在效用函數爲嚴格準凹函數時成立。$\hat{\mathbf{x}}(\mathbf{p},u_0)$通稱爲 Hicksian 需求函數或補償需求函數(Hicksian demand function或compensated demand function)。又, EM 問題之極值函數爲 $V=\mathbf{p}^T\hat{\mathbf{x}}(\mathbf{p},u_0)$, 通常記爲

$$E(\mathbf{p},u_0)=\min_{\mathbf{x}}\ \left\{\mathbf{p}^T\mathbf{x}\middle|U(\mathbf{x})\geq u_0,\ \ \mathbf{x}\in R_+^n\right\},$$

稱爲支出函數(expenditure function)。支出函數告訴我們, 達到 u_0 的效用所必須花費的最低支出。我們將 $\hat{\mathbf{x}}(\mathbf{p},u_0)$ 和 $E(\mathbf{p},u_0)$ 的相關性質總結於下列定理中。

定理5.4.2：在 EM 問題中, 若 $\hat{\mathbf{x}}(\mathbf{p},u_0)$爲 Hicksian 需求函數, $E(\mathbf{p},u_0)$ 爲支出函數, 則 $\hat{\mathbf{x}}(\mathbf{p},u_0)$和 $E(\mathbf{p},u_0)$ 爲 $\mathbf{p}\in R_+^n$ 的連續函數, 且

(i) $\hat{\mathbf{x}}(\mathbf{p},u_0)$ 爲 $\mathbf{p}$之零次齊次函數。

(ii) 若 $\mathbf{p}^1\geq\mathbf{p}^2$, 則 $E(\mathbf{p}^1,u_0)\geq E(\mathbf{p}^2,u_0)$; 若 $u_1\geq u_0$, 則 $E(\mathbf{p},u_1)\geq E(\mathbf{p},u_0)$ 。

(iii) $E(\mathbf{p},u_0)$ 爲 $\mathbf{p}$ 的一次齊次函數。

(iv) $E(\mathbf{p},u_0)$ 爲 $\mathbf{p}$之凹函數。

(v) $\frac{\partial E(\mathbf{p},u_0)}{\partial p_i}=\hat{x}_i(\mathbf{p},u_0)$ (Shephard's Lemma)。

(vi) 矩陣 $\left(\frac{\partial\hat{x}_i(\mathbf{p},u_0)}{\partial p_j}\right)$ $i,j=1,\cdots,n$, 爲一對稱半負定矩陣。

證明: (i) 因EM問題中, 機會集合$\{\mathbf{x}|U(\mathbf{x})\geq u_0\}$不受價格變動的影響, 故當價格由$\mathbf{p}$變成$t\mathbf{p}$, $t>0$時, 消費者的可能選擇集合仍然一樣。又 (5.4.6) 隱含一階條件為$\frac{p_i}{p_j}=\frac{U_i}{U_j}$, 即最適選擇僅決定於相對價格, 由於當所有價格為原來t倍時, 相對價格不變, 是以最適選擇也就相同, 即$\hat{\mathbf{x}}(t\mathbf{p},u_0)=\hat{\mathbf{x}}(\mathbf{p},u_0)$。

(ii) 假定$\mathbf{p}^1\geq\mathbf{p}^2$, 且當價格為$\mathbf{p}^i$時最適地選擇為$\hat{\mathbf{x}}^i$, $i=1,2$。因$\mathbf{p}^i$, $\hat{\mathbf{x}}^i>\mathbf{0}_n$, $i=1,2$, 故$\mathbf{p}^{1T}\hat{\mathbf{x}}^1\geq\mathbf{p}^{2T}\hat{\mathbf{x}}^1$, 但$\mathbf{p}^{2T}\hat{\mathbf{x}}^1\geq\mathbf{p}^{2T}\hat{\mathbf{x}}^2$, 因此$E(\mathbf{p}^1,u_0)=\mathbf{p}^{1T}\hat{\mathbf{x}}^1\geq\mathbf{p}^{2T}\hat{\mathbf{x}}^2=E(\mathbf{p}^2,u_0)$。若$u_1\geq u_0$, 現在我們要證明$E(\mathbf{p},u_1)\geq E(\mathbf{p},u_0)$。假定$E(\mathbf{p},u_1)<E(\mathbf{p},u_0)$, 則因$U(\hat{\mathbf{x}}(\mathbf{p},u_1))\geq u_1\geq u_0$, 故$\hat{\mathbf{x}}(\mathbf{p},u_1)$也在集合$\{\mathbf{x}|U(\mathbf{x})\geq u_0\}$中。因此, 在$u=u_0$時, 我們可選$\hat{\mathbf{x}}(\mathbf{p},u_1)$使其達到最少為$u_0$的效用水準, 且$\mathbf{p}^T\hat{\mathbf{x}}(\mathbf{p},u_1)<\mathbf{p}^T\hat{\mathbf{x}}(\mathbf{p},u_0)$。所以, $\hat{\mathbf{x}}(\mathbf{p},u_0)$並不是$u=u_0$時, EM問題的最適解, 與假設矛盾, 故當$u_1\geq u_0$時, 不可能有$E(\mathbf{p},u_1)<E(\mathbf{p},u_0)$。

(iii) 由 (i) 知$\hat{\mathbf{x}}(t\mathbf{p},u_0)=\hat{\mathbf{x}}(\mathbf{p},u_0)$, 故

$$E(t\mathbf{p},u_0)=t\mathbf{p}^T\hat{\mathbf{x}}(t\mathbf{p},u_0)=t\mathbf{p}^T\hat{\mathbf{x}}(\mathbf{p},u_0)=tE(\mathbf{p},u_0)。$$

(iv) 此部分已在例 5.3.6 中證明。

(v) 將EM問題寫成

$$\max_{\mathbf{x}}\quad -\mathbf{p}^T\mathbf{x}\qquad \text{s.t.}\quad u(\mathbf{x})\geq u_0,$$

其Lagrangean函數為

$$L(\mathbf{x},\lambda;\mathbf{p},u_0)=-\mathbf{p}^T\mathbf{x}+\lambda(u(\mathbf{x})-u_0),$$

極值函數為$V(\mathbf{p},u_0)=-\mathbf{p}^T\hat{\mathbf{x}}(\mathbf{p},u_0)$。由包絡線定理知

$$\frac{\partial V(\mathbf{p},u_0)}{\partial p_i}=\frac{\partial L(\hat{\mathbf{x}},\hat{\lambda};\mathbf{p},u_0)}{\partial p_i}=-\hat{x}_i(\mathbf{p},u_0),\quad i=1,\cdots,n。$$

支出函數$E(\mathbf{p},u_0)=-V(\mathbf{p},u_0)$，故

$$\frac{\partial E(\mathbf{p},u_0)}{\partial p_i}=-\frac{\partial V(\mathbf{p},u_0)}{\partial p_i}=\hat{x}_i(\mathbf{p},u_0),\quad i=1,\cdots,n。\tag{5.4.7}$$

(vi) 由 (v) 及 Young's 定理得

$$\frac{\partial \hat{x}_i}{\partial p_j}=\frac{\partial^2 E(\mathbf{p},u_0)}{\partial p_j\partial p_i}=\frac{\partial^2 E(\mathbf{p},u_0)}{\partial p_i\partial p_j}=\frac{\partial \hat{x}_j}{\partial p_i},\tag{5.4.8}$$

故知矩陣$\left(\frac{\partial \hat{x}_i}{\partial p_j}\right)$爲一對稱矩陣。

又由 (5.4.8) 知，$\left(\frac{\partial \hat{x}_i}{\partial p_j}\right)$爲以 $\mathbf{p}$ 爲變數時 $E(\mathbf{p},u_0)$ 之 Hessian 矩陣，且由 (iv) 知，$E(\mathbf{p},u_0)$爲 $\mathbf{p}$ 之凹函數，由定理 3.1.8 知其 Hessian 矩陣爲半負定矩陣。

(5.4.7) 式通常稱爲 Shephard's 引理(Shephard's lemma)，它告訴我們，第 i 種產品的的 Hicksian 需求曲線爲支出函數在 p_i 軸方向的的斜率，這是一很重要的結果。將 Shephard's 引理與 (iv), (vi) 兩個性質相結合，即可得到消費者理論中所有比較靜態分析的結果。爲了讓讀者更清楚掌握 (iv)-(vi) 的性質，現在我們以圖 5.4.3 來說明。圖中，我們假定，除了 p_i 以外，其他產品的價格均固定，故支出函數可寫成 $E(\mathbf{p},u_0)=\sum_{j\neq i}p_j\hat{x}_j+p_i\hat{x}_i$。如果在 p_i 變動時，此消費者不改變其產品組合，即 $\hat{\mathbf{x}}$ 爲固定，則 $E(\mathbf{p},u_0)=\sum_{j\neq i}p_j\hat{x}_j+p_i\hat{x}_i$ 即爲圖中截距爲 $\sum_{j\neq i}p_j\hat{x}_j$，斜率爲 $\hat{x}_i$ 之直線 BAC。現在假定，當 i 產品的價格爲 p_i^1 時，最低支出爲圖中 p_i^1A，則由支出函數的定義知 A 爲 $E(\mathbf{p},u_0)$ 上的一點，故我們知道 $E(\mathbf{p},u_0)$ 的圖形必通過 A 點。假定 i 產品價格由 p_i^1 上升到 p_i^2，則由上面討論知，若此消費者仍購買在 p_i^1 時之產品組合（請讀者自行思考，何以此消費者仍可購買原來的產品組合），其在 p_i^2 價格下的總支出應爲 p_i^2C。但是，一

般而言，當 p_i 由 p_i^1 增到 p_i^2 後，仍購買在 p_i^1 時的組合未必是最適的選擇，只要產品間存在著替代性，消費者應以其他相對較便宜的產品，來適度取代此價格上升的產品，在此情況下，其支出不可能超過 p_i^2C 的水準；換句話說，在 p_i^2 時，支出函數的圖形應通過 C 點以下的地方，圖上假定其通過 D 點。同理，當 p_i 價格由 p_i^1 下降到 p_i^3 時，我們可推得支出函數必通過類似圖上的 E 點。因此，我們可得到類似圖 5.4.3 中 EAD 的支出函數圖形；顯然地，這是 p_i 的凹函數，此即性質 (iv)，而性質 (vi) 只不過是將其再加以引申而已。

由圖 5.4.3，我們也可很清楚地看出 Shephard's 引理的意義。由上面討論，我們知道支出函數圖形 EAD 和直線 BAC 有一共同點 A，且在此點以外其他部分，支出函數均位於直線 BAC 的下方。因此，支出函數與直線 BAC 在 A 點彼此相切。在支出函數可微分的假設下，我們知道，其在點 A 的斜率 $\dfrac{\partial E\left(\overline{p}_{j\neq i}, p_i^1, u_0\right)}{\partial p_i}$ 與直線 BAC 的斜率 $\hat{x}_i$ 應該相等，或

$$\frac{\partial E\left(\overline{p}_{j\neq i}, p_i^1, u_0\right)}{\partial p_i} = \hat{x}_i\left(\overline{p}_{j\neq i}, p_i^1, u_0\right),$$

這就是性質 (v)，Shaphard's 引理。

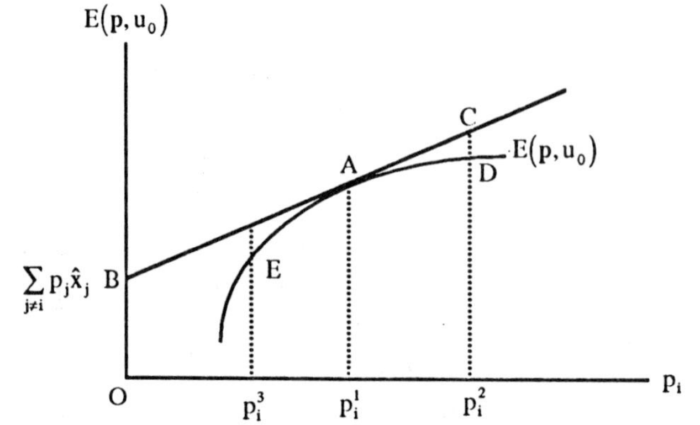

圖 5.4.3

最後, 我們指出, (vi) 中之矩陣 $\left(\frac{\partial \hat{x}_i}{\partial p_j}\right)$ 稱之爲 Slutsky 矩陣或替代矩陣（Slutsky matrix或 substitution matrix）。$\left(\frac{\partial \hat{x}_i}{\partial p_j}\right)$ 爲對稱半負定矩陣的一個重要含義是 $\frac{\partial \hat{x}_i}{\partial p_i} \le 0, \quad (i = 1, \cdots, n)$, 因此, 任何 Hicksian 需求曲線均不可能有正斜率。另外由 (i) , 我們也知道 $\sum_{j=1}^{n} \frac{\partial \hat{x}_i}{\partial p_j} p_j = 0$, 故我們知道至少一存在一 j 使得

$$\frac{\partial \hat{x}_i}{\partial p_j} \ge 0 \text{。} \tag{5.4.9}$$

換句話說, 當 j 產品的價格上升時, i 產品的 Hicksian 需求跟著增加, 在此情形下, 如果不考慮 (5.4.9) 中的等號, 我們稱 i 產品爲 j 產品的淨替代品 (net substitute)。由此, 我們得知, 若市場上只有兩種產品, 則此兩產品彼此必爲淨替代品。反之, 若 $\frac{\partial \hat{x}_i}{\partial p_j} < 0$, 則稱 i 產品爲 j 產品的淨互補品 (net complement)。

【例 5.4.2 】假定一消費者之效用函數爲 $U(x_1, x_2) = \ln x_1 + x_2$, $x_2 \ge 0$, 試求其 Hicksian 需求函數及支出函數, 並查證定理 5.4.2 中各性質。

解: Lagrangean 函數爲

$$L(\mathbf{x}, \lambda; \mathbf{p}, u) = -p_1 x_1 - p_2 x_2 + \lambda(u_0 - \ln x_1 - x_2),$$

Kuhn -Tucker 條件爲

$$\begin{aligned}
&\frac{\partial L}{\partial x_1}=-p_1-\frac{\hat{\lambda}}{\hat{x}_1}=0,\\
&\frac{\partial L}{\partial x_2}=-p_2-\hat{\lambda}\le 0,\\
&\hat{x}_2\ge 0,\\
&\hat{x}_2\left(\frac{\partial L}{\partial x_2}\right)=\hat{x}_2\left(-p_2-\hat{\lambda}\right)=0,\\
&\frac{\partial L}{\partial \lambda}=u_0-ln\hat{x}_1-\hat{x}_2=0。
\end{aligned}\tag{5.4.10}$$

由 (5.4.10) 可解得，當 $\hat{x}_2>0$ 時，$\hat{x}_1=\frac{p_2}{p_1}$，$\hat{x}_2=u_0-ln\left(\frac{p_2}{p_1}\right)$。當 $\hat{x}_2=0$ 時，$\hat{x}_1=e^{u_0}$。將 $\hat{x}_1=e^{u_0}$ 代入 (5.4.10) 第一式可得 $\hat{\lambda}=-p_1e^{u_0}$；但 $\hat{x}_2=0$ 時，(5.4.10) 第二式仍然成立，將 $\hat{\lambda}=-p_1e^{u_0}$ 代入得到 $e^{u_0}\le p_2/p_1$。然而，我們知道，這個效用函數為一嚴格凹函數，且兩種產品的邊際效用都是正值，因此要維持固定的效用水準 u_0，一種產品消費減少，就必須以另一產品消費的增加來彌補，所以 $\hat{x}_2>0$ 時所消費的 $\hat{x}_1$，必然較 $\hat{x}_2=0$ 時所消費的 $\hat{x}_1$ 少，也就是說，我們應該有 $e^{u_0}>p_2/p_1$。但是，這和 $\hat{x}_2=0$ 時必須有 $e^{u_0}\le p_2/p_1$ 的要求相抵觸，因此，不可能有的 $\hat{x}_2=0$ 解。現在，我們就 $\hat{x}_1=\frac{p_2}{p_1}$ 和 $\hat{x}_2=u_0-ln\left(\frac{p_2}{p_1}\right)>0$ 討論，此時

$$E(\mathbf{p},u_0)=p_1\hat{x}_1+p_2\hat{x}_2=p_2\left(1+u_0-ln\frac{p_2}{p_1}\right)。$$

(i) $\hat{x}_1(t\mathbf{p},u_0)=\frac{tp_2}{tp_1}=\frac{p_2}{p_1}=\hat{x}_1(\mathbf{p},u_0)$,

$$\hat{x}_2(t\mathbf{p},u_0)=u_0-ln\frac{tp_2}{tp_1}=u_0-ln\frac{p_2}{p_1}=\hat{x}_2(\mathbf{p},u_0)。$$

(ii) $\frac{\partial E}{\partial p_1}=\frac{p_2}{p_1}=\hat{x}_1>0$,

$$\frac{\partial E}{\partial p_2}=u_0-ln\frac{p_2}{p_1}=\hat{x}_2>0;$$

$$\frac{\partial E}{\partial u_0}=p_2>0。$$

(iii) $E(t\mathbf{p},u_0)=(tp_2)\left(1+u_0-\ln\frac{tp_2}{tp_1}\right)=t\left[p_2\left(1+u_0-\ln\frac{p_2}{p_1}\right)\right]=tE(\mathbf{p},u_0)$。

(iv) 由 (ii)

$$\frac{\partial E}{\partial p_1^2}=-\frac{p_2}{p_1^2}<0,$$

$$\frac{\partial^2 E}{\partial p_1\partial p_2}=\frac{1}{p_1}=\frac{\partial^2 E}{\partial p_2\partial p_1},$$

$$\frac{\partial^2 E}{\partial p_2^2}=-\frac{1}{p_2}<0,$$

故以 **p** 爲變數時, E 的 Hessian 矩陣之特性方程式爲

$$\begin{vmatrix}\frac{\partial^2 E}{\partial p_1^2}-\lambda & \frac{\partial^2 E}{\partial p_1\partial p_2}\\ \frac{\partial^2 E}{\partial p_2\partial p_1} & \frac{\partial^2 E}{\partial p_2^2}-\lambda\end{vmatrix}=0,$$

或

$$\begin{vmatrix}-\frac{p_2}{p_1^2}-\lambda & \frac{1}{p_1}\\ \frac{1}{p_1} & -\frac{1}{p_2}-\lambda\end{vmatrix}=\lambda\left(\lambda+\frac{p_1^2+p_2^2}{p_1^2p_2}\right)=0,$$

故特性根 $\lambda_1=0$, $\lambda_2=-\frac{p_1^2+p_2^2}{p_1^2p_2}<0$, 因此 Hessian 爲一對稱半負定矩陣, 故 $E(\mathbf{p},u)$ 爲 **p** 之凹函數。

(v) 此在 (ii) 中已得到。

(vi) 由 (iv) 及 (v) 知

$$\begin{pmatrix} \frac{\partial \hat{x}_1}{\partial p_1} & \frac{\partial \hat{x}_1}{\partial p_2} \\ \frac{\partial \hat{x}_2}{\partial p_1} & \frac{\partial \hat{x}_2}{\partial p_2} \end{pmatrix} = \begin{pmatrix} \frac{\partial^2 E}{\partial p_1^2} & \frac{\partial^2 E}{\partial p_1 \partial p_2} \\ \frac{\partial^2 E}{\partial p_2 \partial p_1} & \frac{\partial^2 E}{\partial p_2^2} \end{pmatrix},$$

故知 Slutsky 矩陣即爲 (iv) 中之 Hessian 矩陣, 而在 (iv) 中我們已證明其爲對稱半負定矩陣。

上面我們分別討論了 UM 和 EM 問題, 並詳細描述了 Marshallian 需求函數、間接效用函數、 Hicksian 需求函數及支出函數的性質。現在我們進一步來看看這兩個問題之間的關係, 也就是上面四個函數間的對偶性。爲了便於了解, 我們先就兩種產品的情形, 以圖形來說明, 然後再證明一般化定理。在兩產品時, 其 EM 問題的最適解可由圖 5.4.4 來描述。圖中直線 1 、 2 、 3 分別代表問題中標的函數的等值線。若此消費者所欲追求的最低效用爲 u_0, 則顯然均衡點爲 Q , 或 $(\hat{x}_1, \hat{x}_2)$, 在這點最低支出爲 $E(\mathbf{p}, u_0) = p_1\hat{x}_1 + p_2\hat{x}_2$, 故我們可將等值線 2 的方程式寫成 $p_1x_1 + p_2x_2 = E(\mathbf{p}, u_0)$。現在假定此消費者的所得 I 剛好等於 $E(\mathbf{p}, u_0)$, 即, 令 $I = E(\mathbf{p}, u_0)$, 則在同樣的價格 (p_1, p_2) 下, 此消費者的預算線方程式爲 $p_1x_1 + p_2x_2 = I = E(\mathbf{p}, u_0)$, 也就是圖 5.4.4 上, 2 這條直線。在此情形下, 此消費者追求效用極大 (UM) 的均衡點一樣也是 Q 點; 換句話說, 如果

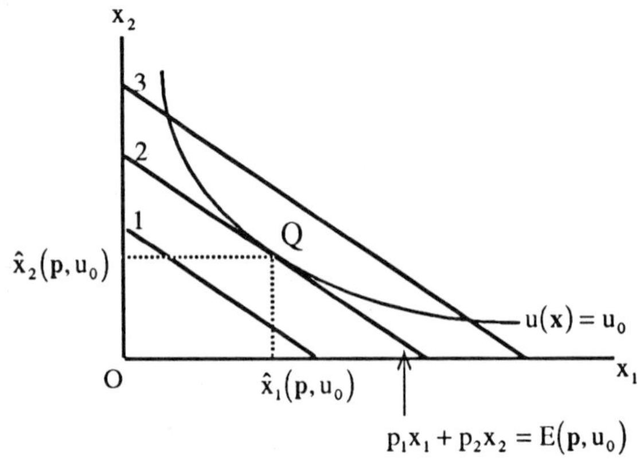

圖 5.4.4

$I=E(\mathbf{p},u_0)$, 則 $x_i^*(\mathbf{p},I)=\hat{x}_i(\mathbf{p},u_0)$, $i=1,2$, 或更簡潔點

$$\mathbf{x}^*(\mathbf{p},E(\mathbf{p},u_0))=\hat{\mathbf{x}}(\mathbf{p},u_0)。\tag{5.4.11}$$

此外, 在解得 UM 問題後, 其所能達到的最大效用, 顯然是 u_0, 故當 $I=E(\mathbf{p},u_0)$ 時, $V(\mathbf{p},I)=u_0$, 或

$$V(\mathbf{p},E(\mathbf{p},u_0))=u_0。\tag{5.4.12}$$

現在, 將上面的程序倒過來, 圖 5.4.5 描述, 當價格和貨幣所得固定時, 消費者 UM 的解為 Q′ 點, 亦即最適解為 (x_1^*,x_2^*), 而其所能達到的最大效用 $V(\mathbf{p},I)=U(x_1^*,x_2^*)$, 為圖中的無異曲線 2。假定現在將效用固定在 $u_0=V(\mathbf{p},I)$ 的水準, 在價格不變下, 則我們可以看到此消費者 EM 問題的解仍為 Q′ 點, 換句話說, 當 $u_0=V(\mathbf{p},I)$ 時, $\hat{x}_i(\mathbf{p},u_0)=x_i^*(\mathbf{p},I)$, $i=1,2$, 或

$$\hat{\mathbf{x}}(\mathbf{p},V(\mathbf{p},I))=\mathbf{x}^*(\mathbf{p},I)。\tag{5.4.13}$$

又, 由圖可清楚看出, 在 $u_0=V(\mathbf{p},I)$ 的情況下, 最低的消費者支出應等於 I, 也就是說, 當 $u_0=V(\mathbf{p},I)$ 時, $E(\mathbf{p},u_0)=p_1\hat{x}_1+p_2\hat{x}_2=I$, 或

$$E(\mathbf{p},V(\mathbf{p},I))=I。\tag{5.4.14}$$

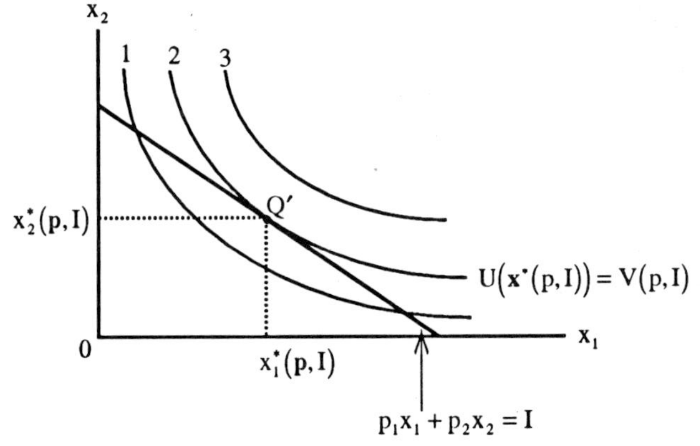

圖 5.4.5

(5.4.11) — (5.4.14) 就是通稱的UM問題與EM問題間的對偶性。他們都是恆等式, (5.4.11) 告訴我們, 只要將達到某一效用水準的支出函數, 代入Marshallian需求函數中的所得, 即可得到Hicksian需求函數。從實證研究的觀點來說, 這是一層很重要的關係, 因為它使我們能以市場上可觀察得到的Marshallian需求函數, 導出市場上觀察不到的Hicksian需求函數。反之, (5.4.13) 則告訴我們, 只要將一定價格及貨幣所得下的間接效用函數, 代入Hicksian需求函數, 所得到的即為Marshallian需求函數。(5.4.12) 和 (5.4.14) 這兩個恆等式則告訴我們, 如果我們由 $V(\mathbf{p},I)=u_0$, 解出I為 $\mathbf{p}$ 和 u_0 的函數, 所得到的就是達到效用水準 u_0 的支出函數; 而當我們由 $E(\mathbf{p},u_0)=I$ 解出 u_0 為 $(\mathbf{p},I)$ 的函數時, 所得到的就是在價格 $\mathbf{p}$ 、貨幣所得I下的間接效用函數, $V(\mathbf{p},I)$。現在, 我們將上面這些由兩種產品的例子所導出的對偶性, 推廣到n種產品的情形。

※定理**5.4.3**：假設 $\mathbf{x}^*$ 為UM問題之解, 若在EM問題中, 令 $u_0=U(\mathbf{x}^*)$, 則 $\mathbf{x}^*$ 亦為EM問題的解; 反之, 假設 $\hat{\mathbf{x}}$ 為EM問題之解, 若在UM問題中, 令 $I=\mathbf{p}^T\hat{\mathbf{x}}$, 則 $\hat{\mathbf{x}}$ 亦為UM問題之解。

證明: 我們證明前半部。假定 $\mathbf{x}^*$ 為UM問題之解, 在EM問題中, 令 $u_0=U(\mathbf{x}^*)$, 但假定此時EM問題之解為 $\mathbf{x}^{*\prime}\neq\mathbf{x}^*$。根據支出函數定義, 可得 $U(\mathbf{x}^{*\prime})\geq U(\mathbf{x}^*)$ 且 $\mathbf{p}^T\mathbf{x}^{*\prime}<\mathbf{p}^T\mathbf{x}^*$; 但這隱含 $\mathbf{x}^{*\prime}$ 為閉半空間 $\overline{H}_-=\{\mathbf{x}|\mathbf{p}^T\mathbf{x}\leq\mathbf{p}^T\mathbf{x}^*\}$ 的內部點, 故存在一鄰域 $N(\mathbf{x}^{*\prime};\varepsilon)$, 且 $N(\mathbf{x}^{*\prime};\varepsilon)\in\text{int}(\overline{H}_-)$。因此存在一 $\overline{\mathbf{x}}\in N(\mathbf{x}^{*\prime};\varepsilon)$, 且 $\overline{\mathbf{x}}>\mathbf{x}^{*\prime}$, 使得 $\mathbf{p}^T\overline{\mathbf{x}}<\mathbf{p}^T\mathbf{x}^*=I$。由邊際效用為正之假設, 我們知道 $U(\overline{\mathbf{x}})>U(\mathbf{x}^{*\prime})\geq U(\mathbf{x}^*)$, 因此 $\mathbf{x}^*$ 不是UM問題之解, 與假設矛盾。後半部的證明, 方法與此類似, 留於習題中。

【例 5.4.3】假定間接效用函數為 $V(\mathbf{p},I)=\dfrac{I}{p_1}+\dfrac{I}{p_2}$, 試求支出函數、Marshallian需求函數、Hicksian需求函數。

解: 由 $V(\mathbf{p},I)=u_0$, 解I可得支出函數如下：

$$\frac{I}{p_1}+\frac{I}{p_2}=u_0\ ,$$

$$E(\mathbf{p},u_0)=I=\frac{p_1p_2u_0}{p_1+p_2}\text{。}$$

由 Shephard's 引理可求得 Hicksian 需求函數：

$$\hat{x}_1(\mathbf{p},u_0)=\frac{\partial E(\mathbf{p},u_0)}{\partial p_1}=\left(\frac{p_2}{p_1+p_2}\right)^2u_0\ ,$$

$$\hat{x}_2(\mathbf{p},u_0)=\frac{\partial E(\mathbf{p},u_0)}{\partial p_2}=\left(\frac{p_1}{p_1+p_2}\right)^2u_0\text{。}$$

現在, 利用 (5.4.13) 將 $V(\mathbf{p},I)$ 代入 Hicksian 需求函數即得

$$x_1^*(\mathbf{p},I)=\left(\frac{p_2}{p_1+p_2}\right)^2\left(\frac{I}{p_1}+\frac{I}{p_2}\right)=\frac{p_2I}{p_1(p_1+p_2)}\ ,$$

$$x_2^*(\mathbf{p},I)=\left(\frac{p_1}{p_1+p_2}\right)^2\left(\frac{I}{p_1}+\frac{I}{p_2}\right)=\frac{p_1I}{p_2(p_1+p_2)}\text{。}$$

【例 5.4.4】若一消費者的 Hicksian 需求函數爲

$$\hat{x}_i(\mathbf{p},u_0)=\left(p_1^r+p_2^r\right)^{\frac{1}{r}-1}p_i^{r-1}e^{u_0},\qquad i=1,2\text{。}$$

試求其支出函數、間接效用函數及 Marshallian 需求函數。

解: $E(\mathbf{p},u_0)=p_1\hat{x}_1+p_2\hat{x}_2=\left(p_1^r+p_2^r\right)^{\frac{1}{r}}e^{u_0}$。

令 $E(\mathbf{p},u_0)=I$，解得 $V(\mathbf{p},I)=u_0=\ln I-\frac{1}{r}\ln\left(p_1^r+p_2^r\right)$，即爲間接效用函數。

由 $\hat{x}_i(\mathbf{p},V(\mathbf{p},I))=x_i^*$ 可得

$$x_i^*(\mathbf{p},I)=\left(p_1^r+p_2^r\right)^{\frac{1}{r}-1}p_i^{r-1}I\left(p_1^r+p_2^r\right)^{-\frac{1}{r}}=\left(p_1^r+p_2^r\right)^{-1}p_i^{r-1}I,\qquad i=1,2\text{。}$$

【例 5.4.5】在習題 5.2.6 中，我們以傳統比較靜態方法導出 Slutsky 方程式，現在我們就要以對偶性來推導這個方程式。讀者如果嘗試做過習題 5.2.6，應該更能在此體會出對偶理論的妙用。

解：由 (5.4.11)，並考慮第 i 個產品，可得

$$x_i^*(\mathbf{p}, E(\mathbf{p}, u_0)) = \hat{x}_i(\mathbf{p}, u_0), \quad i = 1, \cdots, n,$$

上式兩邊對 p_j 做偏微分可得

$$\frac{\partial x_i^*}{\partial p_j} + \frac{\partial x_i^*}{\partial I}\frac{\partial E(\mathbf{p}, u_0)}{\partial p_j} = \frac{\partial \hat{x}_i}{\partial p_j}, \qquad i, j = 1, \cdots, n$$

由 Shephard's 引理，上式可寫成

$$\frac{\partial x_i^*}{\partial p_j} + \hat{x}_j \frac{\partial x_i^*}{\partial I} = \frac{\partial \hat{x}_i}{\partial p_j}, \qquad i, j = 1, \cdots, n$$

或 $$\frac{\partial x_i^*}{\partial p_j} = \frac{\partial \hat{x}_i}{\partial p_j} - x_j^* \frac{\partial x_i^*}{\partial I}, \qquad i, j = 1, \cdots, n$$ （爲什麼？）

此即 Slutsky 方程式。Slutsky 方程式告訴我們，價格 p_j 變動對 i 產品 Marshallian 需求函數的影響可分成兩部分，$\frac{\partial \hat{x}_i}{\partial p_j}$ 爲替代效果，而 $-x_j^* \frac{\partial x_i^*}{\partial I}$ 則爲所得效果。當 $\frac{\partial x_i^*}{\partial I} > 0$ 時，我們稱 i 產品爲正常物品 (normal good)，當 $\frac{\partial x_i^*}{\partial I} < 0$ 時，則 i 產品爲劣等物品(inferior good)。因此，我們知道，若 i 產品爲正常（劣等）物品，則價格變動的所得效果爲負（正）值。若替代效果與所得效果之和爲正，即 $\frac{\partial x_i^*}{\partial p_j} > 0$，則稱 i 產品爲 j 產品之毛替代品(gross substitute)；反之，若兩效果之和爲負值，即 $\frac{\partial x_i^*}{\partial p_j} < 0$，則 i 產品爲 j 產品之毛互補品(gross complement)。

•對偶性

如果我們將消費者理論中各個函數加以整理，我們可以將他們之間的關係以圖 5.4.6 做總結。由圖可看出，只要知道直接效用函數 $U(\mathbf{x})$，則根據箭頭所指方向，及箭頭邊公式和相關資料，即可求得其他相關四個函數。另外，只要知道 $V(\mathbf{p},I)$，$E(\mathbf{p},u_0)$ 或 $\hat{\mathbf{x}}(\mathbf{p},u_0)$ 三者中任何一個函數，即可求出 $U(\mathbf{x})$ 以外的其他函數。但我們也發現兩個問題：(1) 在圖 5.4.6 中，如果我們只知道 Marshallian 需求函數，並無法求出其他函數；如圖所示，我們尚須知道支出函數才能導出 Hicksian 需求函數，而欲求間接效用函數則須知道直接效用函數。(2) 即使我們知道 $V(\mathbf{p},I)$，$E(\mathbf{p},u_0)$ 或 $\hat{\mathbf{x}}(\mathbf{p},u_0)$，到目前爲止，我們仍無法求出直接效用函數。第一個問題較爲困難，較爲複雜，稱之爲可積分性問題 (integrability problem)。簡單地說，如果我們能由 Marshallian 需求函數導出直接效用函數，那麼，如圖上所示，我們就可導出所有其他函數。但我們知道，對應於任何一組 Marshallian 需求函數的直接效用函數並非唯一，因爲任何一產生該組 Marshallian 需求函數的效用函數的增函數，也都會產生該組 Marshallian 需求函數，所以我們不知道所求的應該是哪一個。此外，即使我們不考慮唯一性問題，在導出一直接效用函數的過程中，還牽涉到解一組聯立偏微分方程式的問題，這並不是我們目前能夠做的。因此，我們暫時將

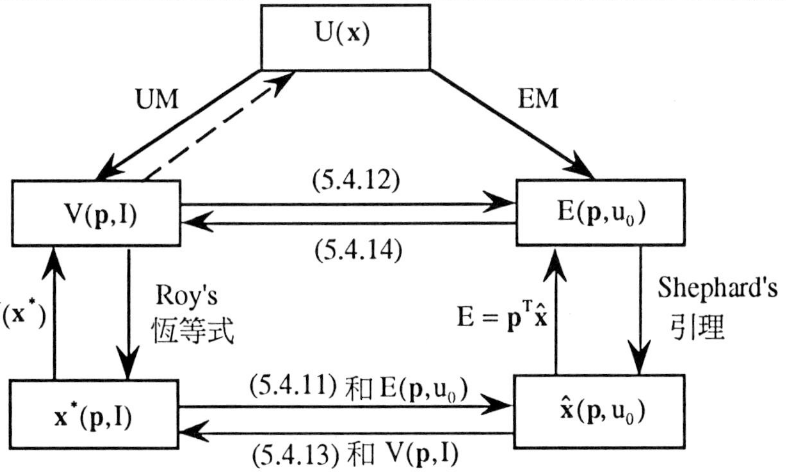

圖 5.4.6

這個問題擱下，而將注意力集中在第二個問題，特別是，我們將介紹由間接效用函數導出直接效用函數的方法。

考慮兩種產品的UM問題：標準化間接效用函數 $\overline{V}(\overline{p})$，乃預算限制爲 $\overline{p}^T x = 1$ 時所能達到的最高效用，故圖 5.4.7 中的 x^* 即爲 Marshallian 需求函數（向量）。現在考慮另一條價格不同於 $\overline{p}$，但通過點 x^* 的預算線，$\overline{p}'^T x = \overline{p}^T x^* = 1$。顯然地，在這新預算線下，$x^*$ 已不是最適解；事實上，如圖所示，此時的最適解爲 x'，且 $U(x') \geq U(x^*)$。如果讀者再嘗試任何其他不同價格，但通過 x^* 點的預算線，將會發現其所能獲得的最高效用均不比 $U(x^*)$ 低。根據間接效用函數的定義，我們知道 $V(\overline{p}) = U(x^*)$，$V(\overline{p}') = U(x')$，因此對任何 $\overline{p}'^T x = \overline{p}^T x^* = 1$，我們有 $V(\overline{p}) \leq V(\overline{p}')$。換句話說，$\overline{p}'^T x = 1$ 隱含 $\overline{V}(\overline{p}') \geq V(\overline{p})$，或 $V(\overline{p}(x)) = \min_{\overline{p}'} \left\{ \overline{V}(\overline{p}') \middle| \overline{p}'^T x = 1 \right\}$。但因 $V(\overline{p}(x)) = U(x^*)$，故

$$U(x) = \min_{\overline{p}'} \left\{ \overline{V}(\overline{p}') \middle| \overline{p}'^T x = 1 \right\}, \tag{5.4.15}$$

此 $U(x)$ 即爲直接效用函數。(5.4.15) 告訴我們，由間接效用函數求直接效用函數的方法，也就是圖 5.4.6 中虛線箭頭所指的步驟。另外，讀者如仔細比較 UM 問題和 (5.4.15)，將會發現這兩個問題是完全對稱的，兩個問題中，貨幣所得都是固定（故可將之標準化成 1）。在 UM 問題中，將 x 當作選擇變數，p 當作參數，透過極大化將最適的 x 解成 p 的函

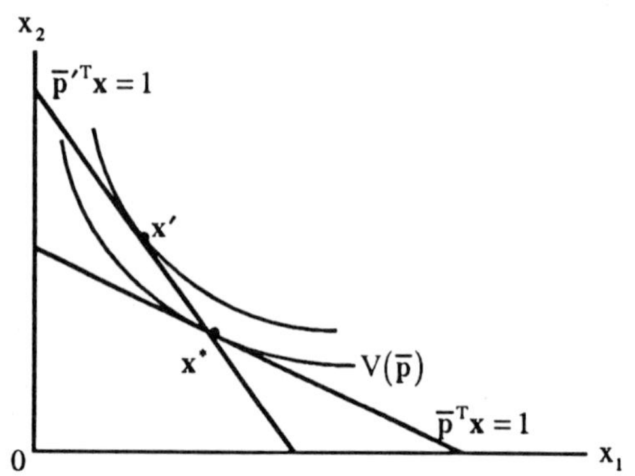

圖 5.4.7

數, 即 $\mathbf{x}^*(\mathbf{p})$, 再將 $\mathbf{x}^*(\mathbf{p})$ 代入標的函數（直接效用函數）即得間接效用函數。反之, 在 (5.4.15) 中, 則將 $\bar{\mathbf{p}}'$ 當作選擇變數, $\mathbf{x}$ 當作參數, 再經極小化解出最適的 $\bar{\mathbf{p}}'$ 為 $\mathbf{x}$ 的函數, 即 $\bar{\mathbf{p}}(\mathbf{x})$, 然後再將其代入標的函數（間接效用函數）, 所得到的就是直接效用函數了。

【例 5.4.6】試以例 5.4.3 和例 5.4.4 中之兩間接效用函數, 求出其對應之直接效用函數。

解: (i) $V(\mathbf{p},I)=\dfrac{I}{p_1}+\dfrac{I}{p_2}$。

將 $V(\mathbf{p},I)$ 寫成標準化間接效用函數可得

$$V(\bar{\mathbf{p}})=\bar{p}_1^{-1}+\bar{p}_2^{-1}\text{。}$$

解 $\min\limits_{\bar{\mathbf{p}}}\ V(\bar{\mathbf{p}})\quad \text{s.t.}\ \ \bar{p}_1x_1+\bar{p}_2x_2=1$,

Lagrangean 函數為 $L(\bar{\mathbf{p}},\lambda;\mathbf{x})=\bar{p}_1^{-1}+\bar{p}_2^{-1}+\lambda(1-\bar{p}_1x_1-\bar{p}_2x_2)$,

一階條件

$$\begin{aligned}\frac{\partial L}{\partial \bar{p}_1}&=-\frac{1}{\bar{p}_1^{*2}}-\lambda^*x_1=0\ ,\\ \frac{\partial L}{\partial \bar{p}_2}&=-\frac{1}{\bar{p}_2^{*2}}-\lambda^*x_2=0\ ,\\ \frac{\partial L}{\partial \lambda}&=1-\bar{p}_1^*x_1-\bar{p}_2^*x_2=0\ \text{。}\end{aligned}\tag{5.4.16}$$

解一階條件可得

$$\bar{p}_1^*=\frac{1}{x_1+x_1^{\frac{1}{2}}x_2^{\frac{1}{2}}},$$

$$\bar{p}_2^*=\frac{1}{x_2+x_1^{\frac{1}{2}}x_2^{\frac{1}{2}}},$$

故 $U(x_1,x_2)=V(\bar{\mathbf{p}}^*)=\bar{p}_1^{*-1}+\bar{p}_2^{*-1}$

$$=x_1+x_1^{\frac{1}{2}}x_2^{\frac{1}{2}}+x_2+x_1^{\frac{1}{2}}x_2^{\frac{1}{2}}=x_1+x_2+2x_1^{\frac{1}{2}}x_2^{\frac{1}{2}}\text{。}$$

（請讀者自行查看二階條件，(ii) 同）

(ii) $V(\overline{p},I)=ln I-\frac{1}{r}ln(p_1^r+p_2^r)$，

故 $V(\overline{p})=-\frac{1}{r}ln(\overline{p}_1^r+\overline{p}_2^r)$。

解 $\min_{\overline{p}} V(\overline{p})$ s.t. $\overline{p}_1x_1+\overline{p}_2x_2=1$，

Lagrangean 函數爲 $L(\overline{p},\lambda;x)=-\frac{1}{r}ln(\overline{p}_1^r+\overline{p}_2^r)+\lambda(1-\overline{p}_1x_1-\overline{p}_2x_2)$，

一階條件

$$\begin{aligned}
\frac{\partial L}{\partial \overline{p}_1}&=\frac{-\overline{p}_1^{*r-1}}{\overline{p}_1^{*r}+\overline{p}_2^{*r}}-\lambda^*x_1=0,\\
\frac{\partial L}{\partial \overline{p}_2}&=\frac{-\overline{p}_2^{*r-1}}{\overline{p}_1^{*r}+\overline{p}_2^{*r}}-\lambda^*x_2=0,\\
\frac{\partial L}{\partial \lambda}&=1-\overline{p}_1^*x_1-\overline{p}_2^*x_2=0。
\end{aligned} \tag{5.4.17}$$

由一階條件解得

$$\overline{p}_1^*=\left(\frac{x_1}{x_1^r+x_2^r}\right)^{\frac{1}{r-1}},$$

$$\overline{p}_2^*=\left(\frac{x_2}{x_1^r+x_2^r}\right)^{\frac{1}{r-1}},$$

故直接效用函數爲 $U(x_1,x_2)=V(\overline{p}^*)=-\frac{1}{r}ln\left(\frac{x_1^{\frac{r}{r-1}}+x_2^{\frac{r}{r-1}}}{(x_1^r+x_2^r)^{\frac{r}{r-1}}}\right)$。

習題 5.4

1. 試證 $\frac{\partial V(\mathbf{p},I)}{\partial I}=\lambda^*$，$\frac{\partial E(\mathbf{p},u_0)}{\partial u_0}=\hat{\lambda}$，且 $\lambda^*\hat{\lambda}=1$，λ^* 和 $\hat{\lambda}$ 分別爲 UM 和 EM 問題中之 Lagrange 乘數。

2. (i) 試說明: 任何兩種產品 i 和 j，若 i 爲 j 的淨替代（互補）品，則 j 必爲 i 之淨替代（互補）品。
   (ii) 試說明: 當 i 爲 j 之毛替代（互補）品時，j 未必爲 i 之毛替代（互補）品。
   (iii) 試證任何一物品必至少有一淨替代品，因此，若一消費者只消費兩種產品，此兩產品必彼此爲淨替代品。
   (iv) 當 $\frac{\partial x_i^*}{\partial p_i} > 0$ 時，我們稱 i 產品爲一季芬物品 (Giffen good)，試說明季芬物品必爲劣等物品，但劣等物品未必爲季芬物品。
   (v) 一消費者只消費三種產品 x_1，x_2 和 x_3，若 x_3 爲 x_1 的淨互補品，x_2 爲劣等物品，則 x_2 必爲 x_1 的毛替代品，是或非？

3. 證明定理 5.4.3 之後半部。

4. 若效用函數 $U(\mathbf{x})$ 爲一次齊次函數，試證
   (i) $V(\mathbf{p},I) = IV(\mathbf{p},1)$，$\mathbf{x}^*(\mathbf{p},I) = I\mathbf{x}^*(\mathbf{p},1)$。
   (ii) $E(\mathbf{p},u_0) = u_0E(\mathbf{p},1)$，$\hat{\mathbf{x}}(\mathbf{p},u_0) = u_0\hat{\mathbf{x}}(\mathbf{p},1)$。
   (iii) 若 $U(\mathbf{x})$ 爲位似函數，則 (i) 和 (ii) 的結果有何變化？

5. 假定效用函數爲 $U(\mathbf{x}) = \sum_{i=1}^{n} u_i(x_i)$，試證:
   (i) 沒有一物品爲劣等物品。
   (ii) 若 $u_1 = u_2 = \cdots = u_n = w$，試證: 當 $-\frac{tw''(t)}{w'(t)} < 1$，$t \in \boldsymbol{R}_+$，時，$\frac{\partial x_i^*}{\partial p_j} > 0$，$i \neq j$。

6. 若效用函數 $U(\mathbf{x})$ 爲凹函數，試證: 支出函數 $E(\mathbf{p},u_0)$ 爲 u_0 之凸函數。

7. 若一消費者之效用函數爲 u: $\boldsymbol{R}_+^2 \to \boldsymbol{R}$，　$U(x_1,x_2) = \frac{x_1x_2}{1+x_1}$
   (i) 求其間接效用函數。
   (ii) 由 (i) 求出支出函數。
   (iii) 由支出函數求出 Hicksian 需求函數。
   (iv) 由 Hicksian 需求函數，利用對偶關係求 Marshallian 需求函數。

(v) 利用 Roy's 恆等式, 求 Marshallian 需求函數, 並與 (i) 和 (iv) 中所求得的結果做比較。

8. 假定一消費者的間接效用函數爲

$$V(\mathbf{p},I)=\boldsymbol{ln}I-\sum_{i=1}^{n}\alpha_i \boldsymbol{ln}\left(\frac{p_i}{\alpha_i}\right),$$

式中 $\alpha_i>0$, $i=1,\cdots,n$, $\sum_{i=1}^{n}\alpha_i=1$, 試求:

(i) 支出函數。

(ii) Hicksian 需求函數。

(iii) Marshallian 需求函數。

(iv) 直接效用函數。

9. 假定支出函數爲

$$\boldsymbol{ln}E(\mathbf{p},u_0)=\sum_{i=1}^{n}\alpha_i \boldsymbol{ln}p_i+u_0\prod_{i=1}^{n}p_i^{\beta_i},$$

(i) 參數 α_k 和 β_k 應有那些限制?

(ii) 導出間接效用函數, 直接效用函數。

(iii) 如何決定這些物品是正常物品或劣等物品?

10. 如果我們將所得水準固定爲 $I=1$, 而將對應之 Marshallian 需求函數和間接效用函數寫成 $\mathbf{x}^*(\mathbf{p},1)=\mathbf{x}^*(\mathbf{p})$, $V(\mathbf{p},1)=V(\mathbf{p})$, 則逆需求函數 $g(\mathbf{x}^*)$ (inverse 或 indirect demand function) 爲 $\mathbf{x}^*(\mathbf{p})$ 之反函數, 即 $\mathbf{x}^*=\mathbf{x}^*(g(\mathbf{x}^*))=\mathbf{x}^*(g(\mathbf{x}^*),1)$, 試證:

(i) $g(\mathbf{x}^*)=\dfrac{\partial U(\mathbf{x}^*)}{\partial \mathbf{x}}\Bigg/\mathbf{x}^{*T}\dfrac{\partial U(\mathbf{x}^*)}{\partial \mathbf{x}}$, 其中 $U(\mathbf{x})$ 爲直接效用函數。

(ii) $\mathbf{x}^*(\mathbf{p})=\dfrac{\partial V}{\partial \mathbf{p}}\Bigg/\mathbf{p}^{T}\dfrac{\partial V}{\partial \mathbf{p}}$。

5.5 廠商理論之對偶性

• PM 問題與 CM 問題

現在我們來討論廠商理論中的對偶性問題。和前一節消費者行為的討論一樣，為了便於解說與集中注意力，在下面的分析中，假定所有廠商均為完全競爭廠商，所有的函數均至少二次連續可微分，且任何極值問題均有唯一的內部解。特別是，當 $\mathbf{y}$ 代表生產因素向量時，我們對生產函數 $f: \boldsymbol{R}_+^n \to \boldsymbol{R}$ 作如下假設:

1. f 在 $\boldsymbol{R}_+^n$ 中連續，在 $\boldsymbol{R}_{++}^n$ 中二次連續可微分，且 $f(\mathbf{0}_n)=0$。
2. $f(\mathbf{y})$，$\mathbf{y}\in\boldsymbol{R}_{++}^n$，為 $\mathbf{y}$ 之嚴格凹函數。
3. $\dfrac{\partial f(\mathbf{y})}{\partial y_i}>0$，$\mathbf{y}\in\boldsymbol{R}_{++}^n$，$i=1,\cdots,n$。

在生產函數 f 所代表的技術水準下，任一廠商均面對兩個問題: (1) 如何在既定的產品及因素價格下，求取最大利潤，這就是利潤極大化 (profit maximation) 問題，或 PM 問題; (2) 在固定因素價格下，若欲生產某一定量產品，如何使其生產成本達到最小，也就是成本極小化 (cost minimization) 問題，或 CM 問題。以符號表示，此兩問題可寫成

$$\text{(PM)} \qquad \max_{\mathbf{y}\in\boldsymbol{R}_+^n} \ pf(\mathbf{y})-\mathbf{w}^T\mathbf{y},$$

上式中 p 為產品價格，$\mathbf{w}$ 為因素價格向量，$(p,\mathbf{w})\in\boldsymbol{R}_{++}^{n+1}$;

$$\text{(CM)} \qquad \min_{\mathbf{y}\in\boldsymbol{R}_+^n} \ \mathbf{w}^T\mathbf{y} \qquad \text{s.t.} \quad q\ge f(\mathbf{y}),$$

式中 q 代表產品數量。

事實上，在有關生產函數 f 的假設下，CM 問題中之限制式也可以 $q=f(\mathbf{y})$ 取代。利用第四章有關極大化的技巧，我們可很輕鬆地解出 PM 和 CM 兩個問題。但在往下討論之前，讀者可先行比較 CM 問題和前一節消費者理論中的 EM 問題。讀者應會立即發現，廠商的 CM 問題和消

費者的EM問題, 基本上是相同的, 只不過是將消費者理論中的效用函數改爲生產函數, 將消費者理論中購買產品的支出改爲購買因素的成本而已。在這種情況下, 兩者的唯一差別是, 上一節中, 我們假定效用函數爲嚴格準凹函數, 而在本節中則假定生產函數爲嚴格凹函數。但因嚴格凹函數即爲嚴格準凹函數, 故我們可立即得知, 有關支出函數的結果均可直接引用到CM問題來。假定對應於CM問題的極值函數爲$C(\mathbf{w},q)$, 即

$$C(\mathbf{w},q)=\min_{\mathbf{y}}\left\{\mathbf{w}^{T}\mathbf{y}\middle|q\geq f(\mathbf{y})\right\},$$

$C(\mathbf{w},q)$稱之爲成本函數。由上面的討論知, $C(\mathbf{w},q)$應具有支出函數$E(\mathbf{p},u)$的所有性質。現在我們將$C(\mathbf{w},q)$的性質歸納於定理 5.5.1 中。

定理 5.5.1：假定$\hat{\mathbf{y}}(q,\mathbf{w})$爲CM問題的解（稱之爲條件要素需求函數, conditional input demand functions）, $C(\mathbf{w},q)$爲對應之成本函數, 則$\hat{\mathbf{y}}(q,\mathbf{w})$和$C(\mathbf{w},q)$均爲連續函數, 且

(i) $\hat{\mathbf{y}}(q,\mathbf{w})$ 爲 $\mathbf{w}$ 之零次齊次函數。

(ii) 若 $\mathbf{w}'\geq\mathbf{w}$, 則 $C(\mathbf{w}',q)\geq C(\mathbf{w},q)$; 若 $q'\geq q$ 則 $C(\mathbf{w},q')\geq C(\mathbf{w},q)$。

(iii) $C(\mathbf{w},q)$ 爲 $\mathbf{w}$ 的一次齊次函數。

(iv) $C(\mathbf{w},q)$ 爲 $\mathbf{w}$ 之凹函數。

(v) $\dfrac{\partial C(\mathbf{w},q)}{\partial w_i}=\hat{y}_i(\mathbf{w},q)$, $i=1,\cdots,n$。

(vi) 矩陣$\left(\dfrac{\partial \hat{y}_i(\mathbf{w},q)}{\partial w_j}\right)$, $i,j=1,\cdots,n$爲一對稱半負定矩陣。

(vii) $C(\mathbf{w},0)=0$。

(viii) $C(\mathbf{w},q)$ 爲 q 之嚴格凸函數。

定理 5.5.1 中 (i)-(vi) 與定理 5.4.2 完全相同, 故其定義及證明不用再重複。至於 (vii) 則是告訴我們不生產任何產品的最低成本爲 0, 這是由生產函數$f(\mathbf{0}_n)=0$的假設直接得到, 其主要經濟意義是所有生產要素完全可以隨意變動; 或是說, 在上面討論中, 並不存在任何固定生產因素。

用經濟學的術語來說, 我們在此所討論的是一種長期的生產活動, 而 $C(\mathbf{w},q)$也是指長期成本函數。(viii) 則是因生產函數爲嚴格凹函數而得到, 因此, 一般支出函數並不一定具有這種特性, 現在我們就來證明這個性質。

證明 (viii) : 在 $\mathbf{w}$ 固定的情形下, 假定 $\hat{\mathbf{y}}^1$ 和 $\hat{\mathbf{y}}^2$ 分別爲 CM 問題在 $q=q_1$ 和 $q=q_2$ 時的最適解, 則 $C(\mathbf{w},q_1)=\mathbf{w}^T\hat{\mathbf{y}}^1$, $C(\mathbf{w},q_2)=\mathbf{w}^T\hat{\mathbf{y}}^2$。若 $\lambda\in[0,1]$, 則因 f 爲 $\mathbf{y}$ 之嚴格凹函數（所以也是凹函數）, 故

$$f\left(\lambda\hat{\mathbf{y}}^1+(1-\lambda)\hat{\mathbf{y}}^2\right)\ge\lambda f\left(\hat{\mathbf{y}}^1\right)+(1-\lambda)f\left(\hat{\mathbf{y}}^2\right)$$
$$=\lambda q_1+(1-\lambda)q_2\text{ 。}\qquad(5.5.1)$$

因此, 在 CM 問題中, 若參數爲 $\left(\mathbf{w},\lambda q_1+(1-\lambda)q_2\right)$ 時, $\lambda\hat{\mathbf{y}}^1+(1-\lambda)\hat{\mathbf{y}}^2$ 爲一可能解, 其成本爲 $\mathbf{w}^T\left(\lambda\hat{\mathbf{y}}^1+(1-\lambda)\hat{\mathbf{y}}^2\right)$, 但由成本函數的定義知

$$C\left(\mathbf{w},\lambda q_1+(1-\lambda)q_2\right)\le\mathbf{w}^T\left(\lambda\hat{\mathbf{y}}^1+(1-\lambda)\hat{\mathbf{y}}^2\right)$$
$$=\lambda\mathbf{w}^T\hat{\mathbf{y}}^1+(1-\lambda)\mathbf{w}^T\hat{\mathbf{y}}^2\qquad(5.5.2)$$
$$=\lambda C\left(\mathbf{w},q_1\right)+(1-\lambda)C\left(\mathbf{w},q_2\right),$$

因此 $C(\mathbf{w},q)$ 爲 q 之凸函數。

上面證明中, 我們只證明了 $C(\mathbf{w},q)$爲 q 之凸函數。事實上, 當 f 爲一嚴格凹函數時, 我們可以證明 $C(\mathbf{w},q)$爲 q 的嚴格凸函數, 此點將在習題 5.5.1 中, 由讀者完成。

將 $C(\mathbf{w},q)$的 (vii) 和 (viii) 兩個性質結合, 我們可以劃出類似圖 5.5.1 中的長期成本函數 $C(\mathbf{w},q)$。若我們固定 $\mathbf{w}$, 則由 $C(\mathbf{w},q)$爲 q 之嚴格凸函數的性質可得

$$C(\mathbf{w},q)>C\left(\mathbf{w},q_0\right)+C_q\left(\mathbf{w},q_0\right)\left(q-q_0\right);\qquad(5.5.3)$$

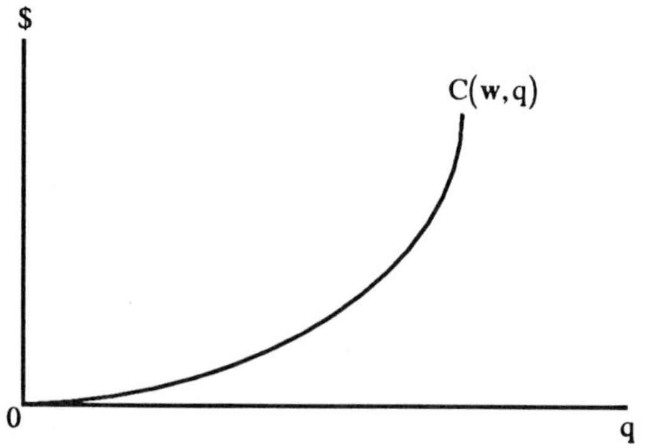

圖 5.5.1

令 $q \to 0$, 則由性質 (vii), 上式成爲

$$C(\mathbf{w},q_0) - q_0 C_q(\mathbf{w},q_0) < 0,$$

或 $$C_q(\mathbf{w},q_0) > \frac{C(\mathbf{w},q_0)}{q_0}。\tag{5.5.4}$$

$C_q(\mathbf{w},q_0)$和$\frac{C(\mathbf{w},q_0)}{q_0}$分別爲我們所熟知的長期邊際成本和長期平均成本函數, 故 (5.5.4) 告訴我們, 當$C(\mathbf{w},q)$爲 q 的嚴格凸函數時, 除了產量爲 0 的情況外, 邊際成本必然超過平均成本。當產量爲 0 時, 由 L'Hôpital's 法則可得 $\lim\limits_{q_0 \to 0} \frac{C(\mathbf{w},q_0)}{q_0} = \frac{\lim\limits_{q_0 \to 0} C_q(\mathbf{w},q_0)}{1}$, 故知在 $q_0 \to 0$ 時 (5.5.4) 左右兩邊相等。此外, 由$C(\mathbf{w},q)$爲 q 之嚴格凸函數的性質知 $C_{qq}(\mathbf{w},q_0) > 0$, 故長期邊際成本爲一嚴格遞增函數。又長期平均成本函數的一階導數爲

$$\frac{\partial\left(C(\mathbf{w},q_0)\big/q_0\right)}{\partial q_0} = \frac{1}{q_0}\left(C_q(\mathbf{w},q_0) - \frac{C(\mathbf{w},q_0)}{q_0}\right) > 0,$$

因此, 長期成本函數亦爲產量之嚴格遞增函數。綜合上面的討論, 我們可得到圖 5.5.2 中之長期平均成本與邊際成本的圖形。

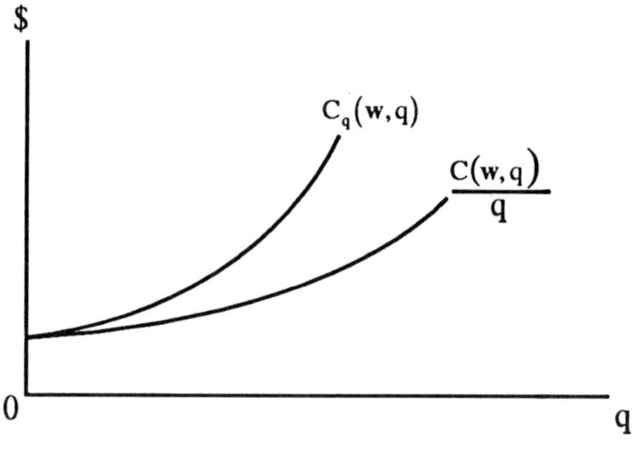

圖 5.5.2

【例 5.5.1】求對應於Cobb-Douglas生產函數 f: $\boldsymbol{R}_+^2 \to \boldsymbol{R}$，$q = f(y_1, y_2) = y_1^\alpha y_2^\beta$，$\alpha > 0$，$\beta > 0$，$0 < \alpha + \beta < 1$，之成本函數，並查證其性質。

解: $C(\mathbf{w}, q) = \min_{\mathbf{y}} \{\mathbf{w}^T \mathbf{y} | q = f(\mathbf{y})\}$，

故可得Lagrangean函數

$$L(\mathbf{y}; \mathbf{w}, q) = \mathbf{w}^T \mathbf{y} + \lambda(q - y_1^\alpha y_2^\beta)。$$

其一階條件爲

$$\frac{\partial L}{\partial y_1} = w_1 - \hat{\lambda}\alpha \hat{y}_1^{\alpha-1} \hat{y}_2^\beta = 0,$$

$$\frac{\partial L}{\partial y_2} = w_2 - \hat{\lambda}\beta \hat{y}_1^{\alpha} \hat{y}_2^{\beta-1} = 0,$$

$$\frac{\partial L}{\partial \lambda} = q - \hat{y}_1^\alpha \hat{y}_2^\beta = 0。$$

由一階條件可得條件要素需求函數

$$\hat{y}_1(w_1,w_2,q)=\left(\frac{\alpha w_2}{\beta w_1}\right)^{\frac{\beta}{\alpha+\beta}}q^{\frac{1}{\alpha+\beta}},$$

$$\hat{y}_2(w_1,w_2,q)=\left(\frac{\beta w_1}{\alpha w_2}\right)^{\frac{\alpha}{\alpha+\beta}}q^{\frac{1}{\alpha+\beta}},$$

故成本函數爲

$$C(w_1,w_2,q)=w_1\hat{y}_1+w_2\hat{y}_2=Kw_1^{\frac{\alpha}{\alpha+\beta}}w_2^{\frac{\beta}{\alpha+\beta}}q^{\frac{1}{\alpha+\beta}}, \tag{5.5.5}$$

其中 $K=\left(\frac{\alpha}{\beta}\right)^{\frac{\beta}{\alpha+\beta}}+\left(\frac{\beta}{\alpha}\right)^{\frac{\alpha}{\alpha+\beta}}$，爲一定數。因 $\alpha,\beta>0$，故我們很容易得到 $\frac{\partial C}{\partial w_i}>0$，$i=1,2$，$\frac{\partial C}{\partial q}>0$，因此定理 5.5.1 中之 (ii) 成立。若 $t>0$，則

$$\begin{aligned}C(tw_1,tw_2,q)&=K(tw_1)^{\frac{\alpha}{\alpha+\beta}}(tw_2)^{\frac{\beta}{\alpha+\beta}}q^{\frac{1}{\alpha+\beta}}=Kt^{\frac{\alpha+\beta}{\alpha+\beta}}w_1^{\frac{\alpha}{\alpha+\beta}}w_2^{\frac{\beta}{\alpha+\beta}}q^{\frac{1}{\alpha+\beta}}\\&=tKw_1^{\frac{\alpha}{\alpha+\beta}}w_2^{\frac{\beta}{\alpha+\beta}}q^{\frac{1}{\alpha+\beta}}=tC(w_1,w_2,q),\end{aligned}$$

故 (iii) 成立。

我們將產量 q 固定，則成本函數 (5.5.5) 爲 w_1 和 w_2 的 Cobb-Douglas 函數，且爲一次齊次函數。根據定理 3.4.2，我們知道，$C(w_1,w_2,q)$ 爲 (w_1,w_2) 的凹函數。接著我們來查看 (v)，Shephard's 引理

$$\begin{aligned}\frac{\partial C}{\partial w_1}&=\frac{\alpha}{\alpha+\beta}Kw_1^{\frac{-\beta}{\alpha+\beta}}w_2^{\frac{\beta}{\alpha+\beta}}q^{\frac{1}{\alpha+\beta}}\\&=\frac{\alpha}{\alpha+\beta}\left[\left(\frac{\alpha}{\beta}\right)^{\frac{\beta}{\alpha+\beta}}+\left(\frac{\beta}{\alpha}\right)^{\frac{\alpha}{\alpha+\beta}}\right]\left(\frac{w_2}{w_1}\right)^{\frac{\beta}{\alpha+\beta}}q^{\frac{1}{\alpha+\beta}}\\&=\left(\frac{\alpha w_2}{\beta w_1}\right)^{\frac{\beta}{\alpha+\beta}}q^{\frac{1}{\alpha+\beta}}=\hat{y}_1,\end{aligned}$$

同理可得 $\frac{\partial C}{\partial w_2}=\hat{y}_2$。

$$\left(\frac{\partial \hat{y}_i}{\partial w_j}\right)=\begin{pmatrix}\dfrac{\partial^2 C}{\partial w_1^2} & \dfrac{\partial^2 C}{\partial w_1 \partial w_2}\\ \dfrac{\partial^2 C}{\partial w_2 \partial w_1} & \dfrac{\partial^2 C}{\partial w_2^2}\end{pmatrix}$$

因 $\dfrac{\partial^2 C}{\partial w_1^2}=\dfrac{-\alpha\beta}{(\alpha+\beta)^2}Kw_1^{\frac{-(\alpha+2\beta)}{\alpha+\beta}}w_2^{\frac{\beta}{\alpha+\beta}}q^{\frac{1}{\alpha+\beta}}<0,$

$$\frac{\partial^2 C}{\partial w_2^2}=\frac{-\alpha\beta}{(\alpha+\beta)^2}Kw_1^{\frac{\alpha}{\alpha+\beta}}w_2^{\frac{-(2\alpha+\beta)}{\alpha+\beta}}q^{\frac{1}{\alpha+\beta}}<0,$$

$$\frac{\partial^2 C}{\partial w_1 \partial w_2}=\frac{\partial^2 C}{\partial w_2 \partial w_1}=\frac{\alpha\beta}{(\alpha+\beta)^2}Kw_1^{\frac{-\beta}{\alpha+\beta}}w_2^{\frac{-\alpha}{\alpha+\beta}}q^{\frac{1}{\alpha+\beta}},$$

且 $\begin{vmatrix}\dfrac{\partial \hat{y}_1}{\partial w_1} & \dfrac{\partial \hat{y}_1}{\partial w_2}\\ \dfrac{\partial \hat{y}_2}{\partial w_1} & \dfrac{\partial \hat{y}_2}{\partial w_2}\end{vmatrix}=\begin{vmatrix}\dfrac{\partial^2 C}{\partial w_1^2} & \dfrac{\partial^2 C}{\partial w_1 \partial w_2}\\ \dfrac{\partial^2 C}{\partial w_2 \partial w_1} & \dfrac{\partial^2 C}{\partial w_2^2}\end{vmatrix}=0,$

故知 $\left(\dfrac{\partial \hat{y}_i}{\partial w_j}\right)$ 爲一對稱半負定矩陣, (vi) 成立。 $C(\mathbf{w},0)=Kw_1^{\frac{\alpha}{\alpha+\beta}}w_2^{\frac{\beta}{\alpha+\beta}}0^{\frac{1}{\alpha+\beta}}$ $=0$, (vii) 成立。

最後, 令 $\frac{1}{\alpha+\beta}=r$, 則因 $0<\alpha+\beta<1$, 故 $r>1$ 或 $r-1>0$, 則

$$\frac{\partial C}{\partial q}=rKw_1^{\frac{\alpha}{\alpha+\beta}}w_2^{\frac{\beta}{\alpha+\beta}}q^{r-1}>0,$$

$$\frac{\partial^2 C}{\partial q^2}=r(r-1)Kw_1^{\frac{\alpha}{\alpha+\beta}}w_2^{\frac{\beta}{\alpha+\beta}}q^{r-2}>0,$$

因此 $C(\mathbf{w},q)$ 爲 q 之嚴格凸函數。

• PM' 問題與對偶性

接下來, 我們來看 PM 問題。爲了利用我所具有的關於成本函數的知識, 我們首先指出 PM 問題可以重新以成本函數寫成

$$\text{(PM')} \qquad \max_{q\in \boldsymbol{R}_+} \; pq - C(\mathbf{w},q)。$$

何以PM和PM'的意義相同呢?我們可將PM問題分爲兩個步驟,首先,假定在極短時間內,廠商無法改變其產量q,在p固定的情況下,總收入pq爲固定,因此所謂利潤極大問題,事實上就成了成本極小化問題,由此即得到了成本函數$C(\mathbf{w},q)$。其次,考慮產量可以變動時,廠商如何選取最適的產量以使利潤達到極大,這正是PM'所顯示的意義。現在假定對應於PM或PM'問題的極值函數爲

$$\pi(p,\mathbf{w}) = \max_{\mathbf{y}\in \boldsymbol{R}_+^n} \left(pf(\mathbf{y}) - \mathbf{w}^T\mathbf{y}\right) = \max_{q\in \boldsymbol{R}_+} \left(pq - C(\mathbf{w},q)\right),$$

$\pi(p,\mathbf{w})$即是通稱的利潤函數(profit function)。透過有關成本函數的性質我們可得到下面的定理。

定理 5.5.2:假定$\mathbf{y}^*$爲PM問題的解,q^*爲PM'問題的解,$\pi(p,\mathbf{w})$爲其對應之利潤函數,則

(i) $\pi(p,\mathbf{w}) \geq 0$。

(ii) 若 $p' \geq p$,則 $\pi(p',\mathbf{w}) \geq \pi(p,\mathbf{w})$。

(iii) 若 $\mathbf{w}' \geq \mathbf{w}$,則 $\pi(p,\mathbf{w}') \leq \pi(p,\mathbf{w})$。

(iv) $\pi(p,\mathbf{w})$爲$(p,\mathbf{w})$之一次齊次函數。

(v) $\pi(p,\mathbf{w})$爲$(p,\mathbf{w})$之凸函數。

(vi) $y_i^*(p,\mathbf{w}) = -\dfrac{\partial\pi(p,\mathbf{w})}{\partial w_i}$, $i=1,\cdots,n$; $q^* = \dfrac{\partial\pi(p,\mathbf{w})}{\partial p}$。

(vii) 若 $\mathbf{w}' \geq \mathbf{w}''$,則 $y_i^*(p,\mathbf{w}') \leq y_i^*(p,\mathbf{w}'')$, $i=1,\cdots,n$。

(viii) $y_i^*(p,\mathbf{w})$爲$(p,\mathbf{w})$的零次齊次函數。

(ix) $\dfrac{\partial y_i^*(p,\mathbf{w})}{\partial w_j} = \dfrac{\partial y_j^*(p,\mathbf{w})}{\partial w_i}$, $i,j=1,\cdots,n$。

(x) 若 $p' \geq p''$,則 $q^*(p',\mathbf{w}) \geq q^*(p'',\mathbf{w})$

(xi) 若 $\mathbf{w}' \geq \mathbf{w}''$,則 $q^*(p,\mathbf{w}') \leq q^*(p,\mathbf{w}'')$。

(xii) $q^*(p,\mathbf{w})$爲$(p,\mathbf{w})$之零次齊次函數。

證明: (i) — (iv) 均可很容易地應用成本函數的性質得到, 留於習題中由讀者證明。現在, 我們證明其它各項。

(v) 假定價格爲 $(p',\mathbf{w}')$ 和 $(p'',\mathbf{w}'')$ 時, PM' 問題之解分別爲 q', q'', 即

$$\pi(p',\mathbf{w}') = p'q' - C(\mathbf{w}',q'),$$

$$\pi(p'',\mathbf{w}'') = p''q'' - C(\mathbf{w}'',q'')。$$

設 $\lambda \in [0,1]$, 假定在價格爲 $(\lambda p' + (1-\lambda)p'', \lambda\mathbf{w}' + (1-\lambda)\mathbf{w}'')$ 時 PM' 的解爲 q^{λ}, 則

$$\begin{aligned}&\pi(\lambda p' + (1-\lambda)p'', \lambda\mathbf{w}' + (1-\lambda)\mathbf{w}'')\\ &\qquad = (\lambda p' + (1-\lambda)p'')q^{\lambda} - C(\lambda\mathbf{w}' + (1-\lambda)\mathbf{w}'', q^{\lambda})。\end{aligned} \tag{5.5.6}$$

由定理 5.5.1 (iv) 知, $C(\mathbf{w},y)$ 爲 $\mathbf{w}$ 之凹函數, 故

$$C(\lambda\mathbf{w}' + (1-\lambda)\mathbf{w}'', q^{\lambda}) \ge \lambda C(\mathbf{w}',q^{\lambda}) + (1-\lambda)C(\mathbf{w}'',q^{\lambda}), \tag{5.5.7}$$

將 (5.5.7) 代入 (5.5.6) 得

$$\begin{aligned}&\pi(\lambda p' + (1-\lambda)p'', \lambda\mathbf{w}' + (1-\lambda)\mathbf{w}'')\\ &\qquad \le (\lambda p' + (1-\lambda)p'')q^{\lambda} - \lambda C(\mathbf{w}',q^{\lambda}) - (1-\lambda)C(\mathbf{w}'',q^{\lambda})\\ &\qquad = \lambda\left(p'q^{\lambda} - C(\mathbf{w}',q^{\lambda})\right) + (1-\lambda)\left(p''q^{\lambda} - C(\mathbf{w}'',q^{\lambda})\right)\\ &\qquad \le \lambda\pi(p',\mathbf{w}') + (1-\lambda)\pi(p'',\mathbf{w}''),\end{aligned}$$

因此, $\pi(p,\mathbf{w})$ 爲 $(p,\mathbf{w})$ 之凸函數。

(vi) $\pi(p,\mathbf{w}) = pq^* - C(\mathbf{w},q^*) = pf(\mathbf{y}^*(p,\mathbf{w})) - \mathbf{w}^T\mathbf{y}^*(p,\mathbf{w})$,

故
$$\begin{aligned}\frac{\partial\pi}{\partial p} &= f(\mathbf{y}^*(p,\mathbf{w})) + p\sum_{i=1}^{n}\frac{\partial f}{\partial y_i}\frac{\partial y_i^*}{\partial p} - \sum_{i=1}^{n} w_i\frac{\partial y_i^*}{\partial p}\\ &= q^* + \sum_{i=1}^{n}\left(p\frac{\partial f}{\partial y_i} - w_i\right)\frac{\partial y_i^*}{\partial p},\end{aligned}$$

但由利潤極大化之一階條件知，$p\frac{\partial f}{\partial y_i}-w_i=0$，$i=1,\cdots,n$，故 $q^*=\frac{\partial \pi(p,\mathbf{w})}{\partial p}$。

同理，

$$\frac{\partial \pi}{\partial w_i}=p\sum_{i=1}^{n}\frac{\partial f}{\partial y_i}\frac{\partial y_i^*}{\partial w_i}-y_i^*-\sum_{i=1}^{n}w_i\frac{\partial y_i^*}{\partial w_i}=\sum_{i=1}^{n}\left(p\frac{\partial f}{\partial y_i}-w_i\right)\frac{\partial y_i^*}{\partial w_i}-y_i^*=-y_i^*,$$

$i=1,\cdots,n$，故 $y_i^*=-\frac{\partial \pi(p,\mathbf{w})}{\partial w_i}$，$i=1,\cdots,n$。

(vi) 稱爲 Hotelling's 引理 (Hotelling's lemma)，而 q^* 和 y_i^*，$i=1,\cdots,n$，則分別爲產品供給函數和要素需求函數。

(vii) 假定當價格爲 $(p',\mathbf{w}')$ 和 $(p'',\mathbf{w}'')$ 時，最大利潤之產量及要素需求量分別爲 $(q',\mathbf{y}')$，$(q'',\mathbf{y}'')$ 則

$$p'q'-\mathbf{w}'^{T}\mathbf{y}'\geq p'q''-\mathbf{w}'^{T}\mathbf{y}'',$$
$$p''q''-\mathbf{w}''^{T}\mathbf{y}''\geq p''q'-\mathbf{w}''^{T}\mathbf{y}',$$

或

$$\begin{aligned}&p'(q'-q'')-\mathbf{w}'^{T}(\mathbf{y}'-\mathbf{y}'')\geq 0,\\&p''(q'-q'')-\mathbf{w}''^{T}(\mathbf{y}'-\mathbf{y}'')\leq 0,\end{aligned}\tag{5.5.8}$$

將 (5.5.8) 上下兩式相減得

$$(p'-p'')(q'-q'')-(\mathbf{w}'^{T}-\mathbf{w}''^{T})(\mathbf{y}'-\mathbf{y}'')\geq 0,\tag{5.5.9}$$

(5.5.9) 即是所謂的利潤極大化基本不等式 (fundamental inequality of profit maximization)。現在假定 $p'=p''$，$\mathbf{w}'\geq\mathbf{w}''$，則 (5.5.9) 成爲

$$(\mathbf{w}'^{T}-\mathbf{w}''^{T})(\mathbf{y}'-\mathbf{y}'')\leq 0,\tag{5.5.9'}$$

因 $\mathbf{w}'-\mathbf{w}''\geq\mathbf{0}_n$，若假定 $w_i'-w_i''\geq 0$，$w_j'-w_j''=0$，$j\neq i$，則有

$$(w_i'-w_i'')(y_i'-y_i'')\leq 0,\ i=1,\cdots,n。$$

因此，$y_i^*(p,w')\le y_i^*(p,w'')$，$i=1,\cdots,n$。

(viii) 已知 $\pi(p,w)$ 爲 (p,w) 的一次齊次函數，且 $y_i^*=-\dfrac{\partial\pi(p,w)}{\partial w_i}$。由定理 3.3.3 (i) 知，$y_i^*$ 爲 (p,w) 之零次齊次函數。

(ix) 由 Hotelling's 引理與 Young's 定理

$$\frac{\partial y_i^*}{\partial w_j}=\frac{\partial}{\partial w_j}\left(-\frac{\partial\pi(p,w)}{\partial w_i}\right)=-\frac{\partial^2\pi(p,w)}{\partial w_j\partial w_i}=\frac{\partial}{\partial w_i}\left(-\frac{\partial\pi(p,w)}{\partial w_j}\right)=\frac{\partial y_j^*}{\partial w_i}$$

$$,\qquad i,j=1,\cdots,n。$$

(x) 由利潤極大化基本不等式 (5.5.9)，假定 $w'=w''$ 可得

$$(p'-p'')(q'-q'')\ge 0\ ,$$

因 $p'\ge p''$，故 $q^*(p',w)\ge q^*(p'',w)$。

(xi) 由 (vii) 知，當 $w'\ge w''$ 時，$y_i^*(p,w')\le y_i^*(p,w'')$，$i=1,\cdots,n$。又，由 PM 與 PM' 兩問題的關係知 $q^*(p,w)=f(y^*(p,w))$，加上生產函數中所有生產因素的邊際生產力均爲正的假設，即得 $q^*(p,w'')=f(y^*(p,w''))\ge f(y^*(p,w'))=q^*(p,w')$。

(xii) 證明與 (viii) 同。

【例 5.5.2】假定生產函數爲 $f(y)=\sqrt{y}$，產品和因素價格分別爲 p 與 w，試以此說明 PM 和 PM' 問題是相同的。

解: (i) PM 問題，$\max\limits_{y}\quad \pi=pf(y)-wy=p\sqrt{y}-wy$，

一階條件 $\dfrac{\partial\pi}{\partial y}=\dfrac{p}{2\sqrt{y^*}}-w=0$，

故得 $y^*(p,w)=\dfrac{p^2}{4w^2}$，

最大利潤爲 $\pi(p,w)=p\sqrt{y^*}-wy^*=\dfrac{p^2}{2w}-\dfrac{p^2}{4w}=\dfrac{p^2}{4w}$。　(5.5.10)

(ii) PM' 問題, 先求成本函數 $\min\limits_{y}\ C=wy+\lambda\left(q-\sqrt{y}\right)$,

一階條件

$$\frac{\partial C}{\partial y}=w-\frac{\lambda}{2\sqrt{\hat{y}}}=0,$$

$$\frac{\partial C}{\partial \lambda}=q-\sqrt{\hat{y}}=0,$$

解得 $\hat{y}(w,q)=q^2$, 故成本函數爲 $C=w\hat{y}(w,q)=wq^2$。

接著求　$\max\limits_{q}\ \pi=pq-C(w,q)=pq-wq^2$,

一階條件　$\dfrac{d\pi}{dq}=p-2wq^*=0$,

$$q^*=\frac{p}{2w}。$$

因此, $\pi(p,w)=pq^*-C\left(w,q^*\right)=\dfrac{p^2}{2w}-wq^{*2}=\dfrac{p^2}{4w}$。　(5.5.11)

(5.5.10) 與 (5.5.11) 完全相同, 故知 PM 和 PM' 問題是一樣的。讀者請自行檢驗二階條件以及 $\pi(p,w)$ 的各種性質。

到目前爲止, 我們發現, 只要知道了廠商所擁有的生產技術或生產函數, 我們就可以分別透過利潤極大化或成本極小化的行爲, 得到廠商的利潤函數, 成本函數, 供給函數, 要素需求函數及條件要素需求函數。這些函數之間的關係, 可以圖 5.5.3 來做總結。仔細觀察圖 5.5.3 , 我們會發現, 除了沒有任何箭頭回到生產函數以外, 也沒有任何箭頭由 $\pi(p,w)$ 和 $q^*(p,w)$, $y^*(p,w)$ 到其他函數。換句話說, 雖然在知道了 $C(w,q)$ 或 $\hat{y}(w,q)$ 後, 我們可以求到 $\pi(p,w)$ 和 $q^*(p,w)$, $y^*(p,w)$; 但反過

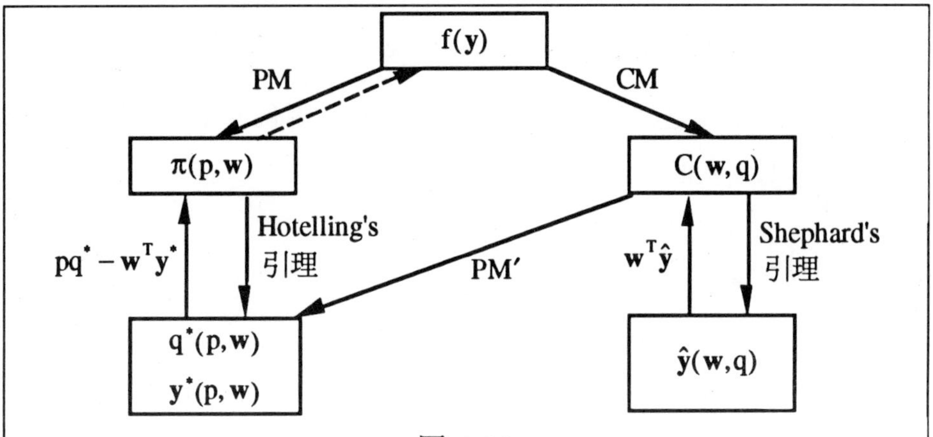

圖 5.5.3

來, 知道 $\pi(p,\mathbf{w})$ 或 $q^*(p,\mathbf{w})$ 與 $\mathbf{y}^*(p,\mathbf{w})$ 仍無法求得任何其他函數。如此一來, 這些函數間的對偶關係就沒法建立。爲了解決這個問題, 當然我們可以一步步地將這些函數間的所有對偶性加以證明。不過, 仔細研究圖 5.5.3 , 我們會發現, 只要在圖中加上由 $\pi(p,\mathbf{w})$ 到 $f(\mathbf{y})$ 的虛線箭頭, 則這些函數間的對偶性即可完成; 也就是說, 在加上虛線箭頭後, 我們可以由圖 5.5.3 中任何一個函數求得其他函數 (請注意, 這並無法由加上 $C(\mathbf{w},q)$ 到 $f(\mathbf{y})$ 的箭頭來完成, 因在此情況下仍然無法由 $\pi(p,\mathbf{w})$, $q^*(p,\mathbf{w})$ 或 $\mathbf{y}^*(p,\mathbf{w})$ 求得其他函數) 。現在, 我們就來探討 $\pi(p,\mathbf{w})$ 和 $f(\mathbf{y})$ 間的對偶關係, 看看如何由利潤函數求出生產函數。

假定當價格爲 $(p',\mathbf{w}')$ 時, PM 問題的最適解爲 $\mathbf{y}'$, 則由利潤函數的定義可得

$$\pi(p',\mathbf{w}') = p'f(\mathbf{y}') - \mathbf{w}'^{T}\mathbf{y}'。 \tag{5.5.12}$$

現在考慮任何其他價格 $(p,\mathbf{w})$, 再由利潤函數的定義知必有

$$\pi(p,\mathbf{w}) \geq pf(\mathbf{y}') - \mathbf{w}^{T}\mathbf{y}',$$

或

$$f(\mathbf{y}') \leq \frac{1}{p}\pi(p,\mathbf{w}) + \frac{1}{p}\mathbf{w}^{T}\mathbf{y}' = \pi\left(1,\frac{\mathbf{w}}{p}\right) + \frac{1}{p}\mathbf{w}^{T}\mathbf{y}', \tag{5.5.13}$$

上式中，最後一個等號是由 $\pi(p,\mathbf{w})$ 爲 $(p,\mathbf{w})$ 的一次齊次函數而來。(5.5.13) 顯示，如果我們適當選取價格向量 $\frac{\mathbf{w}}{p}$ 使得 $\pi\left(1,\frac{\mathbf{w}}{p}\right)+\frac{1}{p}\mathbf{w}^T\mathbf{y}'$ 達到極小，則其所對應之極值函數，即爲與 $\pi(p,\mathbf{w})$ 成對偶的生產函數。因此，令 $\overline{\mathbf{w}}=\frac{\mathbf{w}}{p}$，則生產函數可寫成

$$f(\mathbf{y})=\min_{\overline{\mathbf{w}}}\quad \pi(1,\overline{\mathbf{w}})+\overline{\mathbf{w}}^T\mathbf{y}。\tag{5.5.14}$$

上式中，$\overline{\mathbf{w}}^T\mathbf{y}$ 爲支付給生產因素的報酬，$\pi(1,\overline{\mathbf{w}})$ 則是企業家所獲取的利潤，在完全競爭市場中，$\pi(1,\overline{\mathbf{w}})+\overline{\mathbf{w}}^T\mathbf{y}'$ 正好代表僱用生產因素 $\mathbf{y}$ 從事生產的機會成本。從這個觀點來看，(5.5.14) 式的意義，和上一節中由間接效用函數求直接效用函數的情形[即 (5.4.15)]類似，讀者請嘗試以兩種生產因素的例子加以解釋。

【例 5.5.3 】若一廠商的利潤函數爲 $\pi(p,\mathbf{w})=p^2\left(\frac{1}{4w_1}+\frac{1}{w_2}\right)$，試求其對偶之生產函數。

解：$\pi(1,\overline{\mathbf{w}})=\frac{1}{p}\pi(p,\mathbf{w})=\left(\frac{1}{4\overline{w}_1}+\frac{1}{\overline{w}_2}\right)$。

根據 (5.5.14)，我們欲解

$$\min_{\overline{\mathbf{w}}}\quad \pi(1,\overline{\mathbf{w}})+\overline{w}_1y_1+\overline{w}_2y_2\ ,$$

其一階條件爲

$$\frac{\partial\pi}{\partial\overline{w}_1}+y_1=-\frac{1}{4\overline{w}_1^{*2}}+y_1=0,$$
$$\frac{\partial\pi}{\partial\overline{w}_2}+y_2=-\frac{1}{\overline{w}_2^{*2}}+y_2=0。$$

解一階條件可得

$$\overline{w}_1^* = \frac{1}{2\sqrt{y_1}},$$

$$\overline{w}_2^* = \frac{1}{\sqrt{y_2}},$$

故 $f(\mathbf{y}) = \pi(1, \overline{\mathbf{w}}^*) + \overline{w}_1^* y_1 + \overline{w}_2^* y_2 = \dfrac{1}{4\overline{w}_1^*} + \dfrac{1}{\overline{w}_2^*} + \overline{w}_1^* y_1 + \overline{w}_2^* y_2$

$$= \frac{\sqrt{y_1}}{2} + \sqrt{y_2} + \frac{\sqrt{y_1}}{2} + \sqrt{y_2} = \sqrt{y_1} + 2\sqrt{y_2}。$$

讀者可自行查證, 對應於 $f(\mathbf{y})$ 的利潤函數是否爲

$$\pi(p, \mathbf{w}) = p^2\left(\frac{1}{4w_1} + \frac{1}{w_2}\right)。$$

【例 5.5.4】假定一廠商的成本函數爲

$$C(\mathbf{w}, q) = q^2\left(\frac{w_1 w_2}{w_1 + w_2}\right),$$

試求: (i) 利潤函數, (ii) 供給函數, (iii) 要素需求函數, (iv) 生產函數。

解: $\pi(p, \mathbf{w}) = \max\limits_{q} \;\; pq - C(\mathbf{w}, q) = \max\limits_{q} \;\; \left[pq - q^2\left(\dfrac{w_1 w_2}{w_1 + w_2}\right)\right],$

其一階條件爲

$$p - 2q^*\left(\frac{w_1 w_2}{w_1 + w_2}\right) = 0,$$

解得 $\quad q^* = \dfrac{p(w_1 + w_2)}{2w_1 w_2}$。

(i) 利潤函數爲

$$\pi(p, \mathbf{w}) = pq^* - C(\mathbf{w}, q^*) = \frac{p^2(w_1 + w_2)}{4w_1 w_2}。$$

(ii) 由求解 (i) 之過程知道供給函數為

$$q^* = \frac{p(w_1 + w_2)}{2w_1 w_2}。$$

(iii) 根據 Hotelling's 引理, 可得要素需求函數

$$y_1^* = -\frac{\partial \pi(p, \mathbf{w})}{\partial w_1} = \frac{p^2}{4w_1^2},$$

$$y_2^* = -\frac{\partial \pi(p, \mathbf{w})}{\partial w_2} = \frac{p^2}{4w_2^2}。$$

(iv) 根據 (5.5.14) 生產函數為

$$f(\mathbf{y}) = \min_{\overline{\mathbf{w}}} \quad \pi(1, \overline{\mathbf{w}}) + \overline{\mathbf{w}}^T \mathbf{y}。$$

$$\pi(1, \overline{\mathbf{w}}) = \frac{1}{p}\pi(p, \mathbf{w}) = \frac{p(w_1 + w_2)}{4w_1 w_2} = \frac{\overline{w}_1 + \overline{w}_2}{4\overline{w}_1 \overline{w}_2},$$

故 $$\pi(1, \overline{\mathbf{w}}) + \overline{\mathbf{w}}^T \mathbf{y} = \frac{\overline{w}_1 + \overline{w}_2}{4\overline{w}_1 \overline{w}_2} + \overline{w}_1 y_1 + \overline{w}_2 y_2。$$

極小之一階條件為

$$-\frac{1}{4\overline{w}_1^{*2}} + y_1 = 0,$$

$$-\frac{1}{4\overline{w}_2^{*2}} + y_2 = 0,$$

解一階條件得 $\overline{w}_1^* = \dfrac{1}{2\sqrt{y_1}}$, $\overline{w}_2^* = \dfrac{1}{2\sqrt{y_2}}$,

因此, 生產函數為

$$f(\mathbf{y}) = \frac{\overline{w}_1^* + \overline{w}_2^*}{4\overline{w}_1^* \overline{w}_2^*} + \overline{w}_1^* y_1 + \overline{w}_2^* y_2 = \sqrt{y_1} + \sqrt{y_2}。$$

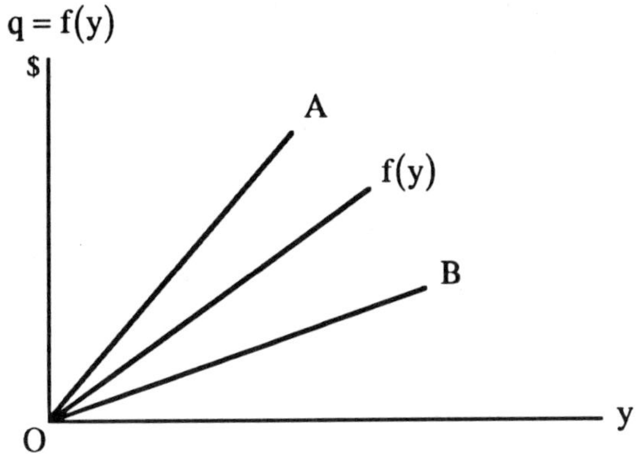

圖 5.5.4

我們已將廠商理論的基本對偶性質做了簡要的介紹, 但在結束本節之前, 讓我們將一件讀者或許仍覺得納悶的事交待一下。這個問題是: 爲什麼在消費者理論中, 我們假定效用函數爲嚴格準凹函數, 但在廠商理論中, 我們假定生產函數爲嚴格凹函數? 我們知道, 支出函數和成本函數性質的主要差異就是這兩個不同的假設所造成的。如果以較弱的嚴格準凹函數的假設取代嚴格凹函數並不怎麼影響有關成本函數的特性, 那爲何不如此做呢? 主要問題出在利潤函數上。爲了便於說明, 我們假定單一生產因素的生產函數 $f(y)$, 其圖形如圖 5.5.4 的形狀。它是由原點出發, 代表報酬固定的射線, 這是一凹函數, 也是一嚴格準凹函數, 但並不是嚴格凹函數。如果我們假定產品的價格恆爲 1, 則此廠商的總收入爲 $pq = q = f(y)$, 也就是說, 圖中的生產函數曲線也同時代表該廠商的總收入曲線。廠商的總成本 wy 也是一由原點出發, 斜率爲 w 的射線; 圖中之 OA 和 OB, 分別代表因素價格爲 w_1 和 w_2 $(w_1 > w_2)$ 時的總成本曲線。因 $\pi = pq - wy$, 故總利潤爲 $f(y)$ 曲線和總成本曲線間的垂直距離。現在我們可以清楚看到, 只要因素價格低於其邊際生產力(即生產函數 $f(y)$ 的斜率), 如圖中之總成本線 OB, 則此廠商之利潤將隨因素僱用量之增加而一直增加。在此情形下, 最適因素僱用量並不存在, 最大利潤因而也不存在了。當生產因素價格與因素邊際生產力相等時, 則總收入與總成本線重合, 而有無窮多組最適解。當因素價格超過其邊際生產力時, 最適僱用量恆為 $y^* = 0$。總括而言, 若生產函數為圖 5.5.4 中這種嚴格準凹函數時, 則我們可能有唯一非內部解 $y^* = 0$, 無窮多內部解, 或解不存在的現象, 因此也就不存在一具有合理性質 (well-behaved) 的利潤函數了。同樣地, 讀者可自行練習檢驗, 在生產函數為報酬遞增時, 即使它是一嚴格準凹函數, 利潤函數也可能不存在。這種嚴格準凹函數所可能帶來的利潤函數不存在的問題, 就是我們在討論廠商理論時, 將生產函數進一步限定為嚴格凹函數的主要原因。

習題 5.5

1. 證明當生產函數為嚴格凹函數時, 與其對偶之成本函數 $C(\mathbf{w},q)$ 為 q 之嚴格凸函數。

2. 求下列生產函數之成本函數, 並討論其性質。

   (a) $f(\mathbf{y}) = \min\left\{\dfrac{y_1}{\alpha_1}, \dfrac{y_2}{\alpha_2}, \cdots, \dfrac{y_n}{\alpha_n}\right\}, \quad \alpha_i > 0, \quad i = 1, \cdots, n$。

   (b) $f(\mathbf{y}) = \sum_{i=1}^{n} \beta_i y_i, \quad \beta_i > 0, \quad i = 1, \cdots, n$。

   (c) 由 (a), (b) 你發現了什麼?(試著以 $n = 2$ 的情形來說明)

3. 假定生產函數 $f(\mathbf{y})$ 為一次齊次函數(即規模報酬固定), 試證 $C(\mathbf{w},q)$ 和 $\hat{y}_i(\mathbf{w},q)$, $i = 1, \cdots, n$, 均為 q 的一次齊次函數。

4. 定義條件要素需求函數的彈性為

   $$\varepsilon_{ij} = \frac{\partial \hat{y}_i(\mathbf{w},q)}{\partial w_j} \frac{w_j}{\hat{y}_i(\mathbf{w},q)}, \qquad i, j = 1, \cdots, n。$$

   試證: (a) $\sum_{j=1}^{n} \varepsilon_{ij} = 0$, (b) $\varepsilon_{ij} = \dfrac{s_j}{s_i} \varepsilon_{ji}$,

   其中 $s_k = \dfrac{w_k \hat{y}_k}{C(\mathbf{w},q)}$。

5. 利用成本函數定義生產因素 i 和 j 間的替代彈性, 有下列三種不同方式:

(i) Allen-Uzawa 替代彈性 $\sigma_{ij} = \dfrac{cc_{ij}}{c_i c_j}$,

(ii) Morishima 替代彈性 $M_{ij} = \dfrac{w_j c_{ij}}{c_i} - \dfrac{w_j c_{jj}}{c_j}$,

(iii) 影子替代彈性 (shadow elasticity of substutition)

$$\sigma_{ij}^s = \frac{-\partial ln\left(\frac{C_i(w,q)}{C_j(w,q)}\right)}{\partial ln\left(\frac{w_i}{w_j}\right)}, \quad i \neq j,$$

且 q, C 和 $w_k (k \neq i, j)$固定。

試導出下列關係:

(a) $\sigma_{ij} = \dfrac{\varepsilon_{ij}}{s_j}$,

(b) $M_{ij} = \varepsilon_{ij} - \varepsilon_{jj}$,

(c) $\sum_{i=1}^{n} M_{ij} = -\sum_{i=1}^{n} \varepsilon_{ii}$,

(d) $\sigma_{ij}^s = \dfrac{s_i}{s_i + s_j} M_{ij} + \dfrac{s_j}{s_i + s_j} M_{ji}$,

題中 ε_{ij} 和 s_k 定義於第 4 題。

(e) 證明: 若生產函數爲位似函數, 且只有兩種生產因素時, Allen-Uzawa 替代彈性即成爲第三章 (3.4.10) 所定義之替代彈性。

6. 實證文獻上常見到的的超越對數成本函數 (translog cost function) 定義爲:

$$lnC(w,q) = a_0 + \sum_{i=1}^{n} a_i ln w_i + \frac{1}{2}\sum_{i=1}^{n}\sum_{j=1}^{n} a_{ij} ln w_i ln w_j + \sum_{i=1}^{n} b_i ln w_i ln q + \left[c_1 ln q + \frac{1}{2} c_2 (ln q)^2\right],$$

上式中, 各係數滿足下列限制:

$$\sum_{i=1}^{n} a_i = 1,\ \sum_{j=1}^{n} a_{ij} = 0\ (i = 1, \cdots, n),\ \sum_{i=1}^{n} b_i = 0,\ a_{ij} = a_{ji}\ (i, j = 1, \cdots, n)。 \qquad (*)$$

(a) 說明限制式 (*) 的意義及目的。

(b) 說明: 若生產函數爲一次齊次函數, 則超越對數成本函數中有 $c_1 = 1,\ c_2 = 0,\ b_i = 0,\ i = 1, \cdots, n$。

(c) 證明若Allen-Uzawa 替代彈性 $\sigma_{ij}=1,\quad i,j=1\cdots n$, 則

$$a_{ij}=0,\quad i,j=1\cdots n,$$

(d)令 $s_i=\dfrac{w_i\hat{y}_i}{C(w,q)}$, 試導出

$$s_i=a_i+\sum_{j=1}^{n}a_{ij}\ln w_j+b_i\ln q,\quad i=1,\cdots,n。$$

(e) 導出 Allen-Uwawa 替代彈性,

$$\sigma_{ij}=\frac{(a_{ij}+s_is_j)}{s_is_j},\quad i\neq j,$$

$$\sigma_{ij}=\frac{(a_{ij}-s_i+s_i^2)}{s_i^2},\quad i=j。$$

7. 設短期生產函數為 $f(\mathbf{y}^1,\mathbf{y}^2)$, 其中 $\mathbf{y}^2\in\boldsymbol{R}_+^{n-m}$ 為固定生產因素向量, $\mathbf{y}^1\in\boldsymbol{R}_+^m$ 為變動生產因素向量, 則短期變動成本函數為

$$C(\mathbf{w}^1,q,\mathbf{y}^2)=\min_{\mathbf{y}^1}\ \left\{\mathbf{w}^{1^T}\mathbf{y}^1\middle|q=f(\mathbf{y}^1,\mathbf{y}^2)\right\},$$

短期總成本函數為

$$C(\mathbf{w},q,\mathbf{y}^2)=C(\mathbf{w}^1,q,\mathbf{y}^2)+\mathbf{w}^{2^T}\mathbf{y}^2。$$

若 $f(\mathbf{y}^1,\mathbf{y}^2)$ 為 $\mathbf{y}^1$ 之嚴格凹函數, 且 $f(\mathbf{0}_m,\mathbf{y}^2)=0$, 則

(a) 試證 $C(\mathbf{w}^1,q,\mathbf{y}^2)$ 滿足定理 5.5.1 各性質。

(b) 說明長期總成本函數與短期總成本函數間的關係為

$$C(\mathbf{w},q)=\min_{\mathbf{y}^2}\ C(\mathbf{w},q,\mathbf{y}^2)。$$

(c) 利用 (b) 及 Shephard's 引理導出 Le Châtelier 原理

$$\frac{\partial y_i(w,q,y^2)}{\partial w_i}\geq\frac{\partial y_i(w,q,y^2(w,q))}{\partial w_i}。$$

8. (a) 證明定理 5.5.2 (i)-(iv)。

(b) 以圖解說明定理 5.5.2 (v), 並以之導出 Hotelling's 引理。

(c) 導出 $\dfrac{\partial q^*(p,\mathbf{w})}{\partial w_i}=-\dfrac{\partial y_i^*(p,\mathbf{w})}{\partial p}$, $i=1,\cdots,n$。

9. 試由下列各函數求出圖 5.5.3 中所有其他函數:

(a) 生產函數 $f(y_1,y_2)=\boldsymbol{ln}y_1+\sqrt{y_2}$。

(b) 生產函數 $f(\mathbf{y})=\left((\alpha_1 y_1)^{\ell}+(\alpha_2 y_2)^{\ell}+\cdots+(\alpha_n y_n)^{\ell}\right)^{\frac{1}{\ell}}$, $\mathbf{y}\in \boldsymbol{R}^n_{++}$, $\alpha_i>0$,

$\ell<1$, $\ell\neq 0$。

(c) 利潤函數 $\pi(p,\mathbf{w})=\dfrac{p^2}{4}\sum_{i=1}^{n}\dfrac{\alpha_i^2}{w_i}$。

(d) 成本函數 $C(w,q)=(aw_1+bw_2)q^2$。

(e) 利潤函數 $\pi(p,\mathbf{w})=\dfrac{p^4}{64w_1w_2^2}$。

10. 在例 5.5.4 中, 我們利用 (5.5.14) 式求得生產函數。另一種方法爲利用定理 5.5.1 (v) (即 Shephard's 引理), 求出 $y_1(w_1,w_2,q)$ 和 $y_2(w_1,w_2,q)$, 再由此消去 w_1 和 w_2 而得到 $q=f(y_1,y_2)$。試以此方法驗證, 例 5.5.4 中所求得之生產函數是否正確。

11. 假定第一家廠商的成本函數爲 $C^1(\mathbf{w},q)$, 第二家廠商的成本函數爲 $C^2(\mathbf{w},q)=\frac{1}{2}C^1(2\mathbf{w},q)$。試問: 此兩家廠商的供給函數和因素需求函數是否相同? 又如果 $C^2(\mathbf{w},q)=C^1(\mathbf{w},2q)$, 則結果又是如何?

參考書目

Allen, R. G. D. (1949), *Mathematical Analysis for Economists*, Macmillan and Company.

Arrow, K. J. and A. C. Enthoven (1961), "Quasi-Concave Programming." *Econometrica*, 19: 779-800.

Avriel, M. J. (1976), *Nonlinear Programming: Analysis and Methods.* Prentice Hall.

Beavis, B. and I. M. Dobbs (1990), *Optimization and Stability Theory for Economic Analysis*, Cambridge University Press.

Berck, P. and Knut Sydsæter (1991), *Economists' Mathematical Manual*, Springer-Verlag.

Binmore, K. G. (1983), *Calculus*, Cambridge University Press.

Birchenhall, C. and P. Grout (1984), *Mathematics for Modern Economics*, Philip Allan.

Chambers, R. G. (1991), *Applied Production Analysis: A Dual Approach*, Cambridge University Press.

Chiang, A. C.(1984), *Fundamental Methods of Mathematical Economics*, third edition, McGraw-Hill.

Cornes, R. (1992), *Duality and Modern Economics*, Cambridge University Press.

Deaton, A. and J. Muellbauer (1983), *Economics and Consumer Behavior*, Cambridge University Press.

Dixit, A. K. (1990), *Optimization in Economic Theory*, second edition, Oxford University Press.

Dixit, A. K. and V. Norman (1980), *Theory of International Trade, Mathematical Appendix*, Cambridge University Press.

Glaister, S. (1984), *Mathematical Methods for Economists*, third edition, Basil Blackwell.

Goldberg, R. (1976), *Methods of Real Analysis*, second edition, John Wiley and Sons, Inc.

Graybill, F. A. (1969), *Introduction to Matrices with Applications in Statistics*, Wadsworth Publishing Company, Inc.

Green, J. and W. P. Heller (1981), "Mathematical Analysis and Convexity with Applications to Economics," in: Arrow, K. J. and M. D. Intriligator (eds.), *Handbook of Mathematical Economics*, Vol.1, North-Holland.

Hadley, G. (1975), *Linear Algebra*, Addison-Wesley Publishing Company, Inc.

Hands, D. W. (1991), *Introductory Mathematical Economics*, D. C. Heath and Company.

Ide, T. and A. Takayama (1989), "On Homothetic Functions." *Scandinavian Journal of Economics,* 91(3): 621-23.

Intriligator, M. (1971), *Mathematical Optimization and Economic Theory*, Prentice Hall, Inc.

Koo, D. (1977), *Elements of Optimization: With Applications in Economics and Business*, Springer-Verlag.

Koopman, T. C. (1957), *Three Essays on the State of Economic Science*, McGraw-Hill Book Company.

Lambert, P. (1985), *Advanced Mathematics for Economists: Static and Dynamic Optimization*, Basil Blackwell.

Lancaster, K. (1968), *Mathematical Economics*, New York, Macmillan Company.

Lang, S. (1987), *Linear Algebra*, Springer-Verlag.

Léonard, D. and N. V. Long (1992), *Optimal Control Theory and Static Optimization in Economics*, Cambridge University Press.

Madden, P. (1986), *Concavity and Optimization in Microeconomics*, Basil Blackwell.

Mangasarian, O. L. (1969), *Non-linear programming*, McGrall-Hill Book Company.

Nikaido, H. (1970), *Introduction to Sets and Mappings in Modern Economics*, North-Holland Publishing Company.

Rockafellar, R. T. (1970), *Convex Analysis*, Princeton University Press.

Roberts, B. and D. L. Schulze (1973), *Modern Mathematics and Economic Analysis*, W. W. Norton and Company Inc.

Royden, H. L. (1972), *Real Analysis*, second edition, Macmillan Company.

Silberberg, E. (1990), *The Structure of Economics: A Mathematical Analysis*, McGraw-Hill Book Company.

Simon, C. (1978), "Scalar and Vector Maximization: Calculus Techniques with Economic Applications," in Reiter, S. (ed.) *Studies in Mathematical Economics*, MAA Studies in Mathematics Series.

Smith, A. (1982), *A Mathematical Introduction to Economics*, Basil Blackwell.

Sydsæter, Knut (1981), *Topics in Mathematical Analysis for Economists*, Academic Press.

Takayama, A. (1993), *Analytical Methods in Economics*, The University of Michigan Press.

Takayama, A. (1985), *Mathematical Economics*, second edition, Cambridge University Press.

Taylor, A. E. (1965), *Advanced Calcus*, Blaisdell.

Varian, H. (1984), *Microeconomics Analysis*, second edition, W. W. Norton and Company, Inc.

Weintraub, E. R. (1982), *Mathematics for Economists: An Integrated Approach*, Cambridge University Press.

中文索引

一劃

二劃

三劃

四劃

五劃

六劃

七劃

八劃

九劃

十劃

十五劃

十六劃

十七劃

十八劃

十九劃

二十劃

二十三劃

英文索引

國家圖書館出版品預行編目資料

經濟數學：靜態分析／蔡攀龍、陳彧夏著.
-- 二版. -- 臺北市 : 五南, 2016.07
面； 公分
ISBN 978-957-11-8649-8 (平裝)
1.經濟數學
550.191 105009782

1M0A

經濟數學：靜態分析

作　　者 — 蔡攀龍、陳彧夏
發 行 人 — 楊榮川
總 編 輯 — 王翠華
主　　編 — 侯家嵐
責任編輯 — 劉祐融
封面設計 — 盧盈良
出 版 者 — 五南圖書出版股份有限公司
地　　址：106台北市大安區和平東路二段339號4樓
電　　話：(02)2705-5066　　傳　　真：(02)2706-6100
網　　址：http://www.wunan.com.tw
電子郵件：wunan@wunan.com.tw
劃撥帳號：01068953
戶　　名：五南圖書出版股份有限公司
法律顧問　林勝安律師事務所　林勝安律師
出版日期　2016年7月二版一刷
定　　價　新臺幣560元